U0955802

21世纪普通高等院校系列教材

证券投资

——理论、技巧、策略

（第二版）

Zhengquan Touzi

——Lilun Jiqiao Celüe

主　编　王文君　兰　虹
副主编　王伦强　谢海芳　罗　涛

西南财经大学出版社
中国·成都

图书在版编目(CIP)数据

证券投资:理论、技巧、策略/王文君,兰虹主编.—2版.—成都:西南财经大学出版社,2020.12
ISBN 978-7-5504-4391-4

Ⅰ.①证… Ⅱ.①王…②兰… Ⅲ.①证券投资—基本知识
Ⅳ.①F830.91

中国版本图书馆 CIP 数据核字(2020)第 072114 号

证券投资——理论、技巧、策略(第二版)

主　编:王文君　兰　虹

副主编:王伦强　谢海芳　罗　涛

责任编辑:高小田

封面设计:杨红鹰　张姗姗

责任印制:朱曼丽

出版发行	西南财经大学出版社(四川省成都市光华村街 55 号)
网　　址	http://www.bookcj.com
电子邮件	bookcj@foxmail.com
邮政编码	610074
电　　话	028-87353785
照　　排	四川胜翔数码印务设计有限公司
印　　刷	郫县犀浦印刷厂
成品尺寸	185mm×260mm
印　　张	24.25
字　　数	587 千字
版　　次	2020 年 12 月第 2 版
印　　次	2020 年 12 月第 1 次印刷
印　　数	1— 2000 册
书　　号	ISBN 978-7-5504-4391-4
定　　价	45.00 元

1. 版权所有,翻印必究。

2. 如有印刷、装订等差错,可向本社营销部调换。

3. 本书封底无本社数码防伪标识,不得销售。

第二版前言

进入21世纪，在经济全球化、金融自由化和资产证券化浪潮的推动下，我国证券市场正在经历着前所未有的深刻变革。2001年12月，我国正式加入世界贸易组织，证券市场的发展便逐步纳入国际化的轨道。证券市场的改革和建设，无论是管理体制、政策、法律法规体系，还是市场体系的完善方面，都在逐步朝着国际化方向迈进。特别是2006年以后，随着我国金融业加入世界贸易组织过渡期的结束，我国证券市场获得了长足的发展。

我国证券市场的发展变化，要求证券投资学教学内容以及教材要及时更新。在这种背景下，出版一本适应新形势的证券投资学教材是十分必要的。

在本书编写过程中，我们查阅了大量的资料并形成了我们的写作思想。主要有：第一，要有新的内容，在结合最新证券投资政策前提下，既要对前沿的金融创新工具进行分析，又要总结、提炼证券市场的新变化。第二，要形成本书的特色，即本书既不是对单纯理论的演绎，也不是炒股揭秘之类的读物，而是既有对相关理论深入浅出的阐述和完善的体系结构，又有实践操作意义，能指导证券投资。第三，要重点突出，详略得当。

在结构上，全书共分为五个部分。第一部分为第一章、第二章，着重介绍证券投资的基础知识和基本原理；第二部分为第三章、第四章和第五章，主要介绍股票、债券、投资基金、金融衍生工具和股价指数；第三部分为第六章和第七章，主要是证券投资分析，包括基本分析和技术分析；第四部分为第八章和第九章，主要介绍证券投资的计划、方法和技巧；第五部分为第十章，介绍证券市场的监管。

本书由西华大学经济学院兰虹教授和王文君副教授共同主持编写并审订、修改和定稿。具体编写情况为：第一章至第五章和股市常用术语由兰虹教授撰写；第六章至

第十章由西华大学经济学院王文君副教授撰写。另外西华大学经济学院王伦强副教授、谢海芳副教授、罗涛博士、西华大学管理学院副教授袁险峰参加了教材体系设计并提出了修改意见。

本教材适合大学本科、专科、职业技术学院的学生和证券行业的人员选用，各校可以根据教学任务、教学时数进行适当增减。

在本书的编写过程中，我们参考了国内外学者有关证券市场方面的书籍、相关文献以及一些精品课程网站，并得到了西华大学教务处的大力支持，经济学院于代松教授，教学办公室张利主任，马克思主义学院研究生涂春雷，经济学院本科学生刘丽凤、余敏等同学帮助提供资料并提出修改建议，在此表示由衷的感谢。

本书是四川省教育厅“基于集聚创新人才的成都创新环境研究”（项目编号：w15212214）、“西华大学教师师资支持计划”（2018王文君）（财务预算号：21050020）项目研究成果之一。

由于编者水平有限，加之时间仓促和证券市场变化太快，书中难免有不足之处，敬请广大读者及同行指正。

编者

2020年10月于西华大学

目录

第一章 证券投资概述

第一节 证券与证券投资

一、证券的概念与分类

证券，是各类经济权益凭证的统称，用来证明证券持有人可以按照证券所规定内容取得相应的权益。

证券可以分为无价证券和有价证券两大类。无价证券包括证据证券和所有权证券。证据证券也统称为凭证证券，指单纯证明事实的凭证，如借据、收据和票证等，一般不具有市场流通性。所有权证券是认定持证人是某种财产权的合法权利者，是证明持证人所履行的义务有效的凭证，如土地所有权证书等。

有价证券指的是对某种有价物具有一定权利的证明书或凭证。有价证券本身没有价值，因为它不是劳动产品，但是由于它能给持有者带来一定的收益，所以，它有价格，可以在证券市场上自由买卖。有价证券具有两个基本特征：①因为它是代表财产权的，所以其券面上必须载明财产的内容和数量，并且证券所表示的财产内容和数量是以一定的金额来表示的，即表示它具有一定的价值，这样便于在市场上流通。②证券所表示的财产权与证券自身不可分离。要行使该权利，就必须持有这种证券，转移了该证券，也就失去了其权利。我们一般所说的证券，指的就是有价证券。下面从几个不同角度，对有价证券进行分类：

（1）商品证券、货币证券与资本证券。按证券的用途和持有者的权益不同，有价证券可以分为商品证券、货币证券和资本证券三类。商品证券是有领取商品权利的证券，如提单、货运单、栈单、购物券等。货币证券是表明对货币享有索取权（请求权）的证券，如汇票、本票和支票等。资本证券则是表明投资的事实，把投资者的权利转化为有价证券，或者说是能够按照事先的约定从发行者那里领取收益的权益证券，如股票、公司债券等。

有价证券有广义与狭义之分。广义的有价证券就是指上述的商品证券、货币证券和资本证券，而狭义的有价证券是指资本证券，包括股票和债券两大类。本书下面所说的证券都是指狭义的有价证券。

（2）上市证券与非上市证券。按照证券是否在证券交易所挂牌交易，有价证券可分为上市证券和非上市证券。

上市证券是指在某一证券交易所注册，有资格在该证券交易所进行交易的证券。在某一证券交易所申请注册的证券，必须符合注册条件、遵守该交易所的规章制度。证券上市可以增加证券的流动性，提高公司的知名度，便于公司进一步筹措资金，同时也有利于投资者买卖证券。

非上市证券指未在证券交易所登记，没有挂牌交易的证券。非上市证券大多因不符合上市条件而未能注册登记。当然，非上市证券也并非都不符合上市标准。有些证券虽然具备了上市条件，但由于种种原因没有上市，如不愿意公开其业务和财务状况，发行公司不愿上市；等等。

（3）固定收益证券与变动收益证券。按照证券的收益是否固定，有价证券又可分为固定收益证券和变动收益证券。前者指证券的收益率预先已经知道，因此，证券持有人可以在特定的时间内获得固定的收益，如一般的债券和优先股股票。变动收益证券指证券的收益率事先无法确定，而是随公司的盈利情况和盈利分配政策等因素的变化而变化。普通股股票和流动利率债券就属于此类证券。

（4）公募证券与私募证券。按照证券的发行方式和发行范围，有价证券可分为公募证券和私募证券。

公募证券指公开向社会投资者发行的证券。发行者具有较高的社会信誉和知名度，符合证券主管部门规定的条件，经申报批准后委托证券经营机构向不特定的投资者推销。

私募证券指由发行者向特定投资者直接出售的证券。因投资者多与发行者有密切的关系，了解发行者的资信，且发行额较小，因此事先不必提供企业财务资料，也不必向证券主管部门申报批准，发行手续简单，但不能公开上市交易。

除上述分类外，有价证券还可按流动性大小分为适销证券和不适销证券，按发行地点可分为国内证券和国际证券，等等。

二、证券的性质与特征

（一）证券的性质

证券是一种能带来一定收益的价值凭证，具有以下性质：

（1）虚拟性。证券本身仅是一种价值凭证，而不是实物资本本身。证券价格变化仅仅是对实物资本运作状况的反映。由于各种原因，市场表现的虚拟资本价值与实际资本价值往往是相背离的，经常出现严重低估或高估的现象。特别是股票，其股价并不能完全反映其实际情况，每股净资产往往低于其股价。因此，证券就具有虚拟性特征，也就是通常所说的存在泡沫。泡沫的兴起与破灭，会使社会经济出现不稳定因素，如美国 1929—1933 年的大危机就是从股市泡沫的破灭开始的，继而引发了经济危机乃至社会危机。

（2）直接性。直接性具体是指该资本的融通与流动仅在当事人之间直接进行，不通过中介人过渡。与此对应的是间接融资资本，如银行的存贷款即是一种间接融资形式，其中，银行起了中介作用。银行先吸纳存款，再贷给借款者，从中获取存贷息差收益。而存款者不知道钱借给了谁，贷款者亦不知道资金是谁提供的。

（3）长期性。比如，可以称股票为永久性证券，因为它具有不可返还性。债券可分为短期债券和长期债券。1年以上的债券称为长期债券，有的3年、5年、7年，有的长达20~50年，甚至是永久性的。

（二）证券的特征

（1）流通性。证券可以转让、流通、偿付，这是证券的流通性特征。证券只有通过流通才能达到增值的目的；只有通过流通，才能经过市场评价，合理反映企业的内在经营质量。因此，流通性能使证券具有活力，从而吸引人们购买。证券的流通性强弱往往与证券的种类、偿还期限长短、宏观经济状况好坏及发行人的经营业绩、信誉、知名度等状况有关。

（2）收益性。一般来讲，所有的证券，持有者都能凭借证券获取收益，这是证券投资者的基本权益。证券的收益来自三个部分：一是发行者给予的利息、股息、红利；二是随着发行公司净值资产的增加而带来的资产增值收益（这在股票中较明显）；三是价差收益，也就是资本利得。一般来讲，股票的收益大小最终取决于股份公司的经济效益，它与股票的市价高低及股息红利高低有关，而债券收益与票面利率、偿还期限、市价等有关。

（3）风险性。按照一般经济原理，收益与风险是对称的。由于证券具有收益性，因此也带来了风险性，即投资者在购买证券后有可能出现其持有的证券价格不能达到原来投资成本之上的情况。证券的风险是客观存在的，其主要包括系统性风险和非系统性风险。系统性风险不可能通过分散投资来回避。非系统性风险由个别行业企业的自身情况造成，不会波及所有的行业企业。通过优化组合、分散投资，可把非系统性风险降至最小。

（4）波动性。证券价格可分为票面价格、发行价格和市场价格三种。由于发行条件的不同，证券的发行价格可能高于或低于票面价格。不仅如此，受政治、经济、心理等因素的影响，证券的供求关系处于变动之中，这就决定了证券在流通过程中的价格也会随之变动，并且可能发生大幅度的变动。

三、投资与证券投资

（一）投资的概念

所谓投资，就是投资主体为获取未来收益或经营、实施某项事业，预先垫付货币或其他资源，以形成资产的经济行为。简言之，投资就是投入某种资源，获得某种资产及收益的过程。显然，这里是广义的投资概念，其内涵包括以下几方面：

第一，投资目的明确，即为了获取未来收益或经营、实施某项事业。未来收益既可以是投资的资产收益、差价收益，也可以是其他非经济的个人或社会效益。

第二，投资获取某种资产，是实现目的的手段。某种资产可以是有形资产，也可以是无形资产，如专利权、商业信誉等。只有先获得某种资产，才能最终获取未来收益或经营，实施某项事业。

第三，投资的前提是预付，即预先垫付，投入货币或其他资源的投资品。投资是以人力、物力和财力的投入为先决条件的。

第四，投资既可指资源或经济要素的投入，又可指投资主体形成资产的经济行为。

第五，投资是一个动态的概念。它既受到历史背景、经济水平、经济体制等诸多因素的制约，又随着社会经济的发展而发展，随着人们投资实践的丰富而丰富。投资是社会经济历史发展到一定阶段才产生的，但随着社会的不断发展和进步，人们所依赖的生产与生活的资产越来越丰富，投资范畴的内涵与外延也越来越丰富。

（二）投资的分类

投资是一个多层次、多侧面、多角度，内容极其丰富的概念，因而可按许多方式进行归纳与分类。

1. 实物投资与金融投资

实物投资就是投资主体为获取未来收益或经营、实施某种事业，预先垫付货币或其他资源，以形成实物资产的经济行为。实物投资可分为稀有资产投资、固定资产投资和流动资产投资。其中稀有资产投资是指投资主体为获取预期收益，预先垫付货币以形成稀缺性资产的经济行为。稀有资产包括贵金属、宝石、文物古董、书画、邮票和其他艺术品。稀有资产投资是一种分门别类的、专业性、技术性很强的大众投资方式，其知识较为分散，且操作性、实用性很强。

金融投资是投资主体为获取预期收益，预先垫付货币以形成金融资产，并借以获取收益的经济行为。金融投资包括股票投资、债券投资、期货投资等有价证券的投资。个人在银行储蓄的行为也是一种金融投资，其获得的存款凭证能使投资者获得一定的未来收益。

2. 直接投资与间接投资

从经济学的意义上说，投资形成新的资本，用于生产事业，如建设厂房设施、购置设备、购买原材料等，通过生产流动，可以直接增加社会的物质财富，或提供社会所必需的劳务，所以称为直接投资。直接投资是和实物投资相联系的。

从金融学的意义上说，投资是指把资金用于购买金融资产，主要是有价证券，以期获得收益。这些资金通过股票、债券等金融工具的发行，转移到企业后再投入生产活动，这种投资一般称为间接投资。就投资于金融资产而言，投资于银行储蓄、金融机构债券及各种投资基金为间接投资；而从证券市场上直接购买股票、企业债券等有价证券为直接投资。

3. 短期投资与长期投资

一般来说，投资时间在一年以下的为短期投资，一年以上的为长期投资。严格地说，一至五年或七年为中期投资，五年或七年以上的投资才是真正意义上的长期投资。选择短期投资还是长期投资，是很重要的事，它直接关系到投资者的收益、资金周转速度及机会成本等。一般情况下，短期投资相对于长期投资来说收益率较低，如投资于短期国库券（一年以下）比投资于长期债券收益要低。但短期投资风险相对较小，资金周转快，也许会从再投资中获取新的收益。进行短期投资还是长期投资，一般取决于投资者的投资偏好。另外，长期投资和短期投资是可以转化的。购买股票是一种长期投资，无偿还期，但股票持有者可以在二级市场进行短线操作，卖出股票，这又变成短期投资。

4. 固定收入投资与不固定收入投资

证券投资的目的是获取收益。证券种类繁多，其投资性质、期限各不相同，收入高低和支付方式也不一样。证券投资按其收入是否固定可分为两类，即固定收入投资和不固定收入投资。固定收入投资，是指该种证券预先规定应得的收入，用百分比表示，按期支付，在整个证券投资期限内不变。不固定收入投资是指证券的投资收入不预先规定，收入不固定。债券和优先股的收入都是预先规定的，而普通股的收入则是不固定的。一般地说，固定收入投资风险小，但收益也低；不固定收入投资风险大，但可能获得较高的收益。

5. 其他分类

投资概念还可以从投资主体、空间、产业和运作等方面进行分类。

按投资主体划分，有个人投资、企业投资、政府投资和外国投资。其中个人投资与企业投资合称民间投资，与政府投资相对应。

按投资的空间划分，有地区投资、国内投资、国外投资及全球投资。

按投资的产业划分，有第一产业投资、第二产业投资、第三产业投资等。

按投资运作划分，有消费投资、生产投资、建设投资，其中按项目的建设性质划分，又可分为新建、扩建、改建与迁建等投资。

按投资效果划分，有无效投资与有效投资、显效投资与隐效投资、近效投资与远效投资等。

按投资的形式划分，有货币投资以及物品、土地、劳动力、知识产权、债权、股权等投资。

按投资的范围划分，有宏观投资、中观投资和微观投资等。

按投资的口径划分，可以分为狭义投资与广义投资。狭义投资仅为证券投资或实物投资，广义投资包括我们列举的全部投资含义。

（三）证券投资的概念

证券投资是一种金融投资或间接投资，它是个人、企业、银行及其他社会团体积累起来的资金购买股票、债券等有价证券，借以获取收益的行为。

证券投资又可分为直接投资和间接投资两种。直接证券投资是指投资者直接到证券市场上去购买证券；间接证券投资是指投资者购买有关金融机构本身发行的证券，而这些金融机构本身是专门用发行证券吸收的资金从事证券交易来获利的，如各种投资基金就是这样。

证券投资虽然不直接增加社会资本存量，但它使社会上闲置的货币资金转化为长期投资资金，最终用于对实物资产的投资。所以，证券投资是促进资本积聚、集中、扩大再生产能力的重要形式。人们通过证券投资活动，间接地参与了资本的积累，他们所获得的利息、股息等投资收益正是来源于他们所投资本在再生产过程中增值的利润，即剩余价值。因此，证券投资又是社会财富增值的一种方法，利息、股息收益是剩余价值的一种转化形态。

证券投资由三个基本要素构成：①收益。其包括利息、股息等当前收入和由证券价格的涨落所带来的资本收益。此外，还包括股东对企业的种种权利。②风险。一般来说，收益与风险成正比，即收益越高，风险越大；但不能说凡追求高的风险就一定取得高的收益。③时间。投资者必须决定是投资于长期、中期还是短期的证券。一般来说，投资期限越长，收益就越高，但同时风险也越大。

四、证券投资与证券投机

（一）投资与投机的区别

证券投资是货币持有者购买有价证券并长期持有，其目的是为了获得稳定的利息和股息收入，实现资金的增值。而证券投机是指货币持有者利用证券价格的波动，赚取证券买卖差价收入的行为。具体来说，证券投资与投机有以下几方面的区别：

（1）动机与目的不同。投资者买卖证券是为了获取稳定的利息和股息收入，而证券投机者则是为了在短期内通过价格变动来获取买卖价差收入。

（2）持有时间不同。投资者持有证券的时间一般在一年以上，而投机者持有证券的时间较短，多则几周至数月，少则只有几天，甚至是当天进当天出。

（3）决策依据不同。投资者的决策依据主要是对上市公司经营状况的分析考察，而投机者的决策依据主要是对股市行情短期变化的预测。

（4）风险倾向和风险承受能力不同。投资者厌恶证券风险，风险承受能力也较差；而投机者往往喜欢风险，他们为了赚大钱而愿意冒较大的风险。

（5）投资对象不同。投资者通常选择价格波动小的证券，而投机者往往选择价格波动大、有周期性变化的证券。

证券投资与证券投机的区分是相对的，在很多情况下，两者是可以相互转化的。如投资者购入证券后准备长期持有，但因短期内证券价格大幅飙升而卖出，投资就变成了投机；反之，如投机者买入证券后被套牢而不得不长期持有，投机就变成了投资。一次良好的投资，实质上是一次成功的投机。

（二）证券投机的积极作用

（1）促进证券交易的活跃。投机者为了从证券价格的短期变动中获利，进行了大量、频繁的证券买卖，促进了证券市场的活跃和繁荣，也为国家增加了税收收入。

（2）投机者勇于承担证券风险，有利于新证券的发行。

（3）调节证券需求，稳定证券市场。投机者不注重利息和股息收入，而是利用价格变动来获取收益。他们在证券价格较低时买进，在证券价格上升时卖出，这有利于调节证券的需求，稳定证券市场。当然，这是对适度的证券投机而言。过度的投机会引起股市的暴涨暴跌，影响证券市场的稳定。

（三）证券投机的分类及对策

证券投机按性质可分为合法投机和非法投机。合法投机是指在国家法律允许的范围内进行的投机；而非法投机是指违反国家法律规定的投机，一般指使用不正当的手段，如通过哄抬、舞弊、欺诈等进行的投机。

证券投机按程度可分为适度投机和过度投机。适度投机是在不影响证券市场与社会经济基本稳定前提下的投机，而过度投机则是导致证券市场与社会经济剧烈波动的投机。各种证券投机的关系见图 1.1。

- 证券投机
  - 非法投机
  - 合法投机
    - 适度投机
    - 过度投机

图 1.1　各种证券投机的关系

对于证券投机，既要用法律手段坚决打击并取缔非法投机行为，又要用行政手段和经济手段有效地抑制过度投机，允许适度投机的存在，从而达到既能实现证券市场与社会经济的基本稳定，又能活跃证券市场的目的。

为了加强对证券的控制和管理，一方面要加强证券法制建设，把对证券投机的控制和管理纳入法律控制的轨道，做到有法可依、有章可循；另一方面，要健全证券管理机构，这是加强对证券投机控制和管理的组织和人员方面的保证。

第二节 证券投资的动机与原则

一、证券投资的动机与目的

投资者参与证券投资的动机与目的是多种多样的。例如，有些投资者参与投资活动仅仅是为了积累财富，而无其他动机；有些投资者是想为子女赚取接受教育的资金；还有些投资者是为了获得老年生活费用和满足其他方面的财务需要；而另外一些投资者则是为了参与公司的经营决策，等等。此外，个人投资者和机构投资者的投资动机也往往是不同的：个人投资者将投资作为资产增值的手段，以便能够为家庭增加未来资金来源；机构投资者则往往是为了积累资金，更好地为其对象服务，或是为了控制某一企业的生产经营。归纳起来，证券投资的动机与目的主要有以下几种：

（一）获取收益

绝大多数投资者参与证券投资活动，主要是为了获取收益，通俗地说，就是为了赚钱，具体又分为以下两种类型：

（1）获取投资收益。许多人参与投资活动最主要的动机是获取利息和股息等收益。特别是那些谨慎的、着眼于长期投资的人，更是注意比较各种证券收益的差别，以进行细致的计算和选择，尽量把资金投放在市场价格比较稳定且收益较高的证券上。他们大多选择债券、优先股和那些赢利能力强的公司股票，长期持有，以获得较稳定的利息和股息收入。这实际上就是我们前面所说的证券投资。

（2）获取投机收益。有些人参与证券投机活动，主要是为了从证券价格波动中获取差价收益。这些证券投机者认为，证券低进高出获得的收益远高于利息或股息收入。因此，他们时刻关注着证券市场的供求关系和证券行市的变动趋势，频繁地买卖证券，他们愿意承担较大的风险以期获取较大的收益。

（二）参与经营决策

有些投资者参与证券投资，主要是为了参与发行公司的经营决策，也就是通过参加股东大会来行使投票表决权。少数资金雄厚的投资者有时会通过大量购买某一公司股票来达到控制这家公司的目的。

随着股权不断分散，股份公司尤其是规模大的股份公司，其股东众多，不可能都参与公司的经营决策，只有极少数大股东才有参与公司决策的实际权利。这种情况使得绝大多数小股东不大关心公司的经营决策，而是关心股票的收益。在股票流通市场日益发达的今天，股票作为公司所有权象征的意义越来越弱，而作为一种“金融商品”的意义越来越突出。

（三）分散风险

投资者对投资资产管理的重要原则是资产分散化，以降低风险。资产分散化就是投资者不要将资金集中投放在单一资产上，而是同时持有各种资产。这样，当市场行情发生变化时，各种资产有升有降，可以互相抵销，投资者可以避免或减少损失。证券投资具有选择面广、资产分散的特点，从而为投资者实现资产分散化、降低投资风险提供了可能性。

（四）增强资产流动性

资产流动性也称变现性，是一种资产在不受损失的情况下转化为现金的能力。保持资产的流动性，是参与投资经营的重要原则，流动性的高低是衡量投资者经营活动是否稳健、正常的主要标志。证券是除现金和活期存款外最有流动性的资产，证券投资业务为投资者保持资产的流动性提供了条件。

（五）其他动机

投资者参与证券投资的动机除以上几种外，还有以下一些动机：

（1）安全动机。有些人参与证券投资，是认为用现金购买证券比把现金放在家里安全，可以防止遗失、被盗和因意外灾害造成的损失。这些投资者也重视投资收益问题，他们认为把钱存入银行和购买证券的安全程度差不多，但证券投资的流动性较高，而且能获得更高的收益，所以就采取证券投资的方式。他们大多购买价格波动小且收益比较稳定的证券。在交割时，他们往往把证券寄存在银行或证券经营机构，以提高安全程度。

（2）自我表现的动机。有些人参与证券投资是为了显示自己，以获得心理的满足。他们或者以拥有巨额证券资产来显示自己的富有、地位和威望；或者通过证券投资赚取比别人多的收益来证明自己有着不同凡响的能力；或者通过证券投资来获得社会的承认或表明自己已长大成人。有些人尽管持股比例极小，对公司决策实际上没有什么影响，但他们热衷于参加股东大会，在股东大会上积极发言、提出质疑，抛头露面，出尽风头。

（3）情绪动机。还有些人是因为喜欢、好奇、好胜、嫉妒等情绪方面的原因而从事证券投资的。比如，有人看到别人买卖证券，自己也想体验一下；有人看到别人炒股赚了钱，自己不甘示弱，也加入炒股行列，希望比别人赚得更多些，等等。因情绪影响而引发的证券投资行为，具有冲动性、不稳定性等特点。

（4）习惯原因。还有一类人因长期从事证券投资活动，已成为习惯，证券投资成为他们生活中不可缺少的组成部分。有些人甚至证券投资成癖，异乎寻常地关心证券行市的变化，一天不买卖，就会吃不下饭、睡不着觉。这种行为已超出正常的证券投资行为，属于不理智的投资行为。

总之，人们从事证券投资活动的原因是多种多样的。一个投资者可以在一种动机和目的的驱使下进行证券投资，也可能在多种动机和目的的合力下参与证券投资。在种种动机和目的中，获取收益是最基本、最主要的动机。

二、证券投资的原则

证券投资的主要目的在于获取收益。但在获取收益的同时，不可避免地存在一定程度的风险。不同投资者对证券投资的不同态度以及所采取的不同对策，实际上就是人们对收益与风险大小的不同权衡。有些人倾向于高收益、高风险的投资，有些人却宁愿选择低风险、低收益的投资，还有些人则介于两者之间。但无论哪一种投资者，其共同点都是在预期收益一定的前提下，尽可能地利用各种方法和手段降低甚至避免投资风险；或者是在投资风险预期一定的前提下，尽可能提高投资收益率。为了达到上述目的，必须遵循以下几个原则：

（一）收益与风险最佳组合原则

在证券投资中，收益与风险形影相随，是一对相伴而生的矛盾。要想获得收益，就必须冒风险。解决这一矛盾的办法是：在已定的风险条件下，尽可能使投资收益最优化；在已定的收益条件下，尽可能使风险减小到最低限度。这是投资者必须遵循的基本原则，它要求投资者首先必须明确自己的目标，恰当地把握自己的投资能力，不断培养自己驾驭和承受风险的能力及应付各种情况的基本素质。其次，要求投资者在证券投资的过程中，尽力保护本金，增加收益，减少损失。必须看到，证券投资是一项非常复杂的经济活动，预测失误的事屡见不鲜，这就要求投资者不断总结经验，分析失败的原因，才能获得最后的成功。

（二）分散投资原则

西方有句谚语："不要把所有的鸡蛋都放在一个篮子里。"中国也有句谚语："不要在一棵树上吊死。"说的都是分散风险的问题。证券投资是风险投资，它可能给投资者带来很高的收益，也可能使投资者遭受巨大的损失。为了尽量减少风险，必须进行分散投资。

分散投资可以从两个方面着手：一是对多种证券进行投资。这样，即使其中的一种或几种证券得不到收益，而其他的证券收益好，也可以得到补偿，不至于血本无归。二是在进行多种证券投资时，应把握投资方向，将投资分为进攻性和防御性两部分，前者主要指普通股票，后者主要指债券和优先股。因为投资普通股收益高但风险大，而债券和优先股相对较安全。将资金一分为二，即使投资于普通股的部分亏了本，还有债券和优先股部分，不至于全盘皆输，无反击之力。而对于普通股的投资，也可以在公司、行业和时间等方面加以分散。

（三）理智投资原则

证券市场由于受到各方面因素的影响而处于不断变化之中，谁也无法准确预测行情的变化。这就要求投资者在进行投资时，不能感情用事，应该冷静而慎重，善于控制自己的情绪，不要过多地受各种传言的影响，要对各种证券加以细心比较，最后才决定投资的对象。不然，在冲动情绪下进行投资，往往是要失败的。还有一些缺乏经验的投资者，看到自己要买的股票价格略有上涨时，就急不可耐，唯恐买不到这种股票，便匆忙提出市价买进委托，结果很可能是高价购进该种股票。因此，投资者应随时保持冷静和理智的头脑，做到"众人皆醉我独醒"。有时，股市在一片叫好声中，往往已处于暴跌的前夜；而在股市最萧条的时候，正是黎明前的黑暗，股市复苏的曙光就在眼前。在这种情况下，投资者若能采取与其他人相反的操作策略，必将获得极大的收益。理智投资是建立在对证券的客观认识基础上的，要经过细致、冷静的分析比较后采取行动。理智投资具有客观性、周密性和可控性等特点。

（四）责任自负原则

在进行证券投资时，适当借助他人的力量，如接受他人的建议或劝告是必要的，但不能完全依赖别人，而必须坚持独立思考、自主判断的原则。这是因为证券投资是一种自觉的、主动的行为，所有投资的赔赚都要由自己承担。尽管有的证券公司业务员对客户保证“绝对赚钱”，从职业道德上讲，他们也是希望投资者能获取收益，但他们的主要目的是扩大财源，增加委托手续费，为其公司赚钱。另外，在证券市场上，任何人都不会比自己更认真地去考虑自己的事情。所以，投资者不应轻信或完全依赖他们。那种把投资成功归于自己的判断，而把投资失败归罪于他人的做法是没有道理的。证券投资的成败完全是投资者自己的责任，不具备这一认识的人，可以说就不具备投资者的资格。

（五）剩余资金投资原则

储蓄是证券投资的先决条件，没有可供运用的资金，证券投资便无从说起。对大多数人来说，证券投资的资金必须是家庭较长时间闲置不用的剩余资金，不能借钱来进行投资。这是因为证券投资是一种风险较大的经济活动，意味着赚钱和亏本的机会同时存在，如果把全部资金都投入证券，一旦发生亏损，就会危及家庭收支计划，从而给正常的生活带来极大的困难。国外有些人因参与证券投资而倾家荡产，往往就是因为大量借钱来从事投资活动。所以，妥善可靠的做法是把全部资金进行合理分配，留足家庭生活的必备资金，所剩余的长时间有可能闲置的资金，才能用来进行证券投资。当然，有些投资者也可用借款的方式来买卖证券，但要考虑自己的承受能力，一旦投资失利，必须有偿还借款的财产。投资者应该在估计全部资产和风险承受能力的基础上，决定是否进行证券投资和用多少资金进行证券投资。

（六）时间充裕原则

证券交易尤其是股票交易主要是在证券交易所里进行的，而交易所的交易活动是有严格时间限制的。如果进行长期投资，时间因素似乎不成问题；但如果进行短期投资，则不能坐享其成，而必须经常花费时间来研究投资事务，因此时间因素就十分重要了。职业投资者自然有充裕的时间来进行证券买卖活动，而大部分投资者是业余从事证券投资的，他们有自己的本职工作，想买卖证券时，也许是工作最繁忙的时候，这样，经常会失去许多很好的获利机会。同时，在工作时间买卖证券，总是一心二用，很难抓住最佳的投资时机。因此，业余投资者进行短期投资是比较困难的。现在，越来越多的退休者和家庭妇女参与证券投资，一个重要原因就是他们拥有较充裕的时间。投资者如果自己没有时间或能力，可以委托专门的机构或人员来管理自己的投资，也可以参与各种基金的投资。

（七）能力充实原则

每个投资者都应该不断培养自己的证券投资能力，而这种能力的基础就是投资知识和经验。掌握投资知识是从事投资的重要条件，没有知识的投资是盲目的投资，十有八九是要失败的。证券投资知识包括各类证券的基本特征、证券市场的构成、证券交易的程序、怎样分析证券的行情、证券投资的法律法规等。投资者要获得证券投资知识，主要有两条渠道：一是通过向书本学习、向别人请教以获得间接经验；二是通过自己的实践以获得直接经验。证券投资经验包括成功的经验和失败的教训。投资者要想准确地把握证券行情，就需要长期的经验积累。

第三节　证券投资过程

证券投资过程包括一系列活动，其中心是证券的买卖。因为只有进行证券买卖，投资者才能获得足以补偿其所承受风险的收益。证券投资的过程一般包括以下几个环节：

一、收集资料和信息

投资者应尽可能多地收集有关证券市场的各种资料。对证券投资者有用的资料信息主要包括以下几个方面：①证券发行公司的各种资料，如公司的招股说明书、上市公告书、中期报告、年度报告等财务资料，以及与公司有关的各种重大事件的公告消息等；②证券行情变动情况；③国民经济的发展状况，如国民生产总值增长率、通货膨胀率、利率水平等；④政府的经济政策，如财政政策、金融政策、产业政策、外贸政策等；⑤政局和社会的稳定状况；⑥国际经贸动态，这对有进出口贸易和产品受国际市场影响的企业尤为重要。一般来说，资料信息的来源主要有以下四个渠道：

（1）公开渠道。公开渠道是指通过各种书籍、报纸、杂志、其他出版物以及电视、广播、互联网等媒体获得公开发布的资料信息。按照不同的标准，可以对这一来源的资料信息进行以下几种分类：

①从资料信息所涉及的内容范围来看，有关于世界政治经济形势，本国政治经济形势，某个行业发展状况，产业政策，某个公司的生产、销售、管理、财务、股票状况，某种产品生产与销售状况等方面的资料信息。

②按资料信息的发布方式，可分为实时信息和历史信息两种。实时信息发布的是与市场同步的资料信息，如证券交易所发布的各种股价信息；历史信息发布的是落后于市场的资料信息。

③按资料信息发布的时间与频度，可分为定期信息和不定期信息。定期信息如按每天、每周、每月、每半年、每年等固定的时间频度发布的资料信息。

④按资料信息的表现形式，可分为文字信息、音像信息、数据信息等。

⑤按资料是否支付费用，可分为无偿使用信息和有偿使用信息。

（2）商业渠道。一些商业性机构如证券投资咨询公司，有偿提供经过其整理、加工、分类的信息和分析报告及其他资料信息，这对个人投资者来说是一个非常重要的资料信息来源。

（3）实地调查。这是指投资者直接到有关的上市公司、证券公司、交易所、政府部门等机构实地了解所需的资料信息。这种资料信息来源的特点是具有较强的针对性，资料信息的真实性也较高，但所花费的时间、精力比较多，成本比较高，而且具有一定的难度。因此，通常将这一渠道作为上述两种资料信息来源的补充。

（4）其他渠道。如通过家庭成员、朋友、邻居的介绍等。

证券市场的资料信息十分丰富，任何人都不可能全部掌握，投资者必须学会从浩繁的资料中选择对自己有用的资料。

二、研究分析

投资者把从各个渠道得来的资料信息进行比较分析，研究了解各类证券的特点，了解证券交易所和证券经营机构的状况，了解证券发行者与投资者的心态，预测证券行市的变动趋势，从而为投资决策提供依据。

证券投资采用基本分析和技术分析等证券投资分析方面的专业分析方法和分析手段，通过对影响证券回报率和风险的各种因素进行客观、全面和系统的分析，揭示出其作用机制以及带有规律性的东西，用于指导投资决策，从而保证在降低投资风险的同时获取较高的投资回报率。

三、做出决策

证券投资主要是为了获取收益，对于投资者来说，当然是收益越高越好。然而，收益高的证券，其风险往往也大。因此，投资者必须在风险和收益之间进行权衡。投资者必须在各种股票和各种债券之间进行选择，以便对投资对象以及怎样分配投资资金做出决策。

另外，证券市场可分为一级市场和二级市场，在一级市场购买的是新发行的证券，在二级市场购买的是其他投资者转让的二手证券。因此，投资者还必须在一级市场和二级市场之间进行选择，当然也可以对两个市场都进行投资。只是一级市场的证券发行是有时间性的，并非时刻都有新证券发行；而二级市场是一个连续性的市场，投资者随时都可以进行证券投资。

四、购买证券

购买证券是证券投资的实质性阶段，如果不购买证券，不把投资决策付诸实施，一切只能是纸上谈兵。无论是在一级市场还是在二级市场购买证券，无论是柜台交易还是证券交易所的集中交易，无论是上市证券还是不上市证券，一般都要通过证券经营机构来买卖。

证券一级市场与二级市场之间存在着密切的联系，如果二级市场行情火爆，则一级市场就会有极大的吸引力；如果二级市场低迷不振，一级市场就会失去吸引力。因此，投资者在一级市场投资时，要充分注意二级市场的状况。投资者要在二级市场购买证券，可以选择一家信誉好的证券经营机构，委托其办理买卖业务。

五、证券管理

买进证券并不意味着证券投资的结束，完整的证券投资过程还包括证券资产的管理。投资者买进证券后，应随时根据证券市场的变动情况，对自己购买的证券进行分析和检验，以判断购买这些证券是否合适、是否明智。如果投资效果达到了预期目标，说明此项投资是成功的，否则就是不成功的。投资者应根据证券行情、上市公司经营状况和国民经济形势等情况适时地进行证券调整，使整个证券投资过程更趋完善。证券投资过程如图 1.2 所示。

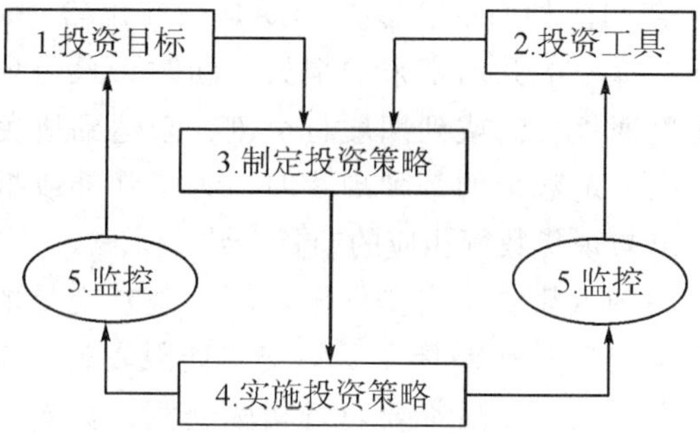

图 1.2　证券投资过程

第四节　证券交易的基本方式

证券交易的方式是指投资者在证券市场上进行证券买卖活动时所采用的投资方式，主要有现货交易、期货交易、信用交易和期权交易四种方式。

一、现货交易

现货交易是以现金或支票买卖证券，要求买卖双方在成交后即履行交割的交易。所谓交割，就是结清交易手续，卖者交出证券后，买者即付现金。

现货交易的特点表现在两个方面：一是实物交易，卖方必须向买方转移证券，没有对冲；二是交割迅速，清算及时。因此，能比较有效地避免和减少市场欺诈、人为地操纵行情、控制和垄断市场价格的不法行为。与其他交易方式相比，从事现货交易的人，较多地是为了投资，以获得利息和股息方面的收益。现货交易的缺点是不能适应买卖双方对市场预期价格变动的趋势以进行有效的投资选择。

二、期货交易

证券的期货交易是期货交易的一种。此外，还有商品期货（农产品、金属等）、外汇期货、利率期货，等等。证券的期货交易指证券买卖双方约定在未来的特定日或特定期间，以双方预先同意的价格交割特定数量证券的交易。由于契约成立时与交割时证券行市可能不一致，这就可能给证券买卖者带来利益或亏损。

在期货交易中，实际交割日与成交日会有一段时间差，因此，买卖双方在交割到期前均可以卖出或买入与原交割期和数量相同的同一证券进行对冲，而实际的交割只需要清算买卖的差额。在这种情况下，买卖双方往往并不真正地进行证券买卖，即购买者并非真正地想买，出售者也并不一定真正拥有证券，他们只是凭证券行市的涨落买空卖空，以套取价差。据统计，期货交易中到期真正以实物交割的仅占百分之几，因此，期货交易常被用来进行买空卖空的投机活动。

然而，期货交易除了被用来投机套利外，还有套期保值的功能。所谓套期保值，是指投资者在现货市场上买卖一定数量证券的同时，在期货市场上反向买卖同等数量的期货。这样，在现货买卖中所带来的亏损，可由期货交易上的盈利得到弥补和抵销。

具体有多头套期和空头套期两种情况。多头套期是指在出售一定数量的某种现货时，为了弥补或抵销将来证券价格上升而带来的损失，同时买入与现货数额相应的期货合约，并在适当的时间卖出期货合约或到期履行交割，来达到避免或减少现货交易的损失；空头套期是指在买入一定数量的某种现货时，为了弥补或抵销将来证券价格下跌而带来的损失，同时卖出与现货数额相应的期货合约。

期货交易与现货交易的区别：①交割期限不同。现货交易的交割期限很短，即使是例行交割，也只有几天时间；而期货交易的交割期限较长，至少为一个月。②履行交割的情况不同。现货交易在成交后都要履行实际交割，买卖双方进行交易的主要目的是买入或卖出证券；而期货交易在成交之后绝大部分不是为了到期履行交割，而是利用交割期内证券价格的变动来买卖期货合约谋利，实际履行交割的情况较少。

期货交易的套期保值和投机套利两种基本功能具有客观的内在联系。如果孤立地看，期货交易具有较大的投机性，这在投机套利活动中尤为突出。但从整个证券市场（包括现货交易）的运作来看，它又为稳健型投资者提供了套期保值的有效工具，是长线投资者防范证券投资风险的重要措施。对于证券的最终交易者来说，正是由于大量投机者的存在，承接了合约期间证券价格涨跌的风险，才降低了他们的投资风险。一部分为获取厚利而甘冒风险的投机者，为另一部分宁愿放弃高收益而求安全性的投资者创造了套期保值的机会。另外，为了避免发生股灾时由于现货价格和期货价格相差过大而出现大量期货合约无法履行的情况，各国证券主管当局都加强了对期货交易的监管，如提高会员保证金、设立保险基金和建立期货清算公司等，以保证期货交易正常有序地进行。

证券期货交易包括股票指数期货、国债期货等。其中股票指数期货是20世纪80年代的创新产品，现已成为最热门和发展最快的一种金融期货。上海证券交易所于1992年12月28日开办了国债期货交易，后因为出现“3·27事件”等严重违规事件，国务院决定自1995年5月18日起暂停国债期货交易。

中国证监会在2007年4月发布实施《期货公司金融期货结算业务试行办法》（证监发〔2007〕54号），明确了期货公司作为金融期货交易所全面结算会员和交易结算会员，从事金融期货结算的业务资格和业务规则；并对期货公司金融期货结算业务资格的取得与终止，全面结算会员期货公司对非结算会员进行金融期货结算的业务规则做了系统的规定。

2013年8月，中国证监会发布实施《证券公司参与股指期货、国债期货交易指引》（证监会公告〔2013〕34号），进一步规范和完善了我国股指期货、国债期货交易业务。

三、信用交易

信用交易也称保证金交易或垫头交易，指证券商将自有资金或银行贷款及证券垫付给投资者买卖证券的一种交易方式，分为融资和融券两种。当投资者预测未来行情看涨，但手中没有足够的资金时，可以通过缴纳一定比例保证金的办法，向证券商借钱买进证券，等到证券行市朝预测的方向变动后再卖出，以赚取差价收益，这就是融资；反之，当投资者预测行情看跌，但手上没有证券时，可向证券商借入证券卖出，待证券价格下跌到一定程度后再买入还给券商，这样可以赚取差价收入，这称为融券。

无论哪一种方式，投资者每天都要付出一定比例的利息。

在信用交易中，融资或融券的数额是由规定的保证金比率或融资比率决定的。保证金比率是自有资金（保证金）在总交易额中所占的比率；融资比率则是证券商为投资者垫付的资金（融资资金）占总交易资金的比率。保证金比率和融资比率互为余数，即两者之和为100%。保证金比率是信用交易中一个相当重要的因素。保证金比率越低（即融资比率越高），投资扩张的倍数越高，投资者的收益就越高，同时风险也越大；反之，保证金比率越高（即融资比率越低），投资扩张的倍数越低，投资者的收益就越低，同时风险也越小。

保证金比率或融资比率在不同的国家、不同的时期都是不同的，在各证券交易所都有具体的规定。客观地看，信用交易具有较大的风险性和投机性。投资者利用信用交易来从事风险性投资，可以用较小的本钱赚较大的收益。尤其是在股票价格处于上升趋势时，投资者更是喜欢采用这种方式。但是，过多的融资会使证券市场形成一种虚假的需求，人为地助推股价上升。而且，由于融资资金大多来源于银行信贷，这就很可能造成通过信用膨胀来助长股市投机。正因为如此，各国对信用交易的限制逐渐趋于严格。目前，国外证券市场的信用交易大约占总交易额的10%，且少有大笔交易。各国对信用交易一般通过以下三个方面进行管理和限制：①政府证券交易主管部门的管理和限制措施；②证券交易所的管理，如提高保证金比率或暂停某些证券的信用交易；③证券商的自我管理，如规定投资者的条件和最低保证金数额等。

四、期权交易

期权交易也称选择权交易，指按契约规定的期限、价格和数量买卖某一特定有价证券的权利所进行的交易。交易包括三个当事人，即期权出售者、购买者和证券商。期权的买方向卖方支付一定数额的权利金（期权费）后，就获得这种权利，即拥有在一定时间内以一定的价格（执行价格）出售或购买一定数量的标的物（实物商品、证券或期货合约）的权利。期权的买方行使权利时，卖方必须按期权合约规定的内容履行义务。买方也可以放弃行使权利，此时买方只损失权利金，同时卖方则赚取权利金。总之，期权的买方拥有执行期权的权利，但无执行的义务；而期权的卖方只有履行期权的义务，它的权利就是获得权利金。

小卡片：研究证券投资的意义

在相当长的时间里，投资的概念在普通人的眼里很生疏。因为在计划经济条件下，投资是国家的事。国家每年下达投资指标，确定投资规模，并由财政拨款和国家银行贷款来分配资金。在计划经济体制下，企业可以进行部分投资，但对于国营企业来说，受国家总投资规模的控制，所有投资计划都需报批，没有自行投资的权利。集体企业有部分自行投资，但规模很小，速度很慢，效率很低。无论是国家还是企业投资，其资金来源基本是财政、银行和少部分的自我积累。而投资对象基本是实际资产（即再生产过程中的固定资产和流动资产），因为在理论上不允许非金融机构投资金融资产，而且事实上不存在金融市场和可供金融投资的金融工具。在计划经济条件下，可以说基本上堵塞了个人参与投资的渠道，城镇职工收入来源单一，扣除吃穿用外，所剩无几，而且不允许参加直接投资。农村社员主要是实物分配，货币收入很少，处于刚够温饱的状态，更谈不上用余钱进行投资。城乡居民实际上参与了部分投资，即通过银行储蓄积累部分资金，由国家进行再投资。但是几乎没有人认识到这是投资，而且到1978年年底，全国城乡居民储蓄存款余额才110亿元人民币！改革开放以来，随着市场经济的不断发展，我国融资与投资渠道和方式都发生了根本性的变化。

最重要的变化是中国建立了资本市场。以前我们把资本市场称为证券市场，实际上证券市场只是资本市场的一部分。资本市场本质上是长期投融资市场。资本市场不仅包括证券市场，而且包括企业产权市场；不仅包括现货市场，而且包括期货市场。就证券市场而言，应当包括股票市场（包括场内市场和场外市场）、债券市场（主要是企业和公司债券市场）、投资基金市场、衍生工具市场。就资本市场交易体系而言，不仅包括交易所市场，还应包括非交易所市场。我们称这样的资本市场为多层次资本市场或广义资本市场。

中国资本市场的建立是以1990年年底成立上海证券交易所和深圳证券交易所为标志的，经过二十多年的发展，已经基本形成了多层次的资本市场体系。就股权和股票发行及交易市场来说，有主板市场、中小板市场、创业板市场，还建立了非上市公司股份柜台转让系统（俗称“新三板”市场），准备筹建场外交易市场（OTC）。已经建立了银行间债券市场和交易所债券市场。形成了规模较大的证券投资基金市场和私募股权基金市场（创业投资基金、产业投资基金等），建立了期货交易所和金融交易所、交易商品期货和金融期货等品种。目前，中国已经建立起一个市值排名世界第三的股票市场，一个余额居世界第五位的债券市场，还有一个交易量名列前茅的期货市场。截至2012年年底我国上市公司达到2 400多家，总市值20多万亿元，投资者1.7亿。中国资本市场的建立、发展对于中国经济改革与经济快速发展有着非常重要的意义和作用。

首先，改变了单纯依靠国家、财政、银行、计划融资和投资体系的局面，通过市场方式进行投融资，通过市场调配社会资源、企业资源，发挥了社会存量资本在经济和企业发展中的作用。资本市场融资和资源配置功能逐步发挥，形成了国家、企业、个人包括外国投资者的多渠道投融资的局面。

其次，资本市场促进了中国企业的发展。最重要的是使中国企业从传统企业变为现代企业。股份制的推行促进了现代公司制度的发展。资本市场推动了企业的发展壮大和行业整合，上市公司的行业布局日趋丰富；资本市场促进了企业和资产价值的重新发现，引领了企业制度变革，促进了国有企业和国有资产管理模式的变革，促进了民营企业的发展。上市公司日益成为中国经济体系的重要组成部分。资本市场还丰富了我国企业吸引国际资本的方式，有助于中国经济更好地融入国际经济体系。

再次，资本市场的发展促进了企业家队伍的形成与发展，培养了大批懂市场、会经营、具有国际视野的企业家、金融家、风险投资家，形成了包括银行、证券公司、基金管理公司、投资公司、资产管理公司等比较完善的金融机构体系，发展了其他金融中介机构，包括为金融市场服务的会计师事务所、律师事务所、评估机构和专业人员。

最后，改变了人们的观念，形成了资本市场文化。人们懂得了什么是投资、如何投资，懂得了什么是风险、如何防范风险，形成了庞大的投资者队伍。资本市场不仅增加了我国的融资和投资渠道，促进了资源通过市场方式在社会范围内的优化组合，加速了经济市场化进程，更重要的是，它给我国广大公众（包括机构投资者）提供了广阔的投资场所，增加了投资渠道和投资机会，使他们不仅可以得到按劳分配收入，而且可以得到资产投资收益。居民的投资意识、风险意识有所增强，对培养适应现代经济需要、有现代意识和素质的人才也有重要意义。

应当承认，我国的资本市场只有二十多年的历史，是一个发展中的市场、不完善的市场和不成熟的市场。我国的投资者仍是不成熟的投资者。面对变换莫测的市场，有些投资者不知所措，有些投资者盲目投资，亏本套牢者甚多。应当说，市场有自己的变化规律，只有懂得这些规律，才能利用它。投资本身是一门学问，它包括投资理论、方法、策略、投资组合等。只有合理投资，才能以最小风险获得最大收益。中国的投资理论与方法的研究起步很晚，尤其是对证券投资理论与方法的研究几乎还是空白。为了适应证券市场发展的需要，提高我国投资者的整体素质，使更多的投资者掌握投资策略和方法，也为了培养更多的懂得证券理论与实务，并能进行操作的人才，必须对证券投资进行深入研究。

资料来源：曹凤岐，刘力，姚长辉. 证券投资学［M］. 北京：北京大学出版社，2013.

第二章 证券投资者

证券投资者，是在证券市场上参与证券买卖的主体。兵法云：“知己知彼，百战不殆。”作为证券投资者，必须对自身及其他投资者的类型和特征有所了解，不断提高自身的基本素质，才有可能在证券投资活动中取得较好的效果。

第一节 证券投资者的分类

证券投资过程实际上是证券投资者一系列投资活动的综合，而不同类别的投资者的投资行为有较大的差别。这些差别主要是由个人禀赋、经历、经验、知识、性格、资金来源与规模以及投资活动的动机和目的等的不同造成的。按照不同的标准，证券投资者可以分为以下一些类型：

一、个人投资者与机构投资者

按照证券投资主体的不同，证券投资者可分为个人投资者和机构投资者。

（一）个人投资者

居民个人作为证券投资的主体就称为个人投资者。居民个人买卖证券是对剩余、闲置的货币资金以及利用各种途径得到的借款资金加以运用的一种方式。居民拥有的剩余资金，除保留一部分现金以备急需外，大部分用于购买金融资产，以求资产的保值和增值。居民的大部分剩余资金通过购买金融资产流入金融市场，成为政府和企业筹集资金的重要来源。个人是一个国家中最大的净资金供应者。

小卡片：2019 年中国个人投资者结构调查表（调查数据截止到 2019 年 7 月 3 日）

表 2.1　2019 年中国个人投资者结构调查

职业名称	占有效人数比率（%）
国家机关、群众团体、国营企事业单位干部	25.96

表2.1(续)

职业名称	占有效人数比率（%）
专业技术人员	13.62
现役军人、警察	0.87
三资、集体、私营企业管理人员	3.83
股份制企业管理人员	4.50
一线生产、运输人员	1.59
在校学生	0.39
农、林、牧、渔、水利生产人员	0.42
个体从业人员	2.59
职业投资者	7.53
下岗人员	7.47
离退休人员	25.64
其他	5.52

（资料来源：https://wenku.baidu.com/browse/downloadrec? doc_id=dc129126f11dc281e53a580216fc7）

证券资产在个人整个金融资产中到底占多大比重，受到各种因素的影响和制约。人们在各种金融资产中进行选择，必须以资产的三性即流通性、安全性和收益性作为准则。此外，还会受到其他方面的制约：①收入水平。个人收入水平的高低不仅决定了他们购买金融资产的能力，而且还影响着他们购买金融资产的动机和目的。人们用于购买证券的货币数量随着收入水平的提高而增加，并且其增长幅度往往高于收入水平的增长速度。②证券供应。证券供应的规模制约着证券投资的规模。随着我国证券市场的迅速发展，居民的投资意识也不断增强。③证券流通市场状况。只有证券流通市场法规健全、秩序良好、交易方便，才会吸引更多的人参与证券投资。

个人投资者的资金来源，既可以是个人储蓄，也可以是融资。西方各国的个人投资者，尤其是投机者，不仅可以用自己的钱来买证券，而且也可以利用各种途径借钱来进行证券投资。各国政府为了保证证券市场的繁荣和发达，以便私人企业更容易筹集所需资金，也在法律上提供各方面的机会。但是，在这种融资方便的掩盖下，潜伏着助长投机猖獗的隐患，甚至造成一些人破产。

个人投资者在证券交易中融资通常有三种渠道：一是交纳保证金，由证券经纪商贷款；二是由商业银行贷款；三是由人寿保险公司贷款。

（1）经交纳保证金的方式由证券经纪商贷付所认购股票的其余价款。投资者购买证券时自己不能直接到证券交易所去购买，必须要委托证券经纪商代为进行，因为必须是交易所的会员才能到交易所场内进行交易。委托经纪商代购股票时，有两种方式任投资者选择：一种是现金购买，即把拟购证券的全部价款一次付清；另一种是当时只交价款的一定比例作为保证金，不足部分由经纪商垫付，当然投资者要付一定的利息，买来的证券由经纪商保存作为担保品。以后这批证券经投资者要求由经纪商出卖后，看看是盈是亏。如果赚了，超过保证金的部分，或者仍由经纪商保存，记在投资者的账上，用于继续买卖，或者由投资者拿走，全由他自己决定；如果亏了，保证金变得不足，则需投资者补足。应交纳保证金的比例，因时而异，由政府主管金融部门根据当时银根松紧的情况而定，银根紧时比例大一些，松时比例小一些。美国由联邦储备委员会来决定这个比例。在 1934 年证券交易法颁布前，这个比例为 10%～20%，助长了投机之风，成为形成证券市场危机的一个因素；1934 年后，提高到 40%～100%，1974 年后定为 50%。对购买债券的要求比购买股票低。

（2）商业银行贷款。个人投资者从事证券交易，在美国可以直接向商业银行融资。银行贷给多少，根据投资者所购买证券的种类、在何处买进以及证券的质量不同而有所差别。如果个人投资者购买交易所里挂牌的证券，其数额多寡依照联邦储备委员会的保证金比例办理。如果证券是在场外交易市场上交易，其贷款数额则由贷方决定。但贷方会有竞争，所贷款数额可能有高有低，不完全相同。商业银行通常对公司发行高质量的债券，其贷款数额大都在债券市场价格的 70%～75%；但如购买的是可转换债券，因其质量低、风险大，其贷款数额只有市场价的 50%，基本上与规定的保证金比例差不多。至于购买普通股的贷款，因其风险要比债券大，所以贷款要少一些，但也根据其质量的不同而有所差别。银行对未挂牌的普通股票的贷款额，往往按照在交易所交易的保证金比例的规定办理。购买证券贷款可以是短期的，也可以是长期的，通常有分期偿还的规定。

（3）人寿保险公司贷款。一个人参加人寿保险而支付保险费，有两种目的：一是防备本人死亡后家属的生活没有一定的保障；二是在生前储蓄一笔钱。人寿保险投资者按期支付的保险费，包括三部分内容：一部分作为保险公司的经营开支，一部分作为死亡者保险金的支付，一部分作为公司的准备金，三部分资金都按保险额的比例摊算。投保者保险费中的准备金部分，公司按规定给利息，但利率是比较低的。由于保险金都是以现金金额计算的，因而易受通货膨胀的影响而受损失。所以，个人保险单持有者拟进行投资而缺乏资金时，可以用保险单作为抵押从准备金中借款，也可用退保金额来进行投资。保险公司对贷款所收取的利率一般是比较低的，而且也无偿还期限的限制。投保者如能善于选购适当的证券，使其收益超过所付的利息，就能增加个人的收入，同时也能消除或减少因通货膨胀而遭受的损失。对于个人投资者来说，这是一种稳妥方便的资金来源。

（二）机构投资者

机构投资者主要是指一些金融机构、企业法人、事业单位、政府机构、社会团体等。机构投资者的主要构成如图 2.1 所示。其中金融机构是指从事金融业有关的金融中介机构，为金融体系的一部分，金融业包括银行、证券、保险、信托、基金等行业。金融机构包括银行、证券公司、保险公司、信托投资公司和基金管理公司等。它们以其所能利用的资金进行各种各样的证券投资活动。机构投资者的性质与个人投资者根本不同，因此他们的投资来源、投资方向、投资政策等有很大的差别。但在投资的过程和步骤方面，两者是很相似的。由于金融机构所经营的业务，牵涉千百万人的利益，政府为保护这些客户的资金安全，对他们的投资政策在法律上加以适当的管理和限制，不同的机构其管理程度宽严不等。同时，机构投资者的投资基金一般远比个人投资者大，需要建立规模较大的"证券组合"，由本单位专派合适人员经营，或委托专门机构管理。现将部分金融机构的证券投资活动，分别扼要阐述如下：

- 机构投资者
  - 金融机构
    - 银行
    - 证券公司
    - 保险公司
    - 信托投资公司
    - 基金管理公司
  - 企业法人
  - 事业单位
  - 政府机构
  - 社会团体

图 2.1　机构投资者主要构成

1. 商业银行

（1）投资资金的来源。一个商业银行拥有的资产主要有三类：原始准备金（库存现金和其他的银行存款，包括法定准备金）、盈利资产（包括贷款和投资）和固定资产。盈利资产又可以分为四类：①二级准备金，包括流动性强的短期资金市场的投资，如银行承兑票据、优级商业票据和短期国库券。②债券投资账户。③准备随时交易的证券。④其他盈利资产，包括对工商业、消费者和房地产的贷款。概括起来，商业银行盈利资产主要为贷款和投资。为了应付存户不断提款的需要，它首先要保持资产的流动性，同时也要考虑获得合理的收入，这就成为决定各类盈利资产比例的难题。流动性高的资产往往收入较低，而收入较高的资产又较难立即兑现或出售而不受较大的损失，所以必须适当安排。但简单地说来，必须进行短期投资，待银行所需要的流动性足够应付后，再考虑长期投资。

（2）投资政策。商业银行的投资政策受政府法令和其本身性质所制约，客观存在不能购买普通股票及投资机构的债券，通常也不能把其中 10% 以上的资本和公积金投在单个债务人的债券上或对其贷款，因为这样做风险太大。商业银行是一个资金存贷机构，保证储户资金的安全是其首要责任，所以它的盈利资产必须具有高度的流动性和安全性。流动性反映在库存现金和短期政府债券及高质量的二级准备金中的项目对全部盈利资产的比例上。安全性反映在商业银行的资产净值与其全部资产的比例上。由股本、公积金、未分配盈利和应急准备金组成的资产净值对存款的比例越低，银行需要通过高质量和短期的证券所提供的流动性和安全性越高，这种比例一般在 10% 左右，根据流动和安全的程度，可适当进行调整。

（3）投资的要求。商业银行对投资的要求：①通过投资的安全性和流动性收回本金，是投资政策的首要要求；②收入的保证，即选择具有适当而有可靠收益的高质量和期限较短的投资工具；③符合对银行投资所规定的法令要求；④投资的分散化，这对小银行尤其重要；⑤银行须交纳公司所得税，因而免税的地方政府债券是具有吸引力的投资对象；⑥银行的债务按货币金额计算，不需要考虑对存户进行受通货膨胀损失的保护。

2. 互助储蓄银行

（1）投资资金的来源。互助储蓄银行没有股本，存户和所有者是一个人，他们的存款全部是储蓄存款与定期存款和存单。近年来高收益的特种储蓄存款已跃居重要地位，如“NOW”存款，既有存折储蓄存款的收入，又有开支票的方便；又如开支票提款的次数和每次提款的数额都无限制的货币市场支票账户，也正在增多。互助储蓄银行的盈利净额作为利息分配给存户，利率根据盈利的多寡而定，并不固定。盈利支付利息后如有盈余转为公积金，属于全体存户，每一存户不管其存款时间的长短对公积金均有公平的一份。美国的互助储蓄银行由托管委员会经营，受注册所在地州政府的法令监督和管理。

（2）投资政策。由于互助储蓄银行的存款大多为储蓄和定期存款，与商业银行相比，时间较长而波动较小，因此它较少注意流动性而更看重收入，投资集中在期限较长的债券和分期付款的房地产抵押贷款上。虽然它和商业银行一样按公司税率交税，但在它的投资政策中地方政府债券不占重要地位。普通股票也只能保持很小一部分，并必须满足可销性和能获得盈利的较为严格的条件。互助储蓄银行所需要的有限流动性，是通过很少的库存现金和拥有高等级、易出售的债券获得的，它的安全性也因此得到保证。

3. 储蓄和贷款协会

（1）投资资金的来源。储蓄和贷款协会所吸收的存款，主要是存折储蓄存款、定期存款和新式储蓄存款安排，如 NOW 账户、大额存单等。协会可向政府注册，属自助性质，为全体会员所有，由他们选出董事组成董事会，管理会中一切事务。

（2）投资政策。由于储蓄和贷款协会不收即期存款，所以其资产的流动性要求比互助储蓄银行还低。它被允许把贷款重点集中在房地产抵押上，其本金和利息按期分摊偿还，虽然这种性质的贷款期限较长，平均约 27 年，但其来自稳定的分期付款的资金周转，每年约为 9%。协会的房地产抵押贷款的种类很多，包括单户和多户住宅建设、商业房地产和活动房屋的贷款、房屋装修和装潢贷款、住宅基地的征购开发贷款。可见，协会充分而稳定的收入要求占主导地位，平时现金的需要不多。为保证库存现金一定的流动性，协会的证券投资几乎全部是短、中期的政府债券。遇到季节性和周期性资金困难时，贷款银行可以向其贷款，帮助其解决困难。

4. 人寿保险公司

（1）投资资金的来源。人寿保险公司的职能是保证投保人在保险期内如果死亡，其亲属（受益人）可以获得一笔固定的赔偿金。期内本人如未死亡，这笔保险金即在期满时交还本人使用。投保者按期交纳规定的保险费，是人寿保险公司收入的主要来源，它用于三个方面：①公司的一切经营费用；②支付赔偿金（保险额）；③作为公司的准备金。公司投资资金的来源除上述保险费收入外，还可能有已有投资的收入和房地产抵押、定期贷款与债券到期收回的本金。如果这些收入相加超过赔偿金、经营费用及准备金所需增加额而有盈余时，可以分配给有参与权的保险单持有者。公司如属股份制组织，则作为股息分配给股票持有者。

（2）投资政策。人寿保险公司的投资政策，受其本身业务的性质和法令规定的约束。就其业务性质来看，公司的负债主要是长期的，可以把资金投在长期的流动性较差但收益率较高的证券上；来自保险费、投资收益、持有证券与房地产抵押贷款回收等方面的现金收入是很稳定的，足以提供应付死亡赔偿金和临时保险单贷款所需的流动性；因人寿保险金额可以在时间和数量上预计到，所以流动性的需要因此也可降低。由于人寿保险公司对公众的利益负有责任，而且性质也如同储蓄机构，所以政府对它的证券投资加以严格管理。目前在美国，人寿保险公司是拥有公司债券的最大机构，约占全部已发行总额的40%，它对普通股票的投资近年来也有较大的增加。

（3）投资要求。人寿保险公司对投资的要求：第一，本金的安全性。对于风险太大的证券绝不可投入大量资金，如果届时本金收不回来或损失惨重，必定会影响广大投保者的利益。第二，收入的充分性和稳定性。由于保险单上规定准备金的利率是有保证的，所以公司在投资上的收入必须是足够而稳定地等于或超过这个利率，否则投资者的收入也将受到损失。第三，资产的流动性。一般来说，人寿保险公司有保险费的经常性收入，除了支付管理费用、死亡赔偿金及其他各种开支外，多的钱可以投在流动性程度较高的证券上，以其收入来应付各种费用。因此总的来说，其对流动性的要求并不是很高。第四，公司的债务是按货币额计算的，它不受通货膨胀的威胁，只有经营费用和浮动年金合同会有影响。

5. 退休基金

（1）退休计划。退休计划是企业为照顾职工在退休后的生活福利，事先筹集一笔资金，以建立基金的形式，在职工年老离职没有工薪收入后，按时提供一定的生活费用，以养余年。这种计划的资金由企业、国家、个人共同筹集，它分为保险和非保险两类。保险的退休计划是委托给人寿保险公司经营管理的，基金定期地移交给保险公司，由它拿去投资。非保险的退休计划的退休基金由企业自己组织委员会来经营管理，或聘请专业投资顾问代管，也可委托银行或信托公司管理，称为托管计划。基金常由两个或更多的经理分别经营一部分，彼此竞争，看谁经营得好。这种退休计划的投资政策比保险的退休计划要自由一些，称为政府退休计划。在美国，联邦政府和地方政府都制订了员工退休计划，设立退休基金，提供员工在退休后的福利。

（2）投资政策。保险的退休计划因委托给人寿保险公司经营，它的投资政策基本与保险公司的总投资政策相同。非保险的退休计划的投资基金由于受法令限制较少，因而其经营人员在特定政策方面有较大幅度的伸缩性。总的说来，要求掌握以下一些原则：①收入的保证是首要的，因为以后支付的福利费是按保险统计好而作为固定负债的；②长期保持本金，避免现金损失是重要的，因为证券的市值是经常变动的，应密切注意市价的变动；③对大多数基金来讲，立即收回本金是无关紧要的，因为在绝大多数情况下，基金的收入总是超过许多年的支出，而且退休基金的支付能做出适当的分散化；④交税问题不需要着重考虑，因为退休基金一般免交所得税，免税的市政债券缺乏吸引力；⑤防止受通货膨胀的影响变得很重要，因此对普通股票的投资逐渐作为重点目标。

在机构投资者中，还有一类是特殊的机构投资者，他们不以直接获取证券收益为目的，不把证券投资作为固定业务，而是为某种特殊的目的而买卖证券。属于这类机构的有企业、政府部门、中央银行及一些商业银行等。他们买卖证券，或是为了协作联合，兼并其他企业；或是为了进行公开市场操作，调节货币供给；或是为了扶助产业。总之，是出于投资或投机之外的特殊目的。

中央银行经常在证券市场上进行大规模的证券买卖，目的是为了调节市场货币供应量，稳定金融市场，这就是通常所说的中央银行的公开市场业务，它是中央银行实现货币政策目标的一个重要手段，其目的显然不是为了获得收益。

那些以相互持股为目的的企业和金融机构也是特殊机构投资者。他们相互持有股份有两个目的：一是为了加强企业集团的联合，控制某一行业的产品生产和流通以获取高额利润；二是为了摆脱资本市场的约束，增强自身的资本实力，确保其经营者地位。

6. 合格境外机构投资者

QFII（qualified foreign institutional investor）是合格的境外机构投资者的英文简称，QFII 机制是指外国专业投资机构到境内投资的资格认定制度。

QFII 是一国在货币没有实现完全可自由兑换、资本项目尚未开放的情况下，有限度地引进外资、开放资本市场的一项过渡性的制度。这种制度要求外国投资者若要进入一国证券市场，必须符合一定的条件，得到该国有关部门的审批通过后汇入一定额度的外汇资金，并转换为当地货币，通过严格监管的专门账户投资当地证券市场。我国于 2002 年实施合格境外机构投资者（QFII）制度，于 2011 年实施人民币合格境外机构投资者（RQFII）制度。两者之间除了涉及的汇出汇入币种不同外，在监管框架及流程、投资运作模式等方面基本相同。

2019 年 9 月 16 日，国家外汇管理局宣布，经国务院批准，决定取消合格境外机构投资者（QFII）和人民币合格境外机构投资者（RQFII）投资额度限制。同时，对 RQFII 试点国家和地区限制也一并取消。

另外，QDII 是“qualified domestic institutional investor”的英文首字母缩写，指合格境内机构投资者。QDII 机制是指在人民币资本项目不可兑换、资本市场未开放条件下，在一国境内设立，经该国有关部门批准，有控制地允许境内机构投资境外资本市场的股票、债券等有价证券投资业务的一项制度安排。设立该制度的直接目的是为了“进一步开放资本账户，以创造更多外汇需求，使人民币汇率更加平衡、更加市场化，并鼓励国内更多企业走出国门，从而减少贸易顺差和资本项目盈余”，直接表现为让国内投资者直接参与国外的市场，并获取全球市场收益。

QFII 与 QDII 投资额度总体上呈逐年增长态势，截至 2019 年 8 月 31 日 QFII 投资额度达到 1 113.76 亿美元，见图 2.2。

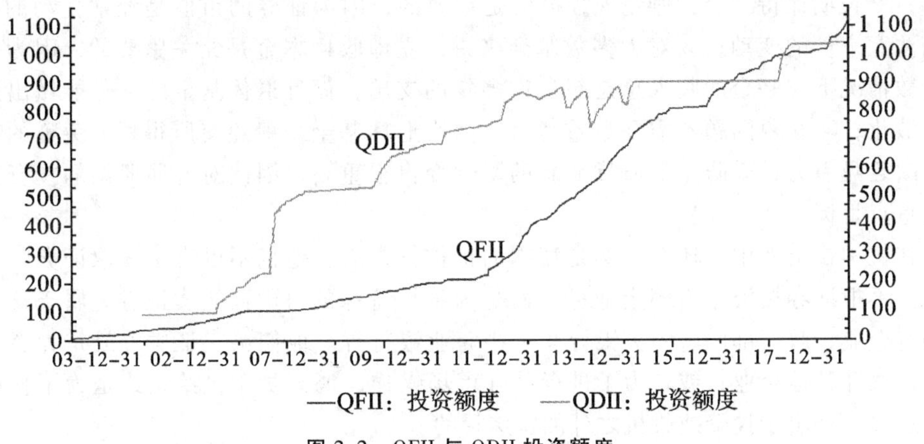

图 2.2　QFII 与 QDII 投资额度

（三）个人投资者与一般机构投资者的比较

（1）从资金实力方面来看，机构投资者按照各自的业务性质，从社会吸收闲散资金，能够聚集起巨额资金，因此资金实力雄厚，这是一般个人投资者所无法比拟的。

从收集和分析信息的能力来看，个人投资者由于受各方面条件的限制，其收集和分析信息的能力较弱。而机构投资者一般设有收集、分析信息的专门机构，拥有一批富有经验的证券投资分析家和专门的管理人员，使得证券投资建立在对经济形势和市场状况科学分析、研究的基础上。

（2）从投资方针策略来看，由于个人投资者的资金绝大部分是自己的闲置资金，因此可以采用灵活的投资方针策略，风险承受能力强的投资者可采用激进的方针策略，风险承受能力弱的投资者可采用稳健的方针策略。而机构投资者的资金大部分来源于居民、企事业单位的零散资金，如存款、养老金、保险费和信托基金等，是对居民和企事业单位的负债，随时需要还本付息或其他支付。因此，机构投资者买卖证券往往采用稳健的投资方针策略，以最大限度地避免投资风险，确保证券资产的安全性。它们一般购买收益稳定、风险较小的证券，它们是投资者，而非投机者。

（3）从分散投资的能力方面来看，个人投资者由于投资资金少，往往只能购买一两种或几种证券，难以进行有效的分散投资；而机构投资者拥有庞大的资金，可以把资金分散到众多的证券品种上，达到分散投资、降低风险的目的。同时，机构投资者具备比较完善的信息反馈和分析预测条件，也使它们能有效地分散投资。

（4）从证券买卖的市场性方面来看，个人投资者买卖证券的数量一般较小，因此买进卖出都比较容易。而机构投资者资金庞大，往往进行大规模的买卖，这会产生两种情况：一是难以按一定价格买卖较大数量的证券；二是大规模地买卖证券会影响证券市场的供求平衡，引起证券价格的较大波动。

（5）个人投资者的投资行为往往带有非理性因素。人类是生物体，他有理性的一面，也有非理性的一面。例如人们见到大减价，就会产生疯狂购物的念头。作为个人投资者，自己就是自己的老板，钱在手中，想投资就可以投资，而这在机构投资者中是不会轻易发生的。个人投资者往往对企业关注度不高，而机构投资者则是适度关注，实业投资者更是过度关注投资企业各方面的信息。

二、稳健型、激进型和中庸型投资者

按照对待盈利与风险的态度，证券投资者可分为稳健型、激进型和中庸型投资者。

稳健型投资者比较注重投资的安全性，风险承受能力较弱，属于低风险倾向的投资者。在低收益低风险与高收益高风险之间，他们宁愿选择前者，他们对股市前景和高风险投资持审慎的态度。

激进型投资者为获得较高的投资收益，他们愿意承担较大的风险，因此高收益高风险的证券在他们的投资组合中占有较大的比重。

中庸型投资者介于稳健型与激进型投资者之间，他们比较注重平衡风险与收益的关系，力求在保本的前提下获得尽可能多的收益。他们既希望获得稳定的利息和股息的收入，也不会轻易放过获取证券价差收益的机会；他们愿意为丰厚的盈利而承担一定的风险，但在风险超过一定程度时就会断然放弃高利的诱惑。据有关资料，在国外的证券投资者中，中庸型投资者占的比重最大。

风险与收益的关系如图 2.3 所示。

高风险	资本市场工具	股票	直接金融工具	高收益
		企业债券		
		金融债券		
低风险	货币市场工具	国库券	间接融资工具	低收益
		银行存款		

图 2.3　风险与收益关系

三、长期投资者与短期投资者

按投资期限的长短和动机目的的不同，证券投资者可分为长期投资者和短期投资者。

(一) 长期投资者

长期投资者进行证券投资的目的，不是为了转售获利，而是准备长期持有，享受股东权益。在正常情况下，股息收入要高于银行存款和债券的利息收入，长期持有股票还能得到公司财产增值的好处。因此，长期投资者往往更能获得可观的投资收益。投资者买入股票后，如无特殊情况就不要轻易卖掉。也就是说，投资者应该着眼于经济大环境的形势，注意公司未来经营情况的变化，而不必关心股价暂时的涨涨跌跌。而且，当股市行情越跌，一般投资者越失望的时候，越是长期投资者酌量买进的大好时机。

适合长期投资者的股票应该是那些公司经营状况比较稳定和正常，公司派息情况大致均衡，股票价格比较稳定，预期在相当长时间内不会发生大起大落的股票。这类股票虽然在股市上不太活跃，但因质量优良，是整个市场稳定的基础。

因此，长期投资者应对发行公司的经营状况和财务状况进行分析，尽可能购买那些经营状况良好、财务稳定、有发展前景的公司的股票。同时，投资者应不断关注公司的经营状况和财务状况，一旦发现情况有变，应及时改变投资策略。进行长期投资的多为稳健型投资者。

(二) 短期投资者

短期投资者是指那些持有证券的时间较短，以赚取证券买卖差价收益为目的的投资者。由于股票价格变动频繁，使得投资者可以利用股价涨落来赚取股票买卖的差价收益。短期投资者更专注于以获取股票差价收益为投资目的，这实际上就是我们所说的股票投机。短期投资者认为，股票的低进高出可以得到比股票收入更高的收益。因此，他们常常在股票价格下跌时买进，在股票价格上升时卖出，从中获利。

适宜做短期投资的股票发行公司，其经营状况往往变化很大，其盈利水平容易受到各种因素的影响。这类股票的市场价格经常出现大起大落，是股票市场上比较活跃的股票类型。短期投资者频繁地买卖股票，只需时刻注意股价的变动趋势而不必像长期投资者那样经常关心公司的经营状况。

长期投资者有较大的风险，因此要求投资者具备较强的风险承受能力。在股票市场价格变动较大的情况下，短期投资者人数更多，他们多属于喜欢冒险的激进型投资者。必须指出，长、短期投资者的分类只是相对的，在实际的证券投资活动中，很少有绝对的长期投资者和短期投资者，他们之间经常互相转化。

四、大户与散户

大户是指拥有巨额资金的投资者，而散户是指股市中的小额投资者。两者获取利润的目的是一致的，散户希望低进高出赚取差价，大户也志在拉高价位获利。

（一）对股市大户的分析

由于大户财力雄厚，极易影响股票价格的变动，因此大户进出的动态经常成为股市小额投资者的决策依据。必须注意，如果对大户进出的动向判断正确，则可以搭上股价上升车，赚取利润；而如果判断错误，则往往会造成很大的损失。

1. 大户的动向分析

要知道市场主力大户的进出动向，不能光凭道听途说、盲目相信，而应该对市场的各种交易资料综合研究判断、互相印证，才不至于误入歧途。

一般来说，主力大户有意买进时，不会到处张扬，否则自己得不到足够的筹码。只有当他拥有足够筹码而希望抬价时，或是已有获利希望时，才会主动设法让一些小额投资者去跟进。因此，研判主力大户的买进固然重要，但研判主力大户是否卖出，更是小额投资者不可疏忽的关键。

主力大户是否卖出，并不容易判断。因为谁也不会大张旗鼓地出货，除非手中的持股已经快要出光了。尽管如此，投资者只要细心留意，还是可以从各种交易资料中发现主力大户的出货迹象。这些迹象如：①当利多消息出现时，成交量突然增大；②股票价格涨得相当高时，成交量大增；③主力大户频频散布某种股票的利多消息，自己却不再大量买进。

2. 用统计方法分析大户的进出状态

用统计方法分析大户进出状态，可以获得可信度较高的资料。下面介绍几种常用的统计方法：

（1）平均每笔成交数额法。其计算公式为：

$$\text{平均每笔成交数额（股）}=\frac{\text{股票每日成交股数}}{\text{每日成交笔数}}$$

从上式可以看出，如果每笔成交数额大，表示每笔买卖的股数较多，即有大额资金进出；反之，平均每笔成交数较小，说明从总体上看是小额交易占主体地位。但必须进一步研究买卖的内涵，因为有时一笔买卖可以分多笔成交。

（2）股票交易周转率法。其计算公式为：

$$\text{股票交易周转率}=\frac{\text{股票成交股数}}{\text{股票总流通股数}}\times 100\%$$

从上式可以看出，周转率高表示该股票的买进和卖出都较多，交易活跃。如果股票周转率高，而且价位上升，则表示接手方强于出手方，反之亦然。

（二）对股市散户的分析

散户之所以“散”，是因为他们通常是没有组织的，缺乏有计划的投资。在资金庞大、富有操作技巧、有着一整套投资计划及策略的大户、做手和投资机构获利之后，套牢和亏损的往往就是散户。

一般的散户大多抵挡不住市场气氛的诱惑，在行情上涨时抢进，在行情下跌时卖出。他们就是这样周而复始地为大户摇旗呐喊、推波助澜，而在行情上上下下之间疲于奔命，结果往往是亏多赚少。

然而，股市中的大户与散户总是相对立而存在的。如果没有众多的散户投身股市，股市就会大为减色。因此，只要有股市存在，散户就不会消失。只要散户们时刻保持冷静的头脑，克服错误的投资心理，不断积累经验，坚持做中长线投资，就可以大大提高获胜的概率。

五、其他类型的投资者

证券投资者除了以上基本类型外，还可以从其他角度进行分析。

（1）按投入的时间和精力，证券投资者可分为职业投资者和业余投资者。职业投资者指不从事其他职业，而专门从事证券投资活动的投资者。业余投资者指投资者本身有固定的职业，而从事证券投资活动只是业余工作。目前，不管是国内还是国外，个人投资者中职业投资者只占极小的比例，绝大多数人都是业余从事证券投资活动的。

（2）按投资者的国别，证券投资者可分为国内投资者和国外投资者。随着各国证券市场国际化进程的加快及证券市场的全球一体化，国外投资者的数量将越来越多。

第二节　对证券投资者的分析

一、投资者特征分析

1. 年龄与健康情况分析

年龄与健康情况通常是影响个人投资目的的主要因素。老年人和体弱者往往注重当前收益和本金的安全性，而不是增长性，这是因为他们无法从其他方面获得收益来弥补证券投资可能带来的损失，因此风险承受能力较弱，他们大多属于稳健型投资者。而年轻人比较注重资本增值，他们往往不像老年人那样谨慎细致，风险承受能力较强，但比较缺乏经验，不过他们会在市场的实践中逐步趋于老练。

2. 投资者经历分析

证券投资者的成功在相当程度上依赖于投资者在交易和理财方面的知识和经历。如果一个投资者具有较强的理财能力，他可能在投资中更具进取性。倘若他的才能不在理财事务上，就可能较保守。如果证券投资的规模很大，个人往往希望由投资顾问把握投资。尽管具有理财和交易能力的投资者不一定能保证在证券市场上获得成功，但有一点是可以肯定的，就是他们确实能理解投资所含的风险，也更具有完善和成熟的评价证券的能力。

另外，投资者的投资行为还与其文化素养有一定的关系。文化素养较高的人，其收集和分析信息的能力也较强，对证券行市的判断也较准确，因此就越有可能在证券价格波动中获利，这些人较适合从事风险较高的投资活动。

3. 家庭负担分析

投资者的家庭负担状况对其投资需求和目标有很大的影响。已婚者必须为其家庭提供物质和文化资料，因此他们更多地采取保守的投资策略；购买住宅的费用和子女受教育费用等常常使一个家庭不能尽早地实施投资计划。独身者由于他们的财务需要比较简单，因此他们在投资活动中有较大的机动余地。

4. 投资者承受风险的意愿分析

有些投资者积极承担风险而极少警惕是否会遭受巨大的损失；有些投资者在财务上和精神上都准备投资于变动性很小的证券；还有一些投资者则更趋于保守，他们不肯承担损失一分钱的风险，因此在股市面前望而却步。问题是大多数投资者要发现和确定其可承受的风险是十分困难的，因为风险的形式和程度在不断变化，难以静止地考察。因此，投资者承受风险能力的大小在很大程度上与其承受风险的意愿有关。

二、投资者约束分析

投资者约束是指某一投资者承受风险的能力。投资者的目标是在可能接受的最大风险水平上获得尽可能高的收益。然而，要确定投资者承受风险的能力是困难的，但我们考察人们承受投资成本的最低收益和损失的能力又是十分必要的。

1. 投资者的心理约束

投资者个人心理因素会影响承受风险的能力。虽然所有投资者都力求最小的风险，但总有些投资者不能对风险性投资作合理判断。小额投资者难以准确地决定何时购入或抛出股票，他们往往在股价上涨时买进比卖出多，即所谓的“追涨杀跌”。

2. 投资者的财务约束

投资者了解自己全部财务计划的预算限制，即了解财务约束，是为了评价各种风险对财务的影响。投资者如果每年能积累资金以应付未来某项较大支出，就能减少未来资金不足的风险；如果需要在短期内保持高度的流动性，这一财务约束使投资者能有限度地进行股票投资；如果个人财务状况随时间而变动，那么，投资计划应具有灵活性。但在未来建立高质量的股票投资计划之前，在一个股票投资组合中不应该包含高风险的投资。

另外，对投资收益依赖程度的大小，也决定了投资者个人承担风险能力的大小。投资者的生活消费除正常的收入外，如果还需要靠投资收益来补充不足，那么宜购买有固定收益的证券。对于那些正常生活消费依赖投资收益程度小的投资者，则可投资那些具有增长性的普通股，以期获得较大的收益。

3. 投资者的管理约束

投资者的经验越丰富，专业知识越多，就越有可能在长期投资活动中获得成功。投资者的投资决策必须建立在全部财务情况良好的基本原则之上，否则，这种决策是缺乏安全度的。

缺乏经验的投资者需要有选择地获得外部专家和机构的帮助。选择经纪人需要仔细斟酌。虽然有许多优秀的经纪人可供选择，但投资者必须记住，经纪人首先是交易者而不是分析者或证券投资组合的管理者。

三、投资者的投资心理分析

投资者的心理会对股价产生非常大的影响。下面对投资者常见的，但也是必须克服的几种投资心理作一简要分析。

1. 举棋不定的心理

具有这种心理的投资者往往不能形成很好的投资组合。这种人即便在投资前已制订了投资计划，考虑好了投资策略，但他极易受群体心理的影响，一有风吹草动就不能实施策划好了的投资计划。在股市里，投资者经常会有想买却怕还会跌，想卖又担心还可能涨的感觉。这种犹豫不决、摇摆不定的心理比做出一个错误的决定的影响还要大。一个错误的决定只影响一次操作的结果；一种错误的心理习惯，将使其整个投资过程陷入被动。无论对或错，一旦产生一个想法或决定，一定要付诸实施，否则就无从体现一个独立投资者的独立判断能力。

2. 跟风心理

这种心理对股市影响很大，有时谣言四起，股市就会掀起波澜。一旦大家跟风抛售，市场供求失衡，股价便会一泻千丈。反之，大家竞相购买，股价便会扶摇直上。具有跟风心理的投资者，往往容易上那些暗中兴风作浪的投机做手的当，那时又会后悔莫及。

3. 贪得无厌心理

这种心理主要表现在两个方面：一方面，当股价上升时，总想股价会升得更高，企盼获得更大的收益，因而迟迟不肯抛出股票，从而失去一次又一次的出售机会。另一方面，当股价下跌时，总想股价还会下跌，等股价跌到最低点时，再买入股票，以致迟迟不肯入市，结果屡屡踏空，错过了入市的良机。贪得无厌的结果往往是贪念落空，不仅赚不到更多的利润，而且还可能因错过时机而蒙受更大的损失。

4. 赌博心理

具有这种心理的投资者，总是希望自己能一夜之间成为百万富翁。他们恨不得抓住一只或几只能赚钱的股票，好让自己一本万利。这种人在股市获利后，往往会被一两次的成功冲昏头脑，像赌徒一样频频加注，直至输个精光。相反，如果在股市中失利，他们会输红了眼，不惜孤注一掷，把资金全部投在股票上，结果多半弄得倾家荡产。

5. 敢输不敢赢心理

股市中投资者不敢赢的心理非常普遍。有许多投资者在手中股票被套牢的时候，心里非常踏实，好像被套才是一种常态，只要股票略有上涨，刚刚赚到手续费或略盈利，就开始彻夜难眠，内心躁动。本来很有潜质的股票，此时在他眼中充满了无限的风险，对于一些莫名其妙的利空因素也格外敏感起来。总之，上涨的股票变成了烫手的山芋，无论如何也要把它卖掉。卖掉之后，再次被套进别的股票里，内心就会又恢复平静，这样的循环周而复始，不变的结果是从来赚不到钱。被他们早早卖掉的股票当中，产生了无数的黑马，可他们往往在黑马扬蹄前的一瞬间将它们放跑了。上涨时不敢胜利和下跌时惊慌失措实际是相同的心理，都是不能冷静、客观地分析形势，也都是一种不自信的表现。不敢胜利可能还跟胜利的经历太少有关，不习惯胜利，不相信胜利。克服这种心理的关键是要能够冷静地分析形势，相信自己的判断，不轻易见好就收、见涨就卖，胜利的次数多了，也就敢于胜利了。

6. 不敢承认错误的心理

股市中的错误是一目了然的，因为市场给出的答案是明确而客观的。但有些投资者当遇见自己的预测和市场实际走势不一致的情况时，总是不能面对现实，主动地检查自己的判断是否出现错误，是什么原因导致了错误，而是为了面子或莫名其妙的虚荣心找出种种客观理由来证明是市场错了，而不是自己的判断错了。这样的结果：一是不能使自己深入分析和总结已经出现的错误，从而提高自己的预测和判断水平。二是使自己错过了最佳的弥补和改正错误的机会。要知道，市场永远是正确的，错误的只能是自己。因此，一旦证明自己的投资决定错误时，应尽快放弃原先的看法，保存实力，握有资本，伺机再入，不要为了面子和虚荣心而苦苦支撑，最终错过了宝贵的机会，造成不可挽回的损失。实际上，一旦认识到错误并迅速采取行动，立刻就可以在心理和市场操作上由被动转变为主动，这不仅可以避免风险的进一步扩大，更重要的是可以强烈地使自己感受到自己是一个强者，是一个在危险关头能够迅速做出正确选择的人，这对培养独立、健康的投资精神是极有益处的。在风险莫测的股市里犯错误是经常而正常的事情，勇于承认错误并从中吸取教训，就可以使自己逐渐少犯错误并最终成为高手。陷在错误的泥潭里不能自拔，只能使自己资金损失并永远不能成熟和进步。

7. 嫌贵贪低心理

抱有这种心理的投资者，一心想买价钱便宜的股票，而不敢买那些价格虽高但仍可能大幅度上升的股票。然而，俗话说得好："便宜没好货。"那些老想买便宜货的人往往买了"垃圾股"，难以有获利的机会。有些投资者有一种莫明其妙的心理，认为高价股下跌空间较大，如果行情转坏，造成的损失会比低价股更大。这些投资者抱着这种"嫌贵贪低"的心理，买入的股票永远是10元以下的。客观地讲，股票是否能赚钱，并不在于股价高低，无论是高价股还是低价股都有盈利的可能，但如果以一种不科学的心理而专门选择低价股，则无形中限制了自己的选股范围，也限制了自己的盈利机会。在投入资金数量相同的前提下，50元的股票下跌10元和5元的股票下跌1元造成的损失是相同的，这是一个非常简单的道理。选择股票关注的是能否带来满意的盈利，而不是股价的高低，相同比例的股价下跌，造成的损失是一样的。

8. 恐慌心理

股票跌起来确实令人害怕，尤其是在一些比较剧烈的下跌行情中，看到满盘皆绿、股价一泻千里的时候，难免有一种世界末日的感觉。然而，如果你在高位没能顺利出局的话，在大家都惊慌失措的时候，就应该辩证地考虑一下，此时是否还有恐惧的必要。道理很简单，股市不会消失，太阳还会照样升起，作为一个新兴市场，中国的股市肯定会有远大的前程，肯定会有无穷的机会。因此，应该坚信，没有只涨不跌的股市，同样也没有只跌不涨的股市，如果没有在高位出局，就要警惕犯同样严重的错误——在低位以地板价斩仓，在下跌的最后一刻把廉价筹码拱手让出。即使认为导致行情下跌的利空因素是长期性的，将会影响市场在一个相对较长的时期内出现较大幅度的下调，那也不应该在短期连续下跌之后再出卖手中筹码。因为即使是一个幅度较大的调整，其运行过程也不可能一蹴而就，一跌到底，中间还会经过复杂的形态，所以，完全有机会在一个相对高点从容离场，而不必在不该恐慌的时候惊惶失措。

股市当中并不是不需要恐慌，相反，投资者在股市中的每一天都应该警惕这样的风险，尤其是当股指或股价运行在高位的时候，每一天的警惕或者说每一天的自我恐慌，在不知不觉中就将风险化解于无形之中了。如果真做到这一点了，那么在其他人都慌不择路的时候，你或许已经抢先一步脱离了危险。即使没有做到这一点，那也会心中有底，镇静自若。因此，恐慌是需要的，但要知道何时恐慌，如何恐慌。

第三节　对证券投资者的基本要求

一个合格的证券投资者，必须树立正确的观念，学习了解有关知识，掌握必要的技能，具备良好的素质。

一、投资者必须树立的观念

（1）政策与法律观念。市场经济是法制经济。在证券投资活动中，每一个投资者都必须熟悉和掌握有关证券投资的政策和法律法规，并自觉遵守。目前我国已颁布的证券管理法规有《中华人民共和国公司法》（以下简称《公司法》）、《中华人民共和国证券法》（以下简称《证券法》）、《中华人民共和国信托法》《中华人民共和国企业债券管理条例》《中华人民共和国禁止证券欺诈行为暂行办法》等，广大投资者都必须遵守。

（2）市场与信息观念。在当今信息社会中，每一个投资者都必须参与市场、了解市场、掌握信息，这样才有可能在证券投资活动中取得成功。作为证券投资活动场所的证券市场，是整个市场经济的组成部分，证券投资的成本、收益、风险都与整个经济形势密切相关。正因为如此，投资者不仅要研究某种或某类证券的市场状况，而且要研究整个金融市场的融资活动状况，还要了解和把握全社会的市场状况。信息与市场如影随形，市场运行会随时反馈信息，而信息向人们显示着市场状况。因此，信息是把握市场的基本媒介。投资者应学会收集、筛选、加工、存储和分析信息。

（3）风险观念。证券投资是一项充满风险的活动，投资者必须具备较强的风险观念和意识。由于证券投资的对象千变万化，行情瞬息万变，因而具有很大的风险性。投资准了，可能会带来数倍乃至数十倍的收益，而投资错了，则可能无息甚至亏损累累。因此，证券投资是收益与风险同在，机会与挑战并存。要想生息赚钱，就必须有承受损失的思想准备。

二、投资者必须学习的知识

（1）金融知识。证券市场是金融市场的重要组成部分，证券知识是金融知识的组成部分。因此，投资者必须学习必要的金融知识，如货币、信用、利率、银行、金融市场、通货膨胀等知识。至于证券知识，那就是证券投资者必须掌握的基本知识。此外，投资者还要掌握一些经济学原理、企业财务会计、市场学等方面的知识。

（2）法律知识。证券与法律息息相关。第一，证券活动本身与诸多法律相关，如证券法、合同法、公司法、破产法，等等；第二，证券投资活动是一项亿万民众参与的复杂的经济活动，本身也需要用法律来调节，包含着依法管理的内在要求。具体来说，投资者应该学习的法律知识包括民法、经济法、证券法、公司法、企业破产法，乃至诉讼法、继承法等。

（3）数学知识。在证券投资活动中，我们需要计算各种证券的收益率、风险、股价指数、技术指标，进行财务分析等。这些要涉及有关数学知识，尤其是数量经济学的知识。如果有可能的话，还应懂得用计算机来进行投资分析。

三、投资者必须掌握的技能

（1）分析行情的技能。投资者必须学会在证券市场波动中分析某些证券的价格变动趋势，从中选择适当的买卖时机。具体来说，要注意以下几点：①学会看证券市场行情表；②注意成交量和证券价格的配合情况；③学会一些基本的技术分析方法。准确把握市场行情的变化趋向，是取得投资成功的关键。投资者应在实践中不断总结经验，锻炼和培养自己分析行情的能力。

（2）交易操作的技能。现在许多证券营业部都采用投资者自动委托，这就要求投资者熟悉自动委托的程序，提高输入委托指令的速度，以更好地把握证券买卖的时机。

（3）会计核算的技能。投资者应该掌握会计核算的基本方法和基本技能，以便及时计算投资的收益情况，做到善于核算，精于理财，提高投资的效益。

四、投资者应具备的素质

（1）思想素质。我国的证券市场尚处于起步阶段，缺乏必要的经验，且法律法规还不健全，难免出现尔虞我诈、投机逐利的人或现象。作为一个正直的证券投资者，应该自觉遵纪守法，把证券投资作为一项崇高的事业来对待，多一分真诚，少一些铜臭。

（2）心理素质。投资者的心理素质在证券投资活动中有着相当重要的作用。这是因为证券投资是一项高风险的事业，股票价格瞬息万变，谁也无法准确地预测行情的变化。投资者应该保持冷静的头脑，善于控制自己的情绪。不然，在情绪波动下进行投资，往往是要失败的。证券投资者经常会有成功的喜悦，但也时常遭受挫折的煎熬。因此，投资者应该具有不怕挫折、百折不挠的坚强毅力。可以说，证券投资者的最大财产不是金钱，而是惨重损失得来的经验教训。在经历一次次失败之后，投资者才能形成沉稳、精细、严谨的良好心理素质，从而可能取得最后的成功。

（3）身体素质。证券投资是一项充满劳累的活动。同时，证券行情的涨落引起的获利和损失都会强烈地刺激人的神经，影响人的情绪。因此，投资者必须具有强健的体魄，才能经受精神上的刺激。

第三章 证券投资工具

随着经济活动规模的扩大和地域的拓展，货币的缺点越来越明显。信用的介入催生了金融工具，使之取代了实物货币并成为现代社会经济活动的主体，于是债券、股票等信用工具相继出现。随后，金融投资工具不断发展创新，特别是金融衍生工具的发展，使投资交易手段日趋多样化、复杂化。而正是这些金融工具的发展，不仅丰富了人们的投资需求，更促进了社会经济的发展。

第一节 债券

一、债券的定义

债券是一种有价证券，是社会各类经济主体为筹措资金而向债券投资者出具的、并且承诺按一定利率定期支付利息和到期返还本金的债权债务凭证。由于债券的利息通常是事先确定的，所以债券又被称为固定利息证券。

二、债券的票面要素

债券作为一种标准化、规格化的债务凭证，在其票面上以简洁明确的文字来说明持有者所拥有的权利和义务，其票面上的基本要素一般应包括以下内容：

1. 债券名称和发行单位

在债券的票面上，应注明该债券的名称，如政府债券、金融债券、公司债券等。一些非公开发行的债券则要标明内部发行字样，在债券票面上还应加盖发行单位印记和法人代表的签章，还应注明发行单位的全称及注册地址。这一方面表明了该债券的债务主体，同时也便于债权人行使其权利。

2. 债券的发行总额和票面金额

在债券的票面要素中，要注明本次债券发行的总金额，这便于投资者明确发行单位的筹资规模，进而了解发行单位的负债情况和偿债能力。在债券的票面金额处理上，要标明该债券面额的计量币种，不同币种的债券适应不同地区、不同投资需求，也能满足发行单位对该币种的筹资需求。另外，票面金额设计也需考虑经济与适销的矛盾，票面金额的大小不同可以满足不同层次的投资者。如票面金额大、发行成本小，有利于机构投资者认购，但小额投资者无法参与；如票面金额定得小，则有利于小额投资者认购，却使发行成本增加。因此，有些发行量大的债券在一次发行时制定了不同面额的债券，以适应不同层次的投资者，同时也尽可能降低发行费用。

3. 债券的票面利率、利息支付方式及支付时间

债券利率是以每年支付的利息和票面金额的百分比表示的。债券利率形式有复利和单利。贴息发行的债券未注明利率，但其发行价与票面的差额，仍然可以换算成发行时的实际利率。利息的支付方式是指到期一次付息还是分期支付利息。如果是分期支付利息，则要注明每次付息日期。债券利息是筹资者的资金使用成本，同样也是投资者的投资收益。因此，利率的高低直接影响着双方的利益。债券利率的高低受制于多种因素，一般情况下，债券的期限长、信用级别低、发行债券时市场利率高等因素都会导致债券利率定价较高。

4. 债券的还本期限和方式

除了个别国家发行的永续国债外，债券通常都有期限。还本期限是指债券从发行日到存续期满止开始还本的时间。不同的债券有不同的还本期限，短则 2~3 个月，长则 30~40 年。不同的还本期限，既可满足发行者对不同期限资金的需求，同时也可满足认购者的投资需求。还本方式是指到期一次偿还，还是期中偿还或是延期偿还。短期债券大都到期一次偿还，中长期债券常采用其他还本方式，其目的是吸引投资者，并减轻筹资者到期的付息压力。

5. 债券是否记名和流通

债券如果是记名债券，应载明债券持有人的姓名、挂失方法以及受理机构等。对于可上市流通的债券应说明可参与流通的起始日、流通的方法以及办理转让的受理机构，记名债券的转让还应说明办理转让过户的手续及有关机构。

6. 其他事项

此外，债券提前归还本金的条件、可转换债券的转换条件、购买债券的优惠条件等也为债券的票面基本要素。

以上六个条件构成了债券票面的基本要素，除此之外，有些要素如发行日期、审批单位的批号等，不一定在实际债券的票面上反映，而是通过发行公告等形式公布于众。

三、债券的特征

（1）流动性。债券有规定的偿还期限，短则几个月，长则十几年甚至几十年，到期前不得兑付。但是，债券持有人在债券到期之前需要现金时，可以在证券交易市场上将债券卖出，也可以到银行等金融机构以债券为抵押获得抵押贷款。因此，债券具有及时转换为货币的能力，即流动性。

（2）收益性。债券持有者可以按规定的利息率定期获得利息收益，并有可能因市场利率下降等因素导致债券价格上升而获得债券升值收益。债券的这种收益是债券的时间价值与风险价值的反映，是对债权人暂时让渡资金使用权和承担投资风险的补偿。

(3) 风险性。债券投资具有一定的风险，这种风险主要表现在三个方面：①因债务人破产不能全部收回债券本息所遭受的损失；②因市场利率上升导致债券价格下跌所遭受的损失；③通货膨胀风险，由于债券利率固定，在出现通货膨胀时，实际利息收入下降。

当然，与股票投资相比，债券的风险较低，这是因为：①债券的利率大都是固定的，除非企业破产，债权人的利息收入不受企业赢利状况的影响。②为了确保债券还本付息，各国在商法、财政法、抵押性公司债信托法、公司法及其他特别法中对此都有专门规定。③债券的发行者须经过有关部门的严格选择，只有那些有较高信用度的筹资人才能获准发行债券。通常，由中央和地方政府、公共团体及与政府有关的特殊法人发行的债券都能保障还本付息。由民间企业、公司发行的债券，只要投资者购买信用级别较高的债券，也较少有不能还本付息的可能。

(4) 返还性。债券到期后必须还本付息。

债券的上述特征是债券投资所具有的优点。但这些优点不可能同时体现在一种债券上。一般说来，债券的风险性、收益性、流动性之间具有相互补偿的关系。如果风险小、流动性强，收益率则较低；反之，如果风险大、流动性差，收益率则相对较高。例如，国债的风险相对较小，其收益则低于很多安全性相对较差的公司债券。因此，投资人应该根据其投资目的、投资期限、财务状况、资金来源及其对市场的分析预测，有选择地进行投资，以期获得最佳投资效益。如果投资人准备进行长期投资，一般要选择安全性和收益性较好而流动性小的债券；相反，如果投资人准备进行短期投资，通常要选择流动性较好的债券，以便能在需要的时候及时变现。

债券与股票都是重要的投资工具，都是可以自由转让的有价证券。但债券与股票有很大区别，主要表现在以下八个方面：

(1) 性质不同。债券是一种表明债权债务关系的凭证，债券持有者是证券发行单位的债权人，与发行单位只是一种借贷关系。而股票则是股权证书，股票持有者是股份公司的股东，股票所表示的是对公司的所有权。

(2) 发行主体不同。债券的发行者可以是股份公司，也可以是非股份公司、银行和政府。而股票发行主体必须是股份公司和以股份制形式创办的银行。

(3) 发行期限不同。债券有固定的期限，到期还本付息；而股票则是无期限的，不存在到期还本的问题。

(4) 本金收回的方法不同。债券持有人可以在约定日期收回本金并取得利息；股票不能退股，但持有人可以通过转让出售股票收回资金。

(5) 取得收益的稳定性不同。债券持有者可以获得固定利息，不论发行单位在债券发行以后的经营状况如何，均有到期还本付息的义务，否则将被追究法律责任。其缺点是当公司盈利很多时，债权人的利益却不能随之增加，但风险相对较小。而股票持有人的收益不固定，收益大小决定于企业的经营状况和利润多少，利多多得，利少少得，无利不得。收益水平通常不受法律保护，因此具有较大的风险性。但股票的总体收入水平比债券高。

(6) 责任和权利不同。债券的购买者是发行单位的债权人，只享有定期获得利息和到期收回本金的权利，无权参与发行单位的经营决策，对其经营状况亦不负任何责任；而股票的持有者是发行公司的股东，有权参与发行公司的经营管理和决策，并享有监督权；但作为股东，也必须承担公司经营的责任和风险。

（7）交易场地不同。证券的二级市场分为两个主要部分，即有组织的市场（证券交易所）和场外交易市场。债券的交易大部分是通过场外交易市场进行，而股票大都在证券交易所内进行交易。

（8）付息办法不同。债券利息的分配是累积性的。债券如在到期前卖出，其投资人除可以收回本金外，还可以获得持有期间的利息，而且债券的利息是在税前开支。而股息则是按股权分配的，股票卖掉后，原投资人即不再享有领取股息的权利，当公司分发股息时，根据股东名册上的名单分配股息，股息在税后利润中支付。

四、债券的分类

债券的发行已有很长的历史，而且种类越来越多。根据不同的标准可有不同的分类方法，同一债券也可能归于不同种类。

1. 按债券发行主体不同分类

按债券发行主体不同，可分为政府债券、金融债券和公司债券等，这是最主要、最常用的分类方式。

（1）政府债券。政府债券即一般所称的“公债”。它是政府为筹集资金而向投资者出具并承诺在一定时期支付利息和到期还本的债务凭证。

（2）金融债券。银行和其他金融机构除通过吸收存款、发行大额可转让存单等方式吸收资金外，经特别批准，可以以发行债券方式吸收资金。这种由银行和金融机构发行的债券为金融债券。

（3）公司债券。公司债券有广义和狭义之分。广义的公司债券泛指一般企业和股份公司发行的债券，狭义的公司债券仅指股份公司发行的债券。公司债券是企业筹措长期资金的重要方式，其期限较长，大多为10～30年。公司债券的风险相对较大，因此其利率一般高于政府债券和金融债券。公司债券的票面一般应载明企业的名称、住所；债券的总额和每张债券的票面额；债券的票面利率；还本期限和方式；债券发行日期和编号；发行企业的印记和企业法定代表人的签章；审批机关批准发行的文号、日期；债券是否有担保；等等。公司债券种类繁多，按照不同的标准，可以把公司债券划分为不同的类别。

2. 根据偿还期限长短分类

根据偿还期限的长短，债券可以分为短期债券、中期债券和长期债券。但对具体年限的划分，不同的国家又有不同的标准。

（1）短期债券。一般来说，短期债券的偿还期为1年以下。如美国短期国库券的期限通常为3个月或6个月，最长不超过1年；英国的短期国库券通常为3个月；日本的短期国债为2个月。

（2）中期债券。中期债券的偿还期为1～10年。如美国联邦政府债券中，1～10年期的债券为中期债券；日本的中期附息票债券的期限为2～4年，贴现国债的期限为5年；中国发行的国库券大多为3～5年的中期债券。

（3）长期债券。长期债券的偿还期为10年以上。如美国联邦政府债券中的10～30年期债券为长期债券；日本的长期附息票债券的期限为10年；英国的长期金边债券的期限为15年以上；在日本，偿还期在15年左右的债券则被称为超长期债券。

（4）可延期债券。这是欧洲债券市场的债券种类之一。债券期满时，可由投资者根据事先规定的条件把债券的到期日延长，且可以多次延长，这种债券的期限一般较短。

3. 按照利息支付方式的不同分类

按照利息支付方式的不同，债券可分为附息票债券和贴现债券。

附息票债券是在债券上附有各期利息票的中、长期债券。债券持有人于息票到期时，凭从债券剪下来的息票领取本期的利息。这种领取利息的方式被称为“剪息票”。每张息票上须有与债券券面的号数相同的编号及应付利息的日期和金额。息票到期之前，持票人不能要求兑付。持票人并非一定是债券持有人，因为息票本身也是一种有价证券，每一张息票都可以根据其所附的债券的利率、期限、面额等计算出其价值。所以，息票可以转让，非债券持有人也可凭息票领取债券利息。

贴现债券亦称无息票债券或零息债券。这种债券在发行时不规定利息率，券面上不附息票，筹资人采用低于票面额的价格出售债券，即折价发行，购买者只需付出相当于票面额一定比例的现款就可以买到债券。到期时，筹资人按债券面额金额兑付。发行价格与债券票面额之间的差价即利息。实质上，这是一种以利息预付方式发行的债券。因此，这种债券也叫贴息债券。国债的发行通常采用这种方式。美国的短期国库券就是一种贴现债券。

4. 按债券有无担保分类

按债券有无担保可以分为无担保债券和有担保债券两大类。

无担保债券亦称信用债券，指不提供任何形式的担保，仅凭筹资人信用发行的债券。政府债券属于此类债券。这种债券由于其发行人的绝对信用而具有坚实的可靠性。除此之外，一些公司也可发行这种债券，即信用公司债券。但为了保护投资人的利益，发行这种债券的公司往往受到种种限制，只有那些信誉卓著的大公司才有资格发行。此外，有的国家还规定，发行信用公司债券的公司还须签订信托契约，在该契约中约定一些对筹资人的限制措施，如公司不得随意增加其债务；在信用债券未清偿前，公司股东分红须有限制等。这些限制措施由作为委托人的信托投资公司监督执行。信用公司债券一般期限较短，利率很高。

有担保债券又可分为抵押债券、质押债券、保证债券等多种形式。

抵押债券，指筹资人为了保证债券的还本付息，以土地、设备、房屋等不动产作为抵押担保物所发行的债券。如果筹资人到期不能还本付息，债券持有人（或其受托人）有权处理抵押担保物作为抵偿。一般担保实物的现行价值总值要高于债券发行总额。抵押债券在现代公司债券中所占比例最大，是公司债券中最重要的一种。

质押债券，亦称抵押信托债券，指以公司的其他有价证券（如公司股票或其他债券）作为担保所发行的公司债券。发行质押债券的公司通常要将作为担保品的有价证券委托信托机构（多为信托银行）保管，当公司到期不能偿债时，即由信托机构处理质押的证券并代为偿债，这样就能够更有力地保障投资人的利益。在美国，这种债券被称为“抵押品信托债券”。

以各种动产或公司所持有的各项有价证券为担保品而发行的公司债券统称为“流动抵押公司债券”或“担保信托公司债券”。

保证债券，指由第三者担保偿还本息的债券。担保人一般是政府、银行及公司等。

5. 根据债券是否记名分类

根据债券是否记名可分为记名债券和无记名债券。

记名债券是载明债券持有人姓名的债券。债券持有人凭印鉴领取本息，需要转让时须向债券发行人登记过户。由于持券人须凭印鉴才能领取本息，因此可以防止冒领现象，且在债券被窃或遗失时，可向债券发行人挂失，减少请求补发债券的费用。这种债券转让时，受让人除了支付买卖手续费外，还需办理过户手续，并支付过户手续费，所以记名债券的流动性较差。

无记名债券是不预留债券持有人的印鉴的债券。无记名债券可以自由转让，转让时只需直接交付债券，不需要在债券上背书，因而流通较方便。但这种债券一旦遗失或被窃，不可挂失，所以投资风险大于记名债券。对个人发行的债券多采取无记名方式。

6. 按债券形态分类

按债券形态分类，债券可分为实物债券、凭证式债券和记账式债券。

实物债券是一种具有标准格式实物券体的债券。在标准格式的债券券面上，一般印有债券面额、债券利率、债券期限、债券发行人全称、还本付息方式等各种债券票面要素。无记名国债就属于这种实物债券，它以实物券的形式记录债权、面值等，不记名、不挂失，可上市流通。实物债券是一般意义上的债券，很多国家通过法律或者法规对于实物债券的格式予以明确规定。

凭证式债券是债权人认购债券的一种收款凭证，而不是债券发行人制定的标准格式的债券。我国每年通过银行系统发行凭证式国债，券面上不印制票面金额，而是根据认购者的认购额填写实际的缴款金额，是一种国家储蓄债，可记名、挂失，以“凭证式国债收款凭证”记录债权，不能上市流通，从购买之日起计息。在持有期内，持券人如遇特殊情况需要提取现金，可以到原购买网点提前兑取。提前兑取时，除偿付本金外，利息按实际持有天数及相应的利率档次计算，经办机构按兑付本金的20‰收取手续费。

记账式债券是没有实物形态的债券，只在电脑账户中作记录。在我国，上海证券交易所和深圳证券交易所已为证券投资者建立了电脑证券账户，因此，可以利用证券交易所的交易系统来发行证券。我国近年来通过沪、深交易所的交易系统发行和交易的记账式国债就是这方面的实例。投资者进行记账式债券买卖，必须在证券交易所建立账户。由于记账式债券的发行和交易均为无纸化，所以效率高、成本低，且交易安全。

7. 按债券募集方式分类

按债券募集方式划分，债券可分为公募债券和私募债券。

公募债券是指按法定手续，经证券主管机构批准在市场上公开发行的债券。这种债券的认购者可以是社会上的任何人。发行者一般有较高的信誉，而发行公募债券又有助于提高发行者的信用度。除政府机构、地方公共团体外，一般企业必须符合规定的条件才能发行公募债券。由于发行对象是不特定的广泛分散的投资者，因而要求发行者必须遵守信息公开制度，向投资者提供各种财务报表和资料，并向证券主管部门提交有价证券申报书，以保护投资者的利益。各国法律对公募发行都有较严格的规定。

私募债券是指在指定范围内，向特定的对象发行的债券。私募债券的利率比公募债券高，发行的范围很小，一般不上市，发行者无须公布其财务状况。私募债券的流动性较差，其转让要受到很多限制。如日本对私募债券的转让规定了以下限制：日元债券在发行后的两年内不得转让；债券仅限于在同行业投资者之间转让；债券转让须事先取得发行者的同意。

8. 根据债券票面所使用的货币种类分类

根据债券票面所使用的货币种类的不同，债券可分为本币债券、外币债券、复货币债券、双重货币债券等。

本币债券是指在国内发行的票面以本国货币表示的债券。

外币债券是指票面以外国货币表示的、在国内发行的债券。如以美元计价的债券称美元债券，以日元计价的债券称日元债券。

复货币债券是欧洲债券之一。这种债券还款时用一种货币，支付利息时用另一种货币。在正常情况下，这种债券的本金部分不受汇率变动影响，发行人只需对利率部分在远期外汇市场上进行套期保值。

双重货币债券指用一种货币发行，按固定的汇率用另一种货币支付利息的债券。在债券到期时，也可用另一种货币偿还本金。

9. 按债券本金的偿还方式分类

按债券本金偿还方式的不同，债券可分为偿债基金债券、分期偿还债券、通知（可提前）偿还债券、延期偿还债券、永久债券、可转换债券等。

偿债基金债券是指债券发行者在债券到期之前，定期按发行总额在每年盈余中按一定比例提取偿还基金，逐步积累，债券到期后，用此项基金一次偿还。由于这种债券对债券持有人有较可靠的还款保证，因此，对投资者很有吸引力。而且，这种债券也具有可以提前偿还债券的性质，即按市场价格的变动情况决定偿还或购回，所以此种债券对发行者也是有利的。设立偿债基金的一般方法是：债券发行人定期将资金存入信托公司，信托公司将收到的资金投资于证券，所收到的证券利息也作为偿债基金。

分期偿还债券亦称序列偿还债券。发行者在发行债券时就规定，在债券有效期内，确定某一种时间偿还一部分本息，分次还清，一般是每隔半年或一年偿还一批，这样能减轻集中一次偿还的负担。还本期限越长，利率也越高。分期偿还一般采用抽签方式或按照债券号数的次序进行。此外，还可以用购买的方式在市场上购回部分债券，作为每期应偿还的债券。

通知偿还债券亦称可提前偿还债券，是指债券发行者于债券到期前可随时通知债权人予以提前还本的债券。提前偿还可以是一部分，也可以是全部。如果是一部分，通知用抽签方法来确定。这种债券大多附有期前兑回条款，使发行者可以在市场利率下降时提前兑回债券，以避免高利率的损失。当发行者决定偿还时，必须在一定时间前通知债权人，通常是 30 天至 60 天。

延期偿还债券是指可以延期偿本付息的债券，它有两种形式：一种是指发行者在债券到期时无力偿还，也不能借新款还旧债时，在征得债权人的同意后，可将到期债券予以延期。对于延期后的债券，发行者可根据具体情况，对其利率进行调整，可以调高，也可以调低。另一种是指投资者于债券到期时有权根据发行者提出的新利率，要求发行人给予延期兑付的债券。这种债券一般期限较短，投资者可以要求多次延长。

永久债券亦称不还本债券或利息债券，一般是指由政府发行的不规定还本日期，仅按期支付利息的公债。当国家财政较为充裕时，可以通过证券市场将此种债券买回注销。此外，还有永久公司债券。永久公司债券的持有人除因发行公司破产或有重大债务不履行等情况外，一般不能要求公司偿还，而只是定期获得利息收入。实际上，这种债券已基本失去了一般债券的性质，而具有股票的某些特征。

可转换债券指可以兑换成股票或其他债券的债券。这种债券在发行时就附有专门条款，规定债权人可选择对自己的有利时机，请求将债券兑换成公司的股票。不希望兑换成股票时，也可继续持有，直到偿还期满时收回本金，还可以在需要时售出。可转换债券具有公司债券和股票的双重性质。在转换之前，公司债券是纯粹的债券，债权人到期领取本金和利息收入，其利息是固定的，不受公司经营状况的影响；在转换之后，原来的持券人就变成公司的股东，参加公司红利的分配，其收益多少就要受到公司经营状况的影响。当股利收入高于债券收入时，将公司债券兑换成股票对债权人有利。可转换债券可以流通转让，其价格受股票价格的影响。股票价格越高，可转换债券的价格也随之上升；反之，则下跌。

10. 根据债券持有人的收益方式分类

根据债券持有人收益方式的不同，债券可分为固定利率债券、浮动利率债券、累进利率债券、参加分红公司债券、免税债券、收益公司债券、附新股认购权债券和产权债券等。

固定利率债券是指在发行时就规定了固定收益利息率的债券，一般每半年或一年支付一次利息。

浮动利率债券是为避免利率风险而设计的一种新型债券。这种债券可随市场利率的变动而变动。例如，可在债券上规定，其利率每季以 90 天期的国库券为基准进行调整。其特点是可使投资人在利率上升时获益。我国 1989 年发行的保值公债即为浮动利率债券。

累进利率债券是指按投资者持有同一债券期限长短计息的债券。债券期限越长，其利率就越高；反之，则利率越低。

参加分红公司债券是指债券持有人除了可以得到事先规定的利息外，还可以在公司的收益超过应付利息时，与股东共同参加对公司盈余的分配。这种债券将公司债券与股票的特点融为一体，与其他债券相比，这种债券的利率较低。

免税债券是指债券持有人免交债券利息的个人所得税的债券。政府公债一般是免税的，地方政府公债大多也是免税的。此外，一些经过特准的公司债券也可以免税。例如，美国联邦土地银行发行的公司债券就是免税债券。

收益公司债券是指所发行公司虽然承担偿还本金的义务，但是否支付利息则根据公司的盈亏而定的债券。发行公司如果获得利润就必须向债券持有人支付利息；如果发行公司未获得盈余，则不支付利息。在公司改组时，为减轻债务负担，通常要求债权人将原来的公司债券换成收益公司债券。

附新股认购权债券是指赋予投资人购买公司新股份的权利的债券。发行公司在发行债券时规定，持券人可以在规定的时间内，按预先规定的价格和数量认购公司的股票。持券人购买公司的股票后便成为公司的股东，但不因此丧失公司债权人的资格。

这是附新股认购权债券与可转换债券的主要区别。可转换债券在行使转换权之后，债券形态随即消失，债券变成了股票，持券人因此也就失去了公司债权人的资格。

产权债券是指到期后可以用公司股票偿还而不按面值用现金偿还的债券。这种债券的利息比一般的股息高，因此对投资者的吸引力较大。对于发行者来说，通过发行这种债券，可以按高于票面值的价格在市场出售股份而获得所需要的资金。

11. 根据债券的发行地域分类

根据债券发行的地域，可以将债券分为国内债券和国际债券两大类。

国内债券是指一国政府、企业或金融机构在本国国内，以本国货币为面额发行的债券。

国际债券是指政府、公司、团体或国际机构在本国以外发行的债券。即债券发行人属于一个国家，而发行地点在另一个国家，且债券面额不用发行者所在国的货币计值，而是以外币计值。国际债券包括外国债券和欧洲债券。

外国债券就是甲国发行者以乙国货币面值在乙国发行的债券，如中国国际信托投资公司在日本发行的日元面额债券。利用外国债券筹集资金的主要有：外国政府、国有企业、私人公司以及国际性组织。发行外国债券的优点是能够筹措到期限较长并可以自由选用的外汇资金，但发行条件很严格，而且要承担外汇汇率风险。

欧洲债券是指在欧洲市场上发行的，不以发行所在国货币，而是以另一种可自由兑换的货币标值并还本付息的债券。欧洲债券除可以用单独货币（美元、英镑、德国马克、法国法郎、瑞士法郎、日元、加拿大元等）发行外，还可以用综合性的货币单位发行，如特别提款权、欧洲货币体系记账单位等。欧洲债券的发行者、面值货币和发行地点分属于不同的国家，而且要由大的跨国银行主持发行事宜。例如，法国政府同时在英国、卢森堡等债券市场上发行美元债券，即属于欧洲债券。

小卡片：近年来我国债券市场违约风险特征统计

2017 年 12 月 18 日至 20 日，在北京举行的中央经济工作会议确定，“打好防范化解重大风险攻坚战，重点是防控金融风险，要服务于供给侧结构性改革这条主线”。2018 年 7 月 31 日召开的中央政治局会议重点指出，“把防范化解金融风险和服务实体经济更好结合起来，坚定做好去杠杆工作，把握好力度和节奏，协调好各项政策出台时机”。根据中国人民银行和国家统计局数据可以看出，近年来，我国债券市场取得了非常快速的发展。2017 年交易所债券发行额为 1.44 万亿元，债券成交额为 26.58 万亿元；2018 年 12 月，企业债券存量为 20.13 万亿元，企业债券存量以每年平均 9.2%的速度快速增长，企业债券增量为 3 757 亿元。2018 年，中国人民银行发布的数据显示，全年社会融资规模总增量为 19.26 万亿元，其中企业债券融资增量为 2.49 万亿元，非金融企业境内股票融资则为 0.36 万亿元，债券融资已经成为企业融资中作用更为重要的一种融资方式。近十年以来，我国债券市场经历了高速成长，市场快速发展，越来越多的信用资质较低的发行人进入了市场，越来越多的信用等级较低的债券被发行进入债券市场。整体而言，目前债券市场的信用风险难以控制，2014 年以来，债券市场债券违约事件频发。并且，随着防范金融风险力度的加大，资产新规的发布，“刚性兑付”被打破，而刚性兑付下的资金池模式的资金最主要的投向就是债券市场，因此，《关于规范金融机构资产管理业务的指导意见》对债券市场的影响可以说是最大的。

一、我国债券市场违约风险特征统计分析

（一）债券市场违约概况

1. 债券违约数量及金额分析（图 3.1）

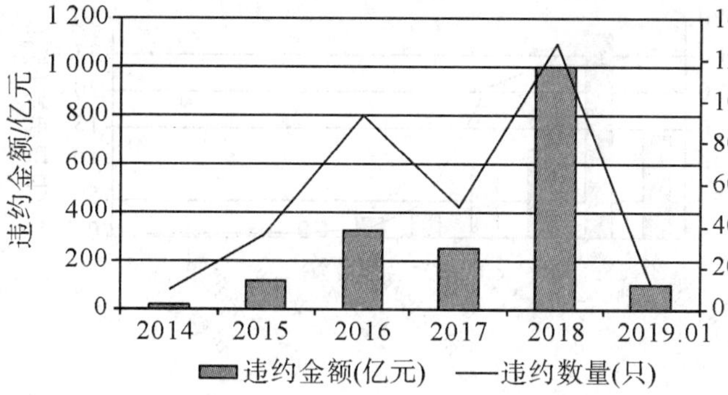

图 3.1　2014—2019 年债券违约数量情况

（资料来源：中国人民银行、企业预警通）

由图 3.1 可以看出，从 2014 年至 2019 年以来，债券违约的情况越来越严重，违约数量与违约金额都处于增长的态势。从 2014 年 10 只有债券违约，到 2018 年整年 127 只债券违约，增长了 11.7 倍，截止到 2019 年 1 月底，违约债券已达到 14 只，按照这个比例，2019 年违约债券数量相比于 2018 年将进一步增长。从历年违约金额来看，2017 年违约金额有所下降，2018 年违约金额最高，达到 994.26 亿元，是 2017 年的 3.96 倍左右。2019 年截止到 1 月底，债券违约金额已达 99.92 亿元，违约债券的数量仍然在增加，违约金额也在不断增长。2017 年，在我国宏观经济稳中向好，供给侧改革深入推进的大环境下，债券违约的情况有所好转，违约数量与违约金额都呈现一定幅度的下降态势。但是，在 2018 年各项政策推动下，信用条件缩紧，再融资困难，资金链条紧张，债券潜在风险再次暴露，2018 年违约债券数量达到最大。在我国监管趋紧的大环境下，未来债券违约的情况更加严峻。

2. 发债人企业性质分析（图 3.2）

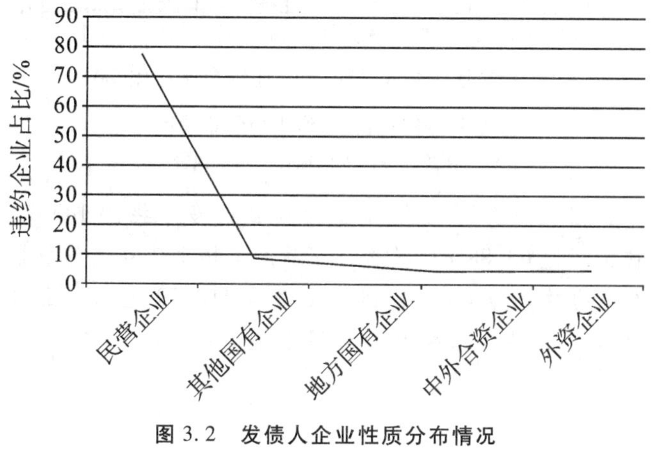

图 3.2　发债人企业性质分布情况

（资料来源：中国人民银行、企业预警通）

企业预警通（上海大智慧财汇数据科技有限公司打造的一款企业风险监控和预警移动端手机 APP）数据统计结果显示：目前的违约事件仍然主要集中于民营企业，违

约主体中民营企业占比 77.14%，2014 年至 2019 年 1 月底，329 只违约债券中，民营企业债券违约只数达到 226 只，占比 68.69%。

3. 违约债券类型分析（图 3.3）

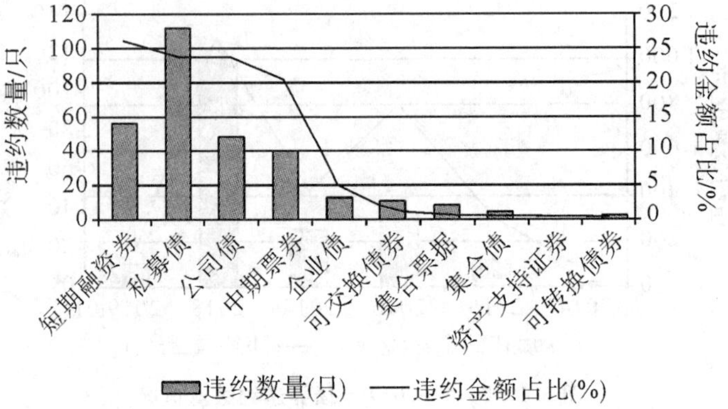

图 3.3　违约债券类型分布情况

（资料来源：中国人民银行、企业预警通）

按照违约债券的类型分布，近年来违约债券大部分为私募债券，私募债违约债券的数量高达 112 只，违约金额高达 427.12 亿元，占违约金额的 23.79%；其中短期融资券的违约债券数量虽然只有 56 只，但是违约金额达 466.89 亿元，占总金额的 26%。

4. 违约债券流通市场分析（图 3.4）

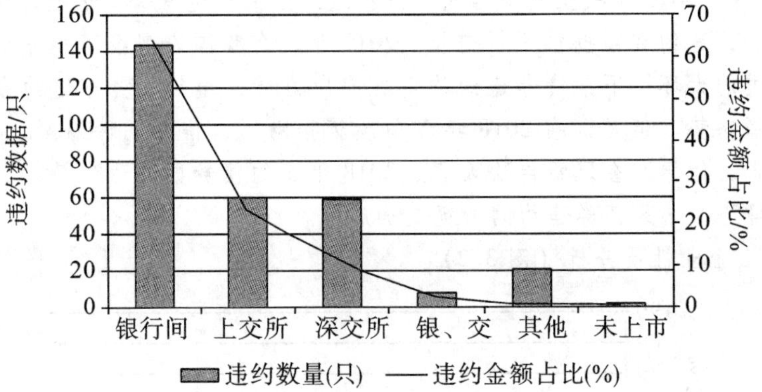

图 4　违约债券流通市场分布情况

（资料来源：中国人民银行、企业预警通）

以上数据显示，银行间市场上债券违约数量最多，共计 143 只，涉及违约金额 1 146.87 亿元，占比高达 63.88%；其次，交易所市场上债券违约数量较多，上海证券交易所市场上债券违约数量为 60 只，违约金额为 418.79 亿元，深圳证券交易所市场上债券违约数量为 58 只，违约金额为 183.01 亿元。

（二）债券市场信用违约的特征

1. 行业分布：从周期性向非周期性扩张（图 3.5）

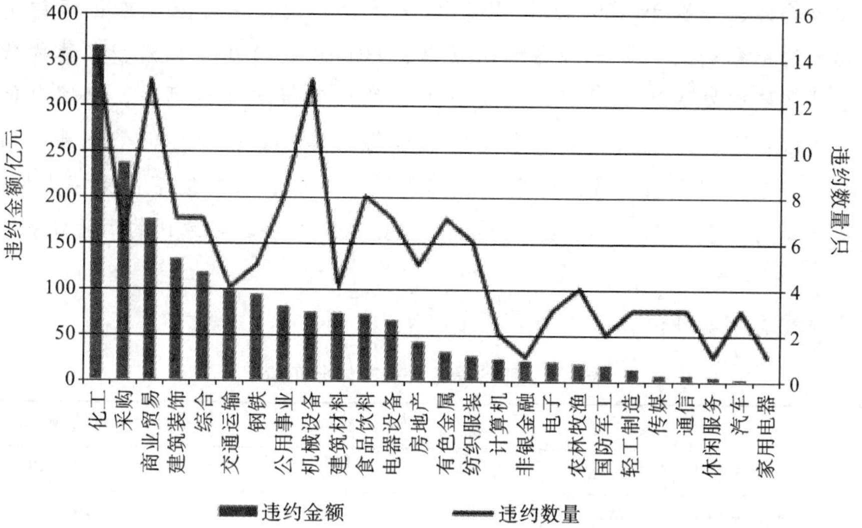

图 3.5　违约债券行业分布情况

（资料来源：中国人民银行、企业预警通）

由图 3.5 可以看出：违约主体数量位列前三的行业分别为化工、商业贸易和机械设备，其中违约金额最多的是化工行业，违约金额为 361.13 亿元，违约家数达 14 家。从行业分布上看，债券信用风险已经由产业链上游逐渐扩展至中下游，涉及行业已经由周期性行业向非周期性行业扩展，违约主体行业分布明显趋于多样化。这些行业基本都具备市场需求增速减缓、产能过剩、无序竞争、产品同质化严重等特征，部分行业还面临去产能和环保政策压力。

2. 地区分布：华东地区违约主体较多，东北地区个体违约金额较大（图 3.6）

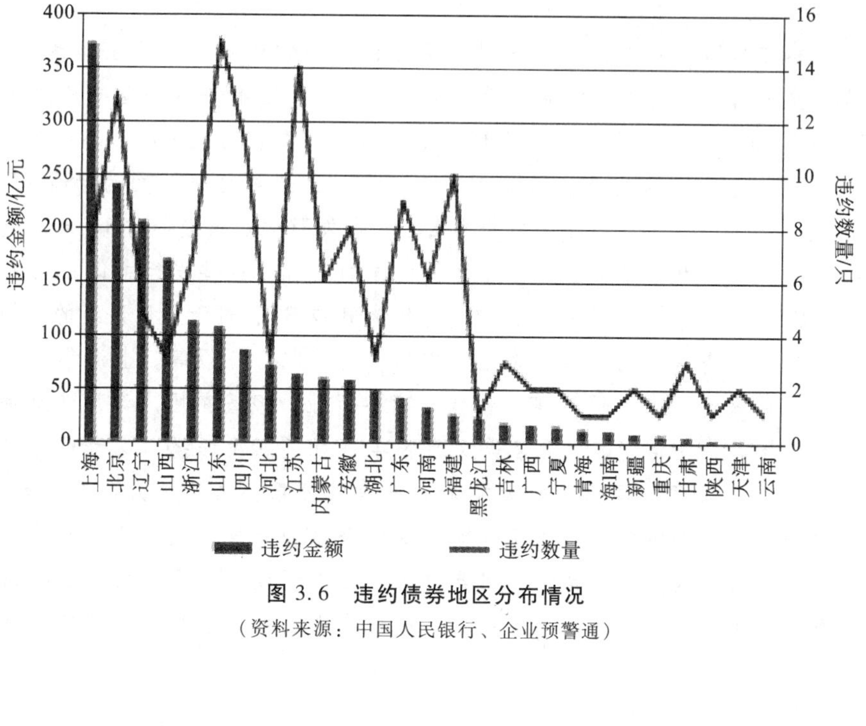

图 3.6　违约债券地区分布情况

（资料来源：中国人民银行、企业预警通）

从债券违约主体的地域分布来看，违约主体主要分布在华东、华北、西南和东北，从债券违约金额来看，最大的地区为华东地区，为734.81亿元，另外，华北和东北地区的金额也较大，分别为469.43和303.34亿元。其次，由于东北地区违约主体数较少，个体违约金额较大。华东地区经济活跃，以山东、浙江、江苏、福建为代表，由于这类地区区域内发达的民间借贷导致企业"隐形负债"无迹可寻，真实负债情况难以把握，所以导致违约现象频发。东北地区违约个体总数较少，但个体涉及的违约金额较大。主要原因在于当区域经济疲软、财政盈余下降、政府经常性支持力度减小时，产能严重过剩的大型重工业国企经营不善、历史包袱过重，导致违约风险暴露。

3. 发行主体分布

违约债券发行主体分布情况如表3.1所示。

表3.1　违约债券发行主体分布情况

违约主体	违约数量/只	违约金额/亿元
上海华信国际集团有限公司	12	256.42
永泰能源股份有限公司	13	162.47
新光控股集团有限公司	8	85.33
丹东港集团有限公司	7	83.61
中国城市建设控股集团有限公司	8	83.51
上海云峰（集团）有限公司	7	73.03
山东山水水泥集团有限公司	5	71.21
东北特殊钢集团股份有限公司	10	63.42
中国华阳经贸集团有限公司	6	60.52
四川省煤炭产业集团有限责任公司	8	54.58

（资料来源：中国人民银行、企业预警通）

上海证券交易所与企业预警通统计数据显示：违约债券的发行主体达到140家，大多数发行主体所发行的违约债券数量为1只或2只，还有一些企业的违约债券数量在10只左右，其中有两家企业超过了10只，是上海华信国际集团有限公司和永泰能源股份有限公司，违约债券数量分别为12只和13只，违约金额分别为256.42亿元和162.47亿元，另外东北特殊钢集团股份有限公司所发行的违约债券为10只，违约金额为63.42亿元。上表为一部分违约债券发行主体的情况。这些发行主体的信用评级多数为C或CC+等，只有少数发行主体信用评级为B或B+，进行信用评级的机构主要为中证鹏元、新世纪资信评估、联合资信、中债资信、联合评级等。上海华信国际集团有限公司，注册地为上海，该企业为租赁和商务行业，经营范围广泛，涉及金融、能源、矿业、林木等，法定代表人为李勇。2018年进行了3次评级，均为C等级，在未来展望中，评级仍有可能调低。永泰能源股份有限公司，注册地为山西，属于电力、热力、燃气及水生产和供应业，经营范围涉及综合能源开发、大宗商品物流、新兴产业投资等，法定代表人为王广西。2018年进行了2次评级，均为C等级，未来展望为负面，评级仍有可能调低。东北特殊钢集团股份有限公司，注册地为辽宁，属于批发和零售业，经营范围涉及钢铁冶炼、钢压延加工等，法定代表人为龚盛。目前信用评级为 C 等级。

4. 期限分布（图 3.7）

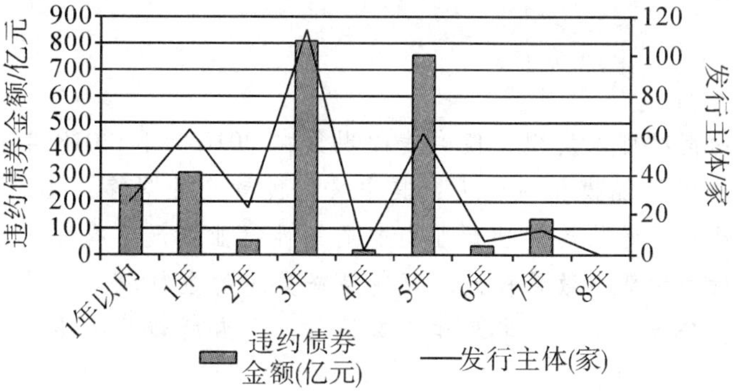

图 3.7 违约债券期限分布情况

（资料来源：Wind 数据库）

数据统计显示，违约债券的发行期限以 3 年期最多，有 112 家，其次为 1 年期和 5 年期，违约数量分别为 63 家和 62 家。违约债券余额以 3 年期和 5 年期居高，分别为 804.29 亿元和 753.34 亿元。另外，一年期和一年期以内的违约债券余额也较高，分别为 311.2 亿元和 257.61 亿元。

5. 信用评级分布（图 3.8、图 3.9）

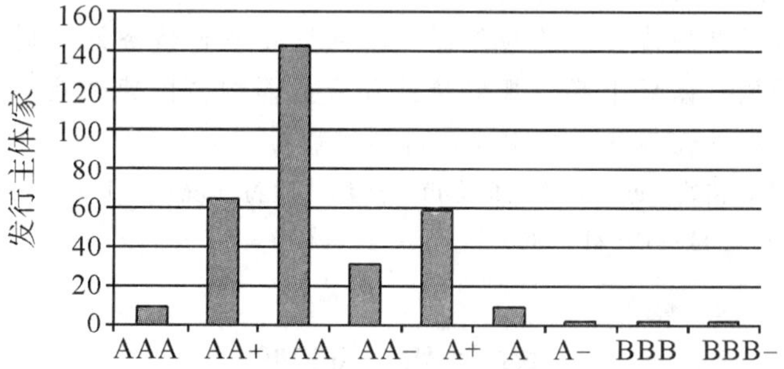

图 3.8 发行主体发行初期信用评级情况

（资料来源：Wind）

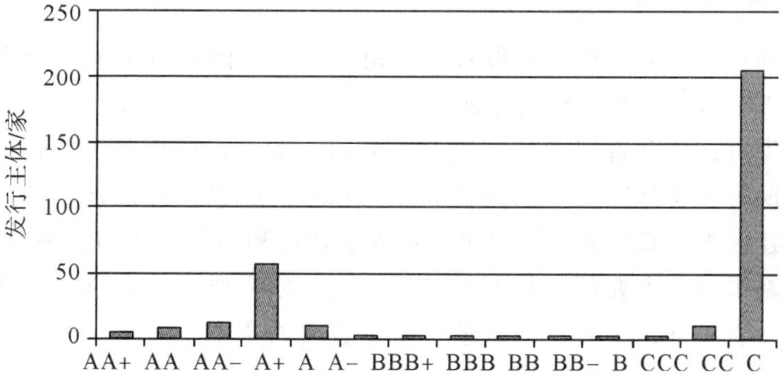

图 3.9 发行主体当前信用评级情况

（资料来源：Wind）

据不完全统计，在发行初期，违约债券的发行主体的信用评级基本为 AA 级及以上，BBB、BBB-等级的均只有一家，而当前这些发行主体的信用评级基本为 C，还有少部分的发行主体信用评级为 A、B 等，但有些发行主体的信用评级数据是前两年评估的，当前暂未更新。

（三）小结

1. 违约特征小结

观察历年违约情况可以发现，债券违约现象在 2016 年和 2018 年较为突出，新增违约债券主体数量以及规模相对较大，其中又以民营企业居多，国有企业相对较少。此外，债券违约已经开始从周期性行业向非周期性行业扩展，有分布于各个行业的趋势。而且，私募债违约债券数量较大，短期融资券违约金额较高。最后从地区分布来看，违约债券主要分布在华东、华北和西南地区，上海所涉及的违约金额最多，达到 371.04 亿元。

2. 违约原因简析

宏观经济因素：2018 年以来，在宏观不确定性因素影响下，对企业的生产经营及财务状况产生不利影响。金融严监管：债券交易新规、资管新规等一系列监管政策的陆续出台，“刚性兑付”模式被打破，回归了合理的风险定价，在金融严监管下，部分债券信用风险逐步显现出来。2018 年以来，为了防范金融风险的严监管加上政府债务严监管对企业的融资和经营造成了一定的影响，而在前期政策宽松的条件下，部分企业大量融资，扩张负债，伴随着刚性债务规模持续增长，短期内盈利能力无法兑现，公司流动性持续承压，最终资金链断裂、丧失偿债能力，部分违约企业还存在大额违规对外担保和资金拆借的情况，这些外部环境的变化使得债务到期时企业资金周转困难。并且受到市场风险偏好下降、规避情绪加大的影响，民营企业特别是中小型民营企业抵御风险能力较差，因此在集中违约时期中最为“受伤”。

（资料来源：宋华，褚姚. 近年来我国债券市场违约风险特征统计［J］. 齐齐哈尔大学学报（哲学社会科学版），2019（05）：18-21，26.）

第二节　股票

一、股票的性质

股票是一种有价证券，它是股份有限公司公开发行的用以证明投资者的股东身份和权益，并据以获得股息和红利的凭证。

股票一经发行，持有者即为发行股票的公司的股东，有权参与公司的决策，分享公司的利益，同时也要分担公司的责任和经营风险。股票一经认购，持有者不能以任何理由要求退还股本，只能通过证券市场将股票转让和出售。作为交易对象和抵押品，股票已成为金融市场上主要的、长期的信用工具。但实质上，股票只是代表股份资本所有权的证书，它本身并没有任何价值，不是真实的资本，而是一种独立于实际资本之外的虚拟资本。

二、股票的特性

1. 收益性

收益性是指持有者凭其持有的股票，有权按公司章程从公司领取股息和红利，获取投资收益。认购股票就有权享有公司的收益，这既是股票认购者向公司投资的目的，也是公司发行股票的必备条件。

股票收益的大小取决于公司的经营状况和盈利水平。一般情况下，投资股票获得的收益要高于银行储蓄的利息收入，也高于债券的利息收入。

股票的收益性还表现在持有者利用股票可以获得价差收入和实现货币保值。也就是说，股票持有者可以通过低进高出赚取价差利润；或者在货币贬值时，股票会因为公司资产的增值而升值，或以低于市价的特价或无偿获取公司配发的新股而使股票持有者得到利益。

2. 风险性

股票的风险性是与股票的收益性相对应的。认购了股票，投资者既有可能获取较高的投资收益，同时也要承担较大的投资风险。

在市场经济活动中，由于多种不确定因素的影响，股票的收益不是事先确定的固定数值，而是一个难以确定的动态数值，它随公司的经营状况和盈利水平而波动，也受到股票市场行情的影响。公司经营得越好，股票持有者获取的股息和红利就越多；公司经营不善，股票持有者能分得的盈利就会减少，甚至无利可分。这样，股票的市场价格就会下跌，股票持有者就会因股票贬值而遭受损失；如果公司破产，则股票持有者连本金也保不住。由此可见，股票的风险性是与收益性并存的，股东的收益在很大程度上是对其所担风险的补偿。股票收益的大小与风险的大小成正比。

3. 稳定性

稳定性有两方面的含义：①股东与发行股票的公司之间存在稳定的经济关系；②通过发行股票筹集到的资金使公司有一个稳定的存续期间。

股票是一种无期限的法律凭证，它反映着股东与公司之间比较稳定的经济关系；同时，投资者购买了股票就不能退股，股票的有效存在又是与公司的存续期间相联系的。对于认购者来说，只要其持有股票，公司股东的身份和股东权益就不能改变；同时，股票又代表着股东的永久性投资，他只有在股票市场上转让股票才能收回本金。对公司来说，股票则是筹集资金的主要手段，由于股票始终置身于股票交易市场而不能退出，因此，通过发行股票所筹集到的资金在公司存续期间就是一笔稳定的自有资本。

4. 流通性

股票具有很强的流通性。在股票交易市场上，股票可以作为买卖对象或抵押品随时转让。股票转让意味着转让者将其出资金额以股价的形式收回，而将股票所代表的股东身份及各种权益让渡给受让者。

流通性是股票的一个基本特征。股票的流通性是商品交换的特殊形式，持有股票类似于持有货币，随时可以在股票市场兑现。股票的流通性促进了社会资金的有效利用和资金的合理配置。

5. 股份的伸缩性

伸缩性是指股票所代表的股份既可以拆细，又可以合并。

（1）股份的拆细，即将原来的一股分为若干股。股份拆细并没有改变资本总额，只是增加了股份总量和股权总数。当公司利润增多或股票价格上涨后，投资者购入每手股票所需的资金增多，股票的市场交易就会发生困难。在这种情况下，就可以将股份拆细，即采取分割股份的方式来降低单位股票的价格，以争取更多的投资者，扩大市场的交易量。

（2）股份的合并，即将若干股股票合并成较少的几股或一股。股份合并一般在股票面值过低时采用。公司实行股份合并主要出于如下原因：公司资本减少、公司合并或是股票市价由于供应减少而回升。

6. 价格的波动性

股票在交易市场上作为交易对象，同其他商品一样，也有自己的市场行情和市场价格。股票价格的高低不仅与公司的经营状况和盈利水平密切相关，而且与股票收益与市场利率的对比关系紧密相连。此外，股票价格还会受到国内外经济、政治、社会以及投资者心理等诸多因素的影响。从这点上看，股票价格的变动又与一般商品的市场价格变动不尽相同，大起大落是它的基本特征。

股票在交易价格上所表现出的波动性，既是公司吸引社会公众积极进行股票投资的重要原因，也是公司改善经营管理、努力提高经济效益、增强公司竞争能力的一个重要外部因素。

7. 经营决策的参与性

根据有关法律的规定，股票的持有者即是发行股票的公司的股东，其有权出席股东大会，选举公司的董事会成员，参与公司的经营决策。股票持有者的投资意志和享有的经济利益，通常是通过股东参与权的行使而实现的。股东参与公司经营决策的权利大小，取决于其所持有的股份的多少。从实践中看，只要股东持有的股票数额达到决策所需的实际多数时，就能成为公司的决策者。

股票所具有的经营决策的参与性特征，对于调动股东参与公司经营决策的积极性和创造性，建立一个制衡性的、科学合理的企业运行机制和决策机制，具有十分重要的实践意义。

三、股票的种类

股票的种类繁多，按不同的标准可以分成不同的类别。

1. 按是否记名分类

按是否记名，股票可分为记名股和无记名股。

记名股即股东姓名载于股票票面并且记入专门设置的股东名簿的股票。记名股派发股息时，由公司书面通知股东。转移股份所有权时，须照章办理过户手续。

无记名股指的是股东姓名不载入票面的股票。派息时不专门通知，一经售出，其所有权转移即生效，无须办理过户。

2. 按有无面值分类

按有无面值，股票可分为有面值股和无面值股。

有面值股，即票面上注明股数和金额的股票。无面值股即票面上未载明股数和金额，仅标明它是股本总额若干比例的股票。如，某公司的股本总额为50万元，共分为1万股，每股50元。某人持有该公司1股的股票1张，票面无50元字样，只注明它是股票总额的一万分之一。

3. 按股东权利分类

按股东的权利来划分，股票主要有普通股、优先股、后配股；此外，还有议决权股、无议决权股、否决权股等。

普通股，即股息随公司利润的大小而增减的股票。股份公司初次发行的股票一般为普通股。持有普通股的股东，在召开股东大会时，投票选出董事，组成董事会，作为一个常设机构，代表全体股东决定公司的经营方针，并监督公司的业务情况。日常事务则由董事会选派的经理和其他职员处理。

普通股股东享有以下权利：盈余分配权、资产分配权、表决权、选举权、优先认股权、股份转让权、对董事的诉讼权等。

优先股，是相对于普通股而言的"优先"，指的是公司在筹集资本时，给予认购人某种优惠条件的股票。这种优惠条件包括：优先于普通股分得股息；公司解散时，有相对于普通股优先分得剩余财产的权利。

优先股的股息一般是固定的，但也有只规定股息最高与最低限额的优先股。一般来说，发行优先股只限于公司增资时。在营运中，公司财政发生困难，或不易增加普通股份或整理公司债务，总之，只有在公司财政上发生困难时，才不惜以种种优惠条件来筹集资金。

优先股种类较多，仅就优先分得股息而言，可以分为：累积优先股、非累积优先股、全部参加优先股、部分参加优先股、不参加优先股。①累积优先股，未发的优先股息逐期累积，即本期公司盈利不足以支付优先股股息时，用后期公司盈利累积补发。先要将累积优先股股息付清后，才能分派普通股股息。②非累积优先股的股息按期分派，公司本期盈利不足以支付优先股股息时，不予累积，后期不补付。③全部参加优先股，除了按规定的股票利率优先分得本期股息外，还有权与普通股股东一道，共同等额地分享本期的剩余盈利。④部分参加优先股，除了按规定的股票利率优先分得本期股息外，有权以一定额度为限，与普通股一起，共同分享本期的剩余盈利。⑤不参加优先股，只按规定的股票利率优先分得利息，不参与剩余盈利的分配。

后配股，即次于普通股而享受派息或分配公司剩余财产的股票，大都由股份公司赠予发起人及管理人，故又有发起人股、管理人股之称。其代价为提供劳动力名义等，而非金钱或财产，因此，也有称之为干股。

议决权股，指的是股份公司对特定股东给予多数表决权（而一般股票是股一权），但并无任何优先利益的股票。发行这种股票的目的在于限制外国股人对于本国产业的支配权。

无议决权股，即对公司一切事务都无表决权的股票。

否决权股，即只对指定的议案有否决权的股票。

4. 按是否付清股款分类

按股款的付清与否来划分，股票有付清股与未付清股。前者指的是股款缴足的股票；后者指的是股款未缴足的股票。未付清股往往发生于分配缴款的场合。

5. 按股票是否发行分类

按股票的发行与否来划分，股票有发行股和未发行股。

公司总股本中，已经由股东认购的部分叫发行股；另一部分，即尚未被认购的股份就叫未发行股。公司会计账上，对上述二者应有区别。

一般说来，未发行股的产生有两方面原因：第一，公司初创时期，投资者少，用已募集的资本先行开业，余下股份于公司成立后再陆续招募，这样就出现了未发行股；第二，公司增资时，发行新股票。发行顺利与否，完全取决于公司信誉高低及社会经济状况。当公司信誉不佳，或经济不景气时，也难免有若干股份发行不出去。

6. 库藏股

由公司购买的本公司发行的股票，或由股东移赠给公司的本公司发行的股票称为库藏股。库藏股的股款已按票面额全部缴足。库藏股一般只限于优先股，并且必须存入公司的金库。

四、我国的股权结构

1. 国家股

国家股是指以国有资产向股份有限公司投资形成的股权。国家股一般是指国家投资或国有资产经过评估并经国有资产管理部门确认的国有资产折成的股份。国家股的股权所有者是国家。国家股的股权，由国有资产管理机构或其授权单位、主管部门行使国有资产的所有权职能。国家股股权，也包含国有企业向股份有限公司形式转换时，现有国有资产折成的国有股份。

我国国家股的构成，从资金来源看，主要包括三部分：①国有企业由国家计划投资所形成的固定资产、国拨流动资金和各种专用拨款；②各级政府的财政部门、经济主管部门对企业的投资所形成的股份；③原有行政性公司的资金所形成的企业固定资产。

关于国家股的形式，在由国家控股的企业中，国家股应该是普通股，从而有利于国家控制和管理该企业；在不需要国家控制的中小企业，国家股应该是优先股或参加优先股，从而有利于国家收益权的强化和直接经营管理权的弱化。

国家通过三种持股策略方式控制企业：①国家控制企业100%的股份；②国家控制企业50%以上的股份；③国家控制企业50%以下的股份。国家控股的程度，因企业与国计民生的关切程度不同而异。

2. 法人股

法人股是指企业法人以其依法可支配的资产向股份公司投资形成的股权，或者具有法人资格的事业单位或社会团体以国家允许用于经营的资产向股份公司投资所形成的股权。

法人股是法人相互持股所形成的一种所有制关系，法人相互持股则是法人经营自身财产的一种投资方式。法人股股票，应记载法人名称，不得以代表人姓名记名。法人不得将其所持有的公有股份、认股权证和优先认股权转让给本法人单位的职工。

法人股主要有两种形式：①企业法人股，是指具有法人资格的企业把其所拥有的法人财产投资于股份公司所形成的股份。企业法人股所体现的是企业法人与其他法人之间的财产关系，因为它是企业以法人身份认购其他公司法人的股票所拥有的股权。

有些国家的公司法，严格禁止企业法人持有自身的股权。②非企业法人股，是指具有法人资格的事业单位或社会团体以国家允许用于经营的财产投资于股份公司所形成的股份。

3. 公众股

公众股是指社会个人或股份公司内部职工以个人财产投入公司形成的股份。它有两种基本形式，即公司职工股和社会公众股。

公司职工股是指股份公司的职工认购的本公司的股份。公司职工认购的股份数额不得超过向社会公众发行的股份总额的10%。一般来讲，公司职工股上市的时间要晚于社会公众股。

社会公众股是指股份公司公开向社会募集发行的股票。向社会所发行的部分不少于公司拟发行的股本总额的25%。这类股票是市场上最活跃的股票，它发行完毕一上市，就成为投资者可选择的投资品种。

4. 外资股

外资股是指外国和中国香港、中国澳门、中国台湾地区投资者以购买人民币特种股票形式向股份公司投资形成的股份，它分为境内上市外资股和境外上市外资股两种形式。

（1）境内上市外资股。境内外资股是指经过批准由外国和中国香港、中国澳门、中国台湾地区投资者向中国境内股份公司投资所形成的股权。境内外资股称为B种股票，是指以人民币标明票面价值，以外币认购，专供外国及中国香港、中国澳门、中国台湾地区的投资者买卖的股票，因此又称为人民币特种股票。国家股、法人股、公众股三种股票形式又合称为A种股票，是由代表国有资产的部门或者机构、企业法人、事业单位和社会团体以及公民个人以人民币购买的，因此又称为人民币股票。境内外资股在境内进行交易买卖。上海证券交易所的B股以美元认购，深圳证券交易所的B股以港币认购。

（2）境外上市外资股。目前我国境外上市外资股有两种：① H股。它是境内公司发行的以人民币标明面值，供境外投资者用外币认购，在香港联合交易所上市的股票。② N股。它是以人民币标明面值，供境外投资者用外币认购，获纽约证券交易所批准上市的股票。目前，几乎所有的外国公司（即非美国公司，但不包括加拿大公司）都采用存托凭证（ADR）形式而非普通股的方式进入美国市场。存托凭证是一种以证书形式发行的可转让证券，通常代表一家外国公司的已发行股票。

五、股票投资的收益

股票投资的收益就是股票投资给投资者带来的收入，主要有以下几种收益：

1. 现金股利收益

现金股利收益指投资者以股东身份，按照持股的数量，从公司盈利的现金分配中获得的收益，具体包括股息和红利两部分，简称“股利”。

按西方公司法规范理解，股息是指股票持有者凭股票定期、按固定的比率从公司领取的一定盈利额，专指优先股而言。股息类似于我们常说的利息，但不是利息，股息支付双方不存在债权和债务关系。

红利是就普通股而言，即普通股股东从公司盈余分派中获得的收入收益。股息率是固定的，红利率则极不稳定，只能视公司盈余多少和公司今后经营发展战略决策的总体安排而定。公司税后盈余在弥补亏损、支付公积金、公益金和优先股股息之后，才轮到普通股红利分配。只有公司获得巨额盈利之时，红利分配才能丰厚；如果公司获得微薄盈利或甚至亏损，红利分配则少得可怜，甚至一无所获。股利分配几个重要时间点如表 3.2 所示。

表 3.2 股利分配几个重要时间点

分红派息或配股宣布日	董事会宣布分配方案
股权登记日	该天登记的股东享有领取股利或配股的权利
除权除息日	解除权利、出现除权价，当日送股、配股、派息
送股或配股交易起始日	送股或配股开始在市场中交易
股息到账日	投资者的股息到账

2. 资产增值

股票投资报酬不仅仅只有股利，股利仅是公司税后利润的一部分。公司税后利润除支付股息和红利外，还留用一部分作为公积金以及未分配利润等。这部分利润虽未直接发放给股东，但股东对其拥有所有权，作为公司资产增值部分，它仍应属于股票收益。它可以作为老股东优先认股、配股和送股的依据。

3. 市价盈利

市价盈利又称“资本利得”，即运用资本低价买进股票再高价卖出所赚取的差价利润。其实，股票的最重要魅力就在于巨额市价盈利。考虑到市价盈利，得到股票盈利率计算公式：

股票盈利率=（股票卖出价-股票买入价+股利收入）÷股票买入价×100%

例如：投资者去年投资 1 万元购买了若干股某种股票，今年以 1.5 万元将其全部卖出。其间获股利收入 0.2 万元，假设其他税收等不计，则投资该种股票盈利率为：

$$(1.5-1+0.2)\div 1\times 100\% = 70\%$$

第三节 投资基金

一、投资基金的概念

投资基金是指由不确定多数投资者不等额出资汇集成基金（主要是通过向投资者发行股份或受益凭证方式募集），然后交由专业性投资机构管理。投资机构根据与客户商定的最佳投资收益目标和最小风险，把集中的资金再适度并主要投资于各种有价证券和其他金融商品，获得收益后由原投资者按出资比例分享，而投资机构本身则作为资金管理者获得一笔服务费用。

各国或各地区对投资基金的称谓有所不同。美国称之为“共同基金”“互助基金”或“互惠基金”（mutual fund），也称为投资公司（investment company）；英国及中国香港地区则称之为“单位信托基金”（unit trust）；日本和中国台湾地区称之为“证券投资信托基金”，等等。虽称谓不同，但内容及操作却有很多共性，在本书中，我们均称之为投资基金。

二、投资基金的特点

投资基金是一种间接的投资工具，与其他投资工具相比具有以下特点：

1. 获得规模投资的收益

通常，投资基金管理公司为适应不同阶层个人投资者的需要，设定的认购基金的最低投资额不高，投资者以自己有限的资金购买投资基金的受益凭证，基金管理公司积少成多，汇集成巨大的资金，由基金管理公司经验丰富的投资专家进行运作，获得规模经济效益。

2. 专家理财，回报率高

投资基金是一种间接投资，投资于基金就等于聘请了专业的投资专家，投资基金的投资决策都是由受过专业训练、有丰富经验的专家进行的。基金管理公司有发达的通信网络随时掌握各种市场信息，并有专门的调查研究部门进行国内外宏观经济分析，以及对产业、行业、公司经营潜力有系统的调研和分析。因此，专家理财的回报率通常会强于个人投资者。

3. 组合投资，分散风险

投资基金管理人通常会根据投资组合的原则，将一定的资金按不同的比例分别投资于不同期限、不同种类、不同行业的证券上，实现风险的分散。而中小投资者有限的资金，很难做到像投资基金这样的充分分散风险。例如，有的投资基金其投资组合不少于20个品种，从而能够有效地分散风险，提高了投资的安全性和收益性。

4. 利益共享、风险共担

证券投资基金实行“利益共享、风险共担”的原则。基金投资者是基金的所有者，基金投资收益在扣除由基金承担的费用后的盈余全部归基金投资者所有，并依据各个投资者所持有的基金份额比例进行分配。为基金提供服务的基金托管人、基金管理人只能按规定收取一定的托管费、管理费，并不参加收益的分配。

5. 严格监管、公开透明

为切实保护投资者的利益，增强投资者对基金投资的信心，各国基金监管部门都对基金业实行严格的监管，对各种有损投资者利益的行为进行严厉的打击，并强制基金进行较为充分的信息披露。

6. 基金资产保管与运作安全性高

不论是何种投资基金，均要由独立的基金保管公司保管基金资产，以充分保障投资者的利益，防止基金资产被挪作他用。基金管理人和保管人的这种分权与制衡，通过基金章程或信托契约确立，并受法律保护。

在成熟的基金市场上，有一套完整的和完善的监管体制，其内容包括：法律监督、主管部门监督、基金行业自律、基金管理人与基金保管人相互监督、投资者监督五个方面，从而确保投资基金的安全性。

三、投资基金的种类

根据不同的标准，基金可划分为许多类型，下面介绍一些比较重要的基金类别：

（一）公司型和契约型投资基金

根据法律基础及组织形态的不同，可将投资基金划分为公司型和契约型两类。这种分类方法是基金分类中最主要的一种，它分别代表了基金发展过程中，在基金组织管理形式上两种不同的潮流，即英国模式和美国模式。

1. 契约型基金

契约型基金起源于英国，目前英国及英联邦国家的基金大多数是这种类型。契约型基金是在一定的信托契约的基础上进行的代理投资行为，它由三方当事人组成：①委托人（即基金经理公司）。作为基金的发起人来设定基金的类型，与保管人签订信托契约，以发行受益凭证的方式对外募集资金，并根据信托契约的要求把所筹集资金交受托人保管，同时运用信托资产进行证券投资。②受托人（即信托公司和银行）。根据信托契约管理信托资产，在银行开设独立账户，接受委托人的指令来办理证券买卖中的钱货清算、过户等。③受益人（即投资者）。通过购入基金受益凭证而成为信托契约的第三方，有权要求按其投资比例来分享投资收益。

2. 公司型基金

公司型基金是依据公司法而组建的，专门进行证券投资，以盈利为目的的股份有限公司。美国的投资基金大多是公司型基金，又称投资公司。公司型基金由一些银行、证券公司、信托公司等机构作为基金发起人，设定基金的类型，对外发行股份。发起人常通过持有一定比例的股份来控制投资公司。因此，在公司创立大会后，原发起人往往以公司董事的身份参与公司管理。公司型基金的管理结构如下：

（1）股东大会和董事会。投资者通过认购投资公司发行的股份而成为公司股东，享有股东的一切权益。股东大会由全体股东组成，是投资公司的最高权力机构，审批公司的投资政策及公司的主要事项、选举公司董事等。董事会是常设权力机构，负责公司的日常管理，如制定公司的投资政策、聘请公司总经理等。

（2）基金管理公司。公司型基金中，基金管理公司是由一些专门从事基金管理的专业人士所组成的独立公司。通常是发起人或所属机构受聘于投资公司，行使对基金的投资管理，如申请成立基金、发布招股说明书、委托销售公司发行股票、委托信托公司保管基金资产、编制公司投资计划、公布基金业绩、公布基金收益分配方案、计算和公布基金的每日基准价格等。其报酬则由投资公司每年从基金资产中按一定比例计提支付。

（3）投资顾问。投资顾问是投资公司进行证券投资决策、投资操作的专业人士。在一般情况下，投资顾问是由基金管理公司来充当，有时投资公司也可聘请一些独立的证券咨询机构来作为投资顾问。投资顾问根据投资公司已定的投资政策，来选择投资对象，决定投资比重，是基金投资的实际操作人。

（4）基金保管公司。根据各国的基金法规定，不论哪一类基金都需设立基金保管机构，来充分保障投资者的权益，防止基金财产挪作他用；公司型基金中的基金保管公司是董事会委托的基金财产保管代理人，通常由银行等金融机构担任。基金保管公司必须具备一定资格，如必须是注册的金融机构，其注册资本应在一定规模以上，与投资公司的相互持股不能超过一定的比例等。基金保管公司以自己的名义在银行开设独立户头来保管信托资产，基金的所有证券也以信托人或其指定代理人的名义登记过户，并办理证券买卖中的实际交收。平时，基金保管公司对基金管理公司投资计划的实施过程进行监督，有权拒绝不符合基金投资政策的指令，到期末，审核和签署由基金管理公司制作的决算报告。

（5）基金销售机构。基金销售机构是受投资公司委托，负责办理基金股份的销售、回购、投资利润分配发放等事宜的承销机构。基金销售机构通常都是由投资银行来充当，投资银行利用其庞大的销售网进行分销，来完成投资公司的资金募集。平时，基金销售机构计算基金的买卖价格，主持投资公司基金股份的买卖，保存投资公司的股东名册；期末，发放投资公司的股息。

3. 契约型基金和公司型基金的区别

契约型基金和公司型基金的主要区别有以下几个方面：①两者主体资格不同。公司型基金其主体为投资公司，具有法人资格；而契约型基金无法人资格。②两者发行的证券种类不同。公司型基金发行的是投资公司的股份，是代表着公司资产所有权的凭证；而契约型基金发行的是基金受益凭证，是有权享有收益的凭证。③投资者地位不同。在公司型基金中，投资者以公司股东的身份出现，有权享有股东的一切权益；而在契约型基金中，投资者以基金受益人的身份出现，有受益分配权，却无权参与基金事务的经营管理。④基金运作的依据不同。在信托资产的运作上，公司型基金依据公司章程的有关条款，而契约型基金则依据签订的信托契约。

（二）开放型基金和封闭型基金

根据基金是否可赎回，可把各种不同类型基金分作开放型基金和封闭型基金。

1. 开放型基金

开放型基金是指基金设立时不固定基金单位总额的一种基金类型。基金管理者可根据投资的需要或投资者的需要追加发行，投资者也可根据自己的需要，要求发行机构回购股份或受益凭证，回购价格是基金净资产加一定手续费。目前，美国和日本大多数基金是属于开放型的，称作共同基金。开放型基金的发行规模随投资者的需求经常变动，如基金经营有道，基金的规模会迅速扩大；反之，基金规模则日益缩小。为预防出现投资者潜在的集中性变现要求所造成的挤兑，开放型基金总拿出基金总资产中一定比例（美国为10%）的现金作为准备金。

2. 封闭型基金

封闭型基金是指基金设立时规定基金单位的发行总额，一旦完成了发行计划就封闭起来，不再追加发行量的一种基金类型。封闭型基金发行总额是固定的，发行单位也不回购已发行在外的股份或受益凭证。为了方便投资者变现，此类基金都可上市交易，交易价格由市场供需水平决定。

3. 开放型基金和封闭型基金的区别

（1）基金发行份额不同。开放型基金发行规模不受限制，其发行在外的基金份额随基金的业绩、投资者需求的变动而变动；封闭型基金的发行份额受基金规模的限制，在基金存续期间是固定不变的。

（2）基金期限不同。开放型基金不设定存续期限，只要基金本身不破产就可以永远存在下去；封闭型基金一般设定存续期限，如10年或20年。一旦期满，即刻清盘，将基金的剩余资产按持有份额的比例分配给持有者。通常，在受益人一致要求下并经有关机构同意，封闭型基金可适当延长期限，甚至转为开放型基金。

（3）基金持有者变现方式不同。在开放型基金中，基金发行期结束一定时间后，销售机构会每天公布基金的买入价和卖出价，投资者随时都可以根据自己的需要，按照公布的价格增持或减持基金份额。由于交易价以净资产值为基准价，因此，开放型基金的价格不受供需关系的影响。在封闭型基金中，由于在基金封闭期间，不能赎回，投资者只能在证券流通市场上寻求变现机会，其市场价格较易受供需关系的影响，价格变动较大。

(4) 基金投资方式不同。开放型基金因受到持有者随时赎回基金的影响，需准备一定的现金以备不时之需，故不可能拿出全部基金资产作为投资之用。而封闭型基金在基金封闭期间不许赎回，因此可拿出全部基金资产用作证券投资。

(5) 基金的再筹资方式不同。开放型基金的发行规模不固定，可以通过增发基金份额来扩大经营规模。封闭型基金受基金份额固定的限制，不能增发基金份额来追加筹资。但在资金短缺时，一般可通过发行优先股、债券或向银行借贷来进行再筹资。从追加投资方式来看，开放型基金安全程度高，一旦股市大崩溃，开放型基金的净资产值下跌使赎回价格也同步下调，基金份额的净资产值不会跌至全无；而封闭型基金则由于有借贷资金，在市场看坏时债权人常要求提前偿还，基金则被迫出售证券来支付贷款，损失惨重甚至破产清盘。在第一次世界经济危机时，由于股市大跌，美国的封闭型基金惨遭灭顶之灾。

(三) 投资基金的业务品种

一个经营投资基金的管理公司，在设立基金时往往迎合市场投资者的需要，来推出各种不同的品种，以争取最大的市场份额。从现有的投资基金来看，市场上基金品种繁多，足以满足不同需要的投资者。有时仅根据投资基金的名称是难以确定其业务的，通常我们可以以该基金设定时的投资宗旨、投资目标来加以区分。以投资目标来区分基金的业务种类有两种：成长型基金和收入型基金。成长型基金追求基金的长期资本增值，收入型基金则重视当前的利益。从这两个基本目标可以派生出其他不同业务品种的基金。

(1) 股票基金。股票基金属于成长型基金，其投资对象主要是普通股，有时也持有少量优先股或可转换债券。股票基金的投资策略是通过长期持有经营良好的各种公司的普通股，使基金资产快速增值。

(2) 债券基金。债券基金属于收入型基金，其投资对象主要是债券，是为满足一些追求每年有定期收入的投资者所设立的，其收益较低，但风险也是诸种基金中最低的。

(3) 货币市场基金。货币市场基金是指投资于各类货币市场工具的基金，其投资对象为银行存单、存款证、银行票据、商业票据和各种短期国债。由于各种短期债务凭证期限短、有定期收入、风险小、收益率低，因此，货币市场基金是属于收入型基金。

(4) 平衡基金。平衡基金是介于成长型和收入型之间的基金，两者兼而有之。该基金的设立是为满足一些既需要定期收入，同时又希望本金能不断增值的投资者。因此，平衡基金的投资策略是投资一定比例的资金于普通股，以期取得长期资本的增值；同时也投资一定比例的资金在债券等债务凭证上，以获得稳定收入来满足基金持有者的需求。

(5) 期货基金。期货基金又称商品基金，专门从事期货合约的买卖。由于期货交易风险较大，各国政府对此类基金管制较严，如控制投入期货中的基金资产比例、规定持仓限制等。一般投资者也因此类基金风险过大，参与不多。所以，这类基金的规模一般都比较小。

（6）对冲基金。对冲基金是指在金融市场上对某一商品及其衍生工具同时进行买与卖的基金。这种交易技术性非常强，常通过精确测算，来确定投资组合中各投资对象的比例。如对股票指数进行对冲交易时，买进一定比例的指数期货的期权，同时卖出一定比例的指数期货，为了能使预期的现金流为零，往往还会借出一定比例的现金。在指数上升时，手持的期权收入和出借现金的收入可以弥补售出股指期货的损失；而指数下降时，售出的股指期货的盈利大于期权的损失。因此，这是一种收益稳定、风险低的基金。

（7）套利基金。套利基金是利用货币市场上汇率的不正常变化，同时进行买低卖高的交易，来获得价格差的基金。操作方式常根据同种货币在不同市场的不同汇率，进行数量相等、方向相反的交易，也利用某一货币即期汇率和远期汇率的不正常汇差进行买低卖高交易，来获得价格差。套利基金由于同时进行方向相反、数量相等的交易，收益和风险都相对小些，在业务性质上和对冲基金属于同一类型。

（8）雨伞基金。雨伞基金是指在一个“母基金”下，再组成若干个“子基金”。设立雨伞基金是为了吸引投资者。各个“子基金”管理上独立，有着自己的投资政策，投资者可自由选择或转换到“子基金”，转换时，不收或少收转换费。

（9）基金中基金。基金中基金是以其他基金作为投资目标的基金。这是一种具有双重投资管理、双重分散风险特点的特殊基金，通过分散投资于其他各种不同的基金，可使投资基金的风险进一步降低。但这也使投资者需支付双重管理费用，从而降低了单位基金的收益率。

（10）海外基金。海外基金是指专门投资于外国证券的投资基金。各种海外基金按其投资地域来看，有专门投向某一地区的，称作区域基金，如泛太平洋基金、欧洲基金等；也有不限定区域，可在全球范围内投资的，称环球基金。海外基金是逐利基金，哪里有投资机会就去哪里，收益和风险相当大，其风险的另一方面则来自高昂的操作成本和承担的汇率风险。

小卡片：我国证券投资基金创新早期发展历程

表 3.3　我国证券投资基金创新早期发展历程表

基金类型	首次发行
封闭式股票基金	1998 年 3 月封闭式基金基金开元、基金金泰发行
开放式股票基金	2001 年 9 月开放式基金华安创新发行
债券型基金	2002 年 8 月南方宝元债券基金发行
开放式指数基金	2002 年 10 月基金华安 189 发行
开放式伞型基金	2003 年 3 月合丰成长、合丰周期、合丰稳定系列基金发行
货币市场基金	2003 年 12 月华安现金富利发行
上市开放式基金	2004 年 8 月南方积极配置基金发行
交易所交易基金	2004 年 11 月 29 日华夏上证 50ETF 发行

（资料来源：豆丁网，https://www.docin.com/touch/detail.do? id=2121490234）

四、证券投资基金的投资限制与投资组合

投资基金作为一种投资信托方式，具有特定的投资范围。为维护基金资产的安全性与流动性，保障投资者的合法权益，许多国家为投资基金实施了投资限制政策。

1. 对投资对象的限制

一般来说，不同的投资基金具有不同的投资对象，加之各国相关法规有不同规定，所以对投资基金的投资对象和投资范围的划分也不一样，但总体来讲还是较为宽松的。

2. 对投资数量的限制

为分散投资风险以及避免影响股价公正，通常对基金的投资数量加以限制。一是对同一种类股票的限制，规定基金投资于任何一家公司股票的股份总额不得超过该公司已发行股份总数的一定比例；二是对同一种股票的投资限制，要求基金对于每一发行公司发行的证券投资额不得超过该基金资产净值的一定比例。

3. 对投资方法的限制

各国除对投资基金的投资对象和投资数量做出一定限制外，对投资方法也作了较严格的限制。首先是禁止与基金本身或与关系人的交易，以维护交易的公正性；其次是限制基金资产相互间的交易，以避免基金投资者的利益受到损害；最后是禁止用基金资产从事信用交易。

五、证券投资基金的管理与托管

在基金的运作中，有两个重要的机构，即基金管理人和基金托管人。为了保证基金资产的安全，基金应按照资产管理和保管分开的原则进行运作，并由专门的基金托管人保管基金资产。基金主要投资于证券市场，为保证基金资产的独立性和安全性，基金托管人应为基金开设独立的银行存款账户，并负责账户的管理。即基金银行账户款项收付及资金划拨等也由基金托管人负责，基金投资于证券后，有关证券交易的资金清算由基金托管人负责。基金管理人的主要职责是负责投资分析、决策，并向基金托管人发出买进或卖出证券及相关指令。因此，不论是银行存款账户的款项收付，还是证券账户的资金和证券清算，基金托管人都是按照基金管理人的指令行事，而基金管理人的指令也必须通过基金托管人来执行。从某种程度上来说，基金托管人和基金管理人是一种既相互合作又相互制衡、相互监督的关系。

基金管理人是指凭借专门的知识与经验，运用所管理基金的资产，根据法律、法规及基金章程或基金契约的规定，按照科学的投资组合原理进行投资决策，谋求所管理的基金资产不断增值，并使基金持有人获取尽可能多的收益的机构。

基金管理人是基金资产的管理和运用者，基金收益的好坏取决于基金管理人管理运用基金资产的水平，因此必须对基金管理人的任职资格做出严格限定，只有具备一定条件的机构才能担任基金管理人，以保护投资者的利益。各个国家和地区对基金管理人的任职资格有不同的规定，一般而言，申请成为基金管理人的机构要依照本国或本地区的有关证券投资信托法规，经政府有关主管部门审核批准后，方可取得基金管理人的资格。

一般来说，基金托管人主要有以下职责：①安全保管全部基金资产；②执行基金管理人的投资指令；③监督基金管理人的投资运作，如果发现基金管理人有违规行为，

有权向证券主管机关报告，并督促基金管理人予以改正；④对基金管理人计算的基金资产净值和编制的财务报表进行复核。为了明确各自的职责，保证基金资产的安全，基金管理人和基金托管人应根据有关规定，签订基金托管协议，就基金资产的保管、基金的管理和运作以及相互监督等事宜做出具体规定。在实际运作中，双方应诚实、勤勉、尽责，严格遵守基金托管协议的有关条款。

由于基金托管人在基金运作中扮演着非常重要的角色，对基金托管人的任职资格都有严格的规定，一般都要求由商业银行及信托投资公司等金融机构担任，并有严格的审批程序。基金在运作过程中如要更换托管人，新任基金托管人应经审查批准。经批准后，原任基金托管人方可退任。如果基金托管人因故必须退任，而找不到新任基金托管人时，基金应当终止并予以清盘。

证券投资基金当事人运作关系见图 3.10。

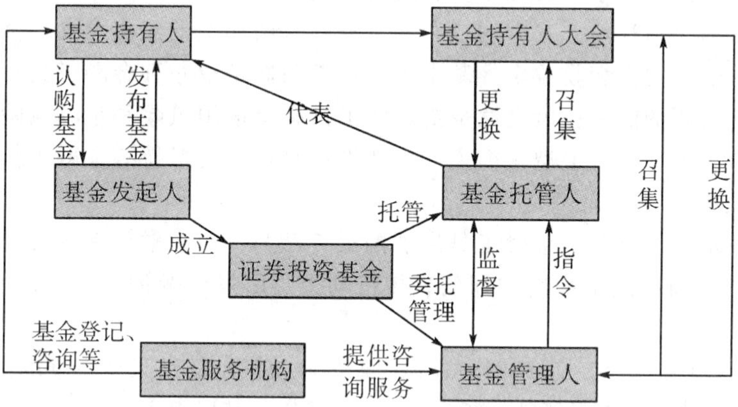

图 3.10　证券投资基金当事人运作关系

股票、债券、投资基金比较见表 3.4。

表 3.4　股票、债券、投资基金比较

	股票	债券	投资基金
投资者及地位	股东，有权对公司重大决策发表自己意见	债权人，享有到期收回本息的权利	受益人，体现信托关系
风险程度	较大	较小	适中
收益情况	不确定	确定	不确定，一般情况下，收益比债券高
投资方式	直接	直接	间接，基金投资者不直接参与有价证券买卖活动，不直接承担投资风险，由专家具体负责投资方向的确定、投资对象的选择
价格取向	供求关系影响大	主要因素为利率	在宏观政治、经济环境一致的情况下，主要取决于资产净值
投资回收方式	无期限，除非公司破产、进入清算，投资者不得从公司收回投资，如要收回，只能在证券交易市场上按市场价格变现	有一定期限，期满后收回本金	封闭性基金有一定期限，期满后投资者可按持有的份额分得相应的剩余资产，在封闭期间还可以在交易市场上变现；开放型基金一般没有期限，但投资者可随时向基金管理人要求赎回

第四节 衍生工具

一、金融衍生工具的产生

金融工具是社会生产力水平发展到一定阶段的必然产物。社会分工不断细化使交换行为的频度大为提高，形式日渐复杂。社会交换促使货币这个一般等价物诞生。早期的货币基本是以贵金属为原材料加工而成，随着经济活动的规模扩大和地域拓展，货币的缺点越来越明显。信用的介入催生了金融工具，使之取代了实物货币成为媒介现代社会经济活动的主体。

金融工具产生于信用活动之中，它是一种能够证明金融交易的金额、期限及价格的书面文件，对于债权债务双方的权利和义务具有法律上的约束意义。金融工具一般应具备流动性、风险性和收益率等基本特征。流动性是指一种金融工具在不遭受损失的情况下迅速变现的能力；风险性是指金融工具有受信用风险和市场风险的影响导致金融工具的购买者在经济上遭受损失的可能性；收益率是指持有金融工具所取得的收益与本金的比率。

经济活动的日趋复杂是金融工具发展的最终动力，但金融创新的推进却是近年来金融工具种类增加和复杂程度加深的直接推动力。引发金融创新的原因主要有两个：转嫁风险和规避监管。

汇率和利率的波动使一项跨国的或长周期的经济活动的结果变得难以预料。商业银行、投资银行和大公司都需要某种新型的金融工具以使其以很小的代价锁定自己的收益，各种衍生工具便应运而生。衍生工具，尤其是金融衍生工具最大的特点就是它的风险转嫁功能。在完善的交易规则和稳固的清算体系下，套期保值者只要付出很小的代价（保证金）就可以锁定自己的收益，而将价格波动的风险转嫁给投机者。

规避监管是金融创新的又一动力。1929 年世界经济大危机之后，以美国为代表的西方各国都对金融业的经营施行了极其严格的管理和限制。随着时间的推移，许多法规变得陈旧落后，阻碍了金融企业的业务拓展。在竞争的压力和利益的驱使下，极富智慧和创造力的金融专家利用金融电子化的进步所带来的便利，在金融理论的最新成果指导下，积极推出新的业务形式，以绕开监管并在不违法的前提下满足客户的需求。

二、金融衍生工具的主要类型

金融衍生产品的共同特征是保证金交易，即只要支付一定比例的保证金就可进行全额交易，不需实际上的本金转移，合约的了结一般也采用现金差价结算的方式进行，只有在满期日以实物交割方式履约的合约才需要买方交足货款。因此，金融衍生产品交易具有杠杆效应。保证金越低，杠杆效应越大，风险也就越大。国际上金融衍生产品种类繁多，活跃的金融创新活动接连不断地推出新的衍生产品。金融衍生产品主要有以下三种分类方法：

（1）根据产品形态，可以分为远期、期货、期权和掉期四大类。

远期合约和期货合约都是交易双方约定在未来某一特定时间以某一特定价格买卖

某一特定数量和质量资产的交易形式。

期货合约是期货交易所制定的标准化合约，对合约到期日及其买卖资产的种类、数量、质量做出了统一规定。远期合约是根据买卖双方的特殊需求由买卖双方自行签订的合约。因此，期货交易流动性较高，远期交易流动性较低。

掉期合约是一种由交易双方签订的在未来某一时期相互交换某种资产的合约。更为准确地说，掉期合约是当事人之间签订的在未来某一期间内相互交换他们认为具有相等经济价值的现金流的合约。较为常见的是利率掉期合约和货币掉期合约。掉期合约中规定的交换货币如果是同种货币，为利率掉期；若为异种货币，则为货币掉期。

期权交易是买卖权利的交易。期权合约规定了在某一特定时间以某一特定价格买卖某一特定种类、数量、质量的原生资产的权利。期权合同有在交易所上市的标准化合同，也有在柜台交易的非标准化合同。

（2）根据原生资产大致可以分为四类，即股票、利率、货币和商品。

如果再加以细分，股票类中又包括具体的股票和由股票组合形成的股票指数；利率类中可分为以短期存款利率为代表的短期利率和以长期债券利率为代表的长期利率；货币类中包括各种不同币种之间的比值；商品类中包括各类大宗实物商品。

（3）根据交易方法，可分为场内交易和场外交易。

场内交易，又称交易所交易，指所有的供求方集中在交易所进行竞价交易的交易方式。这种交易方式具有交易所向交易参与者收取保证金，同时负责进行清算和承担履约担保责任的特点。此外，由于每个投资者都有不同的需求，交易所事先设计出标准化的金融合同，由投资者选择与自身需求最接近的合同和数量进行交易。所有的交易者集中在一个场所进行交易，这就增加了交易的密度；一般可以形成流动性较高的市场。期货交易和部分标准化期权合同交易都属于这种交易方式。

场外交易，又称柜台交易，指交易双方直接成为交易对手的交易方式。这种交易方式有许多形态，可以根据每个使用者的不同需求设计出不同内容的产品。同时，为了满足客户的具体要求，出售衍生产品的金融机构需要有高超的金融技术和风险管理能力。场外交易不断产生金融创新。由于每个交易的清算是由交易双方相互负责进行的，交易参与者仅限于信用程度高的客户。掉期交易和远期交易是具有代表性的柜台交易的衍生产品。

据统计，在金融衍生产品的持仓量中，按交易形态分类，远期交易的持仓量最大，占整体持仓量的42%，以下依次是掉期（27%）、期货（18%）和期权（13%）。按交易对象分类，以利率掉期、利率远期交易等为代表的有关利率的金融衍生产品交易占市场份额最大，为62%，以下依次是货币衍生产品（37%）和股票、商品衍生产品（1%）。1989—1995年的6年间，金融衍生产品市场规模扩大了5.7倍，各种交易形态和各种交易对象之间的差距并不大，整体上呈高速扩大的趋势。

三、金融衍生工具的功能

1. 转移价格风险

现货市场的价格常常是短促多变的，处于不断的波动之中，这给生产者和投资者带来了价格波动的风险。以期货交易为首的衍生工具的产生，就为投资者找到了一条比较理想的转移现货市场上价格风险的渠道。衍生工具的一个基本经济功能就是转移价格风险，这是通过套期保值来实现的，即利用现货市场和期货市场的价格差异，在现货市场上买进或卖出基础资产的同时或前后，在期货市场上卖出或买进相同数量的该商品的期货合约，从而在两个市场之间建立起一种互相冲抵的机制，进而达到保值的目的。正是衍生工具市场具有转移价格波动风险的功能，才吸引了越来越多的投资者，这也是其生命力之所在。

2. 形成权威性价格

在市场经济中，价格信号应当真实、准确，如果价格信号失真，必然影响经营者的主动性和决策的正确性，打击投资者的积极性。现货市场的价格真实度较低，如果仅仅根据现货市场价格进行决策，则很难适应价格变动的方向。期货市场的建立和完善，可形成一种比较优良的价格形成机制，这是因为期货交易是在专门的期货交易所进行的。期货交易所作为一种有组织的正规化的统一市场，聚集了众多的买方和卖方，所有买方和卖方都能充分表达自己的愿望，所有的期货交易都是通过竞争的方式达成，从而使期货市场成为一个公开的自由竞争的市场，影响价格变化的各种因素都能在该市场上体现，由此形成的价格就能比较准确地反映基础资产的真实价格。

3. 调控价格水平

期货交易价格能准确地反映市场价格水平，对未来市场供求变动具有预警作用。如果某一工具价格下跌，则反映其在市场上需求疲软；反之，则反映该工具的市场需求旺盛。投资者可根据不同工具的市场价格水平变化，选择自己的投资策略；同时，管理部门也可根据期货市场价格的变化，选择自己的调控策略。

4. 提高资产管理质量

就投资者来讲，为了提高资产管理的质量，降低风险，提高收益，就必须进行资产组合管理。衍生工具的出现，为投资者提供了更多的选择机会和对象。同时，工商企业也可利用衍生工具达到优化资产组合的目的。例如，通过利率互换业务，就会使企业降低贷款成本，以实现资产组合最优化。

5. 提高资信度

在衍生市场的交易中，交易对方的资信状况是交易成败的关键之一。资信评级为AA级或A级的公司很难找到愿意与它们交易的机构。但是，并非只有少数大公司才可进入衍生工具市场，因为该市场提供了制造“复合资信”（synthetic creditworthiness）的机制，即由母公司对于公司的一切借款予以担保，再经过评估机构的参与，子公司的资信级别会得到提高。此外，还有许多中小公司通过与大公司的互换等交易，无形中提高了自己的信誉等级。

6. 盈利功能

金融衍生工具的盈利包括投资人进行交易的收入和经纪人提供服务的收入。对于投资人来说，只要操作正确，衍生市场的价格变化在杠杆效应的明显作用下会给投资者带来很高的利润；对经纪人来说，衍生交易具有很强的技术性，经纪人可凭借自身的优势，为一般投资者提供咨询与经纪服务，获取手续费和佣金收入。

金融衍生工具所具有的上述功能对现代经济的发展起到了有力的促进作用，甚至可以说，没有金融衍生工具，今天的经济是难以想象的。但衍生工具的发展也促进了巨大的世界性投机活动。目前世界性的投机资本，其运作的主要手段就是衍生工具。在国际金融中，投机资本利用衍生工具冲击一国金融市场并造成该国金融动荡和危机，如由于受到国际投机资本的冲击，1992 年英镑退出欧洲汇率体系；1997 年 7 月泰国放弃了泰铢对美元的固定汇率并引发了东南亚的金融大震荡等。

四、金融衍生工具的缺陷

金融衍生工具虽然是为规避投资风险和强化风险管理目的而设计并发展的，但由于发展时间较短，各种配套机制尚不完善，导致金融衍生工具的大量运用对社会金融经济发展存在潜在的负面影响，存在着成为巨大风险源的可能性。

首先，金融衍生工具的杠杆效应对基础证券价格变动极为敏感，基础证券的轻微价格变动会在金融衍生工具上形成放大效应。

其次，许多金融衍生工具设计上实用性较差，不完善特性明显，投资者难以理解和把握，存在操作失误的可能性。

最后，金融衍生工具集中度过高，影响面较大，一旦某一环节出现危机，会形成影响全局的“多米诺骨牌效应”。

第四章 证券市场

第一节 证券市场概述

一、证券市场的定义及特征

证券市场是有价证券发行与流通以及与此相适应的组织与管理方式的总称。在发达的市场经济中，证券市场是完整的市场体系的重要组成部分，是资本市场的基础和主体，它不仅反映和调节货币资金的运动，而且对整个经济的运行具有重要影响。

与一般商品市场相比，证券市场具有以下四个基本特征：

（1）证券市场的交易对象是股票、债券等有价证券；而一般商品市场的交易对象则是具有不同使用价值的商品。

（2）证券市场上的股票、债券等有价证券具有多重职能，它们既可以用来筹措资金，解决资金短缺问题，又可以用来投资，为投资者带来收益；也可用于保值，以避免或减少物价上涨带来的货币贬值损失；还可以通过投机等技术性操作争取价差收益。而一般商品市场上的商品则只能用于满足人们的特定需要。

（3）证券市场上证券价格的实质是对所有权让渡的市场评估，或者说是预期收益的市场货币价格，与市场利率关系密切；而一般商品市场的商品价格，其实质则是商品价值的货币表现，直接取决于生产商品的社会必要劳动时间。

（4）证券市场的风险较大，影响因素复杂，具有波动性和不可预测性；而一般商品市场的风险很小，实行的是等价交换原则，波动较小，市场前景具有较大的可测性。

证券市场是金融市场的组成部分。金融市场是以自由借贷和通过金融工具直接融通资金为主要特征的市场。金融市场包括的内容非常庞杂，既包括短期金融市场，又包括长期金融市场。短期金融市场，亦称货币市场，是指一年以下资金借贷和短期金融工具交易的市场，主要包括贴现市场、银行同业拆借市场、短期政府债券市场、外汇市场和黄金市场等。长期金融市场，亦称资本市场，是指一年以上的中长期资金借贷和中长期金融工具交易的市场，主要包括中长期信贷市场、证券市场、保险市场等。

因此，一般地说，证券市场是长期金融市场的一种。

证券市场与借贷市场都是进行资金供求交易的，但两者之间有明显的区别。

（1）交易方式不同。借贷市场的交易是借贷，证券市场的交易是买卖证券。

（2）资金供求双方联系形式不同。在借贷市场上，投资者和筹资者是通过银行间接联系的，为间接融资。银行吸收投资者的存款将资金集中起来，投资的风险一般由银行承担；在证券市场上，投资者以购买证券的方式向投资者直接筹资，投资者与筹资者是直接联系的，为直接融资。投资风险由投资者自己承担。

（3）在借贷市场上，借款合同一经签订，债权人和债务人是固定不变的；在证券市场上，由于证券是可以转让的，投资人可以出让债券或股票而脱离债权人或出资人的地位，而另一些人则成为新的投资人，成为债权或股权的拥有者，但原有的债权债务关系或出资关系并不因此而消失。

（4）借贷市场上资金供给者的收益仅来自于利息，而证券市场上，投资者的收益不仅来自股息或利息，而且还可以从证券价格的波动中得到差价收益。

二、证券市场的分类

证券市场作为经营股票、公司债券、国家公债等有价证券的场所，种类很多，最常见的有三大类。

（1）按证券的性质不同，可分为股票市场、债券市场和基金市场。

所谓股票市场，就是进行各种股票发行和买卖交易的场所。股票市场按其基本职能划分，又可分为股票发行市场和股票交易市场，二者在职能上是互补的。股票交易市场主要是进行集中交易，大量的交易在证券市场内办理，少量的交易则在柜台交易市场完成。

债券市场是进行各种债券发行和买卖交易的场所。债券市场按其基本职能来划分，也可分为债券发行市场和债券交易市场，二者也是紧密联系、相互依存、相互作用的。发行市场是交易市场的存在基础，发行市场的债券条件及发行方式影响交易市场债券的价格及流动性。同样，交易市场又能促进发行市场的发展，为发行市场所发行的债券提供变现的场所，保证了债券的流动性。交易市场的债券价格及流动性，直接影响发行市场新债券的发行规模、条件等。

基金市场是指进行基金证券自由买卖和转让的市场。由于投资基金是一种利益共享、风险共担的集合投资制度，它通过发行基金证券，集中投资者的资金，交由基金托管人托管，由基金管理人管理，主要从事股票、债券等金融工具的投资。因此，在证券市场上，基金证券作为一种投资工具，可以自由买卖和转让，从而也就形成了投资基金的流通市场。

（2）按组织形式不同，可分为场内市场和场外市场。

场内市场是指交易所交易。交易所交易是最主要的证券交易场所，它是交易市场的核心。交易所交易必须根据国家有关证券法律规定，有组织地、规范化地进行证券买卖。证券交易所交易与一般商品交易不同，在时间和场所上通常集中于某一固定的场所进行交易。一般在商业或金融中心设有交易所并配有现代化的电脑、电话等设备，规定交易的开盘和收盘时间。在交易的方式上，采用公平合理、持续的双向性拍卖，既有买者之间的竞争，又有卖者之间的竞争，是一种公开竞价的交易。在管理上，具有严密的组织管理机构，只有交易所的会员经纪人才能在交易市场从事交易活动，公众则通过经纪人进行证券交易。在交易所上市交易的证券必须符合有关条件，并经严格审查批准。此外，交易所还提供各项服务，为投资者提供有参考价值的情况。交易所交易作为证券流通市场的中心，起着重要作用。

场外市场通常是指柜台市场（店头市场）以及第三市场、第四市场，它是指在证券交易所形式之外的证券交易市场。柜台交易一般是通过证券交易商来进行的，采用协议价格成交。这种协商大多数在交易商之间进行，有时也在交易商与证券投资者之间进行。在柜台交易方式中交易的证券，有上市证券，也有一部分未上市证券。

第三市场是指已上市证券的场外交易市场。第三市场产生于1960年的美国，原属于柜台交易市场的组成部分，但由于其发展迅速、市场地位提高，被作为一个独立的市场类型对待。第三市场的交易主体多为实力雄厚的机构投资者，如养老基金、银行信托及其他大型投资机构，此外，也包括那些非交易所会员的较小经纪人和证券商。

第三市场的产生与交易所采用固定佣金制密切相关，固定佣金制使机构投资者的交易成本变得非常昂贵，而场外市场不受交易所的固定佣金制约束，大量上市证券的大笔交易选择在场外进行，遂形成了第三市场。第三市场的出现，对交易所形成了有力竞争，最终促使美国证监会于1975年取消了固定佣金制，同时也促使交易所改善交易条件，第三市场的吸引力有所降低。

第四市场是投资者绕过传统经纪服务，彼此之间利用计算机网络直接进行大宗证券交易所形成的市场，也指在场外交易市场交易已上市的证券。第四市场的吸引力在于：①买卖双方直接交易，无经纪服务，其佣金比其他市场少得多，交易成本低；②无须通过经纪人，有利于匿名进行交易，保持交易的秘密性；③大宗交易如在交易所内进行，可能给证券市场的价格造成较大影响，场外交易不冲击场内证券市场；④信息灵敏，成交迅速，计算机网络技术的运用，可以广泛收集和存储大量信息，通过自动报价系统，可以把分散的场外交易行情迅速集中并反映出来，有利于投资者决策。

第四市场的发展一方面对证交所和其他形式的场外交易市场产生了巨的压力，促使这些市场降低佣金、改进服务；另一方面也对证券市场的监管提出了挑战。

场内交易市场、场外交易市场、第三市场、第四市场的关系如图 4.1 所示。

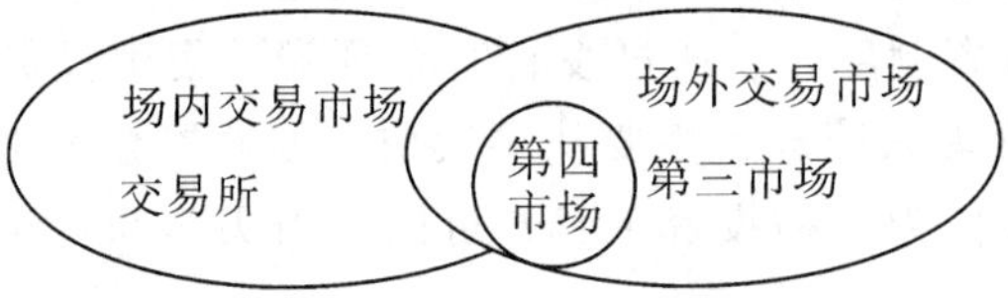

图 4.1　场内交易市场、场外交易市场、第三市场、第四市场

（3）按证券的运行过程和证券市场的具体任务不同，分为证券发行市场和证券交易市场。

证券发行市场由证券发行主体、认购者和经纪人构成。发行主体有本国及外国的中央政府、地方政府、金融机构、企业等，它们一般都是规模巨大的主体。认购者包括国内外广大投资者、大型机构的投资者。经纪人在连接发行主体和认购者之间的关系中，发挥着很大的作用，他们不仅要对即将发行的证券的投资价值做出正确的分析、评价，而且还要对发行条件、发行额等进行具体的分析，并对发行时的金融、证券市场等进行市场预测，同时根据分析预测结果进行综合判断。经纪人的这种综合分析判断能力，是其长期经验积累所形成的专门技能。

证券交易市场是买卖已发行证券的市场。即将在发行市场上发行的证券，通过在流通市场上出售转让给第三者，从而收回投资。证券交易市场的中心功能是根据市场利率决定的股息、利息等收入形成虚拟资本价格，并保证按这一价格变换现金。在证券交易市场中，证券交易所具有中心市场的性质。在各国的证券交易所中，证券交易往往具有集中到一国金融中心甚至国际金融中心的倾向。

三、证券市场的参与者

证券市场的参与者是证券市场运转的动力所在。证券的发行、投资、交易和证券市场的管理都有不同的参与主体。一般而言，证券市场的参与者包括证券市场主体、证券市场中介、自律性组织和证券市场监管机构四大类。这些主体各司其职，充分发挥其本身作用，构成了一个完整的证券市场参与体系。

1. 证券市场主体

证券市场主体是指包括证券发行人和证券投资者在内的证券市场参与者。

证券发行人主要包括政府、金融机构、有限责任公司和国有独资公司及股份有限公司，其中政府是指中央政府和地方政府。中央政府为弥补财政赤字或筹措经济建设所需资金，在证券市场上发行国库券、财政债券、国家重点建设债券等国债。地方政府为本地方公用事业的建设可发行地方政府债券。在我国，地方政府目前还没有发行债券。金融机构可以在证券市场上发行金融债券，增加信贷资金来源。近年来，政策性银行发行的金融债券主要为重点建设项目和进出口政策性贷款筹集资金，如 1994 年国家开发银行向国有商业银行发行 650 亿元的金融债券。一般来说，金融债券是由国有商业银行、政策性银行以及非银行金融机构发行的，所筹集到的资金，全部用于特种贷款和政策性贷款，不得挪作他用。有限责任公司和国有独资公司都可通过证券市场发行公司债来筹集资金。按我国《公司法》的规定，国有独资公司和两个以上的国有企业，或其他两个以上的国有投资主体投资设立的有限责任公司，可以按规定发行公司债募集资金。股份有限公司是以投资入股的方式把分散的属于不同所有者的资本集为一体，统一经营使用，自负盈亏，按股分利的企业。按照我国《公司法》的规定，股份有限公司可以发行股票，股票可以流通，股东所持的股份可以自由转让；同时，股份有限公司也可以发行公司债筹集资金。

证券投资者则既是资金的供给者，也是金融工具的购买者。投资者的种类较多，既有个人投资者，也有机构（集团）投资者，其中个人投资者是证券市场最广泛的投资者。企业（公司）不仅是证券发行者，同时也是证券投资者。各类金融机构，由于其资金拥有能力和特殊的经营地位，使其成为发行市场上的主要需求者。投资基金公司的主要运作对象是各类债券和股票，证券公司、信托投资公司的证券部等证券专门经营机构，既可进行股票和债券的代理买卖，也可进行股票和债券的自营买卖。各种社会基金作为新兴的投资者，也选择了证券市场这一投资场所。信托基金、退休基金、养老基金、年金等社会福利团体虽是非营利性的，但这些基金可以通过购买证券（主要是政府债券）以达到其保值、增值的目的。

随着经济国际化趋势的不断发展，证券的发行与买卖已超出了国界限制。外国公司、外国金融机构及个人等外国投资者可以购买别国发行的证券；或者某国发行公司通过跨国公司在境外发行证券，向境外个人或团体募集资金。目前我国有三种股票可供境外投资者认购：B 股、H 股和 N 股。

目前我国正在积极开拓国外市场，与澳大利亚、新加坡、英国等都签署了联合监管备忘录，为外国投资者投资于中国的证券市场提供了日益丰富的品种和渠道。

2. 证券市场中介

证券市场上的中介机构主要包括：①证券承销商和证券经纪商，主要指证券公司（专业券商）和非银行金融机构证券部（兼营券商）；②证券交易所以及证券交易中心；③具有证券律师资格的律师事务所；④具有证券从业资格的会计师事务所或审计事务所；⑤资产评估机构；⑥证券评级机构；⑦证券投资的咨询与服务机构。

3. 自律性组织

自律性组织一般是指行业协会，它发挥政府与证券经营机构之间的桥梁和纽带作用，促进证券业的发展，维护投资者和会员的合法权益，完善证券市场体系。我国证券业自律性机构是中国证券业协会和中国国债协会。

4. 证券市场监管机构

现在世界各国证券市场监管体制中的机构设置，可分为专管证券的管理机构和兼管证券的管理机构两种形式，它们都具有对证券市场进行管理和监督的职能。

美国是采取设立专门管理证券机构的证券管理体制的国家，实行这种体制或类似这种体制的国家，还有加拿大、日本、菲律宾等国，但这些国家都结合本国的具体情况进行了不同程度的修改和变通。

英国的证券管理体制传统上以证券交易所自律为主，政府并无专门的证券管理机构。实行类似管理体制的国家还有荷兰、意大利、德国等。

在我国，对证券市场进行监管的机构主要是中国证券监督管理委员会。经过授权，中国证监会的派出机构也可在一定范围内行使监管职能。

第二节 证券市场功能与两面性

一、证券市场的功能

1. 证券市场有利于证券价格的统一和定价的合理

证券交易价格是由在证券市场上通过证券需求者和证券供给者的竞争所反映的证券供求状况所最终确定的。证券商的买卖活动不仅由其本身的沟通使买卖双方成交，而且通过证券商的互相联系，构成一个紧密相连的活动网，使整个证券市场不但成交迅速，而且价格统一，使资金需求者所需要的资金与资金供给者提供的资金迅速匹配。证券市场中买卖双方的竞争，易于获得均衡价格，这比场外个别私下成交公平得多。证券的价格统一、定价合理，是保障买卖双方合法权益的重要条件。

2. 证券市场有利于优化资源配置，促进企业经营合理化与提高效率

（1）可以吸收更多闲置资金进入生产领域。据银行调查，发行有价证券吸收资金

的同时，会出现银行储蓄存款减少的现象，但发行有价证券所吸收的资金总大于存款减少额。因此，发行有价证券可以吸收更多的闲置资金。有价证券转让交易，可以使短期闲置的资金通过不断的运动，变短为长，使资金的利用更为有效。

（2）改革单一的银行融资方式，使融资方式多样化，有助于提高融资效率。在单一的银行融资方式下，整个社会的融资风险较集中，成本亦较高。因为在现代银行制度下，银行对存款特别是对个人储蓄负有不可推卸的责任，一般必须保证还本付息，但银行对工商企业和其他企业的贷款却冒有坏账风险，这种情况在我国尤为典型。发行股票的债券，允许流通转让，可以把投资风险加以分散，从而降低损失率，提高融资效率，亦有助于银行制度改革。

（3）证券市场是获得经济信息的重要渠道。证券市场作为重要的金融市场，对国内国际的政治、经济、军事等方面的形势变化，反应极其灵敏，而且都是通过证券的市场价格表现出来，证券市场就成为经济信息集散的重要场所。证券市场的人员来自各方，交易所的电信设备、组织系统、人才都是高水平的，从证券交易所市场可以及时获得各种经济信息和政治情报。

（4）股票市场对促进企业改善经营管理有重要作用。股票市场价格的上涨和下跌，是由很多因素决定的，但一般说来，很大程度上是由预期利润决定的。当一个公司的股票在市场上价格下跌，作为企业的经营者应及时地予以重视，从企业内部寻找原因，改善经营管理，提高盈利水平，增强竞争能力。

（5）有利于吸收更多的外资。发展中国家吸收外资，刚开始的时候，大多总是项目引进，创办合资企业，既费力又费时，直接借贷要承担外债风险。如果把本国的股票市场对外开放，允许外国投资者直接购买股票，不仅无须进行长期的专项谈判，国家也不再承担风险。通过股票市场，资金在国际范围流动，有利于促进国际贸易的发展和国际经济技术交流。

3. 证券市场对经济具有自发调节作用

在证券市场中，人们进行资本和产权的交易，由这种资本和产权交易所带来的流动为投资结构、规模的调整与产权的重组提供了灵活性，因而具有自发的调节功能。一般说来，证券市场把虚拟资本与实际资本分开，二者运行并不完全一致，却相互作用。证券市场通过虚拟资本的流动来调节实际资本的流动。在运行规律上，证券市场的波动与经济周期的变动一致。当经济处在上升阶段时，企业利润率升高，证券投资活跃；当经济过热后企业效率下降，对证券投资不利。证券市场根据利润率的变化自发地增加或减少资金流量。证券市场可以机动地调节社会资金。当银根松动，游资充裕的时候，证券市场就必然活跃起来，吸收闲置的社会资金；当银根紧张，资金缺乏时，证券市场的一部分资金就有可能转移进入其他领域。因此，证券市场的变动情况就成为经济波动的晴雨表，是传播经济信息的重要场所。这也是由于证券市场自身的公开性（公开披露行情）的特点所造成的。在社会主义市场经济中稳步发展证券市场，会通过市场对资金的吞吐和投向，影响和调节经济运行。

4. 发展证券市场，可以增加政府对经济的调控手段

我国经济改革前，由于缺乏市场机制，国家主要通过计划和行政手段调节经济，采取直接管理方式。发展证券市场后，国家可以更多地采取货币、利率等经济杠杆来调节经济，由直接管理为主变为间接管理为主。

通过证券市场对经济增长速度和波动进行调节可以采用公开市场业务来进行。

公开市场业务是中央银行通过在公开市场上买卖政府债券从而扩大或缩小各银行的准备金，从而间接地控制货币供应量。具体过程如下：

扩张性的货币政策：买进债券→货币投放→货币和信贷供给扩大→利率下降→总需求扩大。

紧缩性的货币政策：卖出债券→货币回笼→货币、信贷供给收缩→利率上升→总需求缩小。

公开市场业务的主要交易品种一般是短期国库券。因为短期国库券的市场容量大，中央银行可以大量买卖而不使其价格变化太大并影响整个债券市场上价格水平的变化。这样做的好处在于中央银行的公开市场业务操作不至于使证券经营机构的利益受到损害，从而影响资本市场的效率和公开市场业务的操作方便性。一般说来，公开市场业务只是为了施加短期的影响，这是由于大多数公开市场业务只是为了稳定因市场因素波动而引起的货币供应量的波动。当然，公开市场业务也可作为能动的手段来改变货币供求量，从而影响宏观经济运行。

5. 证券市场在产业结构调整中发挥重要作用

产业结构调整是资源重新配置的一种形式和途径。调整产业结构需要大量资金，如果完全依靠国家提供资金是非常困难的，这就需要通过金融市场，尤其是通过长期资金市场筹措资金，投资到急需发展的产业、部门和地区中。对于企业来说，产品更新换代的资金、技术改造的资金到市场（包括国际市场）上筹措，不仅解决了国家资金不足的困难，而且能促使资金向效益好的企业流动，从而带动其他企业乃至整个产业的发展。证券市场对产业结构的调整还可以通过自觉调整实现，这表现在：①政府运用国债市场筹集资金，对重点产业部门进行重点投入；②促进市场的流通性，打破行业和地区之间的流动障碍，使市场的自发调整更加顺畅；③选择先导产业部门，优先使该产业的企业上市，有意识地引导证券市场的资金流向。在当前的形势下，我国应抓住时机，利用证券市场推进重点产业、新兴产业的发展。

证券市场对宏观经济结构和产业结构的调节是一种市场性的调节手段，其根本点在于，在政府储蓄下降、居民储蓄上升的情况下，利用证券市场挖掘民间储蓄和社会闲散资金的潜力，形成社会化的投资机制和合理的投资结构，带动产业部门的发展。所以，证券市场对产业结构调整作用的意义在于：①有助于打破地区经济的条块矛盾和重复建设，形成全国的统一市场，使资源在全社会合理流动，从而实现最大化的产出；②资源的流动事实上包括劳动力的流动，证券市场的流动性将使劳动力即就业结构合理化；③有助于企业集团在调整产业结构中发挥作用和企业进行重组；④有助于合理分配国民收入，自发调节储蓄和消费之间的关系。

二、证券市场的两面性问题

证券市场犹如一把锋利的双刃剑，它既能够促进现代经济的发展，也带来了一定的危害性。这种危害性主要表现在两个方面：其一，股市动荡引起或者加剧经济波动；其二，助长经济生活中的投机活动。

1. 股市动荡的原因

（1）市场交易迅速。现代股票市场一般采用先进的科学技术，尤其是计算机技术的运用给证券业务带来了革新。如1971年2月，美国证券交易中居于第二位的柜台交易启用自动报价系统，通过计算机网络把东西海岸的场外交易参加者组织在一起，打破了传统交易的时空局限性。今天，电子计算机与证券业的结合已将证券业和社会各界联成一个大的网络。这种计算机终端交易不仅给经纪人补充了大量信息，加速了情报的互相传递，而且使得交易速度大大加快。现代证券市场的许多交易都能在转瞬之间完成。一家大的股票交易所每天的交易额可以突破50亿美元。如此迅速的市场交易能够大大加快资源组合过程，同时，也可能会在错误信息的引导下造成股市动荡。

（2）股票市场上的同向预期性。预期是建立在信息的基础上。在相同的不完全信息面前，公众依据一般的投资原则，常常得出相同或相近的预测结果。而只有少数经纪人根据自己的经验和灵敏的“嗅觉”，得出与众不同的预测结果。而且，公众对股票市场的运动规律掌握不透，只有在股市行情已经十分明显时，才能做出正确的判断。因此，股票市场的同向预期性很容易导致股市的动荡，在股市被人为操纵的场合，加上公众投资的盲目性，这种危险显得越加强大。

（3）股票市场很容易被操纵。公众在股票市场上的交易建立在对未来的预期基础之上。未来的预期需要运用现期的信息。可是，不管市场多么发达，信息总是不完全的；否则，就不需要预测，因为市场会告诉你想知道的一切。另外，股票市场上信息的时间价值非常大，预先获知信息，可以预先做出预测，从而提前采取相应的行动。这样，在股票市场上，少数人可以利用预先获知的内幕信息从事非法的投机活动，操纵市场；或者给市场制造扭曲的信号，如大规模地买空卖空、囤货居奇，等等。公众为市场被扭曲的信息所欺骗，操纵人则从中牟取暴利。股票市场是容易被操纵的市场，公众投资的盲目性尤其容易被操纵人利用，从而导致股市的动荡。

（4）股票市场上的盲目性。投机行为很容易助长股票市场上的盲目性。股市行情看涨时，公众盲目购进；股市行情看跌时，公众盲目抛售。很显然，这种盲目的购进或抛售进一步加深了行情的涨落。股票市场上的盲目性是造成股市波动的因素之一。

（5）虚拟资本的独立运动。股票是一种虚拟资本物，股本价值应该反映其所代表的资本价值。因此，股票运动应受到资本运动的制约。但是，股票一旦走上市场，就会表现出自己独立于资本运动之外的运动。股价并不总等于其所代表的资产价值。股票价格由其所代表的资本价值所决定，但受到人们的未来预期以及市场供求关系的影响。如果股价时时与其所表示的资本价值相符，那么除非经济自身的波动，否则股票市场不会发生动荡。股票这种虚拟资本独立的运动与相应的资本运动发生背离是股市动荡的根本原因。

此外，股票市场对外部环境变化的敏感性也是股市经常发生动荡的原因之一，造成股票市场敏感性的原因主要有公众对未来的预期以及公众信心的敏感。我们知道，公众的股票交易行为是建立在对未来预期的基础之上的。与预期相应的是充分运用已有的信息。因此，外部环境的变动引起的信息改变就会导致人们对未来预期的修正。另外，在相同的信息面前，对经济前途信心不足与充满信心的人会对未来做出截然相反的预期。信心也是影响人们在股票交易中决策的因素之一。然而，影响人们对未来信心的因素是广泛的，除了已有的经济形势之外，还有国际国内政治局势以及社会舆论工具的宣传，等等。公众的未来预期和信心对环境的敏感形成了股票市场的敏感。

2. 证券市场动荡对经济的危害

证券市场的动荡虽不必然导致工商企业的危机，却能加剧经济波动，使本已严重失衡的经济雪上加霜，证券市场的繁荣能够在一定程度上延缓经济危机的到来，但是证券市场的大萧条却能在片刻之间摧毁整个经济。它先将经济中的问题一点一点地积累在自己的体内，到一定程度后，总有一根导火索使它爆炸。它延长了危机到来的时间，它的爆发却加重了经济受伤害的程度，即使在一个大体均衡的经济系统中，证券市场的频繁动荡也会挫伤投资者的积极性，打击人们对经济前景的信心，甚至可能导致金融大恐慌。2007 年发生于美国的金融危机就是一个最新的例证。

3. 证券市场上的投机

证券交易市场上，投机资本以买卖价差实现盈利目的。

适度的投机对证券市场功能的发挥产生有利的影响。①它有利于股市的活跃。证券市场上的投机伴随着证券的买卖，投机者正是以低价买进、高价卖出来从中获取收益。这样，投机的活跃有利于信息的流通，从而引导社会资源合理流动。②证券市场上的投机能起到调剂证券市场安全基金的作用。因为，任何投机都有风险，由于投机活动的卷入，部分投资风险已由投机资本承担，从这种意义上说，适度的投机有利于股市的稳定。

过度的投机则不利于经济发展，并会带来一些不稳定因素。首先，过度的投机会将部分投资资本转化为投机资本，在不创造任何社会财富的证券交易中流通，这显然不利于经济的发展。其次，过度的投机易于形成投机者对某种证券的寡占局面，破坏市场的竞争性，给人为操纵市场提供了条件。最后，随着投机规模的扩大，投机风险增加，伴随过度投机的巨大风险成为证券市场动荡的一大隐患。

不正当的、非法的投机行为，即通过各种权力或其他关系，事先获取行情牟取非法暴利买空卖空、囤积居奇、制造谣言、幕后交易、操纵市场等行为，会给证券市场带来极大的混乱，损害广大投资者的利益，破坏金融秩序，甚至给经济生活造成较大危害。

至此，可以对证券市场与现代经济的关系有一个较为清楚的认识。证券市场是一种工具，借助这种工具，企业行为发生了改变；政府功能得到了延伸；资源配置可以提高效率；国民投资具有了场所。但是，经济波动的可能性随之增加，投机行为也有所增加。我们对待证券市场的态度是，充分发挥其有利的一面，严格限制其不利的方面，通过对它的改进，控制股市的剧烈波动和过度投机，严格禁止和打击非法投机，一定可以创造出社会主义的证券市场，使之为社会主义经济建设服务。

第三节　证券发行市场

一、证券发行市场的结构

证券发行市场是指发行、推销新的证券的市场。

证券发行市场为新发行的证券提供销售场所，使资金不足的企业或单位通过证券发行向社会上资金有余的单位或个人筹集所需资金。它具有两个方面的作用：其一，提供筹资场所，满足资金需求者的需要；其二，提供投资的机会，即为资金盈余者提供投资获利的机会。总之，证券发行市场的功能就在于将分散在社会各方面的零星资金汇集起来，使其成为巨额生产或经营资金，满足资金供求双方的需要。

证券发行市场主要由证券发行人、中介机构及投资者组成。

1. 证券发行人

证券发行人又称发行主体，是指为筹措资金而发行股票或债券的股份公司、企业单位、政府机构或其他团体等。它们是资金需求者。

2. 证券中介机构

在证券发行市场上，中介机构主要包括证券承销商，具有证券从业资格的会计、审计服务机构，律师事务所，资产评估机构，资信评估机构，证券投资咨询机构等。它们是证券发行者和证券投资者之间的中介，为保证证券发行的公开、公平、公正起着不可替代的作用，在证券发行市场上有着不可忽视的地位。

（1）证券承销商。证券承销商是发行市场的媒介人、主要参加者。所谓证券承销商，就是指经营承销业务的中介机构，担负证券承销与资金交流的桥梁任务。由于筹资规模日益庞大，所需的资金越来越多，向社会不特定大众公开发行股票和债券已成为筹措长期资金的主要方式，因此，作为中介机构的承销商在发行市场中已成为推动证券发行的主要力量。美、英、日证券市场之所以发达，就是因为承销机构起着很大的作用。可以说证券承销商是证券发行市场的枢纽，直接关系证券发行市场的成败。

在我国，这类机构是证券公司。我国证券公司基本上有三大业务，即承销、经纪和自营业务。根据我国《证券公司债券管理暂行办法》的规定，证券公司的设立应具备：符合经济发展需要，有不少于人民币 1 000 万元的实收货币资本金，有熟悉证券业务的从业人员和管理人员，有固定的交易场所和合格的交易设施。证券发行除金融债券外，其他公开发行的证券都必须由承销机构代理。

（2）会计、审计服务机构。会计、审计服务机构是指有资格从事证券相关业务的会计师事务所，其主要工作内容是对证券、期货相关机构的会计报表进行审计、净资产验证、实收资本的审验及盈利预测审核等业务。在证券发行市场上，会计、审计服务机构主要是接受委托，对股票的发行出具有关报告，包括发行公司近几年的财务审计报告、验资报告、盈利预测的审核报告，对股票发行的其他业务活动进行监督和咨询。

（3）律师事务所。律师事务所是指有资格从事证券法律业务的律师事务所，其主要工作内容：一是为证券的发行、上市和交易出具法律意见书。法律意见书是由律师事务所就证券的发行、上市和交易的合法性所出具的法律文件。二是审查、修改、制作与证券发行、上市和交易有关的法律文件。在证券发行市场上，律师事务所主要是对股票发行申请人申请股票发行所附文件是否齐备、真实，股份公司的筹备是否符合要求，公司的章程有无明显瑕疵，公司的股票结构和持股比例是否符合法律要求等出具法律意见书，审查、修改和制作公司章程、招股说明书、债券募集办法和证券承销协议书等。

（4）资产评估机构。资产评估机构是指有资格从事证券业务的资产评估机构，其主要工作内容是为股票公开发行、上市交易的公司资产进行评估和开展与证券业务有关的其他资产评估业务。在证券发行市场，资产评估机构主要是对申请发行股票的公司进行清查核实、评定估算、出具相关资产评估报告。

（5）资信评估机构。资信评估机构是指由专门的经济、金融、财务、法律专家组成的、对证券发行者和证券的信用等级进行评定的中介服务机构。在证券发行市场上，资信评估机构主要为拟发行的证券评定信用等级。

（6）证券投资咨询机构。证券投资咨询机构又称投资顾问，是指对证券投资者的证券投资活动提供职业性指导的专业机构。其对证券投资者的证券买卖提供参考性的建议，并提供相关的证券投资分析资料、资本运营建议等。在证券发行市场上，证券投资咨询机构也可以为证券投资者提供拟发行证券的投资价值报告。此外，证券信息媒体也为有关证券发行信息的传播提供载体，方便公众获得证券信息，进行投资抉择。

3. 投资者

投资者即证券的购买人，他们是资金供给者。证券发行市场的投资人比较复杂，主要有以下几类：

（1）社会公众。

（2）各种企业法人单位，也包括股份公司本身。股份公司不仅是股票和公司债券的发行者，也是购买者。特别是当一个股份公司打算吞并其他公司时，就会购进其他公司的股票，占有其相当的股份以达到控股或吞并的目的。

（3）证券公司和信托投资公司等经营证券业务的机构，这类法人投资证券的资金是其资本金、营运资金及其他经证券主管机关批准可用于投资证券的资金。

（4）各类金融机构，无论商业银行、储蓄银行还是保险公司、信托公司等各种非银行性金融机构，都从购买证券中获取利润。

（5）各种非营利性团体。非营利性团体主要包括基金会、教会、慈善机构、公益团体等。尽管这些团体是非营利性的，但是这些团体可以通过购买证券以达到其保值或增收的目的。

（6）外国公司、外国金融机构、外国人等。一般说来，各国都对外国公司、外国金融机构、外国人购买本国证券作若干限制。

（7）国际性机构与团体。

（8）投资基金，亦称共同基金，是投资人筹集社会公众投资者的资金，委托证券机构投资于各种证券，基金收益凭证持有者可分享收益。

在证券发行市场上，除了上述所说的三个主要参加者外，还有两个重要的参加者——证券管理机关和自律性组织。我们在前面已经介绍过，这里不再重复。

二、股票发行市场

发行股票需具备一定条件，最重要的条件是股票发行人必须是有股票发行资格的股份有限公司。

（一）股票发行方式

股票发行方式很多，对股票发行方式也有多种分类方法。这里简单介绍几种主要发行方式：

1. 公开发行

所谓公开发行，是指股份公司依照公司法及证券法的有关规定，根据有关发行审核程序，将其财务状况予以公开的股票发行。它通过各种公开的渠道和方式面向社会发行。就股票发行而言，公开发行只是股票上市前必经的一种发行审核程序，并不一定每一次公开发行都伴随着有公开筹集股票的行为。股票公开发行后，发行人可以申请上市，也可以不必申请上市。无论新建公司还是老公司，公开发行股票时，一般可分为委托发行和自办发行两种发行方式。

2. 不公开发行

不公开发行，就是指发行公司不办理公开发行的审核程序，股票不公开销售，或其发行对象仅为少数特定人及团体。另外，股份公司向老股东或第三者配股也属不公开发行。不公开发行虽然只是发行股票的一种不重要的方式，但发行公司都要给予重视。因为，不公开的目的一般是为照顾某些人的利益，若处理不当，公司内部就会出问题。

3. 直接发行

直接发行即自办发行，是指公司自己直接发行股票、招股集资。这种发行方式不普遍，只适用于发行风险少、手续简单的小额股票。一些社会信誉高，在市场上有实力、地位的公司，也采用这种方式。采用这种方式，要求发行公司熟悉招股手续、精通发行招股技术。当然自己发行可节约手续费，但发行风险要自己承担，发行剩余部分要自己全部认购。

4. 间接发行

间接发行一般指委托发行而言。委托发行是指发行公司委托证券公司等金融机构代理发行。无论新建公司发行股票还是老公司增发股票，只要是公开发行，一般都要委托金融机构和证券公司进行承销。由于承销方式不同，委托人和承销人之间的承销风险和权利、义务也就不同。所以，各方当事人都应根据市场条件、客观可能性和自身的需要和能力确定承销方式。承销方式主要有以下三种：

（1）代销。代销是指承销者只代理发行股票的公司发售股票，发售结束时，将收入的股金连同未销出的股票全部交还给发行者。这种代销的承销方式中，股票的发行风险由发行者承担，而承销者不承担发行风险。股票能否全部销售出去，不承担任何责任，它只尽一些代理销售的责任，并收取很少的手续费（手续费一般是发行额的5‰以下）。

（2）包销。包销一般是指承销者将发行的股票全部包下或将发行人发行的剩余部分包下销售的方式。包销又可分为协议包销、俱乐部包销和银团包销三种方式。

协议包销，是由一个承销公司包销发行人待发行的全部证券，采用这种形式，发行风险由该公司独立承担，手续费也全部归这个公司所获。

俱乐部包销，是由若干承销公司合作包销，每个承销公司包销的份额、所承担的风险及所获得的手续费都平均分摊。

银团包销，是由一个承销公司牵头，若干承销公司参与包销活动，以竞争的形式确定各自的包销额，并按其包销额承担发行风险，收取手续费。

采用包销方式发行证券，发行人可以及时得到资金，而且不必担心证券能否发得出去，证券销售风险全部转嫁给证券经销机构。包销的特点是集资的成本高，但风险小，资金可以快速到位，适合于那些资信还未被公众认识，却急需资金的企业。

（3）助销。助销亦称余数包销，是承销者自购一部分，代理发售一部分的承销方式。在具体做法上可以是承销者先代理发售股票，在发售结束时，有剩余的股票由其自己或其他金融机构全部承销；也可以是承销者先认购一部分，其余部分代理发售，发售不出去的部分可退给发行者。在这种承销方式中，承销者承担了大部分发行风险，其销售手续费也高于代销。

5. 增资发行

增资发行指股份有限公司为增资扩股而发行新股票的行为，有下列几种增资方式：

（1）有偿增资，就是通过增发股票吸收新股份的办法增资。有偿增资也有一些不同做法：

其一，向社会发行新股票，实收股金使资本金增加。投资人一般用现金按照股票面值或高于面值的市场价格购买股票。有偿增资公开发行股票，一般可溢价发行（即高于面值的价格）。这是因为公司有历年盈利积累，其实际资产必然升值，如果该公司股票为上市股票，其市场价格必高于面值。溢价发行有利于维护和提高公司股票在市场上的信誉。溢价发行时要考虑老股东的权益。为了平衡新老股东的权益，在溢价发行时可给老股东以优先购买权和平价购买的价格优惠权。

其二，股东配股。这是赋予股东以新股认购权利时的股票发行方式。股份公司在增资新股时，为了照顾原有股东的利益，也为了保持原有股东仍然可以在同等关系下对公司拥有控制权，往往允许原有股东在购买新股时，可以在优惠条件下优先认购，这是一般公司增发新股时通常采用的方法，即通常所说的“优先认购新股权”。优先认购新股权是依照原有股东各人所持有的股份比例配给的，例如：按旧股每股摊配新股一股或两股，这由董事会决定，认购新股的价格也由董事会决定，或按面额，或按低于市价的某个价格。认购新股的权利会明确规定在一项说明书上。经过这种形式的增资，由于公司股份数额的增多，会使得该公司的股票市场价格发生变化。

由于股份公司对股东优先认购新股的时间会有所限制，往往是很短暂的，比如规定必须在两个星期内购买，因此，也会有些股东不愿意或没有能力再投资去购买增发的新股份，在这种情况下，他就可以出售这项认购新股的权利，即出售认股权证。

其三，向第三者配股。这种发行方式，是指公司向股东以外的公司职工，尤其是高级职员、公司往来客户、银行及友好关系的特定人员，发行新股票，允许他们在特定时期内按规定价格（优惠）优先认购一定数量的股票。这种发行方式，一般在下列情况下采用：当增资金额不足，为完成增资总额时；当需要稳定交易关系或金融关系，应吸收第三者入股时；当考虑到为防止股权垄断而希望第三者参与，从而使该公司的股权结构分散合理时。

向第三者配股对现有股东和没有接受配股的一般股东来说，会产生一些问题。当这种配股活动进行多次时，减少了现有股东将来增资的可能。从与股价的关系看，进行第三者摊派认购，固然可以使股价稳定，但在发行价格上，也会使现有股东的财产价值减少。因此，发行价格低于市价时，需要经过股东大会的特别批准。

（2）无偿增资。所谓无偿增资，是指股东不缴付现金，即无代价地取得新股的增资方法。从公司的角度讲，这样的增资扩股并未使公司自外界获得资金来源，而只是表现为资本结构的改变，或内部资本保留额的充实。无偿增资发行新股必须按照比率配予原股东。无偿增资是对股东的一种报酬，它与有偿增资的区别在于有偿增资的配股可以涉及股东之外的投资者，而无偿增资仅限于现有股东。当然，在经营前景不佳时，即使持有无偿股，也只是增加股票，而不增加股东利润。无偿增资包括以下三种状态：

其一，积累转增资本（无偿支付），即将法定公积金和资本准备金转为资本配股，按比例转给老股东。法定公积金是依据《公司法》的规定，从纯利中按一定比例必须提留的资金。法定公积金可以转化为资本，也可以用来弥补亏损，但不可以作为红利分配。资本准备金的来源包括：溢价发行股票的溢额部分；外部资产的溢价收入；兼并其他公司的资产与负债相抵的盈余部分；接受赠给的收入。积累转增资可以进一步明确产权关系，有助于使投资者正确认识股票投资的意义，弱化股息红利分配中的攀比意识，提高投资者对企业的经营和积累的关心，从而形成企业积累的内外动力机制。

然而，积累转增资应遵循一定的规定。根据我国《公司法》的规定，企业的积累基金须首先弥补历年的亏损；公积金的金额须达到原资本金的50%，才可以将其中不超过一半的数额转为增资。这样是为了让企业留有应付亏损的余地。对于资本准备金部分，可以由股东大会决定全部或部分转为增资，此外不可挪为他用。

其二，红利增资（股票分红），即将应分派给股东的红利转为增资，用新发行的股票代替准备派发的股息红利，因而又叫股票派息。运用股票派息的方式将红利转为增资，其好处有四点：一是使资金派息应流出的资金保留在公司内部，把当年的股息红利开支转化为生产经营资金。二是对于股东来说，又取得了参与分配盈利的同样效果（只是收益形式不同），而且还可以免交个人所得税（大多数国家规定把收入作再投资，免税）。三是派息的股票一般低于市场价格，仍具有增派股息的效果，而且派息的股票又有增加将来股息的希望。四是在宏观上有助于控制消费基金。

其三，股份分割，又称股票拆细，即将原来的1股分为2股、2股分为3股等，对大额股票实行细分化，使之成为小额股票。股份分割的结果，只是增加股份公司的股份份额，而股份公司的资本额并不发生变化。从股份分割的方法看，对有面额股进行分割时，需要办理面额变更手续，还要支付发行股票所必需的费用。实行股份分割，目的在于降低股票的面额价格，便于个人投资家购买，以利于扩大发行量和流通量。

（3）并行增资，指有偿增资和无偿增资的结合，即公司发行新股票配予股东时，股东只需交一部分现金就可以得到一定量的新增股票，其余部分由公司公积金和红利抵冲的做法。例如：新增资股票面值200元，公司根据需要和可能，规定股东只需交80元现金，就可以得到面值200元的新发股票，其余120元，由公司从公积金转入资本抵冲。

（二）股票发行程序

无论哪个国家，股份有限公司对外公开发行股票，通常都会委托投资银行、证券公司等机构承办。一般经过以下程序和步骤：

1. 发行前的咨询

发行公司在发行股票之前，必须先向投资银行征求咨询关于发行何种股票、在何种条件下发行、发行价格多少、何时发行、股票发行市场状况、哪些发行公司可能发行股票、股票需求者以及采取何种销售方式等问题，以便对股票发行方案有一个初步设计。在股票发行方案初步确定后，就要着手做股票发行有关文件、资料的准备工作。

2. 申请股票发行

股票发行的申请是股票发行中的关键环节。首先要确认发行公司的股票发行资格。股票发行申请中，证券管理机关首先要确认发行公司是否具备发行资格。各国关于发行公司的资格规定不尽相同，大体规定如下：股票发行人必须是依照《公司法》组设的股份有限公司或发起人；对发起人发行股票每股金额的要求；发行人在公司章程中对全体董事、监事持有记名股票股份总金额的规定。

发行公司向证券管理机关提交所要求的申请文件和资料。我国《公司法》规定，发起人向社会公开募集股份时，必须向证券管理机关递交募股申请书和下列主要文件：①批准设立公司的文件；②公司章程；③经营估算书；④发起人姓名或者名称，发起人认购的股份数、出资种类及验资证明；⑤招股说明书；⑥代收股款银行的名称及地址；⑦承销机构名称及有关的协议。

发行公司填写股票发行说明书。各国在发行公司申请发行股票时都规定须填写股票发行说明书，详细介绍发行公司的情况。

我国《公司法》规定，招股说明书应附有发起人制定的公司章程，并载明下列事项：①发起人认购的股份数；②每股的票面金额和发行价格；③无记名股票的发行总数；④认股人的权利、义务；⑤本次募股的起止期限及逾期未募足时认股人可撤回所认股份的说明。在有关股票发行文件中，招股说明书是最为重要的。

3. 股票发行的审查

发行公司将各项文件呈报证券管理机关后，证券管理机关便对股票发行进行审查。审查完具体内容后，审查机关要做以下工作：填写审查报告书；对发行说明书和财务报表的各项内容进行调整与修改；写出初审意见。

4. 股票发行的复审与函复

股票发行初审完成以后，还要进行复审。复审时，要将初审材料与初审结果提交股票审查小组或委员会。如果复审得以通过，就通知原办理股票发行的公司，可以开始发行股票；如果复审未能通过，就应提议重新审查，或者直接否决股票发行方案。

5. 委托中介机构（证券公司、投资银行等）进行股票发行

发行公司被批准发行股票后，要慎重选择中介机构代理发行。

一旦选择好股票发行中介机构后，就应同该机构签订股票委托发行协议书，委托协议书的主要内容包括：股票发行总额及每股金额、股票承销方式与承销价格、发行期限、发行手续费、双方权利与义务、其他相关服务事项等。委托发行协议书签订后，股票发行中介机构就应按照发行公司的要求，依法律规定推销新发行股票。

三、债券发行市场

（一）债券发行条件

债券发行条件指发行者在用债券形式筹资时所申明的各项条款或规定。债券发行条件包括发行规模、偿还期限、利率、发行价格、发行日期、有无担保等内容。其中债券利率、偿还期限和发行价格对投资者来说最为重要，这三项条件决定了债券的投资价值，一般称为发行三大条件。

发行条件主要由发行时的市场利率水平而定。债券的利率和期限最明显地反映了投资者的获利及风险大小。在确定发行条件时，利率和期限是首要考虑的条件。这两项确定之后，再根据市场利率水平拟定发行价格。不同的债券其发行条件是不相同的，这主要由发行者的资信状况来定。资信级别高的发行者的发行条件相对低些；否则，发行条件就会相对高些。

债券发行时要进行信用评级。信用评级是指由专门的证券评级机构审查和判断债券投资的安全性，以此确定债券的资信级别。债券级别一般根据债券风险的大小分为10个等级，最高是AAA，最低是D级。各个级别的符号及表示的内容详见表4.1。

表4.1　债券级别一览表

等级符号	符号含义	说　明
AAA	最高级	安全性最高，本息具有最大保障，基本无风险
AA	高级	安全性高，风险性较最高等级略差，但没有问题
A	中高级	安全性良好，还本付息没问题，但保障性不如以上两种债券
BBB	中级	安全性中等，目前安全性、收益性没问题，但不景气时有可能影响本息安全
BB	中低级	中下品质，具有一定投机性，不能保证将来的安全性
B	半投机性	具有投机性，不适合做投资对象，还本付息缺乏适当保障
CCC	投机性	安全性极低，债息虽能支付，但有无法还本付息的危险
CC	极端投机性	安全性极差，可能已处于违约状态
C	充分投机性	信誉不佳，无力支付本息
D	最低等级	品质最差，不履行债务，前途无望

信用评级的目的是将发行者的信誉和偿债的可靠程度公之于众，以保护投资者的利益，尽量避免因信息不足而判断失误，使投资者蒙受损失。以上10个等级的债券可以分为两大类，前4个等级为投资级债券，BB级以下属于不适合投资的债券，很少进行公募发行。

（二）债券发行方式

债券的发行，按不同的划分标准，可分为不同的发行方式。根据债券发行过程中发行者与认购者之间有无证券公司、投资银行等承销机构介入，债券发行可分为直接发行和间接发行；根据发行价格与面额大小关系，发行方式可分为溢价发行、平价发行和折价发行三种方式；根据债券发行对象划分，可分为私募发行和公募发行两种方式。下面主要介绍私募发行和公募发行。

1. 私募发行

私募发行是指筹资者面向少数的特定认购者发行，一般仅以同债券发行者具有某种密切关系者为发行对象，主要是定向发行。私募发行的对象一般有两类，一类是个人投资者，如本发行单位的职员或经常使用本单位产品的用户；另一类是机构投资者，如与发行者有密切业务往来的企业、公司、金融机构等。私募发行者有如下特点：

（1）私募发行一般多是直接销售，不通过承销中介人，不必向证券管理机关办理发行注册手续，这样可以节省常用开支和发行时间，降低发行成本。

（2）发行额的多少与确定的投资人有密切关系。

（3）由于私募债券发行时免除发行注册，所以一般不允许流通转让。但也有例外的情况，如日本就允许私募债券转让，不过同时规定了一些限制条件。

（4）私募发行债券时，购买者持券转让受到一定限制，致使其获得的特殊优惠条件较其他债券购买者多，债券的收益率也较高。

2. 公募发行

公募发行是发行者公开向范围广泛的不特定投资者发行债券的一种方式。为了保护一般投资者的投资安全，公募发行一般要有较高的信用等级为必要条件。如日本规定必须取得 A 级以上资格的公司方准公募发行。在公募发行范围内又有以下三种发行方法：

（1）募集发行。债券一般是通过募集发行的方法发行。在采用募集发行方法时，发行者要事先将发行额度、发行日、申报时间、利率、发行价格等确定下来，而认购债券者则要在申报时间内，明确表明认购意向。

（2）出售发行。出售发行是指债券的发行额在发行前是不确定的，而是以某一发售时期被购的总额作为发行额的发行方法。出售发行方法目前仅限于一部分贴现金融债券和附息金融债券。

（3）投标发行。投标发行是指预先确定一个发行额，由承销者通过投标决定利率或发行价格的一种发行方法。

与私募发行相比，公募发行有以下特点：

（1）发行范围广，面对的投资者众多，发行难度大，需要承销者作为中介人协助发行。

（2）发行者必须按规定向证券管理机关办理发行注册手续，必须在发行说明书中记载有关发行者的详细而真实的情况，以供投资人做出决策，不能有任何欺诈行为，否则将承担法律责任。

（3）债券可以上市转让流通。

（4）公募债券利率较低，没有私募债券的优惠条件。

一般来说，私募发行多采用直接销售方式，公募发行多采用间接销售方式。在采用间接销售方式时，发行者通过承销者办理债券的发行。而承销者承销债券的方式有两种，分别为代销方式和包销方式。

（三）债券发行程序

债券发行程序由于发行债券种类的不同而有所不同。但在一般情况下，发行者在发行债券之前，均要向证券主管机关提供发行者的有关必要资料，以办理申报注册手续，申报注册的内容主要是填写有价证券申报书。下面重点介绍发行公司债券的规定和发行程序。

1. 对发行规模的规定

公司债券是公司的负债，负债经营是当代股份经济在资产结构上的一个特点。但负债规模过大，就会影响公司的经营活动，增加负债风险。为确保公司能正常生产经营以及保护债权人的利益，各国都对公司债券发行规模有所约束，这个约束，一般通过以下几种比率关系体现出来：①债券对公司自有资产的比率。自有资产包括国拨资产、自我积累、股本等，这个比率最高不能超过 1。②债券对公司净资产的比率。净资产指公司自有资产与负债之差。这一比率越小越好。③利润能几倍于支付本息的偿还倍率。

2. 对债券利率的规定

一般国家规定，公司债券的利率只能比相同期限的银行贷款（或存款）利率高出极有限的几个百分点。做出这种规定的目的在于防止公司对其利润做不正当的分配，侵占国家的税收收入。

3. 公司债券的发行条件

我国《公司法》规定，发行公司债券必须符合以下条件：①股份有限公司的净资产额不低于人民币三千万元，有限责任公司的净资产额不低于人民币六千万元；②累计债券总额不超过公司净资产额的百分之四十；③最近三年平均可分配利润足以支付公司债券一年的利息；④筹集的资金投向符合国家产业政策；⑤债券的利率不得超过国务院限定的利率水平；⑥公司债券筹集的资金，不得用于弥补亏损和非生产性支出。

4. 公司债券发行程序

根据我国《公司法》规定，公司向国务院证券管理机关申请批准发行公司债券，应当提交下列文件：①公司登记证明；②公司章程；③公司债券募集办法；④资产评估报告和验资报告。

发行公司债券的申请批准后，应当公告公司债券募集办法。公司债券募集办法中应载明下列主要事项：①公司名称；②债券总额和债券的票面金额；③债券的利率；④还本付息的期限和方式；⑤债券发行的起止日期；⑥公司净资产额；⑦已发行的尚未到期的公司债券总额；⑧公司债券的承销机构。

我国债券市值从 1997 年 12 月到 2019 年 8 月统计数据看，总体上呈增加态势，2019 年 8 月我国债券市值高达 637 993. 34 亿元，见图 4. 2。

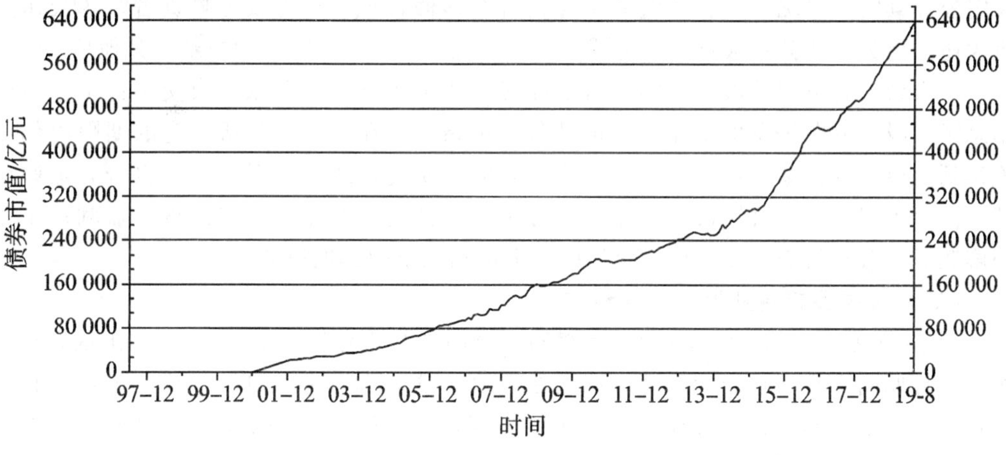

图 4. 2　我国债券市值总览图

（资料来源：中国债券信息网 Wind）

四、证券退市制度

公司股票的上市资格并不是永久的，当其不能满足证券交易所关于证券上市的条件时，上市交易将会受到限制，严重者上市资格甚至会被取消。交易所停止某公司的股票交易，叫终止上市或停牌。证券退市制度，是指有关证券退市的标准和程序、退市证券的暂停与终止等一系列规则的总称。

（一）证券上市暂停与终止

1. 证券上市暂停与终止的概念及意义

证券上市暂停，是指证券发行人出现了法定原因时，某上市证券暂时停止在证券交易所挂牌交易的情形。暂停上市的证券因暂停的原因消除后，可恢复上市。

证券上市终止，是指证券发行人出现了法定原因时，其上市证券被取消上市资格，不能在证券交易所继续挂牌交易的情形。上市证券被终止后，可以在终止上市原因消除后，重新申请证券上市。上市证券依法被证券管理部门决定终止上市后，可继续在依法设立的非集中竞价的交易场所继续交易。

证券上市的暂停与终止是两个既有联系又有区别的概念。前者一旦暂停上市的情形消除，证券即可恢复上市。因此，证券上市暂停时，该证券仍为上市证券。后者被终止上市后，其证券不能恢复上市，只能在被终止的情形消除后，重新申请上市，故终止上市的证券不再属于上市证券，而是退市证券。

证券上市的暂停与终止，是证券上市制度的重要组成部分，它构成了证券上市的退出机制，使得证券市场上的证券有进有出，形成优胜劣汰的机制，促使上市公司依法经营，并努力提高经营业绩，否则将面临退市风险。同时，证券上市的退出机制有助于提高投资者的证券投资风险意识，促进投资者的理性投资，从而更好地保护投资者的利益。此外，还有助于化解证券市场的系统风险，使证券市场永远保持竞争活力。

2. 我国股票上市暂停与终止的条件

我国《证券法》规定，上市公司丧失《公司法》规定的上市条件的，其股票依法暂停上市或终止上市。上市公司有下列情形之一的，由证券交易所决定暂停其股票上市交易：①公司股本总额、股权分布等发生变化，不再具备上市条件；②公司不按照规定公开其财务状况，或者其财务会计报告有虚假记载，可能误导投资者；③公司有重大违法行为；④公司最近 3 年连续亏损；⑤证券交易所上市规则规定的其他情形。

上市公司有下列情形之一的，由证券交易所决定终止其股票上市交易：①公司股本总额、股权分布等发生变化，不再具备上市条件，在证券交易所规定的期限内仍不能达到上市条件；②公司不按照规定公开其财务状况，或者其财务会计报告有虚假记载，且拒绝纠正；③公司最近 3 年连续亏损，在其后一个年度内未能恢复盈利；④公司解散或者被宣告破产；⑤证券交易所上市规则规定的其他情节。

（二）我国股票特别处理制（ST）

ST 是英文“special treatment”的缩写，意即“特别处理”，指上市公司出现异常状态，异常期间实施特别处理制度。特别处理须在股票前加注“ST”字样，另行公布和限定 5% 的涨跌幅度，且必须审计公司的中期报告。根据沪、深证券交易所股票上市规则，出现以下情况之一的，实施特别处理：①上市公司连续 2 年亏损；②每股净资产低于每股面值；③发生其他异常状况导致投资者对该公司前景难以判定，有可能损害投资者的情形。股票交易特别处理不是对上市公司的处罚，只是对上市公司目前状况的一种风险揭示，以提示投资者注意风险。

（三）我国股票暂停上市与股票特别转让制（PT）

对于已经上市的公司，当出现下列情况之一时，由中国证监会决定暂停其股票上市：①公司股本总额、股权分布等发生变化，不再具备上市条件；②公司不按规定公开其财务状况或其财务会计报告有虚假记载；③公司有重大违法行为；④公司最近 3 年连续亏损。

根据沪、深证交所关于上市公司股票暂停上市的处理规定，上市公司因连续 3 年亏损，股票被暂停上市期间，证券交易所可以为投资者提供股票特别转让服务。

特别转让与政策股票交易的区别在于：①名称不同。实施特别转让的股票在其简称前冠以“PT”以示区别。②交易时间不同。交易所仅在每周五开市时间内接受特别转让股票的买卖委托，收市后撮合成交。③涨跌幅度限制不同。PT股票申报价格上涨不得超过一次转让价格的5%，下跌则没有下限限制。④撮合成交方式不同。特别转让是证交所在收市后一次性对当天所有该股票的有效申报按集合竞价方式进行撮合，产生唯一的成交价格。所有符合成交条件的委托盘全部按此价格成交。⑤行情揭示不同。PT股票在开市期间不解释买卖盘信息及转让信息，转让信息由指定报刊设专门栏目在次日刊登。⑥交易性质不同。特别转让只是为暂停上市股票提供转让服务，不属于上市交易，相关股票不计入指数计算，成交数据不计入市场统计。

特别转让与政策股票交易也有几点是相同的：投资者进行买卖委托的方式是相同的；申报期间也可以撤单；交易手续费和税费相同；清算交收方式相同。

（四）我国股票终止上市

当上市公司出现下列情况之一时，由中国证监会决定终止其股票上市：①公司不按规定公开其财务状况或对财务会计报告作虚假记载，公司有重大违法行为，经查实后果一般较为严重的；②上述暂停情况的第一、第四项出现时，经查实后果严重，不具备上市条件，在证券管理部门限定的时间内未能消除暂停上市原因的；③公司决议解散、被行政主管部门依法责令关闭或者宣告破产的。

第四节　证券交易市场

一、证券交易市场的概念

证券交易市场又称为“二级市场”或“次级市场”，是指买卖已发行证券的市场。证券流通市场是证券市场的重要组成部分。证券流通市场的交易活动可以在固定的场所集中进行，也可以在不固定的场所分散进行。证券流通市场是证券发行市场正常发展的重要支撑，它们紧密联系，相辅相成，共同构成了一个完整的证券市场。

二、证券交易市场的结构

证券交易市场主要由场内交易市场（证券交易所市场）和场外交易市场构成。此外，还有第三市场和第四市场等。

（一）证券交易所市场

证券交易所是依据国家有关法律，经政府证券主管机关批准设立的证券集中竞价交易的有形场所。各类有价证券，包括普通股、优先股、公司债券和政府债券的交易，凡符合规定都能在证券交易所，由证券经纪商进场买卖。它为证券投资者提供了一个稳定的、公开交易的高效率市场。

证券交易所本身并不参与证券买卖，只不过提供交易场所和服务，同时也兼有管理证券交易的职能。证券交易所与证券公司、信托投资公司等非银行的金融机构不同，它是非金融性的机构。

证券交易所就其组织形式来说，主要有会员制和公司制两种。

1. 会员制证券交易所

在法律地位上，会员制证券交易所分为法人与非法人两种。具有法人地位的会员制证券交易所是指非营利目的的社团法人，除适用证券交易法外，也适用民法的规定，其会员以证券经纪商和证券自营商为限。如日本等国的证券交易所即如此。不具有法人地位的会员制证券交易所是指由会员自愿结合而形成的非法人团体，如美国，其章程细则有关会员的入会、惩戒、开除等条款规定被视为会员间的契约，必须共同遵守。美国不用法人团体的原因是为了避免司法机关对该组织内部进行干预。由于这种自愿结合的非法人团体由立法所产生，因而其会员的权力、义务由该组织本身所赋予，法院不得随意介入。这种带有纯粹自治性质的制度在 1934 年美国证券交易法制定后，已被接受监督的自治制度所取代。但证券交易所的组织性质并未改变。

2. 公司制证券交易所

它是以营利为目的的公司法人。公司制证券交易所是由银行、证券公司、投资信托机构及各类公营民营公司等共同出资占有股份建立起来的，任何证券公司的股东、高级职员或雇员都不能担任证券交易所的高级职员，以保证交易的公正性。但由于实行公司制，证券交易所必然以营利为目的，在营业收入及盈利方面考虑较多，这对参加买卖的证券商来说负担较大。

3. 公司制证券交易所与会员制证券交易所之间的区别

（1）公司制证券交易所的参加人仅限于经纪人，而会员制证券交易所则是以交易所的会员为限。

（2）公司制证券交易所由公司布置场内交易设备，经纪人则与之无关。会员制证券交易则以共同利益为目的，交易所的设施由全体会员共有并共同享用。

（3）公司制证券交易所对由于违约买卖所造成的损失负赔偿责任。不过，它有权向违约者就其所偿款项及有关费用请求赔偿。会员制交易所则不同，一切交易均由买卖双方自己负责，交易所不负赔偿违约损失责任。

（4）公司制交易所应向国库缴存营业保证金，会员制交易所则无此项要求。

我国于 1990 年 12 月成立了上海证券交易所和深圳证券交易所，它们都按照国际运行的会员方式组成，为非营利的事业法人。其宗旨是完善证券交易制度，提供证券集中交易场所，办理证券集中交易的清算、交割和证券集中过户，提供证券市场信息和办理中国人民银行许可或委托的其他业务。

（二）场外交易市场

场外交易是指证券商在证券交易所以外，与客户直接进行证券买卖的行为。原始的场外交易市场亦称店头交易或柜台交易市场。这个市场并非特指一个有形的市场，而是指在证券交易所之外证券商与客户直接通过讨价还价而促使成交的市场，它是证券交易市场的一个重要组成部分。

在场外交易市场进行交易的证券商有时具有经纪商和自营商的双重身份。作为自营商的证券商与客户按双方的协议价格成交，并通过买卖赚取价格差（成交后的清算交割按净价进行清算），这种净价计算中包括批发给其他证券商的批发价和直接售给客户的零售价两种，不再收取佣金；而作为经纪商就是代客户买卖证券，从中收取一定比例的佣金。

场外交易市场一词意译自英文的“over-the-counter market”，其中的“counter”是

"柜台"的意思。在早期银行业与证券业未分离前，由于证券交易所尚未建立或完善，许多有价证券的买卖都是通过银行进行的，投资人买进证券或卖出证券直接在银行柜台上进行交易，即通过柜台交易（over-the-counter transaction）。实行分业制后，这种以柜台进行的证券交易转由证券公司承担，因此有人也译为柜台交易市场或店头市场。随着通信技术的发展，目前许多场外交易并不是直接在证券公司柜台前进行，而是由客户与证券公司通过电话和电传进行业务接洽，故又称为电话交易市场（over-the-telephone market）。场外交易市场也进行了电脑联网，因此也称为自动报价交易系统。现代场外交易市场与证券交易所市场的界限越来越模糊。

一般说来，在许多证券市场发展比较完备的国家，股票交易集中在证券交易所进行，而大量的债券买卖和达不到交易所上市资格的股票买卖则通过证券公司、证券经纪商或银行、投资者相互间进行。由于这些证券买卖是在证券交易所之外进行的，故在证券交易之外形成的证券交易市场称为场外市场。

场外市场作为证券交易市场的一个部分，其重要性虽不如组织严密的证券交易所，但就证券市场的历史沿革来说，场外交易市场比证券交易所要悠久得多。早在股票、债券等证券产生时，就有了供其流动转让的广泛市场，而证券交易所还没有应运而生时，那时的市场，从组织形态、交易程序等来看，实质上就是场外交易市场。

而在证券交易所产生与发展后，场外交易市场之所以能够存在并且发展，是因为：首先，证券交易所的证券交易容量是有限的，由于证券交易所有严格的证券上市条件与标准，许多证券不能进入交易所内买卖，但这些证券客观上需要有流动性，需要有可以进行买卖的交易场所，这就要求场外交易市场作为证券交易所的一种补充而存在；其次，场外交易市场的交易比较简便、灵活，不需要像交易所那样经过复杂繁琐的证券上市程序，投资者也不需要填写复杂的委托书，而且可以随时在众多的证券交易柜台网点进行证券买进或卖出，这就在很大程度上弥补了证券交易方式的不足，满足了投资者的需要；最后，随着现代技术的发展，场外交易市场的交易方式、交易设备、交易程序也在不断改进，其交易效率亦可以与证券交易所相媲美。因此，证券场外交易市场是证券交易市场不可缺少的重要组成部分。

（三）第三市场

严格地说，第三市场是场外交易市场的一部分，即它实际上是"已上市证券的场外交易市场"，指已在正式的证券交易所内上市却在证券交易所之外进行交易的证券买卖市场。第三市场的参加者主要是各类投资机构，如银行的信托部、养老基金会、互助基金以及保险公司等。因此，在第三市场上虽然交易量与证券交易所相比并不多，但每笔成交数额一般都比较大，而且在第三市场上经纪人收取的佣金费用一般低于交易所费用，所以买卖证券业务成本较低，同时又能比交易所更迅速地成交，因此引起广大投资者的兴趣；加之，第三市场交易主要发生在证券经纪商和机构投资者之间，故第三市场的发展给整个证券市场的发展带来了若干积极影响。也就是说，由于有第三市场，已上市证券便出现了多层次的市场，加强了证券业的竞争，其结果是一方面促使诸如纽约证券交易所这样老资格的交易所提供免费的证券研究和其他服务，从而有助于投资者提高投资效益；另一方面，也促使证券交易的固定佣金制发生变化，从而使投资者和出售证券者能够影响证券交易的成本，减少了投资的总费用。

(四) 第四市场

第四市场是指投资者和金融资产持有人绕开通常的证券经纪人，彼此之间利用电子计算机网络进行大宗股票交易的场外交易市场，这是近年来国际流行的场外交易方式。参与第四市场进行证券交易的都是一些大企业、大公司，它们进行大宗股票买卖，主要是为了不暴露目标，不通过交易所，直接通过计算机网络进行交易。

在美国，第四市场主要是一个计算机网络，想要参加第四市场交易的客户可以租用或加入这个网络，各大公司股票的买进价和卖出价都输入电子计算机储存系统。顾客要购买或出售股票，可以通知计算机系统，计算机系统即可显示各种股票的买进或卖出价格；顾客如果认为某种股票价格合适，即可通过终端设备进行交易。

(五) 创业板市场

创业板市场又称为二板市场，顾名思义，即第二市场，也就是“标准”股票交易市场之外的市场，也有人称其无场外交易市场或店头交易市场。

1. 创业板市场概述

对于创业板市场的概念，国际上还没有规范的定义。严格来说，它并不是独立于证券交易所或场外市场的另一市场组织形态，而是特指一套对处于创业期达不到交易所上市条件，但有发展潜力的中小型高新技术企业的发行上市适用的交易规则。创业板既可以隶属于现有的证券交易所，利用证券交易所的资源，实行与主板市场完全不同的交易规则和交易方式，也可以完全独立于现有的证券交易所，在场外交易市场进行交易，实行创业板自身的交易规则和交易方式。实际上，从广义来说，凡是与大型成熟公司上市的交易所主板市场相对应，面向中小公司的证券市场都是二板市场。从狭义来说，二板市场则仅指针对中小型公司和新兴公司、协助高成长性公司及科技公司筹资的市场。

二板市场的明确定位是为具有高成长性的中小企业和高科技企业进行融资服务，是一条中小企业的直接融资渠道，是针对中小企业的资本市场。与主板市场相比，在二板市场上市的企业标准和上市条件相对较低，中小企业更容易上市募集发展所需资金。二板市场的建立能直接推动中小高科技企业的发展。

进一步讲，二板市场是不同于主板市场的独特的资本市场，具有其自身的特点，其功能主要表现在两个方面：一是风险投资机制中的作用，即承担风险资本的退出窗口作用；二是作为资本市场所固有的功能，包括优化资源配置、促进产业升级等作用，而对于企业来讲，上市除了融通资金外，还有提高企业知名度、分担投资风险、规范企业运作等作用。建立二板市场，是完善风险投资体系、为中小高科技企业提供直接融资服务的重要一环。

二板市场最初是20年前美国专为高风险的新兴小企业融资而建立的证券市场，即人们熟知的纳斯达克。SATQ系统就是我国对二板市场最早的尝试。2004年5月，我国的二板市场正式在深交所启动，希望以此来解决中小企业融资问题，人们习惯称其为“创业板”。我国创业板明确定位于为高成长性的中小企业和高科技企业进行融资服务。与两个主板市场相比，创业板的上市企业标准和条件都相对较低，有利于那些在主板上市筹资有困难的中小企业。

2. 创业板市场的分类

世界各国创业板的设立方式、市场定位、上市标准、交易制度、运作模式等各不相同，创业板的分类主要从设立方式和运作模式来划分。

（1）按照设立方式划分。从设立方式看，创业板市场可分为三种：由证券交易所直接设立；由非证券交易所的机构设立；由原先的证券交易所通过重组、合并、市场重新定位等方式转变而成。

①由证券交易所直接设立。采用这种设立方式的创业板市场，有伦敦交易所另类投资市场（AIM）、新加坡证券交易所西斯达克（SESDAQ）市场以及香港联交所创业板市场等。证券交易所设立创业板市场，制定与主板市场不同的上市条件和标准，吸引与主板市场在经营状况及营业期限、股本大小、盈利能力、股权分散程度等方面不同的公司上市。

②由非证券交易所的机构设立。这类创业板市场通常由各国或各地证券商协会或类似机构设立，为该区域内柜台交易中部分质地较优的股票提供集中的电子自动报价和交易系统。只有满足一定上市条件的公司，才能进入此类报价和交易系统。采用这种方式的创业板市场有美国的纳斯达克市场、欧洲的易斯达克市场、韩国的科斯达克市场。

③由原先的证券交易所通过重组、合并、市场重新定位等方式转变而成。加拿大创业交易所就是这种方式设立的典型的创业板市场。该交易所由加拿大温哥华证券交易所与阿尔伯塔证券交易所合并而成，其定位是为高成长型的中小企业服务。

（2）按照市场运作模式划分，可分为附属市场模式和独立运作模式。

①附属市场模式。二板市场附属于主板市场，有的和主板市场拥有相同的交易系统，有的和主板市场有相同的监管标准和监察队伍，所不同的只是上市标准的差别。这种模式可以分为两种形式：两板平行式和附属递进式。前者是指创业板市场由证券交易所设立并与主板市场平行运作，两板市场之间没有高低之分，共同利用交易所的组织管理系统和交易系统。两者的差异主要在于市场定位不同和上市标准不同，主板市场注重公司规模、经营历史、盈亏记录等，创业板市场注重公司发展潜力，上市条件相对宽松。伦敦证券交易所的另类投资市场（AIM）和香港联交所的创业板市场就属于这种一所两板平行式设立模式。附属递进式是指由证券交易所设立一个独立的为中小企业提供融资服务的市场，其上市标准较低，但上市公司在运作一定时间并达到一定条件后，必须申请到主板市场挂牌。这种模式下，创业板实际上成为主板市场的预备，两者间实际上是一种由低级到高级的递进关系。新加坡证券交易所西斯达克市场具有附属递进模式的特征，如新加坡交易所规定，在西斯达克市场上市的公司挂牌2年后并达到主板上市条件，可以申请转移到主板市场上市。

总体看来，附属市场模式的优点是：充分利用了现有交易所的人力、设施、管理经验、组织网络和市场运作网络，从而减少了创业板市场的运作成本，有利于创业板市场的建设和规范运作。其缺点是：主板市场与创业板市场缺乏竞争，交易所的重点还是主板市场，创业板市场只能是主板市场的附属市场，不能与主板市场争夺资源，不能影响其发展，因此，不利于创业板市场的独立发展，很多国家都不采用这种模式。

②独立运作模式。二板市场和主板市场分别独立运作，创业板市场拥有独立的交易管理系统和上市标准，完全是另外一个市场。独立运作模式的优点很明显：一是有利于主板与二板市场的竞争。尽管主板和二板市场在服务对象上有所不同，但两者的上市资源也存在一定的重叠，适度的竞争有利于促进两个市场提高服务质量和管理水

平；二是独立运作模式使得在二板市场上市并成长起来的公司更愿意留在创业板市场，有利于创业市场上市公司整体质量的提高，增强其抗风险的能力。这种模式的缺点是：从头创建二板市场，无法运用成熟交易所现有的管理资源，初期成本较高。

美国纳斯达克市场和韩国科斯达克市场已经成为年交易量超过主板市场的独立运作模式的二板市场。此外，欧洲易斯达克、日本 JASDAQ、中国台湾地区的证券柜台交易中心也采用这种模式。

3. 创业板市场的特点

创业板市场的特点主要体现在与主板市场的区别上。

（1）两者产生的经济背景不同。主板市场是工业经济的产物，先于二板市场而产生；二板市场是新经济的产物，是主板市场发展到一定阶段，证券市场多层次化发展的需要。

（2）两者的定位及服务对象不同。主板市场主要是为国内乃至全球有影响的大公司提供筹资服务，上市企业主要来自于有发展前途的传统企业，要求企业具有较高的资本规模与相对稳定的业绩回报。而二板市场大多服务于新型产业或高新技术行业，上市企业具有相对较小的资本规模，业绩变动较大，上市条件不设最低盈利的规定。

（3）二板市场风险更高。与主板上市公司相比，创业板市场的上市规模小，业务处于初期阶段，而行业竞争又较激烈，未来发展的不确定性较大，因而使投资者面临更大的投资风险。

（4）二板市场监管更加严格。由于风险较高，监督当局对发行人实行更严格的监管标准，在信息披露方面要求更高，以保证市场透明度，维护投资者的利益。

4. 创业板市场的功能

（1）创业板市场是中小企业的“龙门”。创业板市场的开辟，为中小企业提供了一个入市门槛较低的直接融资渠道。具有高成长潜力的中小企业的发展，对资本市场的需要是极其迫切的。随着科学技术的进步，一些迅速崛起的高科技企业，迫切需要一个支持自己发展的资本市场。然而，在中国现有的融资体制下，中小企业融资十分艰难，融资已成为中小企业发展的瓶颈。

其一，体制限制。我国目前绝大多数金融机构的放款业务主要面向国有企业和大型的其他所有制形式企业，在体制上存在着对中小企业，特别是非公有制中小企业的信贷从严政策，由此形成了中小企业筹资困难的普遍现象。

其二，担保困难。现行的银行体制对中小企业融资不利，贷款制度规定企业申请贷款必须具备相应的财产抵押能力或提供足够的担保。未成气候的小企业不仅没有足够的固定资产可供抵押，而且也很难为自己找到担保人。所以，中小企业几乎是告贷无门。

其三，上市困难。大型企业可以争取通过股票市场直接融资，而这条道路对于中小企业更是走不通。我国《公司法》规定：股份有限公司上市的条件是资本额不少于 5 000 万元人民币，而且公司股票已经国务院证券管理部门批准向社会公开发行；此外，还要求公司开业 3 年以上，且最近 3 年连续盈利。对中小企业来说，这样的资质要求就像一道高高的门槛，无法逾越。于是无数中小企业在创业的艰难和资金的匮乏中苦苦挣扎。

中小企业的发展，除了需要金融政策和措施的支持外，发达国家和地区的实践证明，设立风险投资基金是解决中小企业融资问题的根本出路。同时，建立创业板市场是完善风险投资体系，为中小高科技企业提供直接融资服务的重要一环。美国的成功经验为我们提供了很好的借鉴。

在美国，二板市场的作用发挥得相当出色。美国的纳斯达克（NASDAQ）市场不仅拥有先进的交易手段和较低的股票上市标准，其上市要求还低于纽约证券交易所和美国交易所。更为重要的是，纳斯达克市场具有良好的市场适应性，能适应各种不同种类、不同规模和处于不同发展阶段公司的上市要求。

对于股份公司来说，因其规模不同、行业不同、经营状况不同、盈利水平不同和发展阶段不同，对资本市场的需求也不同。尤其是随着科学和技术的进步，一些高科技和服务性公司迅速崛起，这些以高风险、高成长为特征的企业迫切需要一个支持自己发展的资本市场。纳斯达克市场的建立正好满足了这类企业的需求，为这些不能在纽约交易所和美国交易所上市的中小型公司提供了发展的机会。纳斯达克市场成了数以百计规模较小、来自信息和生物技术等发展迅速的经济部门的新兴公司上市的场所。

（2）创业板市场是高科技企业的未来。创业板市场造就了一大批世界高科技企业巨人，微软、英特尔、康柏、戴尔、苹果、思科和雅虎等，这些国际知名的高科技企业都是在美国的二板市场—— 纳斯达克（NASDAQ）股票市场上市并成长起来的。由于高科技企业具有高风险、小规模、建立时间短等特点，一般难以进入证券主板市场。

高科技产业的发展，除了依靠高新技术本身之外，风险投资和资本市场也缺一不可。在高科技公司的创业初期，风险投资公司的创业基金是其主要的资金支持。但是，高科技公司要迅速成长为像微软和英特尔之类的巨型公司，其所需要的巨额资金单靠以分散投资为原则的创业基金是远远不够的。公司进入成长期之后，创业基金也就逐步淡出，高科技公司往往以募集新股或公司重组的方式进入证券市场。如果没有一个强大的资本市场支持，美国高科技产业的发展是难以达到今天的规模和影响力的。

美国的纳斯达克市场在美国高科技产业的发展过程中扮演了极其重要的角色。纳斯达克市场培育了美国的一大批高科技巨人，如微软、英特尔、苹果、戴尔、网景、亚马逊等，对美国以电脑、信息为代表的高科技产业的发展以及美国近年来经济的持续增长起到了十分巨大的推动作用。硅谷技术和纳斯达克市场的完美结合，造就了资讯革命时代的骄子，使美国成为全球高科技领域的翘楚，从而创造出美国经济持续增长的奇迹。正如朱镕基在访问美国期间，为纳斯达克股票交易所题字时称，二板市场是“科技与金融的纽带，运气与成功的摇篮”。

为了促进高科技企业的发展，同时为风险资本退出已成功的高科技企业提供支持，许多西方国家根据本国的实际情况，在主板市场之外专门建立了二板市场。美国在二板市场的建立上远远走在前面，为世界各国树立了一个成功的典范，其他国家则奋起直追。20 世纪八九十年代，为了扶持本国的中小企业和高科技企业发展，世界多个国家和地区借鉴纳斯达克股票市场成功运作的经验，纷纷设立证券主板市场之外的二板市场。

（3）帮助风险企业建立现代企业形态。风险企业大多是由技术发明者个人或合伙创立的民营企业，其初创阶段往往表现出家族式、合伙制等低级企业形态。上市后，创业板市场以其严格的监管、独特的激励和优良的服务，推动风险企业由落后的低级企业形态向标准规范的现代企业形态转化。

(4) 实现风险企业的收购、兼并、整合。企业收购、兼并、重新整合是市场经济条件下的一种现代投资方式，是企业进行产品结构调整、迅速壮大规模的有效途径。当今一些高科技企业巨人，都是通过资本市场的运作，通过兼并、收购、整合而成长起来的。

(5) 二板市场的市场交易容量的伸缩性，缓解了证券市场扩张期的风险。证券市场的发展往往是不平衡的。一般而言，证券交易所的设立数量和每个证券交易所的扩容能力是有限的。当证券发行量迅猛增长时，一个国家的证券交易量不会迅猛增长，这样发行市场和交易市场的平衡就会被打破，如果以加快证券上市的速度来解决，则有可能因证券交易所的超负荷运营而诱发证券市场的风险。但是，如果把大量新发行的证券分流到二板市场进行交易，可在某种程度上化解证券市场的潜在危险，因为二板市场的扩容能力是无限的。

(6) 二板市场的自由性，加快了资本社会化的进程。经济越发达，社会公众手里拥有的闲散资金量就越大。将巨额闲散资金变成资本投资，是经济发展和社会稳定的需要。二板市场以其自身的特点极大提高了社会公众从事投资的热情，从根本上改变了公司资本结构和经营机制，提高了资源配置效率，使资本的社会化程度越来越高。

5. 我国中小企业板市场

(1) 基本情况。2004 年 5 月 17 日，经国务院批准，中国证监会批复，同意深圳证券交易所在主板市场内设立中小企业板块，为中小企业特别是主业突出、成长性较好、科技含量较高的中小企业提供直接融资的市场，并核准了中小企业板块实施方案；5 月 27 日，中小企业板正式启动。深圳中小企业板自设立以来，市场运行平稳，交易活跃，得到了投资者，特别是以基金为代表的机构投资者的认同。截至 2005 年 5 月 26 日，已有 50 家公司完成招股发行，其中 47 家已挂牌上市，市场总融资额达 120 亿元，平均融资规模为 2.4 亿元，50 家公司发行总规模为 13.8 亿股，平均发行规模为 2 752 万股。

在我国经济和社会的发展中，中小企业、民营企业、科技企业的作用越来越重要，而制约其发展的主要瓶颈之一是难以筹集到发展所需的必要资金，尤其是缺乏能够在初期支持企业持续发展的长期资金。我国资本市场尚处于发展初期，投资渠道和成熟的投资主体都比较欠缺，因此，创建中小企业板成为一种必然的选择。中小企业板块的设立对我国资本市场有三大重要意义：第一，标志着我国多层次资本市场建设的开始。第二，为中小企业提供了新的融资途径。第三，为我国的风险投资提供了退出的途径。

(2) 特点与制度安排。中小企业板基本沿袭了主板的游戏规则，除了降低股本规模外，中小企业板在上市资格、审批程序等方面都与主板一致。

为有效服务于中小企业，在现有法律法规、上市标准不变的前提下，针对中小企业经营不稳定、财务透明度较低、公司治理有待完善的特点，深交所对中小企业板做出了更为严格的六大制度安排。①颁布《深圳证券交易所中小企业板块上市公司特别规定》，实行年度业绩快报制度和业绩说明制度，提高信息披露的及时性、准确性和完整性；②颁布《商品现货市场交易特别规定（试行）》，实行开盘和收盘集合竞价制度，提高交易透明度，打击市场操纵、内幕交易等行为，保护投资者的合法权益；③颁布《深圳证券交易所中小企业板诚信建设指引》，建立并公开上市公司诚信档案，强化上市公司的诚信建设，提高上市公司诚信度；④出台《深圳证券交易所中小企业板保荐工作指引》，强化保荐人的上市保荐及持续督导责任，鼓励上市公司实现募集资金专户存储制度，督促上市公司用好募集资金；⑤颁布《深圳证券交易所中小企业板块上市公司董事行为指引》，把董事会建设作为完善公司治理的核心，明确董事勤勉尽责的认定标准，建立对董事不良行为的责任追究机制；⑥注重发挥社会各界特别是新闻媒体的监督作用。

（3）问题与发展前景。目前中小企业板的总体规模与发展速度还难以充分发挥对中小企业发展及国民经济的推动作用，大批充满活力、有成长潜力的中小企业仍被阻于资本市场之外，不仅使我国经济增长的成果难以在资本市场上体现，也难以满足投资者日益增长的对投资保值和增值的迫切愿望。

当前中小企业板正面临着良好的发展机遇。国民经济的持续快速发展、资本市场基础性制度建设的不断推进以及《公司法》和《证券法》的修改等，都为中小企业板的发展壮大提供了有利条件。只要抓住机遇，加快发展中小企业板，就一定能够更好地服务于我国中小企业的发展，更好地服务于全面建设小康社会的战略目标。中小企业板块最终应该向定位于支持成长型企业、股本实行全流通、上市条件注重成长、对当期盈利不做硬性要求的创业板的过渡。因为有对创业板的预期，中小企业板块离大家对它的期望值还是有一定的差距。

（六）科创板市场

科创板是独立于现有主板市场的新设板块，并在该板块内进行注册制试点。

1. 科创板设立目的与相关政策

为进一步落实创新驱动发展战略，增强资本市场对提高我国关键核心技术创新能力的服务水平，促进高新技术产业和战略性新兴产业发展，支持上海国际金融中心和科技创新中心建设，完善资本市场基础制度，推动高质量发展，根据党中央、国务院决策部署和全国人民代表大会常务委员会《关于授权国务院在实施股票发行注册制改革中调整适用〈中华人民共和国证券法〉有关规定的决定》《关于延长授权国务院在实施股票发行注册制改革中调整适用〈中华人民共和国证券法〉有关规定期限的决定》，在上海证券交易所（以下简称“上交所”）设立科创板并试点注册制。

2019 年 1 月 30 日，证监会发布《关于在上海证券交易所设立科创板并试点注册制的实施意见》（见附录 4）。3 月 1 日，证监会发布《科创板首次公开发行股票注册管理办法（试行）》和《科创板上市公司持续监管办法（试行）》。6 月 13 日，科创板正式开板；7 月 22 日，科创板首批公司上市；8 月 8 日，第二批科创板公司挂牌上市。

2019 年 8 月，为落实科创板上市公司（以下简称科创公司）并购重组注册制试点改革要求，建立高效的并购重组制度，规范科创公司并购重组行为，证监会发布《科创板上市公司重大资产重组特别规定》。

2. 科创板定位

坚持面向世界科技前沿、面向经济主战场、面向国家重大需求，主要服务于符合国家战略、突破关键核心技术、市场认可度高的科技创新企业。重点支持新一代信息技术、高端装备、新材料、新能源、节能环保以及生物医药等高新技术产业和战略性新兴产业，推动互联网、大数据、云计算、人工智能和制造业深度融合，引领中高端消费，推动质量变革、效率变革、动力变革。

3. 科创板上市条件

更加注重企业科技创新能力，允许符合科创板定位、尚未盈利或存在累计未弥补亏损的企业在科创板上市。综合考虑预计市值、收入、净利润、研发投入、现金流等因素，设置多元包容的上市条件。允许特殊股权结构企业和红筹企业上市。

4. 投资者适当性要求

个人投资者投资科创板股票，证券账户及资金账户持有资产规模应当达到规定标准，且具备相关股票投资经验和相应的风险承受能力。强化证券公司投资者的适当性管理义务和责任追究。

科创板上市企业可以为尚未盈利的企业，科创企业商业模式较新、业绩波动可能较大、经营风险较高，对科创板投资者的投资经验、资金实力、风险承受能力和价值判断能力也提出了更高的要求。根据相关规定，个人投资者要参与科创板投资，需要满足两大条件：一是申请权限开通前20个交易日证券账户及资金账户内的资产日均不低于人民币50万元；二是参与证券交易24个月以上。

5. 科创板股票市场化发行承销机制

科创板市场新股发行的价格、规模、节奏主要通过市场化方式决定，强化市场约束。对新股发行定价不设限制，建立以机构投资者为参与主体的询价、定价、配售等机制，充分发挥机构投资者专业能力。试行保荐人相关子公司“跟投”制度。支持科创板上市公司引入战略投资者，科技创新企业高管、员工可以参与战略配售，发挥好超额配售选择权制度作用，促进股价稳定。加强对定价承销的事中事后监管，建立上市后交易价格监控机制，约束非理性定价。制定合理的科创板上市公司股份锁定期和减持制度安排。

6. 科创板交易制度

科创板采取独立交易模块和独立行情显示，交易日历、证券账户、申报成交等安排与上交所主板一致。基于科创板上市公司特点和投资者适当性要求，建立更加市场化的交易机制，研究制定股票日涨跌幅等标准。适当提高每笔最低交易股票数量。稳妥有序地将科创板股票纳入融资融券标的，促进融资融券业务均衡发展。在竞价交易基础上，条件成熟时引入做市商机制。

7. 科创板退市制度

严格交易类强制退市指标，对交易量、股价、股东人数等不符合条件的企业依法终止上市。优化财务类强制退市指标，科创板股票不适用证券法第五十六条第三项关于连续亏损终止上市的规定；对审计报告中连续被出具否定或无法表示意见的上市公司实施终止上市。严格实施重大违法强制退市制度，对构成欺诈发行、重大信息披露违法或其他重大违法行为的上市公司依法坚决终止上市。科创板股票不适用证券法第五十五条关于暂停上市的规定，应当退市的直接终止上市。

8. 科创板上市公司监管

上交所依法发挥一线监管职能，强化监管问询，加大现场检查力度，提高上市公司信息披露质量。适当延长核心技术团队股份锁定期，促进上市公司稳定经营。适当延长未盈利上市公司控股股东、实际控制人、董事、监事、高级管理人员的股份锁定期。加强上市公司信息披露与二级市场监管联动，切实防范和打击内幕交易与操纵市场行为。

截至 2018 年年底国内上市公司总计 3 584 家，见图 4.3。

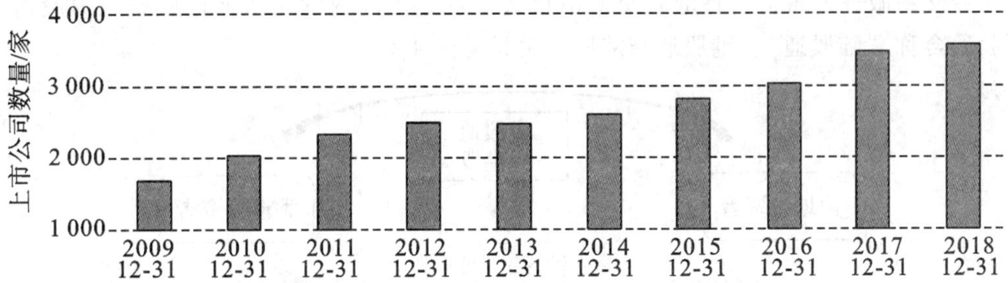

图 4.3　2009—2018 年中国上市公司数量（WIND 金融端）

截至 2018 年 12 月 28 日，上证所与深交所 A 股总市值分别为 268 691 亿元、164 857 亿元，见图 4.4。

图 4.4　2002—2018 年上证所与深交所 A 股总市值（上面的曲线是上证所）

（七）内地与香港证券投资互通机制

在没有互联互通机制时，内地的投资者想要购买港股，就必须去香港开设证券账户，香港居民想要购买 A 股亦然。A 股和港股是分别独立的两个市场，并没有交集。有了互联互通机制后，三地的交易所可以直接建立技术连接，这样一来，港股和 A 股就建立了两架桥梁，它们分别是：沪港通、深港通。内地与香港证券投资互通机制见图 4.5。

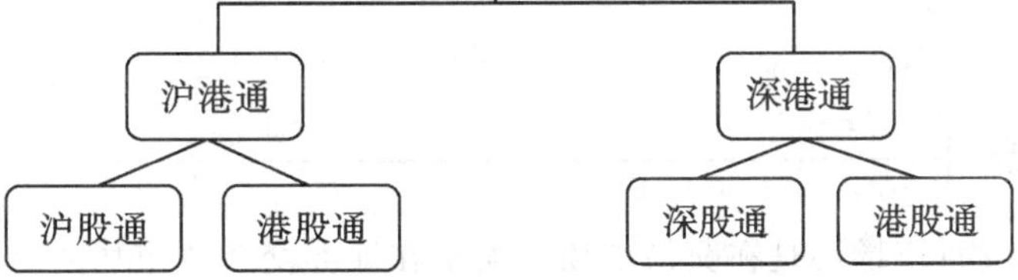

图 4.5　内地与香港证券投资互通机制

沪（深）港通是指投资者委托内地证券公司，经由上海（深圳）证券交易所设立的证券交易服务公司，向香港联交所申报买卖规定范围内的两所上市股票。沪股通加深股通合称“陆股通”。港股通与陆股通关系见图 4.6。

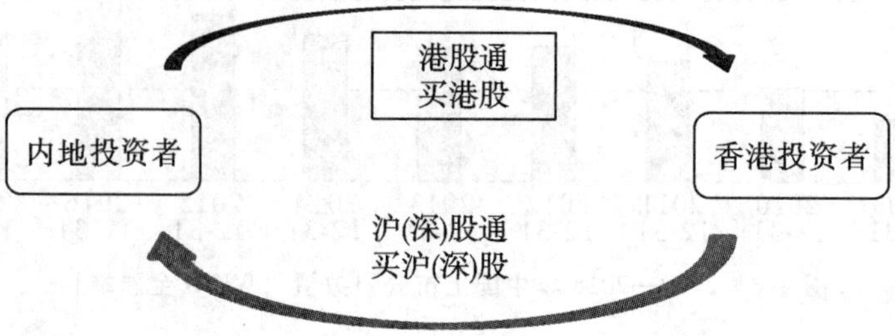

图 4.6　港股通与陆股通

投资实践中的南下资金是指进入港股的中国内地资本（通过港股通流入港股的资金），北上资金是指进入 A 股的香港资本和国际资本（陆股通）。

对于香港投资者可以通过深股通购买深圳证券交易所的股票（深圳创业板、中小板都可以买），或通过沪股通购买上海证券交易所的股票（上证主板）。对于内地投资者虽然可以通过沪港通和深港通购买港股，但是投资标的和标的数量不一样，有标的范围和数量限制。港股通与陆股通成交净额等数据概览见图 4.7。

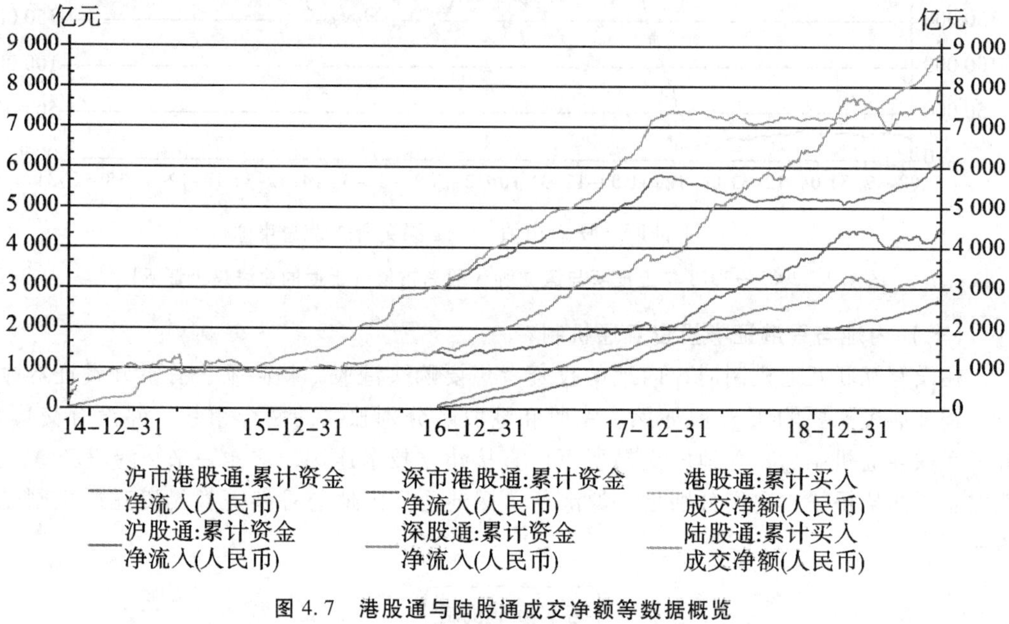

图 4.7　港股通与陆股通成交净额等数据概览

（以右轴标准看，累计资金净流入从高到低分别是港股通、陆股通、沪市港股通、沪股通、深股通、深市港股通）

三、证券商

无论在证券发行市场还是在交易市场，无论在证券交易所市场还是场外交易市场，都有证券中介人、证券经营人参与，它们是证券经纪人和自营商，统称为证券商。

在证券市场上，证券的发行和买卖一般都是通过证券商进行的。证券商是以证券的发行流通等为其经营业务并从中获得利润的从业者。通常所说的证券商，一般都不是自然人，而是指团体机构。

证券商作为证券交易的中介人，在证券市场上占有重要的地位。证券市场的运行目的就是一方面使发行者通过发行有价证券，筹措生产经营所必需的长期资金；另一方面使投资者（即证券购买者）通过购买证券，将其拥有的资金投入其认为有前途的企业，实现所谓的直接融资，从而使社会上的闲散资金变成可用于生产的长期资金，实现资金的长期化和合理流向。证券买卖双方的沟通，不是通过双方的直接接触实现的，而是由第三者——证券商来进行的。

证券商的活动是证券交易所活动的基础，对沟通供需双方的资金流通，促进证券交易的形成和证券市场的发展，起着重要作用。同时，证券商的行为直接影响买卖双方委托人的利益和证券市场的稳定。

证券商业务一般有三大类：①证券承销业务；②证券经纪业务；③自营业务。根据业务性质不同，证券商可分为两大类：一类为发行市场上的证券商，主要是投资银行即“证券承销商”；另一类为证券交易市场上的证券商，主要包括证券经纪商、证券自营商等。多数情况下，一个证券商既做发行业务又做交易业务，也就是既是承销商又是经纪商和自营商。这里主要介绍证券交易市场中的证券商。

1. 证券经纪商

证券经纪商指接受顾客各种委托、订单，并代顾客买卖有价证券，以赚取佣金收入的证券商。作为证券市场的中坚力量和证券买卖的中介人，经纪商的责任较为重大。因此，对证券商管理的大部分内容都是以证券经纪商为主要对象的。

2. 证券自营商

证券自营商指自行买卖证券，独立承担风险，从自行买卖的证券中得到差价收益的证券商。与经纪商的不同之处在于，自营商不办理公众委托的证券买卖，因而收入来源不是替客户买卖证券所收取的佣金，而是从自营业务的证券买卖中牟取利润。

3. 自营经纪人

自营经纪人介于经纪商与自营商之间，兼管证券的自营与代客买卖业务，但以代客买卖业务为主，并且往往有较强的专业分工，具体业务如下：

（1）在交易厅每天开始营业时，当经纪商业务繁忙或不能顺利进行某些专业性很强的证券买卖时，经纪商常将业务转托给自营经纪人，也就是说，自营经纪人的顾客只限于交易厅里的经纪商与自营商，而不与投资公众发生直接联系。

（2）自营经纪人在交易厅内是在按专业分类的专业柜台里进行证券交易；自营经纪人对于其专业经营的数种证券，可自行决定其开盘价。

（3）自营经纪人有一个重要职责即创造市场，以自有资金买进或卖出证券以防止其价格发生暴跌或暴涨现象。也就是说，自营经纪人的自营目的并不像自营商那样追逐利润，而是为其所专业经营的几种证券维持连续市场：不使报价差距过大，并使价格波动局限于一个合理的范围内。

以上对证券商根据其业务性质的不同，做出了基本分类。但在有些情况下，一些证券商往往身兼两职，如既做经纪商又做自营商。当然，对身兼两职的证券商，法律也做出了相应的限制规定。

四、证券交易程序

不同品种的证券，其交易程序也不尽一致。我国目前证券市场上的证券品种主要有A股、B股、国债和基金等。现以A股买卖交易为例进行说明，国债与基金的交易原理大致相同。

鉴于目前我国的证券委托买卖业务绝大部分是通过交易所完成的，因此我们以交易所场内交易为前提来介绍证券买卖的程序。

（1）开设交易账户或股东账户。依照现行法律规定，每个投资者（国家规定不许办理的人员除外）欲从事证券交易，须先向证券登记公司申请开设股票账户，办理股东代码卡（实质上为证券交易账户）。另外，根据有关规定，禁止多头开户，个人和法人在同一证券交易所只能开立一个证券账户。

（2）开设资金账户。投资者委托买卖股票，必须向具体的证券公司申请开设资金账户，存入交易所需的资金。目前，开立资金账户有两种类型，一是在经纪商处开户；二是直接在指定银行开户。

（3）委托买卖。投资者开立了股票账户和资金账户后，就可以在证券营业部办理委托买卖。其整个过程是：投资人报单给证券商；证券商通过其在场内的交易员将委托人的指令输入计算机终端；各证券商的场内交易员发出的指令一并输入交易所计算机主机，由主机撮合成交；成交后由证券商代理投资人办理清单、交割和过户手续。至于网上委托交易，投资者需与证券公司签订相应的委托协议，直接将指令输入计算机主机，由主机撮合成交。

在证券委托交易中，委托的方式有现价委托、市价委托和限价委托等；委托指令的形式则有当面委托、电话委托、函电委托和自主委托等。

由于在委托交易中，委托单是委托人与受托人之间的委托合同，是保护双方权益的法律依据，因此，投资者必须认真填写委托单，经纪商必须按规定提供交易所认可的空白委托单。一份委托单必须包括日期、时间、品种、数量、价格、有效期、签名和其他基本要素。

（4）竞价成交。证券商在接到投资人的买卖委托后，应立即通知其场内交易员申报竞价。证券交易所的竞价方式有两种，即集合竞价和连续竞价，这两种方式是在不同的交易时段上采用的。集合竞价在每天交易日的开始前一段时间用于产生第一笔交易，这笔交易的价格成为开盘价。产生开盘价之后，以后的正常交易就采用连续竞价方式进行。

证券交易按价格优先、时间优先的原则竞价成交，其结果可能出现全部成交、部分成交和不成交三种情况。

（5）清算、交割与过户。

清算是指证券买卖双方在证券交易所进行的证券买卖成交以后，通过证券交易所将各证券商之间买卖的数量和金额分别予以抵销，计算应收应付证券和应收应付金额的一种程序。清算包括资金清算与股票清算两个方面。不同的交易场所采用不同的清算体系，上海证券交易所和深圳证券交易所采用的登记结算体系就不同。

交割是指证券卖方将卖出证券交付买方，买方将买进证券的价款交付卖方的行为。由于证券买卖都是通过证券商进行的，买卖双方并不直接见面，证券成交和交割等均由证券商代为完成，因此，证券交割分为证券商与委托人之间的交付和证券商与证券商之间的交付两个阶段。

过户是指在记名证券交易中，成交后办理股东变更登记的手续，即原所有者向新所有者转移有关证券全部权利的记录手续。

五、证券交易所交易运行体系

现代证券交易所的运作普遍实现了高度的网络化，建立了安全、高效的网络运行系统。该系统通常包括交易系统、结算系统、信息系统和监察系统四部分。

1. 交易系统

电子化交易是世界各国证券交易的发展方向，现代证券交易所都不同程度地建立起高度自动化的计算机交易系统。交易系统一般由撮合主机、通信网络和柜台终端三部分组成。

撮合主机是整个交易系统的核心，它将通信网络传来的买卖委托读入计算机内存进行撮合配对，并将成交结果和行情通过网络传回证券商柜台。

通信网络是连接证券商柜台终端、交易席位和撮合主机的通信线路及设备，如单向卫星、双向卫星和地面数据专线等，用于传递委托、成交及行情等信息。

不同的交易席位需要使用不同的通信方式。传统的交易席位是指证券交易大厅中的座位，座位上有电话、传真等通信设备，可以和证券商柜台传递与成交信息。证券商在取得会员资格后，有权在交易所购买交易席位。拥有交易席位也就拥有了在交易大厅内进行证券交易的权力。随着交易过程的电子化和通信技术的现代化，很多交易所的交易方式由传统的手工竞价发展为电脑撮合，交易席位也演变为撮合主机联网的报盘终端和参与交易的权力。

柜台终端。证券商柜台终端系统用于证券商管理客户证券账户和资金账户、传送委托、接受成交、显示行情等。

2. 结算系统

结算系统是指对证券进行结算、交收和过户的系统。世界各国的证券市场都有专门机构进行证券的存管和结算，在每个交易日结束后对证券和资金进行清算、交收和过户，使买入者得到证券、卖出者得到相应的资金。

3. 信息系统

信息系统负责对每日证券交易的行情信息进行实时发布。信息系统发布网络一般由以下渠道组成：

交易通信网。通过卫星、地面通信线路等交易系统的通信网络发布证券交易的实时行情、股价指数和重大信息公告等。

信息服务网。通过国内新闻媒介、会员、咨询机构等发布股市行情、成交统计和非实时信息公告。

证券报刊。通过证券市场监管机构指定的信息披露报刊发布收市行情、成交统计及上市公司公告和信息等。

因特网。通过因特网向国内提供证券市场信息、资料和数据等。

4. 监察系统

监察系统负责对市场进行实时监控。日常监控包括以下三个方面：

（1）行情监控。对交易行情进行实时监控，观察股票价格、股价指数、成交量的变化情况，如果出现异常波动，监控人可立刻掌握情况，做出判断。

（2）交易监控。对异常交易进行跟踪调查，如果是由违规引起的，则应对违规者进行相应的处罚。

（3）资金监控。对证券交易和新股发行的资金进行监控，若证券商未及时补足清算头寸，监控系统可及时发现，做出判断。

六、交易所的无形化趋势

随着电子计算机技术和通信技术的发展，一些交易所在证券商柜台与交易所计算机系统之间开辟了电子通信渠道，从而形成了无形的市场模式。无形市场是相对于有形市场而言的，传统的证券交易所都设有交易大厅，证券商在其中派驻代表，俗称“红马甲”，投资者的买卖委托由场内的“红马甲”完成。证券交易所在没有应用计算机之前，“红马甲”需要用特别的手势传递各自的买卖申请，交易大厅人声鼎沸，十分热闹。采用计算机撮合投资者买卖申报之后，“红马甲”不再需要打手势传递报价，但一些交易所保留了交易大厅，“红马甲”仍需要在场内接受证券商营业厅柜台的买卖指令，再申报到交易所撮合系统中去。当计算机和通信技术进一步应用于证券交易后，无形市场不需要设立交易大厅作为交易运行的组织中心，投资者利用证券商与交易所的电脑系统便可直接将买卖指令输入交易所的撮合系统进行交易。投资者买卖委托、成交回报、股份资金的交割均可以通过电脑联网系统实现。

无形市场的出现，消除了人工报盘的缺陷，节省了通过出市代表转盘的中间环节，减少了交易成本，缩短了报盘时间，大大提高了证券市场的运作效率，日益成为当今世界证券市场发展的潮流。目前，除纽约等少数证券交易所还保留公开喊价的交易方式外，全球各主要证券交易所已基本达到无形市场的标准，全面实现了电子化交易。我国上海、深圳证券交易所目前为证券商提供的席位分为有形和无形两种。有形席位还是通过“红马甲”出市代表报盘，无形席位是由证券商利用通信网络将委托直接传送到交易撮合主机参与交易，并通过通信网络接收行情和成交数据完成交易。在实际运行中，无形交易方式得到推崇，我国两家证券交易所的电子化交易已经达到很高的水平。

第五章 证券价格与股价指数

第一节 股票价格

一、股票价格的概念

股票作为一种有价证券，本身只是股份公司发给股东作为投资入股和领取股利的凭证，是实际资本的一种表现形式，是一种虚拟资本，并不存在价值。但是，由于它属于实际资本所有权的证书，代表着取得一定收入的权力，而且这种权力还可以在市场上流通转让。股票的收益权、转让权以及潜在的股份公司的控制权等权力，使股票又具有价格。

股票的价格指为获得股票所需要的货币量。它有广义和狭义之分，广义的股票价格包括股票的票面价格、发行价格、账面价格、清算价格、理论价格和交易价格。狭义的股票价格通常指的是股票交易价格，即在股票市场上买卖股票时的实际成交价，又称股票的市场价格。广义的股票价格具有股票的价值特征。

1. 票面价格

票面价格亦称股票面值，即企业发行股票时在票面上标明的价值。票面价格的作用是确定每一股份与公司全部股份的比例，是确定股东所持有的股份占公司所有权大小、核算股票溢（折）价发行、登记股本账户的依据。另外，面值为公司确定了最低资本额，即公司股本最低要达到股票面值与股票发行数乘积的水平。

2. 股票的发行价格

股票的发行价格是指股份公司在发行股票时的出售价格。根据不同公司和发行市场的不同情况，股票的发行价格也各不相同，主要有面额发行、设定发行、折价发行和溢价发行四种情况。

股票的面额发行是按照股票票面上注明的每股金额发行。设定价格发行主要是对无面值股票而言，发行时不标明股票的面值，而是根据公司章程或董事会议规定发行价格，对外发行。折价发行是按照股票面额打一定的折扣作为股票的发行价格。溢价发行是按照超过股票面额一定数量的价格对外发行。

股票虽然有多种发行价格，但是一般情况下，同一种股票只能采用一种发行价格。股票发行过程中究竟采用哪一种价格，主要取决于股票的票面形式、《公司法》的有关规定、公司状况及其他有关因素。

3. 股票的账面价格

账面价格亦称股票净值，是根据公司的财务报表计算得出的。其计算公式如下：

股票的账面价格=(公司的资产净值-优先股票的总面值)÷普通股票的总股数

公司的资产净值是指公司的全部资产减去全部负债后的净额。它包括股本、公积金（盈余公积金、资本公积金）和未分配利润等。公司的资产净值减去优先股票的总面值的差除以普通股票的总股数，就是股票的账面价格。

由于公司的资产净值属股东所有，所以在会计上把它称作“股东权益”。

股票的账面价格是根据财务报表计算出来的，数字真实、具体。而且财务报表都是经过注册会计师签证的，因此可信度较高，是投资者购买股票进行决策的重要依据。一般股票账面价格高，而票面价格偏低的股票，具有较高的投资价值；反之，则无投资价值。

4. 股票的理论价格

所谓股票的理论价格，即股票在证券市场上出售的理论价格，它由企业股票的预期股息率和资金市场上的银行存款利息率所决定，可能高于也可能低于股票的票面价格。理论价格的计算方法为：

股票的理论价格=股息率÷银行存款利率

在一般情况下，股息率高于存款利率，则股票价格上涨；反之，则下降。因为投资者的目的是提高其投资的收益。如果股息率高，投资者则从银行取出其存款（或从银行借款）购买股票，大家都抢购股票，股票价格受供求关系影响，就会上涨；相反，如果银行提高存款利率（贷款利率也会相应提高），股票投资者就会减少，股票价格就会随之下跌。

5. 股票的交易价格

股票的交易价格即股票在股票市场上买卖的价格，有时也简称“股价”。市场实际价格受到股利分配、公司收益、公司前景、人们对公司的预期、市场供求关系、经济形势变化等多种因素的影响。市场实际价格与账面价值之间没有必然的联系，它受前面所说的各种因素的影响远比受账面价值的影响要大。比如，一股账面价值为 1 元的股票，如果其收益、股息、公司前景等各方面均为投资者所看好，在市场上也许可以卖到 20 元甚至更多。

6. 清算价格

清算价格指公司终止清算后股票所具有的价格。这一价格可以与股票的账面价值和市场价值有很大的差异，因为清算时至少要扣除清算费用等支出，公司终止时其资产的实际价值会和其账面价值发生偏离，有时甚至是很大的差异（如公司破产时）。有时，清算价格也指事先约定的公司在清算时支付给优先股股东的每股金额。

清算价格计算公式为：

股票清算价格=公司全部资产拍卖后的净收入(除去负债)÷股票股数

二、股票的收益与分配

投资者买卖股票的主要目的是获取较大的收益，而在证券市场上买卖股票，则只能由当时的市场价格进行交易。这时，判定市场价格是否具有投资价值，就需要将市场价格与理论价格进行比较。一般而言，市场价格越小于理论价格，越具有投资价值。由前面的介绍知道，理论价格与股票的股利收益及股份公司的分配政策密切相关。因此，有必要介绍与股票收益有关的股份公司经营业绩与盈利分配政策的相关内容。

1. 股息、红利及其种类

股份公司的盈利，即净利润。按通常的惯例，股份公司必须从盈利中提取一定比例的公积金，用于弥补意外亏损，扩大营业规模、经营范围，或作为巩固公司财力的基础。在某种特殊情况下，公积金也可能用于扩充股本或作为股息红利分派给股东。

股息是股票收益的一种常见形式，也是大多数优先股股票唯一的收益形式。优先股股票持有者一般可按预定的股息率先于普通股股票持有者取得股息，而普通股的股息收益水平取决于优先股股息发放后剩余利润情况。若公司经营情况一般，普通股票持有者可能少得股息甚至不得股息；若公司经营情况良好，盈利较多时，普通股的股息有可能超过优先股。

红利是超过股息的另一部分收益，一般为普通股所享有。红利的分配没有固定的标准，由董事会和股东大会讨论通过即可发放。有些公司的公司章程对此亦有具体规定。股息、红利的发放一般有下述几种形式：

（1）现金红利。以现金作为股息应是最主要的方式。在国外，现金股息普遍受到投资者的欢迎。股份公司能否以现金形式支付股息，一方面取决于该公司的盈利水平，另一方面也取决于该公司的现金流量。需要指出的是，有些股份公司为维护其信誉和行业中的地位，虽然有时盈利减少也照常支付股息；也有些增长很快的股份公司，为使企业有更快的发展，把盈利作为公司投资，也常不支付股息。

（2）股票红利。股份公司发放普通股股息，也可以不用现金，而以本公司的普通股股票来代替。其方法是规定一个送股百分比，按比例增加持股人的股票数。

送股方式的股利分配并非真正意义的分配，因为股票红利的发放在每个股东增加了一定比例的股票的同时，其股票的市场价格相应降低了同样的比例。股东实际上并未从股票红利中得到任何好处。但这种分配方式也受到某些股份公司和投资者的喜爱。对股份公司而言，可以利用节约下来的盈利现金投入生产经营，增加企业的活力；对投资者而言，在于市场对某种股票价值的认可，由于股票分红使股票价格降低，增加了该股票在市场上的吸引力，从而使股票价格上升，使股票持有者获取到实际的价差收益。如某种股票的市场认可价值为 12 元，其市场价格也在 12 元附近波动，若该公司以 10 送 2 的方式分配股票红利，则分红后市场价格调整为 10 元左右，由于投资者认为其市场价格低于其价值，使该股票价格逐步上升至认可价值 12 元附近，从而为投资者带来每股近 2 元的差价收益。

2. 股利分配政策

一个健全的股份公司，应有一个相对稳定的股利分配政策，这样不仅使公司能按照预订计划组织生产和经营，更重要的是能够在市场中树立一个较好的企业形象。股份公司制定股利分配政策应充分考虑公司的实际情况和投资者的普遍要求，并保持相对的稳定性。一般而言，国内股份公司的股利分配方式大致有以下几种：

（1）发放现金股利。一些实力雄厚、信誉较好的公司常采取发放现金股利的政策，即使某个财政年度盈利减少，也不改变股利发放的数量和方式。这对于维护公司的形象和信誉非常必要，但若盈利能力发生事实上的滑坡或流动资金周转困难，则难以维持。

（2）股票股息方式。股票股息方式是指公司按自身实际情况采取一定比例的送股，以保留盈利资金。这种方式除将当年的盈利以股票的形式发放外，还常常将企业历年的公积金积累转增股票，从而增加投资人的持股数。这种政策随着时间的推移，公司总股本将不断扩大，单股盈利率反而降低，多见于绩优股、小盘股。

（3）现金和股票并用。现金和股票并用的股息分配政策是指公司以现金和股票双重方式支付股息的分配政策。这种政策比较灵活，可根据公司实际与市场状况随时调整其相互比例。

（4）配股分配。配股分配是指股份公司因筹集资金而增发股票，向老股东按比例配售股票的一种筹资方式，本质上不属于股利分配范畴。但在股市上升阶段，这种配股方案往往能激起市场投资者的兴趣，故而在观念上视之为一种股利分配。

3. 有关股息发放的几个相关概念

股息的发放，各国公司法都有规定，要求股份公司董事会以公告形式向股东宣告派发股利的数量、支付方式和时间，以下是股利发放过程中几个重要的概念：

（1）宣布派息日。宣布派息日指股份公司在有关新闻媒介上公布股息发放的具体时间。在宣布股息派发时间的同时股份公司也将公布股息分配数量和分配方式。

（2）股权登记日。股份公司在公布股息分配方案的同时也公布股权登记时间。股权登记日的含义是：只有在股权登记日当天收市之前购买并持有该公司股票的投资者，才有权享有该公司的股息分配。

（3）除权日。除权日是指股票失去当次分配权的日子，除权的含义就是除掉股息享有权。在除权日当天及以后买进的股票，不能享受股份公司此次股利分配，对于只采取现金或股票两种股息中的一种派息方式的公司股票，除权日与除息日含义相同，即表示的都是除权概念。但在同时采取现金和股票股息的两种分配方案时，除权一般指除掉增加股票权，除息指除掉现金股息。这时，除权日和除息日可能相同也可能不同。

（4）付息日或获配股票上市日。付息日是指股份公司将此次现金股息支付于享有股息分配权的投资人的现金支付日。获配股票上市日是指有权获得股份公司送、转股或按规定缴足配股金额获得配股的投资者，其新增股票可上市流通转让的首日。

上述几个时间概念依严格的先后顺序，依次为宣布派息日（又称公布分配方案日）、股权登记日、除权日（一般为股权登记日后的第一个股票交易日，即股权登记日的次日，遇节假日顺延）、付息日或获配股票上市日。

4. 股票除权价的计算

股票除权价一般由证券交易所进行计算，在股票除权日当天显示的上一日收盘价即除权价。投资者只要对比该收盘价与上一日（即股权登记日）的实际收盘价的差额，就能了解该股票的除权情况。股票除权价的计算公式为：

$$除权价=\frac{股权登记日收盘价-股息+配股价格\times配股比例}{1+送股比例+配股比例}$$

三、股票理论价格的作用

投资者购买股票，一方面看中股票的收益率可以超过市场利率（一般指银行存款利息），另一方面看中股票的流动性（即出售股票换取现金的能力）优于其他许多投资方式。而股票的收益主要来源于股份公司的股利收益和低买高卖的价差收益。相对而言，只考虑价差收益而忽视股利收益，则投资股票具有很大的风险性，而既考虑股利收益又考虑价差收益，则从长期而言，获取较高收益的可能性是很大的。这时，按照股票的市场价格决定是否买卖股票，就可以该股票的理论价格作为参照标准，若股票的市场价格远小于理论价格，此时购买并持有该股票，风险较小；若股票的市场价格远大于理论价格，则应卖出该股票，此时持有该股票风险较大。因此对股票的理论价格的作用有必要作进一步的介绍。

由前面的介绍知道：

$$股票理论价格=预期的股息红利收益\div 市场利率$$

在市场利率一定的情况下，预期的股息红利越高，股票的价格越高。所以，决定股票理论价格的基础是股票投资的预期收益，具体包括四个因素：①企业经营活动的盈利能力；②实际支付股利的能力；③未来盈利稳定增长的能力；④企业未来经济价值的可预测性。

另外，在市场利率变化的情况下，股票的理论价格也会随之变化。当市场利率上升时，股票的理论价格就会下降；反之，就会上升。

股票的理论价格既是规范的，又是动态的。规范性体现为，它是以预期盈利平均值为基础来估测理论价格与市场价格的差异情况。动态性则是由于影响因素，如股利、收益等不断变动，理论价格也不断变化。正是由于股票投资收益的不确定性，以及不同的投资者对此不确定性的不同预期，使得由预期股利收入与市场利率决定的股价往往只具有参考的作用。在现实的股票交易中，股票的市场价格总是围绕理论价格上下波动，二者极少完全吻合，因而股票市场总是充满着投资机会。

四、股票发行价格的确定

股票的发行价格，是股份有限公司在募集公司股本或增资发行新股时所确定和使用的价格。股票发行价格确定得是否适当，将直接影响到发行人筹资计划的完成以及股票将来在二级市场上的表现。如果发行价太低，则难以最大限度地满足发行人的资金需求；发行价太高，又会给承销商的销售带来困难，影响发行工作的顺利完成。

以发行价与股票面额的关系为标准，股票发行价格大体可分为面值发行、溢价发行、折价发行三类。面值发行是指发行价格与面额一致；溢价发行指发行价格高于面额；折价发行指发行价格低于面额。一般而言，股票发行都采用溢价发行，禁止折价发行。

不同的企业、不同的具体情况，确定股票发行价格的方法也会有所不同。目前，我国一级市场一般是通过市盈率来确定股票的发行价格。

市盈率是指股票发行价格与每股盈利之间的比率，其计算公式为：

$$市盈率=\frac{股票市价（发行价）}{每股税后利润}$$

市盈率是衡量股票价格的一个较为客观的指标。如果能够确定一个比较合理的市盈率，并据此确定股票发行价格，则为投资者提供了一个较为合理的决策依据。市盈率的确定方法，一般是参考二级市场的平均市盈率，结合发行人的行业类型、经营情况等多种综合因素来考虑。一旦确定发行市盈率，股票的发行价格即可按下式计算：

股票发行价=市盈率×每股税后盈利

第二节　债券价格

一、债券价格的概念

同股票一样，债券作为一种有价证券，本身只是发行者以举债方式筹资并按照约定还本付息，以书面形式表明投资者与筹资者之间债权债务关系的书面债务凭证，并不具有价值。但它能够不断转手买卖，具有价格。

债券价格指为获得债券而需付出的货币资金数量。从广义上讲，债券价格包括债券发行价格、交易价格和理论价格等价格形式。

债券发行价格是指债券投资者认购新发行债券时实际支付的价格。债券的发行价格并不一定和债券的票面金额一致，这是因为从债券票面利率的确定到债券的实际发行，其间需要一定的过程，在这段时间内，市场利率可能已经发生了变化。这就需要通过债券价格的变化来平衡债券票面利率和市场利率的差异，使债券投资者的实际收益水平和市场收益率相当。因此债券发行价格又分为平价发行、溢价发行和折价发行三种。平价发行指按票面价格发行，溢价发行指按高于票面价格的价格发行，折价发行指按低于票面价格的价格发行。

债券交易价格也称债券市场价格、实际成交价格，它是指债券发行后在证券交易市场上买卖双方实际成交时的价格，俗称债券行市。

债券的理论价格是指投资者为获得债券在未来一定时期内的利率收入及到期时的本金收入而在理论上应支付的价格。也就是说，债券价格取决于未来收益的大小，随人们对未来收益的预期而变化。将债券的未来收益按目前的利率折算为现在的价值即为债券的理论价格。

与股票不同，债券从其开始发行至期满为止，其资金运动在时间上有起点和终点，因而其价值也有现值和终值之分。债券的终值是指将现今的一笔款项投资于债券能够给持有者带来的未来货币收入额，即债券到期时的本利，在通常情况下，债券的终值是固定的。债券的现值即债券目前价值，是指将债券投资的未来货币收入额即债券的终值按目前的市场利率折算成的现在价值。债券最初发行时的现值，即为债券的发行价格。债券在流通期间的现值，应在债券发行价与到期应偿还的本利即债券的终值之间。而债券在证券交易市场上的交易价格虽受市场利率的变化、投资者的风险意识及供求关系等多种因素的影响而不断变化，但它的变化却常常在债券的现值，即债券的理论价格附近小幅波动。这一点和股票不同，股票的市场价格和股票的理论价格间常常出现较大的差异。

二、有关的金融知识

在计算债券的理论价格时，应当考虑到货币资金的时间价值。货币具有时间价值是因为使用货币按照某种利率进行投资，随着时间的推移，会获得相应的利息收益。这种利息收益即为货币资金的时间价值。考虑货币资金的时间价值，主要有两种表达形式：终值和现值。

1. 终值

终值是指今天的一笔投资在未来某个时点上的价值。终值应用复利来计算。

将一笔资金存入银行几个时期，若规定一个时期的利率为 r，资金总额为 P_0，则计算到期值即到期本利时，常常有两种计算方法：单利和复利。若按单利计算，则到期值 P_n 为：

$$P_n=P_0\ (1+nr)$$

若按复利计算，则到期值 P_n 为：

$$P_n=P_0\ (1+r)^n$$

单利实际上是不承认利息可产生利息，也就是不承认作为利息的货币与作为本金的货币一样具有时间价值。这种单利的利息方式常常在我国银行存款中使用，但不适用于研究债券定价，也即债券的终值计算公式应为：

$$P_n=P_0\ (1+r)^n$$

式中，n 为期数；P_n 为从现在开始 n 个时期的未来值，即终值；P_0 为现在投入的本金；r 为每个时期的利率。

2. 现值

现值是终值运算的逆运算。按债券的市场价格购买债券时，常常要考虑购买债券时债券的现值。因为若债券的市场价格小于债券的现值，则购买并持有债券到期可获得大于债券票面利率的利息收入，而当债券的票面利率高于市场利率时，购买债券就可获得高于银行存款利息收益而承担低于股票投资的风险。

现值的计算公式为：

$$P_0=\frac{P_n}{(1+r)^n}$$

现值常被称为贴现值，其利率 r 则被称为贴现率，$1/(1+r)^n$ 称为贴现系数。

3. 年金

在了解了终值和现值的概念及计算之后，再引入年金的概念。

年金一般是指在一定期数的期限中，每期支付或得到相等的一笔现金。常见的年金收支时间为每期期末，这种年金被称为普通年金。对一笔年金，常常关注它的现在价值和未来价值，即年金的现值和终值。

一笔年金的终值正好等于每一期收支现金的终值之和，即设 A 为每期年金额，R 为投资收益率，N 为从支付日到期末所余年数，P_n 为终值，则计算公式为：

$$P_{n}.=A\ (1+r)^{n-1}+A\ (1+r)^{n-2}+\cdots+A(1+r)+A=\frac{A[\ (1+r)^n+1]}{r}$$

一笔年金的现值正好等于各期收支现金的现值之和，即若以 A 为每期年金额，r 为贴现率，n 为支付到计算期的年数，P 为现值，则计算公式为：

$$P=\frac{A}{(1+r)}+\frac{A}{(1+r)^2}+\cdots+\frac{A}{(1+r)^n}=\frac{A\left[1-\frac{1}{(1+r)^n}\right]}{r}$$

三、债券理论价格的计算

债券理论价格的计算与债券的利息支付方式有关，常见的债券利息支付方式有一般附息债券、贴现债券和附息债券。

1. 一般附息债券

一般附息债券是指债券利息按票面利率计算，债券到期后一次还本付息。这种债券只有到期时一次性取得债券的本息之和。所以，对于这样的债券只需要找到合适的贴现率，而后对债券的终值贴现就可以了。一般附息债券的理论价格（现值）的计算公式为：

$$P=\frac{M(1+r)^n}{(1+k)^m}$$

上式中，M 为面值，r 为票面利率，n 为从发行日至到期日的时期数，k 为该债券的贴现率（通常以当时的市场利率为标准）；m 为从买入日至到期日的所余时期数。

2. 贴现债券

贴现债券是指以面额为基础，将债券利息用贴现的方式先行扣除，采用低于面额的价格发行，到期后按面额偿还的债券，又称零息债券。贴现债券的理论价格计算公式为：

$$P=\frac{M}{(1+k)^m}$$

上式中，M 为债券面值，k 为当时的市场利率，m 为自买入日至到期日的剩余期数。

3. 附息债券

附息债券是指债券利息按规定利率计算，债券发行单位每年在付息日支付本期利息的债券。因这种债券在过去的形式为债券上附有各期领取利息的凭证（称为息票），所以又称附息债券。

对于附息债券，其每年支付的利息恰好相当于一笔年金，因此附息债券理论价格的计算公式应为：

$$P=\frac{C}{1+k}+\frac{C}{(1+k)^2}+\cdots+\frac{C}{(1+k)^m}+\frac{M}{(1+k)^m}$$

$$=\frac{C\left[1-\frac{1}{(1+k)^m}\right]}{k}+\frac{M}{(1+k)^m}$$

上式中，C 为每年支付的利息，M 为债券的面值，k 为市场利率，m 为从购买日到债券到期日的剩余年数。

对附息债券，当市场利率大于债券票面利率时，其理论价格低于债券面额；当市场利率等于票面利率时，其理论价格等于面额；当市场利率小于票面利率时，其理论价格高于面额。

从上述债券的理论价格的计算公式中，可归纳出影响债券价格变化的因素主要有：①在市场利率不变的情况下，越接近债券到期日，则债券价格越高，即在理论上，债券价格应是逐渐上涨的过程；②市场利率的变化要影响债券价格的变化，当市场利率上升时，债券价格要下降；相反，当市场利率下降时，债券价格就会上升。

第三节　股票价格指数

股票市场中股票种类繁多，价格各异。为了能综合反映股票市场各类股票价格变化的平均水平，一般用在证券交易所上市的部分或全部股票的价格在某一时刻的某种平均值来表示。又由于该平均值只能反映股票价格在固定时刻的情况，不能反映股票价格整体的涨落幅度，因此引入股票价格指数，简称股价指数。本节介绍股价指数的概念、意义、种类及编制方法，并介绍几种世界主要国家和地区的股价指数。

一、股价指数的概念和意义

股价指数是反映股票价格综合变动趋势和程度的比较数，是将多种股票的某种平均价在两个不同时期的数值进行比较的结果。作为比较基础的分母称为基期水平，用来与基期比较的分子称为计算期水平。股价指数概念本身是为了解决衡量整个股票行市的变化问题而产生的，其实质是用不同时期的平均值的比较来表述整个股票和市场的变化。

世界上各个主要的证券交易所都有自己的股票价格指数，并且指数的编制也逐步发展为由综合到分类，由单一到多样，由各交易所自己编制到多个交易所统一编制。如在我国的上海和深圳证券交易所就有综合指数、成分指数、分类指数、A 股指数、B 股指数等。而国际著名的有道琼斯指数、标准普尔指数、《金融时报》股价指数、日经指数和香港恒生指数等。

编制股价指数具有以下几方面的意义：

（1）股价指数不仅能反映一定时点上市股票价格的相对水平，同时也能反映一定时期股票市场平均涨落变化的情况和幅度。

（2）股价指数不仅反映了股票市场发展变化的趋势，而且也大致反映了国民经济的基本情况和发展态势，是衡量一国政治经济状况的参照表。

（3）股价指数为股票投资者提供了公开和合法的参考依据，投资者通过股价指数的起伏变动可以观察和分析股票市场的发展趋势，从而做出相应的投资选择。

（4）股价指数本身为投资者提供了一种新的投资机会，例如股价指数期货交易。因此，股价指数实际上已成为一种相对独立的金融投资工具。

二、股价指数编制的种类和方法

股价指数是报告期的股价与某一基期相比较的相对变化数。它的编制是先将某一时点定为基期，设定基期值（即基期股价指数）为 100（也可取 10 或 1 000 等），然后再用报告期股价与基期股价相比较而得出，其种类和编制方法主要有以下几种：

1. 算术平均股价指数

算术平均股价指数是指采用算术平均计算的股价指数，又分简单算术平均法和总和法两种。

（1）简单算术平均法。简单算术平均法就是先计算各成分股（选入股指计算的股票）的股价指数，再加总求其算术平均并乘以基期值，其计算公式为：

$$股价指数 = \left(\frac{1}{n}\sum^{n}\frac{P_{1i}}{P_{0i}}\right) \times 基期值$$

上式中，P_{0i}表示第 i 种成分股基期价格；P_{1i}表示第 i 种成分股计算期（即报告期）价格；n 为成分股的数目。

（2）总和法。总和法是先将各成分股票的基期和计算期价格分别加总求和，再对比并乘以基期值，其计算公式为：

$$股价指数 = \frac{\sum_{i=1}^{n} P_{1i}}{\sum_{i=1}^{n} P_{0i}} \times 基期值$$

2. 加权平均法股价指数

加权平均法股价指数是用加权平均法计算的股价指数，它是采用成分股的股本总数或交易量作权数分别计算出基期和计算期成分股的股本总市值，然后进行对比而求出，其计算公式为：

$$股价指数 = \frac{计算期成分股总市值}{基期成分股总市值} \times 基期值$$

由于成分股的资本额甚至成分股本身会随着时间的推移发生变化，因此，应根据实际情况对指数进行调整，调整公式为：

$$股价指数 = \frac{新成分股某日总市值}{上日成分股调整总市值} \times 上日收市指数$$

由于加权平均法中的权数可以根据需要分别固定在基期和计算期，因而用加权平均法计算股价指数就有两个计算公式：

（1）以基期股票发行量或交易量作权数。

$$股价指数 = \frac{\sum_{i=1}^{n} P_{1i}Q_{0i}}{\sum_{i=1}^{n} P_{0i}Q_{0i}} \times 基期值$$

上式中 P_{0i}为第 i 只成分股基期价格，P_{1i}为第 i 只成分股计算期价格，Q_{0i}为第 i 只成分股基期发行量或交易量，n 为成分股个数。

（2）以计算期发行量或交易量为权数。

$$股价指数 = \frac{\sum_{i=1}^{n} P_{1i}Q_{1i}}{\sum_{i=1}^{n} P_{0i}Q_{1i}} \times 基期值$$

上式中 Q_{1i}为第 i 只成分股计算期股票发行量或交易量。

此外，还有几何平均法股价指数等。几何平均法股价指数是用几何平均法计算的股价指数，其方法是先分别求出计算期和基期各成分股股价的几何平均值，再对比并乘以基期值得到股价指数。因其计算式较复杂，就不详细介绍了。

三、上海、深圳股价指数

1. 上海证券交易所股价指数

上海证券交易所股价指数共编制了九项，形成了以上证指数为核心的股价指数系列，包括：①上证综合指数；②上证 A 股指数；③上证 B 股指数；④上证 30 指数；⑤工业分类指数；⑥商业分类指数；⑦公用事业分类指数；⑧地产业分类指数；⑨综合企业分类指数。这些指数的编制和公布，对完整地反映上海证券交易所上市股票价格的总体变动水平和各分类股价变动水平，都起到了积极作用。

（1）上证综合指数。上证综合指数是以上市的全部股票为对象来计算指数，反映的是市场全部股票股价的平均波动。其特点是能简略地反映上海股市的波动率，并且考虑了各种股票在股市中的地位和影响。

上证综指以 1990 年 12 月 19 日为基期，基期值取定为 100，以股票发行量为权数进行编制，其计算公式为：

$$股份指数=\frac{报告期市价总值}{基期市价总值}\times 100$$

若遇上市公司增资扩股、新股上市等情况，则需对指数进行修正，以保证股指的真实性。

（2）上证 30 指数。上证 30 指数是一种从上海证交所上市的所有 A 股中抽取最具代表性的 30 种样本股票作为计算对象，并以流通股数为权数的加权综合股价指数。它以 1996 年一季度的平均流通市值为基期指数（基期值），且基期值定义为 1 000，其计算公式为：

$$报告期指数=\frac{报告期指数股的流通市值}{基期指数股的流通市值}\times 1\,000$$

$$流通市值=\sum(市价\times 流通股数)$$

由于上证 30 指数由上交所上市的所有 A 股股票中精选的 30 种组成，具有行业代表性和绩优性，是上证综指极为重要的补充，对引导投资者树立理性的投资理念具有较重要的参考意义。

2. 深圳证券交易所股价指数

深圳证券交易所股价指数共有 12 项：①深证综合指数；②深证 A 股指数；③深证 B 股指数；④深证成分股指数；⑤成分 A 股指数；⑥成分 B 股指数；⑦工业分类指数；⑧商业分类指数；⑨金融分类指数；⑩地产分类指数；⑪公用事业指数；⑫综合企业指数。

（1）深证综合指数。深证综合指数是以上市的全部股票作为对象来计算的，这样能比较全面、准确地反映某一时点股票价格的全面变动情况。

深证综合指数与上证综合指数一样，都是以发行量作为权数来加以计算。但两者在基期修正方法上有很大差异。深证综合指数在采用股的股本结构有所变动时，改用变动之日为新基日，并以新基数计算，同时用连锁方法将计算而得的指数看成原有基日指数，以维持指数的连续性。每日连锁方法的环比公式如下：

$$\text{今日即时指数} = \text{上日收市指数} \times \frac{\text{今日即时指数股市总市值}}{\text{经调整的上日指数股收市总市值}}$$

也就是说，深证综合指数是通过将变动部分与原有的指数相乘加以调整的，这种方式存在一些不足，如指数内部结构变动频繁影响指数前后的可比性等。因此在实际运用中，深证综合指数的使用不如深证成分股指数广泛。

（2）深证成分股指数。深证成分股指数是指从深交所上市公司中按一定原则选出40家上市公司的股票作为计算对象，并以能够上市交易的股本数，即流通股作为权数编制的股价指数。它能较真实地反映现实流通市场价格变动的趋势。

成分股的选择原则是：有一定的上市交易日期、有一定上市规模、交易活跃。在此原则上，考虑下列因素挑选40家上市公司作为成分股。这些因素包括公司股票在过去一段时间内的平均市盈率、公司的行业代表性及所属行业的发展前景、公司近年财务状况、盈利记录、增长展望及管理素质等，以及公司的地位和板块代表等，只有股本达到一定规模且业绩达到一定标准或排序较前的股票才能进入成分股。这就需要对成分股作定期考察，及时更换，以利于上市公司间的竞争和优胜劣汰，活跃市场，并保证优质股票的代表性。

小卡片：中短期股票价格指数与宏观经济指标的背离

一、我国股票价格指数与宏观指标的相关性

传统的金融资产定价理论认为，长期来看，经济增长与股票市场走势基本同步，这在各开放市场中基本能得到印证。大量实证研究数据表明，我国在过去20多年的历史中，股市发展与经济增长存在明显的正相关关系，股票价格收益率的变动和经济生产率变化具有较强关联性，股市波动与经济增长的关系有了一定的实证支持。A股市场自2005年开始推进股权分置改革后，逐步进入了全流通时代，大量原本不能上市流通转让的国家股、法人股开始解禁。在金融资本与产业资本博弈的过程中，资金流向等非经济因素对股指造成的扰动进一步被平滑，股票市场作为宏观经济晴雨表的功能体现得更加突出。但从短周期（1~2年）进行分析，则会发现两者之间不同步甚至相背离的现象时有发生。如1999年，受东亚金融危机影响，我国GDP增长率不到8%，为自1992年后的最低增长记录。但就在这样的宏观经济背景下，1999年5月19日沪深股市开启了一轮井喷行情，上证指数从当年最低的1 047点上涨到2001年6月的2 245点，涨幅高达114%；2004—2005年，中国经济增长速度非常快，但其间上证指数从2004年4月9日的1 727点跌到2005年6月6日的998点，跌幅超过40%；2014—2015年期间，经济呈现明显的收缩趋势，但上证指数从2014年7月初的2 050点一线狂飙到2015年6月12日5 178点的水平，经济走势与股指波动出现非常明显的背离。

二、导致股指与宏观数据中短期背离的原因

1. 反经济周期的宏观政策导致“衰退性繁荣”

从罗斯福新政以来，全球各个国家的央行成了凯恩斯主义的忠实信徒。凯恩斯主义认为，通过积极的财政政策扩大信贷，刺激需求，可以使经济快速走出衰退的泥潭。过去30多年的经济发展过程中，我国领跑全球的经济增长速度就被一部分经济学家看作凯恩斯主义经济政策的功效。其中又以1998年实施积极财政政策扩大内需以应对东南亚金融危机的冲击和2008年年底为遏制快速下滑的经济态势采取的4万亿元投资及配套的9.6万亿元贷款最为典型。每当经济增长速度低于预期时，宽松的货币及财政政策总是如影随形。为提振经济所投放的流动性资金，未必能流到真正需要资金支持的实体产业。随着经济增速下降的持续，实体经济开始出现收缩，社会平均资本报酬率大幅下降。当出现“做工厂不如炒房产”“做实业不如炒股票”这样的情况时，资金空转、“脱实向虚”就成为必然现象。央行新投放的以及从实体经济中游离出来的流动性资金一旦进入金融市场，便会推动金融资产价格暴涨，经济往下、股市往上的“衰退性繁荣”现象随之出现，从而导致指数走势与经济状况严重偏离。因为宽松的货币及财政政策，在经济衰退期，流动性依然充沛（在我国历次经济衰退期M2的增长率就是例证），有充足的流动性支撑，金融市场资产价格上涨就有了可能性。实证研究表明，在A股市场，M2和股指走势之间存在明显的正相关。

2. 股指对监管政策异常敏感，“政策市”特征明显

从中短期看，影响股指运行的非经济因素有政策因素、流动性因素、外围市场走势、投资者情绪波动等，其中监管政策的变化会对我国股票市场价格影响最为明显。几个比较典型的样本如1994年7月30日证监会出台的三大救市政策（暂停新股发行与上市、对资信较好的证券机构进行融资、吸引外国基金投入A股市场），政策出台后一周之内，上证指数上涨104.55%，深成指涨幅也达57.43%。在之的后两个月，上证指数和深成指最高分别录得223.69%和129.03%的令人瞠目结舌的涨幅。1996年12月初，面对过快上涨的股票市场，管理层发出一系列律令，同时沪深股市开始实施涨跌停板制度和T+1交割制度，被市场称为12道“金牌”。之后的10个交易日，上证指数跌幅为32.03%，深成指跌幅达37.78%；2007年5月下旬，随着股权分置改革的推进，沪深两市迎来一波史无前例的大牛市。5月30日凌晨，财政部突然宣布将印花税从1‰上调至3‰。之后连续5个交易日，上证指数和深成指下跌幅度均超过20%。从以上案例中可以看出，A股市场对政策变化非常敏感，“政策市”的特征非常典型。甚至有相当数量的二级市场投资者认为政策对股市的影响远超宏观经济对股市的影响。在经济下滑周期中，利好政策的出台会驱动股指上行，在经济繁荣周期，严格的监管政策又会压制股票价格的表现，这些因素最终都会导致股票价格指数走势与宏观经济指标背离。

3. 投机氛围浓重，投资者情绪波动对股指影响很大

A股是一个新兴加转轨的市场。从市场设立至今20多年的时间里，投资者结构中个人投资者的比重一直居高不下，散户化特征非常明显。个人投资者在参与股票交易过程中，很少有人对宏观经济状况、公司盈利能力等基本面进行深入分析，而是热衷于“炒题材”“炒概念”“炒壳”“炒次新股”等非理性的投资行为。因为投资者习惯追涨杀跌，牛市环境下很多股票可以被炒到上千倍市盈率、几百倍市净率的水平，远远脱离经济基本面。熊市中，在恐慌情绪的支配下，无论有无投资价值的股票均被抛弃，部分投资价值较高的股票也会因为投资者抛售而非理性下跌，进而拉动股票市场估值重心不断下移。而扰动投资者情绪的因素很多，如政治事件、外围市场表现等，这些因素与国内宏观经济状况均没有直接联系。

4. 经济结构不合理导致“股经背离”

我国经济在过去30多年的发展过程中，取得了举世瞩目的成就，已经一跃成为世

界第二大经济体。然而在总量增加的同时，经济结构依然存在很多问题。如传统型行业在经济中占比过高，高新技术、高附加值产业一直不能成为经济的主要支柱。在传统产业产能严重过剩的同时，很多需求量越来越大、关系国家综合竞争实力提升的新兴产业发展依然滞后。经济结构的不合理必然导致股指成分股结构的不合理。目前A股市场无论从成交量、融资额还是总市值来看，均已跻身全球主要资本市场的行列，但从结构上看，权重占比高、对指数影响大的公司主要集中在煤炭石油、银行、保险、电力、有色金属、房地产、钢铁冶炼等传统行业。以上板块内权重占比高、市值规模大的公司股价的波动对股指产生极大的影响，甚至能左右股指的走势。而传统型产业的景气度和国家宏观政策高度相关，政策变化对相关公司基本面的影响可谓立竿见影。从2017年上半年的表现看，受益于供给侧改革，在落后产能出清的过程中，以钢铁、煤炭、水泥为代表的强周期性品种产品价格普涨的特征明显，进而推动相关行业上市公司股票价格节节攀升。代表传统行业的上证指数（特别是上证50）表现和经济走势就存在明显的背离，甚至和代表新兴产业的创业板指数的走势也完全相反。

资料来源：罗文钦. 浅谈中短期股票价格指数与宏观经济指标的背离［J］. 当代经济，2017（26）：36-37.

四、世界上几种重要的股价指数

1. 道琼斯股价平均指数

道琼斯股价平均指数是由美国新闻出版商道·琼斯公司于1884年开始编制的，其编制方法是将计算期的股价平均数与基期的股价平均数对比计算而得，采用的是简单算术平均法，后改为修正算术平均法。目前的道琼斯指数以1928年10月1日为基期，基期股价平均数定为100。股价指数升降以点表示，每一点代表基期指数100的一个百分点。

道琼斯指数分为以下四种：

（1）道琼斯工业股价平均指数，由30种具有代表性的大工业公司的股票组成。

（2）道琼斯运输业股价平均指数，由20家大的铁路、轮船、航空公司等的股票组成。

（3）道琼斯公用事业股价平均指数，由15家公用事业公司组成。

（4）道琼斯综合股价指数，由以上30种工业股票、20种运输业股票以及15种公用事业股票，共计65种股票组成。目前常用的道琼斯指数指的是道琼斯工业股价平均指数。

为了使股价指数能反映市场的实际变动，道琼斯指数中的样本股票经常进行调整，以保证道琼斯指数的样本股票始终充满活力并具有充分的代表意义。

2. 标准普尔股价指数

标准普尔股价指数是由美国标准普尔公司编制的，股价指数始于1923年。最初样本股票为233种，到1957年扩大为500种。其中包括400种工商业股票、20种运输业股票、40种公用事业股票和40种金融业股票。标准普尔股价指数采用加权平均法计算，基期选在1941年至1943年间的平均市场总额，基期值为100。

标准普尔股价指数由于包括500种主要行业的股票，所以影响较广泛且总市值很大，较道琼斯指数具有更广泛的代表性。

3. 恒生指数

恒生指数是香港恒生银行根据各行业具有代表性的 33 种股票的市场价格加权计算而产生的，是中国香港股票市场上历史最久，影响最大的一种股价指数。恒生银行于 1969 年 11 月 24 日开始发布每天的恒生指数，并以 1964 年 7 月 31 日为基期，基期值定为 100。构成恒生指数的样本股票为 33 种，称为“成分”。成分股股票由 4 种金融业股票、6 种公用事业股票、9 种地产股股票和 14 种其他行业股票所构成。

4.《金融时报》股价指数

《金融时报》股价指数是由英国伦敦《金融时报》社编制发表的反映伦敦证券交易所工业和其他行业股票价格变动的指数。其中最具影响的《金融时报》工业指数是 1935 年开始编制的一种成分股指数，由具有代表性的 30 家工业公司股票组成。最初以 1935 年 7 月 1 月为基期，后调整为 1962 年 4 月 10 日。基期股价指数为 100（基期值为 100）。

5. 日经股票价格指数

日经股票价格指数是由日本经济新闻社编制公布的反映日本股票市场价格变动的股价指数，基期为 1950 年 9 月 7 日，基期值为 100。

第六章 证券投资基本分析

第一节　证券投资分析概述

我们知道，证券投资分析是人们通过各种专业分析方法，对影响证券价值或价格的各种信息进行综合分析，以判断证券价值或价格及其变动的行为，是证券投资过程中的一个重要环节。证券投资分析主要解决如何确定买卖时机、买什么证券以及如何构建最优证券投资组合三方面的问题。显然这三个问题都是投资者最为关注的问题，直接影响投资成败，因此证券投资分析具有十分重要的实践指导意义。

一、证券投资分析方法种类

证券投资分析在理论上有不同的流派，主要流派有基本分析流派、技术分析流派、行为分析流派、学术分析流派等。因此，在证券投资实践中也有不同的方法被投资者所选用，目前所采用的分析方法主要有三大类。第一类方法是基本分析——主要根据经济学、金融学、投资学等基本原理推导出结论的分析方法；第二类方法是技术分析——仅从证券的市场行为来分析证券价格未来变化趋势的方法；第三类方法是证券组合分析——主要考虑证券投资的风险收益均衡管理。其中基本分析方法与技术分析方法两大类方法作为经典的证券投资分析方法，由本章与下章分别讲述。

二、证券投资基本分析及其理论基础

证券投资基本分析，又称基础分析或经济形势分析，是指证券投资分析人员通过对决定证券投资价值及价格的基本要素的分析，评估证券的投资价值，判断证券的合理价位，从而提出相应的投资建议的一种方法。

证券投资基本分析以两个假设为前提："股票的价值决定其价格""股票的价格围绕价值波动"。基本分析流派对证券价格波动原因的解释是对价格与价值间偏离的调整，即市场价格和内在价值之间的偏差最终会被市场所纠正，因此市场价格低于或高于内在价值之日就是买入或卖出之时。证券投资基本分析体现了以价值分析理论为基

础、以统计方法和现值计算方法为主要分析手段的基本特征。证券买入、卖出时机如图 6.1 所示。

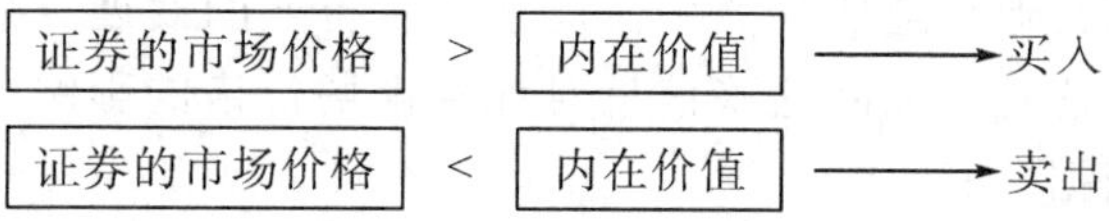

图 6.1　证券买入、卖出时机

主要通过基本分析方法进行证券投资的投资行为往往被人们称作价值投资。世界著名投资大师、“股神”沃伦·巴菲特就是用价值投资理念进行投资，他享有有史以来世界最伟大的投资家称谓，他倡导的价值投资理论风靡世界。他也向世人证明了证券投资基本分析不仅是证券投资分析的最为重要的组成部分，而且也可以单独使用并获得成功。他也依靠在股票、外汇市场的投资成为世界巨富，对世人有了更大的示范效应。

证券投资基本分析的理论基础主要来自以下四个方面：一是经济学，经济学所揭示的各经济主体、各经济变量之间的关系原理，为探索经济变量与证券价格之间的关系提供了理论基础。二是财政金融学，财政金融学所揭示的财政政策指标、货币政策指标之间的关系原理，为探索财政政策和货币政策与证券价格之间的关系提供了理论基础。三是财务管理学，财务管理学所揭示的企业财务指标之间的关系原理为探索企业财务指标与证券价格之间的关系提供了理论基础。四是投资学，投资学所揭示的投资价值、投资风险、投资回报率等的关系原理为探索这些因素对证券价格的作用提供了理论基础。

另外，哲学是凌驾于各个学科之上的一门学科，它所揭示的哲学思想、哲学观点等对分析证券价格变动因素的现象与本质具有很重要的指导作用。

三、证券投资基本分析方法的内容

影响证券市场价格和投资收益水平的因素有许多，在经济因素中，既有宏观经济因素，如经济周期、国民生产总值、利率、货币政策、财政政策、通货膨胀等；中观经济因素，如行业寿命周期、行业经济波动等；也有微观经济因素，如企业自身的经营状况等。因此，基本分析主要包括三个方面的内容，分析过程见图 6.2。

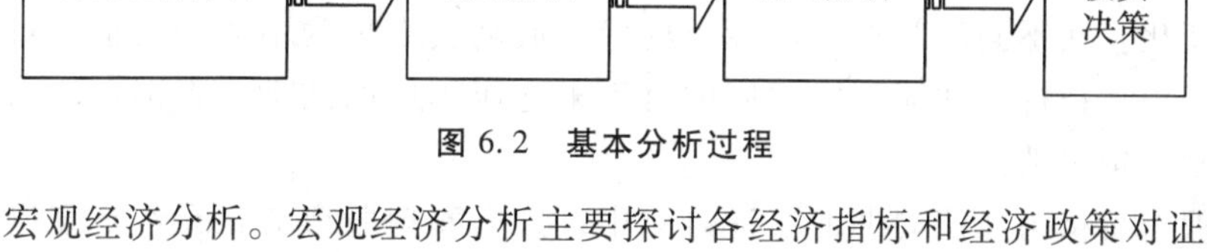

图 6.2　基本分析过程

（1）宏观经济分析。宏观经济分析主要探讨各经济指标和经济政策对证券价格的影响。

（2）行业分析。行业分析是介于经济分析与公司分析之间的中观层次的分析，主要分析产业所属的不同市场类型、不同生命周期以及产业的业绩对证券价格的影响。

（3）公司分析。公司分析是基本分析的重点，无论什么样的分析报告，最终都要落实在某个公司证券价格的走势上。公司分析主要包括公司财务报表分析、公司产品与市场分析、公司证券投资价值及投资风险分析。

总之，通过对以上三个内容的基本分析之后，就可以比较清楚地了解宏观经济指标、经济政策走势、行业目前所处的生命周期以及行业的发展、上市公司的营销和财务现状等现状及发展前景，以及这些信息对证券市场价格的影响，进而为证券投资决策提供重要的参考依据。

第二节　宏观经济分析

证券投资的宏观经济分析在基本分析层面来看具有战略意义，股民们常说的“看大势者赚大钱”，即把握宏观经济发展的大方向、宏观经济因素的变化，尤其是货币政策和财政政策的变化，就能把握证券市场的总体变动趋势，也才可能做出正确的投资决策。

如果不考虑具体某只股票及其所处行业，则只需通过正确的宏观经济分析，就可以直接判断整个证券市场的投资价值，因为证券市场的投资价值与国民经济整体素质及其结构变动密切相关。当证券市场信息披露监管到位且证券市场达到一定的规模，证券市场成为国民经济不可或缺的重要组成时，整个证券市场的投资价值就是整个国民经济增长质量与速度的反映，证券市场就成为国民经济的晴雨表。影响宏观经济形势的相关变量主要有经济周期、国民生产总值、通货膨胀、利率、汇率、财政政策、货币政策等。

一、经济周期

经济周期也称商业周期、景气循环，它是指经济运行中周期性出现的经济扩张与经济紧缩交替更迭、循环往复的一种现象。经济周期包括“衰退”和“复苏”两个主要阶段，而“高峰”和“低谷”通常分别被称为“繁荣”和“萧条”，它们是衰退和扩张这两个阶段的转折点。经济周期的形式是不规则的：周期的“峰”“谷”水平不同；每个阶段持续时间和周期长度不同，但周期却往往具有相似性。一般可分为繁荣、衰退、萧条和复苏四个阶段，现在也有人将之分为衰退、谷底、扩张和顶峰四个阶段。

在影响证券价格变动的市场因素中，经济周期的变动是最重要的因素之一。证券市场综合了人们对于经济形势的预期，这种预期又必然反映到投资者的投资行为中，从而影响证券市场的价格。因此投资者越来越多地关心经济形势，也就是经济大气候的周期性变化。在不同的时期，证券市场价格波动会表现为不同的特征。对经济周期波动必须了解、把握，并能制定相应的对策来适应周期的波动，否则在波动中可能踏错节奏导致投资失败。

在对股票价格与经济周期的实证研究中，人们发现股市通常在经济衰退的中途创最低点并开始回升，并且继续上升到下次衰退前半年或更早的时期。然后股票市场往往剧烈下跌，直到下一次衰退期的中途，才又开始随着预测经济好转而回升。股票市场作为“经济的晴雨表”，一般情况下将提前反映经济周期。

（1）在经济繁荣时期，信用扩张，消费旺盛，投资会迅速增长，生产持续上升，企业经营情况良好，利润丰厚，整个社会就业充分，经济环境较好，成交剧增，股价指数屡创新高，证券行业看好。当经济繁荣到一定程度后，政府为调控经济会提高利率，实行紧缩银根的政策，公司业绩会因成本上升、收益减少而下降，股价上升动力衰竭。此时股价所形成的峰位往往成为牛市与熊市的转折点。此时经济便进入危机阶段。

（2）在经济衰退时期，国民生产总值增速下降，生产停滞，失业率增加，银行资金枯竭，人们对经济前景悲观失望。这时，大众投资者将竞相抛售证券，股价由繁荣末期的缓慢下跌变成急速下跌。当经济跌到谷底以后，经济便进入萧条时期。

（3）在经济萧条时期，经济活动低于正常水平的阶段，信用收缩，消费萎缩，投资减少，生产下降，效益滑坡，失业严重，收入相应减少，悲观情绪笼罩着整个经济领域。此时，由于大众对经济前景没有信心，利空消息满天乱飞。由于大多数人的证券投资活动处于观望阶段，市场人气极度低迷，成交萎缩频创地量，股指不断探新低，一片熊市景象。当萧条到一定时期，政府为了刺激经济增长，出台放松银根及其他有利于经济增长的政策。嗅觉敏锐的投资者开始吸纳股票，股价缓缓回升。与此同时，企业间的兼并与收购也在进行，而这种并购活动主要是通过证券市场来实现的，也在一定程度上刺激了股市的回升。经济的复苏也随之而来。

（4）在经济复苏时期，各项经济指标显示，经济已开始回升，固定资本投资扩大，企业经营活动日趋活跃，资本周转加快，企业利润增加。因经济的复苏使居民的收入增加，加之良好预期，这时股价上涨，股市的获利效应使投资者对股市的信心增强，更多的资金投资股市，证券市场开始进入黄金时期。复苏的经济重新进入了繁荣时期。

不难看出，证券市场的变化趋势与经济周期变化趋势是大体相同的。经济繁荣，股市也繁荣；经济萧条，股市也萧条。经济的周期波动影响到企业的收益，企业收益变动又影响到股利的增减，股利的增减影响到投资者的心理，投资者心理的变化又导致股票市场的供需关系的变化，股票市场上的供求关系的变化最终导致股票价格的变化，如此循环往复。应该指出的是，证券市场的变化趋势和经济周期在时间上往往并不一致，通常，证券市场趋势的变化比经济周期的变化超前一段时间。有资料表明，美国股票市场一般在经济紧缩前 7 个月开始下跌，经济扩张前 6 个月开始上升。[①] 这是因为，证券价值是未来各期收益的折现值，证券价格反映投资者对未来情况的判断。就是说，人们对经济周期变化的预测直接影响了证券市场价格的变化。

一般而言，从萧条、复苏到高涨的过程中出现的是多头市场；从高涨经衰退到萧条的过程中出现的则是空头市场，见图 6.3、图 6.4。

图 6.3　多头市场的经济周期阶段变化轨迹

图 6.4　空头市场的经济周期阶段变化轨迹

① 佟家栋. 股票价格变动与经济运行：以美国为例的分析［M］. 天津：南开大学出版社，1995：19.

另外，在经济周期的不同阶段，不同行业的股票的表现会不尽相同。从股价与宏观经济的关系看，股票可分为三类：第一类是与宏观经济运行经济周期关系密切的股票，如建材行业、房地产行业、金融行业、基础原材料行业。第二类是与经济周期关系不很密切的行业，如日常生活用品行业、公用事业等。第三类是增长几乎不受经济周期影响的行业，如高科技行业、新兴产业等。由此可见，在经济周期的不同阶段应有不同的选股思路，不同时期要选择不同的行业进入才能最大可能获利。

还有，经济周期各阶段的判断标准一直在探讨之中，不同历史时期不同的经济形势应有不同的判断标准。比如在西方国家，通常认为若连续两个季度国民生产总值都在下降，则表明经济已经进入衰退阶段。实践中，有人用经济增长率结合通货膨胀率和年存款利率作为判断指标，例如，经济增长率这个主要指标超过10%，通货膨胀率和年存款利率均小于10%，则得出经济周期处在繁荣期的结论。

小卡片：案例及思考

资料一：判断标准案例

（1）复苏期：银根开始放松，利率调低，贷款增加、经济增长高于物价增长，股市开始升温，房地产开始走出谷底。例如第三次经济周期中，1991年处于复苏期，这年股市升温，房地产走出1989年的谷底。

判断标准：10% > 经济增长率>通货膨胀率<年存款利率<10%

（2）繁荣期：经济增长超过10%，生产资料价格上涨，股市、房地产达到高峰，原材料、能源、交通紧张，国家财政紧张。如第三次经济周期的1992年，股市、房地产形成热潮，钢材等生产资料价格节节攀升。

判断标准：10%<经济增长率>年存款利率>通货膨胀率

本年经济增长率>上一年经济增长率

（3）紧缩期：银根紧缩，贷款减少，银行利率调高，经济增长速度逐年回落，生产资料价格先下降，生产资料价格降到底后，消费资料价格开始大幅上涨，股市、房地产降温，企业经济效益下降。1993年下半年到1995年为第三次经济周期紧缩期，这三年股市、房地产处于熊市，1993年生产资料如钢材从4 000多元/吨降到1994年的2 000多元/吨，1994年消费资料价格开始大幅上升，全年通胀率达到21.7%。

判断标准：通货膨胀率>年存款利率

（4）衰退期：银根紧缩，经济增长低于10%，消费资料价格降到低水平，经济增长率达到最低点，企业大面积亏损。

判断标准：经济回落后首次同时满足以下条件：

上一年经济增长率>本年经济增长率<下一年经济增长率

10%>经济增长率>通货膨胀率<年存款利率

衰退期最多一年，有时一年中衰退期和复苏期同时出现，如1986年、1996年衰退期是上一经济周期向下一经济周期的过渡期。

思考：暂且不论资料一所给案例结论的准确性，其所用的思路值得借鉴并有待完善。

资料二：我国股市与宏观经济周期的关系及投资策略案例

(1) 宏观经济衰退期末，股市开始走出谷底。1991年年末，宏观经济处于第二次经济周期衰退期末，当时虽然股市初创，只是区域性小规模，但股市已走出谷底，开始回升。1996年上半年宏观经济处于第三次经济周期的衰退期末，股市从3月份开始走出谷底，深成指从960点开始缓慢回升，进入4月份股市明显好转，结束长达三年的熊市。

投资策略：衰退期末大胆建仓。

(2) 宏观经济复苏期，股市持续上涨。1991年宏观经济处于第三次经济周期复苏期，深成指从420点上涨到11月份的1 200点，上涨1.85倍。11月下旬由于行情过于火爆，政策干预加之年终结算，股市迅速降温，2周内深成指从1 200点跌到840点，跌幅达30%。1996年下半年，宏观经济处于第四次经济周期复苏期，深成指从6月份的1 600点上涨到12月份上旬的4 500点，上涨1.81倍。12月中旬也是由于行情过于火爆，政策影响加之年终结算，股市迅速降温，2周内深成指从4 500点跌至2 800点，跌幅达37%。

投资策略：复苏期大胆持股。如行情火爆，特别是利空频频出台时，果断清仓。

(3) 宏观经济繁荣期，股市继续上涨，于繁荣期结束前2~3个月达到股市最高点。一般繁荣期股市的波动和风险比复苏大。例如1992年是第三次经济周期的繁荣期，年初1~3月是机构横盘建仓，3月下旬开始进入拉升，6月深成指涨到2 900点的高位，然后调整到2 100点，跌幅达27.5%。8月又反弹到2 900点，然后一路下跌，到11月底跌到1 560点，从2 900点到1 560点的跌幅达46.2%。从11月底股市又急剧回升，于1993年3月（即1993年5月调高利率前的2个月）达到第三次经济周期的最高点3 400点。

投资策略：繁荣期的年初大胆建仓，年中注意暴跌风险，繁荣期末，有调高利率的呼声时全部清仓。

(4) 宏观经济紧缩期，股市长期处于熊市。如从1993年下半年至1995年宏观经济处于紧缩期，股市一路下跌，中间由于政策救市股市反弹，但行情极其短暂，昙花一现。

投资策略：远离股市。

资料二将部分时期的宏观经济周期与股市涨跌作比较，结论是客观的，但如果想当然地将其推广为一般的结论（定论）就不一定正确了，因为A股市场股价的涨跌有时与经济周期是没有联系的。但其所用的分析思想值得借鉴，通过对长期信息的收集整理与分析就会得出有说服力的结论，以指导证券投资实践。

二、国民生产总值

国民生产总值（GNP）是以货币表示的一个国家在某一时期内（一般按年统计）所生产的商品与劳务的总值。GNP是按国民原则核算的，只要是本国（或地区）居民，无论是否在本国境内（或地区内）居住，其生产和经营活动新创造的增加值都应该计算在内。比如，我国的居民通过劳务输出在境外所获得的收入就应该计算在GNP中。GNP与股票价格有着密切的关系，有学者测算了股票价格指数与国民生产总值的相关系数，如道琼斯30种工业股票价格平均指数与美国GNP的相关系数为0.92。

国内生产总值GDP是指一个国家（或地区）所有常住居民在一定时期内（一般按

年统计）生产活动的最终成果。GDP是按国土（或区域）原则核算的生产经营的最终成果，是最为重要的国民经济总体指标之一。现在讲经济总量一般用的是GDP指标。

我国1952—2018年GDP增长情况如图6.5所示。

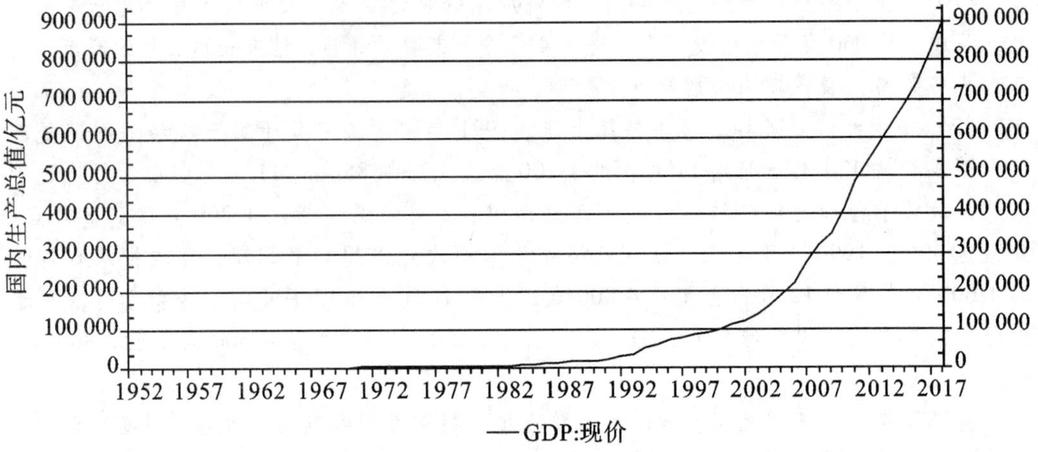

图6.5 我国1952—2018年GDP增长情况

由图6.5可知，我国国内生产总值迅速从1952年的679.1亿元，增长到2018年的900 309.50亿元。

GDP主要由投资、消费、出口、进口以及政府的支出几大板块组成。总体上看，当股市上升的时候，私人财富增加，而且会刺激消费，促进经济增长；相反，如果股市下跌，私人财富就会缩水，对消费或多或少有负面效应。因此，长期的熊市就会影响消费，从而又影响到固定资产的投资萎缩，这样就会引起经济衰退。

具体分析GDP变化与证券市场波动的关系，在GDP变动（长期）上市公司行业结构与该国产业结构基本一致的情况下，股票平均价格变动与GDP变化趋势相吻合，大体可得出如下结论：

（1）持续、稳定、高速的GDP增长—— 证券市场呈上升走势。

（2）高通胀下的GDP增长—— 失衡的经济增长必将导致证券市场行情下跌。

（3）宏观调控下的GDP减速增长—— 证券市场呈平稳渐升的态势。

（4）转折性的GDP变动—— 当GDP负增长速度逐渐减缓并呈现向正增长转变的趋势时，证券市场走势也将由下跌转为上升；当GDP由低速增长转向高速增长时，证券市场亦将伴之以快速上涨之势。（我国实际）1990年至2003年间，我国证券市场指数趋势与GDP趋势基本一致，总体呈上涨趋势。但部分年份里，股价指数与GDP走势也出现了多次背离的现象。

从股票市场分析，国民生产总值下降意味着大多数公司的经营情况不佳，这必然会带来股票价格下降。如果国民生产总值上升，情况则恰恰相反。从长期看，股票价格的波动是与国民生产总值的变化一致的。但国民生产总值与股价变化的速率往往不一致。在不同时期，尤其在短期内，两者的变化速度有可能存在较大的差距，有时甚至朝相反的方向变化。就是说，国民生产总值与股价之间并不总是存在正比例的关系（见图6.6）。但这并不影响我们在证券投资基础分析中，把国民生产总值作为一个重要因素来加以研究。

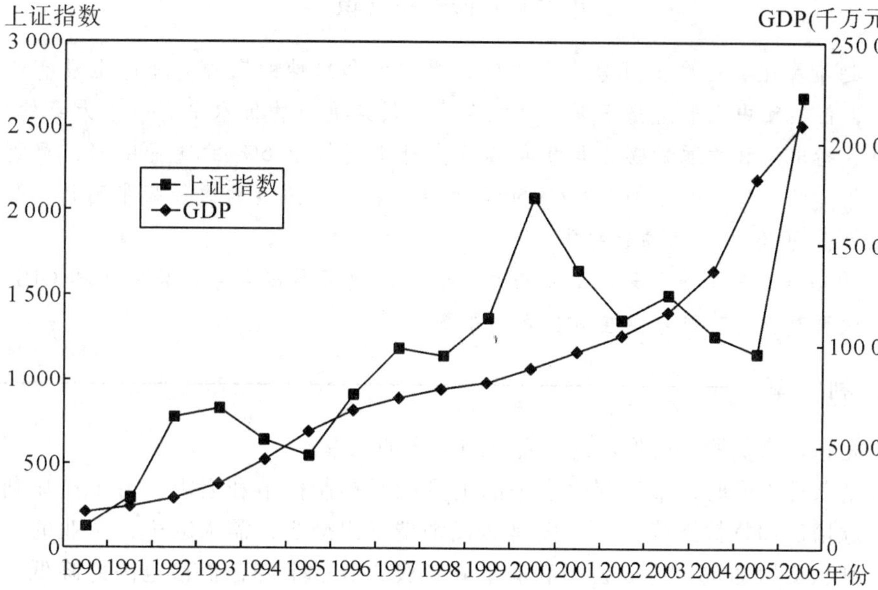

图 6.6　GDP 与上证指数关系图

三、通货膨胀

通货膨胀是指用某种价格指数衡量的一般价格水平的上涨。人们常把物价上涨率视为通货膨胀率。通货膨胀的主要表现是货币供应量增加过快，导致物价上涨，货币贬值。通货膨胀不仅产生经济影响，还可能产生社会影响，并影响投资者的心理和预期，从而对股价产生影响。关于通货膨胀对证券市场趋势的影响可以说是多方面的，它既有刺激证券市场的作用，又有压抑证券市场的作用。

通货膨胀对股票市场趋势的影响是比较复杂的，就是对股价特别是个股，也无永恒的定势。在通货膨胀的初期，由于货币供应量的增加，经济处于景气（扩张）阶段，产量和就业都持续增长，那么股价持续上升。此外，由于货币发生贬值，人们最关心的是投资保值问题。处于消费品价格长期上涨状态中的投资者往往利用股票投资作为逃避通货膨胀的手段，刺激了人们对证券的需求，股份持续上升。但通货膨胀到一定程度时，将会推动利率上涨。同时，长期的通货膨胀，也会使人们对政府控制通货膨胀的能力产生怀疑，对经济的持续增长失去信心。投资者发现任何资本市场的投资都起不到保值作用，在保值需求的压力下，他们纷纷将资金投资于实物资产或其他可以保值的物品，资金流出证券市场，引起股价和债券价格下跌。另外，经济扭曲和失去效率，企业筹集不到必需的生产资金，同时，原材料、劳务成本等价格飞涨，使企业经营严重受挫，盈利水平下降，甚至倒闭。因此，通货膨胀对股市的影响取决于它本身对其两种作用力的力量对比。当刺激的作用大时，股票市场的趋势将与通货膨胀的趋势一致；当压抑的作用大时，股票市场的趋势将与通货膨胀的趋势相反。

需要注意的是，通货膨胀时期，并不是所有价格和工资都按同一比率变动，而是相对价格发生变化。这种相对价格变化引致财富和收入的再分配，因而某些公司可能从中获利，而另一些公司可能蒙受损失。

小卡片：两个小常识

（1）通货膨胀在程度上可分为温和的、严重的和恶性的三种。理论上没有绝对的量化标准，但实践中人们总是根据当年的经济发展速度与物价水平有一个大致的划分。例如，有人指出温和的通货膨胀是指年物价上升比例低于6%的通货膨胀，严重的通货膨胀是指每年物价上升比例在6%~50%的通货膨胀，恶性的通货膨胀则是指每年物价上升比例在50%以上的通货膨胀。

（2）为抑制通货膨胀而采取的货币政策和财政政策通常会导致高失业和GDP的低增长，因此政府相关政策总是在利弊之间平衡。

四、利　率

利率是指在借贷期内所形成的利息额与本金的比率。

在其他条件不变时，市场利率水平的上升同时抑制供给和需求。由于市场利率上升引起存款增加和贷款下降，一方面是居民消费支出减少，需求减少；企业的生产成本增加，利息负担加重，造成公司利润下降，股票收益下降，价格也因此降低。另一方面，市场利率水平的上升还会使股票二级市场的部分流动资金回流银行，也会造成股票价格的降低。相反，市场利率水平的降低则会引起需求和供给的双向扩大。一方面，可以降低公司的利息负担，直接增加公司盈利，股票收益增多，价格也随之上升。另一方面，市场利率的降低，使从事股票的投资者能够以低利率借到所需资金，增大了股票需求，也会造成股票价格上升。

利率对债券市场价格的影响主要表现为：利率的高低与债券价格的涨跌有密切关系。当货币市场利率上升时，信贷紧缩，用于债券的投资减少，于是债券价格下跌；当货币市场利率下降时，信贷放松，可能流入债券市场的资金增多，投资需求增加，于是债券价格上涨。

显然，在影响证券市场趋势的诸因素中，利率是很敏感的因素。它的升降总要带来证券市场价格的变化。通常认为，证券价格与利率之间存在一种反比关系。即利率下降，证券价格有上升趋势；利率上升，则证券价格有下降趋势。而市场利率有在很大程度上取决于中央银行的再贷款利率、再贴现利率和国库券利率，所以投资者还应时刻关注中央银行的货币政策。

需注意的是，在特殊的经济形势下须辩证地看待利率升降对证券价格的影响。例如2009年10月澳大利亚的加息却被整个环球证券市场视为利好，这是因为投资者在国际金融危机造成经济下滑这个大的利空的消息中看到了澳大利亚经济走出谷底，不再需要继续以降息来刺激经济复苏的因素。如果有越来越多的国家宣布加息，也就相当于宣布了这次“国际金融危机”的正式结束，证券市场也会破天荒地将加息视为利好，股市也必然会做出正面回应。

五、汇　率

汇率是外汇市场上一国货币与他国货币互相交换的比率。一国的汇率会因该国的国际收支状况、通货膨胀水平、利率水平、经济增长率等的变化而波动。汇率的变化对一国的国内经济、对外经济以及国际间的经济联系都产生着重大影响。一般地看，降低汇率会扩大国内总需求；提高汇率会缩减国内总需求。

汇率对股票价格的影响主要表现为两个方面：一是对那些要从事进出口贸易的股份公司而言，汇率的变化会直接影响这些公司的盈利状况，进而影响其股票价格。若公司的产品相当部分销售海外市场，当汇率提高时，其产品在海外市场的相对价格就会提高，因而影响其在市场上的竞争力，销售量下降，盈利下降，从而导致该公司的股票价格下降。若公司的某些原料依靠进口，产品主要在国内销售，那么汇率提高，会使其进口原料成本降低，盈利上升，从而使该公司的股价趋于上涨。二是汇率的变化会导致资本的国际移动，进而影响股市。如果预测到某国汇率将要上涨，那么货币相对贬值国的资金就会向上升国转移，而其中部分资金将进入股市，进而推动该国股市行情的上涨。如果某国货币比外国货币一直处于弱势，资金就会外流，股市就可能下跌。汇率对证券市场的影响如图 6.7 所示。

本币贬值 ——→ 有利出口，不利进口 ——→ 进口型企业股价下跌
本币贬值 ——→ 资本流出 ——→ 证券价格下跌
本币贬值 ——→ 央行干预对证券市场产生影响，央行会采取高利率政策，从而导致证券价格下跌

图 6.7　汇率对证券市场的影响

汇率的变动对债券市场行情的影响也很大。当某种外汇升值时，就会吸引投资者购买以该种外汇标值的债券，债券价格上涨；相反，当某种外汇贬值时，投资者纷纷抛出以该种外汇标值的债券，债券价格就会下跌。

需注意，美国经济对世界经济具有举足轻重的影响，投资者应该关注美联储的货币政策和本币对美元的汇率变动情况。美联储的货币政策会影响美国经济的走向，进而会影响世界经济的走向。纽约股票市场的涨跌、美元对其他货币的汇率、其他国家的货币政策等都是影响股票价格的因素。

小卡片：股市与外汇有什么关系？道指与美元：危险的反向联动？

美国道琼斯指数 2009 年 8 月 5 日收于 9 280.97 点，较 6 月末上涨了 9.873%，而美元则跌了，美元指数同一天收于 77.517 点，较 6 月末下跌了 3.265%……传统理论告诉我们，汇率是经济的货币反映，股市是经济的晴雨表，在股市和汇市之间似乎有一损俱损、一荣俱荣的正向关系。而这种关系却在现在被完全颠覆了，美元的下跌和美股的上涨被无心的市场当成彼此的解释，更有趣的是，人们将这种不符合理论常识的反向互动，完全视为理所当然的关系。

那么，正常来说，股市和汇市到底有什么关系？是理论暗示的正向关系，还是现实暗示的反向关系？只有一个声音说了算，这个声音来自历史。笔者有意为之的历史回眸一不小心得到了另类却又引人深思的发现：既不是正向关系，也不是反向关系，股市和汇市基本上就没有什么必然联系，从某种意义上看，两者更像是形同陌路的独立元素。

研究者首先考察了 1964 年 1 月至 2009 年 6 月的美元汇率和美国股市的月度指标走势，汇率数据取自国际清算银行的名义有效汇率，美股走势选用道琼斯指数。在这连续的 545 个月里，美元汇率和美股走势背道而驰的月份有 297 个，占比为 54.5%。看

上去反向关系占那么一点点上风，但考虑到数据长度，这一点点上风似乎说明不了任何问题。那就继续放大样本空间吧。笔者再度考察了1970年2月至2009年8月的美元汇率和美国股市的每周指标走势，汇率数据取自Bloomberg的美元指数，美股走势还是选用道琼斯指数。在这连续的2 080周里，美元汇率和美股走势截然相反的有1 034周，占比为49.72%，这一次正向关系似乎又占了那么一点点上风。两个数据样本不同的结论反而表明，谁都不占真正的上风。而且统计学常识告诉我们，样本越大，占比越接近50%，这意味着两者之间具有足够的相互独立性。

那么，近段时间以来市场津津乐道的股市和汇市互动，又是一种常见的危机“幻觉”吗？值得强调的是，这不是幻觉。笔者之所以费尽心机去做看似无用的历史数据比较，其实就是想说明现在形势的“与众不同”。事实上，长期中并不存在的股市和汇市联系，现在却真实出现了。还是先看月度指标，今年1月至6月，美元汇率和美国股市逆向变动的月份为4个，占比66.67%；再看每周指标，今年以来的连续32周里，美元汇率和美国股市逆向变动的为24周，占比高达75%……

资料来源：程实. 道指与美元：危险的反向联动？[N]. 上海证券报，2009-08-07（6）.

六、财政政策

作为实现国民经济宏观政策目标的主要手段之一，财政政策对证券市场的运行有着巨大的影响。财政政策的工具主要包括预算政策、财政收入政策和财政支出政策。财政收入政策主要包括税收政策和公债政策，财政支出政策主要包括购买支出政策和转移支付政策。

财政政策分为宽松的财政政策、紧缩的财政政策和中性财政政策。总的来看，紧缩的财政政策将使得过热的经济受到控制，证券市场也将走弱；而宽松的财政政策将刺激经济发展，证券市场会走强。宽松的财政政策也称积极财政政策，主要包括两大工具：一是扩大财政支出，二是减税。

财政政策对证券市场的影响是多方面的，其中财政收支状况和税收调节政策所产生的影响最为重要。财政收支状况对证券市场的影响可分为两个方面：一是财政支出增加时，会刺激经济的发展，强化利率变动引起的“廉价货币”效应，可能促使证券价格上升；当财政支出减少时，则会降低需求，造成经济不景气，使证券价格下跌。二是当财政收支出现巨额赤字时，虽然扩大了需求，但却增加了经济的不稳定因素，可能使大众对经济的预期趋于悲观。当政府通过发行国库券筹集资金来弥补赤字时，大量的国库券涌入证券市场会改变证券市场的供求关系，引起证券价格的波动，如图6.8所示。

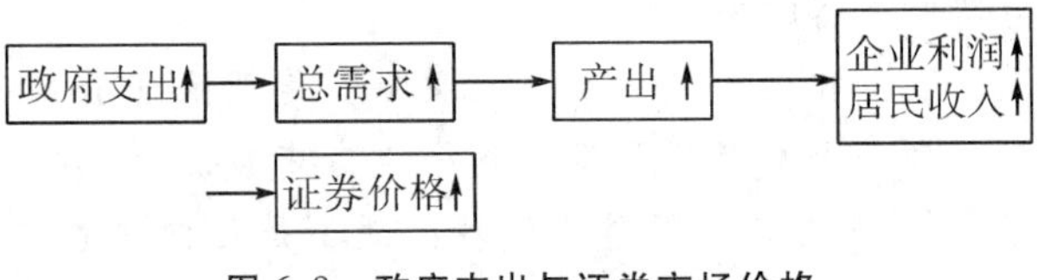

图6.8　政府支出与证券市场价格

税收政策也是一些国家为刺激企业投资增长而采取的重要措施之一。当政府对某一税种及其税率进行调整时，很快会引起某种证券价格的波动。因为这种调整会引起利润分配的变化，从而使投资流向发生变化，投资流向的变化会改变某种证券的供求关系，导致证券价格的上升或下跌。例如，在松的财政政策下，政府将减少税收，降低税率，扩大减免税范围。其效应是增加微观经济主体的进入，以刺激经济主体的投资需求，从而扩大社会供给。在这种状况下，将会直接或间接地引起证券市场价格上涨。相反，在紧的财政政策下，政府将增加税收，提高税率，扩大征税范围，导致企业的税后利润（净利润）下降，降低投资欲望，进而引起证券市场的价格下降，如图6.9所示。

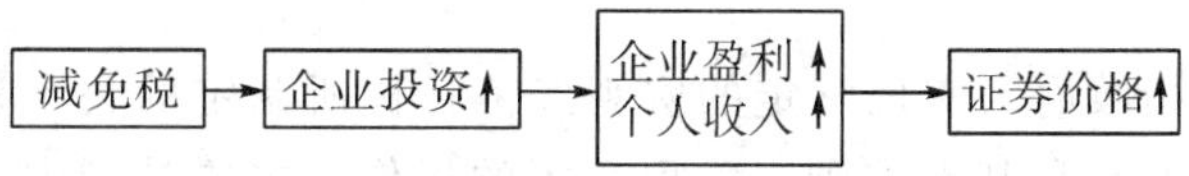

图 6.9　税收政策与证券市场价格

国家产业政策主要通过财政政策和货币政策来实现。优先发展的产业将得到国家一系列政策优惠和扶持，获得较高的利润和具有良好的发展前景，会受到投资者的普遍青睐，股价上涨。因此在选择股票进行投资时，要关注这些上市公司是否是财政投资重点，是否有贷款税收方面的优惠政策等。

小卡片：财政政策对证券市场的影响

1. 财政政策手段对证券市场的影响

（1）国家预算。通过预算安排的松紧影响整个经济的景气，调节供需；财政预算对能源、交通等行业在支出安排上有所侧重将促进这些行业发展，该行业及其企业股票价格随之上扬。

（2）税收。影响投资者交易成本；传递政策信号。

（3）国债。国债发行对证券市场资金流向格局有较大影响。

（4）财政补贴。

（5）财政管理体制。

（6）转移支付制度。

2. 财政政策种类（宽松、紧缩、中性）对证券市场的影响——实施积极的财政政策对证券市场的影响：

（1）减少税收、降低税率、扩大减免税范围。

①增加收入直接引起证券市场价格上涨。

②增加投资需求和消费支出，企业利润增加，促进股票价格上涨。

③市场需求活跃，企业经营环境改善，进而降低了还本付息风险，债券价格也将上扬。

（2）扩大财政支出，加大财政赤字。

①政府通过购买和公共支出增加商品和劳务需求，激励企业增加投入，提高产出水平，于是企业利润增加，经营风险降低，将使得股票价格和债券价格上升。

②居民在经济复苏中增加了收入，景气的趋势更增加了投资者的信心，证券市场和债市趋于活跃，价格自然上扬。特别是与政府购买和支出相关的企业将最先、最直接从财政政策中获益，有关企业的股票价格和债券价格将率先上涨。

③但过度使用此项政策，财政收支出现巨额赤字时，虽然进一步扩大了需求，但却进而增加了经济的不稳定因素，通货膨胀加剧，物价上涨，有可能使投资者对经济的预期不乐观，反而造成股价下跌。

（3）减少国债发行（或回购部分短期国债）。国债发行规模的缩减，使市场供给量减少，从而对证券市场原有的供求平衡发生影响，导致更多的资金转向股票，推动证券市场上扬。

（4）增加财政补贴。财政补贴往往使财政支出扩大，扩大社会总需求和刺激供给增加，从而使整个证券市场的总体水平趋于上涨。

七、货币政策

货币政策，是指政府为实现一定的宏观经济目标所制定的关于货币供应和货币流通组织管理的基本方针和基本准则。货币政策的运作，主要是指中央银行根据客观经济形势，采取适当的政策措施调控货币供应量和信用规模，使之达到预定的货币政策目标，并以此影响整体经济的运行。

货币政策也是国民经济宏观调节的主要手段之一。与财政政策的不同之处是，它的调节弹性较大，政策的实施见效较快，并且具有抵销财政政策效应的作用。从证券投资的角度看，它是一个直接影响证券市场行情的变量。因此，政府货币政策的变化是证券投资极为关注的问题。

通常将货币政策的运作分为宽松的货币政策和紧缩的货币政策。

1. 宽松的货币政策

宽松的货币政策，其主要政策手段是增加货币供应量，降低利率，放松信贷控制。当实行松的货币政策时，股价会上涨，具体表现如下：

（1）为企业提供充足的资金，有利于企业利润上升，从而股价上涨。

（2）社会总需求将增大，刺激生产发展，同时居民收入得到提高，因而证券投资的需求增加，证券价格上扬。

（3）银行利率随货币供应量增加而下降，部分资金从银行转移出来流向证券市场，也将扩大证券市场的需求，同时利率下降还提高了证券价值的评估，两者均使证券价格上升。

（4）货币供应量的增加将引发通货膨胀。通货膨胀初期，市场繁荣，企业利润上升，加上人们为保值而购买证券（尤其是股票），资金转向证券市场，使证券价值和对证券的需求均增，股价上升。但是，当通货膨胀上升到一定程度，可能恶化经济环境，将对证券市场起反作用，而且政府将采取紧缩政策。当市场对此做出预期时，证券价格将会下跌。

注意：货币供应量是单位和居民个人在银行的各项存款和手持现金之和。货币供应量三个层次：流通现金（M0），指单位库存现金和居民手持现金之和；狭义货币供应量（M1），指 M0 加上单位在银行的可开支票进行支付的活期存款；广义货币供应量（M2），指 M1 加上单位在银行的定期存款和城乡居民个人在银行的各项储蓄存款以及证券公司的客户保证金。

2. 紧缩的货币政策

紧缩的货币政策，其主要政策手段是减少货币供应量，提高利率，加强信贷控制。对股价的影响与松的货币政策相反，在从紧的货币政策下股价会下跌。

总的来说，在经济衰退时，总需求不足，采取松的货币政策将使得证券市场价格上涨；在经济扩张时，总需求过大，采取紧的货币政策将使得证券市场价格下跌。但这只是一个方面的问题，政府还必须根据实际情况，对松紧程度作科学合理的把握，还必须根据政策工具本身的利弊及实施条件和效果选择适当的政策工具。

1996—2004 年我国股票价格与货币供应量走势如图 6.10 所示。

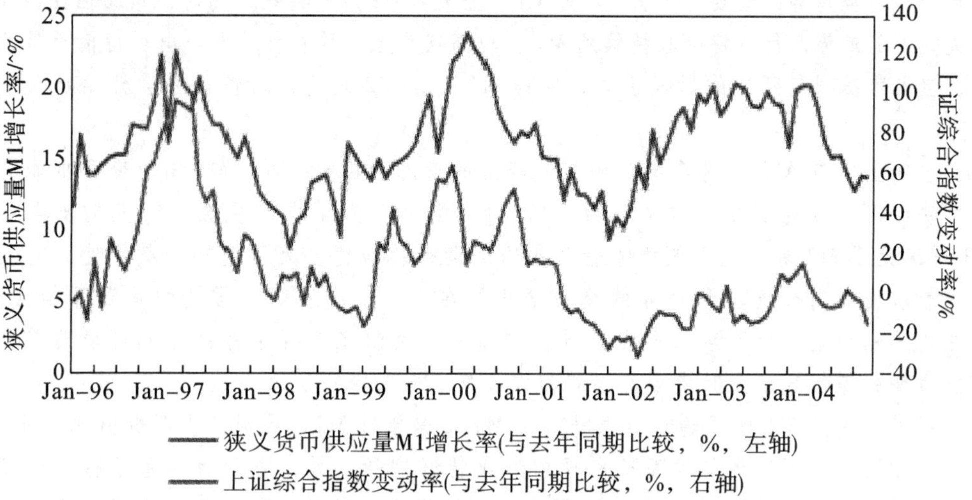

图 6.10　1996—2004 年我国股票价格与货币供应量走势图（注：上边曲线为 M1）

我国 M2 数值在 2014 年 9 月 30 日为 1 202 051 亿元，到 2019 年 8 月 31 日为 1 935 500 亿元，变化过程见图 6.11。

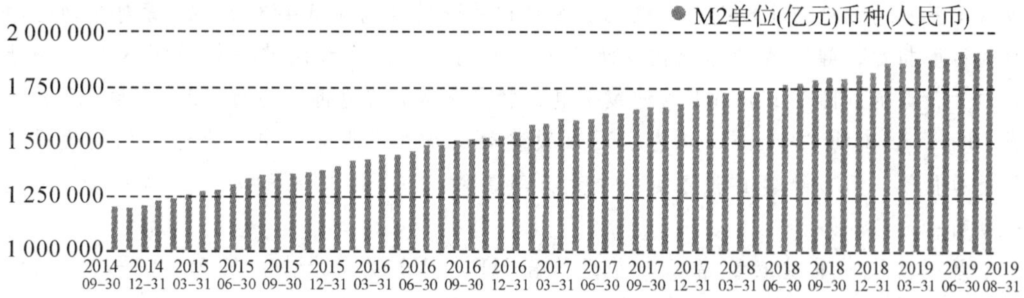

图 6.11　我国近年来 M2 数值情况

小卡片：M1 与 M2 金叉—— 大大拓展 A 股上涨空间

M1 增速与 A 股走势之间具有很高的正向联动性。历史与实证经验表明，当 M1 增速超过 M2，特别是当两者出现“金叉”时，A 股市场将跟随出现趋势性的上涨行情。

之所以会得出这样的判断，是因为 M1 增速与 A 股走势（以上证综指为例）之间具有很高的联动性。自 1996 年 1 月以来，当 M1 从低位持续走高时，上证综指也会持续上涨。例如，2005 年 12 月至 2007 年 10 月，M1 从低点 11.8% 运行到高点 22.2%，上证综指也从低点 1 074 点一路飙升至最高点 6 124 点。相反，当 M1 呈现趋势性回落时，上证综指也会持续下跌。例如，2007 年 11 月至 2008 年 11 月，M1 从 21.6% 持续回落至 6.8%，上证综指也从 5 955 点一路跌至 1 871 点。

进一步分析 M1 增速与 A 股走势也会发现，有以下两大特征特别值得关注：

一是 M1 从低点持续走高的时间越长（一般超过 6 个月）和强度越大，那么股市上涨的可靠性和可持续性就越强。当然，有一种情况值得注意，M1 和 M2 出现“犬牙交错”状走势时，股市走势往往会呈现“横盘整理”特点，或仅会出现波段性的小行情。

二是M1上穿M2（“黄金交叉”）或M1下穿M2（“死亡交叉”）的时点，往往是判定股市走势趋势的重要“节点”。当M1“金叉”M2后并持续走高时，市场往往会出现单边的上涨走势，行情将一直持续到M1出现高点为止。尽管有时也会出现行情延后的情况，但很容易判定延后的时间窗口，即当M1下穿M2之时，行情往往会开始步入下跌趋势。

事实上，与A股走势具有反映宏观经济的晴雨表功能一样，M1增速变化也能真实地反映经济运行的变化。这是因为，M1对应的是个人手中的现金和企业的支票，当M1增速大于M2时，这不仅意味着企业的活期存款增速要大于定期存款增速，而且也意味着居民的现金支出和企业的交易结算量在上升。这表明，居民的消费开始活跃，企业的采购和生产投资活动也在上升。这通常又反映了微观主体的盈利环境改善、盈利能力增强等信号，此时宏观经济将处在景气上升时期；反之亦然。

所以，一旦M1出现趋势性上升，且M1增速超过M2，特别是当两者出现“金叉”时，一方面预示了经济基本面已出现向好或转好信号，另一方面也显示了存款活期化将有利于满足投资市场（包括A股市场）的充裕流动性需求。从历史上看，当作为观察宏观经济变化先行指标的M1出现趋势性上升，特别是当M1与M2出现金叉时，股票市场总是会跟随出现趋势性的上涨行情。

由此观察，M1从2009年1月低点6.68%一路攀升至8月高点27.72%，上证综指也由1月初的最低位1 844点上涨到了8月初的阶段性高位3 478点。尽管对流动性收紧的过度担忧，导致A股市场出现近3个月的调整，但这种调整并未破坏A股市场既有的上升通道。随着9月M1的继续走高，特别是M1增速再次超过M2，上穿M2并形成16个月以来的“金叉”，这为当下A股波动趋势由“调整”向“上涨”的切换提供了货币背景，后市继续上涨将是一个大概率事件。以下三方面的分析，也可以支持这一判断：

第一，从货币供应量指标来看，尽管M1和M2双双走高，但M1在与M2出现“金叉”之后还可能继续高位运行，今后一段时期内货币供应量的运行特征将集中表现为存款的活期化。随着实体经济的逐渐转暖，存款活期化的趋势也将更加显著。

第二，从工业企业景气指数、企业家信心指数和PMI等领先指标来看，实体经济正处在强劲回升之中，越来越多的行业已迎来行业景气的“拐点”。例如，PMI连续八个月站上50%以上，表明制造业经济总体继续保持良好的回升态势，也预示着M1将持续走高。

第三，从市场估值的角度来看，目前市场普遍预期2010年上市公司盈利增幅在25%~30%之间，2010年预测市盈率约为16倍，目前估值就相对合理。另外，由于目前的资金成本较低，经济复苏的路径也越发变得清晰，故A股市场有望走出一波跨年度行情，并有望在2010年上半年冲击4 000点大关。

资料来源：张新法．M1与M2金叉：大大拓展A股上涨空间［N］．上海证券报，2009-11-11.

总之，宏观经济分析可以通过一系列的经济指标的计算、分析和对比来进行。经济指标反映经济活动结果的一系列数据和比例关系。一是先行指标，主要有货币供应量、股票价格指数等，这类指标对将来的经济状况提供预示性的信息。从实践来看，先行指标可以对国民经济的高峰和低谷进行计算和预测。二是同步指标，主要包括失业率、国内生产总值、生产价格指数、消费价格指数等。三是滞后指标，主要有银行。这类指标反映的是国民经济正在发生的情况，并不预示将来的变动短期商业贷款利率、工商业未还贷款、制造产品单位劳动成本等。几个宏观经济指标与股价的关系见图 6.12。

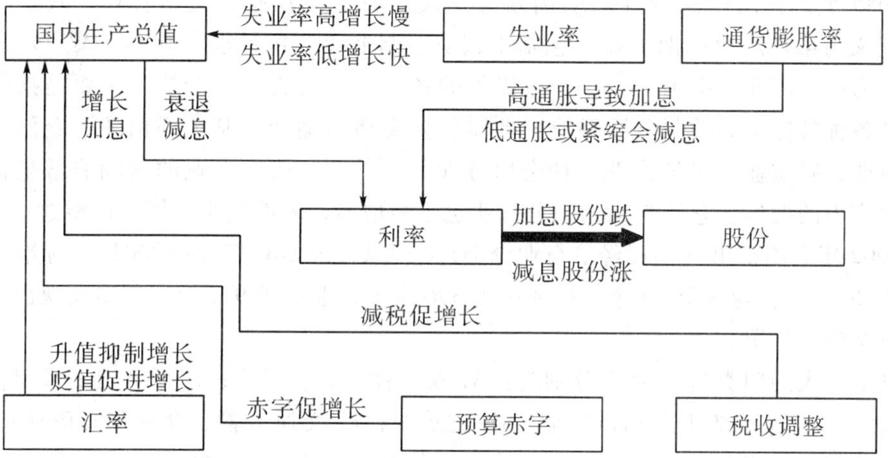

图 6.12　几个宏观经济指标与股价关系图

第三节　行业分析

所谓行业，是指从事国民经济中同性质的生产或其他经济社会的经营单位和个体等构成的组织结构体系，如汽车业、房地产业、保险业、农业等。就证券投资分析而言，行业是介于宏观经济和微观企业之间的重要的经济因素。

行业经济是宏观经济的构成部分，宏观经济活动是行业经济活动的总和。行业分析是介于宏观经济分析与微观企业经济分析之间的中观层次的分析。通过宏观经济分析能够把握证券投资的宏观环境以及市场的整体走势，但是宏观经济分析并不能够提供具体的投资领域与投资对象的决策参考。由于不同行业在一个国家不同的经济发展阶段以及在经济周期的不同阶段表现是不同的，一些行业的增长率与国民生产总值的增长率保持同步，另一些行业的增长率高于国民生产总值的增长率，还有一些行业的增长率则低于国民生产总值的增长率。因此我们就需要进行行业分析。

行业分析是公司分析的前提，通过行业分析我们可以发现近期增长最快的行业，这些行业内的龙头公司价值如果没有被充分认识，它们就是投资者未来投资的理想品种。此外，我们可以通过行业分析发现目前没有被市场认识、但是未来相当长一段时间能够保持高速稳步增长的行业，这就是投资者可以考虑长期投资的行业。

在一般情况下，某一企业的增长与其行业的增长是基本一致的。鉴于这种情况，投资者在投资过程中，对行业的正确选择必定建立在对行业的正确分析的基础上。通常，在行业分析中，主要分析行业的市场类型、生命周期和影响行业发展的有关因素。通过分析，可以了解到处于不同市场类型和生命周期不同阶段上的行业产品生产、价格制定、竞争状况以及盈利能力等方面的信息资料，从而有利于正确地选择适当的行业进行有效的投资。

一、行业划分的方法

（一）我国国民经济的行业分类

1985年，我国国家统计局明确划分三大产业。把农业（包括林业、牧业、渔业等）定义为第一产业；把工业（包括采掘业、制造业、自来水、电力、煤气）和建筑业定义为第二产业；把第一、二产业以外的各行业定义为第三产业，主要是指向全社会提供各种各样劳务的服务性行业，具体包括交通运输业、邮电通信业、仓储业、金融保险业、餐饮业、房地产业、社会服务业等。其中，第三产业的内涵非常丰富，且随着生产力的发展，它所包括的细分行业也不断增多，因而是个发展性的概念。

2002年我国推出《国民经济行业分类》（国家标准GB/T4754-2002），标准共有行业门类20个、行业大类95个、行业中类396个、行业小类913个，基本反映出我国目前行业结构的状况。

其中，大的门类从A到T分别为：A. 农、林、牧、渔业；B. 采矿业；C. 制造业；D. 电力、燃气及水的生产和供应业；E. 建筑业；F. 交通运输、仓储和邮政业；G. 信息传输、计算机服务和软件业；H. 批发和零售业；I. 住宿和餐饮业；J. 金融业；K. 房地产业；L. 租赁和商务服务业；M. 科学研究、技术服务与地质勘查业；N. 水利、环境和公共设施管理业；O. 居民服务和其他服务业；P. 教育；Q. 卫生、社会保障和社会福利业；R. 文化、体育和娱乐业；S. 公共管理和社会组织；T. 国际组织。

（二）我国上市公司的行业分类

中国证监会于2001年4月4日公布了《上市公司行业分类指引》。由于该指引早于2002年的国家标准，所以它是以国家统计局《国民经济行业分类与代码》（国家标准GB/T4754-94）为主要依据，结合联合国国际标准产业分类等制定而成的。该指引将上市公司分为13个门类、90个大类、288个中类。13个门类结构与代码分别是：A. 农、林、牧、渔业；B. 采掘业；C. 制造业；D. 电力、煤气及水的生产和供应业；E. 建筑业；F. 交通运输、仓储业；G. 信息技术业；H. 批发和零售贸易；I. 金融、保险业；J. 房地产业；K. 社会服务业；L. 传播与文化产业；M. 综合类。

我国上市公司的行业分类原则和方法：当公司某类业务的营业收入比重大于或等于50%，则将其划入该业务相应的类别；当公司没有一类业务的营业收入比重大于或等于50%时，如果某类业务营业收入比重比其他业务收入比重均高出30%，则将该公司划入此类业务相应的行业类别；否则，将其划为综合类。

（三）上海证券交易所上市公司行业分类调整

上海证券交易所与中证指数有限公司于2007年5月31日公布了调整后的沪市上市公司行业分类。

根据2007年最新行业分类，沪市841家上市公司，共分为金融地产、原材料、工业、可选消费、主要消费、公用事业、能源、电信业务、医药卫生、信息技术十大行业。其中，70家上市公司属于金融地产行业、157家属于原材料行业、197家属于工业、147家属于可选消费、71家属于主要消费、41家属于公用事业、23家属于能源、20家属于电信业务、66家属于医药卫生、49家属于信息技术行业。

2006 年 4 月 28 日生效的最新全球行业分类标准（GICS）主要类别见表 6.1。

表 6.1 全球行业分类标准（GICS）

行业名称	行业主要类别
能源	能源设备与服务、石油、天然气与消费用燃料
原材料	化学制品、建筑材料、容器与包装、金属与采矿、纸类与林业产品
工业	航空航天与国防、建筑产品、建筑与工程、电气设备、工业集团企业、贸易公司与经销商、商业服务与商业用品、航空货运与物流、航空公路与铁路、交通基本设施
可选消费	汽车零配件、汽车、家庭耐用消费品、休闲设备与用品、纺织品、服务酒店、餐馆与休闲、综合消费服务、媒体、经销商、互联网与售货日化零售、专营零售
主要消费	食品与主要用品零售、饮料、食品、烟草、家常用品、个人用品
医药卫生	医疗保健设备与用品，医疗保健提供商与服务，医疗保健技术，生物、生命科学工具和服务
金融地产	商业银行、互助储蓄银行与抵押信贷、综合金融服务、消费信贷、资本房地产投资信托、房地产管理和开发
信息技术	互联网软件与服务、信息科技服务、软件、通信设备、电脑与外围设备与仪器、办公电子设备、半导体产品与半导体设备
电信业务	综合电信业务、无线电信业务
公用事业	电力公用事业、燃气公用事业、复合型公用事业、水公用事业、独立电力生产商与能源贸易商

（四）按照行业所采用技术的先进程度分类

按照产业所采用技术的先进程度分类可分为新兴行业和传统行业。

新兴行业是指采用新兴技术进行生产，产品技术含量高的产业，如电子业。传统行业是指采用传统技术进行生产，产品技术含量低的行业，如资源型行业。由于技术的不断更新和发展，新兴行业和传统行业之间的区分是相对的。目前，二者之间的区分是以第三次技术革命为标志的，以微电子技术、基因工程技术、海洋工程技术、太空技术等为技术基础的行业称为新兴行业，而以机械、电力等为技术基础的行业称为传统行业。新兴行业和传统行业内部也可进一步分类。

（五）指数分类法下的分类

一些金融服务机构或证券交易所为了方便、完整地发布信息，常对上市的股票或其样本进行简要的产业分类。上海证券交易所将上市的股票分成 5 类：工业、商业、地产业、公用事业和综合类。深圳证券交易所将上市的股票分成 6 类：工业、商业、金融业、地产业、公用事业和综合类。此外，一些证券研究和咨询机构也对各产业进行了更详细的分类研究，以便更详细地描述整个产业的发展规律和发展前景。

二、行业的一般特征分析

（一）行业的市场结构分析

根据行业中企业数量、产品性质、价格的制定和其他一些因素，各种行业基本上可分为如下四种市场类型：

1. 完全竞争的市场

完全竞争是指许多企业生产同质产品的市场类型。完全竞争的特点是：①生产者众多，各种生产要素可以完全流动；②产品不论是有形或无形，都是同质的、无差别的；③没有一个企业能够影响产品的价格，企业永远是价格的接受者而不是价格的制定者；④企业的盈利由市场对产品的需求决定；⑤生产者和消费者对市场具有完全和充分的信息。

完全竞争产业其根本特点在于，所有的企业都无法控制市场的价格和使产品差异化。在现实经济中，完全竞争的市场类型很少见，初级产品的市场类型近似于完全竞争。

2. 垄断竞争

垄断竞争是指许多生产者生产同种但不同质产品的市场类型。垄断竞争的特点是：①生产者众多，各种生产资料可以流动；②生产的产品同种但不同质，即产品之间存在着差异；③由于产品差异性的存在，生产者可借以树立自己产品的信誉，从而对其产品的价格有一定的控制能力。制成品的市场一般都属于这种类型。

3. 寡头垄断

寡头垄断指相对少量的生产者在某种产品的生产中占据很大市场份额的情形。在这个市场上通常存在着一个起领导作用的企业，其他企业则随该企业定价与经营方式的变化而相应地进行某些调整。领头的企业不是固定不变的，它随企业实力的变化而异。资本密集型、技术密集型产品，如钢铁、汽车等，以及少数储量集中的矿产品，如石油等的市场类型多属这种。

4. 完全垄断

完全垄断指独家企业生产某种特质产品（指没有或缺少相近的替代品）的情形。完全垄断可分为政府完全垄断和私人完全垄断两种。在这种市场中，由于市场被独家企业所控制，产品又没有（或缺少）合适的替代品，因此垄断者能够根据市场的供需情况制定理想的价格和产量，在高价少销和低价多销之间进行选择，以获取最大的利润。但垄断者在制定产品的价格与生产数量方面的自由性是有限度的，它要受到反垄断法和政府管制的约束。公用事业和某些资本、技术高度密集型或稀有资源的开采等行业属于这种完全垄断的市场类型。行业的市场类型见表 6.2。

表 6.2 行业的市场类型

特征	完全竞争	垄断竞争	寡头垄断	完全垄断
厂商数量	很多	较多	很少	一个
产品差异情况	同质无差异	同种产品在质量、包装、牌号或销售条件方面的差异	同质，或略有差异	独特产品
价格控制能力	没有	较小	较大	相当大
生产要素的流动	自由流动	流动性较大	较小	没有
典型行业	初级产品市场	轻工业产品、制成品的市场	资本密集型、技术密集型产品，如钢铁、汽车以及少数储量集中的矿产品，如石油等的市场	国有铁路、邮电、公用事业（如发电厂、煤气公司、自来水公司）和某些资本、技术高度密集型或稀有金属矿产开采等行业

（二）经济周期与行业分析

行业景气状况变动与国民经济总体的变动是有关系的，但关系密切的程度又不一样。根据行业的发展与国民经济周期性变化的关系，可分为以下几类，见表6.3。

1. 增长型产业

增长型产业的运动状态与经济活动总水平的周期及其振幅无关。这些产业销售收入和利润的增长速度不受宏观经济周期性变动的影响，特别是经济衰退的消极影响。它们依靠技术进步、推出新产品、提供更优质的服务及改善经营管理，可实现持续成长。例如，在过去的几十年内，计算机和打印机制造业就是典型的成长型产业。由于这些产业的股票价格不会明显地随着经济周期的变化而变化，所以这种产业的增长让投资者难以把握精确的购买时机，需投资者全面收集产业信息并与其他产业进行对比分析判断。

2. 周期型产业

周期型产业的运动状态直接与经济周期相关。当经济处于上升时期，这些产业会紧随其扩张；当经济衰退时，这些产业也相应萎缩。产生这种现象的原因是，当经济衰退时，对这些产业相关产品的购买被延迟到经济改善之后，如珠宝业、消费品业、耐用品制造业及其他依赖于需求收入弹性较高的产业就属于典型的周期性产业。

3. 防御型产业

防御型产业也称防守型产业，其与周期型产业刚好相反。这种类型产业的运动状态并不受经济周期的影响。也就是说，不论宏观经济处在经济周期的哪个阶段，产业的销售收入和利润均呈缓慢成长态势或变化不大。正是由于这个原因，对其投资便属于收入投资，而非资本利得投资。例如，食品业和公用事业就属于防御型产业，因为需求对其产品的收入弹性较小，所以这些公司的收入相对稳定。因此，投资于防御型产业一般属于收入型投资，不属于资本利得型投资。

表6.3 产业发展与国民经济周期性变化的关系

比较项目	与经济周期关系	产生原因	典型行业
增长性行业	与经济周期无关	依靠技术进步推出新产品，提供更优质服务	计算机、生物工程等
周期型行业	直接与经济周期相关	需求收入弹性较高	金融、房地产等
防御型行业	不受经济周期处于衰退阶段的影响	产品需求相对稳定	食品、公用事业等

（三）行业生命周期分析

随着人类的进步，整个人类社会的产业结构也在不断地升级换代。随着产业的升级换代，行业也和产品的生命周期一样存在着生命周期。任何行业都要经历一个由成长到衰退的发展过程。一般说来，行业的生命周期可分为以下四个阶段：

1. 初创期

随着社会的发展，新的行业不断涌现，逐渐代替旧的传统行业。在行业发展的初创期，整个行业缺乏成熟的技术和成功的经验，产品鲜为人知，市场需求很小，生产未形成规模，单位成本较高。而为了推销产品又要在产品研究、开发、宣传上做大量投入，行业利润低甚至发生亏损，在这个阶段行业中的企业数量很少，投资风险较大。

低利润、高风险使人们极少关注这类行业，因而其股价偏低，投资者应对行业的性质和社会经济形势进行综合分析，从而对该行业的未来前景做出正确预测。一旦发现其具有远大前景就应逐渐加大投资，待发展到成长期、稳定期之后，将会获得高额回报，包括股息和价差两部分。

2. 成长期

成长期是新行业的发展阶段，亦是竞争激烈、优胜劣汰的阶段。随着产品的逐渐完善及广泛宣传和推广使用，产品的市场需求开始上升，销售量迅速增大，企业利润增幅明显。在行业发展利润的驱使下，越来越多的企业挤入该行业，使市场竞争加剧。其结果是造成一部分财力较小、技术薄弱、经营不善的企业在激烈的竞争中倒闭、被兼并，或退出该行业。而另一部分财力雄厚及管理技术水平较高的企业则在竞争中站稳脚跟，获取到越来越高的利润。这一阶段虽然行业竞争利润可观，但企业间破产、兼并比例很大，因而投资风险也很高。

在这一阶段，行业的利润很高，但风险也很大，股价容易大起大落。

3. 稳定期

稳定期是行业平稳发展的阶段。在这一阶段，行业生产技术已臻完善，产品已获得市场认同，市场需求相对稳定并占有一定比例的市场份额。企业之间虽然在产品质量、性能、售后服务、价格等方面存在激烈竞争，但经过成长阶段的优胜劣汰，都已相对具有激烈抗衡的能力，从而能保持比较稳定的行业利润，投资风险相对较小。这是行业生命周期的鼎盛阶段，也是延续时间相对最长的阶段。但是各个行业稳定期的时间长短却并不相同，一般来说，技术含量高的行业稳定阶段历时较短，而公用事业行业稳定阶段持续的时间较长。

在这一个阶段主要由少数大企业控制了整个行业，它们经过上一阶段的激烈竞争，已成为资金实力雄厚、财务状况良好、竞争力强的一流企业。由于新企业很难进入该行业，所以行业利润因垄断而达到很高水平，而风险也相对较低，公司股票价格基本上稳定上升。对投资者而言，属低风险高收益时期，但不利于投机。

4. 衰退期

衰退期是行业生命周期的最后阶段。随着更新行业技术水平的提高、社会习惯及消费水平的改变，行业的发展受到较大的限制。这一阶段的特点是：行业生产增长速度减缓，销售日趋回落，行业利润显著减少，行业内一些企业相继瞄准新的投资方向，行业开始走向衰亡。不过行业衰亡是一个渐进的过程，期间也可能因其相关行业因素的影响，发生阶段性兴旺。但是，这种阶段性兴旺并不能挽救已经开始走向衰亡的行业。任何一个行业从初创到发展，到最后走向衰亡都是行业生命周期的一个必然规律。

在这一阶段，该行业在国民经济中的地位也逐渐降低。衰退行业的股票价格平淡或有所下跌，那些因产品过时而遭淘汰的行业，股价会受到非常严重的影响。

例如，一些典型的行业所处的生命周期阶段如图 6.13 所示。

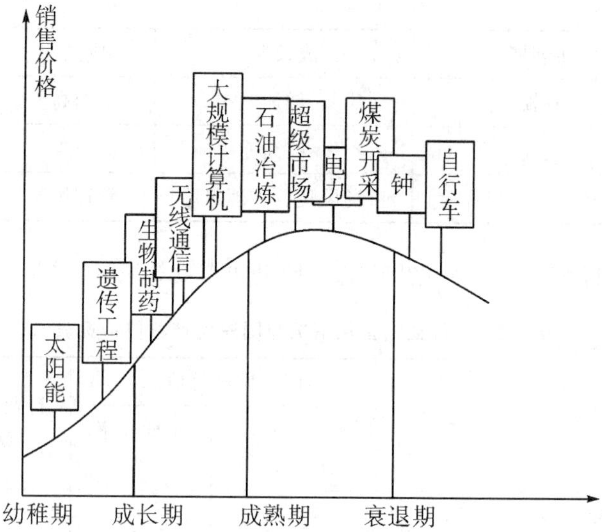

图 6.13　典型行业生命周期阶段简图

小卡片：行业的生命周期四个阶段示例

（1）网络产业正处于产业生命周期的初创阶段。由此便可以知道以下投资信息：如果打算对该产业进行投资的话，那么只有为数不多的几家企业可供选择；投资于该产业的风险较大；投资于该产业可能会获得很高的收益。

（2）生物制药产业处于成长阶段的初期，通信产业处于成长阶段的中期，PC（计算机）产业处于后期。由此可知生物制药产业将会以很快的速度增长，但企业所面临的竞争风险也将不断增长；而通信、PC 产业在增长速度上要低于生物制药产业，但竞争风险则相对较小。

（3）公路桥梁收费、超级市场和公用电力等产业已进入成熟期阶段。这些产业将会继续增长，但速度要比前面各阶段的产业慢。成熟期的产业通常是盈利的，而且投资的风险相对较小，当然，一般来说盈利不会太大。

（4）铁路、纺织、钢铁冶炼已进入衰退期中。由此可知，对这些产业投资的收益率较低，投资者要避免对进入衰退期产业的投资。

总之，从长期看每个行业都有产生、发展、成熟与衰落的生命周期，如表 6.4 所示。一般行业处于初创期时盈利少，风险大，股价较低；成长期时，行业总体股价水平上升，个股价格波动较大；稳定期，公司盈利相对稳定，风险较小，股价比较平稳；衰退期，盈利普遍减少，风险较大，股价呈跌势。投资者可根据投资偏好选择投资品种，从做波段角度思考，选择成长与稳定两个时期的行业相对较好。最有价值的行业是正处于行业成长阶段初期和中期的行业，处于这一时期的行业扩张潜力大，增长速度快，投资风险小，最容易产生大牛股。

表 6.4　行业生命周期表

	初创期	成长期	成熟期	衰退期
厂商数量	很少	增加	减少	很少

表6.4(续)

	初创期	成长期	成熟期	衰退期
利润	亏损	增加	较高	减少甚至亏损
风险	较高	较高	较少	较低
风险形态	技术风险、市场风险	市场风险、管理风险	管理风险	生存风险

例：A行业销售额情况与国民生产总值情况如表6.5所示。

表6.5 A行业销售额情况与国民生产总值情况表

年份	A行业		国民生产总值		行业销售额占国民生产总值的百分比/%
	销售额/10亿元	年增长率/%	国民生产总值/10亿元	年增长率/%	
1999	5.35	—	105	—	5.10
2000	5.79	8.22	112	6.67	5.17
2001	6.29	8.64	120	7.14	5.24

运用行业增长情况分析A行业处于行业周期的何种阶段？是否是周期性行业？

通过上表分析，1999—2001年该企业处于经济周期的阶段：国民生产总值逐年增长且速度较快，国民经济处于繁荣阶段。由于该企业销售额逐年增加，与国民生产总值同步，所以该行业是周期性行业。该行业销售额增长率高于国民生产总值增长率，行业销售额占国民生产总值比重逐年上升，所以A行业是增长型行业，处于行业周期的成长期。

三、影响行业兴衰的主要因素

行业生命周期的四个阶段虽然是行业发展的一种必然规律，但由于受多种因素的影响，行业的实际发展变化更复杂。这些影响因素主要有政府政策、社会影响、技术发展、相关行业变动等。

(一) 技术进步对行业的影响

目前人类社会所处的时代正是科学技术日新月异的时代。不仅新兴学科不断涌现，而且理论科学朝实用技术的转化过程大大缩短，速度大大加快，直接而有力地推动了工业的迅速发展和水平的提高。第二次世界大战后工业发展的一个显著特点是，新技术在不断地推出新行业的同时，也在不断地淘汰旧行业。如大规模集成电路计算机代替了一般的电子计算机，通信卫星代替了海底电缆等。这些新产品在定型和大批量生产后，市场价格大幅度地下降，从而很快就能被消费者所使用。上述这些特点使得新兴行业能够很快地超过并代替旧行业，或严重地威胁原有行业的生存。

(二) 政府的产业政策对行业的影响

国家产业政策主要通过财政政策和货币政策来实现，政府的影响作用是相当广泛的。实际上，各个行业都要受到政府的管理，只是程度不同而已。政府的管理措施可以影响行业的经营范围、增长速度、价格政策、利润率和其他许多方面。当政府做出决定鼓励某一行业的发展，就会相应增加该行业的优惠贷款量，限制该行业国外产品的进口，降低该行业的所得税，结果这些措施对刺激该行业的股价上涨起到了相应的效果。相反，如果政府要限制某一行业的发展，就会对该行业的融资进行限制，提高该行业的公司税收，并允许国外同类产品进口，结果该行业的股票价格便会下降。

政府实施管理的主要行业是：公用事业、运输部门和金融部门。另外，政府除了对这些关系到国计民生的重要行业进行直接管理外，通常还制定有关的反垄断法来间接地影响其他行业。

（三）相关行业变动因素的影响

相关行业变动对股价的影响一般表现在以下三个方面：

（1）如果相关行业的产品是本行业生产的投入品，那么相关行业产品价格上升，就会造成本行业的生产成本提高，利润下降，从而股价会出现下降趋势；相反的情况在此也成立，比如钢材价格上涨，就可能会使生产汽车的公司股票价格下跌。

（2）如果相关行业的产品是本行业产品的替代品，那么若相关行业产品价格上涨，就会提高对本行业产品的市场需求，从而使市场销售量增加。公司盈利也因此提高，股价上升；反之也正确，比如茶叶价格上升，可能对经营咖啡制品的公司股票价格产生利好影响。

（3）如果相关行业的产品与该行业生产的产品是互补关系，那么相关行业产品价格上升，对本行业的销售带来消极的影响。如石油价格上涨会使汽车销售量减少。

（四）社会倾向对行业的影响

现代社会的消费者和政府已经越来越强调经济行业应负的社会责任，越来越注意工业化给社会带来的种种影响。这种日益增强的社会意识或社会倾向对许多行业已经产生了明显的作用。例如，社会公众对安全性的强烈要求促使汽车制造商加固汽车保险杠、安装乘员安全带、改善燃油系统、降低排气污染等。而大众环保意识的觉醒则推动了环保产业的迅速发展。

第四节　企业经营与财务分析

进行宏观经济分析可以帮助投资者了解整个国民经济的运行情况，从总体上认知证券投资的宏观环境，在此基础上进行的行业分析可以帮助投资者明确投资的方向。而要选择具体的公司作为投资对象，则更要进行深入的公司研究。

企业因素一般只影响特定企业自身的股票价格，企业因素主要包括经营状况与财务状况，因此企业经营与财务分析是基本分析中不可缺少的重要环节。证券投资能否获得预期的收益取决于企业业绩，因而企业经营状况及其财务分析就显得格外重要。通过分析上市公司的获利能力、偿债能力、资本结构等财务状况是确定一家公司投资价值的基础。本节的内容包括企业概况分析和企业财务分析两大部分。

一、企业概况分析

企业概况分析也就是企业基本素质分析，对上市公司基本面的分析，主要分析公司的发展前景、公司的竞争能力和公司经营管理能力。

（一）公司的发展前景分析

公司的股票价格会因公司发展前景的变化而波动。公司具有良好的发展前景，投资者就会看好公司的未来发展趋势，便会买进并持有这种公司的股票，该公司股票价格便会看涨；反之，该公司股票价格便会看跌。公司发展前景的好坏可以从以下几个方面进行分析：

1. 公司募集资金的投向

公司通过发行股票、公司债券或向银行贷款所募集的资金，主要是用于项目投资。投资者应关注上市公司项目投资的计划，以及上市公司项目投资的进展情况。如果上市公司具有良好的投资项目，并且投资进展顺利，则上市公司的投资项目便会成为公司利润的新增长点，公司的未来利润有望不断增长，公司便具有了良好的成长性。

2. 公司产品类别与更新换代

公司产品是消费资料还是生产资料，一般而言，生产资料受经济波动的影响比消费资料更直接，也更迅速；公司产品是必需品还是奢侈品，必需品需求比较稳定，而奢侈品需求则具有较大的波动性；公司产品是有形产品还是无形产品，无形产品是指第三产业的产品，对公司人力资源优势要求更高。

市场上的商品已由稀缺转而变成过剩，这就对公司生产的商品提出了更高的要求，公司生产的产品质量要好，款式要新。因此，公司必须加强科技投入，开发新产品，提高产品的质量，牢牢地在市场上占有领先和主导地位，这样的公司便会有良好的发展前景。

（二）公司的竞争能力分析

公司竞争能力的强弱，也会引起公司股价的涨跌。

1. 公司是否市场的领导者

在一个行业中，上市公司在行业中的地位，将决定该公司竞争能力的强弱。如果某公司为该行业的领头羊，其产品在市场上占主导地位，其他同行业的企业都无法与其抗衡，则该公司的竞争能力就较强，在行业中有较强的号召力，因而该公司的股价将相对稳定或稳步上扬。具体分析公司在行业中的竞争地位一般应从以下几个方面入手：

（1）科技开发水平。这是决定公司竞争地位的首要因素。对公司科技水平高低的评价可以分为评价技术硬件部分和软件部分两类。前者的评价主要是注重富含科技含量的机械设备情况；后者的评价主要是注重生产工艺技术、工业产权、专利设备制造技术和经营管理技术，给企业创造了多少经济效益等。

（2）产品与市场开拓能力和市场占有率。这就要看重点产品、拳头产品和主导产品的生命周期。优秀公司市场占有率必须是长期稳定并呈增长趋势的，巨大而稳定的市场份额是公司的立身之本，也是公司的利润之源。

（3）新产品的开发程度。在科学日新月异的今天，只有不断进行产品开发、技术改造的企业才能立于不败之地。一个企业在新品开发上的静止，相对于其他企业就是落后。一个企业在项目的投资上应该是一些项目已投产并产生效益，一些项目正在建设，一些项目正在规划，这样才能保证企业连续的获利能力。同样，企业的产品开发也应具有可持续的开发战略。

另外还应从公司的经营模式和公司的发展潜力方面对公司在行业中的竞争地位进行分析。

2. 公司产品的市场需求

公司与同行业中其他公司相对比，其产品价格和质量在市场上都占有优势，在市场上有较好的信誉，市场需求旺盛，公司股价亦会不断上涨。如公司产品销售困难，资金周转不灵，公司股价就会下降。

3. 原材料价格变动

如果公司所需原材料价格大幅上扬，公司产品成本就上升，就会引起产品价格上涨，公司就会竞争不利，并可能导致公司产品市场需求下降，造成公司经营效益下降，从而引起公司股价下降。

（三）公司的经营管理能力分析

一个企业的兴衰与企业管理层的能力、素质和开拓精神有密切的联系，很多时候对企业的投资实际上是对管理层的认同。上市公司的经营管理水平如何，也会引起股价的波动。公司的经营管理能力，反映在公司的总体形象如社会责任形象、社会知名度、员工的素质和精神面貌、产品的市场形象以及公司领导人的公众形象等。

研究企业主要管理人员的素质是非常必要的，因为企业家的素质和能力是推动公司发展、决定企业兴衰的关键因素。优秀的企业家必须有洞察市场、预见未来、制定科学的经营方针的战略才能。他们操控下的公司的生产经营环境、公司所倡导的员工精神面貌、公司文化气氛以及公司的经营方针和未来发展战略等，都会给公司树立独特的企业形象。

经营管理好的上市公司，投资者普遍较看好，投资时有一种安全感，因而这种公司股票受到投资者的青睐和追捧。

二、企业财务分析

股价的基本分析还包括对公司的财务状况进行分析，财务分析是企业分析的主要内容。公司的财务状况好坏主要通过公司定期公布其主要的财务报表得以反映。公司财务报表是关于公司经营活动的原始资料的重要来源。上市公司必须遵守财务公开的原则，定期公布财务报表。财务报表主要有：资产负债表、利润表和现金流量表。因此，投资者必须了解和熟悉企业财务分析的主要手段。

（一）企业财务报表分析对象

根据公司法的有关规定，上市公司必须按规定定期向社会公众公布财务报表，这些公布的财务报表主要包括资产负债表、利润表和现金流量表三种。财务报表分析的主要对象也就是这三张财务报表。

1. 资产负债表

资产负债表是反映企业在某一特定日期的财务状况的会计报表。特定日期是指截止到某天（通常为各会计期末）。财务状况是指资产、负债及所有者权益状况。它能够提供企业在某一特定日期资产、负债和所有者权益的全貌，是企业的主要会计报表之一。资产负债表提供了企业在资产、负债和股东权益各方面的实力状况等企业经营活动基础的信息，同时也反映了企业的规模和发展潜力等信息（表 6.6）。

表 6.6 资产负债表（简表）项目释义（大意）

资产负债表项目	释 义	资产负债表项目	释 义
资产	企业占用资金的分布情况	负债及所有者权益	企业资金的来源情况
库存现金	用于经营日常支付的资金	短期借款	银行信用筹资
应收账款	被客户占用的资金	应付账款	商业信用筹资
存货	库存原料、半成品、库存商品占用资金	长期负债	一年以上的负债筹资
长期投资	被投资方占用一年以上的企业资金	资本	权益筹资
固定资产	对内的投资房屋设备等占用资金	留存收益	经营分配形成的内部筹资
资产总计	投资活动结果	权益总计	筹资活动的结果

2. 利润表

利润表又称损益表，是反映企业一定期间经营成果的会计报表。经营成果是按权责发生制原则和配比原则确认计算的营业收入、费用，根据“收入-费用=利润”原理计算出的各个层面的利润，如营业利润、利润总额、净利润等。利润表反映的是一个会计期间企业收支及利润情况，故利润表是动态报表，它的各个项目指标反映的是时期数。例如，反映某年1月1日至12月31日经营成果的利润表，它反映的就是这一年的经营成果情况（表6.7）。

表 6.7 利润表（简表）项目释义（大意）

损益表项目	释 义
一、营业收入	反映企业经营活动收入
减：营业成本	反映企业经营活动成本
营业税金及附加	反映企业经营活动税金
销售费用	反映企业经营活动费用
管理费用	反映企业经营活动费用
财务费用	反映企业筹资活动费用
加：投资收益	反映企业投资活动收益
二、营业利润	反映企业全部经营活动利润
加：营业外收入	反映企业投资和其他非经营活动收益
减：营业外支出	反映企业投资和其他非经营活动损失
三、利润总额	反映企业全部活动总利润
减：所得税费用	反映企业全部活动费用（交给政府）
四、净利润	反映企业全部活动净利润（属于所有者）
五、每股收益	反映企业衡量普通股的获利水平及投资风险

3. 现金流量表

现金流量表，是反映企业一定会计期间现金和现金等价物流入和流出的报表。现金流量表是企业的主要财务报表之一（表6.8）。该表从三方面反映企业的财务活动情况，有着极其重要的作用。一是通过现金流量表能够真实反映出企业现金流入和流出的原因；二是现金流量表能够说明企业的偿债能力和支付股利的能力；三是现金流量表能够分析出企业投资和理财活动对经营成果的影响。

表6.8 现金流量表（简表）项目释义（大意）

现金流量表项目	释　义
经营现金流入	经营活动现金净流量：没有投资与筹资等业务时，现金净流量完全依靠经营活动产生
经营现金流出	
经营现金流量净额	
投资现金流入	投资活动现金净流量：公司投资业务产生
投资现金流出	
投资现金流量净额	
筹资现金流入	筹资活动现金净流量：公司筹资业务产生
筹建现金流出	
筹资现金流量净额	

（二）财务报表的分析方法

实践中常用的财务分析方法主要有：比较法、比率分析法和因素分析法等，这里主要介绍前两种方法。

1. 比较法

俗话说有比较才有鉴别。比较分析法是财务报表分析的基本方法之一，是通过财务指标与性质相同的指标评价标准进行数量上的对比，揭示企业财务状况、经营情况和现金流量情况的一种分析方法。其主要作用在于揭示指标间客观存在的差距，并为进一步分析指出方向。用于比较的信息既可以是绝对数，也可以是相对数。比较分析法是财务报表分析中最基本的分析方法，实践中应用很广。

按比较标准的不同，比较法又分为三种形式：

（1）实际指标同计划或定额指标比较。该比较法可以揭示实际与计划或定额之间的差异，了解该项指标的计划或定额的完成情况。

（2）本期指标与前期指标比较。这里的前期可以是上年同期或历史最好水平时期。该比较法可以确定前后不同时期有关指标的变动情况，了解企业的生产经营活动的发展趋势和经营管理工作的改进情况。

（3）本企业指标同国内外先进企业指标比较。该比较法可以找出与先进企业之间的差距，推动本企业改善经营管理。

需要注意的是，应用比较分析法对同一性质指标进行数量比较时，要注意所用指标的可比性，必须在指标内容、期间、计算口径、计价基础等方面相同、可比。

例如：某企业利润表中反映2006年的净利润为50万元，2007年的净利润为100

万元，2008 年的净利润为 160 万元。根据前后不同时期有关指标的变动情况，了解到企业的利润连续三年是逐渐递增的，经营业绩越来越好。

2. 比率分析法

比率分析法是指运用同一张会计报表的不同项目之间、不同类别之间或两张不同会计报表的有关项目之间的比率关系，从相对数角度计算确定变动程度，从而确定财务活动变动程度的一种分析方法。

（1）构成比率。构成比率又称结构比率，它是某项财务指标的各组成部分占总体比重，反映部分与总体的百分比关系。计算并比较构成比率，可以了解某项经济指标的构成情况，以便考察总体组成部分的变化情况，例如流动资产占资产总额的比率等。通过构成比率可以了解这些构成比率是否合理。

（2）相关比率。相关比率是以某个项目和与其有关但经济性质又不同的项目加以对比所得的比率，然后进行各种形式的比较，反映有关经济活动的相互关系，例如资产负债率等。

（3）动态比率。动态比率是某项经济指标不同时期的数额对比求出动态比率，以考察该项经济指标的发展变化趋势和增减速度。

动态比率又分为定基动态比率与环比动态比率。定基动态比率是以某一时期的数额为固定基期数额而计算出来的动态比率。其计算公式为：

定基动态比率＝分析期数额/固定基期数额

环比动态比率是以每一分析期的前期数额为基期数额而计算出来的动态比率。其计算公式为：

环比动态比率＝分析期数额/前期数额

需要注意的是，采用比率分析法时应考虑对比项目的相关性（比率指标的分子分母必须具有相关性）、对比口径的一致性（分子分母的口径一致）、衡量标准的科学性。

例如：某企业利润表中反映 2006 年的净利润为 50 万元，2007 年的净利润为 100 万元，2008 年的净利润为 160 万元。

从增减变动率分析：2007 年较 2006 年相比净利润增长率为：（100－50）÷50×100%＝100%；2008 年较 2007 年相比净利润增长率为：（160－100）÷100×100%＝60%。虽然企业的利润连续三年是逐渐递增的，但增长率却是下降的，即增长的速度在放慢。

需要指出的是，在证券投资中对财务报表的分析侧重于变动趋势的分析，即根据公司一定时期的连续财务报表，比较各期有关项目的变化情况，以反映企业财务状况的变化情况及基本趋势。

（三）企业财务指标分析

汇总在财务报表上的各种财务指标，彼此都是相互联系的，这些联系关系，通常可用指标之间的对比关系表示出来。这些指标主要有：

1. 评价企业偿债能力的财务指标

（1）资产负债率。资产负债率是指企业负债总额与企业全部资产的比率。资产负债率反映在总资产中有多大比例是通过借债来筹集的。有人认为，公司的资产负债率应控制在 50%左右为宜。一般情况下，资产负债率越小，表明企业长期偿债能力越强。但如果该指标过小则表明企业对财务杠杆利用不够。计算公式为：

资产负债率＝负债总额/资产总额×100%

（2）流动比率。流动比率是企业流动资产与流动负债的比值，可以反映公司的短期偿债能力的高低。一般情况下，流动比率越高，反映企业短期偿债能力越强，债权人的权益越有保证。通常情况下，生产类上市公司合理的最佳流动比率是200%。计算公式为：

流动比率=流动资产/流动负债×100%

运用流动比率时，需要注意以下方面：①流动比率高，企业不一定有足够的现金或存款用来偿债。比如，流动比率高也可能是存货积压、应收账款增加且收款期延长以及待处理财产损失增加所致。②从企业经营角度看，过高的流动比率通常意味着企业闲置现金的持有量过多，必然造成企业机会成本的增加和获利能力的降低。③流动比率是否合理，不同企业以及同一企业不同时期的评价标准是不同的，不能生搬硬套。

（3）速动比率。速动比率是企业速动资产与流动负债的比值。一般情况下，速动比率越高，反映企业流动资产中可以立即用于偿付流动负债的能力就越强。正常的速动比率为100%，低于100%的速动比率被认为是短期偿债能力偏低。计算公式为：

速动比率=速动资产/流动负债×100%

速动资产，是指流动资产减去变现能力较差且不稳定的存货、预付账款、一年内到期的非流动资产、待处理流动资产损失和其他流动资产等之后的余额。实践中常用的计算公式是：

速动资产=货币资金+交易性金融资产+应收账款+应收票据

由于该指标剔除了存货等变现能力较差且不稳定的资产，因此，比流动比率能够更加准确可靠地评价企业的短期偿债能力。

需要注意的是：①速动比率也不是越高越好。速动比率高，尽管短期偿债能力较强，但现金、应收账款占用过多，会增加企业的机会成本，影响企业的获利能力。②尽管速动比率较之流动比率更能反映出流动负债偿还的安全性和稳定性，但并不能认为速动比率较低的企业的流动负债到期绝对不能偿还。如果存货流转顺畅，变现能力较强，即使速动比率较低，只要流动比率高，企业仍然有望偿还到期的债务本息。

（4）现金流动负债比率。

现金流动负债比率=经营现金净流量/流动负债

一般认为，现金比率维持在0.25以上，说明公司有比较充裕的直接偿付能力。该指标越大，表明企业经营活动产生的现金净流量越多，越能保障企业按期偿还到期债务。该指标过大，表明企业流动资金利用不充分，获利能力不强。

2. 评价企业盈利能力的财务指标

（1）总资产报酬率。总资产报酬率是企业息税前利润与平均资产总额的比率，反映企业总资产综合利用效果。计算公式是：

总资产报酬率=息税前利润/平均资产总额×100%

其中：

息税前利润=利润总额+利息支出=净利润+所得税+利息支出

平均资产总额=（年初资产总额+年末资产总额）/2

（2）净资产收益率。净资产收益率是企业净利润与平均净资产的比率，也称为股东权益报酬率、净值报酬率，反映了股东权益的收益水平，是企业盈利能力指标的核心，也是整个财务指标体系的核心。用净资产收益率评价企业业绩，可以直观地了解其净资产的运用带来的收益。该指标通用性强，使用范围广。其计算公式为：

净资产收益率=净利润/平均净资产×100%

平均净资产=（年初净资产+年末净资产）/2

（注：净资产=资产-负债=所有者权益）

比率越大，投资者投入资本获利能力越强，是上市公司能否配股的重要依据。

（3）营业净利率。营业净利率反映每1元的营业收入带来的净利润有多少，表示公司营业收入的盈利水平，因此，公司营业净利率越高越好。

营业净利率=净利润/营业收入×100%

（4）营业收入利润率。营业收入利润率，简称营业利润率，是营业利润与营业收入的比率。它考核了主营业务和非主营业务的盈利能力以及成本费用，扣除了非经常性损益因素，综合反映企业具有稳定和持久性的收入和支出因素，所揭示的企业盈利能力具有稳定和持久的特点。其计算公式如下：

营业利润率=营业利润/营业收入×100%

（注：上述公式中的分子和分母均为时期指标，所以，不需要使用平均值。）

（5）成本费用利润率。成本费用利润率是利润总额与成本费用总额的比率，反映企业成本费用的获利水平。

成本费用利润率=利润总额/成本费用总额×100%

（注：成本费用总额=营业成本+营业税金及附加+销售费用+管理费用+财务费用）

评价企业盈利能力的各项财务指标数值越大越好，指标数值大说明企业的盈利能力强。

（6）盈余现金保障倍数。

盈余现金保障倍数=经营现金净流量/净利润

一般来说，企业当期净利润大于零时，盈余现金保障倍数应当大于1。该指标越大，表明企业经营活动产生的净利润对现金的贡献越大。

3. 评价企业营运能力的财务指标

评价企业营运能力就是评价资产的周转速度，通常用周转率来表示。周转率，是企业在一定时期内资产的周转额与资产平均余额的比率，反映企业资产在一定时期的周转次数。周转次数越多，表明周转速度越快，资产运营能力越强。

（1）总资产周转率。

总资产周转率（周转次数）=营业收入/平均资产总额

总资产周转率高，反映企业全部资产在一定时期的周转次数多，表明全部资产的周转速度越快，总资产运营能力越强。

【案例6.1】某企业2008年营业收入为2 400万元，流动资产平均余额为300万元，固定资产平均余额为500万元。假定没有其他资产，则该企业2008年的总资产周转率是多少？

总资产周转率=营业收入/平均资产总额，因为有“假定没有其他资产”假设，所以平均资产总额=流动资产平均余额+固定资产平均余额，2008年的总资产周转率=营业收入/（流动资产平均余额+固定资产平均余额）=2 400/（300+500）=3.0。

（2）应收账款周转率。

应收账款周转率（周转次数）=营业收入/平均应收账款余额

应收账款周转率反映了企业应收账款变现速度的快慢及管理效率的高低。应收账款的周转次数越多，表明应收账款的周转速度越快，应收账款资产运营能力越强。比如企业收账迅速、账龄较短等，一般适用于同行业公司之间的对比分析。

注意：公式中的应收账款包括会计核算中的“应收账款”和“应收票据”等全部赊销账款在内。

【案例 6.2】某企业本年营业收入为 40 000 元，应收账款周转率为 2，期初应收账款余额 2 500 元，则期末应收账款余额为多少元？

根据应收账款周转率的计算公式：

应收账款周转率=营业收入/平均应收账款余额

即　应收账款周转率=营业收入/(期初应收账款余额+期末应收账款)×1/2

故：2=4 000/(2 500+期末应收账款)×1/2

期末应收账款=1 500（元）

（3）存货周转率。

存货周转率（周转次数）=营业成本/平均存货余额

这是反映企业销售能力的强弱、存货是否适当和资产流动性的一个指标，也是衡量企业生产经营各环节中存货运营效率的一个综合性指标。一般来讲，存货周转率越高越好，存货周转率越高，表明其变现的速度越快、周转额越大，资金占用水平越低，但是不同行业之间差异较大。

（4）资产现金回收率。

资产现金回收率=经营现金净流量/平均资产总额

4. 几个上市公司专用指标

（1）市盈率。该指标是指普通股市价与普通股每股净利润之比：

市盈率=普通股市价/普通股每股净利润

市盈率是考察股票投资价值的静态参考指标。20 倍市盈率的股票表示：如果每年每股的盈利保持不变，把历年的盈利全部用于派发股息，需要 20 年才能收回投资成本（这里未考虑企业的成长性和同期的银行利率等因素）。

不同时空环境下，市盈率标准不同。一般认为介于 5~20 倍之间正常，如过低，投资者对公司前景看淡，过高有投资风险。一般而言，市盈率越低越好，市盈率越低，表示公司股票的投资价值越高；反之，则投资价值越低。然而，也有一种观点认为，市盈率越高，意味着公司未来成长的潜力越大，也即投资者对该股票的评价越高；反之，投资者对该股票的评价越低。应该说，在进行证券投资时，脱离公司的获利能力和股本扩张能力，孤立地谈论市盈率的高低，这对投资者选股是没有多大参考价值的。

【案例 6.3】有 A、B 两只股票，它们每股税后利润都为 0.50 元。A 股的股价是 12 元，据测算每年盈利可递增 8%；B 股股价是 20 元，据测算每年盈利可递增 50%。请问：

① A、B 这两只股票现在的市盈率是多少？

② 如果这两只股票，每年盈利增幅都保持不变，那么 7 年之后，它们各自市盈率降至 15 倍时，A、B 这两只股票的股价应该是多少？

③ A、B 两只股票，谁最有投资价值？为什么？

解答：

① 目前 A 股市盈率是 24 倍，B 股市盈率是 40 倍。

② 在 7 年之后，当 A、B 股票每年盈利增长幅度仍保持不变，市盈率降至国际安全线 15 倍时，A 股的股价是 11.90 元，B 股的股价是 85.43 元。

③ 目前 A、B 两只股票中，A 股市盈率最低，B 股市盈率最高，但 B 股每年盈利增幅远大于 A 股票。当这两只股票 7 年后市盈率降至 15 倍时，只有 B 股的股价超过 7 年前原来的价格，股价涨幅近 100%，而 A 股票价格低于 7 年前的价格，这说明 B 股成长性最好，从中长期投资角度看，B 股最具投资价值。

由图 6.14 可知，2019 年 9 月 12 日的沪深两市市盈率为 17.22，上证 A 股与深圳市场分别为 14.4、24.96。上证 A 股市盈率明显低于深圳市场。

图 6.14 A 股市场近年来静态市盈率情况（三条曲线从上至下分别为上证 A 股、沪深两市、深圳市场）

小卡片：市盈率的作用

①可以作为投资者选择股票和选择股票买卖时机的参考指标；

②可以作为证券分析人员判断股市行情发展趋势的重要依据；

③上市公司可以根据市盈率确定新股发行的价格和配股价格；

④证券管理部门制定股市政策时，往往把市盈率作为判断股市发展状况的重要指标；

⑤市盈率还是国际通用的衡量各国股市泡沫大小的一个重要指标。

（2）每股收益。每股收益也称每股净利润或每股盈余，反映企业普通股股东持有每一股份所能享有的企业利润或承担的企业亏损。每股收益的计算包括基本每股收益和稀释每股收益。

$$每股收益=净利润/总股数$$

不能将不同上市公司的每股收益直接比较，因为不同上市公司的股票价格可能不同。

（3）每股股利。该指标是指普通股股利总额与普通股股份数之比：

$$每股股利=普通股股利总额/普通股股数$$

每股股利反映的是上市公司每一普通股获取股利的大小。每股股利越大，则公司股本获利能力就越强。影响每股股利的因素除了公司的获利水平外还有公司的股利分配政策。

（4）每股净资产。该指标是指股东权益总额与发行在外的股票股数之比：

每股净资产=股东权益总额/发行在外的股票股数

可以根据每年净资产的变动情况了解企业发展趋势和获利能力。每股净资产越高，说明公司股票的含金量越高。

（5）每股经营活动现金净流量。该指标是指经营活动现金净流量与总股本之比，用来反映企业支付股利和资本支出的能力。计算公式为：

每股经营活动净现金流量=经营活动净现金流量/总股本

一家公司的每股现金流量越高，说明这家公司的每股普通股在一个会计年度内所赚得的现金流量越多；反之，则表示每股普通股所赚得的现金流量越少。一般而言，该比率越大，证明企业支付股利和资本支出的能力越强。

【案例 6.4】红光公司有关资料如表 6.9 所示。

表 6.9　红光公司有关资料表　　单位：元

项　目	2007 年	2008 年	2009 年
净利润		4 000	4 180
营业收入		30 000	33 000
年末资产总额	30 000	33 000	38 000
年末股东权益总额	21 500	25 000	28 000
年末普通股股数	20 000	20 000	20 000
普通股平均股数		20 000	20 000

假定 2008 年、2009 年每股市价均为 4.8 元。

要求：分别计算 2008 年、2009 年的如下指标（要求所涉及的资产负债表的数均取平均数）：营业净利率、总资产周转率、平均每股净资产、每股收益、市盈率。

（1）营业净利率。

2008 年营业净利率=净利润/营业收入=4 000÷30 000≈13.33%

2009 年营业净利率=净利润/营业收入=4 180÷33 000≈12.67%

（2）总资产周转率。

2008 年总资产周转率=营业收入/平均资产总额

=30 000÷[（30 000+33 000）÷2]=30 000÷31 500≈0.95

2009 年的总资产周转率=营业收入/平均资产总额

=33 000÷[（33 000+38 000）÷2]=33 000÷35 500≈0.93

（3）平均每股净资产。

2008 年平均每股净资产=平均所有者权益/普通股平均股数

≈23 250÷20 000=1.16

2009 年平均每股净资产=平均所有者权益/普通股平均股数

≈26 500÷20 000=1.33

（4）每股收益。

2008 年每股收益＝净利润/普通股平均股数＝4 000÷20 000＝0.2

2009 年每股收益＝净利润/普通股平均股数＝4 180÷20 000≈0.21

（5）市盈率。

2008 年市盈率＝每股市价/每股收益＝4.8÷0.2＝24

2009 年市盈率＝每股市价/每股收益＝4.8÷0.21＝≈2.86

特别需要注意的是，投资者希望了解的是公司的动态情况，而通过会计报表得到的数据和比率都是相对静态的概念，因此，横向对比与纵向对比是我们正确理解财务报表的重要方法。横向对比是指行业内不同公司之间的比较，纵向对比是指同一公司不同时期之间的比较。

三、证券投资基本分析的评价

（一）基本分析的优点

基本分析主要是能够比较全面地把握证券价格的基本走势，优点有：

（1）它注重宏观环境的分析，对长期投资者十分重要。因为宏观环境对股票供求关系的影响是长期的、潜在的，主要影响股票价格的长期趋势。

（2）有助于投资者进行个股选择。上市公司的行业状况、利润、资产净值、前景等直接反映了个股情况，对此进行基本分析，有助于投资者进行个股选择。

（3）应用起来比较简单。在掌握基本分析相关知识之后，能够较为容易地做出相关判断并指导投资行为。特别地，基本分析由于重视股票的投资价值和宏观经济形势，所以在高价区易发出做空的决定，是较为理性的行为，可以避免其高价套牢。但也往往会在非理性的市场中丧失一段好行情，可能失去较大部分的投资利润。

（二）基本分析的缺点

基本分析主要是预测的时间跨度相对较长，虽然对选股很重要，但对把握整个股市的近期走势帮助不大，对短线投资者的指导作用比较弱。有人认为，选股时对基本因素的考虑约占 80%，而在预测股市近期大势时，对基本因素的考虑不超过 5%。同时，预测的精确度相对较低，比如对何时是最佳的进货时机很少有现成答案。如果相关部门对上市公司监管不力导致上市公司信息披露不完整或不客观，那么基本分析便成冗余，投资者会倾向于用技术分析等方法进行证券买卖。

特别地，从国家相关职能部门的监管到上市公司的公司治理来看，A 股市场是在不断地发展和完善中，基本分析相关理论的实践应用还需具体问题具体分析。如经济周期理论，A 股市场目前还不能具备国民经济晴雨表的作用，股价与相关经济指标的关联性、规律性也还不够明显。另外，由于基本分析还依赖财务报表的客观性和真实性，如果遇上财务数据造假，则分析结论应用于投资实践不仅不能赚得投资收益，更可能使投资者遭受巨大损失。1994 年 6 月在 A 股上市的银广夏公司，曾因其骄人的业绩和诱人的前景而被称为“中国第一蓝筹股”。2001 年 8 月，《财经》杂志发表《银广夏陷阱》一文，银广夏虚构财务报表事件被曝光，其股价从每股 30 多元一直跌到 2 元多，投资者损失惨重。所以规范证券公司的行为，防范证券公司的风险，加强对证券公司的监督管理是非常重要的。

（三）基本分析法适用范围

基本分析主要适用于选择长期投资的股票、相对成熟的市场——以业绩为投资取向的市场，以及预测精确度相对不高的领域。

使用基本分析投资成功的一个条件是必须以长期投资为目标，不为股价的短期波动而改变。另外，在确定了股票的合理值后要敢于逆向操作，充分利用市场中其他参与者非理性行为为投资盈利创造机会。

小卡片：证券投资分析有关资料

资料一　证券投资分析的信息来源

一般说来，进行证券投资分析的信息主要来自以下四类渠道：公开渠道、商业渠道、实地调查、其他渠道。但绝大多数投资者广泛使用的是公开渠道。

公开渠道主要是指通过各种书刊、报纸、出版物以及电视、广播、互联网等媒体公开发布的信息。如《中国证券期货年鉴》《中国经济年鉴》《中国统计年鉴》《世界银行报告》《中国证券报》《上海证券报》《证券时报》《证券市场周刊》、中央电视台第二套"证券之夜"、中国证监会网站、中国证券业协会网站、国务院发展研究中心网站、和讯网站、证券之星网站、各类搜索引擎等。

资料二　上市公司总体财务分析评价

第一，A 股上市公司财务总体评述。

根据 A 股上市公司及证券交易所公开发布的数据，运用 BBA 禾银系统和 BBA 分析方法，筛选出同期可比的公司样本数据，对其进行综合分析，我们看到，2006 年 A 股上市公司（不包括截至 4 月 30 日未披露年报上市公司）总体财务状况有了明显的提高和改善。

2006 年，股权分置改革取得成功，上市公司股权激励机制的引入，使我国证券市场体制发生了深刻的变革，市场结构和体制进一步完善。上市公司经营管理、盈利能力有了明显的提高。IPO 制度的恢复以及大型国有企业陆续上市，使我国上市公司的代表性明显提高，更能够体现出国民经济发展"晴雨表"的作用。

第二，资产总量暴增，资产质量明显提高。

2006 年度 A 股上市公司总资产增加了 97.49%，增加额为 116 264.04 亿元。其中，固定资产增加了 3 380.34 亿元，占总资产增加额的 2.9%，这一比率之所以过低，原因有：① 2006 年下半年，中国银行、中国工商银行、中国人寿、中国平安超级大盘股上市，这些上市公司权重非常大，同时，其流动资产基数也非常大，因此导致固定资产增加额与流动资产增加额相比显得非常小；②与国家减少固定资产投资的政策有一定的联系，说明 2006 年人民银行的紧缩性货币政策取得了很好的效果，有效地抑制了固定资产投资增长的速度，对抑制通货膨胀、降低 CPI 指数起到了积极作用。

2006 年流动资产增加 107 099.90 亿元，占总资产增加额的 92.12%，而在 2006 年中期，流动资产合计还仅仅为 20 553.53 亿元，说明流动资产在下半年陡然增加，之所以出现这样的情况，同样是受下半年中国银行、中国工商银行、中国人寿等金融股陆续上市的影响。

存货增加了 1 767.10 亿元，同比增长 24.41%，2005 年这个数字为 20.11%，存货增长速度略有提高。考虑到2006年国内国际各种原材料价格均有不同程度的上涨，以及部分企业为了规避原材料价格持续上涨风险而提高原材料的库存，2006年度库存同比增加22.99%，属于合理范围。

从中我们可以看出，2006年度A股上市公司中亏损公司的数量为168家，而在2005年度亏损公司的数量则高达232家，同比减少了64家。同时据BBA系统显示，在2005年亏损的上市公司中，有155家扭亏为盈。净利润大于6 000万元的上市公司数量为547家，同比增加了120家。净利润大于1亿元的上市公司数量达到387家，同比增加了95家。这些数字说明2006年A股上市公司的整体质量有了明显提高。

第三，收入明显增加，盈利能力大大提高。

从上述可以看出，2006年A股上市公司主营业务收入增长了48.92%，增加了11 754.37亿元，而主营业务成本同比增长38.28%，比主营业务收入增长率低10.64%，因此主营业务利润增长率高达74.55%。这些数字说明2006年上市公司努力扩大生产经营规模的同时，成本控制能力有了明显的提高。

2006年A股上市公司三项费用增长过快，营业费用增长率高达123.23%，管理费用增长率高达72.99%，最低的财务费用也增长了44.25%。其中财务费用增长比较正常，2006年上市公司把握契机，充分利用财务杠杆扩大生产经营引起财务费用增加。但是营业费用和管理费用增长率这样高，上市公司需要在这方面进一步加强。

2006年A股上市公司创造了4 535.28亿元的营业利润，较2005年增加1 355.60亿元，同比增长达到42.63%。同时由于资本市场行情转好，投资回报率提高，上市公司对外投资收益暴增，增长率达到850.13%。受上述因素综合影响，全部A股上市公司的净利润达到3 627.28亿元，同比增加了1 720.72亿元，增长率达到89.79%。

第四，“二八”现象明显，两极分化将进一步拉大。

根据已公布的2006年A股上市公司年报的数据，由BBA系统统计得出，占全部上市公司总数20%的上市公司，创造了3 546.6亿元的净利润，占2006年实现盈利的A股上市公司净利润总额的88.84%，占全部A股上市公司净利润总额更是高达97.78%。

可以看出，虽然2006年上市公司整体质量和盈利能力有了明显的提高和改善，但两极分化情况突出，“二八”现象越来越明显地表现出来。可以预见，随着大型央企整体上市、资产注入步伐的加快，以及优质蓝筹公司的回归，A股上市公司“二八”现象将会继续，甚至会出现“一九”现象。这与成熟市场的情况非常相似。

这些优质上市公司也会越来越受到市场的关注，随着市场主体结构的变化、投资者的成熟，这20%的优质公司市场表现会越来越好。盈利排名前五位的公司分别是中国石化、中国工商银行、中国银行、宝钢股份和中国人寿，共实现主营业务收入19 181.4亿元，净利润1 638.9亿元，占A股上市公司净利润总额的45.18%，中国石化、中国工商银行、中国银行、宝钢股份和中国人寿在中国A股市场的地位可见一斑。

第五，主要财务指标对比分析。

2006年A股上市公司流动比率减少0.12，速动比率略有提高，形成这种现象主要是因为金融类上市公司流动负债的基数大，同时没有存货。考虑到金融企业负债经营的特点，我们认为A股上市公司的整体清偿能力处在合理的范围内。

同时2006年下半年，大量大盘蓝筹公司IPO上市，对全部A股上市公司的清偿能力指标或多或少都有一定程度的负面影响。考虑到2006年IPO上市的新公司，以金融股、铁路股等大市值国企为主，同时其权重非常大，必然对整体清偿能力指标有所影响，但同时也应该看到，这些企业的经营特点决定了我们不能用平常的角度去审视它们的清偿能力。

我们认为，分析的重点应该放在经营效率和盈利能力上。我们可以看到，股东权益周转率提高了 0.22，达到了 2.06。净资产收益率高达 10.40%，提高了 1.87 个百分点。毛利率为 24.62%，提高了 5.8 个百分点。成本费用利润率达到 9.98%，提高了 1.32 个百分点。每股收益 0.24 元，同比提高了 0.04 元。可以说，2006 年全部 A 股上市公司的经营效率和盈利能力还是让投资者非常满意的。

成长能力方面，净利润增长率高达 88.54%，净资产收益率也高达 55.46%，给 2006 年的牛市打了一针强心剂，让整个市场不仅在 2006 年一路高歌，给 2007 年的中国股市也带来高度发展的预期。

第六，A 股上市公司投资价值分析。

根据 2006 年报业绩，经由 BBA 分析评价系统计算，截至 2007 年 4 月 30 日，全体 A 股市盈率为 47.35 倍，已经略高于其合理投资价值。而净利润排名前 300 的上市公司，加权平均市盈率则在 39 倍左右，相对来说风险比较小，还是具有一定投资价值的。而且仔细对比我们发现，沪深 300 成分股与排名前 300 的上市公司非常一致。

虽然 2006 年国内 A 股市场累积涨幅巨大，但是宏观面的有利因素将继续发挥积极影响，上市公司盈利质量不断提高，不过，推动股价上扬的主要因素将从目前的盈利增长与估值修正转变为主要依赖盈利增长推动。因此，追逐成长、深入研究个股投资价值的重要性越发突出。投资者应该坚信价值投资理念，理性投资，以上市公司内在价值作为投资判断的主要依据。从总体财务状况、盈利能力、发展能力、经营效率、营运风险、获取现金能力等方面对上市公司进行深入的分析，以现状结构分析、多个报告期比较分析判断上市公司财务状况、经营状况的未来发展趋势，这样方可找到投资价值大、投资风险小的股票。2007 年人口红利、人民币升值、产业竞争优势、A 股市场制度性变化（例如股改、股权激励）、流动性充足等因素依然影响中国 A 股市场。我们对 2007 年 A 股市场依然保持乐观态度。

资料来源：佚名. 上市公司总体财务分析评价 [N]. 上海证券报，2008-03-30.

资料三　有人说股票投资“看大势者赚大钱”

专家们都认为，整天泡在营业大厅里的人是赚不了大钱的。真正赚大钱的人，首先要成为一个关注并熟悉国际、国内宏观形势的人，要看得准大势。

许多人在股市中挣了不少钱，但从国内外的历史来看，并不是所有的人都能挣钱。根据不完全统计，真正能挣钱的只有三种人。

第一种人是做宏观的，也就是根据国家宏观政策研判大势。

这种人需要很宽广的知识面，需要比较高深的宏观经济知识。《十年一个亿》一书中的神人 X 先生，从 1 400 元做到 3 亿元资产。

他在 2002 年判断股市要低迷，便果断地退出股市，避免了股市的暴跌，而在 2005 年年底认为股市要回升，便全仓买入。他只买指数基金，赚的是宏观的经济增长。现在大家都能看出，在所有的基金中，指数基金的涨幅是最高的，远高于其他基金。这种操作需要很高深的知识，也需要很好的耐性，并不是所有人都能操作的。

第二种人是做中观的。

所谓中观，即行业。众所周知，大多数行业是有生命周期的，如前几年钢铁、汽车、能源都曾经有过低迷，而现在都明显地复苏了。做中观就是准确地把握行业的周期，在行业复苏的开始进入，在行业衰退的初期选择退出。

但这种操作难度也非常大，因为一个人要想掌握一个行业的生命周期需要几年甚至十几年的时间。所以，一个人要想很好地把握行业运作是非常艰难的问题。但一个人做不到的事情，团队的力量可以做到，比如基金公司和管理咨询公司就可以做到这一点。

第三种人是做微观的。

微观就是选择企业，分享企业的成长。相对于前两种人，做微观的更多一些，如美国的巴菲特、彼得·林奇等。这些人主要选择一些稳健或者高成长的企业长期持有，如巴菲特持有可口可乐股票几十年了，从来没有卖过，这些股票在几十年的时间里给他带来的收益已经以百倍甚至千倍计算。

在中国，最著名的神话是万科最大的个人股东刘元生，他自万科发行股票当日就买入股票。在16年的时间里，他持有万科股票的资产已经从400万元增长到现在的接近30亿元，增值7 000倍。

因此，要想在股市中挣钱，关键还得跟上面三种人学习，就是掌握宏观、中观和微观基本面，知道企业的运作情况，根据企业和宏观经济的走势来运作，才能使自己立于不败之地。

第七章 证券投资技术分析

在证券投资常用的两种分析方法中，基本分析侧重于分析与政治、经济与行业发展相关联的企业经营业绩、财务状况、业务发展潜力，以判断证券价格的高低，而技术分析则是依据历史股价、数据，运用各种图表、指标等分析手段对证券价格的发展趋势做出预测估计，以判断证券买卖的时机，以此作为投资决策的依据。

第一节 证券投资技术分析概述

技术分析自19世纪末产生以来，经过不断的充实、完善与发展，已逐渐形成一个较为完整的体系。随着证券市场的成熟与不断壮大，技术分析越来越成为众多投资者不可缺少的一种分析工具。

一、技术分析的基本假设与要素

（一）技术分析的含义

技术分析是对证券市场的市场行为所做的分析，是依据过去与现在的证券市场相关数据，运用数学和逻辑上的方法，运用图表、形态、指标等分析手段，归纳总结出典型的行为，以期预测证券市场未来的变化趋势。

市场行为包括价格的高低、价格的变化、发生这些变化所伴随的成交量，以及完成这些变化所经过的时间。显然，技术分析相关结论是经验总结的结果，因此技术分析是建立在相关的合理假设之上的。

（二）技术分析的基本假设

1. 市场行为涵盖一切信息

市场行为是进行技术分析的基础。技术分析者认为，市场的投资者在决定交易行为时，影响证券价格的所有因素，包括内在的和外在的都反映在市场行为中，因此，只要研究市场交易行为就能了解目前的市场状况，而无须关心背后的影响因素具体内容。

该假设的合理性在于，任何一个因素对市场的影响最终都体现在价格的变动上；

相反，如果某因素出来后，价格没有变动，那就说明该因素不是市场的影响因素，投资者更不用去管它。如果有多种因素作用于市场，那么市场的反应就应该是这些因素共同作用的结果。做技术分析应该关心这些因素对市场行为的影响效果，而不用考虑这些因素的具体内容是什么。

2. 证券价格沿趋势移动

这是进行技术分析最根本、最核心的因素，“趋势”概念是技术分析上的核心。换言之，只有股票价格运动有趋势，技术分析才能寻找趋势，否则技术分析没有存在的依据。这个假设认为若忽略证券价格的微小变动，则证券价格的变化在一段时间内会呈现趋势变动。即价格虽然上下波动，但价格的变动是有一定的规律的，终究是朝一定的方向前进的，价格有保持原来方向的惯性。因此，技术分析法希望利用图形或指标分析，尽早确定目前的价格趋势及发现反转的信号。

如果价格一直是持续上涨或下跌，那么，今后一段时间，如果不出意外，趋势的运行将会继续，直到有反转的现象产生为止。如果能运用技术分析工具找到价格变动规律，就能对证券投资活动进行指导，“顺势而为”也就成了证券市场中的一条名言。

3. 历史会重演

西方有一句话说：“已发生的，还将发生；已做的，还将做；同一太阳下没有新鲜事。”历史会重演的假设是从统计和人的心理因素方面考虑的。证券投资都是一个追求盈利的行为，不论是过去、现在还是未来，这个动机都不会改变。人在追求盈利过程中表现出来的贪婪与恐惧等情绪不会变。因此，在这种心理状态下，人类的交易将趋于一定的模式，而导致历史重演。投资者一旦用某种方法在某一场合盈利了，下一次再碰到类似的场合，他就会按同一方法进行操作；相反，如果用某种方法在某一场合失败了，那么再碰到类似的场合就不会按以前的方法操作。所以，过去价格的变动方式，在未来可能不断发生，值得投资者研究，并且利用统计分析的方法，从中可以发现一些有规律的图形，整理一套有效的操作原则。值得投资者注意的是，历史不会绝对重演，而只是相对重演或局部重演。

（三）技术分析的要素

技术分析的要素包括价格、成交量、时间与空间，简称价量时空四要素。这四个因素的具体情况和相互的关系是进行正确技术分析的基础。

1. 价格和成交量是市场行为最基本的表现

市场行为最基本的表现就是成交价和成交量。过去和现在的成交价和成交量涵盖了过去和现在的市场行为。在某一时点上的价和量反映的是买卖双方在这一时点上共同的市场行为，是双方的暂时均衡点。随着时间的变化，均衡会发生变化，这就是价量关系的变化。技术分析就是利用过去和现在的成交量、成交价资料，以图形分析和指标分析工具来解释、预测未来的市场走势。一般说来，买卖双方对价格的认同程度通过成交量的大小得到确认，认同程度大，成交量大；认同程度小，成交量小。

双方的这种市场行为反映在价与量上就会出现一条规律：价增量增，价跌量减。如果价增量不增，说明价格得不到买方确认，愿意出价购买者减少，价格的上升趋势就将会改变。如图7.1（图的上半部显示股价，下半部显示成交量）之A线所示：到A线之前价格（这里是指数，下同）不断创新高，而成交量不仅没有创新高，还在萎缩，因而新高价格没有得到买方认同，价格会下跌。

相反，价跌量不跌，成交量萎缩到一定程度就不再萎缩，说明卖方不再认同价格继续往下降，价格下跌趋势就将会改变。如图 7.1 之 B 线所示：到 B 线之前的价格一路下滑，成交量却没有再创新低，说明卖方不认同这种价格的下降了，价格会逆转向上。成交价、成交量的这种规律关系是技术分析的合理性所在，因此，价、量是技术分析的最基本要素。技术分析方法都是以价、量关系为研究对象，用以预测未来价格走势，以期投资获利。

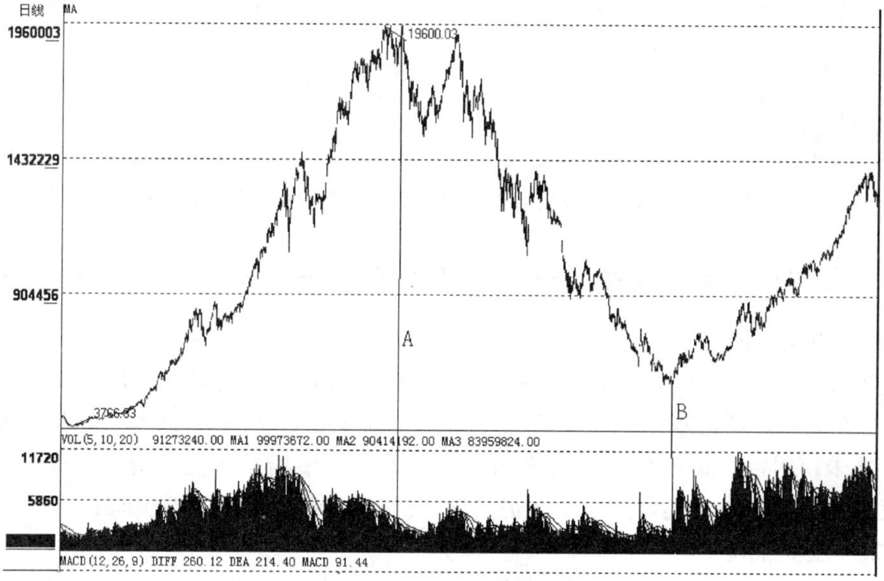

图 7.1　价量关系示意图

2. 时间和空间体现趋势的深度和广度

尽管价量是技术分析最基本的要素，但价量变化的幅度却离不开时间与空间的衡量。因此时间与空间同样是技术分析的基本要素。时间在进行行情判断时有着很重要的作用，因为已经形成的一个趋势在短时间内一般不会发生根本改变；同时已经形成的一个趋势又不可能永远不变，经过了一定时间又会有新的趋势出现。显然，时间是针对价格波动的时间跨度进行研究的理论。

把时间考虑进来后，技术分析可归结为：对时间、价、量三者关系的分析，在某一时点上的价和量反映的是买卖双方在这一时点上共同的市场行为，是双方势力的暂时均衡点，随着时间的变化，均衡会被打破，建立新的均衡，这就是价量关系的变化。

空间在技术分析中，其实可以理解成价格的一个侧面，或是价格的一个度量。它就是指价格波动能够达到的范围或限度。有了空间概念，我们能更好地研究与把握价格的涨跌与变化规律。

例如，图 7.2 显示的是深证成指 K 线图，图中柱体等构成的曲线表示的是股价走势；竖线（黄金周期线）就是以时间的某种规律在 K 线图上作图，由计算机软件根据人工指令自动画的线，在竖线相应的位置可看出价格的变化，这些规律被发现后如能正确应用，则价格趋势确有时间之窗效应；同样，横线（即黄金回挡）对价格的涨跌可能起支撑或压制作用，对股价的变化极点有着较为明显的提示，显然空间是值得期待的又一个基本要素。

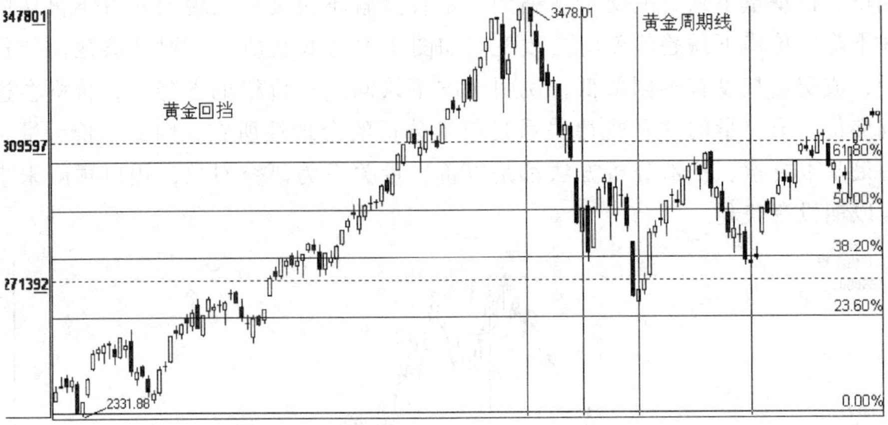

图 7.2　时间（黄金周期线）与空间（黄金回挡）规律示意图

二、技术分析的理论基础——道氏理论

（一）理论来源

道氏理论由美国人查尔斯·亨利·道（1851—1902 年）创立，是现今技术分析（图表走势派）的理论基础，在道氏去世后，由威廉·P. 汉密尔顿等人总结出来，道氏本人从未使用过"道氏理论"这个名词。为了显示市场总体变动情况，查尔斯·亨利·道与爱德华·琼斯还创立了至今仍然被广泛使用的著名的道琼斯指数。

（二）主要原理

道式理论的核心在于价格平均指数与趋势问题的判断，有四个主要的结论。

1. 市场价格指数可以解释和反映市场的大部分行为

市场行为是指证券的交易价格、成交量或涨跌家数、涨跌时间长短等。市场价格指数可以解释和反映市场的大部分行为，即对影响证券价格的因素具体是什么不必做过多的关心，只需关心这些因素对市场行为的影响效果。

道氏理论假设大部分股票永远都跟随基本市场大势。这个市场大势可能是长期升势，或者长期跌势，大部分股票的趋势都相差不多。市场长期升势时，大部分股票会一齐升；反之，一齐下跌。每一位证券投资者希望、失望的情绪变动，他们的投资知识与经验，他们所收集到的诸如财经政策、证券市场扩容、机构违规、领导人讲话等一切利好与利空信息，都会反映在股票的收盘价中，反映在股票平均指数中。因此，市场指数本身就是一个充满变数与规律的研究对象，如果能把握一个大概规律，就可以适当地预期未来发生事件对其产生的影响。

大盘平均指数要研究趋势，证券投资也要顺应趋势，顺势而为，不要逆势而动，这是最为重要的。在主力资金坚决做多前，在放巨量突破压力位之前都要谨慎做多，上升通道中顺势做多。下降通道中谨慎抄底，轻仓和持币为主，钱在主动权就在，主动权在就能去寻找最合适的战机。在顺应趋势的情况下投资，就要以价值投资结合主力投资方向为主，不能看到市场上每天都有涨停板就每天买股票。

2. 市场波动的三种趋势

道氏理论断言，股票会随市场的趋势同向变化以反映市场趋势和状况。股票的变化表现为三种趋势：主要趋势、中期趋势及短期趋势。

（1）主要趋势，也叫基本趋势、长期趋势，指股价广泛的、全面的上升或下跌的变动情形，持续一年或以上，大部分股票将随大市上升或下跌，通常涨跌幅度超过20%。主要趋势上升即为牛市，又称多头市场、看涨市场；反之，则为熊市，或称空头市场、看跌市场。

主要上升趋势（多头市场）通常划分为下面三个阶段（主要下跌趋势分析类似，此处省略）：

第一阶段，有远见的投资者在自己深入分析的基础上发现股市上涨的前景，开始买进悲观投资者抛售的股票，使股价徐徐上涨。此时，股票交易并非很活跃，股价处于横向盘整阶段，但阶段末期成交量已开始增加。这一阶段可称为累积阶段。

第二阶段，随着经济前景进一步明朗化，大多数公司经营业绩已经明显好转，股价在大升小跌中稳步上涨，成交量也显著增加。这一阶段可称为上涨阶段。

第三阶段，上涨阶段的末期，随着利好消息不断传来，股市显示大好局面，股价上升很快，成交量大幅增加，市场参与热情高涨，此时如果股票价格开始下降，则表明股票价格已经走过顶峰，进入新的累积期。主要趋势的三个阶段如表 7.1 所示。

表 7.1　主要趋势的三个阶段

	空头市场	多头市场
第一阶段	市场参与者不再期待股票可以维持过度膨胀的价格	人们对于未来的景气恢复信心
第二阶段	卖压主要来自经济状况与企业盈余的衰退	股票价格对于已知的公司盈余改善产生反应
第三阶段	来自失望性情绪，不论价值如何，许多人急于求现，至少卖出一部分股票	投机热潮，股价明显膨胀

（2）中期趋势，也称次级趋势，指发生在主要趋势之中，与主要趋势运动方向相反的行情。持续期一般在 3 周到 3 个月，价格变动幅度为基本趋势的 1/3 至 2/3。在牛市中，它是中级的下跌行情，中级下跌末期是投资者购买的时机；在熊市中，它是中级的上升行情，中级上升末期是投资者卖出的时机。

（3）短期趋势，也称为日常波动，指不超过 3 周以内的短暂波动，只反映股票价格的短期变化，在三种趋势中最易被人操纵而无法把握。因此，道氏认为它无多大分析意义。次要趋势通常由三个或三个以上的短期趋势所组成。

3. 交易量在确定趋势中起重要的作用

在确定趋势时，交易量应在主要趋势的方向上放大。即当价格顺着大趋势发展的时候，成交量也应相应逐渐增加。在上升趋势中，价格上涨时，成交量应该逐渐增加；价格调整下跌时，成交量应减少。而在一个下降趋势中，刚好相反，价格下跌时，成交量增加；而当价格逆市小涨时成交量却呈现萎缩。

当然，判定市场处于哪种趋势，最终结论性信号只由价格的变动产生，成交量的分析是第二位的，仅仅是在一些有疑问的情况下提供参考。

4. 收盘价是最重要的价格

收盘价是指某种证券在证券交易所一天交易活动结束前最后一笔交易的成交价格。因为收盘价是全天多空双方交战的最终结果，反映的是当天最新信息下的市场行为，是当日行情的标准，又是下一个交易日开盘价的参考依据。所以投资者对行情进行分析时，一般都采用收盘价作为计算依据。现在世界各地的证券市场平均价格指数都用收盘价来计算。

（三）道氏理论的运用

道氏理论作为技术分析的根基，对于价格运动的描述最为经典。道氏理论认为，市场不会永远朝某一个方向运动，价格总是难以预测的，但无论怎么变化，都摆脱不了一定的轨道，其运行过程中留下了一系列的高点和低点，形成波峰和波谷，顺着这些峰和谷，就表现为上升或下降的方向，那么，随着时间的延续，若干个依次递降、递升或横向延伸的峰、谷就构成了市场的趋势。

道氏理论的运用是比较简单的，仅依赖工业指数及铁路指数来观察市场股价变动，且道氏理论强调这两种指数的互证。所谓互证，就是两种股价平均数发生某种相联系的变动。当两种股价平均数朝同一方向变动时，一种平均数被另一种平均数证明，则次级趋势和主要趋势便会产生。即道氏理论是借助于两种平均数来预测和判断股价的趋势，只有当两种平均数的变动出现互证时，主要趋势和次级运动才能被肯定。假定这两种指数变动是反方向的，即没有发生互证，也就不能说明次级趋势和主要趋势的形成，但也不能证明它们还没有形成，此时的道氏理论是失效的或称无用的。道氏理论的互证思想使得它对行情研判的准确性大大提升，可借助此思想指导投资者进行其他技术分析活动。

（四）道氏理论的不足

道氏理论只是以一种技术性的方式指示主要趋势的走向，但是它对价格运行的特征描述过于精练，用趋势就代表了价格运动的全部特征，因此存在着不足。人们对道氏理论的批评主要如下：

（1）不能选股。道氏理论不能给投资者提示应购买股票的种类，它不能告诉你该买进何种股票。

（2）不能判断短期趋势。道氏理论的不足还在于对大的形势判断有较大的作用，对于每日每时都在发生的小的波动则显得无能为力，对于中短期趋势的转变也几乎不会给出任何信号。道氏理论对中、短期交易帮助甚少。

（3）信号可能失误。道氏理论也会出错，因为其可靠程度还取决于人们对它的理解和解释。有资料表明，从1920年到1975年，道氏理论成功预测了道琼斯工业股指数和运输股指数所有大幅动作中的68%、标准普尔指数大动作的67%。此结果虽然也算成绩斐然，但毕竟还不是百分之百的正确，信号可能失误。

（4）信号滞后。信号滞后是道氏理论明显的不足。道氏理论强调工业指数与铁路指数这两种指数的互相验证，才能对主要趋势走向给出预测，但这样的预测在一轮新的主要趋势开始后的短期内未必是清楚和正确的，因此常常错过最佳时机。等到信号完全明朗时，市场已经涨了不少，道氏分析结论主要趋势仍然看涨，但可能市场已处于高位的危险阶段，所以有时甚至不知道该不该买进。因此，信号的滞后性导致了道氏理论的可操作性有所降低。如图7.3所示，根据道氏理论进行的实际买卖可能失去部分收益，因为根据道氏理论抓住的是上升阶段的中间部分，即实际买入与实际卖出的价差部分，而没有得到可能买点与可能卖点的更大价差。

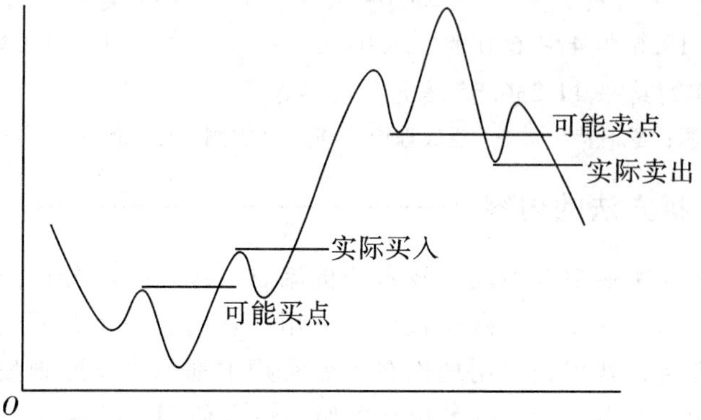

图 7.3　根据道氏理论进行的实际买卖可能失去部分收益

小卡片：关于道氏理论的应用

有时会有这样的评论："道氏理论是一个极为可靠的系统，因为它在每一个主要趋势中使交易者错过前三分之一阶段和后三分之一阶段，有的时候也没有任何中间的三分之一阶段。"或者干脆就给出一个典型实例：1942 年一轮主要牛市以工业指数 92.92 开始而以 1946 年 212.5 结束，总共涨了 119.58 点，但一个严格的道氏理论家不等到工业指数涨到 125.88 是不会买入的，也一定要等到价格跌至 191.04 时才会抛出，因而盈利最多也不过 65 个点或者不超过总数的一半，这一典型事例无可辩驳。

但是，对这一常见的反驳的回答是："您去找这样一个交易者，他在 92.92 点（或退一步，在这一水平上下 5 个点的范围内）首次买进股票，然后在整轮（100%）牛市的年份中一直持有头寸，最终在 212.50 点处（或者在这一水平 5 个点的范围内）卖出。"欢迎读者们去试。事实上，您会发现，即便要找出一打干得像道氏理论一样出色的人也很困难。

由于它包括了迄今为止过去 60 年每一轮牛市及熊市所有的灾难，一个较好的回答就是，详细研究过去 60 年中的交易记录，我们有幸征得查理·道尔顿先生的同意将其计算结果复制如下。

……

投资者只需在道氏理论宣告一轮牛市开始时买入工业指数的成分股，一直持有到道氏理论宣告一轮熊市来临时抛出。这样，1897 年的一笔 100 美元的投资从理论上讲，这一计算结果可以表明这样的情况：一笔仅 100 美元的投资于 1897 年 7 月 12 日投入道琼斯工业指数的股票，此时正值道氏理论以一轮牛市出现，这些股票将在，并且只有在道氏理论证明确认的主要趋势中一个转势时，才会被售出或再次买入。到 1956 年就变成了 11 236.65 美元。在这一期间投资者买卖各 15 次，或者说平均每两年交易一次这一交易记录并非完美无缺，有一笔交易亏损，还有三次收入再投资的价格高于前一卖出价，但是我们不需要对此做任何辩护。同时，这一记录并未考虑佣金和印花税。但是，它也没有包括投资者在这一期间因持股而应得的红利。不用说，后者将会使资金增加许多，为了说服那些信奉"只需买入好股票，然后把它们搁起来"的人，我们将上述记录与"只买卖一次"的策略所能达到的最好结果——在这 50 年中，只在工业指数最低点时买入一次，同样也只在指数最高点时卖出一次做比较：在 1896 年 8 月 10

日指数达到（这一期间的）最低点 29.64 点时投入的 100 美元，到这一期间的最高点—— 60 年后的 1956 年 4 月 6 日的 521.05 点——只增值到 1 757.93 美元。这与直接按照道氏理论操作的结果 11 236.65 美元相去甚远。

资料来源：罗伯特·雷亚. 道氏理论［M］. 刘志刚，译. 北京：地震出版社，2008.

三、技术分析方法的内容

技术分析方法在实践中有不同的技术分析流派，这些技术分析流派从不同的方面理解和考虑证券市场，在投资实践中被广泛使用。它们有一个共同的特点，即都经过证券市场的实践考验，其相关应用理论在市场实践中都是在不断地发展与完善，并且它们既可单独运用，互不干扰，也可相互参照，组合使用。技术分析方法的内容包括了指标法、切线法、形态法、K 线法、波浪理论五大类方法。

（一）指标法

指标法是技术分析指标法的简称，是指在某个时点按一定的方法（公式）对证券市场的相关原始数据进行计算，计算的结论数字称为技术指标值。将一定时期内不同时点的指标值绘制成图表，并根据这样的图表对市场行情进行研判。

常用的技术指标包括平滑异同移动平均线 MACD、随机指标 KDJ、相对强弱指标 RSI、乖离率 BIAS、布林线 BOLL、心理线 PSY、能量潮 OBV，等等。

每一个技术指标都是从一个特定的方面对股市进行观察，通过公式计算产生的技术指标数值，这样就可以对行情的研判进行定量的分析，这样使具体操作时的精确度得以大大提高。这样的指标就能反映股市的某个特定方面的深层内涵，这些内涵仅仅通过原始数据是很难看出来的。

（二）切线法

切线法是按一定方法和原则在由股票价格数据所绘制的图表中画一些直线（切线），然后根据这些直线的情况推测股票价格的未来趋势。其主要有趋势线、黄金分割线、甘氏线、角度线、布林线，等等。使用切线可以判断行情的反弹点和反转点，股价到达切线时一般会向相反方向反弹；如果没有反弹，那么就会冲破切线，经过一定时间仍然不回头，则可验证行情会继续前行。

切线法的画法尤其是画切线时选取的参照点（数据）很重要，不同的画法下，行情研判指导准确性大不相同。

（三）形态法

技术形态分析法，就是在价格图表（包括 K 线图、分时图等）中运用常见的几何图形对行情趋势进行评估和预测的方法。技术分析形态的基本原理是技术形态主要通过价格波动形成特定的形态，已经被实践证明行之有效，对后市的走势有一定的研判价值。不同的市场情况下构成的形态不同，因而不同的形态也有着不同的判断含义。其主要的形态有双重顶、双重底，头肩顶、头肩底，圆弧顶、圆弧底，三角形，V 型，等等。

（四）K 线法

K 线法是通过绘制 K 线图，研究若干天 K 线的组合情况，推测股票市场多空双方力量的对比，进而判断股票市场多空双方谁占优势的方法。K 线图是股票技术分析中最重要、最常用的图表，是进行其他各种技术分析都离不开的图表。

（五）波浪理论

如果说道氏理论告诉了我们什么叫大海（大趋势），那么波浪理论则可以指导我们在大海中冲浪。艾略特波浪理论和道氏理论一样，是一种具有深刻投资哲学的理论体系。波浪分析派的创始人是美国人艾略特。拉尔夫·纳尔逊·艾略特（Ralph Nelson Elliott）揣摸出了股市行为理论，认为波浪理论是对道氏理论的必要补充。波浪理论就是把行情的上涨与下跌曲线按时间与形态分成不同的浪，这些浪的变化又遵循某种规律，按规律即可研判行情趋势。与其他技术分析流派相比，它的最大的优势在于能提前较长时间预计到行情的底部和顶部，其他技术分析流派则要等到看到新的趋势后才知道确实是到底部或顶部了。存在的不足应该是：波浪理论本身不难掌握，但实践应用中则成为一种难以被充分理解，特别是难以精通的技术分析工具，在使用中存在不少的误区，很少有人能正确熟练运用并取得大的投资收益。

四、技术分析方法应用时应注意的问题

（1）技术分析不宜单独使用，必须与基本分析结合起来使用。从理论上看，技术分析法和基本分析法分析股价趋势的基本点是不同的。基本分析法的基点是事先分析，侧重解决的是“应该购买何种股票”的问题。技术分析的基点则是事后分析，仅从股票的市场行为来分析股票价格未来变化趋势的方法，即对股票价格每日涨跌的变化情况进行分析，以判断股票价格未来的变化趋势，从而决定买卖的最佳时机。也就是说，技术分析侧重解决的是“应该何时买卖股票”的问题。但历史的重演很难做到绝对重演，用技术分析研判行情并不可靠。因此进行股票投资，在运用技术分析作趋势判断和预测的同时，不应忽视对基本因素的分析，应将基本分析与技术分析结合起来，这样才会提高行情研判的准确性。

（2）某种技术分析方法不宜单独使用，要使用多种技术分析方法综合研判。在进行技术指标的分析和判断时，也经常用到别的技术分析方法的基本结论。由于技术分析方法本身的局限性，不管是用哪一种技术分析方法进行预测都可能出错。同时使用多种技术分析方法相互验证后的研判结论准确性会得到提高。如果在运用指标法中的MACD等指标时，再结合形态法中的头肩形、双重顶等形态，或者结合切线理论中支撑线和压力线等分析手法，那么预测结论相对就要准确得多。

（3）除了学习技术分析理论知识，更应注重理论与实践相结合。技术指标是经验性的机械指标值，不能生搬硬套，要理论与实践相结合。不同的股票有不同的股性，在不同的时间段同样的股票有不同的表现。技术分析方法应用的准确性也就各不相同。因此，需要在不同的时期将不同的方法对应不同的股票加以仔细研究，总结其历史表现，对照现在情形，选择最有效的技术分析方法进行行情研判，才会收到预期的技术分析效果。

第二节　证券投资技术分析主要理论

一、K线理论

K线，俗称阴阳烛，起源于日本德川幕府时代的米市交易中，经过200多年的演

进，开始渗入期货市场、外汇市场及证券市场，并充分地表现出其极强的测市功能。

（一）K线的基本形状和种类

1. K线的基本形状

K线由上下影线和中间实体组成。中间的矩形部分是实体，实体的上下端为开盘价和收盘价，实体上方的直线为上影线，上端点是最高价实体，下方的直线为下影线，下端点是最低价。K线分阴线和阳线两种，收盘价大于开盘价为阳线，反之为阴线。在股票软件的K线图中，一般用红色表示阳线，绿色表示阴线。教材中则往往用空心实体图表示阳线，而用实心实体图表示阴线，如图7.4所示。

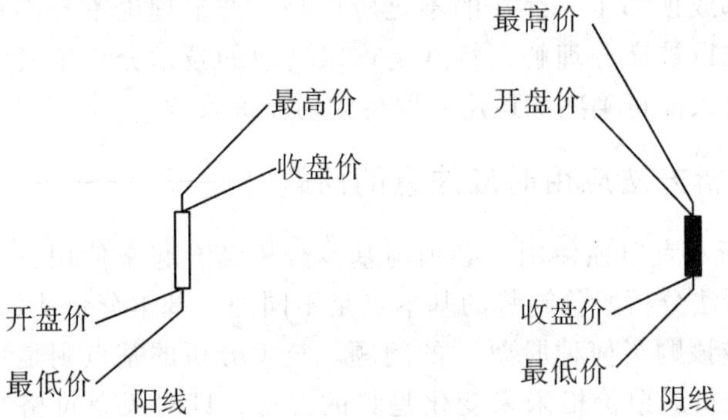

图7.4 K线基本形态图之一

图7.4是K线基本形态图。左边K线反映某个交易单位时间内的交易概况，其中的四个价格对股市的行情研判非常重要，分别为：开盘价、收盘价、最低价、最高价，因为收盘价大于开盘价，所以是阳线。同样，右边的K线，因为其收盘价小于开盘价，所以是阴线。

2. K线的基本形状种类

将K线中的4个价格分别取不同的值，则K线基本形状可分为12种。其中2种上影线和下影线都有（见图7.4）、2种没有上影线（见图7.5中的A、B）、2种没有下影线（见图7.5中的C、D）、2种上影线和下影线都没有（见图7.5中的E、F）、4种没有实体（见图7.5中的G、H、I、J）。

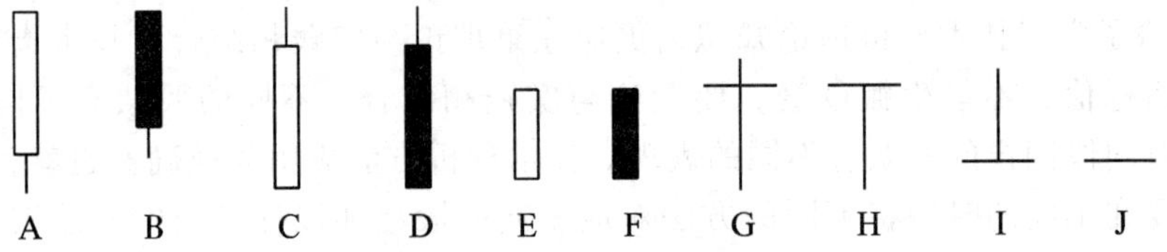

图7.5 K线基本形态图之二

（二）单根K线的含义

从单独一根K线对多空双方优势进行衡量，主要依靠实体的长度、阴阳和上下影线的长度。

1. 从实体长度来看

阳线实体和阴线实体的长度分别表示的是股票指数上涨或下跌的强弱度。当阳线实体长度逐渐往上增长时，表示指数增长的力量逐渐增强；而当阳线实体的长度逐渐缩短时，表示股票指数增长的力量在渐渐减弱。当阴线实体长度逐渐往下增长时，表示指数下跌的力量逐渐增强；而当阴线实体长度逐渐缩短时，表示指数下跌的力量在渐渐减弱。

2. 从上下影线来看

当上影线长时，市场抛压重，空方力量大；当下影线长时，市场多方力量较强，将股价从底部向上抬高很多。

图 7.6 反映了全天的价格走势，每时每刻的成交价与成交量在分时图中显示得非常清楚。全天股价振幅不大，开盘价 7.05 元、收盘价 7.22 元、最高价 7.40 元、最低价 6.91 元。

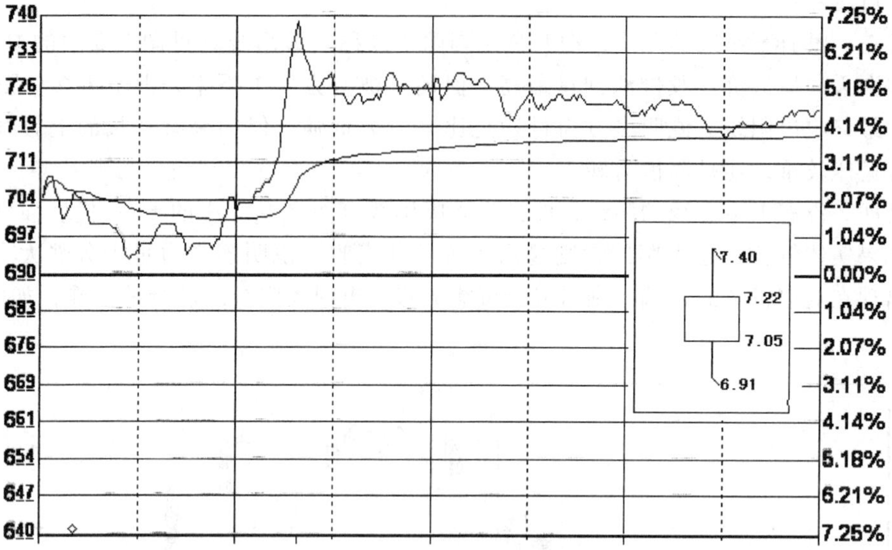

图 7.6　分时图

将上面的分时图反映到 K 线图中，即图 7.7 中的 A 点位置单根 K 线，由于全天股价振幅不大，所以 K 线的实体较短，上下影线也都较短。

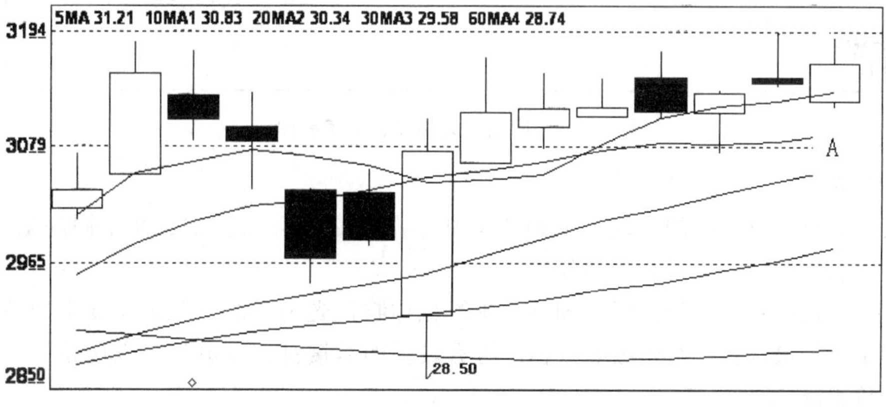

图 7.7　K 线图

3. 单根 K 线含义的分解说明

我们已经知道，一般情形下的上影线越长，下影线越短，阳线实体越短，越有利于空方占优，不利于多方占优；上影线越短，下影线越长，实体越长，越有利于多方占优，而不利于空方占优。上影线和下影线相比的结果，也影响多方和空方取得优势。上影线长于下影线，利于空方；相反，下影线长于上影线，利于多方。

（1）阳线。

其一，有上下影线的阳线（见图 7.4 中的阳线）：此 K 线形态最为常见。多空双方互不相让，价格下跌到过最低也上涨到过最高，最终多方勉强胜利，显示行情只是稍微偏多。

其二，没有上影线的阳线，即收盘光头阳线或称下影阳线（见图 7.5 中的 A）：股价虽跌到过最低，但最终还是被拉回来，收盘时涨至最高价，说明股价上升力强，显示行情可看涨。

其三，没有下影线的阳线，即开盘光脚阳线或称上影阳线（见图 7.5 中的 C）：开盘价即全天的最低价，股价涨到过最高，但还是被空方压了下来，但下方多方反击力量强，最终收出阳线，说明多方力量还是比空方力量强。但如果有较长的上影线则表明上方抛压较重，还是谨慎为妙。

其四，没有上下影线的阳线，即光头光脚阳线（见图 7.5 中的 E）：代表强烈的涨势。如果实体较长，是大阳线，则显示股价低开高收，说明多方力量十分强大。如大阳线出现在盘整行情的末端，则后势更可能上涨。出现大阳线之后行情上涨，如图 7.8 所示。

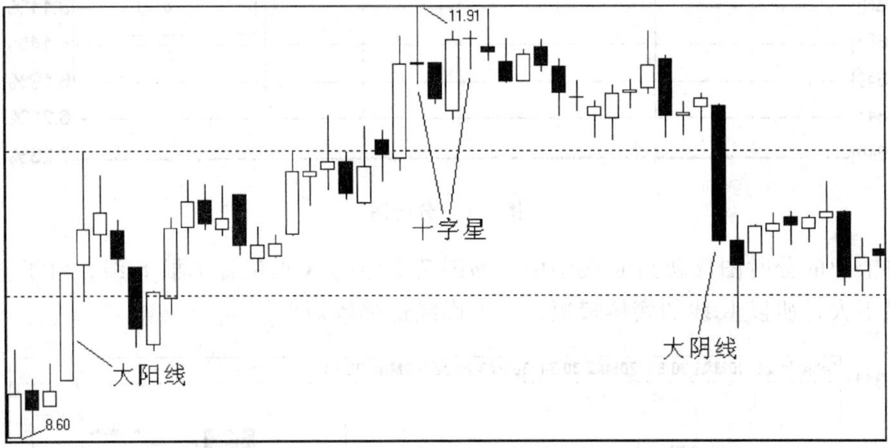

图 7.8　大阳线、大阴线、十字星图例

（2）阴线。

其一，有上下影线的阴线（见图 7.4 中的阴线）：同阳线类似，所不同的是最终空方勉强胜利，显示行情只是稍微偏空。

其二，没有上影线的阴线，即下影阴线也称收盘光头阴线（见图 7.5 中的 B）：开盘价即全天的最高价，行情疲软，但下方有较强的承接盘，力道与多方比较还是较弱，显示股价趋降。

其三，没有下影线的阴线，即上影阴线也称开盘光脚阴线（见图 7.5 中的 D）：股价虽涨到过最高，但最终还是被拉了下来，且收盘时跌至全天最低价。先涨后跌，后市看淡。

其四，没有上下影线的阴线，即光头光脚阴线（见图 7.5 中的 F）：代表强烈的跌势。如果实体较长，是大阴线，其含义与大阳线刚好相反，说明空方力量十分强大，如大阴线出现在一段上涨行情的末端，则后势更可能下跌。如图 7.8 中出现大阴线之后行情下跌。

（3）没有实体的 K 线，即十字 K 线形态。

其一，十字线，也称十字星（见图 7.5 中的 G）：买卖双方力量相当，暂时平衡，涨跌难以判断。如果上下影线较长，称为大十字星，说明多空双方争夺激烈，股价趋势可能就此转变。小十字星则只显示交易清淡。如图 7.8 中出现两个十字星后行情转变。

其二，T 字线（见图 7.5 中的 H）：买卖方都有力量相当的表现，但买方力量后来显现，行情偏多式的暂时平衡。

其三，倒 T 字线（见图 7.5 中的 I）：与 T 字线类似，但卖方力量后来显现，行情偏空式的暂时平衡。

其四，一字线或称一字星（见图 7.5 中的 J）：开盘价、最高价、最低价、收盘价均在一个价位上，在一个交易日中没有起伏。有三种可能性：①涨停板价位上，表明买方力量极强；②跌停板价位上，表明卖方力量极强；③非涨停、跌停价位上，多空双方除了以开盘价成交外，没有其他的价格成交，表明交投异常清淡。

24 种不同的阳线、阴线含义如表 7.2、表 7.3 所示。

表 7.2　24 种不同的阳线含义表

	全秃	光头	光脚	影等长	下影长	上影长	含义
小阳线	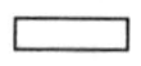		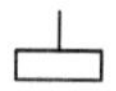				多头主动走势较软
中阳线	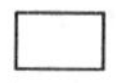	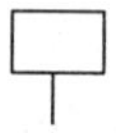	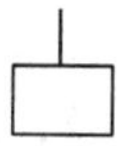	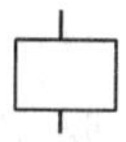	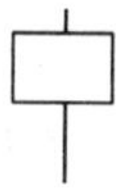	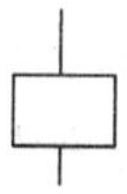	多头势力强大
大阳线							多头占据绝对优势
阳十字		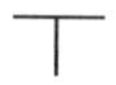					多空平衡之市场转折点
含义	局势一面倒	下有支撑越长支撑越强	上有压力越长压力越大	压力与支撑大致相当	下档支撑强于上档压力	上档压力大于下档支撑	

表 7.3　24 种不同的阴线含义表

	全秃	光头	光脚	影等长	下影长	上影长	含义
小阴线							空头主动走势较软
中阴线							空头势力强大

表7.3(续)

	全秃	光头	光脚	影等长	下影长	上影长	含义
大阴线							空头占据绝对优势
阴十字			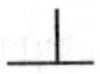	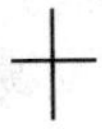			多空平衡之市场转折点
含义	局势一面倒	下有支撑越长支撑越强	上有压力越长压力越大	压力与支撑大致相当	下档支撑强于上档压力	上档压力大于下档支撑	

(三) K 线图

单独一根 K 线的含义不能孤立看待，还与它在 K 线图中所处的相对位置有关，看一段时间内的 K 线图，其含义才更加明确。

将每个交易时间的 K 线按时间顺序排列在一起，就组成该证券价格的历史变动情况，这就叫作 K 线图。如图 7.7 就是中国平安在 8 月 5 日到 10 月 22 日这段时间里的 K 线图。

1. 日 K 线图

一根 K 线记录的是证券在一个交易单位时间内价格变动的情况，交易单位时间的选择在证券交易软件中一般称为“周期选择”，可选 5 分钟、15 分钟、日、周、月、季，等等，分别称为 5 分钟 K 线图，15 分钟 K 线图，日 K 线图，等等。如果图 7.9 中选择的周期为日，那么就是日 K 线图，开盘价就是交易当天开盘的成交价格，收盘价就是交易当天收盘时的成交价格。

图 7.9 是中国平安（股票代码 601318）的日 K 线图局部。左边椭圆圈里正中间的一根 K 线记录的是阳线，是 2009 年 8 月 20 日这一天交易的概况，其中关键的四个价格非常清晰，分别为：开盘价 49.00，收盘价 51.82，最低价 48.31，最高价 52.50，收盘价大于开盘价，所以是阳线。同样，右边椭圆圈里正中间的一根 K 线记录的是 2009 年 9 月 28 日这天的 K 线图，是阴线，四个价格分别为：开盘价 51.62，收盘价 49.38，最低价 48.98，最高价 52.00，收盘价小于开盘价，所以是阴线。

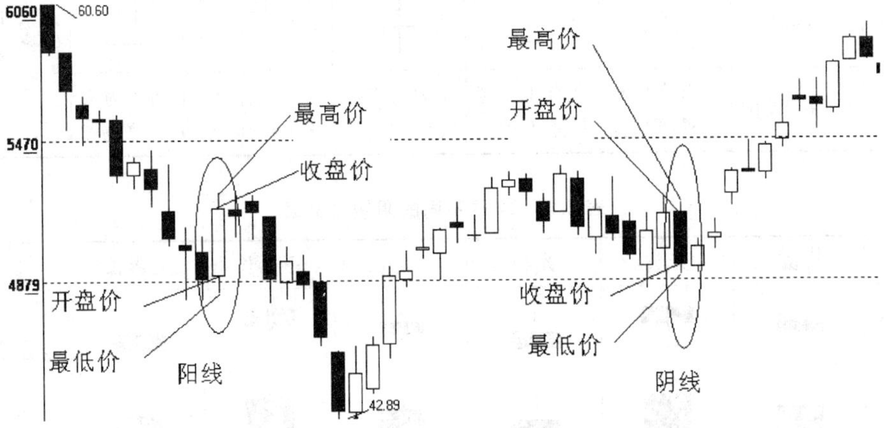

图 7.9　中国平安日 K 线图局部

2. 周 K 线图

如果周期选择为周，得到的就是周 K 线图。图 7.10 中所示的 A 竖线与 B 竖线之间部分就是中国平安在 8 月 6 日到 10 月 23 日这 12 周时间的 K 线图。周 K 线图比日 K 线图概括的时间长，反映的趋势更稳重，方向性更明确。从图 7.9 日 K 线与图 7.10 周 K 线的 A 线与 B 线之间部分的对比可以看出，两个图示价格都是先降后升，但周 K 线就不像日 K 线那样波动大，其方向性更清楚。

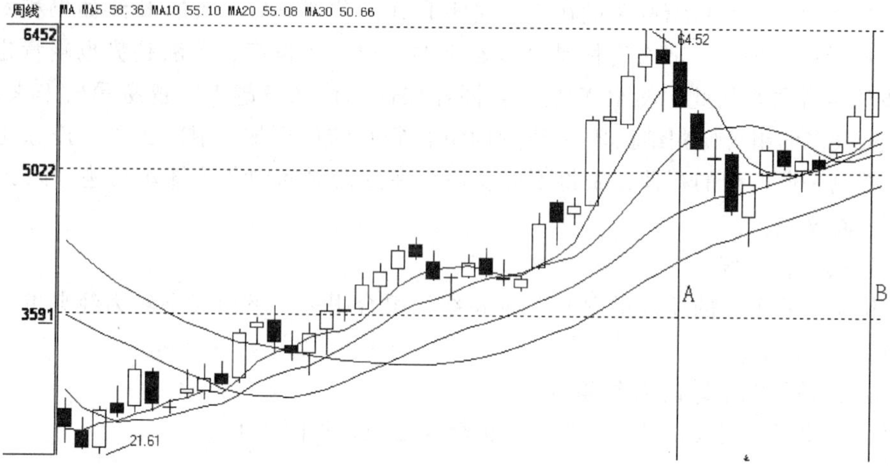

图 7.10　中国平安周 K 线图

3. 不同周期的 K 线图比较

月 K 线图又比周 K 线更胜一筹。选择周期越长，方向性越明确。如图 7.11 所示，四幅图分别反映中国人寿的日 K 线、周 K 线、月 K 线、季 K 线图。

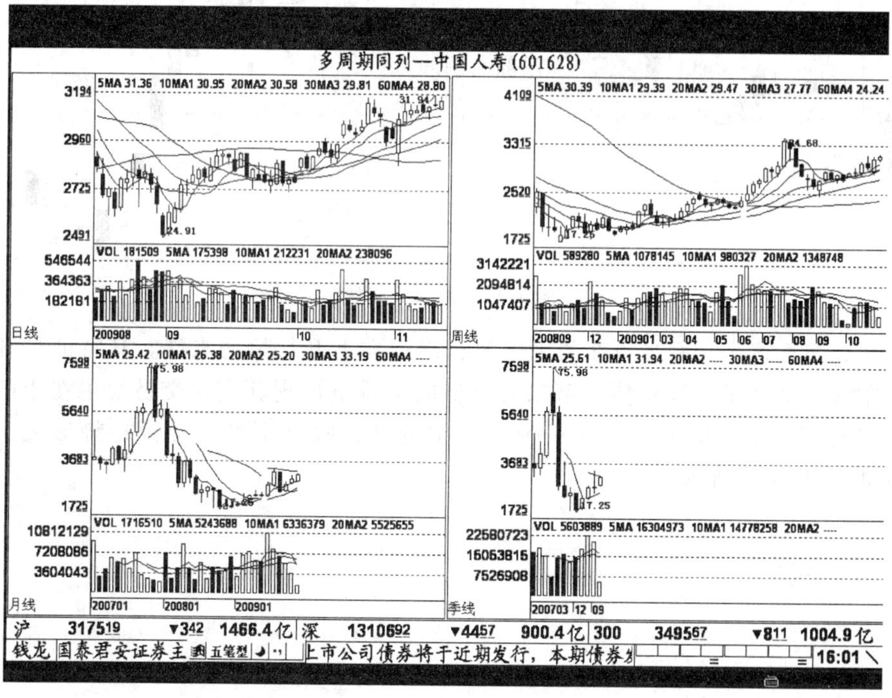

图 7.11　中国人寿多周期同列 K 线（截至 2009 年 11 月 11 日）

（四）组合形态

将多根 K 线按不同规则组合在一起，就称为 K 线组合。广义的 K 线组合包含的 K 线可以是单根的也可以是多根的。单根 K 线上面已作介绍，这里介绍的是狭义的 K 线组合，即多根 K 线组合形态情形。多根 K 线组合形态情形非常复杂，难以穷尽，但掌握其原理后进行组合 K 线图的分析难度也不大。

1. K 线组合分析原理

用 K 线组合研判行情的关键在于看这些 K 线的位置。后一天的 K 线如果相对于前一天的 K 线位置偏高，那么行情是可以看涨的。位置越偏高，看涨趋势也越肯定。两根 K 线的组合研判如此，多根 K 线组合同样如此。信息量越大，越易看出未来趋势，因此，K 线多的组合研判结论比 K 线少的组合研判结论更加可靠。另外，庄家也几乎不可能控制一段时间的行情，做得不好反而会在这段时间中留下蛛丝马迹。因此 K 线组合分析意义更大。

2. K 线组合示例

不论是示意下跌的还是示意上涨的 K 线，组合很多，下面仅举较为经典的几例加以说明。

(1) 见顶示意下跌的 K 线组合。

第一，顶部大阴线，见顶墓碑，多头葬身之地，见图 7. 12。

图 7. 12　顶部大阴线

第二，黄昏之星，K 线顶部的十字星，出现在上升行情的末端。其特征是开始是一根长阳线，加强了上升趋势。第二天价格向上跳空出现新高，交易发生在小的范围内，收盘同开盘接近持平。第三天价格跳空低开，收盘更低，反转趋势形成。如图 7. 13 中的三根 K 线所示。

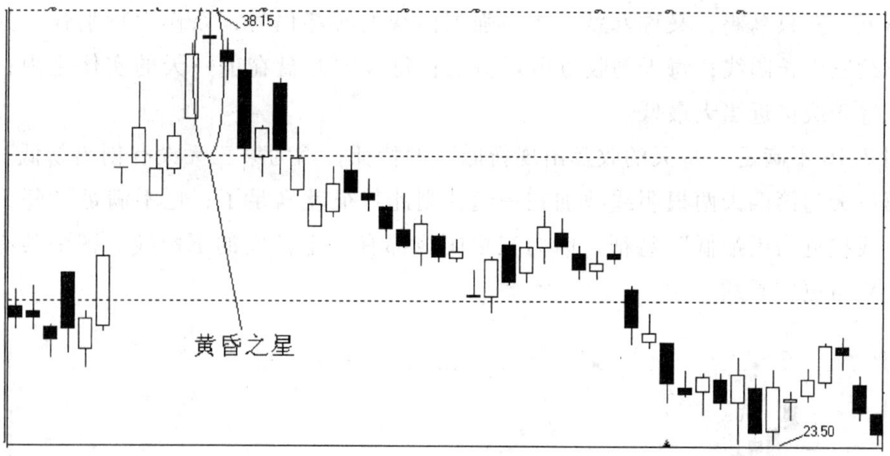

图 7.13　**黄昏之星**

第三，顶部阴包阳：又称穿头破脚，或称怀抱线，是强烈的反转信号，见图 7.14。

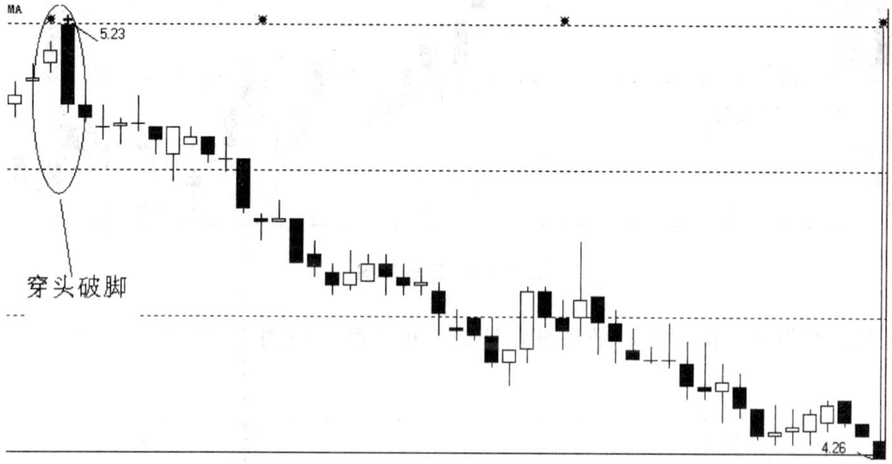

图 7.14　**顶部阴包阳**

第四，平顶：见顶卖出信号，后市看跌，见图 7.15。

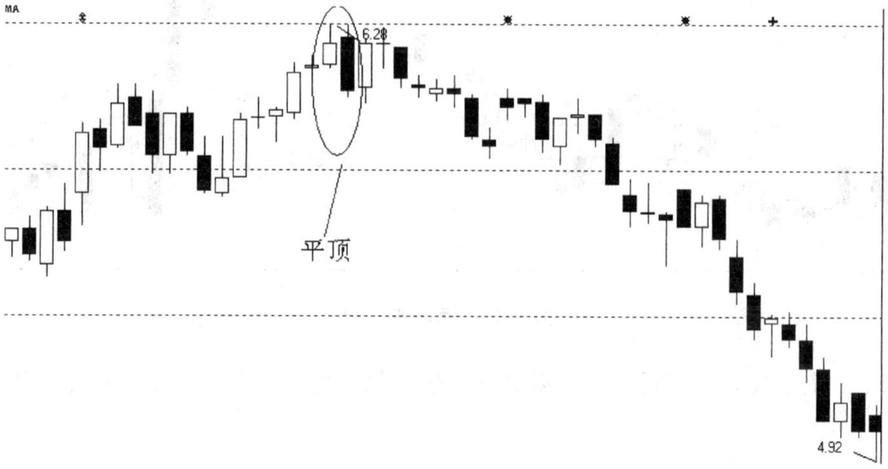

图 7.15　**平顶**

第五，三只乌鸦，又称暴跌三杰，强烈向淡的转势信号，杀伤力特别强。其特征是：连续三天长阴线；每天的收盘出现新低；每天的开盘在前一天的实体之内；每天的收盘等于或接近当天最低。

图 7.16 不满足“每天的收盘出现新低”的特征，因为第三天没有创出新低——如果将第三天与第四天两根阴线叠加在一起，则此特征就满足了；也不满足“每天的收盘等于或接近当天最低”特征，因为三根阴线都有一定长度的下影线。图中共有三只乌鸦，后市更应看跌。

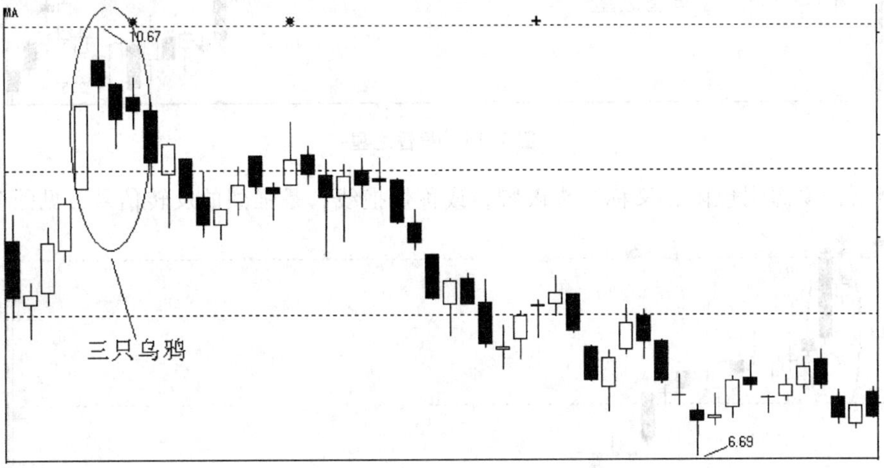

图 7.16　三只乌鸦

第六，两阴夹一阳：典型的头部特征，后市看跌，见图 7.17。

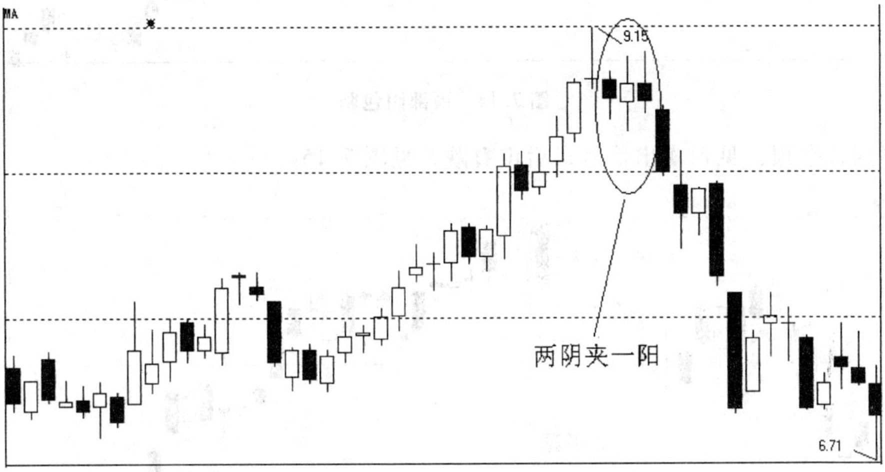

图 7.17　两阴夹一阳

第七，岛形反转：行情先直上后直下，暴跌的征兆，可靠性较高，见图 7.18。

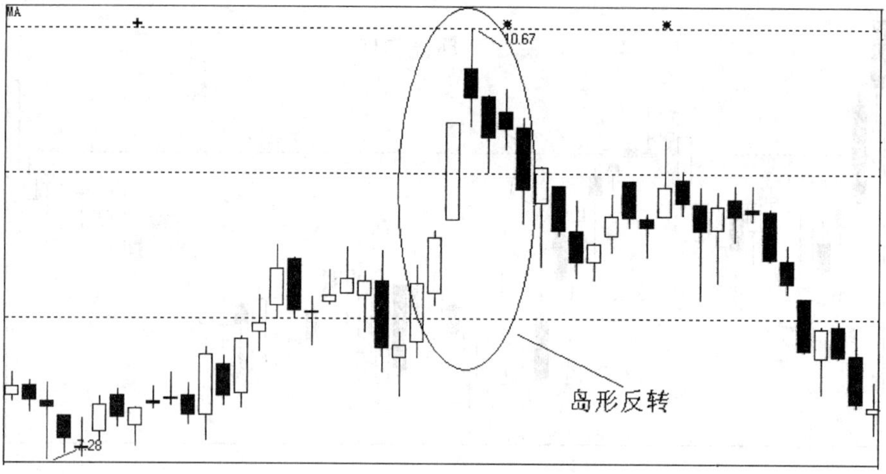

图 7.18　岛形反转

（2）见底示意上涨的 K 线组合。

第一，希望之星：也称黎明之星，是见底信号，后市看涨。其特征是开始是一根长阴线，加强了下降趋势。第二天价格向下跳空出现新低，交易发生在小的范围内，收盘同开盘接近持平。第三天价格跳空高开，收盘更高，反转趋势形成，见图 7.19。注意：图 7.19 中的黎明之星不满足“第三天价格跳空高开，收盘更高”的条件。

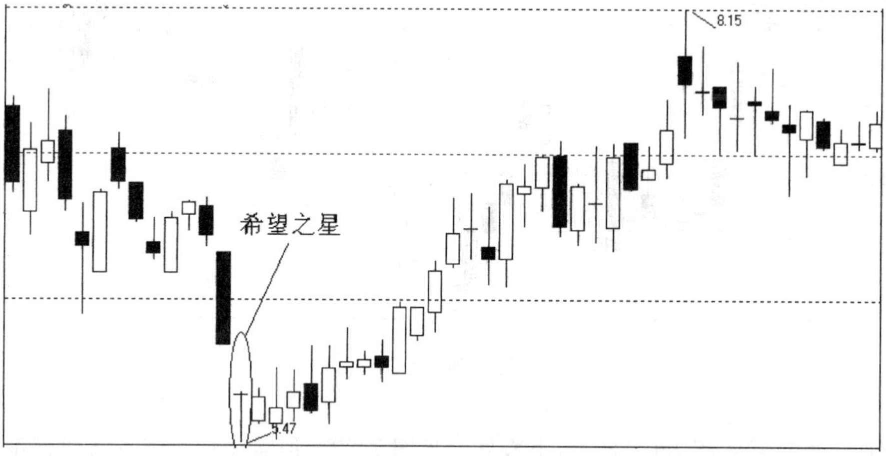

图 7.19　希望之星

第二，曙光初现：见底信号，见图 7.20。

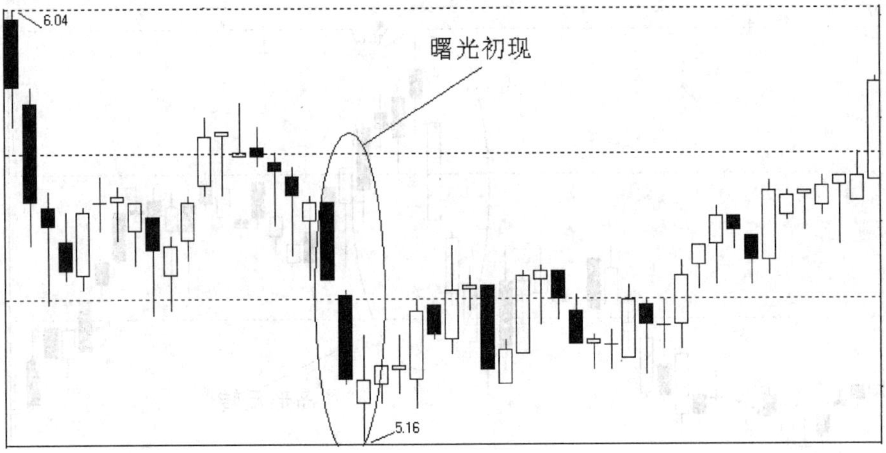

图 7.20　曙光初现

第三，平底：最低价均是 8.47 元，就称为平底，是见底信号，后市看涨，见图 7.21。

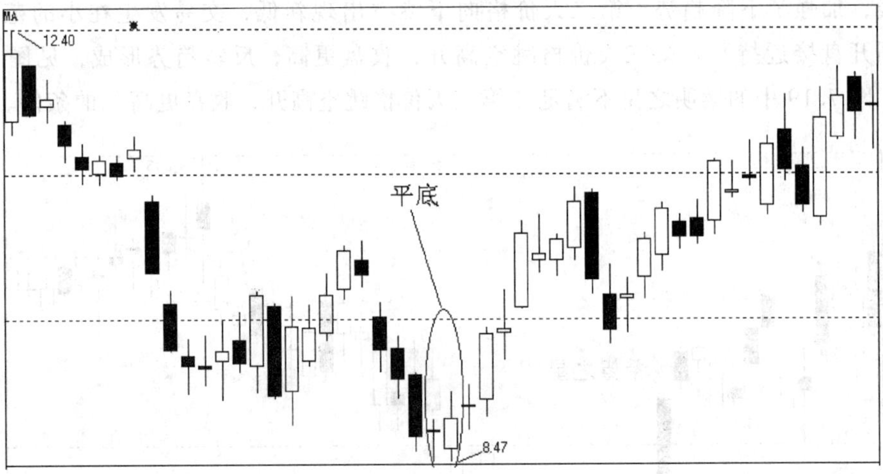

图 7.21　平底

第四，红三兵：买入信号，后市看好，见图 7.22。但需注意：红三兵要仔细辨认。如果是连续跳空三阳线，三级跳，则上涨可能到了末端，应是离场信号；另外，如果是三个大阳线的组成，则也需要小心。

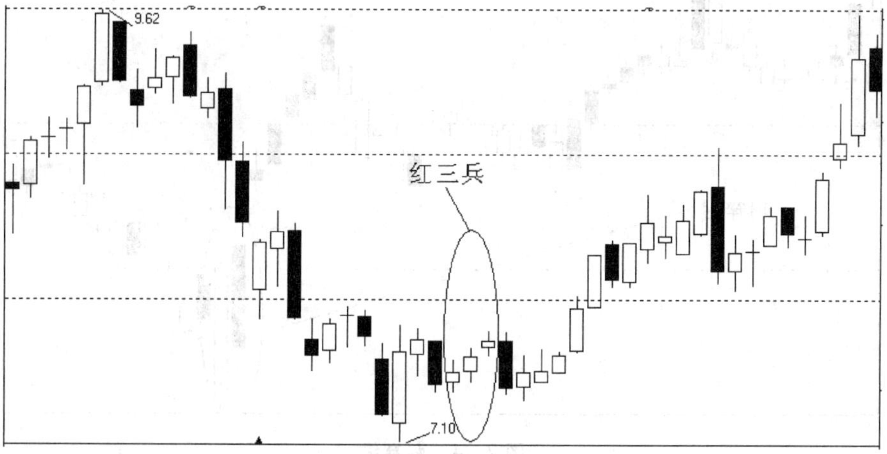

图 7.22　红三兵

第五，两阳夹一阴：见底信号，可靠性较大，见图 7.23。在两阳夹一阴出现之前底部还出现了红三兵，双重见涨信号。

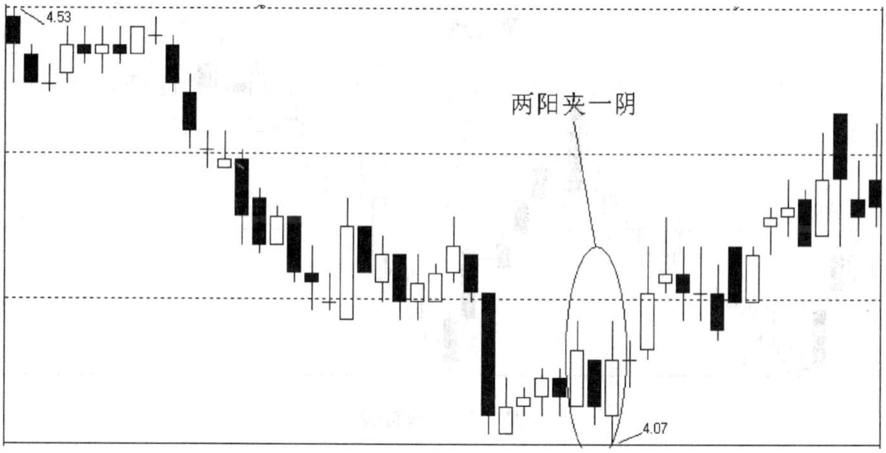

图 7.23　两阳夹一阴

第六，底部阳包阴，或称穿头破脚，亦称怀抱线：是见底转势信号。图 7.23 中两阳夹一阴的三根 K 线，只看后面两根，第三根阳线完全包住了第二根阴线，是转势信号，不再另作图。

第七，刺穿线：形成于下降趋势中的长阴线实体保持了下降的含义，第二天的跳空低开进一步加强了下降含义，然后，市场反弹了，且收盘高于长阴线实体的中点。阳线穿入阴线的幅度越大，反转的幅度越大，如图 7.24 所示。

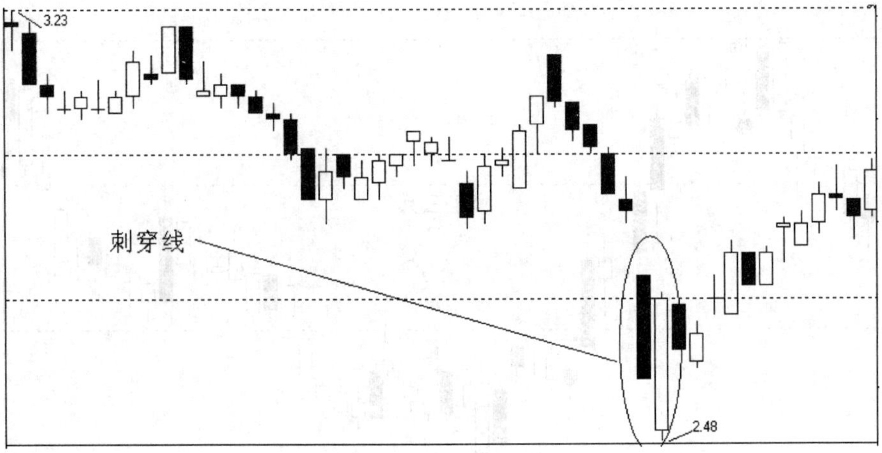

图 7.24　刺穿线

(3) 持续组合形态：既是上升形态、又是下跌形态的 K 线组合。

第一，孕育线：又称身怀六甲，见底见顶的转势信号，见图 7.25、图 7.26。

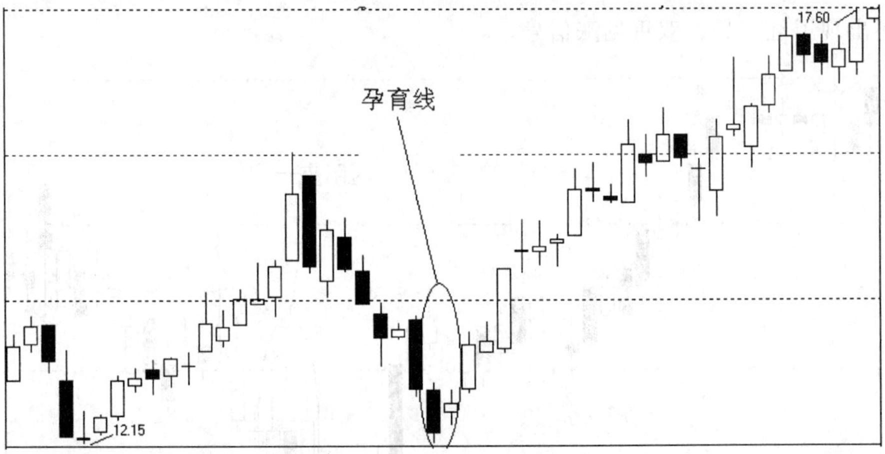

图 7.25　孕育线

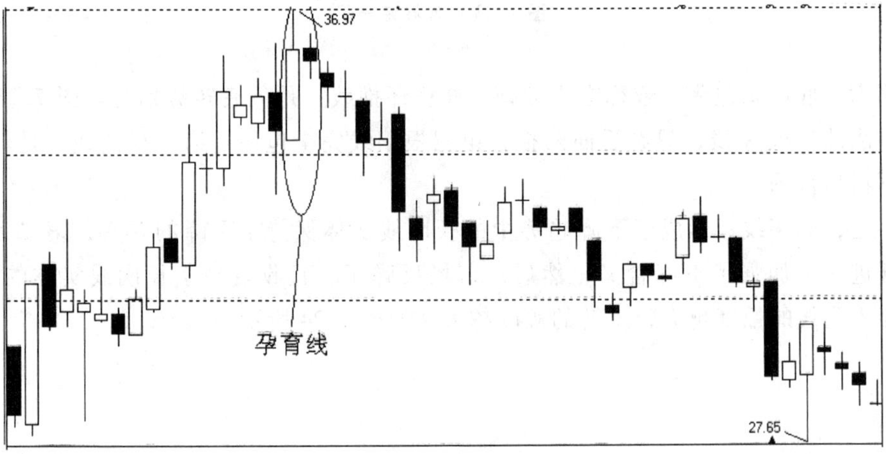

图 7.26　孕育线

孕育线的特征：长实体之前有趋势存在，图 7.25 之前是下降，图 7.26 之前是上升。第一天的长实体的颜色反映市场的趋势方向，图 7.25 长实体是绿色，反映下降，图 7.26 长实体是红色，表示上升。长实体之后是小实体，它的实体被完全包含在长实体的实体区域之内，且它们的颜色相反。

如果第二天的小实体为十字胎或十字星，也是见底见顶的反转信号，且转势信号更强，见图 7.27、图 7.28。

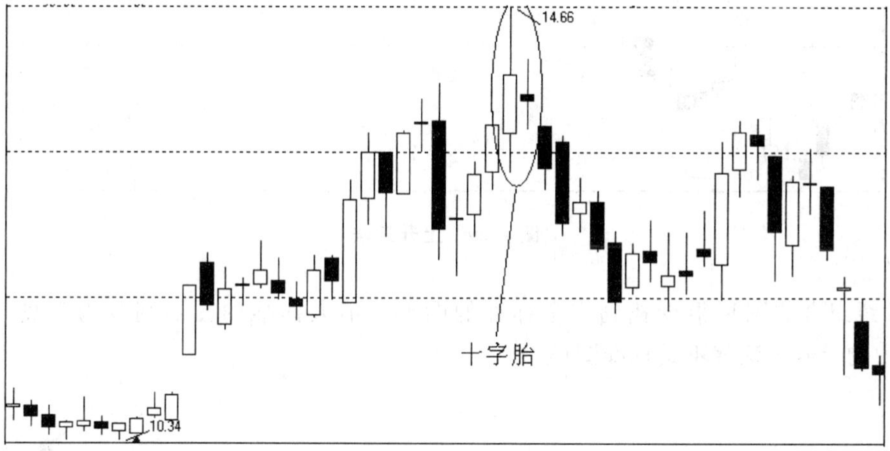

图 7.27　孕育线中的十字胎

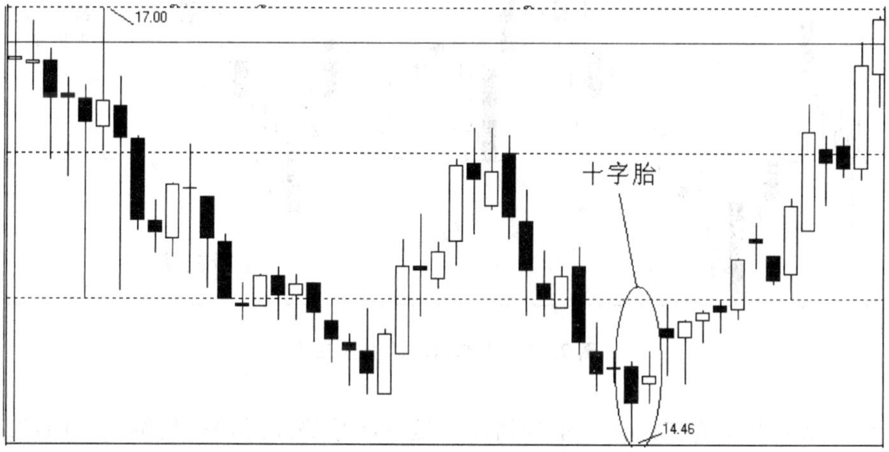

图 7.28　孕育线中的十字胎

第二，上升三法与下降三法。

上升三法：长阳线形成于上升趋势中，之后是一群抵抗原趋势的小实体。这些反向的 K 线一般是阴线，但更重要的是这些小实体都在长阳线的最高和最低范围内。最后一根 K 线的开盘价高于前一根 K 线收盘价，且收盘价出现新高，维持了原来的趋势，见图 7.29。

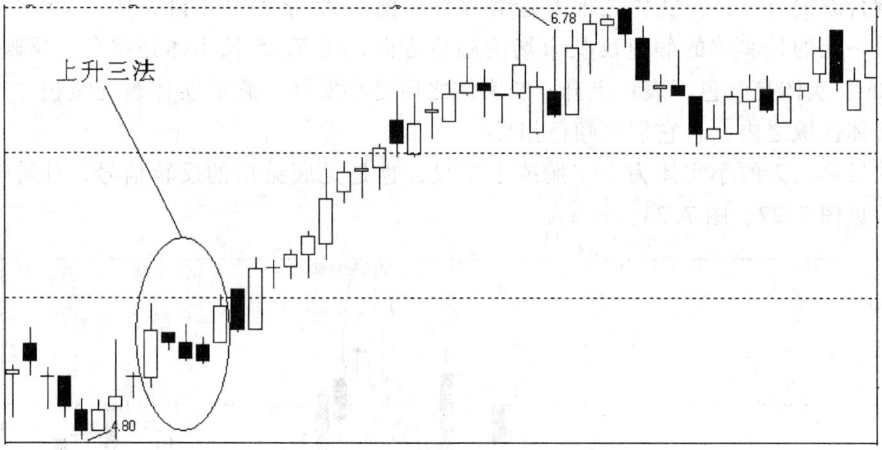

图 7.29 上升三法

K 线组合的图形很少找到完全标准的图形，不太标准的图形则较为常见，如图 7.30 中的上升三法就不是标准图形。

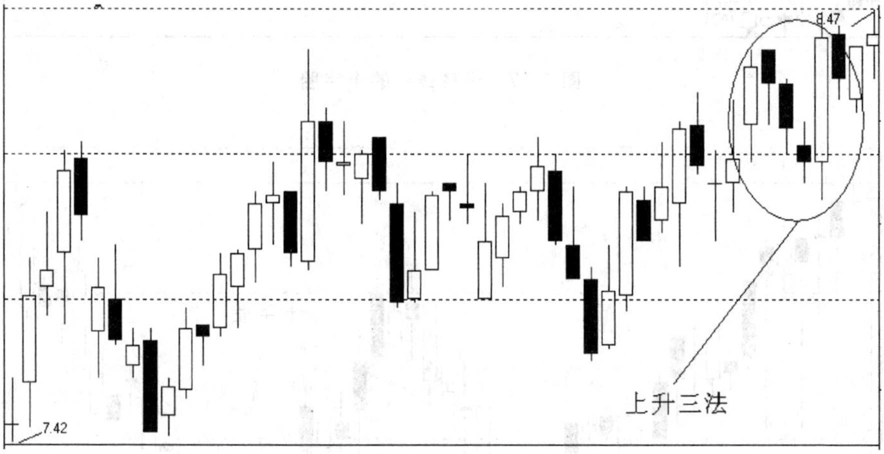

图 7.30 不够标准的上升三法

下降三法：与上升三法含义正好相反，是下降趋势经过停顿后继续下降的组合形态，见图 7.31。

要特别注意下降三法的灵活运用。如图 7.32 所示，下降趋势经过四天的停顿，然后继续下降，且继续下降的第二天创了新低。与标准下降三法不同：一是比标准的停顿三天多一天；二是将继续下降的两天合并起来看创了新低，不是标准中提到的一天；三是四天停顿的高低价略有些突破第一天的高低价。

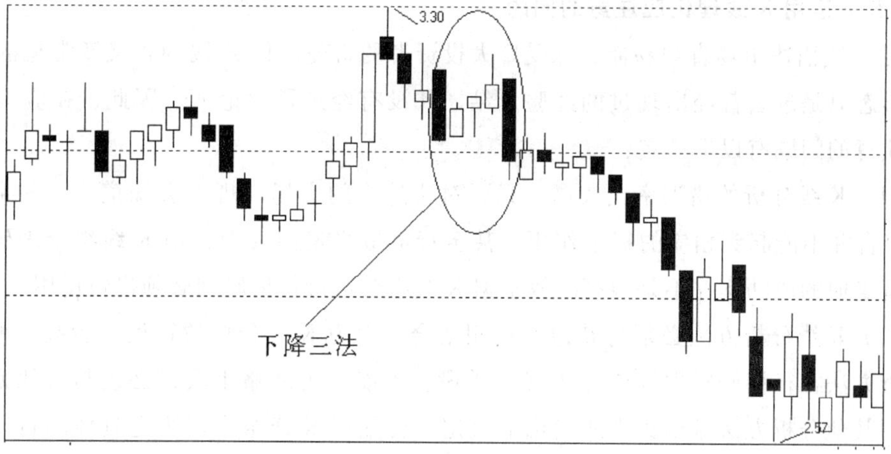

图 7.31　下降三法

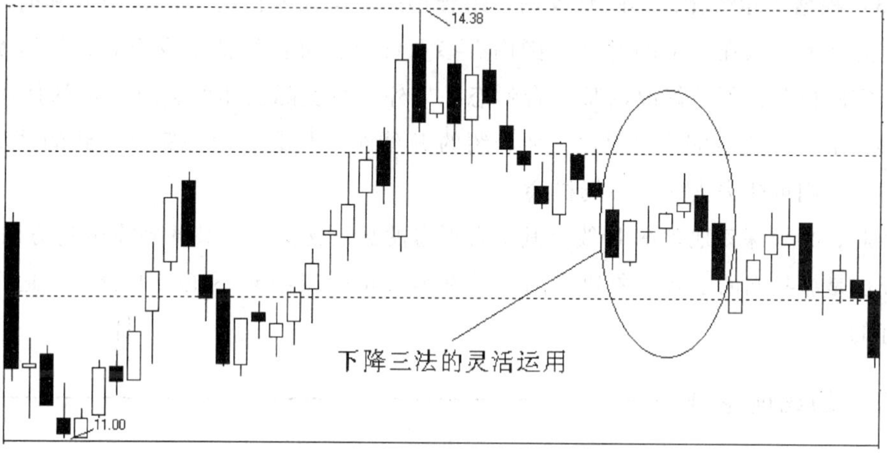

图 7.32　下降三法的灵活运用

同样，图 7.33 中的下降三法也不是标准图形。

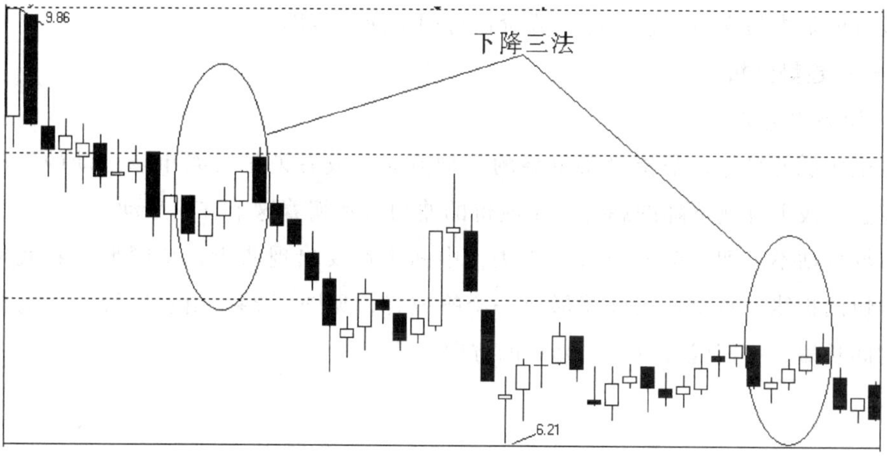

图 7.33　不够标准的下降三法

（五）运用K线理论应注意的问题

用K线描述市场直观易懂，深受广大投资者的喜爱。但K线的含义及常见的K线组合形态只是过去曾经出现过的经验总结，并没有经过科学论证。因此，在应用K线时要注意的问题有以下三点：

（1）K线分析的错误率比较高。只要对比过去的市场表现就会知道，一些常见的K线组合并不能起到相应的提示作用，甚至行情最终走向反面，用K线组合来研判后势行情走向的成功率并不是很高。故根据K线组合进行行情研判必须谨慎使用。

（2）K线分析方法必须与其他方法相结合。因为K线分析的错误率较高，所以K线分析方法在行情研判中只能作为战术手段，不能作为战略手段，必须与其他方法结合。用其他分析方法做出买进或卖出的决定，再辅以K线组合以决定具体的行动时间和价格。

（3）根据实际情况，不断修改调整组合形态。K线分析的结论在空间和时间方面的影响力不大，只在一定的时空范围内有参考价值。市场行情千变万化，投资实践中要根据实际情况，不断修改调整组合形态。另外，在实际操作时，可以灵活使用K线及K线组合，不强调完全满足以上所介绍的K线组合形态，因为完全一致的情况是不多见的，否则可能失去一些市场机会。

因此，必须深刻地理解K线及其组合形态的真正含义。与其他技术分析方法一样，K线分析是靠我们的主观印象建立的，没有绝对正确或绝对不正确的分析，适合的就是最好的。

二、切线理论

顺势而为是明智的，但“势”在何方？切线理论试图从趋势分析角度探寻规律。切线就是将股价曲线中两个或两个以上的高点或低点连成直线。

切线理论就是用切线作为参照工具，在后期行情研判中以期反映股价的运行趋势，指示股价的阻力与支撑位置，确定股价运行的空间和范围。

（一）趋势分析

1. 趋势的定义

这里所说的趋势，是指股票价格的波动方向，或者说是股票市场运动的方向。如果确定了一段上升或下降的趋势，则股价的波动必然朝着这个方向运动。

市场变动不是朝一个方向直来直去，中间肯定要出现曲折，从图形上看就是一条曲折蜿蜒的折线，每个折点处就形成一个峰或谷，见图7.34。由这些峰和谷的相对高度和时间长短，我们就可以看出趋势的方向。

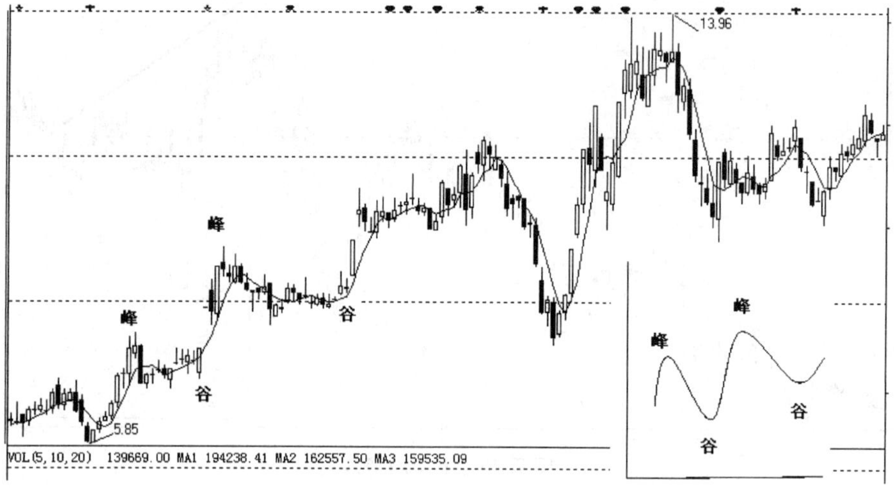

图 7.34 波峰与波谷

画任何趋势线必须选择两个有决定意义的高点或低点，连接一段时间内价格波动的高点和低点就能画出趋势线。在一个上升趋势中将价格波动的各个谷即价格低点用一条直线连接起来，就会形成一条向上的上升趋势线。在行情趋势没有改变前，股价会保持上行的趋势运行，见图 7.35。

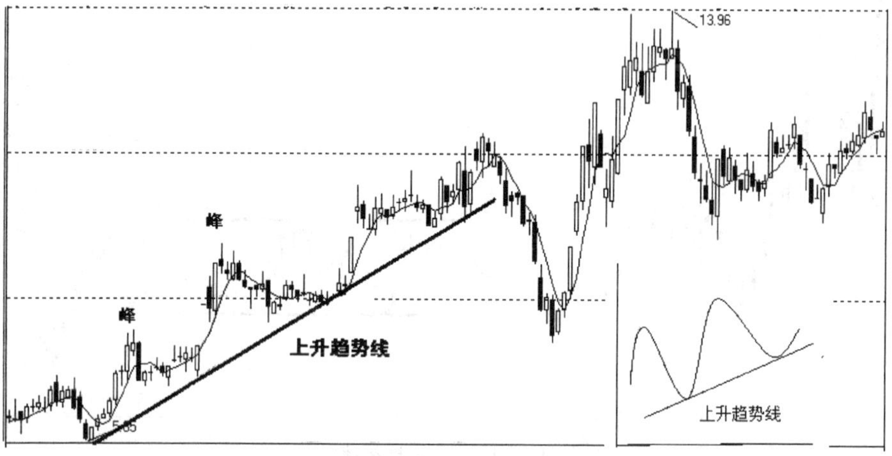

图 7.35 上升趋势线

在下降趋势中将价格波动的峰，即各个高点用一条直线连接起来，就会形成一条向下的下降趋势线，在行情趋势没有改变前，股价会保持下降的趋势运行，见图 7.36。

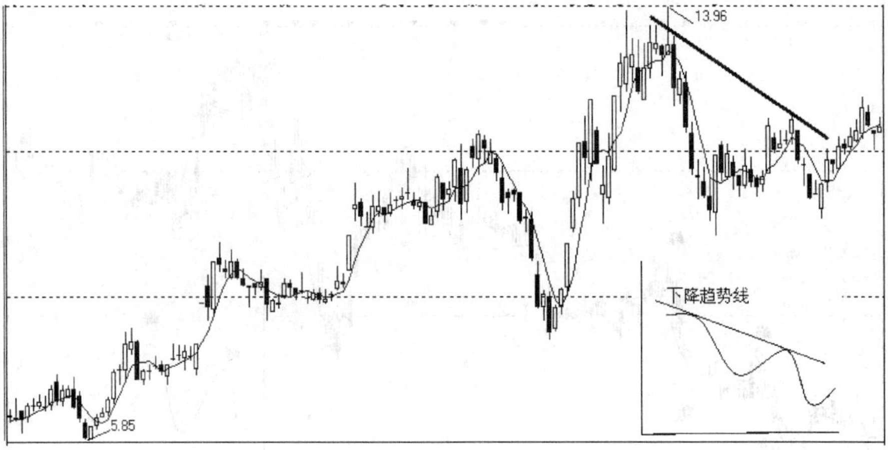

图 7.36　下降趋势线

2. 趋势的方向

（1）上升方向，如果后面的峰和谷都分别高于前面的峰和谷，则趋势就是上升方向，如图 7.35 所示。

（2）下降方向，如果后面的峰和谷都分别低于前面的峰和谷，则趋势就是下降方向，如图 7.36 所示。

（3）水平方向，也就是无趋势方向。如果后面的峰和谷与前面的峰和谷相比，没有明显的高低之分，几乎呈水平延伸，就是无趋势方向，如图 7.37 所示。

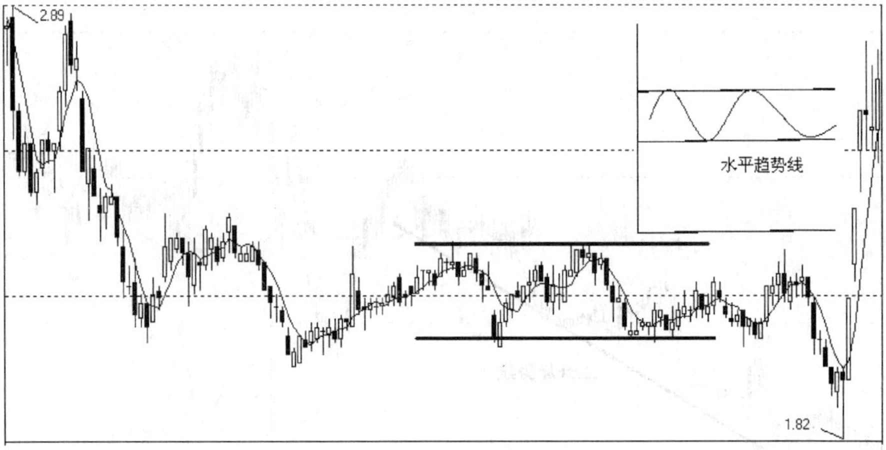

图 7.37　水平趋势线

3. 趋势的类型

按道氏理论，我们可依据时间的长短和波动幅度的大小将趋势分为主要趋势、次要趋势和短暂趋势。主要趋势是趋势的主要方向，主要趋势是价格波动的大方向，一般持续的时间比较长、幅度大，趋势提示更可靠；次要趋势是在主要趋势的过程中进行的调整；短暂趋势又是对次要趋势的过程中所进行的调整。

选择分析周期越长，行情的方向性越明确。如果把季 K 线反映的趋势看成主要趋势，那么月 K 线、周 K 线反映的趋势就是次要趋势，日 K 线反映的趋势就是短暂趋势。如图 7.38 所示，多周期同列 K 线图也就同时反映了短暂趋势、次要趋势、主要趋势。

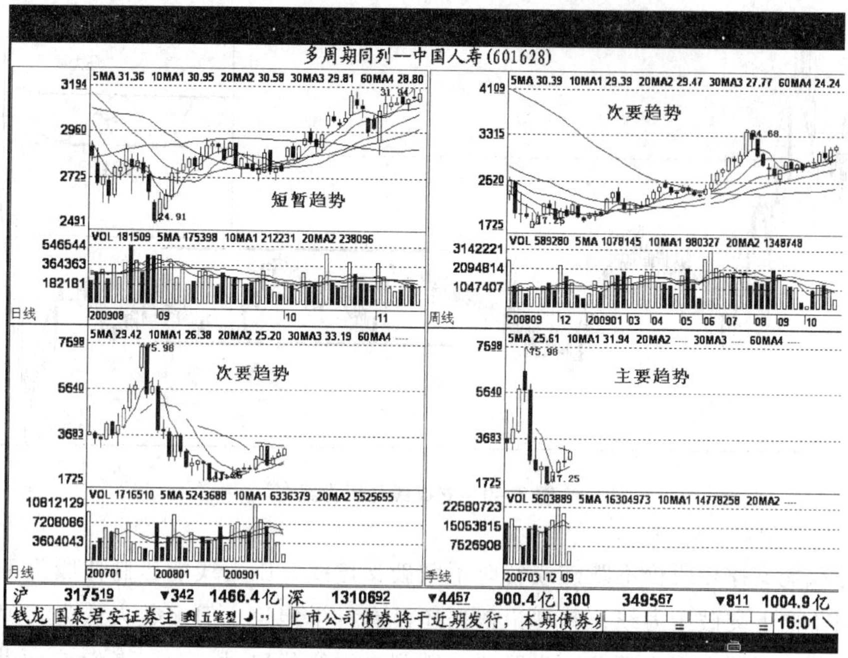

图 7.38　多周期同列 K 线反映短暂趋势、次要趋势、主要趋势

（二）支撑线和压力线

1. 支撑线和压力线的定义、理论依据与画法

支撑线又称为抵抗线。当股价跌到某个价位附近时，股价停止下跌，甚至有可能还有回升，这是因为多方在此买进造成的。支撑线起阻止股价继续下跌的作用。这个起着阻止股价继续下跌或暂时阻止股价继续下跌的价位就是支撑线所在的位置。

压力线又称为阻力线。当股价上涨到某价位附近时，股价会停止上涨，甚至回落，这是因为空方在此价位抛出造成的。压力线起阻止股价继续上升的作用。这个起着阻止或暂时阻止股价继续上升的价位就是压力线所在的位置。

不管是什么样的行情都有支撑线或压力线，见图 7.39 和图 7.40。

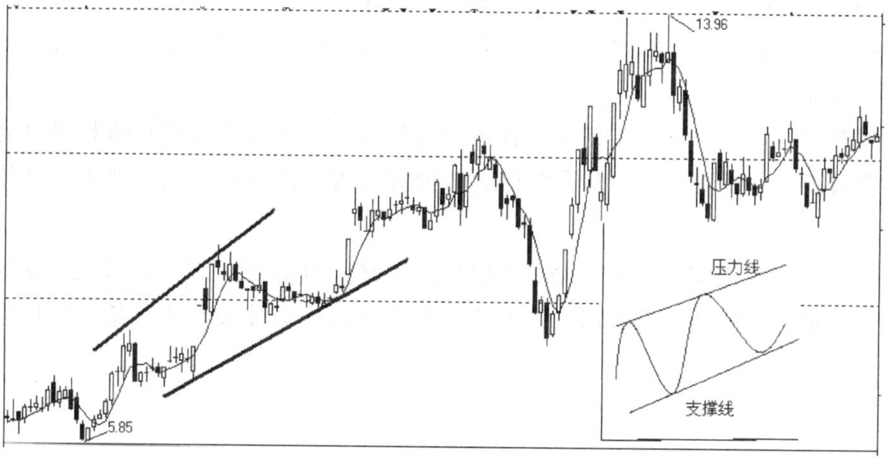

图 7.39　支撑线与压力线

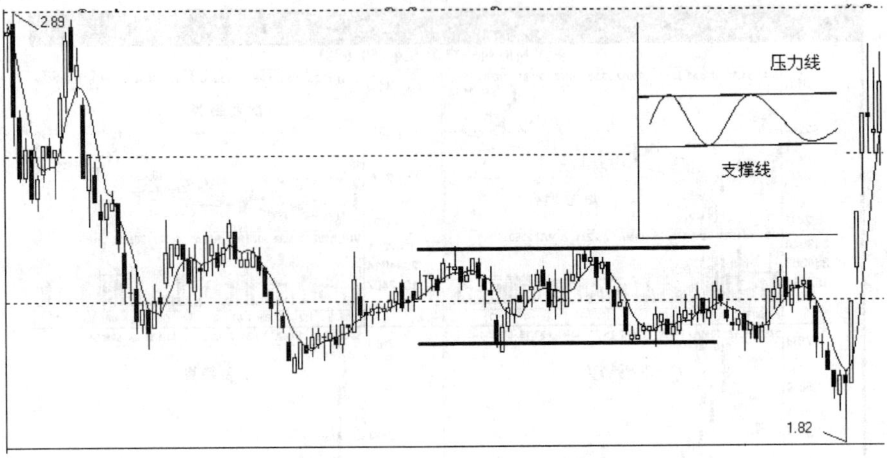

图 7.40 支撑线与压力线

支撑线能支撑住股价不跌破或暂时不跌破支撑线，压力线能压制住股价不向上突破或暂时不向上突破压力线，其理论依据还没有科学定论。但多数人认为其理论依据与投资者的心理因素密不可分。当股票下跌到支撑线位置时，投资者们就会预期股价会被支撑，不会再跌，该反弹了。因此人们在此价位上倾向于愿买不愿卖，买多卖少，股价就升起来了，也就得到了支撑的效果；相反，当股票上升至压力线一带时，卖多买少，股价就会跌下来，压力效果显现。除非，多空双方的一方力量强大，股价猛烈上涨或下跌，才能改变投资者的心理价位暗示，认同新的价格变动趋势。

画支撑线压力线的方法较多，常用的方法是选择前期的高点、低点和成交密集区对应的价格画直线。

2. 支撑线和压力线的作用

支撑线和压力线的作用就是阻止或暂时阻止价格向一个方向继续运动。只要画出恰当的趋势线，股价运行的大方向仍然会是趋势线的方向，这就给行情研判提供了较为明晰的参照。需要注意的是，如果画出的支撑线和压力线在当前已知的支撑和压力点中有较大成交量，且持续较长时间，那么这样的支撑和压力线对今后股价的影响也就大；反之亦然。

如果股价运行力量较大，突破了特定的趋势线，就意味着原有行情趋势可能已结束，多空转换了。投资者也就要采取相应的投资行为，买进或卖出股票了。具体分析如下：

（1）当股价跌破支撑线时，是卖出信号，如图 7.41 所示。没有跌破前，支撑线会对每一次股价的回落起支撑作用，即股价跌至支撑线处会掉头向上，延续股价原有的趋势。

图 7.41　支撑线被股价突破是卖出信号

（2）当股价向上突破压力线时，是买入信号，如图 7.42 所示。没有突破前，压力线会对每一次回升起阻力作用，即股价升至压力线处会就掉头向下，延续股价原有的趋势。

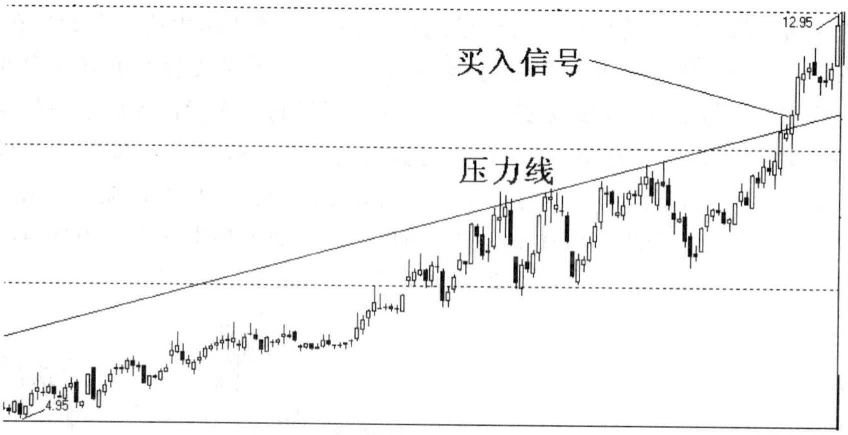

图 7.42　压力线被股价突破是买入信号

（3）价格随着支撑或压力趋势线移动时间越久，此趋势线越是可靠。即趋势线支撑或压力作用发挥越久，趋势线越值得依赖，趋势越是明确。图 7.41 与图 7.42 都是三次起到支撑或压力作用。

（4）股价的上升与下跌到了末期，会有加速上升或加速下跌现象。因此，股价运行趋势改变的顶点或底部，大都加速脱离趋势线控制，远离趋势线而去。图 7.41 支撑线被股价突破是卖出信号和图 7.42 压力线被股价突破是买入信号，都是在突破原有趋势线后分别加速下跌和加速上涨。

3. 支撑线和压力线的相互转化

支撑线和压力线的角色不是一成不变的，它们是可以相互转化的。支撑线被突破后股价就在该线的下方运行，这个支撑线就会成为今后股价运行的压力线；同样，压力线被突破后该压力线就成了支撑线。关于突破，一般认为，穿过支撑线或压力线越远，突破的结论越正确。稍微有些突破后又回归原有状态就不是真正的突破，或称假突破。

图 7.43 中的 A 点受到-23.60% 线的支撑，即该线是支撑线。而这条线在被突破以后，它就变成了压力线，股价在以后的 B 点和 C 点都受到了压制。

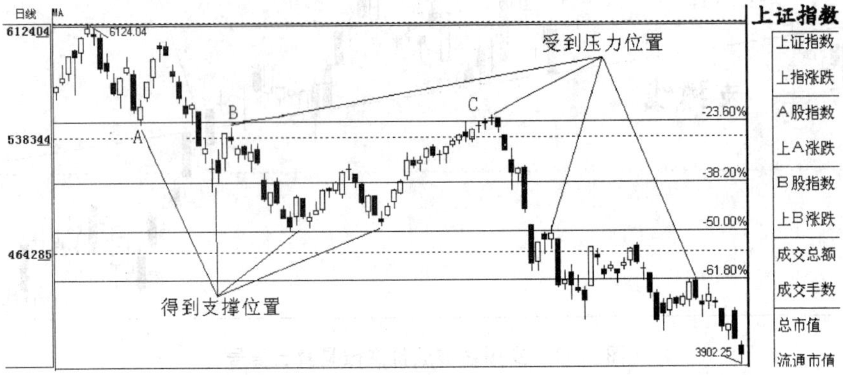

图 7.43　支撑线和压力线的相互转化

4. 支撑线和压力线的修正

既然支撑线和压力线都是人为而成，主要理论依据是人的心理因素，人为因素起着很大的作用。随着时间的推移，可能已经画好的支撑线或压力线被股价突破，不再起支撑或压力作用，则需要重新画支撑线和压力线，这就是支撑线和压力线的修正。修正以后的支撑线与压力线如原来的一样，为投资者进行买入卖出提供了一些依据。

如图 7.44 所示，原压力线 AC 线在 C 处被向上突破，运行至 B 高点后回调，原压力线 AC 线已经不能再起到趋势线的作用了，所以必须修正。依据近期两次高点 A、B 点画直线，形成新的压力线，即修正压力线 AB 线。后期走势中修正压力线 AB 线在 D 点处确实起到了压力的作用，股价又调头向下了。

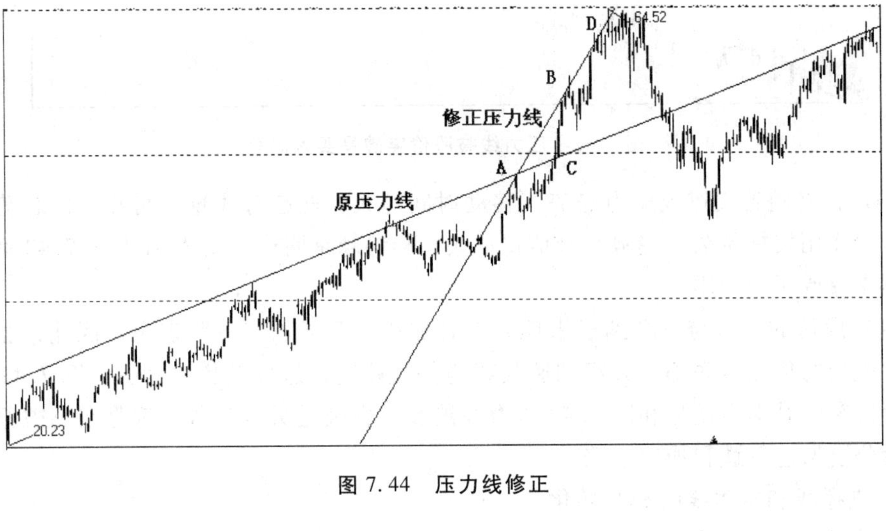

图 7.44　压力线修正

（三）轨道线

轨道线又称通道线或管道线，是基于趋势线的一种支撑压力线。在得到一条趋势线后，通过第一个峰和谷就可以画出这条趋势线的平行线，这两条平行线就称为轨道线，见图 7.45。

不管是突破压力趋势线还是支撑趋势线，往往是趋势反向的开始，但对轨道线的突破却往往是趋势加速的开始。如图 7.45 中的 A 点就是开始突破的加速点。

另外，股价在轨道线运行中要注意，如果在股价的波动中未触及轨道线，离得很远就开始掉头，说明股价可能会是趋势改变的信号，如图 7.45 中的远离上轨线的 B 点处开始掉头，是较为危险的信号。

图 7.45　轨道线图：截至 2009 年 11 月 13 日的中国平安 K 线图

（四）黄金分割线和百分比线

黄金分割线和百分比线这两种切线是水平切线，分别是由一组按黄金分割比例或一定百分比比例作为线线间距离的水平直线构成，在股价运行至某时段时，在一组水平切线中只有一条被确认为支撑线或压力线。

斜的支撑线和压力线随着时间的推移，支撑位和压力位也会不断地变化。向上斜的切线价位会变高，向下斜的切线价位会变低。因为是水平切线，没有这样的变化，但它们有其优点，就是有几条不同价位的水平直线，即同时提供了好几条支撑线和压力线，并期望这几条直线中最终确有一条能起到支撑和压力的作用。

1. 黄金分割线

画黄金分割线其实是一个古老的数学方法。对它的各种魔力般的表现，数学上至今还没有明确的解释，在实践中它却能发挥人们意想不到的神奇作用。

画黄金分割线的第一步是记住若干个特殊的数字：0.191、0.382、0.5、0.618、0.809、1.618、2.00、2.618、4.236。其中，0.382. 0.618. 1.618. 2.618 最为重要，价格极容易在由这四个数产生的黄金分割线处产生支撑和压力。

以大智慧软件为例，看如何在 K 线图中画出黄金分割线。先在 K 线图中找到最高点与最低点，它们是一段上升行情结束，调头向下的最高点；一段下降行情结束，调头向上的最低点。这里的高点和低点都是指一定的范围，是局部的。而且要选择离预测区域时间最近的一段行情。如何选择这样的波段有人为因素，只要我们能够确认一个趋势（无论是上升还是下降），则这段行情的高点与低点就可以作为进行黄金分割的点，这两个点一经选定，就可以画出黄金分割线了。作图的原理是在最高点与最低点间的距离分别乘以黄金分割的几个特殊数字就得到一组数值，用这组数值画水平直线就得到了一组黄金分割线。

在大智慧软件中，在K线图界面下选择“分析”菜单下的“画线工具”，并在画线工具子菜单下选择“黄金回挡”，然后鼠标指在K线图上最近一段行情的最高点，按住左键不放，向下拖到这段行情的起点即最低点处，这样就得到了一组黄金分割线，在0到100%之间用四条线分割，这四条线的系统默认比例分别为23.60%、38.20%、50%、61.80%。下降是负值，上升是正值。

例如，在上证指数的上升大波段3 404.15点至6 124.04点之间用大智慧软件的“黄金回挡”画出黄金比例线，如图7.46所示。

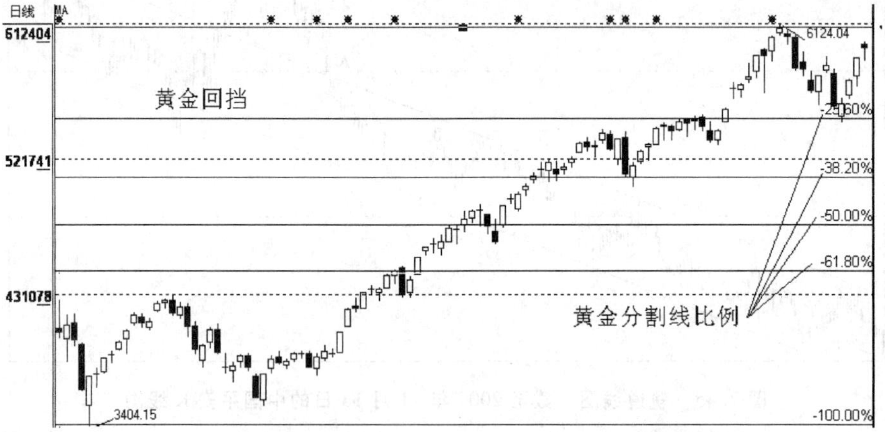

图7.46　黄金分割线画图（大智慧软件制作：黄金回挡线）

图7.47为黄金分割线的支撑、压力效果检验，此图中的黄金分割线是图7.47中画出来的，上证指数从最高点6 124.04回落至23.60%线时得到支撑后向上，然后又二次回落至38.20%线时又得到支撑，随后反弹至23.60%的压力线后第三次回落，至50%线得到支撑，在稍微突破50%线后第四次回落至50%线再受支撑，较强反弹至23.60%压力线后被压回，第五次回落至61.80%支撑线附近向上，三天后被50%压力线压回，等等。这些已经说明，在之前的上涨大波段中画出的黄金分割线，在随后的趋势中这些线确能起到支撑或压力线的作用，有一定的指导意义。

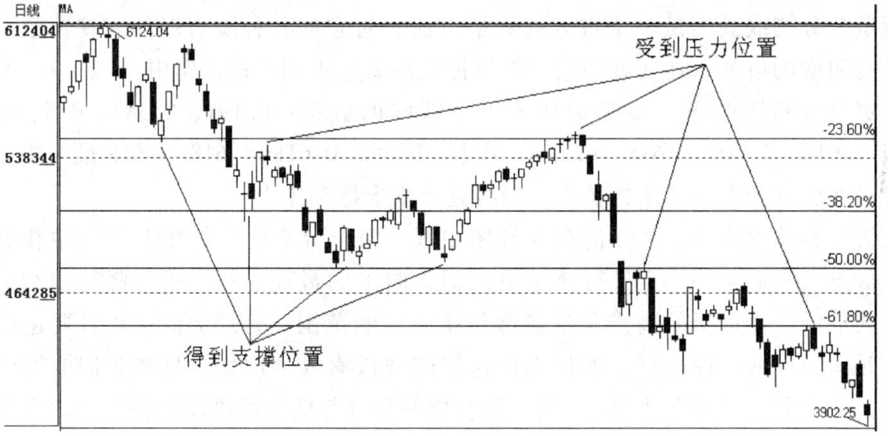

图7.47　黄金分割线的支撑、压力效果检验（大智慧软件制作）

2. 百分比线

与黄金分割线类似，将某个趋势的最低点和最高点之间的区域进行等分得到的一组水平直线就是百分比线。等分的位置就是百分比线的位置，是未来支撑或压力可能出现的位置。分位点的位置一般是下面的分数：1/8、1/4、3/8、1/2、5/8、3/4、7/8、1/3、2/3。一般认为，1/2、1/3、2/3 这三条线相对更为重要，其中 1/3、2/3 比较接近黄金分割比例。

与黄金分割线比例类似，软件可以直接作图。

在大智慧软件中，在 K 线图界面下选择“分析”菜单下的“画线工具”，并在画线工具子菜单下选择“百分比线”，然后鼠标指在 K 线图上最近一段行情的最高点，按住左键不放，向下拖到这段行情的起点即最低点处，这样就得到了一组百分比线，在 0 到 100% 之间软件默认百分比例分别为 1/4、2/4、3/4，即大智慧默认百分比线在 0 到 100% 之间加了三条水平直线，其位置分别是 25%、50%、75%。用大智慧软件在上升大波段 3 404.15 点至 6 124.04 点之间分割出百分比线，如图 7.48 所示。

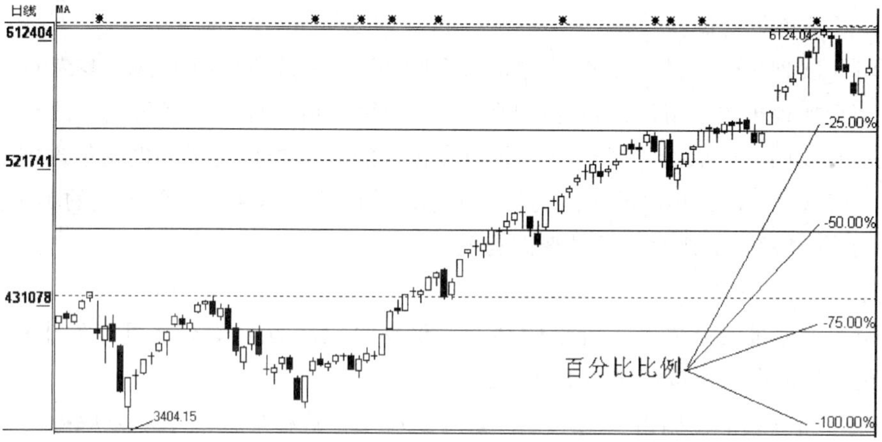

图 7.48　百分比线画图（大智慧软件制作：百分比线）

图 7.49 百分比线的支撑、压力效果检验表明，随着时间的推移，之前画出的百分比线逐渐显示出其支撑与压力作用，效果还是不错的。

图 7.49　百分比线的支撑、压力效果检验（大智慧软件制作：百分比线）

（五）切线理论的不足

切线理论提供了可能的支撑位与压力位，在没有突破支撑或压力位时，行情可能会在支撑线上或压力线下运行，一旦有效突破，一般会产生新一轮行情，这些理论对投资者有一定的提醒作用。但切线理论仍有不足，其不足主要有两点：

（1）切线所提供的支撑线和压力线的位置是人为选择后画的，有了人为因素参与，具体在实践中使用时就有一个判断和选择的问题，有一定的随意性。

（2）支撑线和压力线有时能起到支撑或压力的作用，但有时起不到作用，即股价在这些支撑或压力线附近就有突破或不突破两种可能，令人难以研判行情。

三、形态理论

股票形态理论分析是技术分析的重要组成部分，它通过研究价格所走过的轨迹，即通过对市场横向运动时形成的各种K线形态进行分析，并且配合成交量的变化，分析和挖掘出曲线所体现的多空双方力量的对比，推断出市场现存趋势的未来走向，判断行情是延续还是反转。

运用K线理论时选择的参考K线就是近期的单根K线或数根K线，参考点少，由此K线组合所得出的行情研判指导时间较短，最短的预测行情甚至只有一两天。而形态理论在K线图上选取的参照点即K线组合包含的K线根数更多，也就包含更多的过去的价格信息，因此其预测的时间更长，形态理论因此而弥补了K线理论的不足。

（一）价格移动的规律和两种形态类型

1. 价格移动规律

多空双方力量大小决定了价格的移动，根据多空双方力量对比可能发生的变化，可以知道价格的移动应该遵循如下规律：

（1）价格移动的方向由多空双方力量对比决定，价格应在多空双方取得均衡的位置上下来回波动；

（2）价格波动的过程是不断地寻找平衡和打破平衡。原有的平衡被打破后，价格将寻找新的平衡位置。即，持续整理，保持平衡—打破平衡—寻找到新的平衡—再打破新的平衡—再寻找更新的平衡。

2. 价格移动的两种形态类型

按未来价格走向划分，可以将价格形态分为反转突破形态和持续整理形态。前者打破平衡，后者保持平衡。

（1）反转突破形态表示市场经过一段时期的酝酿后，改变原有趋势向相反方向发展的形态。反转突破形态包括头肩顶和头肩底、双重顶和双重底、三重顶（底）形态、圆弧形态、喇叭形、V形反转等。

（2）持续整理形态是市场顺着原有趋势的方向继续发展的形态。持续整理形态包括三角形态、矩形形态、旗形和楔形等。

虽然对形态的类型进行了分类，但是这些形态中有些是不容易区分其究竟属于哪一类的，因此有些分类不是绝对的，在应用中要注意甄别。例如，一个三重顶（底）形态，在一个更大的范围内可能会被认为是矩形形态的一部分；一个三角形形态有时也可以被当成反转突破形态，尽管多数时间我们把它当成持续整理形态。这些需要投资者在长期实践中对各种价格曲线的形态进行综合分析，真正掌握其内涵，以利灵活运用形态研判后市。

（二）反转突破形态

判断反转突破形态的时候，以下几点是必须要注意的：第一，市场行情事先必须有明确的趋势存在，或是上升的或是下降的，这是所有反转形态存在的前提，只有明确这一点才能研判反转还是不反转的问题。第二，现行趋势即将反转的第一个信号常常是某一条重要的支撑线或压力线被突破，换言之，某一条重要的支撑线或压力线被突破是反转形态突破的重要依据。第三，某个形态形成的时间越长，规模越大，则反转后带来的市场波动也就越大。第四，交易量是向上突破的重要参考因素。向下突破时，交易量可能作用不大。亦即交易量在验证向上突破信号的可靠性方面，更具参考价值。第五，顶部形态所经历的时间通常短于底部形态，但其波动性较强。底部形态的价格范围通常较小，但其酝酿时间较长。

1. 头肩形态

头肩形态是最常见也最可靠的一种形态。头肩形态包括头肩顶和头肩底，头肩顶和头肩底一共出现三个顶或底，也就是三个局部的高点或局部低点。中间的高点（低点）比另外两个都高（低），称为头，左右两个相对较低（高）的高点（低点）称为肩。下跌的深度借助头肩顶形态的测算功能进行预测。从突破点算起，价格将至少要跌到与形态高度相等的距离。形态高度是从头到颈线的距离。

（1）头肩顶形态。头肩顶形态的形成过程大体上是这样的：①股价经过长期上升后，成交量大量增加，随后持股者获利回吐，出现股价下跌。下跌时成交量往往比先前的最高价成交量减少许多，由此形成左肩。②股价回升，成交量大部分比左肩少（有时也可能出现大量换手），但价格却超越左肩顶部，随后成交量萎缩，股价呈现整理下跌，跌回至左肩低点附近，形成头部。③股价第三次上升，但此时成交量大多比左肩和头部少，涨势不再凶猛，上升的最高点低于头部的最高点，大多仅涨至左肩顶点附近即告下落，形成右肩。再回升时，股价也仅能达到颈线附近，再成为下跌趋势，此回升后再转下称为回抽。经回抽确认（回抽不是必需的程序）后的头肩顶形态就全部完成了。④股价跌破颈线，即该形态被跌破后，行情转为下跌趋势，如未经过长时间彻底整理，股价再回升时，也难以超过颈线。如果短时间内就回升至颈线以上，则头肩顶形态宣告失败。

头肩顶形态的特征：①一般情形下，右肩高点或与左肩等高，或比左肩略低，即颈线或水平或略微向下倾斜。②一般情况下，成交量从左肩到右肩是递减的。③突破颈线不一定要大成交量的配合，但以后再继续下跌时，成交量会放大。④跌破颈线，再经回抽确认后，趋势是下跌。下跌的深度至少是跌去形态的高度即从头到颈线的垂直距离。

如图 7.50 所示，水平的直线就是颈线，颈线与右边股价相交处就应该是最后的卖出时机，因为一旦跌破颈线，就可能还会跌去形态高度即从头到颈线的距离。

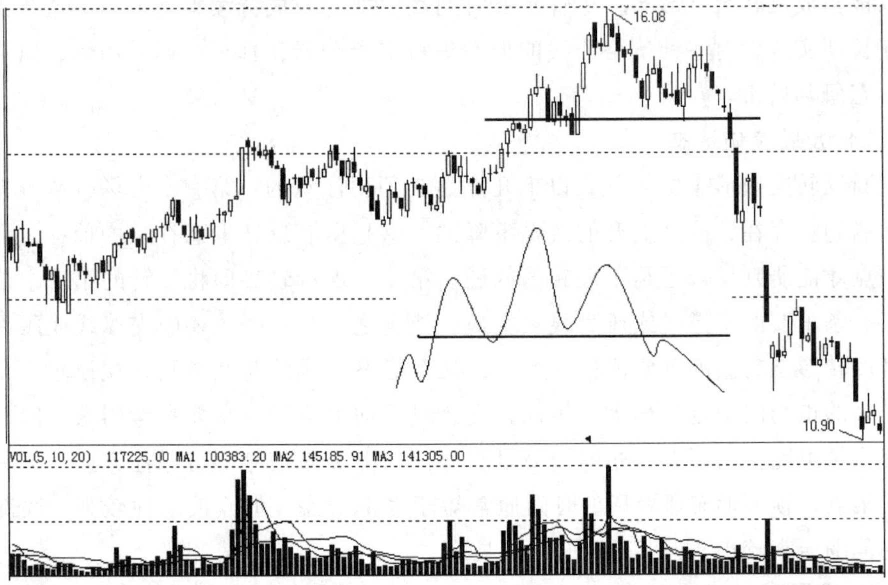

图 7.50　头肩顶

（2）头肩底形态。头肩底形态与头肩顶形态上下互为倒转，与头肩顶形态分析结论相似。但需注意头肩底形态对成交量有特殊的要求，在向上突破颈线时需要有成交量的配合，否则头肩底形态的可靠性可能降低。如图 7.51 所示，在向上突破颈线时的确有大成交量的配合，故头肩底形态构建成功。

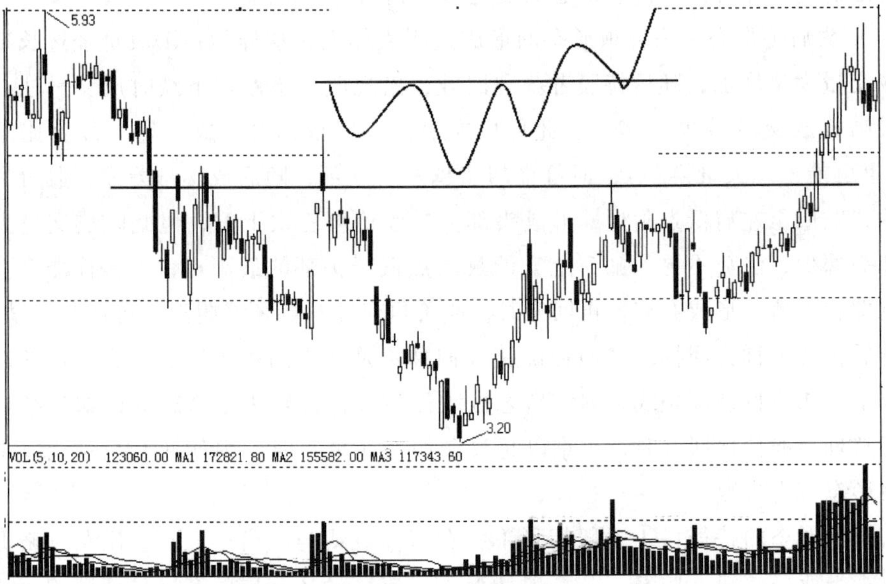

图 7.51　头肩底

（3）复合头肩形态。复合头肩形态与标准的头肩形态相比可能是两个左肩，或是两个头，或是三个右肩，或是它们的组合。对它们的分析与标准头肩形态类似，一旦构成复合头肩形态，其买或卖信号也是较为可靠的。在投资实践中完全标准的头肩形态（包括其他技术形态）是不多见的。

2. 双重顶和双重底

双重顶和双重底就是 M 头和 W 底，是极为重要的反转突破形态，这种形态在实践中经常看到。双重顶底一共出现两个顶和底，也就是两个基本相同高度的高点和低点，见图 7.52。

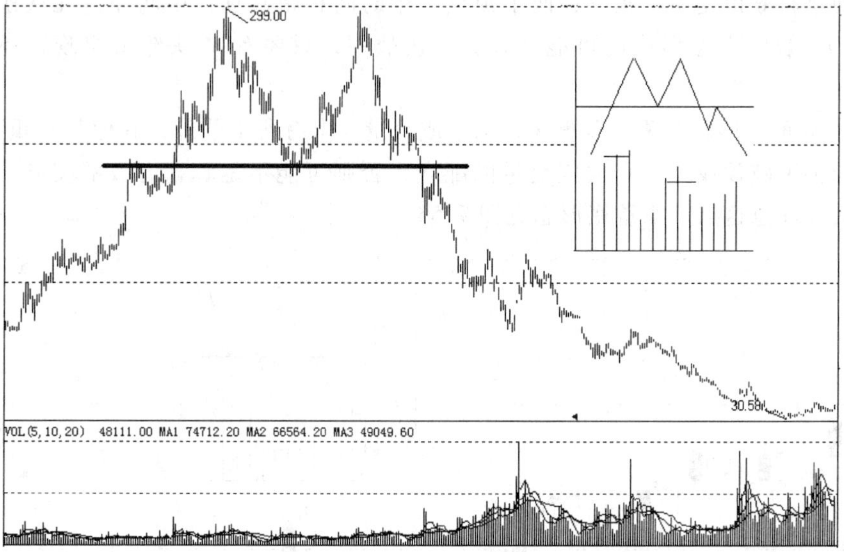

图 7.52 双重顶

（1）双重顶形态。股票价格上升到某一价格水平时，出现大成交量，股价随之下跌，成交量减少；接着股价又升至与前一个价格几乎相等之顶点，成交量再随之增加却不能达到上一个高峰的成交量，再第二次下跌，这就形成了双重顶形态。

双重顶的市场含义：股价持续上升为投资者带来了相当的利润，于是他们沽售，这一股沽售力量令上升的行情转为下跌。当股价回落到某水平，吸引了短期投资者的兴趣，另外较早前沽出获利的亦可能在这个水平再次买入补回，于是行情开始回复上升。但与此同时，对该股信心不足的投资者会因觉得错过了在第一次的高点出货的机会而马上在市场上出货，加上在低水平获利回补的投资者也同样在这水平再度卖出，强大的沽售压力令股价再次下跌。由于高点两次都受阻而回，令投资者感到该股没法再继续上升（至少短期该是如此），假如越来越多的投资者沽出，令股价跌破上次回落的低点（即颈线），于是整个双头形态便告形成，双头形态是一个转向形态。当出现双头时，即表示股价的升势已经终结。

操作要点提示：

①双重顶形态要求两个高点位置要基本相同，一般认为左高与右高的高度相差不超过 3%。向下突破颈线时不一定有大成交量的配合（但日后继续下跌时成交量会较大）。

② M 头形成以后，有两种发展可能：一是股价未突破颈线又回头向上，就演变成下面要介绍的矩形形态；二是股价突破颈线的支撑位置继续向下，此时的双重顶反转突破形态才算成功。

③双重顶形态得到确认后，不仅有向下运行的定性结论，还有定量的测算功能，即测算完成双重顶形态最小下跌距离，至少达到波谷与波峰之间的垂直距离，也就是

说从突破点算起，价格将至少要跌到与形态高度（从顶点到颈线的垂直距离）相等的距离。

④在个别情况下，双重顶可能不是反转信号，而是整理形态，如果两个顶点（底点）出现时间非常近，在它们之间只有一个次级下跌，大部分属于整理形态，将继续朝原方向进行股价变动。相反，两个顶点产生时间相距甚远，中间经过几次次级上升（或下跌），反转形态形成的可能性较大。实战中，只要有 M 头雏形出现，还是谨慎为妙。

（2）双重底形态。关于双重底，除了成交量要求有所不同外，其他与双重顶相同。双重底向上突破颈线时要有大成交量的配合，否则可能不是真正有效的突破，在研判行情时必须注意这点。双重底形态见图 7.53。

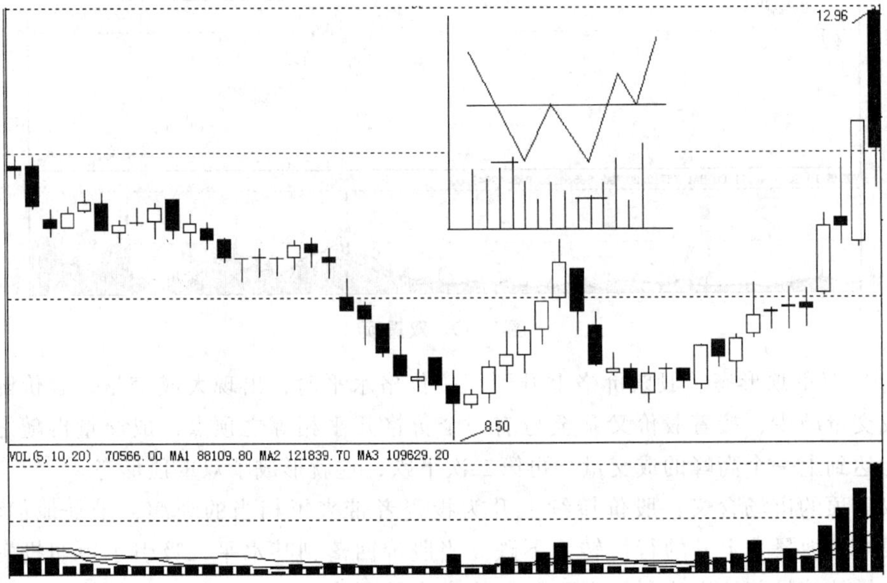

图 7.53　双重底

3. 三重顶（底）形态

它是由三个一样高或一样低的顶和底组成。显然，三重顶（底）是二重顶（底）形态的扩展。形态上看类似于头肩顶（底），也类似于矩形形态。特别要指出的是，三重顶（底）从本质上看就是头肩顶（底）形态，因此，前面讲到的头肩顶（底）的相关方法也适用于三重顶（底）形态。

三重顶（底）形态是一种造顶与盘底较长过程的一种形态，最易使投资人迷惑不解。没有耐心的投资人在形态没有完全确定时，便急于跳进跳出；在遇到未如意料的走势时，又急于杀出或抢进。等到大势已定，股价正式反转上升或下跌，仍照预期方向进行，此时投资人信心已动摇，开始犹豫不决，眼看一段大行情溜掉，该买未买，该卖未卖，或失去重大收益，或造成重大损失。

三重顶（底）形态特征主要有：①三重顶（底）形态比头肩形态更易变成持续整理形态。②三重顶（底）之峰顶与峰顶或谷底与谷底的间隔距离与时间不必相等。③三个顶点与三个谷底的股价不必完全相同（有人认为高低最大差距达 3% 内有效）。④三重底形态完成，一般情形下有成交量配合的要求。三重顶的第三个顶，成交量非常小时，即显示出下跌征兆；所不同的是，三重底在第三个底部完成而股价上升时，成交量大量增加，即表示股价将会突破颈线而上升，最终完成三重底的形态。⑤买卖时机。未跌破或突破三重顶（底）颈线前，形态并未得到确认，此时不是买卖时机。直到三重顶（底）完成后，突破颈线上升下跌时，这才是买卖时机。⑥与头肩形、双顶双底形一样，三重顶或三重底的最小跌幅或涨幅，是从顶部的最高价或底部的最低价至颈线的垂直距离。

图 7.54 是三重顶形态。图中不够标准之处是第二个谷较第一个谷深度更大，实践中还是要尽量用标准形态加以选择应用。图 7.55 是三重底形态。

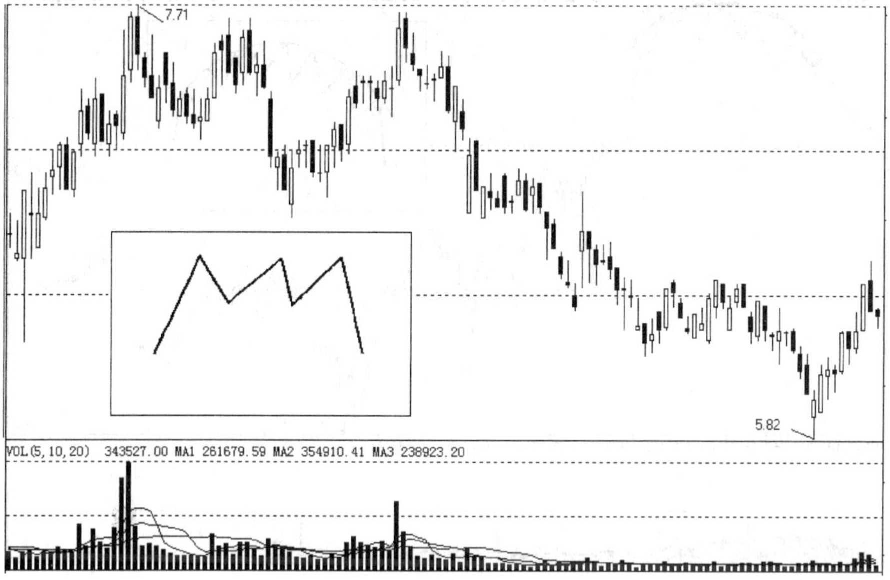

图 7.54 三重顶

图 7.55 三重底

4. 圆弧形态

股票价格在一段时间的走势看起来像一段弧线，将各个价格高点用折线连起来，得到的是一条弧线，覆在价格之上。同样将各个价格低点连在一起也能得到一条弧线，托在价格之下。圆弧形在实际中出现的机会较为少见，但是一旦出现则是绝好的机会，因为它转势的可靠性大，而且它的反转深度和高度是不可测的。

（1）圆弧顶。圆弧顶是指股价或股指呈现出圆顶走势，当股价到达高点之后，涨势趋缓，随后逐渐下滑，是见顶图形，预示后市即将下跌，见图 7.56。

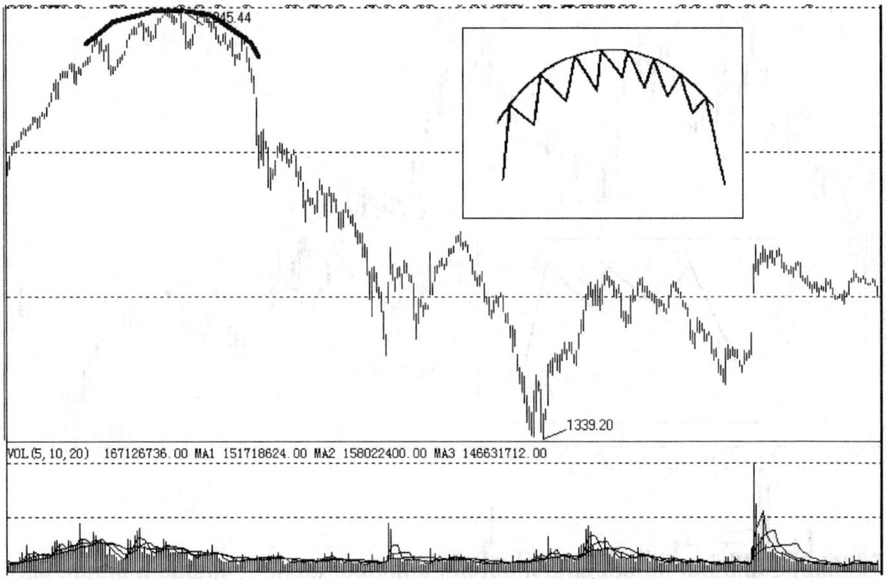

图 7.56　圆弧顶

当股价变动进入上升行情时，上涨初期，多头快速拉升股价，表示其实力强劲，涨升一段后，多头开始遇阻力，而使股价上升速度减缓，甚至下跌，多头由主动而变为被动，最后力竭，快速下跌。

整个形态完成耗时较长，常与其他形态复合出现。市场在经过初期买方力量略强于卖方力量的进二退一式的波段涨升后，买力减弱，而卖方力量却不断加强，中期时，多空双方力量均衡，多空间形成拉锯战，此时股价波幅很小，后期卖方力量超过买方，股价开始回落，当向下突破颈线时，股价将出现快速下跌。

圆弧形态形成的假想：大户所为造成圆弧形态。例如大户手中的股票很多，不可能一下全部抛完。前期由于涨势还在，在大户开始抛售时股价仍能惯性上行，但上行力度已随着大户的抛售减弱，逐渐形成左半边圆弧；大户抛售仍继续，直到市场开始缓缓下行接近颈线，大约形成右半边圆弧；大户接近抛完手中股票时，他们才会大幅打压，股价于是深跌。

圆弧顶形态有如下特征：

①由于圆弧顶形态耗时较长，不像其他图形有着明显的卖出点，一旦形成形态，行情会在短时间内爆发性下跌，很少有中间停顿或反抽现象，因此投资者要及早退出。

②成交量一般呈先递减后递增，在股价升至顶部时显著减少，在股价下滑时成交量又开始稍放大，在突破后可能会出现巨大的成交量。成交量的形态会呈圆底形状或V形。

③圆弧顶的形成时间越长，可靠性越强。

④颈线被突破后的最小跌幅一般是圆弧颈线到圆弧顶最高点之间的垂直距离。但一般情况下，跌幅远不止圆弧颈线到圆弧顶最高点之间的垂直距离这么多，有时可达300% 以上。

⑤圆弧顶多出现于绩优股或大户操控的股票之中，绩优股由于持股者心态相对稳定，多空双方力量很难出现急剧变化，股价趋势容易走成圆弧顶形态。大户操作的股票，主要原理则是主力在高位慢慢派发而成。

(2) 圆弧底。圆弧底的形态分析与应用要点和圆弧顶相同，只是方向相反而已，不再赘述。图 7.57 是一大圆弧底。根据前面的分析，圆弧形态的形成时间越长，可靠性越强，从图中可以看出突破颈线后涨幅惊人。

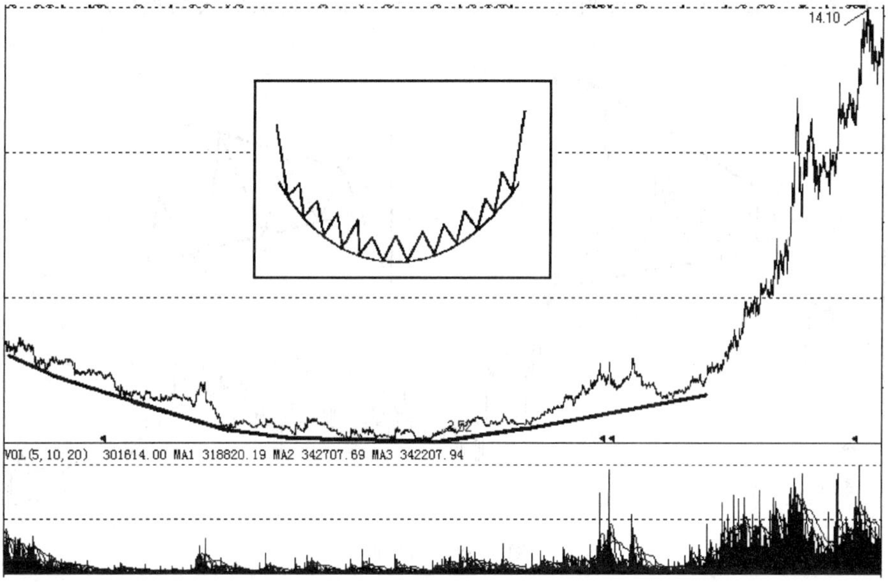

图 7.57 圆弧底

5. 喇叭形

股价经过一段时间的上升后下跌，然后再上升、再下跌；上升的高点较上次为高，下跌的低点亦较上次的低点为低。整个形态以狭窄的波动开始，然后向上下两方扩大。如果我们把上下的高点和低点分别连接起来，就形成了喇叭形，如图 7.58 所示。

其实这种形态往往跟人们疯狂的追涨杀跌投资情绪有很大关系，正是由于这种不理性的投机行为才使股票价格大起大落，振幅越来越大，直到跌破下边的支撑线转为下跌为止。因此它绝少在跌市的底部出现，原因是股价经过一段时间的下跌之后，投资意愿薄弱，因此在低迷的市场气氛中不可能形成这类形态。这类形态通常发生在主要顶部过程中。

要点提示：

（1）一个标准的喇叭形应该有三个高点、两个低点。这三个高点越来越高，中间的两个低点则越来越低。当股价从第三个高点回跌，其回落的低点较前一个低点为低，即跌破下边的支撑线时，形态成立了。图 7.58 中的右上角标准图形中显示出三个依次上升的峰，以及两个依次降低的谷。当第二个谷被向下穿越后，形态完结。

（2）喇叭形态也有可能会向上突破。如果股价以高成交量向上突破，它显示上升的趋势仍会持续。这是因为当喇叭形向上冲破时，显示市场激动的投机情绪进一步扩大，投资者已完全失去理性控制，疯狂地不计价高追入。只有当多方力量消耗完后，股价才会大幅跌下来。

（3）喇叭形态没有颈线，也没有标准的形态规模，当然也就没有定量的预测，即最少跌幅没有相应的估计方法，但一般来说，跌幅都很大。

（4）喇叭形态与投机情绪密不可分，因此一般出现在投机意愿较强、气氛活跃的行情之中。

（5）喇叭形态期间有不规则的大成交量，否则难以真正形成喇叭形态。

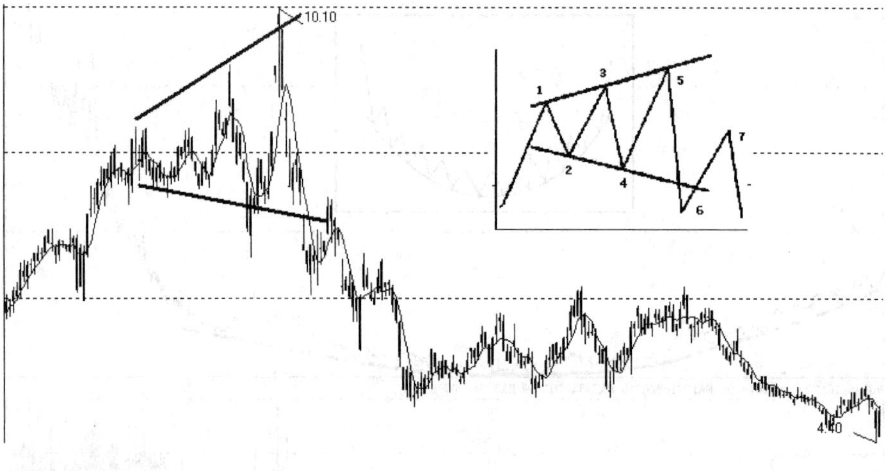

图 7.58 喇叭形

6. V 形反转

V 形反转出现在剧烈的市场动荡之中，底和顶只出现一次。V 形没有试探顶和底的过程。V 形反转事先没有征兆，在我国大陆的股票市场，V 形基本上是由于某些消息引起的，而这些消息我们是不可能都提前知道的，所以这样的形态可遇而不可求。因为形态过于简单，也不利于判断确认，往往是等到形态确认后，行情可能已经到末尾了。

V 形趋势有一个重要特征，就是在行情的转折点必有大的成交量的配合。成交量的堆集形态与股价趋势形态相反，是中间高两头低的形态。图 7.59 为 V 形反转，图 7.60 为倒 V 形反转。

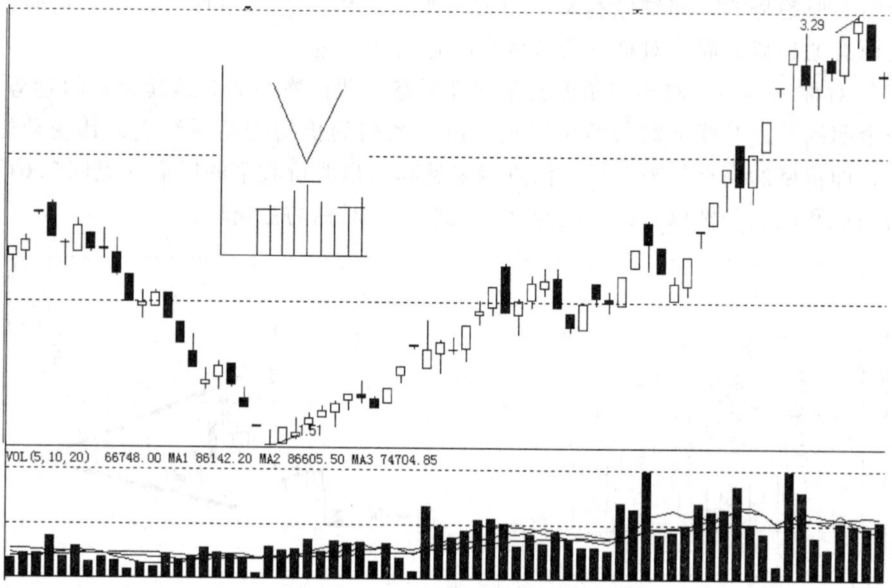

图 7.59 V 形反转

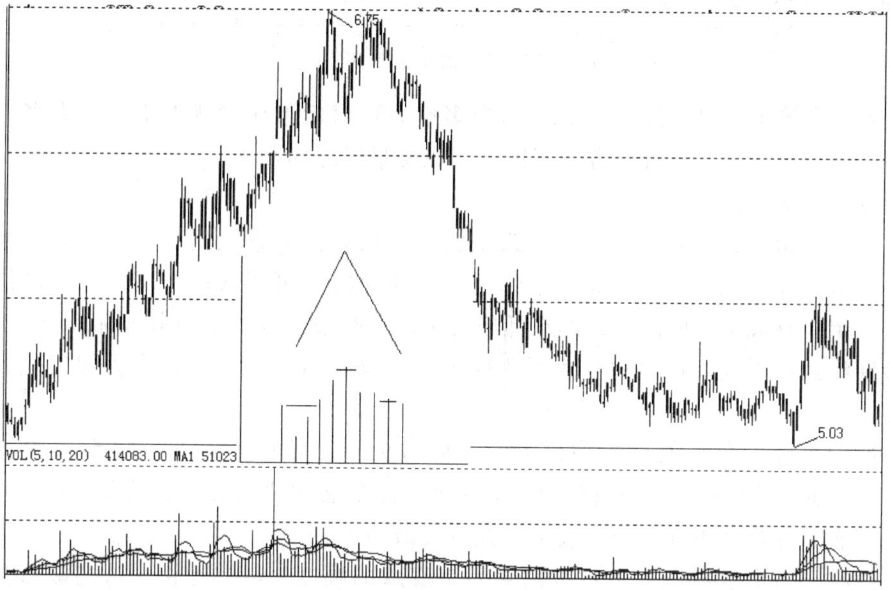

图 7.60 倒 V 形反转

(三) 持续整理形态

我们已经知道持续整理形态是市场顺着原有趋势的方向继续发展的形态，后市走势与上面的反转形态刚好相反。持续整理形态包括三角形态、矩形形态、旗形形态和楔形形态等。

1. 三角形态

三角形态属于持续整理形态。三角形主要分为三种：对称三角形、上升三角形和下降三角形。对称三角形有时又称为正三角形或等边三角形，后两种合称直角三角形。对称三角形发生在一个大趋势进行的途中，它表示原有的趋势暂时处于休整阶段，之后还要沿着原趋势的方向继续行动。由此可见，见到对称三角形后，今后走向最大的可能是原有的趋势方向。对称三角形被突破有测算功能。

（1）对称三角形。对称三角形属于整理形态，即价格一般会继续原来的趋势移动。它在一个明确的上升或下跌行情中出现，由一系列的价格变动所组成，其变动幅度逐渐缩小，即价格的高点越来越低，低点越来越高，呈股价收窄的图形（见图 7.61）。把股价的高点和低点分别以直线连接起来，就形成一对称的三角形。

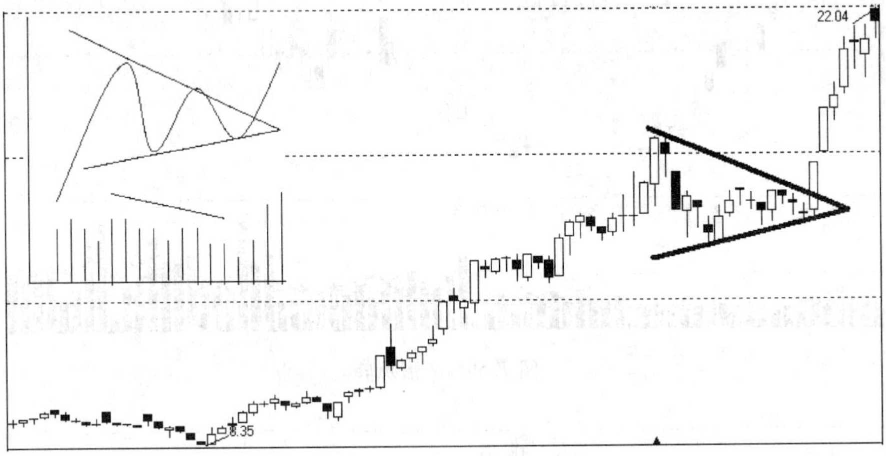

图 7.61 对称三角形

对称三角形成交量呈递减之态，因为多空力量对后市研判犹豫不定，大多处于观望态度；当价格突破三角形态方向明朗后，成交量随之而变大。

要点提示如下：

①对称三角形完成后的上升或下跌是另一次极佳的买进或卖出的时机。如果价格向上冲破阻力线，又得到了大成交量的配合，那此时就可买入；相反，若价格往下跌破，不一定要有成交量的配合，即在低成交量之下跌破，也是一个卖出时机。

特别注意：当股价在对称三角形内向上突破又没有量的配合，多为假突破，操作要小心。

②股价突破三角形的位置有讲究。一般认为，突破位置应在三角形横向宽度的 1/2~3/4，如果没有在这个位置突破，很可能三角形态构建失败。如果在超过 3/4 位置突破，其有效性反而不强，指导投资实践意义减弱。

③对称三角形也可以大致定量测算后市涨跌的幅度，简单地讲，从突破点算，股价至少要涨或跌到与形态高度相等的距离。

④对称三角形态大多出现于整理形态，但不绝对，有时会是反转形态。有人认为成为反转形态的机会为 1/4 左右。所以操作中注意股价突破三角形态的方向很重要。

（2）上升三角形。上升三角形是一种以上升为趋势的整理形态。相较于其他三角形，上升三角形有更强烈的上升意识。

上升三角形形态的上端阻力线大致上是一条水平直线，而支撑线则是向右上倾斜的直线，这意味着股价波动幅度越来越小，股价的低点逐渐抬高，下跌空间越来越小，所以最终突破的方向是向上的，见图 7.62。

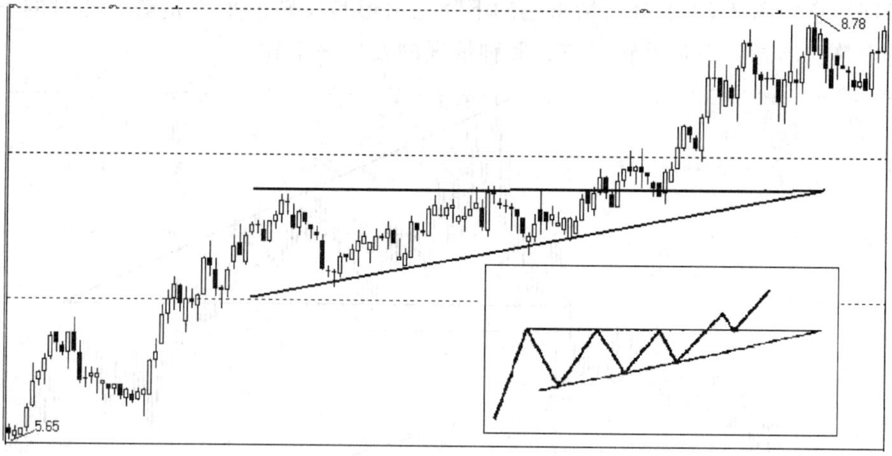

图 7.62　上升三角形

要点提示：

①上升三角形表示股价要上升，虽不绝对，但相反情况出现的概率应该不到 1/5。因此，若下跌趋势末期出现上升三角形盘局，表示股价即将反转上升，可买进。

②这种形态的成交量变动情形与对称三角形一样，当价格波动移向尖端时，成交量缩小，当股价突破而上升时成交量应当扩大，成交量若没有在突破上限时增加，需留意是一个假突破，不久会再回至原先的形态内。

③上升三角形突破后，股价变动的最小幅度至少为三角形的高，即三角形的顶点与底边的垂直距离。

（3）下降三角形。下降三角形和上升三角形正好反向，是看跌的形态。当上升趋势末期出现下降三角形，表示股价即将反转下跌，必须及早卖出，减少损失。当股价下跌突破下降三角形时，即使成交量没有扩大，也不影响它的有效性，可以依赖。其他分析与上升三角形完全相同，见图 7.63。

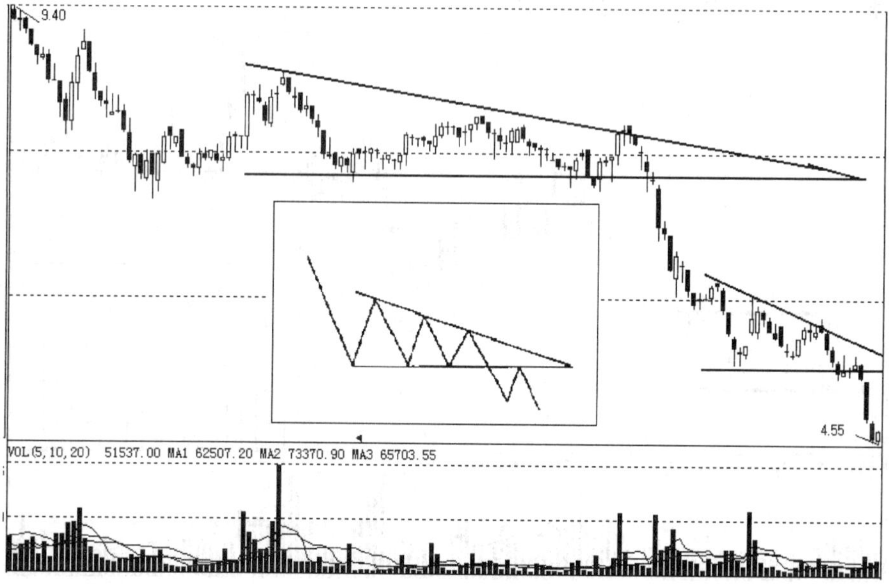

图 7.63　下降三角形

特别注意，图 7.64 上升行情末端的下降三角形是反转的形态走势。此时的三角形不再属于整理形态，而是反转形态，此种情况的发生率不高。

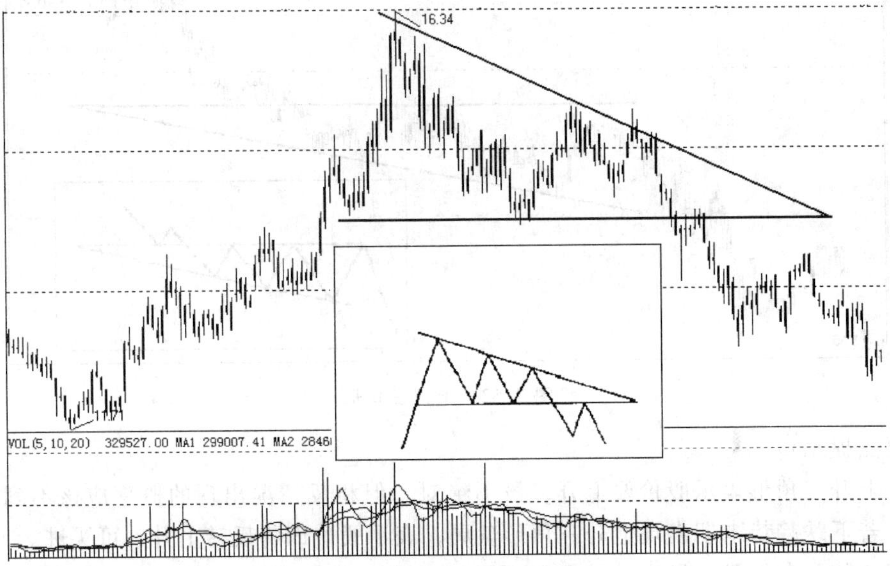

图 7.64 上升行情末端的下降三角形

2. 矩形形态

矩形是整理形态，也称箱形整理。矩形在其形成的过程中极可能演变成三重顶底形态。矩形的变动之上限与下限皆呈水平状，成交量变动则随着形态的发展越来越小，向矩形上方突破时亦需有大成交量配合，向下突破则不一定出现大成交量。

（1）形态特征：股价在两条平行、横向的直线之间上下波动，上行到上端直线位置就回落，下降到下端直线位置就回升。这是多空双方互不相让的结果，多方在股价下跌到某价位时就买进，空方则相反，在股价涨到某价位时就卖出，时间一长，他们的买入和卖出价位就分别连接成两条水平直线，形成矩形形态，见图 7.65。

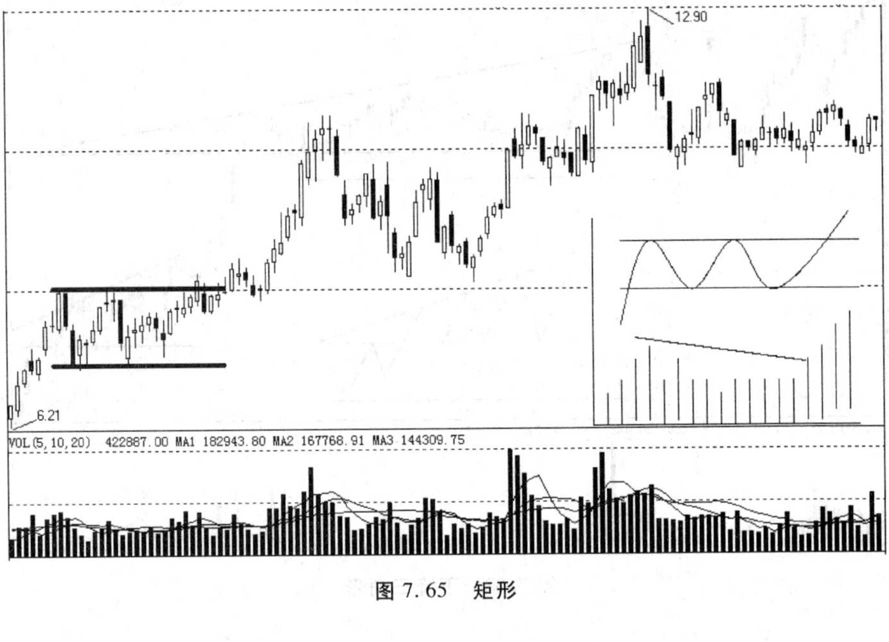

图 7.65 矩形

（2）形态说明：矩形整理一般发生在上升或下降的趋势运行之中。在上升过程中，多方将股价拉升到一定位置，其进攻能量有所下降，暂时中断拉升过程，但多方也不会让股价大幅滑落；同时，空方也无力从根本上改变多方控制的上升趋势，只能暂时打压股价到一定的位置，由此形成股价反复上上下下。利用这种箱形整理，多方既可以积蓄力量发动新的攻势，又可以消化掉部分在前期上涨中积累的获利盘，提高市场持股成本；反之亦然。因此，在矩形整理之后，股价一般会按原趋势方向进行突破，再度上升或下落，见图 7.65。

（3）形态应用：中长线投资者在上升趋势没有改变迹象而出现矩形整理时，一般可以放心持股；反之，对下降趋势中的矩形整理，可耐心等待更低的买点。短线投资者可以利用箱体特征，低买高卖，进行波段操作而获利。尤其是在矩形初期采取高卖低买、快进快出容易获利。

一旦突破，涨跌幅度至少是上限至下限间的差价。

虽然矩形形态大多为整理形态，少数为反转形态，但还是可能发生，且在底部发生反转次数比顶部要多。操作时要格外小心。

3. 旗形形态

旗形形态就像一面挂在旗杆上的旗帜，通常出现在市场极度活跃、股价近乎上线上升或下降、急速而又大幅的市场波动中。价格经过一连串紧密的短期波动后，形成一个稍微与原来趋势呈相反方向倾斜的平行四边形，看起来就像是一面旗帜。旗形走势分为上升旗形和下降旗形。图 7.66 为上升的旗形。

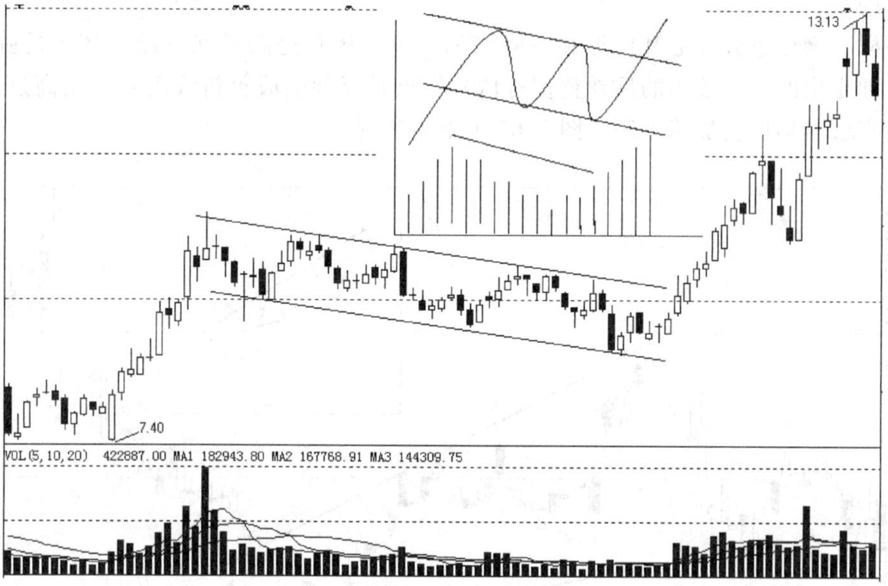

图 7.66　上升的旗形

要点提示如下：

（1）当价格经过陡峭的飙升后，接着形成一个紧密、狭窄和稍微向下倾斜的价格密集区，把这密集区的高点和低点分别连接起来，便可画出两条平行而下倾的直线，由左上方向右下方倾斜，这就是上升旗形。当价格出现急速或垂直的下跌后，接着形成一个波动狭窄而紧密、稍微上倾的价格密集区，像是一条上升通道，由左下方向右上方倾斜，这就是下降旗形。

（2）形态完成后价格便继续向原来的趋势移动，上升旗形将又向上突破，而下降旗形则往下跌破。上升旗形大多数在牛市末期出现，因此暗示升势可能进入尾声阶段；而下降旗形则大多数在熊市初期出现，显示大市可能作垂直式的下跌，因此形成的旗形细小，大约在三四个交易日内完成。但如果在熊市末期出现，形成的时间较长，且跌破后只可作有限度的下跌。

（3）旗形的持续时间不能太长，否则会使原有的趋势能力下降。有人认为持续时间应该不超过三周。

（4）旗形也能量化测算后市空间，旗形被突破后，至少要上涨或下跌平行边形的高度，大多数情况是走到旗杆的高度，即平行四边形的形成之前的那一波涨幅或跌幅。也就是说，四边形处在之前与之后整个涨幅或跌幅的中间位置。

（5）在旗形区域，成交量递减，到了旗形末端，股价突然急剧上升，成交量跟着增加。下降旗形股价向轨道下界线突破时也需成交量放大，这一特征明显区别于其他整理形态的下跌突破时成交量不一定增加的情况。

4. 楔形形态

楔形整理可以看成旗形整理的变形，将旗形形态中的平行四边形变成三角形即是楔形，也称楔形旗。楔形旗是由两条相同方向移动且收拢的直线而成，而这两条直线在较短时间内形成一个扁长的三角形。与三角形不同处是两条趋势线同时上倾或下跌，一个上升楔形的两条界线都由左向右上倾（显然，楔形在上升与下降的命名上与旗形是相反的）。

同样，楔形也分为上升楔形和下降楔形。上升楔形是股价在下跌后产生的强烈技术性反弹走出的一波较小的反弹整理行情。特点是反弹的股价折线图是一浪高过一浪，但最终突破旗形后会加速下跌。图 7.67 为下降楔形。

图 7.67　下降楔形

与旗形一样，楔形是持续整理形态。楔形较常出现在一个涨势或跌势的中心位置，即上涨中的中段整理及下跌过程中的反弹逃命波，成交量大多数在整理过程中逐渐减少，而在突破或跌破后量能又显著放大。

楔形偶尔也会出现在顶部或底部而作为反转形态。如果楔形整理产生一种趋势已经持续了相当长时间，涨跌幅度已很大的时候，即产生一种趋势的顶部或底部时，就可能会转变为反转形态。

（四）缺口

缺口是指证券价格在快速大幅波动中没有任何交易的一段真空区域，通常又称为跳空。缺口的出现往往伴随着向某个方向运动的一种较强动力，缺口的宽度实际上就表明了这种运动的强弱。若行情走势向形成缺口的反方向变化，则缺口很可能会被填补，填补缺口一般称为缺口的回补或封闭。

缺口包含的价格区域会成为日后较强的支撑或阻力区域，不同的缺口其支撑与阻力效果不同。

缺口分普通缺口、突破性缺口、持续性缺口与消耗性缺口四种，见图7.68。从缺口发生的部位大小，可以预测走势的强弱，确定是突破后延续原有走势，还是已到趋势的尽头。它是技术分析中的一个重要手段。

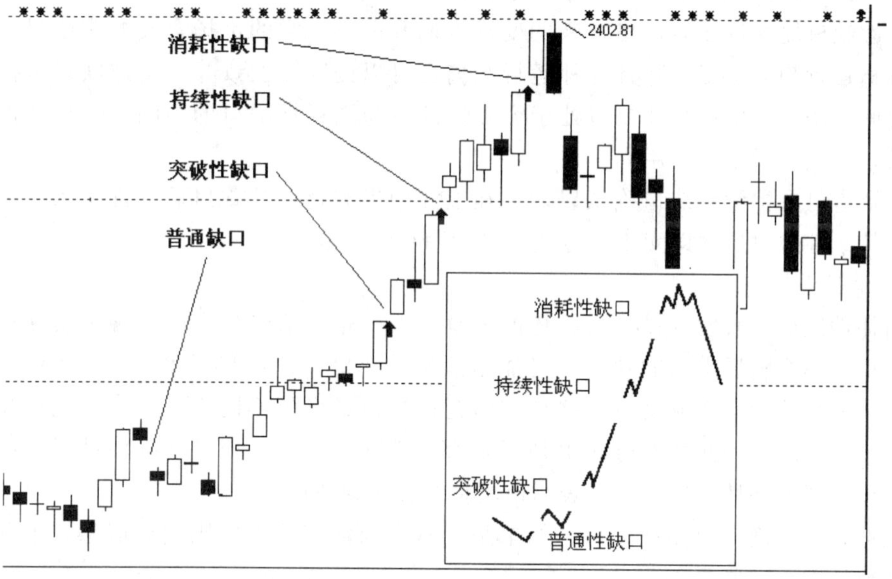

图7.68 **普通缺口、突破性缺口、持续性缺口、消耗性缺口**

1. 普通缺口

普通缺口是指没有特殊形态或特殊功能的缺口，它可以出现在任何走势形态之中，但更多的情况下是在密集的交易区域中出现。因此，许多需要较长时间形成的整理或转向形态如三角形、矩形等，都可能有这类缺口形成。反之，当发现发展中的三角形和矩形有许多缺口，就应该增强它是整理形态的信念。

普通缺口的特征是经过3个交易日一般就会完全填补，而且因很少有主动的参与者，成交量也就很小，因此普通缺口的支撑与阻力作用很小。投资者可利用普通缺口短期内必补的特点，在上跳形成的缺口上方卖出证券，待回补后买回来；相反，在下跳形成的缺口下方买入证券，待回补后再卖出，可获得一定的价差收益。

2. 突破性缺口

突破性缺口（或突破缺口）是指证券价格向某一方向急速运动，远离原有形态所形成的缺口。突破缺口蕴含着较强的动能，因而常常表现为激烈的价格运动。突破缺口的分析意义极大，它一般预示行情走势将要发生重大的变化，而且这种变化趋势将沿着突破方向发展。但需结合成交量进行研判，如果突破时成交量明显放大，且缺口未被封闭或未被完全封闭，则这样的突破缺口可信度高，不满足这两个条件的缺口就可能是假突破缺口。

突破性缺口具有下述特点：①突破缺口打破了原有的平衡格局，使行情走势有了明显的发展方向。②突破缺口的股价变动剧烈、成交量明显增大。③突破缺口出现后一般都会再出现持续性缺口和消耗性缺口的形态。④突破缺口一旦形成，较长时间内不会被封闭。

突破性缺口对投资指导极具参考价值。一旦确认突破缺口，应该立即采取买入或卖出行动。

3. 持续性缺口

持续性缺口是在证券价格向某一方向有效突破之后，由于运动急速而在途中出现的缺口，因而也称为中途缺口。它具有下述特点：①持续性缺口短期一般不会被封闭。②持续性缺口能衡量证券价格未来的变动方向和距离。它的市场含义非常明显，表明证券价格运行趋势不变，并且这种运行距离也可以测算，大致等于突破缺口至持续性缺口之间的距离，即持续性缺口处于突破性缺口与消耗性缺口的中间。③持续性缺口具有较强的支撑或阻力作用。

投资者可在持续性缺口确认以后，在上涨中出现持续性缺口后立即买入，在下跌中出现持续性缺口后立即卖出，显然是最为明智的决策。

4. 消耗性缺口

消耗性缺口一般发生在行情趋势的末端，若一轮行情走势中已出现突破缺口与持续性缺口，那么随后出现的缺口就可能是消耗性缺口。它具有下述特点：①消耗性缺口的产生一般伴随巨大成交量。这是与消耗性缺口最大的不同之处。②消耗性缺口在短期内必会封闭。用此特点可简单判断是否是消耗性缺口，如短期内回补封闭则是消耗性缺口。③消耗性缺口是一种表明市场将要转向的缺口形态。

显然，一旦确认消耗性缺口，如果是上涨中消耗性缺口的则卖出股票，下跌中的消耗性缺口则买入股票。

要发现有缺口的股票也可借助软件自动搜索功能。如在大智慧软件中的“功能”菜单下选择“智能选股”，在对话框中选择“公式组”页签，并选择“条件选股”的子菜单“形态特征选股”，双击之后再选择“跳空缺口选股”即可。

（五）应用形态理论应注意的问题

尽管形态分析技术相对成熟，但不同角度看同一个形态可能会有不同的解释。因此，前面讲到的一些投资建议只能作为辅助手段，投资者必须结合其他方法进行行情研判方能进一步提高研判的准确性。

建议在进行实际操作的时候，应用形态理论要等到形态已经完全明朗后才行动，当然，这样做可能使得到手的利益不充分，但相对风险要小些，这样做可能算是在收益与风险之中的权宜之计，是相对保守的投资策略。

四、波浪理论

（一）波浪理论的形成历史及其基本思想

1. 波浪理论的形成历史

美国证券分析家拉尔夫·纳尔逊·艾略特利用道琼斯工业指数平均（Dow Jones Industrial Average，DJIA）作为研究工具，发现不断变化的股价结构性形态反映了自然和谐之美。根据这一发现他提出了一套相关的市场分析理论，用来解释市场的行为，并特别强调波动原理的预测价值。艾略特认为，股票价格的波动具有一浪跟着一浪周期循环的规律性，任何波动都有迹可循，投资者可根据波动的规律来预测价格的未来走势，指导投资。这就是久负盛名的艾略特波段理论，又称波浪理论。

波浪理论最初是由艾略特首先发现并应用于证券市场，但他在世时并没有得到社会的广泛承认。直到20世纪70年代，柯林斯的专著《波浪理论》出版后，波浪理论才得到广泛注意。

2. 波浪理论的基本思想

艾略特最初发明波浪理论是受到价格上涨下跌现象不断重复的启发，以周期为基础，把周期分成时间长短不同的各种周期。他指出，在一个大周期之中可能存在小的周期，而小的周期又可以再细分成更小的周期。每个周期无论时间长与短，都是以一种相同的模式进行。这个模式就是波浪理论的核心：上升（或下降）5个过程、下降（或上升）3个过程组成8个过程为一个完整周期。

与波浪理论密切相关的理论除了经济周期以外，还有道氏理论和弗波纳奇数列。艾略特波浪理论中的大部分理论是与道氏理论相吻合的。但艾略特的波浪理论比道氏理论更优越的地方在于他不仅找到了股价的移动规律，而且还找到了这些移动发生的时间和位置。即波浪理论会告诉你目前的股价是处于一段行情的中途还是尽头。显然，波浪理论可更明确地指导操作。

艾略特波浪理论中所用到的数字都来自弗波纳奇数列。这些神奇数字系列包括下列数字：1，2，3，5，8，13，21，34，55，89，144，233，377，610，987，1 597……直至无限。

（二）波浪理论的主要原理

1. 波浪理论考虑的因素

波浪理论考虑的因素包括三个方面：①价格走势所形成的形态；②价格走势图中各个高点和低点所处的相对位置；③完成某个形态所经历的时间长短。简单地概括为：形态、比例和时间。其中，价格的形态是最重要的，即外形看起来一定要像“波浪”才能讨论另外两个因素——比例和时间。

2. 波浪理论价格走势的基本形态结构

波浪理论认为，每一个上升或下降大浪，都可以分成八个子浪，当这八个子浪完成后，一个上升或下跌周期（大浪）便宣告结束。然后再进入下一个大浪，周而复始。

如图7.69所示：0~1、1~2、2~3、3~4、4~5分别为第一子浪至第五子浪，这五浪在总体上带有逐波上行的特征。第一、第三和第五浪称为上升主浪，第二和第四浪是对第一和第三浪的调整浪。上述五浪完成后，紧接着会出现一个三浪的向下调整。

之后的 5~a、a~b、b~c，称为 a 浪、b 浪和 c 浪，这三个子浪则总体上带有向下调整的特征。

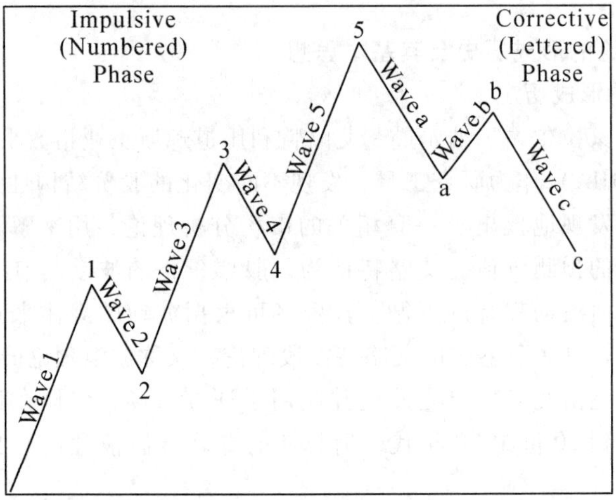

图 7.69　浪结构基本形态

3. 波浪的特征

(1) 波浪的基本特征

① 推动波，属于主要趋势方向上的波，一般可细分为五个小一级次的波。而调整波，属于与主要趋势相反方向的波，不论其上升或下跌，均可细分为三个小一级次的波。

②一个八波运动（五升三落）的结束，可视为一个周期的完成，而此八波运动将形成更大一级次的两个波。

③时间的拉长或缩短可能改变波浪的长短，但并不会改变波浪的形态。

④波浪上升和下跌交替进行。

(2) 各浪的特征

第 1 浪。第 1 浪出自于空头市场末期，市场买方力量尚不强大，因而往往回挡的幅度很深，但第 1 浪通常上升迅猛，行情较短。

第 2 浪。第 2 浪以下跌形态出现，使市场误以为熊市尚未完结，因而调整幅度很大，几乎吃掉第 1 浪的升幅。

第 3 浪。第 3 浪是最具爆发力的上升浪，运行时间及上升幅度一般为最长的一个波浪。行情走势激烈，市场热气沸腾，各种阻力点位或者关卡，均可轻松而过。技术分析显示强烈的买进信号，第 3 浪经常出现“延长”形态。

第 4 浪。第 4 浪为下跌调整浪，通常以较复杂的形态出现，但无论如何，第 4 浪的底不能低于第 1 浪的顶。

第 5 浪。第 5 浪的升幅通常小于第 3 浪，且经常出现失败的情况，第 5 浪中涨幅最大的是三、四线低价股，如“鸡犬升天”。此时市场情绪高涨，但已孕育危机。

第 a 浪。a 浪以下跌形态出现，已宣告上升行情的完结，但大多数市场人士仍认为上升还将继续，此时仅为回挡。a 浪中的技术分析往往出现背离信号。

第 b 浪。b 浪以上升浪形态出现，是多头最后的逃命机会，但却很容易使人误以为是一波新的上升行情而惨遭套牢。

第 c 浪。c 浪是破坏力极强的下跌浪，其跌幅之深，跌幅延续时间之长，往往超出了市场的预期。

4. 波浪理论的要点

（1）在 1. 3. 5 推动浪中，第 3 浪不可以是最短的一个浪。

（2）第 2 浪不能低于第 1 浪的起点。

（3）第 4 浪不能低于第 1 浪的顶点。

（4）常见回吐比率为 0. 382，0. 50，0. 618。

（5）波浪理论中最重要的是波浪的形态，其次是比率与时间。

（三）波浪理论的应用及应注意的问题

仅从理论上看波浪理论是非常优秀的理论，因为它可以告诉我们现在所处的行情时空，这是其他技术分析理论无法提供的。例如，我们确定了所处位置是五浪末尾后，我们就知道随后而来的是三浪的调整，这类信息对投资者来说是非常有用的。

但其最大的不足是应用上的困难，也就是学习和掌握的困难。面对同一个形态，不同的人对浪有不同的数法。另外，波浪理论也没有考虑成交量方面的影响。因此，波浪理论从根本上说是一种主观上的分析工具，毫无客观准则。而市场运行却是受情绪影响而并非机械运行。波浪理论套用在变化万千的股市会十分危险，如果出错，则可能导致投资灾难。

每一个波浪理论家包括艾略特本人，很多时候都会受一个问题的困扰，就是一个浪是否已经完成而开始了另外一个浪。有人看是第一浪，换人看却是第二浪，甚至会出现今天看是第一浪，明天看却更像第二浪。而数浪只要差之毫厘，则投资决策失之千里，看错的后果十分严重。

图 7. 70 为波浪理论应用示例。

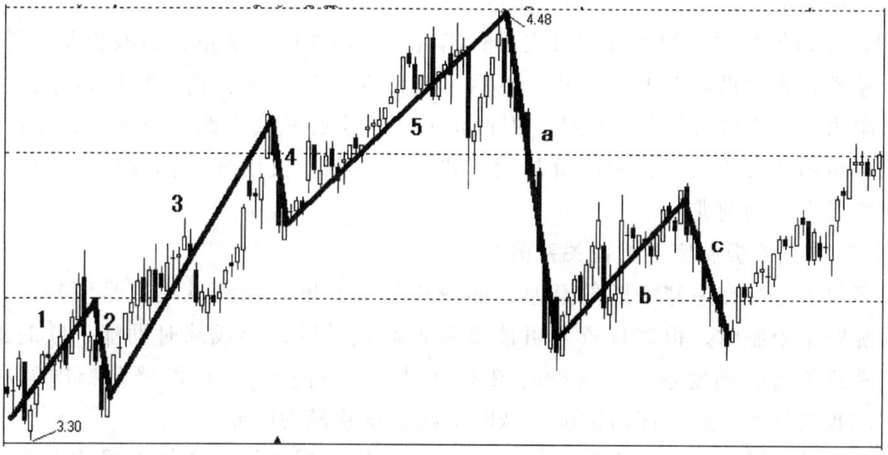

图 7. 70　波浪理论 8 浪应用示例

五、量价关系理论

（一）成交量和股价趋势：葛兰碧九大法则

葛兰碧在对成交量与股价趋势关系研究之后，总结出下列九大法则：

(1) 价格随着成交量的递增而上涨，为市场行情的正常特性，此种量增价升的关系，表示股价将继续上升。

(2) 在一个波段的涨势中，股价随着递增的成交量而上涨，突破前一波的高峰，创下新高价，继续上扬。然而，此段股价上涨的整个成交量水准却低于前一个波段上涨的成交量水准。此时股价创出新高，但量却没有突破，则此段股价涨势令人怀疑，同时也是股价趋势潜在的反转信号。

(3) 股价随着成交量的递减而回升，股价上涨，成交量却逐渐萎缩。成交量是股价上升的原动力，原动力不足显示出股价趋势潜在的反转信号。

(4) 有时股价随着缓慢递增的成交量而逐渐上升，渐渐地，走势突然成为垂直上升的喷发行情，成交量急剧增加，股价暴跌暴涨；紧随着此波走势，继之而来的是成交量大幅萎缩，同时股价急速下跌。这种现象表示涨势已到末期，上升乏力，显示出趋势反转的迹象。反转所具有的意义，将视前一波股价上涨幅度的大小及成交量增加的程度而言。

(5) 股价走势因成交量的递增而上升，是十分正常的现象，并无特别暗示趋势反转的信号。

(6) 在一波段的长期下跌形成谷底后，股价回升，成交量并没有随股价上升而递增，股价上涨欲振乏力，然后再度跌落至原先谷底附近，或高于谷底。当第二谷底的成交量低于第一谷底时，是股价将要上升的信号。

(7) 股价往下跌落一段相当长的时间，市场出现恐慌性下跌，此时随着日益放大的成交量，股价大幅度下跌；继恐慌性卖出之后，预期股价可能上涨，同时恐慌性卖出所创的低价，将不可能在极短的时间内被再次突破。因此，大量恐慌卖出之后，往往是（但并非一定是）空头市场的结束。

(8) 股价下跌，向下突破股价形态、趋势线或移动平均线，同时出现了大成交量，是股价下跌的信号，明确表示出下跌的趋势。

(9) 当市场行情持续上涨数月之后，出现急剧增加的成交量，而股价却上涨无力，在高位整理，无法再向上大幅上升，显示了股价在高位大幅振荡，抛压沉重，上涨遇到了强阻力，此为股价下跌的先兆，但股价并不一定必然会下跌。股价连续下跌之后，在低位区域出现大成交量，而股价却没有进一步下跌，仅出现小幅波动，此即表示进货，通常是上涨的前兆。

（二）涨跌停板制度下量价关系分析

很多投资者存在追涨杀跌的意愿，而涨跌停板制度下的涨跌幅度是明确的，在股票接近涨跌幅限制时，很多投资者可能挺身追高或杀跌，形成涨时助涨、跌时助跌的趋势。涨跌停板的幅度越小，这种现象就越明显。目前 ST 板块的涨跌幅限制在 5%，因而它的投机性非常强，涨时助涨、跌时助跌的现象最为明显。

在一般情况下，如果价升量增，我们会认为价量配合好，涨势形成或会继续，可以追涨或继续持股；如上涨时成交量不能有效配合放大，说明追高意愿不强，涨势难以持续，应不买或抛出手中股票。但在涨跌停板制度下，如果某只股票在涨停板时没有成交量，那是卖主想今后卖出好价，不愿意抛出，所以才没有成交量。然而，当出现涨停后中途打开，而成交量放大，说明想卖出的投资者增加，买卖力量发生变化，下跌就有望了。

类似地，价跌量缩说明空方惜售，抛压较轻，后市可看好；若价跌量增，则表示跌势形成或继续，应观望或卖出手中的筹码。但在涨跌停板制度下，若跌停，买方寄希望于明天以更低价买入，现在不买，因而成交量小，此时的跌势反而不止；相反，如果收盘仍为跌停，但中途曾被打开，成交量放大，说明有主动性买盘介入，跌势有望止住，盘升有望。

也就是说价量关系在涨跌停板制度下，与一般常态情况下的研判是不同的。具体说来，涨跌停板制度下的价量关系分析基本判断如下：

（1）涨停或跌停量小，将继续上扬或下降。涨停量小，将继续上扬；跌停量小，将继续下跌。

（2）涨停或跌停中途被打开的次数越多，时间越久，成交量越大，越有利于反转。即涨停反转下跌的可能性越大，跌停反转上升的可能性越大。

（3）涨停或跌停关门的时间越早，次日继续原来方向的可能性越大。即涨停次日涨势可能性越大，跌停次日跌势可能性越大。

（4）封住涨停或跌停的成交量越大，继续原来方向的概率越大。封住涨停板的买盘数量大小和封住跌停板的卖盘数量大小能说明买卖盘力量大小。这个数量越大，继续当前走势的概率越大，后续涨跌幅度也越大。

不过，也要注意庄家借涨跌停板制度反向操作。即他们可能故意以涨停价挂巨量买单，让卖者惜售，买者跟风想买进，然后他们暗中撤销买单，再悄悄分批卖出他们手中的股票。他们想要吸货时，采取相反的方法进行操作，利用涨跌板制度大赚散户的钱。

掌握一定的量价关系规律后，对判断行情走势或适量参与涨跌停板的股票操作都有重要的指导意义。

第三节　证券投资技术分析主要技术指标

一、技术指标法简述

（一）技术指标法的含义和本质

1. 技术指标法的含义

所谓技术指标分析，即对一定时期的股市交易原始数据进行处理，测算出相应的数据，制成相应的图表，并根据其数值判断股市或股价的强弱状态，预测股市或股价进一步走势的方法。原始数据指的是开盘价、最高价、最低价、收盘价、成交量和成交金额，有时还包括成交笔数。

由于原始数据是已经发生的实际数据，因此计算出来的各种指标客观性很强，只要指标公式设计科学，指标结论可信度就高。

2. 技术指标法的本质

每一个技术指标都是从一个特定的方面对股市进行观察。通过一定的数学公式产生技术指标，这个指标就反映股市的某一方面深层的内涵，这些内涵仅仅通过原始数据是很难看出来的。

技术指标最大的特点就是可以进行定量的分析，使操作精确度得以提高。例如，股价下跌了以后会涨，但跌到什么程度才可以买进？只是凭之前讲到的定性分析方面的知识是不能解决这个问题的。但技术指标里面的乖离率、KDJ 等技术指标却在很大程度上能帮助解决这一难题。尽管这样解决的问题不能保证完全正确，但至少能在我们采取行动前从数量方面给我们以帮助。

（二）技术指标的分类

不同的角度有不同的分类。以技术指标的功能分类可将常用的技术指标分为趋势型指标、超买超卖型指标、人气型指标和大势型指标四大类。

（三）技术指标法与其他技术分析方法的关系

其他技术分析方法都有一个共同点，那就是只重视价格，不重视成交量。如果单纯从技术的角度看，没有成交量的信息，别的技术方法都能正常运用，不影响相关的分析研究。最多只是很笼统地说一句，须有成交量的配合。但没有成交量这个极为重要的因素，分析结论可信度就会大大降低。

技术指标由于是用数理方法测算，能考虑很多的因素，但凡能够想到的需要，几乎都能用技术指标表现出来，实践中有很多不同种类的指标，很多软件还提供了非常方便的自编指标功能就是例证。这一点优势是别的技术分析方法无法比拟的。

在进行技术指标的分析和判断时，也经常用到别的技术分析方法的基本结论。例如，在使用 KDJ 等指标时，要用到形态学中的头肩形、颈线和双重顶之类的结果以及切线理论中支撑线和压力线的分析手法。由此可以看出全面学习技术分析的各种方法是很重要的，只注重一种方法，对别的方法无知或知之甚少是不利于提高行情分析质量的。

（四）应用技术指标应注意的问题

技术指标会随着股价的变动而变动，不是股价随着技术指标的变动而变动。技术指标的本质也就是一些数据或一种工具而已，如何利用数据对股市进行预测关键还是在人。因此必须搞清应用技术指标应注意的问题。

（1）每种工具都有自己的适应范围和适用的环境。有时有些工具的效果很差，有时效果就好。人们在使用技术指标时，常犯的错误是机械地照搬结论，而不问这些结论成立的条件和可能发生的意外，造成投资损失。当然，也要防止走向另一个极端，认为技术分析指标一点用也没有而弃之不用。不会使用指标与指标没有用绝对是不同的两个概念，要区别开来。

（2）单一的技术指标都有局限性，技术指标必须结合其他的技术指标才能避免片面。每种指标都有自己的盲点，也就是指标失效的时候，这时也需要我们去考虑用别的技术指标。为了提高行情研判的准确性，实践中尽量多用几个互补性技术指标进行综合分析，在任何时候都会有一些指标能对投资行为提供有益的指导。客观上这种帮助有时可能不大，但有参照总比没参照强，有一定的操作思路操作起来就不会盲目。

因此，多了解几个技术指标是非常有必要的，每个指标在预测大势方面有不同的表现。通常办法就是以四五个技术指标为主，其他指标为辅。随着实战效果的检验，这几个指标也可以进行不断地变更。

二、主要的技术指标

（一）趋势型指标

1. 移动平均线（MA）

MA 是用统计处理的方式，将若干天的股票价格加以平均，然后连接成一条线，用以观察股价趋势的一种技术指标。

MA 最基本的思想是消除偶然因素的影响，另外还有一点平均成本价格的含义。其目的是在取得某一段期间的平均成本，以 MA 配合每日收盘价的线路变化分析某一期间多空的优劣形势，以研判股价的可能变化。一般来说，现行价格在平均价之上，则多方力量较大，行情看好；相反，行情价在平均价之下，则卖压较重，行情看淡。

（1）MA 计算公式。

$$\mathrm{MA}(N)=(C_1+C_2+\cdots+C_n)\div N$$

其中：C_n 为第 n 日的收盘价，$n=1$，2，…，n，N 为移动平均线的时间周期。

例：计算 5 日移动平均线。

5 日移动平均线的计算如表 7.4 所示。

表 7.4　5 日移动平均线的计算表

日　期	收盘价	5 日 MA
1	10.00	
2	10.50	
3	10.90	
4	11.25	
5	12.01	10.93
6	12.56	11.44
7	13.20	11.98
8	14.10	12.62
9	15.30	13.43
10	16.40	14.31

（2）MA 的分类。根据计算时期（参数取值）的长短，移动平均线又可分为短、中、长期移动平均线三类。通常的种类划分如下：

将 5 日、10 日线称为“短期移动平均线”，用以观察市场的短期趋势；

将 30 日、60 日线称为“中期移动平均线”，用以研判中期趋势；

将 13 周、26 周的周线称为“长期移动平均线”，用以研判长期趋势。

由于短期 MA 更贴近当前股价行情，更能反映行情涨跌，所以又被称为“快速 MA”，相对地看，中、长期 MA 被称为“慢速 MA”。

（3）MA 的特点。

①追踪趋势。MA 能够表示价格的趋势方向，并追随这个趋势。MA 消除了价格在升降过程中出现的小起伏，小起伏会导致有时不太看得清方向。因此，可以认为，MA

的趋势方向在一定程度上代表了价格波动的方向。原始数据的股价图表则不具备这个保持追踪趋势的特性，计算成 MA 之后趋势明朗些了。

②滞后性。在股价原有趋势发生反转时，由于 MA 的追踪趋势的特性，MA 的行动往往过于迟缓，调头速度落后于大趋势。这是 MA 的一个极大的弱点。等 MA 发出反转信号时，股价调头的深度已经很大了。即趋势是明确了不少，但发出信号太迟。

③稳定性。从 MA 的计算方法就可知道，要比较大地改变 MA 的数值，无论是向上还是向下，都比较困难，必须是当天的股价有很大的变动。因为 MA 的变动不是一天的变动，而是几天的变动，一天的大变动被几天一分摊，变动就会变小而显不出来。这种稳定性有优点，也有缺点，在应用时应多加注意，掌握好分寸。稳定性与滞后性是有一定关联性的。

④助涨助跌性。当股价突破了 MA 时，无论是向上突破还是向下突破，股价有继续向突破方面再走一程的愿望，这就是 MA 的助涨助跌性。

⑤支撑线和压力线的特性。由于 MA 的上述四个特性，使得它在股价走势中起支撑线和压力线的作用。MA 被突破，实际上是支撑线和压力线的被突破，从这个意义上就很容易理解后面将介绍的葛兰维尔法则。

MA 参数的作用就是加强上述几方面的特性。参数选择得越大，上述的特性就越大。比如，突破 5 日线和突破 10 日线的助涨力度完全不同，10 日线比 5 日线的力度大，因此改过来也要难一些。

使用 MA 得考虑两个方面。第一是价格与 MA 之间的相对关系。第二是不同参数的 MA 之间同时使用。

（4）MA 的应用法则：葛兰维尔法则（简称葛氏法则）。

在移动平均线的应用上，最著名的莫过于技术分析大师葛兰维尔的“移动平均线八大买卖法则”，它是以证券价格（或指数）与移动平均线之间的偏离关系来作为研判的依据，八大法则中有 4 条是买进法则、4 条是卖出法则，见图 7.71。

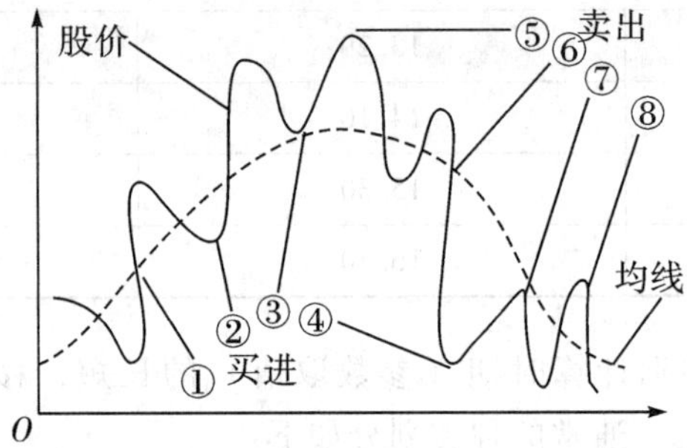

图 7.71　葛兰维尔法则

葛氏法则如下：

①当平均线从下降逐渐转为走平或上升，而股价从平均线下方突破平均线，此为买进信号（如图 7.71 中①点所示）。

②当股价虽跌破平均线，但平均线仍持续上升，为买进信号（如图 7.71 中②点所示）。

③当股价线连续上升远离平均线，股价突然下跌却并未跌破平均线且立刻反转上升，是买进信号（如图 7.71 中③点所示）。

④当股价突然暴跌，跌破平均线，且远离平均线，则极有可能止跌反弹，为买进时机（如图 7.71 中④点所示）。

⑤当股价突然暴涨，突破平均线，且远离平均线，则极有可能回挡调整，为卖出时机（如图 7.71 中⑤点所示）。

⑥当平均线从上升逐渐转为盘局或下跌而股价向下跌破平均线，为卖出信号。（如图 7.71 中⑥点所示）。

⑦当股价线在平均线之下，股价上升并未突破平均线且又开始下跌，是卖出信号（如图 7.71 中⑦点所示）。

⑧当股价虽然向上突破平均线，但又立即向平均线回跌，此时平均线仍持续下降，为卖出信号（如图 7.71 中⑧点所示）。

要掌握葛氏法则以上八点内容，结合 MA 的趋势思想和前面已学过的支撑和压力的理论就比较容易了。

图 7.72 是葛兰维尔法则在 K 线图中的应用示例。同图 7.71 中的编号意义相同，1、2、3、4 种情形为买进，5、6、7、8 种情形为卖出。

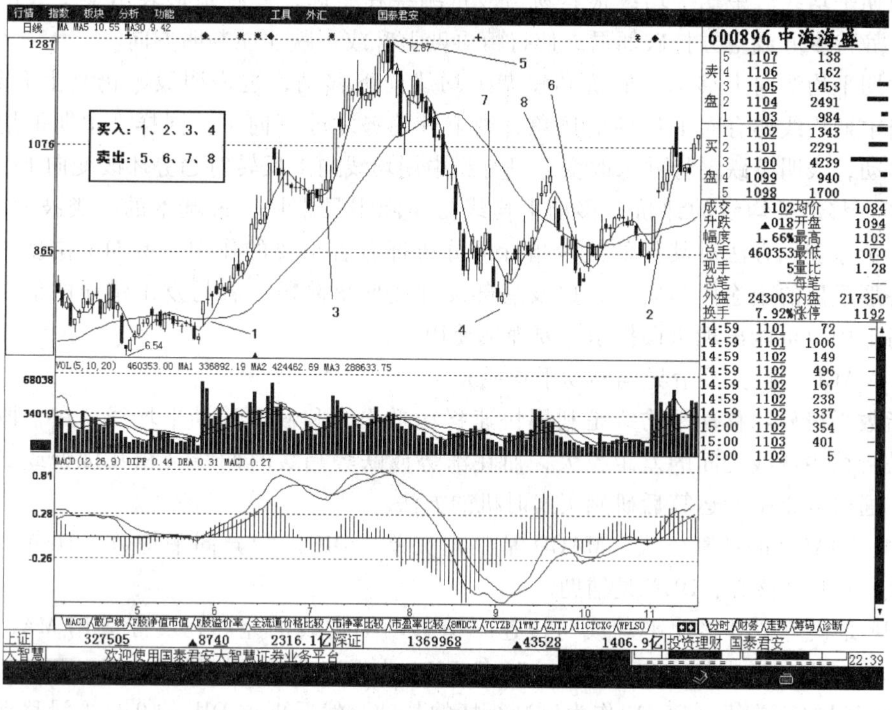

图 7.72　葛兰维尔法则的运用

（5）MA 的组合应用。

①黄金交叉与死亡交叉。其实，每天的股价实际上是 1 日的 MA。股价相对移动平均线实际上是短期 MA 相对于长期 MA。从这个意义上说，如果只面对两个不同参数的 MA，则我们可以将相对短期的 MA 当成股价，将较长期的 MA 当成 MA，这样，上述法则中股价相对于 MA 的所有叙述，都可以换成短期相对于长期的 MA。换句话说，5 日线与 10 日线的关系，可以看成是股价与 10 日线的关系，也就可以运用葛氏法则了。

短期移动平均线向上突破长期移动平均线时为买进信号，此种交叉称为黄金交叉；

反之，为卖出信号，交叉称为死亡交叉。死亡交叉和黄金交叉，实际上就是向上向下突破支撑或压力的问题，因此死亡交叉和黄金交叉是很好理解的。

②长、中、短期移动平均线的组合使用。实践中，常将长期 MA（250 日）、中期 MA（50 日）、短期 MA（10 日）结合使用，用它们的相互关系来判断股市趋势。下面分两种情况加以讨论：

第一种情况。当三种移动平均线的移动方向趋于一致时：在经过长时间下跌的空头市场中，股价与这些均线的排列关系，从下到上依次为股价、10 日线、50 日线和 250 日线。若股市出现转机，股价开始回升，10 日线最先跟着股价从下跌转为上升；股价继续升，50 日线才开始向上方移动。股价再升，250 日平均线才最后向上方移动，这也就意味股市的基本趋势已转变为多头市场。

若股市仅出现次级移动，股价上升数星期或两三个月，使得短期均线和中期均线向上移动；当次级移动结束后，股价再向下运动，平均线则先是从短期均线、再从中期均线依次向下移动。在多头市场中，情形则恰恰相反。

第二种情况。当三种移动平均线的移动方向不一致的情况：当股价进入整理盘旋后，短期平均线、中期平均线很容易与股价缠绕在一起，此种情形表示整个股市缺乏方向，静待多方或空方打破僵局，使行情再度上升或下跌才能判明方向。

中期平均线向上移动，股价和短期平均线向下移动，这表明股市仍是上升趋势。只有当中期均线亦有向下反转的迹象，则上升趋势才改变向下。同样，中期平均线仍向下移动，表明下跌趋势并未改变。只有当中期均线向上反转时趋势才改变向上。

（6）移动平均线的评价。移动平均线是实际中最常用、最基本的一类技术指标，它的分析原理、方法对其他的技术指标的分析都有着重要的作用。但 MA 在盘整阶段或趋势形成后的中途休整阶段，以及局部反弹或回落阶段，容易发出错误的信号。在其他情形中也可能出现错误提示，要谨慎使用。

2. MACD（指数平滑异同移动平均线）

指数平滑异同移动平均线是利用快速移动平均线和慢速移动平均线，在一段上涨或下跌行情中两线之间的差距拉大，而在涨势或跌势趋缓时两线又相互接近或交叉的特征，通过双重平滑运算后研判买卖时机的方法。

（1）MACD 的计算公式。MACD 是由正负差（DIF）和异同平均数（DEA）两部分组成，DIF 是核心，DEA 是辅助。

DIF 是快速平滑移动平均线与慢速平滑移动平均线的差。在实际应用 MACD 时，常以 12 日 EMA 为快速移动平均线，26 日 EMA 为慢速移动平均线，计算出两条移动平均线数值间的离差值（DIF）作为研判行情的基础，然后再求 DIF 的 9 日平滑移动平均线，即 MACD 线，作为买卖时机的判断依据。

$$EMA12=\text{前一日 }EMAl2\times 11\div 13+\text{今日收盘指数}\times 2\div 13$$

$$EMA26=\text{前一日 }EMA26\times 25\div 27+\text{当日收盘指数}\times 2\div 27$$

$$DIF=\text{今日 }EMA12-\text{今日 }EMA26$$

$$\text{今日 }DEA\ (MACD)=\text{昨日 }DEA\times\frac{8}{10}+\text{今日 }DIF\times\frac{2}{10}$$

理论上，在持续的涨势中，12 日 EMA 线在 26 日 EMA 线之上，其间的正离差值（+DIF）会越来越大。反之，在跌势中，离差值可能变负（-DIF），其绝对值也越来越大；而当行情开始回转时，正或负离差值将会缩小。MACD 正是利用正负离差值与离差值的 9 日平均线的交叉信号作为买卖行为的依据。

此外，在股票分析软件上还有一个指标叫“柱状线”（BAR），它是 DIF 值减去 DEA 值的差再乘以 2：

$$BAR=(DIF-DEA)\times 2$$

（2）MACD 的应用法则。

第一，以 DIF 和 DEA 的取值和这两者之间的相对取值对行情进行预测。其应用法则如下：

① DIF 和 DEA 均为正值时，属多头市场。DIF 向上突破 DEA 是买入信号；DIF 向下跌破 DEA 只能认为是回落，作获利了结，见图 7.73。

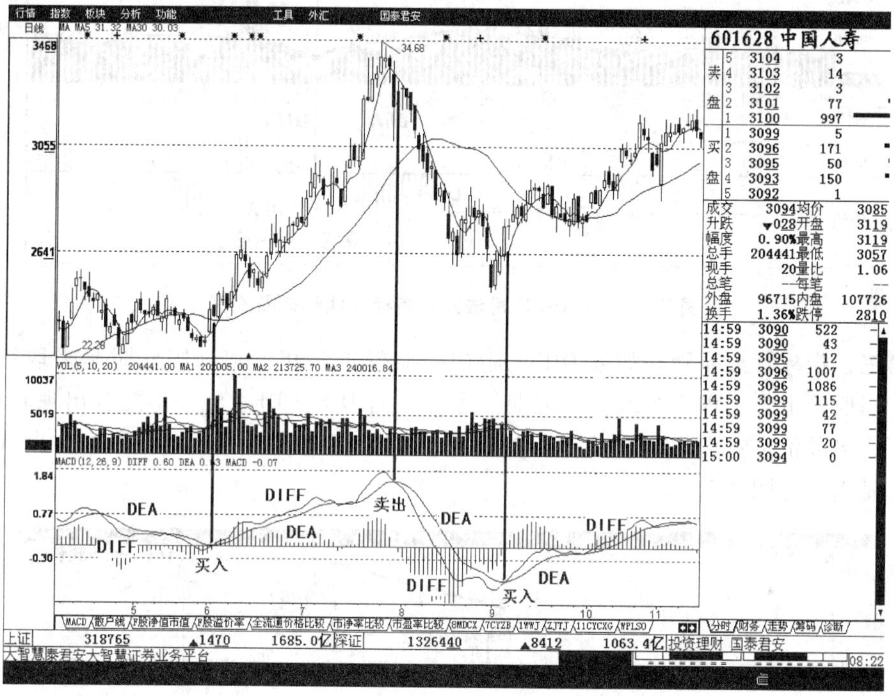

图 7.73　MACD 应用法则：DIF 和 DEA 的相对取值

② DIF 和 DEA 均为负值时，属空头市场。DIF 向下突破 DEA 是卖出信号；DIF 向上穿破 DEA 只能认为是反弹。

③当 DIF 向下跌破 0 轴线时，为卖出信号，即 12 日 EMA 与 26 日 EMA 发生死亡交叉；当 DIF 上穿 0 轴线时，为买入信号，即 12 日 EMA 与 26 日 EMA 发生黄金交叉。

另外，当 BAR 横轴下面的绿线缩短的时候买入，当横轴上面的红线缩短的时候卖出。

在市场没有明显趋势而进入盘整时，MACD 的失误率极高。还有，对未来价格的上升和下降的深度与广度，MACD 不能提出有帮助的建议。

第二，指标曲线形态及交叉。与市势的 M 头（或三头）以及 W 底（或三底）形态相仿，高档区 DIF 两次以上下穿 DEA 可能大跌；低档区 DIF 两次以上上穿 DEA 可能大涨。这两处交叉若再与价格走向相背离，则可信度极高，见图 7.74。

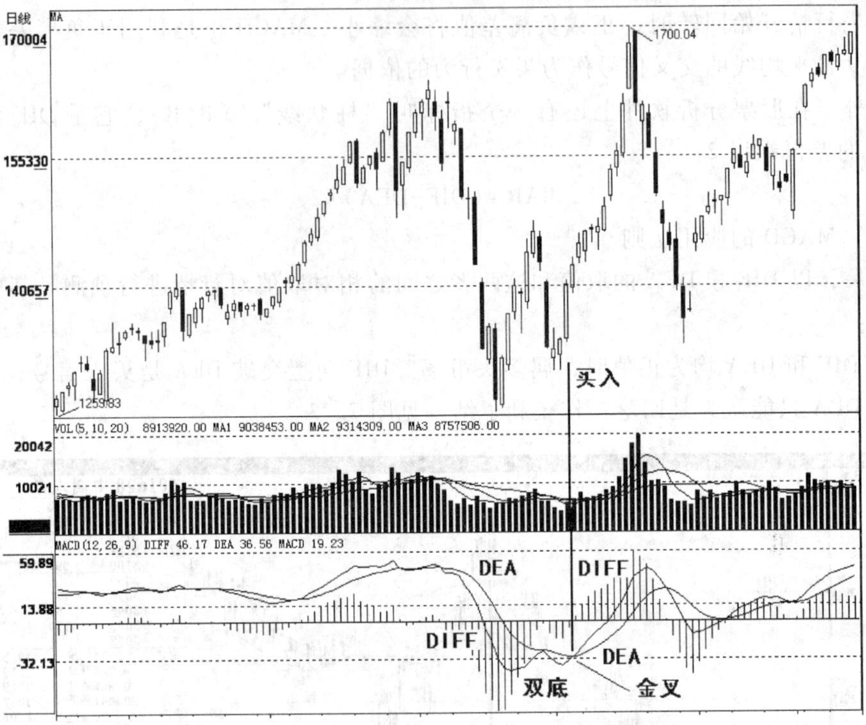

图 7.74　MACD 应用法则：指标曲线形态及交叉

第三，指标背离原则。如果 DIF 的走向与股价走向相背离，则此时是采取行动的信号。当股价走势出现 2 个或 3 个近期低点时，而 DIF（DEA）并不配合出现新低点，可做买；当股价走势出现 2 个或 3 个近期高点时，而 DIF（DEA）并不配合出现新高点，可做卖，见图 7.75。

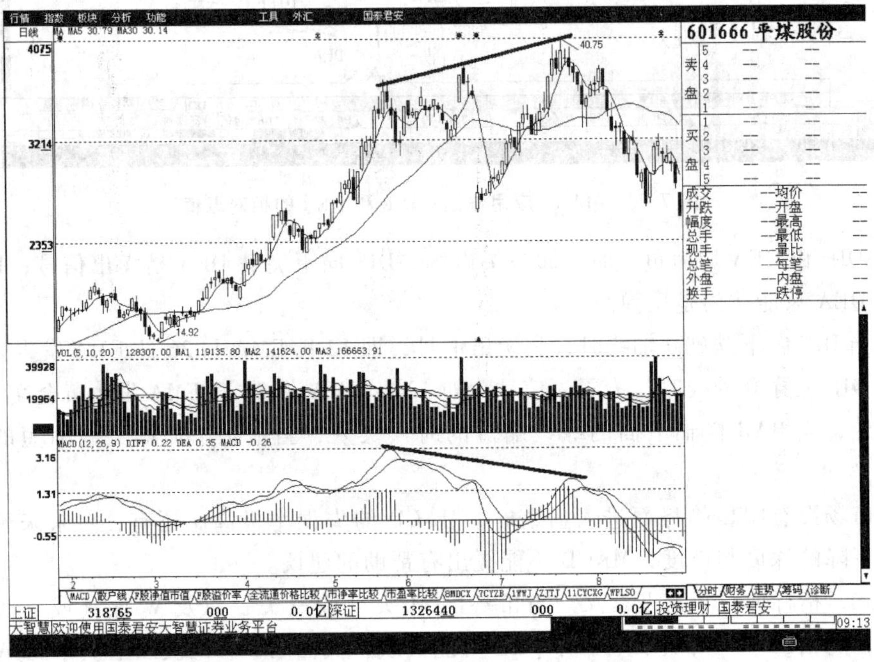

图 7.75　MACD 应用法则：指标背离

MACD 的优点是除掉了移动平均线产生的频繁出现买入与卖出信号，避免一部分假信号的出现，用起来比移动平均线更有把握。

MACD 的缺点与移动平均线相同，在股市没有明显趋势而进入盘整时，失误的时候较多。另外，对未来股价上升和下降的深度不能提供有帮助的建议。

（二）超买超卖型指标

1. 威廉指标（WMS%）

这个指标是由拉里·威廉于 1973 年首创，取值的大小表示市场当前的价格在过去一段时间内所处的相对高度，进而指出价格是否处于超买或超卖的状态。它是投资者常用的指标之一。

威廉指标全名为“威廉氏超买超卖指标”，属于分析市场短线买卖走势的技术指标。它是 N 日内市场空方的力道（H-C）与多空总力道（H-L）之比，是一个随机性很强的波动指标，为投资者提出有效的短期投资信号。

（1）WMS% 的计算公式。威廉指标计算原理是通过分析一段时间内股价高低价位和收盘价位之间的关系，来量度股市的超买超卖现象。

$$\text{WMS\%}=\frac{H-C}{H-L}\times 100$$

其中，H 为计算期内之最高价；L 为计算期内之最低价；C 为当天收盘价。

公式中，计算期一般选 14 日或 20 日，也有人取值 6、12、26 等，分别对应短期、中短期、中期的分析。

该公式表示：当日的收盘价在过去的一段时间（如 14 天或 20 天或其他）全部价格范围内所处的相对位置。显然，$0\leqslant \text{WMS\%}\leqslant 100$。由于 WMS%以研究空方力道为主，这与其他相似的振荡性指标以研究多方力道为主恰好相反，因此，WMS%处于 80 以上为超卖区，处于 20 以下为超买区。

（2）WMS% 的应用法则。

第一，从 WMS%的取值大小方面考虑。WMS% 的取值介于 0~100 之间，可以以 50 为中轴线将其分为上下两个区域。简单地说，WMS%是高吸低抛。注意：不是高抛低吸。

当 WMS%低于 20（是经验数值，可调整为 10 或其他数值），即处于超买状态，行情即将见顶，应当考虑卖出。

当 WMS%高于 80（是经验数值，可调整为 90 或其他数值），即处于超卖状态，行情即将见底，应当考虑买入。

特别是，在盘整行情中，WMS%的准确性相对较高，其他行情则要差些。这是 WMS%指标的一个特点。另外，由于其随机性强的缘故，若其进入超买区时，并不表示价格会马上回落，只要仍在其间波动，则仍为强势。当高出超买线（WMS% = 20）时，才发出卖出信号。超卖区情况亦然。

第二，从 WMS% 曲线撞顶（底）的次数和形态方面考虑。

如果 WMS% 连续几次撞到或接近撞到顶部 100（或底部 0），局部将形成双重或多重顶（底）、头肩顶或头肩底，此时则是买入（或卖出）的信号。

如果 WMS% 撞顶和撞底次数的原则是，一般至少 2 次，至多 4 次。如果发现 WMS% 已经是第 4 次撞顶或撞底，采取行动的可靠性就较大了。

特别注意：有些股票行情分析软件如大智慧软件，为照顾投资者使用习惯，将 WMS% 曲线上下颠倒，此时就需注意是高抛低吸了，见图 7.76。

第三，从 WMS% 曲线形态与股价的背离方面考虑。如果 WMS% 的走向与股价走向相背离，则此时是采取行动的信号。当股价走势出现 2 个或 3 个近期低点时，而 WMS% 并不配合出现新低点，可做买；当股价走势出现 2 个或 3 个近期高点时，而 WMS% 并不配合出现新高点，可做卖，见图 7.77。

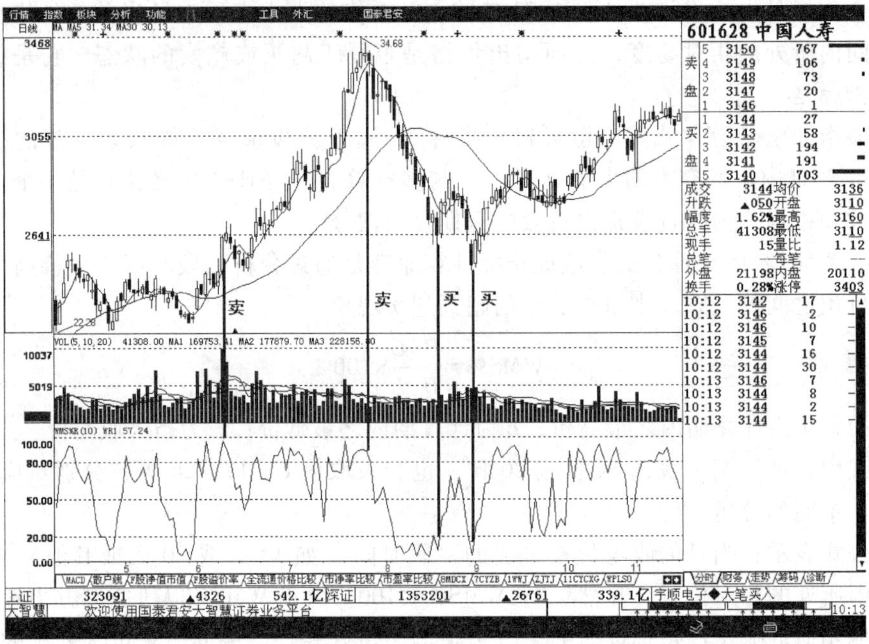

图 7.76　WMS%应用法则

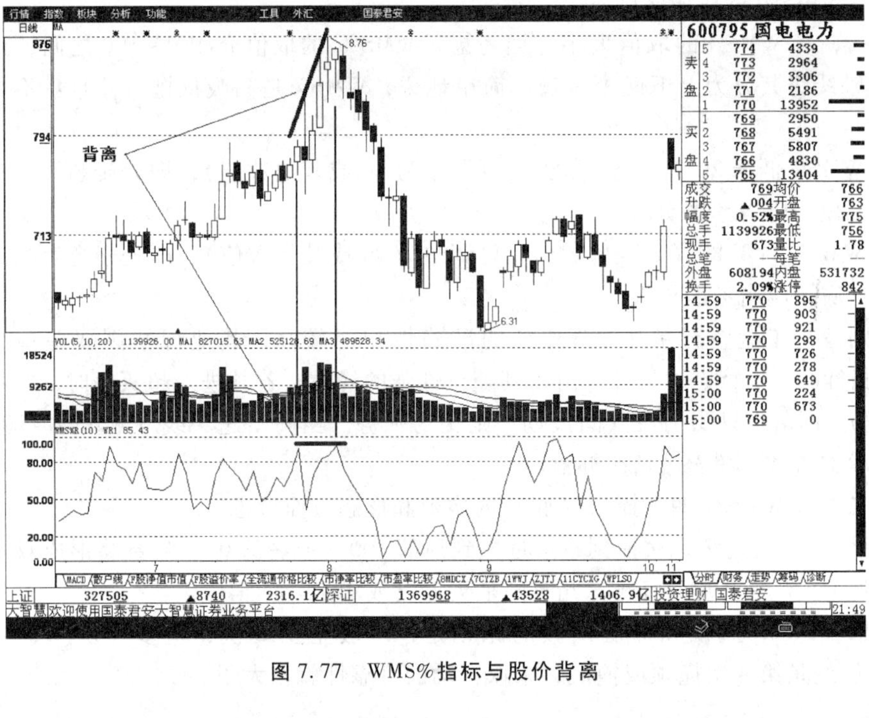

图 7.77　WMS%指标与股价背离

$$\text{RSV（未成熟随机值）}=\frac{C_T-L_T}{H_T-L_T}\times 100$$

其中 C_T 为第 T 日收盘价，L_T 为 T 日内最低价，H_T 为 T 日内最高价。

RSV 值始终在 1~100 间波动。

$$\text{当日 }K\text{ 值（}\%K_t\text{）}=\text{当日 }RSV\times\frac{1}{3}+\text{前日 }K\text{ 值}\times\frac{2}{3}$$

$$\text{当日 }D\text{ 值（}\%D_t\text{）}=\text{当日 }K\text{ 值}\times\frac{1}{3}+\text{前日 }D\text{ 值}\times\frac{2}{3}$$

2. KDJ 指标

KDJ 也是随机指标，是由莱恩首创的，是常用指标之一。它在图表上是由%K 和%D 两条线所表示，因此也简称“KD 线”。

（1）KDJ 的计算公式。KDJ 的测市思想是通过计算当日或最近数日的最高价、最低价及收盘价等价格波动的真实波幅，来反映价格走势的强弱和超买超卖现象、在价格尚未上升或下降之前发出买卖信号的一种短期测市工具。

其计算方法为：

$$\text{RSV（未成熟随机值）}=\frac{C_T-L_T}{H_T-L_T}\times 100$$

其中 C_T 为第 T 日收盘价，L_T 为 T 日内最低价，H_T 为 T 日内最高价。

RSV 值始终在 1~100 波动。

$$\text{当日 }K\text{ 值（}\%K_t\text{）}=\text{当日 RSV}\times\frac{1}{3}+\text{前日 }K\text{ 值}\times\frac{2}{3}$$

$$\text{当日 }D\text{ 值（}\%D_t\text{）}=\text{当日 }K\text{ 值}\times\frac{1}{3}+\text{前日 }D\text{ 值}\times\frac{2}{3}$$

计算初期，K、D 值的初值为 50，代替前一日 K、D 值。

应该说，KD 是在 WMS 基础上发展的，因此它们有一些共同的特性。在反映股市价格变化时，WMS 最快，K 次之，D 最慢。K 与 D 比较则是 K 反应快但易出错，D 反应慢但相对可靠。

KD 还附带一个 J 指标，公式为：

$$J=3D-2K \text{ 或 } J=3K-2D$$

KDJ 本质上是一个随机性的波动指标，故计算公式中的 T 值通常取值较小，以 5 至 14 为宜，可以根据市场或商品的特点选用。不过，将 KDJ 应用于周线图或月线图上，也可以作为中长期预测的工具。

（2）KD 指标应用法则。KD 指标其实是两个技术指标和两条曲线，主要从以下五个方面考虑其应用问题：KD 取值的大小、KD 曲线的形态、K 与 D 指标的交叉、KD 指标的背离、J 值的大小。

第一，从 KD 的取值大小考虑 KD 的取值范围 0~100，KD 都在 0~100 的区间内波动，50 为多空均衡线。如果处在多方市场，50 是回挡的支持线；如果处在空方市场，50 是反弹的压力线。80 以上为超买区，20 以下为超卖区，见图 7.78。

第二，从 KD 指标曲线的形态考虑。当 KD 指标在较高或较低的位置形成了头肩形和多重顶（底）时，是采取行动的信号。注意，这些形态一定要在较高位置或较低位置出现，位置越高或越低，结论越可靠、越正确，见图 7.79。

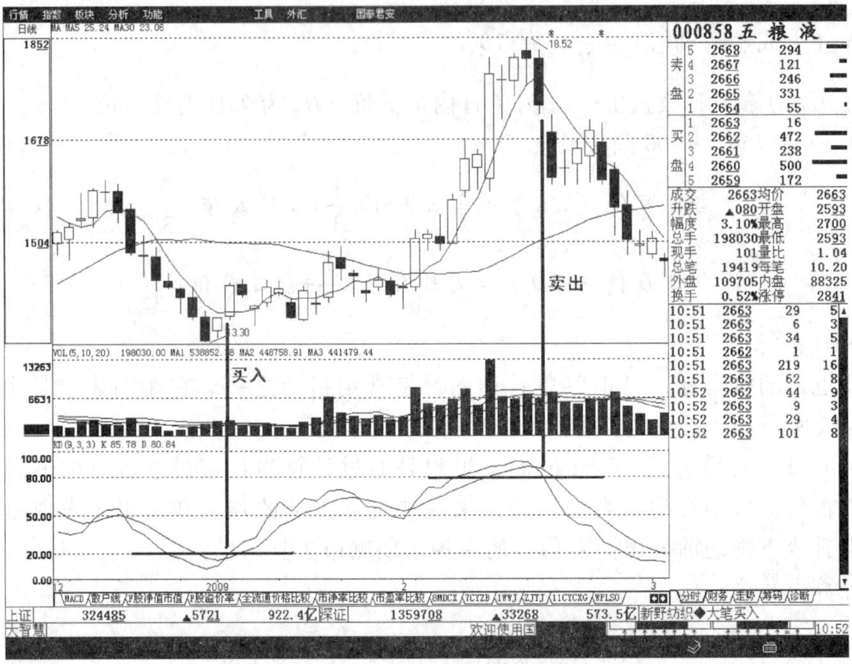

图 7.78　KD 指标应用法则之一：KD 取值大小

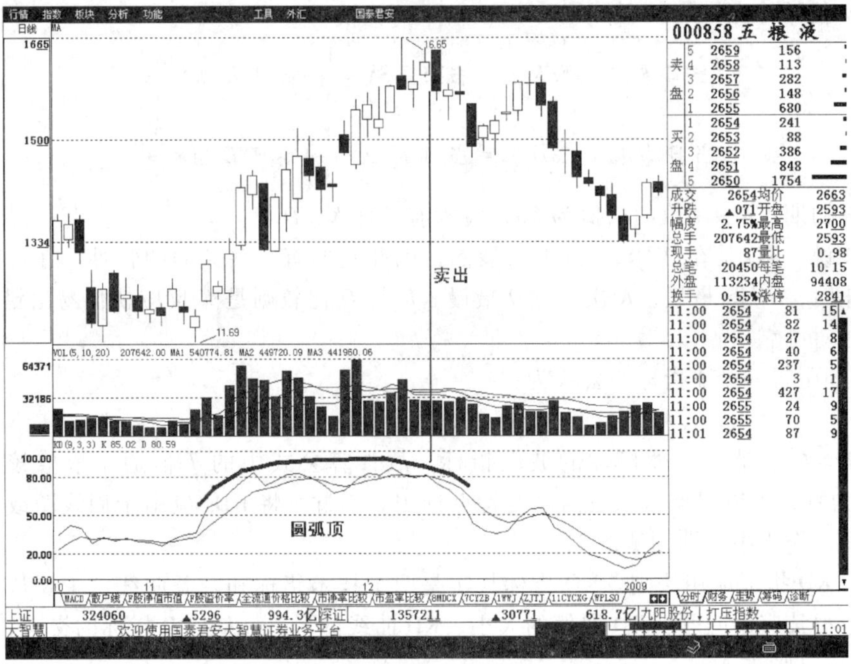

图 7.79　KD 指标应用法则之二：形态

第三，从 KD 指标的交叉考虑。K 从下向上与 D 交叉为黄金交叉，买入；K 从上向下与 D 交叉为死亡交叉，卖出。对这里的 KD 指标交叉还附带很多的条件：①交叉的位置应该比较低或比较高。即 K 线在低位上穿 D 线为买入信号，K 线在高位下穿 D 线为卖出信号。②相交的次数越多越好，高档连续两次以上向下交叉确认跌势，低档连续两次以上向上交叉确认涨势。③右侧相交比左侧相交好。但投机性太强的个股则不太适宜使用 KD 值作判断，见图 7.80。

第四，从 KD 指标的背离考虑。当 KD 处在高位下降并形成两个依次向下的“峰”，而价格还在上涨，并出现两个上升的“峰”，这就构成顶背离，是卖出的信号。与之相反，KD 处在低位上升，并形成两个依次升高的“谷”，而价格下跌出现两个依次下降的“谷”，这就构成底背离，是买入的信号。背离的买卖信号可信度高，见图 7.81。

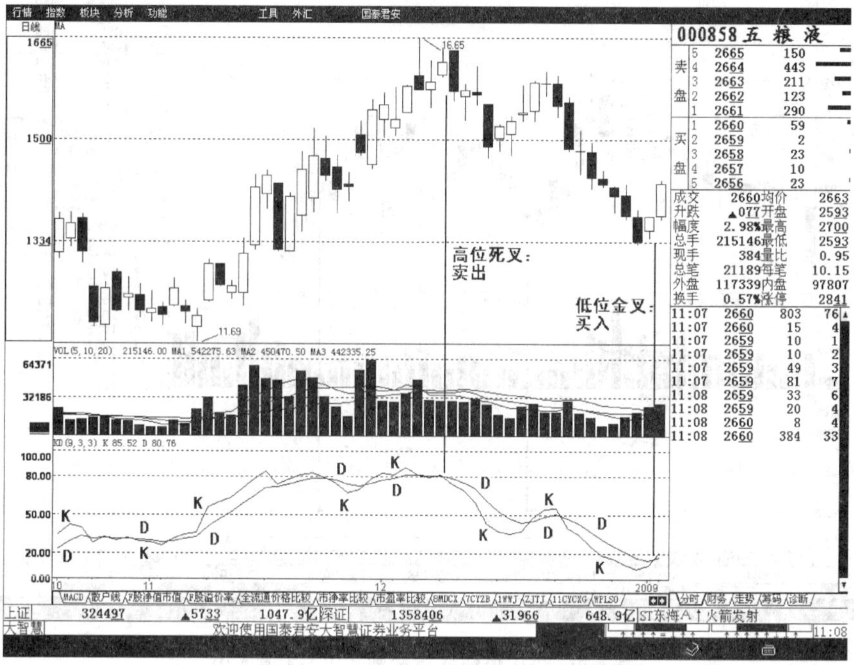

图 7.80　KD 指标应用法则之三：交叉

图 7.81　KD 指标应用法则之四：背离

第五，从 J 值大小考虑。J 值可以大于 100 或小于 0。J 指标值为依据 KD 买卖信号是否可以采取行动提供可信判断。通常当 J 值大于 100 或小于 0 时被视为采取买卖行动的时机。当 J 大于 100，卖出；当 J 小于 0，买入，见图 7.82。

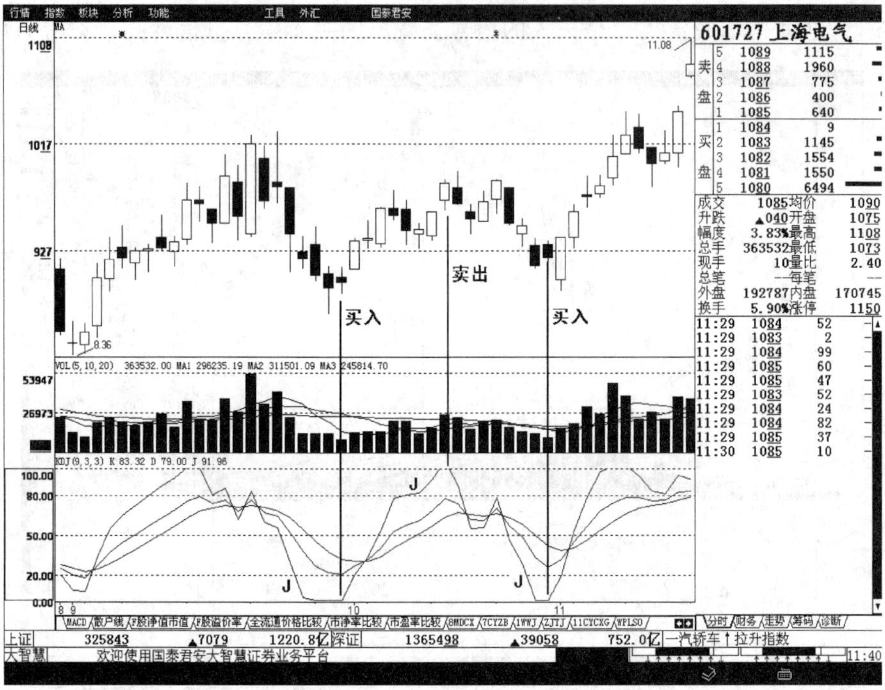

图 7.82 KD 指标应用法则之五：J 值大小

3. 相对强弱指标 RSI

RSI 是根据证券市场供求关系平衡的原理，通过比较一段时期内收盘指数的涨跌大小来分析测量多空双方买卖力量的强弱程度，从而判断未来市场趋势的一种技术指标。RSI 的发明者是威尔斯·怀尔德（Welles Wilder）。RSI 指标是常用的指标之一。

（1）RSI 的计算公式。RSI 的测算思想是通过比较一段时期内买方总力量占买卖双方总力量的比重来分析测量多空双方买卖力量的强弱程度。

RSI 用收盘价或收盘指数的涨数大小，即当日收盘价或指数高于上日收盘价或指数的差数作为买方力量，将 N 日内的涨数之和作为买方总力量 A；同样，用收盘价或收盘指数的跌数大小总和作为卖方总力量 B。则计算公式为：

$$\text{RSI}\ (N) = \frac{A}{A+B} \times 100$$

其中，A 与 B 的具体计算步骤如下（假设 $N=5$）：

第一步，计算价差。取得连续 6 个交易日的收盘价（包括当天在内），以每个交易日收盘价减去上一个交易日的收盘价，就得到 5 个差额。这 5 个差额中可能有正有负。

第二步，计算总上升波动 A、总下降波动 B 和总波动 $A+B$。

$$A = 5\text{ 个价差的数字中正数之和}$$

$$B = 5\text{ 个价差的数字中负数的绝对值之和} \times (-1)$$

显然，RSI 的取值在 0 到 100 之间，直线下跌是 0，直线上涨是 100。RSI 的参数是选择的交易日的天数，一般可取 5 日、9 日、14 日，等等。

（2）RSI 的应用法则。

第一，从 RSI 取值的大小判断行情。0≤RSI≤100，RSI>80 为超买；RSI<20 为超卖；RSI 以 50 为中界线，大于 50 视为多头行情，小于 50 视为空头行情。分界线和极弱与弱的分界线是相对的，只是对分界线的大致描述。实践中也可能规定 RSI>70 为超买等，如表 7.5 所示。

表 7.5　参考 RSI 指标判断买卖时机示例表

RSI 值	市场特征	投资操作
80~100	极强	卖出
50~80	强	考虑买入
20~50	弱	考虑卖出
0~20	极弱	买入

第二，不同参数的两条或多条 RSI 曲线的联合使用。参数小的 RSI 被称为短期 RSI，参数大的被称为长期 RSI，短期 RSI>长期 RSI，属多头市场；短期 RSI<长期 RSI，属空头市场。

第三，从 RSI 的曲线形态上判断行情。RSI 在 80 以上形成 M 头或头肩顶形态时，视为向下反转信号；RSI 在 20 以下形成 W 底或头肩底形态时，视为向上反转信号，见图 7.83。

图 7.83　RSI 指标应用法则：形态

第四，从 RSI 与价格的背离判断行情。当 RSI 与股价出现背离时，一般为转势的信号。代表着大势反转，此时应选择正确的买卖信号。RSI 处于高位，并形成下降的两个峰，与此同时，价格则是上升的两个峰，这就形成顶背离，这是比较强烈的卖出信号；与这种情况相反的是底背离，应该买入，见图 7.84。

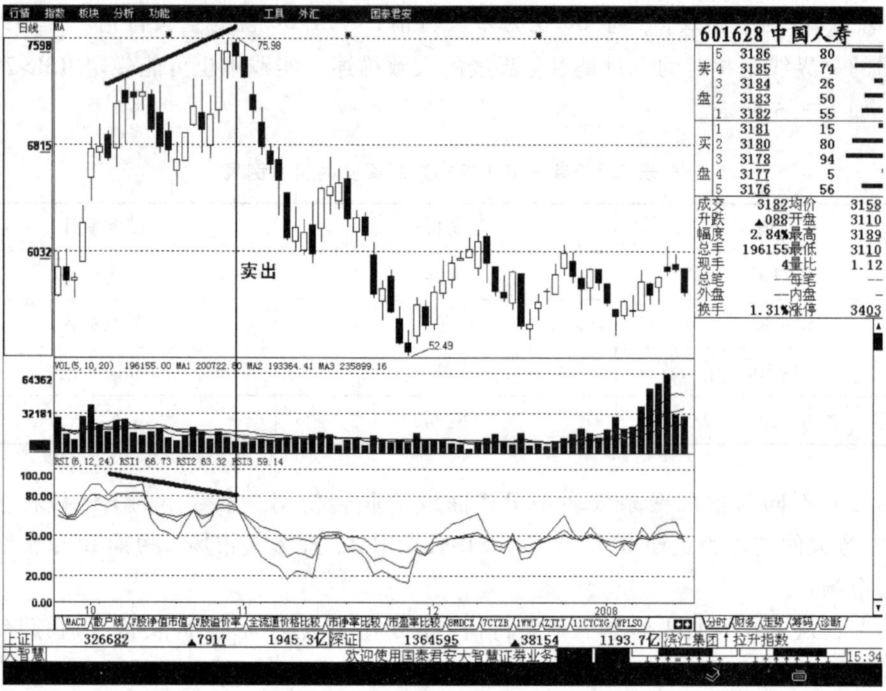

图 7.84 RSI 指标应用法则：背离

4. 乖离率（BIAS）

乖离率是依据葛兰维移动平均八大法则派生的一项技术指标，其主要功能是通过测算股价与移动平均线出现的偏离程度，从而得出股价在剧烈波动时因偏离移动平均趋势而造成的可能回挡或反弹，以及股价在正常范围内移动而继续原有趋势的可信度。

BIAS 的原理是价值规律起作用，离得太远了就要回头，价格与需求的关系是产生这种向心作用的原因。

（1）计算公式。

乖离率是表现当日指数或个股当日收盘价与移动平均线之间的差距。其公式如下：

$$BIAS=(C_t-MAN)\div MAN$$

其中，C_t 为当日指数或收盘价，MAN 为移动平均价。

乖离率分正、负乖离率两种，当股价在平均线之上为正，反之为负。当股价与平均线一致时，乖离率为 0。

（2）应用法则。

第一，乖离率数值大小。一般而言，正乖离率越高，则短期获利回吐的可能性越大，是卖出信号；负乖离率越高，则短期回补的可能性越大，是买进信号。对于乖离率达到何种程度为正确买入点和卖出点，目前并无统一标准。

有资料认为：在一般行情情况下，当 BIAS（5）>3.5%、BIAS（10）>5%、BIAS

（20）>8% 以及 BIAS（60）>10% 时是卖出时机；当 BIAS（5）<-3%、BIAS（10）<-4%、BIAS（20）<-7% 和 BIAS（60）<-10% 是买入时机。从上面的数字中可看出，正数和负数的选择是不对称的，一般说来，正数的绝对值要比负数的绝对值大一些。这种正数的绝对值偏大是进行分界线选择的一般规律。

但如果遇到由于突发的利多或利空消息产生的暴涨暴跌的情况，以上一般情况下的参考数字肯定不管用，应该考虑别的应急措施。有关人员的经验总结，暴涨暴跌时：对于综合指数：BIAS（10）>30% 为抛出时机；BIAS（10）<-10% 为买入时机。对于个股：BIAS（10）>35% 为抛出时机；BIAS（10）<-15% 为买入时机。

需要注意的是，一旦确定了 BIAS 的界限值是某个正数或负数，那么 BIAS 一超过这个正数，就应该考虑抛出；BIAS 低于这个负数，就考虑买入。这个正数或负数与三个因素有关：① BIAS 选择的参数的大小；②选择的股票类型；③不同的时期，分界线的高低也可能不同。一般来说，参数越大，采取行动的分界线就越大。股票越活跃，选择的分界线也越大。所以上述分界线的 BIAS 值不是绝对的，应视情况而定。图 7.85 的 BIAS 分界线值就很大，24 天的 BIAS 值分别达到-21.50 和 22.08 才调头。

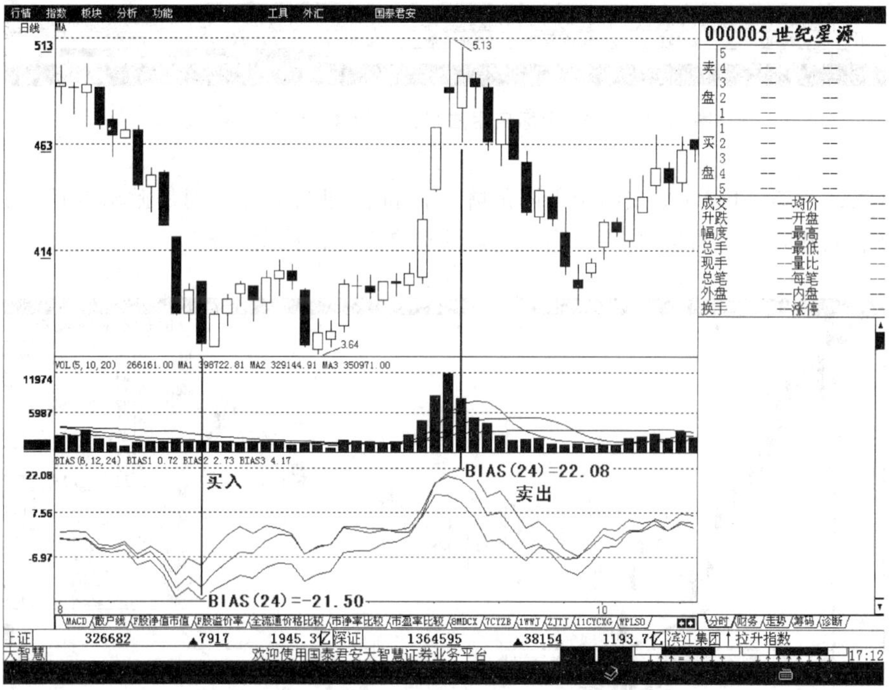

图 7.85　BIAS 指标应用法则：乖离率数值大小

第二，从两条 BIAS 曲线考虑。采用 N 值小的快速线与 N 值大的慢速线作比较观察，若两线同向上，升势较强；若两线同向下，跌势较强。若快速线上穿慢速线为买入信号；若快速线下穿慢速线为卖出信号，见图 7.86。

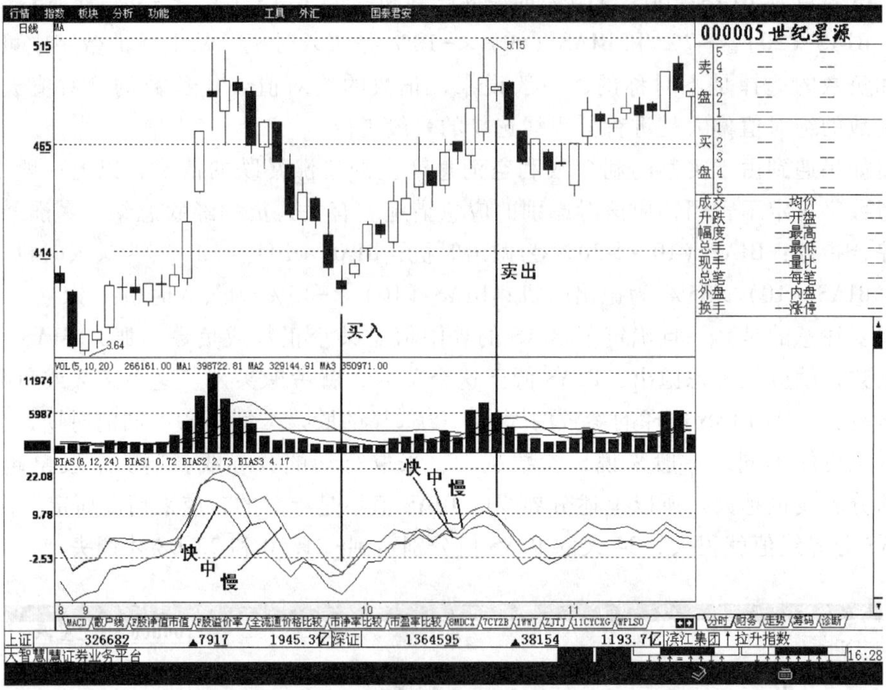

图 7.86 BIAS 指标应用法则：从两条 BIAS 曲线考虑

第三，背离。BIAS 形成两个下降的峰，而价格却在上升，则是抛出的信号；BIAS 形成两个上升的谷，而价格却在下跌，是买入的信号，见图 7.87。

图 7.87 BIAS 指标应用法则：背离

（三）人气型指标

1. 心理线（PSY）

心理线是一种建立在研究投资人心理趋向的基础上，将某段时间内投资者倾向买方还是卖方的心理与事实转化为数值，并形成人气指标的买卖股票的参数。

一方面，人们的心理预期与市势的高低成正比，即市势升，心理预期也升，市势跌，心理预期也跌；另一方面，当人们的心理预期接近或达到极端的时候，逆反心理开始起作用，并可能最终导致心理预期方向的逆转。心理线就是反映人们这种市场心态的一个数量尺度。它是利用一段时间内市势上涨的时间与该段时间的比值曲线，来研判市场多或空的倾向性。

PSY 的计算公式为：

$$PSY(n) = A/N \times 100$$

上式中，N 为天数，是 PSY 的参数；A 为在这 N 天之中价格上涨的天数。上涨和下跌以收盘价为准。收盘价如果比上一天高，则定为上涨天；比上一天低，则定为下降天。

PSY 的应用法则如下：

（1）PSY 取值在 25 至 75，说明多空双方基本处于平衡状况。50 为多空分界点。由计算式可知，$0 \leqslant PSY \leqslant 100$，而 PSY = 50 则表示 N 日内有一半时间市势是上涨的，另一半是下跌的，是多空的分界点，以此将心理域划为上下两个分区。投资者通过观察心理线在上或下区域的动态，可对多空形势有个基本的判断。

（2）如果 PSY<10 或 PSY>90，就分别采取买入或卖出行动。PSY 值为 90 以上或 10 以下，逆反心理要起明显作用，行情见顶或见底的技术可信度极高。

（3）PSY 的取值第一次进入采取行动的区域时易出错。一般要求两次或两次以上。这是需要特别注意的。

（4）PSY 曲线在高位或低位形成双顶或双底是买卖的信号。

（5）如果股价与 PSY 曲线背离，即 PSY 形成两个下降的峰，而价格却在上升，则是抛出的信号；PSY 形成两个上升的谷，而价格却在下跌，是买入的信号，见图 7.88。

2. OBV（能量潮指标）

OBV 的英文全称是“on balance volume”，中文名称直译是“平衡交易量”，是由 Granville 于 20 世纪 60 年代发明的。

成交净额 OBV 理论主要是通过统计成交量的变动，来研判市场人气的敛散，以推测市势的变化。OBV 的基本观点为：先见量，后见价，量是价的先行指标。当投资者对股价的认同越不一致时，则成交量越大。正是这种成交量涌动的能量及人气，将价推向新的位置。利用 OBV 比单独使用成交量看趋势更清楚，见图 7.89。

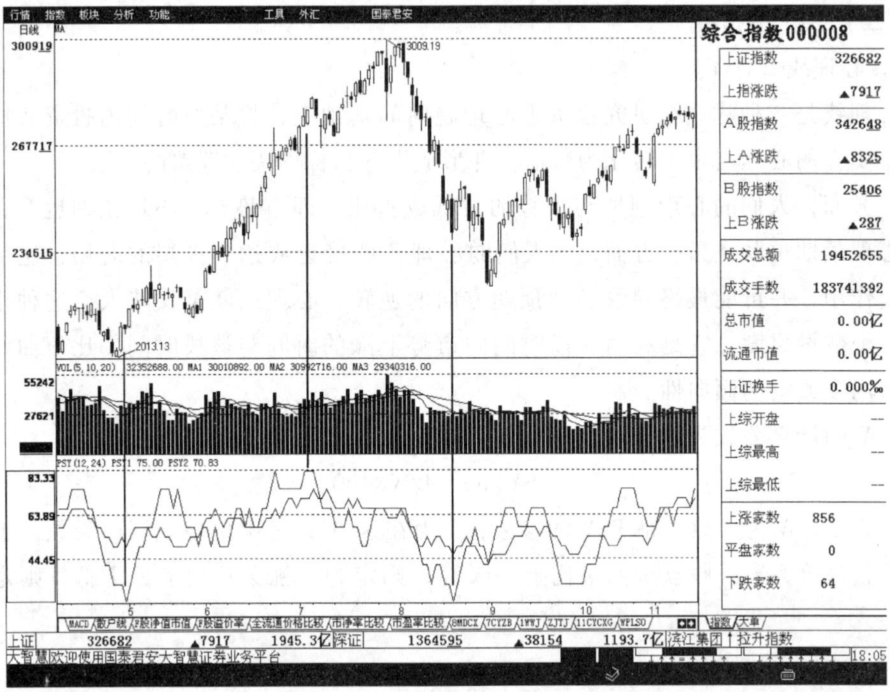

图 7.88 PSY 指标示例

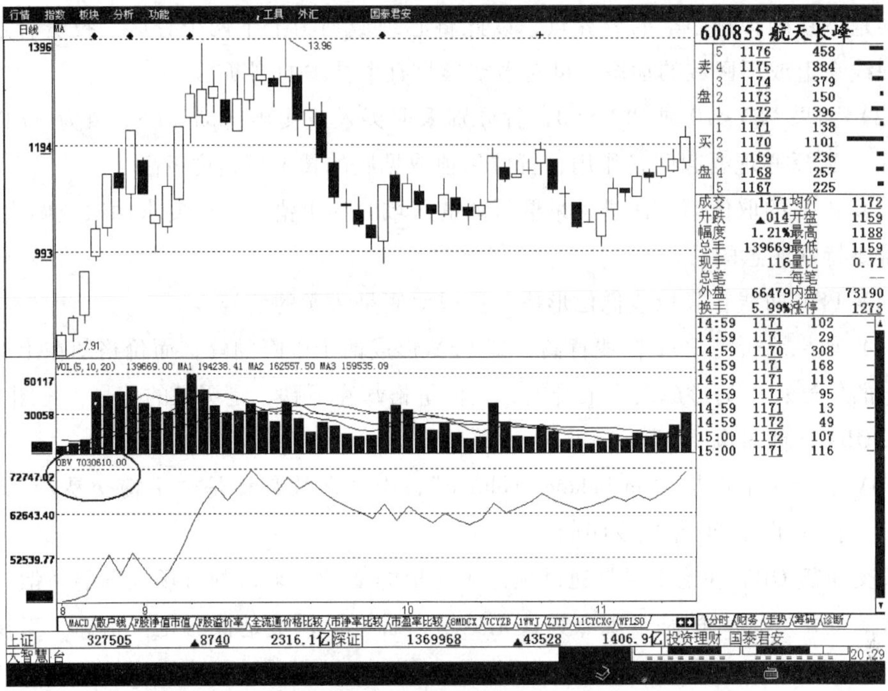

图 7.89 OBV 指标示例

OBV 的计算公式很简单，首先假设已经知道了上一个交易日的 OBV，公式表示如下：

今日的 OBV = 昨日的 OBV + sgn × 今天的成交量

其中，sgn 取值+1（如果今收盘价≥昨收盘价），或-1（如果今收盘价 < 昨收盘价），或 0（如果今收盘价=昨收盘价）。从公式可知当 sgn=+1 时，其成交量计入了多方；当 sgn=-1 时，其成交量计入了空方。

这里的成交量单位是成交股票的手数。

OBV 的应用法则和注意事项如下：

（1）OBV 不能单独使用，必须与价格曲线结合使用才能发挥作用。

（2）OBV 曲线的上升和下降对确认价格的趋势有着很重要的作用。价升 OBV 升，价跌 OBV 跌，则可确认当前的升或跌趋势。

当 OBV 在下降时，价格却在上升，表示买盘已无力，为卖出信号；当 OBV 上升时，价格却在下跌，表示低位接盘力道不弱，为买入信号。

（3）背离。在市场处于 M 头或 W 底形态时，OBV 发出的价量“背离”信号在技术上的可信度较高。

（4）配合支撑线与压力线。当研判市势对支撑线或压力线突破的有效性时，除了对突破幅度的估计外，OBV 是否能够配合也是关键。

（5）股价进入盘整区后，OBV 突然增大，股价可能向上或向下突破，成功率较大。

此外，当 OBV 从下降转为上升，或 OBV 在缓缓上升，有买入信号提示作用。当 OBV 从上升转为下降，或是由累计正值转为累计负值，或者 OBV 急剧暴涨，市场可能出现空翻多行情，若买力有竭尽之忧时，以卖出为宜。

（四）大趋势指标：ADL（腾落指数）

ADL 也称大势型指标。大趋势指标只适合于投资者研判大势，而不可用于选股与研究个股。ADL 是将每日股票上涨家数减去下跌家数后所得的差累加形成曲线，并与综合指数相互对比，对大势的未来进行预测。其计算公式为：

$$今日\ ADL=昨日\ ADL+N_A-N_D$$

其中，N_A是今天所有股票中上涨的数量，N_D是下降的数量，无涨跌者不计。这里涨跌的判断标准是以今日收盘价与上一日收盘价相比较。ADL 的初始值可取 0。

ADL 应用法则如下：

（1）ADL 的应用重在相对走势，并不看重取值的大小。因为 ADL 的取值大小是没有意义的。

（2）ADL 不能独立运用，要与股价曲线结合使用才能发挥作用。

①当股价指数下跌，续创新低，而 ADL 下跌并创新低，则短期内大势续跌的可能性较大；相反，股价指数上涨，续创新高，而 ADL 指数上升并创新高，则短期内大势续涨的可能性较大。

②当股价指数连涨数日（一般是 3 天），ADL 却出现下跌趋势，表示大势随时可能回挡调整，此背离现象是卖出信号；当股价指数数日阴跌后，ADL 却出现上升趋势，表示大势随时可能回稳或上扬，此背离现象为买进信号，如图 7.90 所示。

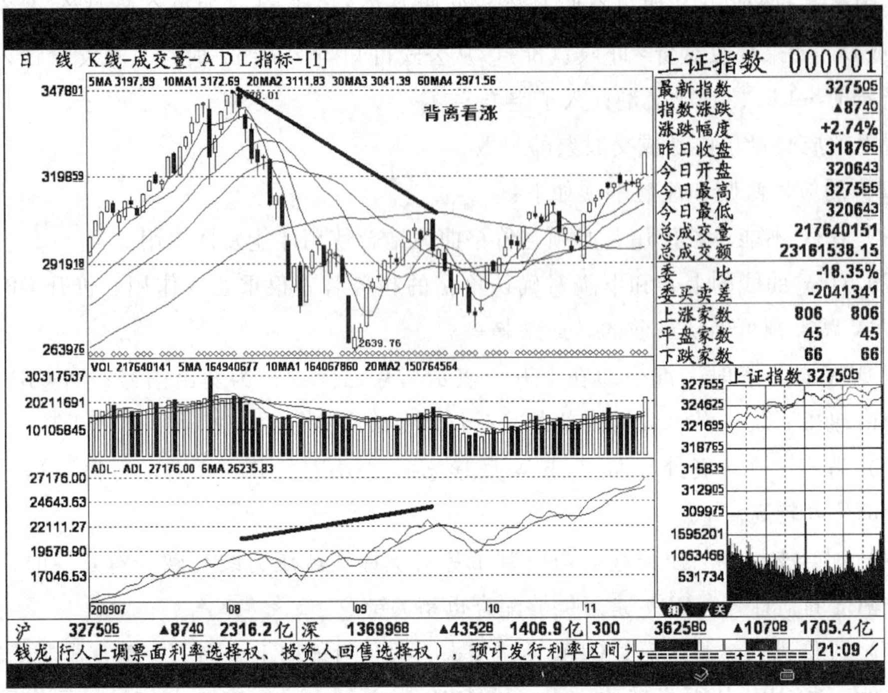

图 7.90 ADL 指标：背离

③股市处于多头市场，ADL 呈上升趋势，其间如果急速下跌又立即扭头向上，创下新高，则表示行情有可能再创新高，反之，表示新一轮下跌趋势即将产生。

（3）形态学与切线理论相关内容同样可以用于 ADL 曲线。

小卡片 1：三种效率市场

Harry Robert 根据股票价格对相关信息反映的范围不同，将市场效率分为三类：弱有效率市场、次强有效率市场、强有效率市场。后来，Eugene Fama 又对这三种效率市场做了阐述。

（一）弱有效率市场

弱有效率市场假说是说证券价格已经反映了所有历史信息，如市场价格的变化状况，交易量变化状况，短期利率变化状况，等等。弱有效率市场假说意味着趋势分析等技术分析手段对于了解证券价格的未来变化，谋取利润是没有帮助的。由于股票价格变化等历史数据是公开的，也是绝大多数投资者可以免费得到的信息，因此广大投资者会充分利用这些信息并使之迅速、完全地反映到证券市场价格上去。最终，这些信息由于广为人知而失去了价值。因为如果购买信息需要付费的话，那么这些成本将立刻反映在证券价格上。

（二）次强有效率市场

这一效率市场是指证券价格反映了所有公开发布的信息。这些信息不但包含证券交易的历史数据，而且包含诸多公司的财务报告、管理水平、产品特点、盈利预测、国家经济政策等各种用于基本分析的信息。同样，如果人们可以公开地得到这些信息，则这些信息也就不具有什么价值了。

证券价格对各种最新消息的反应速度是衡量市场效率的关键。如图所示，在 $t=0$ 时刻之前证券价格的运动是随机游走，$t=0$ 时发布了有关该证券的利好消息，从而导致证券价格的上升。如果从消息公布到价格上升到一个新的均衡点要经过时间期间 n（如图 7.91 所示），则这一市场的效率较低，达不到次强有效率市场的要求。如果消息一公布证券价格立刻上升到新的均衡点（如图 7.92 所示），则该市场为次强有效率市场。

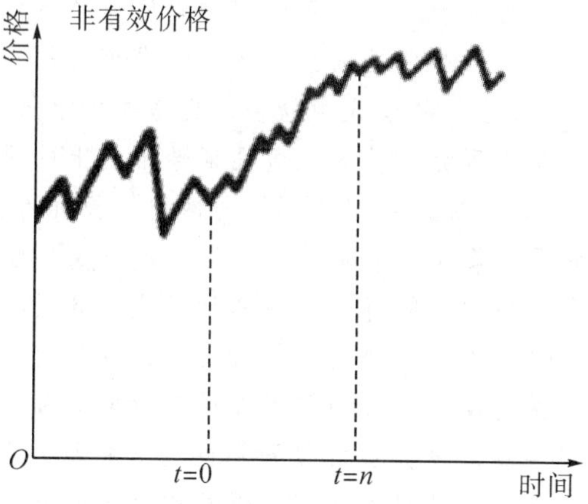

图 7.91　次有强效率市场的形成（1）

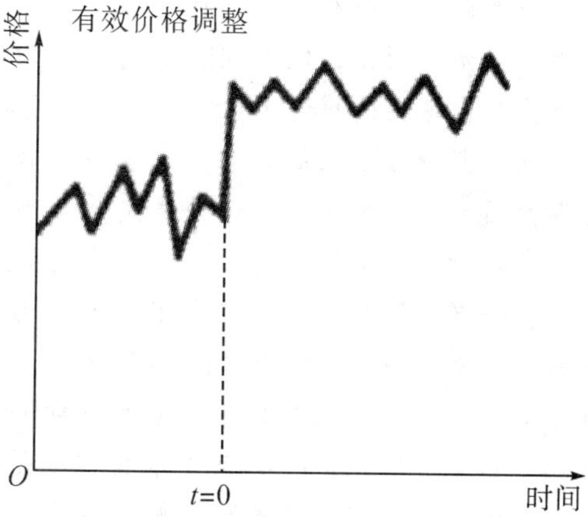

图 7.92　次有强效率市场的形成（2）

证券价格的基本分析，就是对公开发布的各种消息，以及对有关企业的经营现金流的影响进行分析，并据此确定该公司股票及未来的变化趋势，指导证券投资，以期获得高于一般投资者的超额利润。但在次强有效率的证券市场上，基本分析并不能为投资者带来超额利润。

（三）强有效率市场

强有效率市场假说是说证券价格反映了所有有关信息，不仅包括历史信息和所有公开发布的信息，而且包括仅为公司内部人掌握的内幕信息。

显然，强有效率市场是一个极端的假设，如果某些投资者拥有某种内幕消息，是有可能利用这一消息获取超额利润的。强有效率市场只是强调这种消息不会对证券价格产生较大的影响，这些消息尽管在一开始是秘密的，但很快会透露出来并迅速反映在证券价格的变化上。同时，各国证券管理机构的主要任务之一就是防范、打击利用内幕信息进行交易，以保护证券市场的健康发展和广大投资者的利益，保证“公开、公正、公平”三公原则的实现。我国最新公布并于 1999 年 7 月 1 日开始执行的《证券法》，也在这方面做出了相应的规定。

小卡片 2：行为金融

一、行为金融理论的提出

赞成行为金融理论的一些研究人员认为，效率市场假说是建立在经典的现代金融（财务）理论基础上的，而这些经典的现代金融理论的某些基本假设与投资者在证券市场上的实际投资决策行为是不相符合的，主要表现在：

第一，经典的现代金融理论认为人们的决策是建立在理性预期、风险回避、效用函数最大化以及不断更新自己的决策知识等假设之上的。但是大量的心理学研究表明人们的实际投资决策却并非如此。比如，人们总是过分相信自己的判断，人们更多的是根据其对问题（如投资）的支付状况的主观判断进行决策的，等等。尤其值得指出的是，研究表明这种对理性决策的偏离是系统性的，并不能因为统计平均而消除。所以人们的总体决策也就偏离经典现代金融理论的假设。

第二，经典现代金融理论和效率市场假说是建立在有效市场竞争的基础之上的。经典现代金融理论认为，在市场竞争过程中，理性的投资者总是能抓住每一个由非理性投资者创造的套利机会，使得非理性的行为人在市场竞争中不断丧失财富，并最终被市场淘汰。因此，能够在市场竞争中幸存下来的只有理性的投资者，证券市场的投资行为是由理性的投资者主宰的。而由于证券市场上投资者人数众多，交易成本很低，因此这一假设是成立的。对上述假设持怀疑态度的研究者认为，假设证券市场上的投资者由两部分人组成，一部分是完全理性投资者，一部分是“不那么理性的”投资者，则证券市场由完全理性的投资者主宰需要满足下列条件：①在时刻T证券的真实价值将为投资者所了解；②在包含T时刻在内的足够长的时间可以无成本地卖空；③投资者的投资期间将包含时刻T；④没有“太多”的“不那么理性的”投资者；⑤只有理性投资者才卖空。但在实际中上述条件并不能得到满足：人们并不知道何时能够知道证券的真实价值；长时间无成本卖空也是不现实的；投资者的投资期间是否持续到T时刻（如果从投资某证券到了解该证券的真实价值的时刻T之间有很长的时间间隔的话）也是不确定的；而证券市场上更不一定只有理性投资者才从事卖空活动。其次，这些研究人员还认为，轻易地假设随着时间的推移，非理性投资者将在与理性投资者的交易过程中成为失败者也是危险的。De Long、Shleifer、Summer和Waldmann（1990，1991）的研究表明，在某些情况下，非理性投资者实际上可以获得比理性投资者更高的收益。另外，由于淘汰过程本身较为缓慢，因此，即使非理性的投资者得到的期望收益确实较低，他们仍然可以影响证券（资产）的价格。而且，如果把“理性”看作一个选择过程的话，则不论人们如何做出决策，投资者能够生存下来本身就证明了他们的决策是“理性”的。

事实上，现代金融理论要解决两个问题：第一，通过最优先模型解释什么是最优决策；第二，通过实际决策模型讨论投资者的实际决策过程。在解决第一个问题方面现代金融理论所取得的成就是无庸置疑的，而且，如果针对人们的实际决策过程，则现代金融理论也同时提供了一个关于投资者实际决策过程的很好的描述性模型。但是，如果人们的实际决策过程并不是（或在很多情况下并不是）如最优决策模型所描述的那样，则用最优决策模型作为描述性决策模型将不能正确地描述和讨论投资者的实际决策过程，从而不能对证券市场的实际运行状况给予合理的解释。行为财务（金融）理论的支持者认为，人们的实际决策过程并没有很好地遵从最优决策模型。因此，不但需要讨论人们应该如何决策（最优决策），而且需要建立一套能够正确反映投资者实际决策行为和市场运行状况的描述性模型来讨论投资者实际上是如何决策的，这就是行为金融要解决的问题。

二、行为金融理论关于投资者决策行为特点的研究与讨论

行为金融是从人们在决策过程中的实际心理活动研究入手讨论投资者的投资决策行为的，其投资决策模型是建立在对人们投资决策时的心理因素的假设的基础上的）。行为金融发现投资者在进行投资决策时常常表现出以下一些心理特点：

（1）过分自信。行为金融理论的研究者指出，心理学研究发现人们较多地表现出过分自信，过分地相信自己的能力。比如，在瑞典进行的一项调查显示，在被调查的司机中，有90%的司机认为自己的驾驶水平要“高于平均水平”。特别是有研究发现，在实际预测能力未改变的情况下，人们更为相信自己对熟悉的领域所做的预测。

（2）非贝叶斯预测。现代金融理论中的最优决策模型要求投资者按照贝叶斯规律修正自己的判断并对未来进行预测。但是行为金融的研究发现，人们在决策过程中并不是按照贝叶斯规律不断修正自己的预测概率，而是对最近发生的事件和最新的经验给予更多的权重，从而导致人们在决策和做出判断时过分看重近期事件的影响。

（3）回避损失和“心理”会计。对于收益和损失，投资者更注重损失带来的不利影响。有的实证研究显示，人们对损失赋予的权重是收益的两倍，而这将造成投资者在投资决策时按照心理上的“盈利”和“损失”，而不是实际收益和损失采取行动。比如，如果某投资者拥有A、B两只股票各1 000股，其当前市场价格均为20元，其中股票B买入价为10元，股票A买入价为25元。如果投资者分别出售两种股票，由于不愿意遭受损失，他将保留股票A。但如果投资者将两只股票同时出售，由于会有净收益产生，将大大削弱分别出售时遭受损失的感觉，甚至不认为投资遭受了损失。投资者的这种心理活动将对其投资决策产生影响。

（4）减少后悔，推卸责任。当投资决策失误后，投资者的后悔心情是难以避免的。因此，即使是同样的决策结果，如果某种决策方式可以减少投资者的后悔情绪，则对投资者来说，这种决策方式将优于其他决策方式。减少决策失误后的后悔情绪的决策方式有多种，比如，委托他人代为进行投资决策；“随大流”，仿效多数投资者的投资行为进行投资；等等。而如果委托他人投资可以减少因自身决策失误造成的后悔情绪，则这种委托代理关系将会产生负的代理成本，提高委托人的效用。

行为金融理论的支持者认为。正是由于投资者在进行投资决策时存在着上述种种心理背景，从而使他们的实际决策过程并非经典现代金融理论所描述的最优决策过程，进而导致证券市场上证券价格的变化偏离建立在最优决策模型等经典现代金融理论假设基础上的效率市场假说。

三、行为金融对某些市场无效率现象的解释

1. 对证券交易行为与主动性投资管理的解释

如果市场上所有的投资者都是理性的，而且这种理性已经成为公共信息，则证券市场上将不会有交易行为。因为理性的投资者是不会同同样理性的投资者进行交易的（简单地说，既然他要买，我为什么要卖呢）。事实上，正是不同投资者对同样的信息给予不同的解释，并且各自都更加相信自己的判断是正确的，才会形成大量的证券交易和主动性投资管理。1987年，S&P500公司股票的全球交易成本达到这些公司年利润总额的17.8%，而这些交易主要是由机构投资者完成的。同时，每年有大量的投资基金从事主动型投资管理，但其中经营业绩高于S&P500指数的基金却为数不多。行为金融理论认为，这些现象恰恰说明了投资者并不是真正理性的，他们总是过分高估了自身的能力。

2. 对反向投资策略的解释

我们在前一节介绍了一些研究结果显示通过采取反向投资策略可以获得超额投资收益。行为金融理论认为，这种现象是由于人们预测时的心理偏差造成的。对企业的

未来收益状况的预测是一件很困难的事情，虽然我们很难指出怎样才能较为可靠地预测企业的未来，但至少仅根据企业的近期表现和经验进行预测是不充分的。但在实际投资决策中，许多投资者恰恰是过分注重证券发现者（股份公司）的近期表现，仅仅根据企业的近期表现对其未来做出预测，对近期业绩较差的企业的未来过分悲观，对近期表现较好的企业的未来过分乐观，从而造成预测的系统性偏差，为实际反向投资策略提供了可能。尽管效率市场的支持者认为反向投资策略所指出的异常应该解释为投资的风险报酬，并不是真正意义上的超额收益，但行为金融的支持者认为实证研究并不能发现相应的风险因素。

3. 公司股票报酬之谜

研究表明，美国自1926年至20世纪90年代初，公司股票的总收益与无风险收益之差约为7%，而同期公司长期债券的这一收益仅为1%。公司股票的风险报酬与公司长期债券的风险报酬之间如此大的差异是否真实反映了二者的风险程度的差异引起了许多学者的怀疑，Mehra 和 Prescott 首先于1985年正式提出了这一疑问。Benartzi 和 Thaler 给出了关于这一谜团的行为金融的解释：这是由于投资者对投资损失的回避心理和对收益与损失的心理会计计量的结果。回避损失的心理导致一单位投资损失带来的效用减少是同样一单位收益带来的效用增加的两倍：心理会计导致投资者心目中一个风险投资项目的风险大小取决于其评估风险状况的频繁程度。比如，如果一个投资者每天检查他的投资组合的价值，由于股票价格每日升降的可能各占一半，而投资损失对投资者效用的影响两倍于投资收益，这会使投资者感到股票投资的风险很高，很不可取；相反，如果另一个投资者买完股票后20年置之不理，则他几乎不会感受到价格下降（投资损失）的影响，从而会觉得股票投资的风险很低，是一项很吸引人的投资。Benartzi 和 Thaler 根据这一思路进一步分析了如果让企业债券和公司股票对投资者具有同样的吸引力，那么股票投资者需要一年评估一次股票投资的价值。因此，他们认为由于投资者过分频繁地评估手中股票的价值，股票投资的心理风险大大增加，从而不能正确认识股票投资真正风险的大小，对股票投资要求了过高的投资回报（或对企业债券投资要求了过低的投资回报）。

（资料来源：曹凤岐，刘力，姚长辉. 证券投资学［M］. 3版. 北京：北京大学出版社，2013.）

第八章 证券投资计划

凡事皆应有计划，证券投资也不例外。证券投资计划就是证券投资者根据自己对风险的承受能力以及收益预期，在对投资环境和证券类型及证券品种等进行综合分析与判断的基础上，选定投资对象，采取买卖的投资策略，选择适当的方法运营资金，以期获得风险和收益的最佳组合的主观行为。可以想象，没有计划的投资难免会缺乏战略指导性，投资活动的随意性增大，在证券市场上难以取得持续性胜利。制订证券投资计划有助于投资者尽可能取得相应收益，尽力回避相关投资风险，因而制订投资计划是必要的。

第一节 证券投资计划拟订

证券投资计划拟订是一个系列过程，要做好投资计划的拟订工作，投资者必须在进入证券投资这个领域之前就要研究掌握必要的证券知识，没有相关知识就进行证券投资活动无异于赌博；在进入证券市场之前还应注意收集与整理拟投资对象的图表等相关资料；不同的投资者自身的心理准备和资金、时间等条件不同，即他们的投资环境与条件不同，投资策略就会不同，投资计划就也会有所不同。最后，依据证券投资计划的不同类别和证券投资不同的计划操作方法，选择拟订出最终的证券投资计划。

一、研究证券知识

证券投资需要丰富的知识、聪颖的智慧、高超的技能。证券投资者想获得成功，至少应该知道证券市场如何运转，哪些因素如何影响股价变动，如何选择某个企业的证券，如何分析预测股市的走势，有哪些投资技巧与策略，有哪些证券交易的基本程序，有哪些相关的法令规章制度等。

（一）证券投资者应当把握证券投资的基本知识

这些基本知识包括证券有哪些种类；债券和股票是什么性质的证券；如何阅读证券行情表；证券市场是怎样运行的，等等。许多投资者在证券市场中对自己所要投资的对象了解甚少，缺少对证券投资原理的认识，因而其投资行为往往带有盲目性和投机性，这种投资者比谨慎的长期投资者承担的风险要大得多。证券投资的知识积累是循序渐进的过程，掌握证券投资涉及的一些基本术语相当重要。

1. 牛市、熊市、鹿市和牛皮市

牛市是指买方力量强劲、股价连连上扬、股市普遍看涨的市场行情，亦称多头市场，其特征是买多卖少、人气旺盛、交易活跃、股价大涨小跌。

熊市是指卖方力量强劲、股价连连下挫、股市普遍看跌的市场行情，亦称为空头市场，其特征是卖多买少、人气低迷、交易清淡、股价小涨大跌。

鹿市是指股价跌宕起伏，股市前景不明的市场行情，其特征是短线投资增多、市场人气不稳、股价大起大落。

牛皮市是指股价起伏不大，股市前景暧昧的市场行情，其特征是交易萎缩、观望气氛浓重、股价难以出现令人心跳的波动。

2. 利多、利空、利多出尽、利空出尽

利多即有利于多头，亦称利好，即有利于买方的各种因素及其信息，往往会使股价上扬。例如，国家经济形势看好、银利利率下调、公司经营业绩优良等。

利空指有利于空头即卖方的各种因素及其信息，往往会使股价下跌，亦称利淡。

利多出尽指在利多消息频繁刺激下，股价连续上涨已至顶峰，即使再有利多消息刺激，股价也不会上涨甚至可能下跌。

利空出尽指在利空消息频频刺激下，股价连续下挫已达谷底，即使再有利空消息刺激，股价也不会下跌甚至可能上升。

3. 回挡、反弹、反转和突破

回挡亦称大涨小回，指多头市场行情中，由于股价上升过快而出现暂时性的股价回跌，以调整价位和蓄势再涨。

反弹指大跌小涨，即空头市场行情中，由于股价下跌过快而出现暂时性回升，以调整价位和蓄势再跌。

反转指股市行情发生重大转变，即由熊市变为牛市或由牛市变为熊市。

突破指牛皮市行情中出现的显著性价格波动。当股价超过压力线时，称为“向上突破”；当股价超过支撑线时，称为“向下突破”。

4. 短多、长多、死多与套牢

短多是指以做短线交易为主的多头。

长多是指以做长线交易为主的多头。

死多是指买进股票后不管股价上涨还是下跌绝不任意卖出的多头。

套牢分为多头套牢和空头套牢。多头套牢是指多头预期股价会上涨，买进后却下跌。当股价回升到下跌前的水平甚至高于这个水平时，多头卖出持有股票即为解套。空头套牢是指空头预期股价会下跌，卖出后却上涨。当股价上涨时，空头错过了低价位买进的机会，即为踏空。当股价上涨后因跌至以前的水平甚至低于这个水平，空头买进股票即为空头解套。

5. 盘整、盘档、盘坚和盘软

盘整亦称为整理，是指股价经过一段时间的急速上升或下跌后，遭遇阻力或支撑，使股价暂时停止大幅度波动，而且只在某一价位区盘旋，以作为下次上升或下跌的准备。

盘档亦称为盘局，是对股价波动幅度很小的盘整态势的一种描述，此乃多空双方势均力敌采取观望态度而产生的现象。

盘坚亦称为盘上，即股价在盘旋逐渐上涨。

盘软亦称为盘下，即股价在盘旋中逐渐下跌。

6. 打底、探底与底部

打底是指多空双方经过反复拉锯战后，多方在最低点附近为上涨行情筑起支撑，因此亦称为筑底。

探底是指股价一再跌至最低价位。

股价在最低价位遇到支撑，即为底部。但是，底部有阶段性底部和最终底部。当股价达到一个新的最低价位，稍事停顿便继续下跌，即为阶段性底部；当股价达到一个新的最低价位，便出现反转行情，即为最终底部，亦是真正的底部。

（二）证券投资者要熟悉和遵守投资的程序

证券投资者必须十分熟悉投资的程序，了解投资过程的每一个环节并严格遵循。当投资者决定在证券市场投资时，要取出储蓄中的一部分资金，然后选择哪种股票或债券，这更是一个复杂的决策活动，需要判断当时的经济形势的变动趋势，需要对此经济形势下各种行业的发展前途作出判断，需要根据发行证券的公司财务力量、销售状况、产品结构和主要生产设备等来预测公司未来的收益和风险程度，最终做出正确的选择；操作过程开始后，需要了解和严格遵守证券交易中的委托、成交、清算和交割等一系列程序，确保顺利完成证券投资过程。

（三）证券投资者需要熟悉和掌握各种投资技巧

投资者掌握各种投资技巧，如买卖时机的把握技巧、风险回避技巧、最大获利技巧等，有助于投资者在关键时刻化险为夷，取得最大效益，这些技巧将在第八章中详细介绍。

二、收集与整理资料

证券投资者通过搜集、整理、分析资料，逐步建立起对证券投资的感性认识，熟悉证券市场的运作程序，了解证券市场的行情趋势，体验证券市场信息和人气状况，感受证券市场的起伏波动，认识上市公司的经营状况，确定进入股市的时机。

1. 证券资料的来源

（1）来自发行公司的公开资料：①公开说明书；②月度财务报表；③季度财务报表。

这类公开资料多经过注册会计师或会计师事务所之类的机构审核，比较准确和客观，有助于投资者了解发行公司的营运情况、财务状况及盈利多少等，便于长期投资者作基础分析。

（2）来自证券管理机构的发行资料：①证券统计要览；②上市公司营业额总表。

（3）来自证券交易所的资料：①上市证券状况；②上市公司获利能力表；③证券交易资料；④上市公司财务资料简报。

上述三类公开资料，具有较高的权威性和参考价值，多用统计图表等给出整个股市的各类背景及原始资料，这可以使投资者站在整个股市全局的角度来综合比较与分析。

（4）来自大众传播媒介收集的信息。通过报纸、广播、刊物等大众传播媒介搜集关于证券市场、证券主管机构、证券交易所、证券公司、上市公司的新闻报道、法规、公告等一切信息。

（5）来自专家学者的论著。这类论著多是指导投资者了解整个证券市场结构，弄清买卖交易过程、各类证券特点、投资经验诀窍及注意事项等基本知识。这对投资者充实专业知识、熟悉投资策略、增强操作能力等极有帮助。

获得各方面资料之后，需要对资料进行甄别、整理与分析。资料通常分为两大类别：基本面资料和技术面资料。基本面是指影响证券市场行情变化的各种基本因素。其中包括宏观环境因素、景气变动因素、产业发展因素、市场变化因素、公司运作因素以及其他各种因素。技术面指描述证券市场行情变化的各种记载、分析资料。其中包括价格变动的历史记载、股价变动的周期循环、股价指数变动轨迹、成交量变化图示、指数与个股价格移动平均线、证券评估等级、人气指标与心理变动指标及其他各种技术分析资料。资料分析应以基本分析为后盾，以技术分析争时机，以心理分析看市场。

2. 证券行情图表的阅读分析

及时经常地解读证券行情图表，是证券投资者的基本功和首先要做的工作。各国证券交易所的行情图表详略不同，内容有异，但基本格式和基本要素大同小异。

（1）股市大势走势图。以股价平均指数为“数据”，在一个相对坐标图上或是电脑屏幕坐标上绘制而成。大多是从左到右沿时间轴方向的曲线，以显示整个股市大势的走向。

（2）个别股价走势图。以每个时点或时段的平均价格为“数据”绘制而成，以显示某种股票的价格波动历程及未来趋势，较适宜作为投资者或投机者在交易前作决策时的资料资讯。

（3）成交值图。以每日成交（总）值来绘制。其绘法也有两种，其一为“点式”：把坐标点连接而成“成交趋势线图”；其二为“条形图式”：用长短条形显示成交值的增减变化。前者给投资者以“趋势的观念”，后者则提供“具体的形象”。

这些图表大多使用计算机绘成，并使用磁盘把这些证券资讯资料储存起来，以便随时取出，作为自己投资决策的参考，或是作为指导投资人，来收取咨询费。不过，投资者可以自己绘制对投资决策有参考价值的某些股价走势及成交值图。该类资料很好搜集，只要保存每天报纸上的行情表数据就行了。

三、投资环境与条件

投资者在安排证券投资计划时，最重要的是客观地评判自身风险承受能力的强弱，据此确定投资对象，把握投资方向，合理分配资金和安排时间，选择投资策略，实现风险与报酬的最佳组合。据此，证券投资者在制订证券投资计划时，应考虑如下投资环境与条件：

1. 投资资金来源与稳定性

制订证券投资计划的前提是投资者必须拥有能自由调配使用的资金。因为证券投资过程是一个动态的连续过程，当股价变动，投资者增购股票时，需要有灵活的资金支配或有可靠的借款来源。而且，某些证券投资策略的实施，也须定期定量地投入资金。例如，定时定量投资计划，就要求投资者有稳定的资金来源，否则投资计划内的实施只好被迫中断。因而，在拟订投资计划前：①应考虑个人收入的高低，计算扣除必要生活费后，还有多少收入可用来投资；②注意收入来源的稳定性或有无可能增加收入。

2. 对投资收益的依赖程度

有的家庭或个人生活负担重，收不抵支，希望能依靠高利息的证券投资来改善生活，这种人对投资收益的依赖程度大，故应投资于收益稳定而又安全可靠的公债或公司债以及有稳定股息收入的蓝筹股或绩优股。而生活宽裕的家庭，则可投资于具有成长性的成长股。

3. 证券投资知识与经验

证券投资者应当培养自己在证券投资方面的能力。证券知识的掌握和投资经验的积累是能力的基础。没有知识的投资者，是盲目的投资者。如果投资者对证券投资和股票市场没有相当的认识就大胆投入资金，虽不排除凭机遇捞上一把，但多数情况下对收益的期望很可能是水中捞月，甚至投入的资金如“一江春水向东流”。

4. 买卖证券的时间是否充裕

证券投资者搜集整理和分析证券资料、分析股价变动的因素、研究公司财务状况特别是研究和经常注意公司财务状况与股市价格变动的依存关系等，都需要有充裕的时间。没有充裕的时间，投资者只能从事一些较安全的股票或其他证券买卖。

此外，还应考虑投资成本问题，如股票佣金和纳税问题。

5. 证券投资者的心理准备是证券投资的重要条件

证券市场表面上是有形资金之战，实质上隐藏着无形的心理较量。心理准备包括两部分：一是自身心理建设，二是心理分析能力的提高。

（1）加强自身的心理建设。

①形成正确的投资意识。投资者首先应该具备风险意识，无视风险的存在，当风险降临时不应手足无措，若惧怕风险，就会裹足不前，永远不会成功。其次，投资者应有自主意识。投资者广泛收集资料和听取专家意见的同时，应能独立地判断行情，做出投资决策。最后，投资者应有自律意识，坚决克服狂妄自大、三心二意、患得患失或贪婪等不良心理。

②保持良好的投资心态。首先，要轻松自如，临危不乱，临险不惊；其次，要沉稳冷静；最后，要不贪不悔。

（2）提高市场心理分析能力。投资者可以根据买卖双方力量的大小、买单与卖单的多少、人气指标等，判断投资大众和主力炒手对股市前景的看法，即看涨还是看跌，由此预测市场上多数人的投资行为，并决定自己的行动路线。

投资环境包括外部投资环境和内部投资环境。上述分析属于内部投资环境分析。外部投资环境包括政治因素，经济因素，公司因素等，这些因素致使股票和债券的收益很不稳定，可以参见本书第六章证券投资基本分析。只有认真分析投资环境和了解个人的内部环境，才有可能制定出正确的证券投资策略，以获得较大投资收益。

四、证券投资策略

由于各种证券的风险中既有绝对风险，又有相对风险，因此投资者不应把所有资金投放于一种证券上，而应选择风险相关程度较低的多种证券，组成投资组合。按照投资目标分类，证券投资策略有两种：收入型策略和增长型策略；按照投资对象分类，证券投资策略也有两种：债券投资策略和股票投资策略。

（一）按照投资目标分类

1. 收入型策略

收入型策略强调本期收入的最大化，而不大重视资本利得的增长。收入型策略的投资对象大多是债券、优先股和支付股利较多的普通股。对于处于较高等级所得税率的投资者，政府债券和免税债券也是其理想的投资对象。

选择收入型策略的投资者可选择信用等级较高的公司债券、市政债券、国家公债、优先股等。为兼顾本期收入的最大化、稳定性和规则性，投资者可以把符合要求的股票和债券融合在一起，共同组成收入型的投资组合。为此，投资者可以购买红利较高且较为安全的普通股。

在构筑收入型投资组合时，投资者的目标是利用各种证券的风险可在一定程度上互相抵销的特点，通过适当的组合，使整个投资组合的风险最小化。譬如，投资者可以通过购买不同期限的证券来降低利率风险和市场风险，通过购买一些高质量的收入型证券来降低经营和违约风险；通过购买一些浮动利率债券或普通股来降低购买力和风险。

2. 增长型策略

增长型策略强调投资资金的增长，为此投资者宁肯牺牲近期的本期收入。增长型策略的投资对象是现金红利较低但有升值潜力的普通股。在公司税后利润水平相同的情况下，公司支付的股利越多，可用于扩大再生产的资金就越多，公司的利润水平就会大幅增加，因此股票价格的上涨幅度就越大。增长型投资策略的目标是使投资组合的未来价值尽量增大，因此其投资对象主要是增长潜力较大的普通股。选择增长型股票主要标准有：①盈利和红利的增长潜力较大；②盈利增长率较稳定；③红利水平较低；④预期收益率较高；⑤风险较低。

在选择增长型股票时，投资者利用基础分析法，可深入分析各公司的产品需求状况以及竞争地位、经营特征、管理水平等情况，据此对各公司的盈利和红利做出评价和预测，并根据各种股票的内在价值与市场价格的对比，选择价值被低估的股票。

在构筑增长型投资组合时，投资者应遵循多样化原则消除各种证券的相对风险。为此，投资者应选择适当种类的证券。一般说来，由 10 至 15 种证券构成的资产组合便能有效地分散风险。不过，投资者在构筑增长型投资组合之前应预测市场行情变动方向。若投资者预测经济将由危机转为复苏，就应增大高风险的普通股在投资组合中所占的比重；相反，若投资者预测经济将由繁荣走向衰退，就应增大投资组合中无风险的防御性证券（如短期国库券）所占的比重。

当然，有些投资者可能采取混合型策略，它既强调本期收入，又希望资本增长。混合型策略的投资对象是兼有收入和增长潜力的证券。

（二）按照投资对象分类

1. 债券投资策略

债券投资策略可分为债券投资的形象化策略和债券投资的收益化策略。形象化投资策略，就是以某种形象化形式描述的投资方法。较典型的投资方法有梯形投资法和杠铃式投资法。而收益化策略是以债券的收益率高低作为划分投资组合标准的方法。由于债券的收益与利率有关，有人又把收益化策略称为利率化策略，其策略主要有利率预期法与利率转换法。

（1）梯形投资法。梯形投资法是确定证券组合中证券期限结构的方法，又称梯形期限方式。采用这种方法，投资者需将全部资金平均投放在各种期限的证券上。投资者先用资金购买市场上数量相同的各种期限的证券，当短期证券到期收回资金后，投资者再将它投放到长期证券上，这样循环往复，使投资者随时持有各种到期的证券，而且各种期限的证券数量相等。这种方法用坐标表示，图形呈现等距阶梯形，故称为梯形投资法。

债券投资的梯形投资法是指将资金等额投资在期限不同的债券上，形成一个呈梯形状态的期限结构。譬如，投资债券有短期融资券，1 年期、2 年期、3 年期、4 年期、5 年期投资债券，由短期到长期，形成一个一档比一档长的梯形组合。操作过程中，可以将每期到期回收资金投入最长期限的债券，由此形成年年有到期回收资金、年年有梯形投资组合的投资格局。不过，投资者不必固守长期期限结构，当长期债券利率下降，而短期债券相对有利时可投资短期债券，形成一档比一档短的梯形结构。也就是说，从收益率出发，适时地相互转换长档期限结构与短档期限结构。梯形投资法能保证获得平均收益率，但投资方式不够灵活，变现能力受到期限结构限制。

（2）杠铃式投资法。杠铃式投资法是指放弃中期债券而确保短期债券和长期债券的投资组合策略。由于投资者将资金全部投在短期债券和长期债券这两头，呈现出一种杠铃式两头沉的组合形态，因而被称为杠铃式投资法。

长期债券的有利之处是收益率高、利率变化较少、价格起伏不大、债券增值和资本损失较小；缺点是流动性和灵活性较差，当投资者出现资金需求时，不能及时变现。短期债券的有利之处在于，它具有高度的流动性和灵活性，但收益率低。杠铃式投资法把长期债券与短期债券结合起来，实现长短相济、互补短长。需要指出的是，在杠铃式投资法中，长期债券与短期债券的期限划分，并无统一标准。有些银行将 3 年以下或 1 年以下的作为短期债券，有些将 7 年以上或 10 年以上的债券作为长期债券。而且，短期债券和长期债券的比例也并不是平均分配的，可以是各占 50% ，也可以是四六开或者三七开等。杠铃式投资法的特点是灵活性强，收益较高。但这是基于对市场利率的准确预测之上的。使用这种方法，需要对市场利率进行准确的预测，并随时根据市场利率的变化来调整二者的比重。

（3）利率预期法。利率预期法是根据利率的预期变化而进行投资组合的一种方法。采用利率预期法的投资者，在债券市场上，认为银行利率与债券价格呈反比例关系，若银行利率下降，对债券需求就会增加，债券价格就会上升；若银行利率提高，对债券需求就会减少，债券价格就会下降。同时，债券价格与债券收益率亦成反比，债券价格上升，其收益率就会下降；而债券价格下降，其收益率就会上升。根据上述规则，债券投资者就可以根据银行存贷款利率的变化预期债券价格与债券收益的变化，从而做出正确的债券投资决策。若预期银行存贷利率下降，债券收益亦会下降，此时投资者应在银行利率下调之前，卖出债券，投资于其他保值商品或股市；若预期银行存贷利率上升，债券收益率亦会上升，此时投资者应在银行利率上调之前，买入债券。采取利率预期法的投资者须注意的是银行存款利率之间存在联动关系，但调整时机并非完全同步，有时中央银行先行调整贷款利率，但实际上预示存款利率将会调整。这有利于投资者作债券投资的相应决策。

（4）利率转换法是指适时地将低利率债券转换为高利率债券的投资方法。利率转换法的关键是掌握转换时机，有两种方法可供参考：一是将年平均收益率折算成月平均收益率，如果持有债券获得的收益率已超过月平均收益率，那就表明已获得了高利率，再持有该债券可能会收益减少，因而可考虑转换那些预期收益率较高的债券。二是将持有债券与打算买进的债券进行比较，如果持有债券最终收益率低于打算买进的债券，那就应该考虑打算买进的债券，因为债券票面利率是固定的，但最终收益率却取决于债券交易。

2. 股票投资策略

为对付股票投资的风险，购买股票时可采用投资组合办法。投资组合分为两部分：一是保护性部分，它由价格不易变动的债券构成；二是进取性部分，它由价格容易变动的股票构成。每一部分在投资总额中的比例，取决于投资者的目标。如果目标为更多的获利或取得较多利差收入，则进取性的部分比例应大些。由于使用这种投资方法首先要定好目标，并决定两部分的比例，然后随股票价格的变化不断地进行调整，以保持原定比例不变，故称之为不变比例策略。

可变比例策略是允许投资组合中进取性与保护性部分随着证券市场价格的波动变化。可变比例策略的基础是趋势线，这种趋势线代表某种价格，在这种价格之上，卖出股票；在这种价格之下，买入股票。而且在买卖股票时，相应地买卖债券。在确定趋势线以后，还要以决策线为边线，如图 8.1 所示，当价格上涨，通过决策线 B 时，卖出 20% 的股票；相反，当价格下降通过决策线 C、D 时，分别买入 20% 和 40% 的股票。当然，买进卖出的不一定是 20% 或 40%，投资者应在正确确定趋势线的基础上，通过对价格变化进行持续监测，并视具体情况而定。

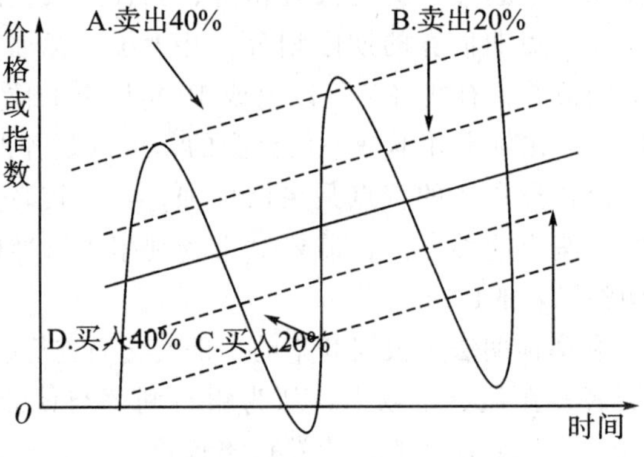

图 8.1　某投资者可变比例投资策略

五、证券投资期限、数量和投资者类型

证券投资计划的拟订必须考虑投资期限、购买证券数量和投资者类型等问题，这些关系到投资收益、风险等。

1. 按照投资期限划分的投资计划

按照投资期限划分，证券投资计划可分为短期投资计划、中期投资计划和长期投资计划。

短期投资计划指投资者持有股票时间很短，可能只有三五天，有时甚至几小时的投资计划。投资对象通常是价格波动大的股票，投资者关心的是股票的涨落差，其投资收益完全来自买进卖出股票的价差，该计划的投机因素比较大。

中期投资计划指投资者持有证券的时间少则数月、长则一年的投资计划。投资对象可以是各种债券或优先股股票，也可以是普通股股票或各种有价证券的结合。投资收益包括买进卖出的价差及股息收入等。中期投资计划需要考虑的因素比较多，操作起来比较复杂，但关键是对证券品种的选择和买卖时机的把握。

长期投资计划指投资者买进证券后长期持有，少则一年以上，多则十几年甚至终生持有的投资计划。投资对象主要是成长股、优先股或长期债券等。投资收益主要是股息、红利、债息等。长期投资计划的实施，关键在于选择一种合适的证券，要求对股份企业或发行者的情况十分了解。不过，投资者长期持有证券的目的可能是希望得到控股权等。

个人投资者需要在不同的时期根据不同情况制订不同的投资计划。而且，通常是针对不同的证券制订不同的投资计划，中、长、短的投资同时存在，但较多的还是中期投资计划。

2. 按照投资者类型划分的投资比例

根据投资者投机动机和对风险态度的不同，可把投资者分为三种类型：稳健的投资者、激进的投资者和温和的投资者。稳健的投资者，以安全为主，以经常而固定的收益为其追求的目标；激进的投资者愿意承担较大的风险以获得较多的收益和增值；温和的投资者介于稳健和激进投资者之间。而按照投资者类型，可把证券投资划分为稳健型投资计划、激进型投资计划和温和型投资计划。

稳健型投资计划，是指投资者把投资的重点主要放在固定收益的证券、公债、企业债券以及优先股股票上的投资计划。稳健型投资计划适合于具有低风险倾向的稳健型投资者。

激进型投资计划，是指投资者把投资的重点主要放在可变收益的普通股股票上，特别是放在那些股价波动比较激烈和幅度比较大的股票上的投资计划。激进型投资计划适合于具有高风险倾向的激进型投资者。

温和型投资计划，是指投资者把投资的重点放在固定收益与变动收益两种类型证券的组合上的投资计划。投资者既选择债券、优先股股票这样的固定收益证券，又买卖普通股股票这样的变动收益证券。温和型投资计划适合于心态介于低风险倾向和高风险倾向之间的温和型投资者。

3. 按照购买股票数量的决策方案划分投资计划

在投资前，应当根据市场环境决定投资品种、长短线的比例、操作手法等操作计

划。投资者可能会想出几种方案，究竟哪种方案较好？当无法对未来状况进行概率估计或预测时，可采用未确定性决策的决策方法。根据投资者决策购买股票数量甘冒风险的程度，可将证券投资计划划分为最大冒险计划、最小冒险计划和最小后悔计划。

（1）最大冒险计划。购买股票最大冒险计划是一种甘冒最大风险以获取最大范围收益的一种方法。它是从若干种自然状态的各方案的最大收益中，选取最大收益中的最大值所对应的方案为最优方案，然后加以采纳，因此这种计划又叫大中取大计划或最大风险计划。

【案例 8.1】某公司的经营状况有好、中、差三种，投资者购买股票的方法有大批购买、中批购买和小批购买。现将其组合结果列表如表 8.1 所示。

表 8.1　某投资者最大冒险计划　　单位：元

购买方案	收益值			最大收益
	好	中	差	
大批购买	18 000	12 000	-8 000	18 000
中批购买	13 000	9 000	4 000	13 000
小批购买	9 000	7 000	5 000	9 000
最大收益中最大值				18 000
拟采用方案				大批购买

在诸多方案的最大收益值中的最大值为 18 000 元，故应大批购买。采用这种决策计划，投资者需要具备足够的勇气和冒险精神。一般来说，采用大中取大计划的投资者常常是根据市场信息判断市场可能发展的趋向，先机买入，若实际股市走势与预期股市走势相吻合则股市波动越大，其资本利得越大；相反，若两者不一致，则其投资额越大，市场价格波动越大，其损失越惨重。因而股市行情看得准与不准便是这些投资者是否能成功的关键。

这种选择中，以出现最好情况并获得最大收益为决策前提，具有较强的赌博性质，因此要求投资者具备相当的冒险精神和强健的心理素质。采用这种方案的人多属资本雄厚、能承受起一定风险的短期投资者。

（2）最小冒险计划。购买股票的最小冒险计划是把风险降低到最小收益的一种计划。其方法是先从诸多方案中找出不同自然状态下的最小收益值，再从最小收益值中选择一个收益最大的方案，然后予以采纳。最小冒险计划是一种比较稳妥的决策计划，它是投资者避免投资风险的最佳方案。采用这种方案的投资者在资本少的人中居多，且以长期投资者居多。例 8.1 中，大批购买的自然状态中，最小收益为-4 000 元；中批购买的自然状态中，最小收益值为 2 000 元；小批购买的自然状态中，最小收益为 3 000 元，在三种方案中最小收益值的最大值为 3 000 元。所以，拟采用方案是小批购买。最小冒险计划能够最大限度地抛除风险因素，减少了因投资冒风险而引发的赚取暴利和家破人亡的发生概率。

（3）最小后悔计划。最小后悔计划就是力图使后悔降到最小限度，即把由于采用不同方案与公司不同经营状况所造成的收益差额而引起的后悔值降到最小的一种计划，换一个角度讲，就是当股份公司经营状况好时投资者选择了保守方案，或者当股份公司经营状况很差时投资者却选择了最冒风险的方案，因而投资者丧失了一定的收益而后悔。采用最小后悔计划就是用来避免产生后悔的一种投资计划。这种计划适合于喜欢稳定收益也喜欢冒小风险获得相对高收益的投资者。

【案例 8.2】如表 8.2 所示，在多种方案的最大后悔值中的最小后悔值为 600 元，所以，选中批购买的计划。

表 8.2　某投资者的最小后悔计划　　单位：元

购买方案	收益值			最小后悔
	好	中	差	
大批购买	100	200	800	800
中批购买	600	500	400	600
小批购买	900	300	0	900
最大后悔值中最小后悔值				600
拟采用方案				中批购买

第二节　证券投资计划操作方法

除必须了解证券投资计划拟订的相关知识外，制订证券投资计划还需要投资者掌握相关的计划操作方法。所谓计划操作方法，也称固定模式操作法，它是指在一定时间内按照某种确定的模式，定期地或在该模式要求的条件成立时，根据预定方案买卖证券，进行程式化操作的投资方法。计划操作法本身又有多种，其中最为主要的是趋势投资计划和公式投资计划，以下介绍的是其中较常见的几种。

一、趋势投资计划

趋势投资计划，是指投资者根据市场变化的大体趋势来制订的投资计划，是一种具有简单性、机械性、普遍性和肯定性的长期投资计划。其基本前提是认为股市中一种趋势一旦形成便会持续一段较长的时间，因此，只有当有信号表明这一趋势正在改变，才改变其投资地位。

趋势投资计划中，最有名的是哈奇计划。哈奇计划法又称百分之十计划投资法或10% 转换法，是趋势投资计划的典型代表。该计划由西方金融奇才哈奇发明，直到其逝世后才由伦敦金融新闻公布。这一方法的操作方式非常简单：投资者首先根据自己的投资目标，在股市处于中长期上升趋势时，审慎地选择和买入一组股票。此后将其所购股票价格，每周末计算一次平均价，每月底将各周的平均价相加，求出每月的平均价；如果本月的平均价较上月最高点下降了 10%，便全部卖出股票，不再购买，一直等到其出卖股票的平均价，由最低点回升了 10%，再行购买。

哈奇计划法可归结为两点：①假定股价的中长期趋势性变动是周期性的，即具有波段性，涨则跟进，以赚差价，在上涨行情中任何一点买入都是正确的，除了最高点；跌则撤出，以减免损失，在下跌行情中任何一点卖出都是正确的，除了最低点。②追涨杀跌只适用于变化幅度较大的趋势，而不适合于日常的振荡，因此。以 10% 的变动幅度来滤除日常振荡引导投资地位的改变。10% 只是哈奇的经验数值，具体应用时还应当由市场实际及投资人选择的趋势的长短来调整。

采用这种方法的最大特点是等时局的变动已经经历一段时期，大势已定时才进行操作，投资者无须过多关注股价日常的小规模波动，每月只需做几次分析计算，且只有当股价波动已达到相当幅度（10%）时，才需要采取买卖行动。显然，这是一种适用于中长线投资的、按计划操作的方法，且这种方式在不太完善的市场上应谨慎采用。

小卡片

美国人哈奇在 1882—1935 年间，共 44 次改变投资计划，所保持股票的期限，短者 3 个月，长者达 6 年，投资资金由 1 万美元增加到 440 万美元。然而有人做过如下的计算：1993 年 2 月 22 日在深圳股市价值 1 万元的股票，按照 10% 转换法操作，到 5 月份将 5 次变换角色，共损失 83 点指数（按收盘指数计算），折算成股票价值，1 万元只剩下 7 600 元；如果从起点一路持有，直到第 5 次变换角色的同一时点才卖出，1 万元尚可保存 8 495 元。此例并无否定哈奇转换法之意，而是要说明，机械的操作策略必须建立在对市场性质有相关的基本分析和认识之上，并由大趋势决定策略方案及其取舍。

资料来源：股市研讨——证券投资顾问四［EB/OL］. http://blog.tianya.cn/blogger/post_show.asp?BlogID = 901129&PostID = 9841319.

二、公式投资计划

公式投资计划法是指按照某种固定公式来进行股票和债券组合投资的方法，是现代证券投资策略中的一种重要形式。

采用投资组合的方法，可以减少整体股票投资的风险。投资组合的构成可以简单地分为两部分：一是防御性构成部分，其主要是由价格相对稳定的债券组成，也可以由多种优先股和价格相对稳定的绩优股组成；二是进取性构成部分，其主要由各种普通股组成，可以是具有成长性的成长股，也可以是具有投机性的投机股。

公式投资计划的着眼点不在于股票市场价格波动的长期或主要趋势，而在于利用股市行情的短期趋势变化来获利。投资者在采用公式投资计划时不必对股市行情走势作任何预测，只要股价水平处于不断的波动中，投资者就必须机械地依据事先计划好的方案买卖股票。

（一）分级投资计划

分级投资计划又称等级投资计划，这是公式投资计划中最简单的一种。当投资者选择普通股为投资对象时，采取这种计划的第一步，就是将股价波动幅度划分为若干个等级。如确定在现有价格基础上上升或下跌 5 元为一个等级。通常是股价每下降一个等级，就买进一定量的股票；股价每上升一个等级，就卖出一定量的股票。这样，投资者可以使他的平均购买价格低于平均出售价格。其中，每个等级幅度，投资者可根据市场价格波动情况灵活确定。譬如价格波动较大的市场，可确定波动幅度 4%、3% 等作为一个等级；价格波动较小的市场，可确定波动幅度 1% 等作为一个等级。假设某投资者以 4 元之差作为等级变动幅度，如果他在 100 元、96 元、92 元，分别买入 200 股，并在 96 元，100 元、104 元价位分别卖出 200 股，那么在这总数为 200 股的买卖中，他所获差价利益为 2 400 元。

按照分级投资计划法进行买卖股票，投资者可以不必顾及投资时间的选择。但是，分级投资计划的采用必须保证最后一次卖出的价格应高于第一次买入的价格，才能获取净收益。它的适用范围是价格波动相对较小的股票市场。如果股价处于持续上升或持续下降的态势，这种计划不适用，因为在持续上升的多头市场中，投资者由于分次出售而失去本来可以得到的最大利润；相反，在持续下跌的空头市场中，投资者要连续不断地按照分级的标准来加码购买，就会失去出售机会，越套越深。如股价继续下滑，回升无期，这时投资者要停止再购买。一旦市况下降到平均成本以下，且反弹无望，投资者应售出持有股票，以免遭受更大的损失。

需要说明的是，在股价上升时只卖出部分而不是全部持股，或在股价下跌时只买入有限的股票，主要是考虑到今后还可能有更好的价位变化，以及控制风险。另外，投资者如果要采用这一方法，还应当保留充足的后续资金，以便在买入行情出现时可及时行动。

（二）定时定量投资计划

定时定量投资计划又称平均资金投资计划，这种投资计划的操作方法是：在市场走势较为正常的时期，选择某种具有长期投资价值、同时价格波动性也较为明显的股票，在事先确定的较长一段时间内，不论该股票价格的升降，定期投入确定数量的资金购买该股票，直至到期后再清仓卖出。

实施这种投资计划有两个步骤：第一步，选择具有长期投资价值的股票，并且这种股票价格具有较大的波动性；第二步，投资者选择一个投资期间，可以长一些，也可以短一些，在投资期间必须以相同的资金定期购买股票，不论股价怎样变化都必须持续投资，这样可以使投资者的每股平均成本低于每股平均价格。

该投资计划的优点是，投资者只定期投资而不必考虑投资时间的确定问题，这适合股市新手买卖股票；其缺点是它难以使投资者获得巨额利润，要求投资者有稳定资金来源，如果股价持续下跌，则必然发生亏损。应用此法概率盈利的根本性原理在于，假设股票常态涨跌幅度相当，股票价格上涨时所购进的股票数量少，股票下跌时所购进的股票数量多，则在一般情况下可以使平均买进成本低于市价，故能获利。

【案例 8.3】某投资者选择这样一种普通股为投资对象，投资期限 5 个月，每月定期投资 5 000 元，如表 8.3 所示。

表 8.3　某投资者平均平均资金投资计划之一

月份	本期购进金额（元）	本期购进股数（股）	每股市价（元）	累计购进股数（股）	所购股票价格总额（元）
1	5 000	500	10	500	5 000
2	5 000	417	12	917	11 000
3	5 000	500	10	1 417	14 167
4	5 000	625	8	2 042	16 333
5	5 000	500	10	2 542	25 417
合计	25 000	2 542			25 417

由表8.3可清楚看出，股价变化K线图形像一个完整周期的正弦曲线，从第2个月开始股价先超过首次买入价，然后又跌破首次买入价，且涨跌幅度相当，第5个月又回复至首次买入价10元。假设不考虑交易税费，如果5个月投资期满投资者将股票全部以每股市价10元卖出，则得价款25 417元，获利25 417-25 000=417（元），获利率为417/25 000≈1.67%。

假如上例中每股市价变化调整为如表8.4所示：

表8.4 某投资者平均资金投资计划之二

月份	本期购进金额（元）	本期购进股数（股）	每股市价（元）	累计购进股数（股）	所购股票价格总额（元）
1	5 000	500	10	500	5 000
2	5 000	417	12	917	11 000
3	5 000	357	14	1 274	17 833
4	5 000	417	12	1 691	20 286
5	5 000	500	10	2 191	21 905
合计	25 000	2 191			21 905

由表8.4可清楚看出，股价变化K线图形像一个周期正弦曲线图的前1/4，从第2个月开始股价变化始终在首次购入价10元以上，第5个月又回复至10元。假设不考虑交易税费，如果5个月投资期满投资者将股票全部以每股市价10元卖出，则得价款21 905元，获利21 905-25 000=-3 095（元），亏损率为3 095/25 000=12.38%。

【案例8.4】某投资者每三个月固定投入500元购买股票，股价分别是10、9、8、7、6、5、6、7、8、9、10、11、12、13、14、15、14、13、12、11、10，即股价从10元买入，跌至5元再升到15元再跌至10元。不论股票涨跌都按固定金额500元买入相关数量的股票，共买入21次，花费21×500=10 500（元）。但股票总市值达到了11 510元（限于篇幅，未列计算过程），盈利率=(11 510-10 500)/10 500≈ 9.62%。

又假设还是10元买入，先升至15元，再跌至5元后再升至10元，即股价分别是10、11、12、13、14、15、14、13、12、11、10、9、8、7、6、5、6、7、8、9、10，不论股票涨跌都按固定金额500元买入相关数量的股票，共买入21次。花费21×500=10 500（元），股票总市值达到了11 510元，与上面相同，因此盈利率还是9.62%。

在此案例条件下，不论股价是先跌后涨还是先涨后跌，按定时定量投资均有接近10%的利润。

从案例8.3和案例8.4不难看出，定时定量投资计划并不能保证所有情形下都能盈利。首次买入后的各期买入股价如果相对于首次买入价跌多涨少或涨跌幅度相当，且最终卖出价大于或等于首次买入价，则按此方法操作就一定可以盈利。而且，波动幅度越大，盈利越多。这就是定时定量投资计划的适用条件。

这种方法操作比较简单，适合于广大中小投资者。

（三）固定金额投资计划与固定比率投资计划

1. 固定金额投资计划

固定金额投资计划又称常数投资计划，是指投资者以一个确定的资金总额进行投资的计划。其特点是使股票的投资金额固定在一定数量上，即经常保持股票价值的常数，依据“逢低进，逢高出”的原则，股价上升时卖出，股价下降时买进。这样不断循环操作，投资者便可获利。

在固定投资计划中，投资者必须确定股票的适当固定金额，随后确定适当的买卖时间。依据有两个：其一是根据股价变动超过一定比率来确定买卖时间；其二是根据股价指数变动超过一定比率来确定买卖时间。应尽量避免在股价最高时入市，或在股价跌至谷底时清仓出货。

从长期看，随经济周期性变动，在经济复苏和繁荣时期，上市公司盈利上升，股价也上涨，而同时银行存款利率上升，市场利率也上升，从而导致债券价格下降，因此，卖出股票，同时买进债券可获价格差额。相反，在经济衰退和萧条时期股价下跌，而债券价格可能上升，从而卖出债券，购进股票，同样也可获利。应用此法概率盈利的根本性原理在于，在常态的涨跌幅度中，股票与债券价格下跌时购进，股票与债券价格上涨时卖出，在一般情况下可以使平均买进成本低于市价，因此盈利机会大于亏损风险。但固定金额投资计划不适用于股价持续上升或者持续下降的股票。

【案例 8.5】某投资者以 1 万元的固定金额进行投资，其中 5 000 元购买股票，5 000 元购买公司债券。如果股票升值到 6 000 元，便将增值的 1 000 元股票出售，收回所得价款；如果投票价值下降到 4 000 元，便增购 1 000 元股票。一般认为，在股票增值 25%时就应该卖出，股票价值下降 20%时应该买进。采用常数投资计划时，应避开在股票价格的最高点进行，因为最高点不仅使投资者蒙受重大损失，而且当股价下降时也会缺乏资金来买进。

2. 固定比率投资计划

固定比率投资计划又称定率法和不变比例计划法。这是一种以股票和债券两者为对象进行组合计划操作的方法，是对股票投资风险的一种投资组合技巧。固定比率投资法的操作是将投资资金分为两个部分：一部分是保护性的，主要由价格波动不大、收益较为稳定的债券构成；另一部分是风险性的，主要由价格波动频繁、收益幅度相差较大的普通股票构成。这部分的比例一经确定，便不轻易变化，并且还要根据股市价格的波动来不断维持这一比例。

这种计划也称耶鲁投资计划法，是固定金额投资计划法的变形。它与固定金额投资计划法的区别是：固定金额投资计划法是要维持固定的金额，并不注意股票总额和债券总额在总投资中的比率，而固定比率投资计划法则只考虑在一定的总投资额中维持债券金额与股票金额的固定比率。

这种操作手法，利用了债券（优先股）资产价格的相对稳定性特点，回避了股价高估时的投资风险。应用此法概率盈利的根本性原理在于假设股票常态涨跌幅度相当，股票价格下跌时购进股票，股票上涨时卖出股票，因此而盈利。

【案例 8.6】某投资者将 10 000 元资金以 50%对 50%的固定比率分别购买股票和债券。当股价上涨，使他购买的股票从 5 000 元上升到 8 000 元时，那么在投资组合中，其风险性部分的股票金额就大于保护性部分的债券金额，打破了原先确定的各占 50%的平衡关系，这样投资者就要将股票增值的 3 000 元，按各自的 50%的比例再进行分配，即卖出 1 500 元股票，并将其转化为债券，使其继续维持各占 50%的比例关系。相反，当投资者购买的股票从 5 000 元下跌到 4 000 元时，就要卖出债券 500 元以购买股票，使债券价格总额与股价总额仍然回复到50%对50%的比例。

该例中，当股价总额与债券价格总额的比例被打破，且股价升涨幅度超过规定的20%时需进行调整，目的是使二者的比例保持为各占50%。应指出的是，固定比例是投资者事先确定的，它可以是50%∶50%，也可以是三七开或六四开。但比例一经确定则不要轻易再改变。比例的确定是否科学，有赖于投资者的预测分析能力，取决于投资者对前景的预期。如果投资者喜欢冒险，富于进取，则他投资于股票的份额就可能要大一些；如果投资者比较稳健，则他投资于债券的份额就可能很大，相应地投资于股票的份额就较小。

固定比率投资法的优点与固定金额投资法相类似，具有操作简单、易于掌握的特点。采用固定比率投资法，即使股票损失惨重，但因债券的收益相对稳定，因此不至于把血本赔光。但由于固定比率一经确定就不宜轻易改变，因此，它是一种比较保守的投资策略，会丧失一些较好的投资机遇。

小卡片：固定比率投资计划法最早为耶鲁大学所使用

固定比率投资计划法最早为耶鲁大学所使用（1938年）。当时资金总额共为8 500万美元，当时以70%的资金购买高级公司债券或一小部分优先股，余下30%的资金购买普通股票。该计划规定：一旦股票价格上升，即股票与债券的比例变为40∶60，便须卖出股票，使股票与债券（包括优先股）的比例降为35∶65。一旦股价下跌，使原有比率变为20∶80，便须购买股票，使股票与债券的比率变为25∶75。当股价上升，要等到两者的比率增加到40∶60，才采取行动卖出股票。

资料来源：福建师范大学网络教育学院网络课程证券投资学VEB教程［EB/OL］. http://www.fjtu.com.cn/fjnu/courseware/0437/course/_source/web/.

（四）变动比例投资计划

变动比例投资计划指投资者随股票某种平均数的上升或下降而相应变动投资总额中股票和债券之间的比例，以获取最大利润的投资计划。也就是说，这种投资方法是将投资资金分别投资在股票及债券上，并确定两者之间恰当的比率，以后随着股价的变动随时调整股票在投资总额中的比率。同样，应用此法概率盈利的根本性原理在于，股票价格下跌时多持有股票，股票上涨时少持有股票，在操作手法上实行低买高卖，因此而盈利。采用这种计划时，须注意以下条件：①通过计算以往股价或股价指数的平均水平，确定出平均价值，如美国通常以过去十年道琼斯股价指数的平均值作为中央线；②确定持有股票的最大比例及最小比率，如最多为70%，最少为30%；③在持有股票的最大比率与最小比率之间，确定每一次股票买卖的点数；④确定在股票买卖的行动点上的股票与债券的比例。

【案例8.7】在1969—1977年的10年，道琼斯工业平均数的平均值为800点，投资者以此为中央线，并按50%∶50%的比例分别投资于股票与债券。规定道琼斯工业平均数每上涨或下降10点，股票在投资总额中所占比例调低1%或上调1%，如表8.5所示。

表 8.5　某投资者的变动比例投资计划

道琼斯平均指数	普通股（%）	债券（%）
1 000	30	70
…	…	…
820	48	52
810	49	51
800（基准点位）	50	50
790	51	49
780	52	48
…	…	…
600	70	30

总之，趋势投资计划各种方法的运用要求辅以正确的估计形势，如果对股市特别是作为投资对象的股票的价格变化趋势判断不正确，从而入市时机选择错误（例如股价已处于历史高位且一轮上升行情实际上已经终结时），就可能带来严重的后果。

第九章 证券投资方法与技巧

如果说第八章证券投资计划中固定投资操作方法比较适合缺乏投资技巧与分析能力的投资者以及新入市而缺乏经验的投资者采用，那么灵活的投资操作方法就比较适合那些具备一定投资分析能力、较有经验的投资者运用。这类方法涉及很多的内容，主要包括证券投资的品种、时机选择、投资技巧以及投资风险的控制等。

第一节　证券投资的目标和原则

一、证券投资的目标

明确投资目标是投资过程的第一步。证券投资目标因人而异，每个投资者的投资目标都存在一定差别。每个投资者的理想都是没有风险地获取最大的投资收益，但根据收益与风险均衡原理可知，这是不可能的。高收益总是伴随着高风险，所有的证券投资参与者都必须在风险与收益间取舍。就像蹦极运动有人追捧有人怕一样，投资者的追求目标是不一样的。一般说来，证券投资的目标主要包括以下三个方面：

（一）取得收益

利用投资者所掌控的资金参与证券投资，以期取得尽量多的投资收益。不用多说，这是证券投资的首要目标。

由于资本的本性就是追求利润，所以从理论上讲，一切投资行为的目标都应该是追求收益最大化。但在实践中，做到这一点既不可能也不现实。投资实践的经验证明，追求相对收益最大化才是切实可行又行之有效的投资目标。所谓相对收益最大化就是指相对于不同参照对象而言的收益最大化，包括相对于其他投资行业收益更高，即行业的相对收益最大化；在投资的股票市场或债券市场、一级或二级市场中选择一类市场进入，相对于另一未进入的市场收益高，即市场的相对收益最大化；相对于投资的行情的涨跌趋势有超平均水平（如指数）的表现，即行情的相对收益最大化。

（二）降低风险

为获得不确定的证券投资预期效益必须承担一定的风险，即企业证券投资预期收益率的不确定性。只有风险和效益相统一的条件下，投资行为才能得到有效的调节。以“冒最大的风险，求最大的收益”为投资目标是极不安全的，有违“趋利避险”的投资初衷。

在证券投资的过程中，投资者通过证券投资的灵活性与多样性，以达到降低风险的目的。降低证券投资风险意义重大，在追求较高投资收益率的前提下，证券投资的过程其实就是风险的控制过程。

（三）补充资产流动性

资产流动性是指一种资产能迅速转换成现金而对持有人不发生损失的能力，也就是变为现实的流通手段和支付手段的能力，也称变现力。投资者在其包括房地产、黄金等投资在内的所有投资活动中，为了保持一定的资产流动性而参与证券投资，故补充资产流动性就成了他们的投资目标。

投资必须根据诸多情况选择符合自身期望的特定投资目标，根据相应的投资目标来参与证券投资活动。有的投资者十分看重市场收益，为此甘愿承受较大的风险；有的投资者则十分谨慎，希望把收益的获取建立在稳定可靠的基础上，甚至只是为了实现保值目标，因而不愿意冒太大的风险。例如股票尤其是高新技术产业领域的股票，以及那些投机性较强、炒作力度较大的股票，则较适合前一类投资者的需要；债券特别是国债，由于风险很小，收益保障性很强，就更适合后一类投资者。而投资者应在充分考虑和确立自己投资目标的基础上，进行比较权衡。

二、证券投资的原则

在投资过程中，为实现证券投资的目标，收到事半功倍的效果，投资者应坚持以下原则：

（一）效益与风险最佳组合原则

对于投资人来说，进行证券投资的目的是实现效用的最大化，这就要求证券投资必须力争在某一风险水平上，去挑选预期收益率最大的证券或证券组合；或者在某一预期收益率水平上，去挑选风险最小的证券或证券组合。

（二）分散组合投资原则

分散投资就是将投资资金按不同比例投资于若干风险程度不同的证券，建立合理的证券组合，以便将证券投资风险降低到最低限度。证券投资是一种风险性投资，而分散风险则是减少证券投资风险之举。证券投资分散化，虽不能完全消除风险，但却不至于使投资全部受损。因此，建立科学有效的证券组合非常重要。

爱冒险的投资者可能将较大部分的资金投资于股票，但所投资的资金不应局限于一只股票上，为了降低非系统风险，投资者应选择不同类型的几种股票进行投资。而保守的、谨慎的投资者为降低投资风险，会更多地购买债券。

（三）理智投资原则

理智投资原则包括两个方面的内容：一是要求证券投资应在分析、比较后审慎地投资，不能碰运气式随意投资；二是证券投资要量力投资，包括证券投资所需的财力、投资者的能力两个方面。①财力。个人投资者所能进行投资的资金只是个人的全部收入中扣除家庭日常生活费用后剩余的部分。证券投资属于风险性投资，其价格的涨跌随机性很大，起落的幅度也很难事先确定。所以投资者在决定买卖时要客观地衡量自己所能承受的最大风险损失目标，以免导致过度损失影响了正常的工作和生活。②能力。从事证券投资的能力主要指证券投资的专业知识和投资经验。商场如战场，进行证券投资也是一场没有硝烟的战争，投资者不打无准备之仗，投资者在入市前应掌握证券投资的基本因素分析、技术因素分析、证券交易的流程等相关知识。另外，投资者自身的精力与时间必须能满足参与证券投资相应的活动。在注意提升能力的同时，还要清醒地认识自身能力，才能在投资活动中决策与能力相匹配的投资，做到进行真正的理智投资。

第二节　证券投资品种的比较与选择

一、证券投资品种的比较

（一）债券投资与股票投资的比较

证券投资包括债券投资与股票投资，投资者投资时必须先在股票与债券之间选择。债券属固定收益证券，收益率在债券发行时就已确定；股票是非固定收益证券，股息收入随发行公司盈利情况而定：盈利高时，股息亦高；盈利低时，股息亦低。在对剩余财产和剩余利润的分配上，债券比股票有优先偿还权。债券市场价格波动的幅度不大，股票市场价格波动幅度大，因而，投资债券获取巨大的市场差价收益不太可能。

投资债券的风险主要有：①利率风险，即利率变动，导致债券价格变动的风险。在高利率时期，只要利率仍有上升空间，债券价格总是跌多于涨；在低利率时期，只要利率仍有下降的空间，债券价格总是居高不下，涨多于跌。②违约风险，即债务人未能及时偿付债券的本金或利息风险，公司债券的违约风险大于政府公债。③购买力（通货膨胀）风险，即到期本息购买力下降的风险。

投资股票的风险主要有：①基本因素风险，包括经济环境变化，等等；②行业风险，来自政策、法律或科技等因素变动而导致的风险；③企业风险，如企业经营可能失败；④市场风险，如投资人心理变化导致股市大起大落，可能停牌，等等。

显然，股票风险较大，债券风险相对较小。因为：第一，债券利息是公司的固定支出，属于费用范围；股票的股息红利是公司利润的一部分，公司有盈利才能支付，而且支付顺序列在债券利息支付和纳税之后。第二，倘若公司破产，清理资产有余额偿还时，债券偿付在前，股票偿付在后。第三，在二级市场上，债券因其利率固定，期限固定，市场价格也较稳定；而股票无固定期限和利率，受各种宏观因素和微观因素的影响，市场价格波动频繁，涨跌幅度较大。

总之，股票是一种收益高、风险大的证券，债券是一种收益稳定、风险较小的证券。投资者选择股票还是债券主要取决于其经济实力、投资能力与经验、承受风险能力及客观需要、投资环境等。高风险应当与高收益联系在一起，因此，从理论上说，投资股票的收益也应当比投资债券收益高。但这是从市场预期收益率来说的，对于每个投资者则不尽然，特别是在我国股市尚不成熟的情况下，更是如此。

（二）不同种类股票之间的比较

投资者决定购买股票之后，还面临着投资何种股票的选择问题，因此又需要加以比较分析。特别要注意实值股、成长股等的比较判断。

1. 实值股

实值股是以低于实际价值的价格交易的股票。其原因是公司的成本潜力或经济状况好转的趋势还未被投资者认清。判断依据可以用市盈率的历史比较。若目前的市盈率低于历史上的最低市盈率，则该股价位可能偏低；也可以考察动态市盈率，即市盈率与每股盈利成长率的比较。每股的盈利成长将增加股票的实值，使股价上涨。比如说，静态市盈率为 52 的上市公司假如成长性为 35%，保持该增长速度的时间可持续 5 年，则动态市盈率计算结果为 11.74 倍。两者相比，相差之大，这样就可以找到实值还没有被发现的公司。

2. 成长股

成长股是指这样一些公司所发行的股票：它们的销售额和利润额持续增长，而且其速度快于整个国家和本行业的增长。这些公司是具有发展前景行业的上市公司，通常有宏图伟略，注重科研，留有大量利润作为再投资以促进其扩张。因此，这些公司通常只支付较少的股利。许多成长股盈利的增长速度是其他大多数股票的 1.5 倍以上。另外，大多数发行成长股的公司其规模较小，发行成长股的公司必须要有持续成长的后劲，但高市盈率股并非成长股。

菲利普·费雪（Philip A. Fisher，1907—2004），是现代投资理论的开路先锋之一、成长股价值投资策略之父。在费雪的传世名著《怎样选择成长股》里，他对有关成长股的标准、如何寻找成长股、怎样把握时机获利等一系列重要问题进行了全面而详尽的阐述。

3. 热门股

热门股是指交易量与交易周转率高、流通性强、股价变动幅度大的股票。热门股的形成主要受当时政治、经济、社会、财政金融及投资者心理等因素的影响。成长股比其他股票更可能成为热门股，且持续的时间较长。

特别要注意的是：①当热门行业的股票炒高后，舆论一片看好时，高风险随之而来，故热门行业的股票一般有投机价值而没有投资价值。因此这类股票只适宜做短线，而不能长期持有。②选热门行业的股票，不是看其基本面，而主要是看它的技术形态，特别是其均线走势如何。只有技术形态、均线走势向好时才可买进；一旦技术形态、均线走势变坏，要坚决斩仓离场。炒作热门行业的股票，快进快出是主要操作手法。

总之，热门股不会永远“热”，买卖热门股必须注意市场时机。在价值发现之后又热起来，这样的股票才是值得投资的。

4. 季节股

季节股是指公司的经营情况与季节有很大关系的股票，这类股票的价格随季节更替而波动，如空调器等家电公司股票。选择季节股一般应在其淡季的时候买进，同时最好预先制订其投资计划。

5. 蓝筹股

蓝筹股是指具有稳定的盈余记录，能定期分派较优厚的股息，被公认为业绩优良的公司的普通股票，又称为绩优股或一线股。这类公司是经营管理良好的上市公司，一般在行业中处于领导地位，在行业景气和不景气时一般都有能力赚取利润，风险较小。蓝筹股在市场上受到追捧，因此价格较高。选择蓝筹股时，应注意：①业绩判断，主要借助财务分析。一般认为，每股税后利润在全体上市公司中处于中上地位，公司上市后净资产收益率连续三年显著超过10%的股票当属绩优股之列。②绩优的动态性，应与整个经济发展周期如萧条或活跃等联系起来判断。③与同行业其他公司进行比较，并结合本公司的实际盈利能力来分析。另外，如果蓝筹股的股价已炒高，建议还是不要盲目追高，等价格跌回到实值以下再购买才是明智之举。

小卡片：费雪总结的成长股的15个特征

1959年，费雪的名著《怎样选择成长股》一经出版，立时成为广大投资者必备的教科书，该书随即成为《纽约时报》有史以来登上畅销书排行榜的第一部投资方面的著作。

在费雪的传世名著《怎样选择成长股》里，他对有关成长股的标准、如何寻找成长股、怎样把握时机获利等一系列重要问题进行了全面而详尽的阐述。

费雪总结了成长股的15个特征：这家公司的产品或服务有没有充分的市场潜力，至少几年内营业额能否大幅成长；为进一步提高总体销售水平，发现新的产品增长点，管理层是否决心继续开发新产品或新工艺；和公司的规模相比，这家公司的研发努力有多大效果；这家公司有没有高人一等的销售组织；这家公司的利润率高不高；这家公司做了什么事，以维持或改善利润率；这家公司的劳资和人事关系是否很好；公司管理阶层的深度是否足够；这家公司的成本分析和会计记录做得如何；是否在所处领域有独到之处；它是否可以为投资者提供重要线索，以了解此公司相对于竞争者是不是很突出；这家公司是否有短期或长期的盈余展望；在可预见的未来，这家公司是否会大量发行股票，获取足够的资金，以利公司发展，现有持股人的利益是否会因预期中的成长而大幅受损；管理阶层是否只向投资人报喜不报忧，诸事顺畅时口沫横飞，有问题时或有叫人失望的事情发生时，则三缄其口；这家公司管理阶层的诚信正直态度是否毋庸置疑。

（三）债券不同种类的选择

当投资者选择债券投资时，需要比较债券的特性再选择。

政府债券的优点是风险很小、流动性强、免交收益所得税；缺点是投资收益相对低。金融债券流动性强，其投资收益比政府债券高，比公司债券低。而公司债券本金和收益的风险比较大，且交纳收益所得税，但公司债券的收益高于金融债券。

公司债券的选择，如：延期偿还债券在延期阶段的利率高于市场利率；分期偿还债券能得到本金偿还再投资收益；浮动利率债券享有较公平合理的利率水平；分红债券还可享受分红的收益；可转换公司债券使投资者能够在股份公司盈利丰厚时转换成公司的股东；附新股认购权的债券能获得优先认股权收益等。

选择债券的投资者有几种理由：财力微薄且无股票投机能力；财力雄厚但投机能力不强，资金性质不宜冒险；抑或没有股票市场，等等。此外，以稳定为着重点的投资者，倾向于选择政府债券、金融债券和信誉优秀的公司债券；而金融机构和熟练的个人投资者，倾向于选择既有风险，收益又好的公司债券进行投资。特别要注意的是投资者如选择了公司债，经过2008年的雷曼公司债的教训，投资者应该清醒地看到，除了看公司的信贷评级，更重要的是应用自己的常识去判断公司债的质量再作投资与否的打算。

二、证券投资品种的选择技巧

买卖哪种股票，始终是投资者投身股市后最重要的决策与选择，选择股票品种有多种多样。合理地选择投资对象，是最基本而又最关键的一项工作，也是整个投资过程中的难点之一。对于不同的投资者来说，投资对象优劣的判断标准可能有很大的差别。一般而言，投资者在选择证券时，需要结合诸多方面的情况加以考虑，主要包括如下一些内容：

（一）根据基本分析结论选股

一个公司的经营业绩和发展前景，受各种基本因素的影响。如国家产业政策，有些公司属于国家确定的支柱产业或扶植产业，有些公司属于限制发展的产业。只有分析了各项基本因素对上市公司的影响之后，投资者才可选择股票品种。运用基本分析选股应重点关注如下情况：

（1）考察公司所处行业的情况。有人提出，“挑选股票第一恪守及永远恪守的原则应是行业，如果行业不景气，那么上市公司再好的微观背景也难有作为；相反，如果行业发展迅速，上市公司又属行业龙头，那么投资收益清晰可见”，不管这句话是否完全正确，就其强调选择行业的重要性是没有错的。

买股票首先要选好行业，选好了行业，可一路乘风破浪；选错行业，将跟着行业的不景气，一路下跌。从选股角度来说，根据国家经济形势的变化，分析行业前景，选择强势股，这是股市操作中捕捉“黑马”的一条重要原则。如果大势要造就一批长线“黑马”，它必然是从前景光明灿烂的行业中诞生的。在这方面，谁能领先一步抓住行业中的强势股，谁就能骑上“黑马”。

不同的行业有着不同的经营管理内容，也有不同的特征。有些行业对经济周期的变动较敏感，有些行业所受的影响则少一些。如汽车工业、建筑业在经济周期的变动中受到的波动则小一些。因此，避免市场风险的投资者可购买后一类行业的公司所发行的股票。

在行业发展的初创期，由于低利润、高风险使人们极少关注这类行业，因而其股价偏低，投资者应对行业的性质和社会经济形势进行综合分析，从而对该行业的未来前景作出正确预测，一旦发现其具有远大前景就应逐渐加大投资。在行业成长期，行业的利润很高，但风险也很大，股价容易大起大落。在行业成熟期，由于新企业很难进入该行业，所以行业利润因垄断而达到很高水平，而风险也相对较低，公司股票价格基本上稳定上升。但是各个行业稳定期的时间长短并不相同，一般来说，技术含量高的行业稳定阶段历时较短，而公用事业行业稳定阶段持续的时间较长。在行业衰退期，该行业在国民经济中的地位也逐渐降低。衰退行业的股票价格平淡或有所下跌，那些因产品过时而遭淘汰的行业，股价会受到非常严重的影响。

从行业的生命周期来看，最有价值的行业是正处于行业成长阶段初期和中期的行业，其扩张潜力大、增长速度快、投资风险小，这一时期最容易产生大牛股。股票的价格运动是呈群体变化的。某个行业板块某只股票呈现强势，这时很可能会看到该行业中其他股票也会随之走强，因此要紧紧盯住龙头和第二大公司的股票。

当某行业领头的股票处于强势时，我们就选择与其同属一个行业而其股价未涨或涨幅不大的股票建仓；反之，当某行业领头的股票转为弱势时，我们就少碰或不碰与其同属一个行业的其他个股，对它们敬而远之为好。如果你在选股时注意到这种跟随式集体效应，你就可以找到不少投资机会，还可以避免选股不当造成的风险。

因此，一定要清楚国家目前产业政策的导向，关注经济发展的阶段不平衡性，关注有关稀缺资源、新材料、能源和信息等相关的产业信息。例如我国的通信行业，发展速度很快，且高于我国经济增长速度，是朝阳行业之一，通信类的上市公司在股市中也就受到青睐。另外像生物工程行业、电子信息行业的个股，源于行业的高成长性和未来的光明前景也都受到追捧。

（2）考察公司在行业中的地位，投资者大体上可根据以下三个方面来判断：

第一，公司规模。衡量公司规模可以从公司公布的有关资料上获得，主要是固定资产额、公司注册资本、公司信誉、公司控制的其他公司数、公司职工人数、分公司分布地域等。不过，对一些新兴的高技术产业公司，单纯从公司规模分析，可能不准。

第二，公司历史。历史悠久的公司，在社会上影响大、知名度高、资本雄厚、技术水平较高、占有的市场份额大，因而在同行业中很有竞争力，其股票的股利收入稳定优厚。不过，其股票购买价格可能较高。

第三，产品开发能力。公司对新技术的感受力，对产品的研制与开发，对新的市场形式的开拓能力，也是公司在同行业中地位的标志。吸纳新技术的能力是分析公司发展潜力的一个重要内容。

市场经济的规律是优胜劣汰，无竞争优势的企业，注定要随着时间的推移逐渐萎缩及至消亡，只有确立了竞争优势，并且不断地通过技术更新、开发新产品等各种措施来保持这种优势，公司才能长期存在，公司的股票才具有长期投资价值。

（3）分析公司的状况。投资大师彼得·林奇说过，我们是投资公司不是投资股市。分析公司状况主要看公司的经营管理水平、公司的内部环境。衡量公司经营管理水平主要通过公司的财务状况分析进行，这里先考察公司的经营环境。

第一，公司资信状况。对发行公司的评估，是决定股票评级的基础，是评级机构评判公司发行质量和股票投资风险的依据。因此，投资者可以依据公司股票的信用评级从侧面了解公司的状况。

第二，经营管理者的能力及职工素质。投资者必须了解董事会成员和经理人员的工作能力、事业心、道德品质及年龄结构、健康状况等。

第三，科技开发及其被重视程度。公司拥有的科技能力，在一定程度上代表着公司未来的发展潜力与竞争力。重视公司的成长性近年来在国内外越来越流行，它关注的是公司未来利润的高增长，而市盈率等传统价值判断标准相对显得不那么重要了，人们更为关注的是企业的科技开发情况。

第四，工艺设备及技术水平。一般来说，公司拥有的设备越先进，工艺流程越合理，技术水平越高，则公司的生产力水平越高，创造的产值越大，获得的利润越丰厚。

第五，公司成本控制。股票投资者一定要挑那些经营管理完善、成本控制好的公司进行投资。

第六，公司经营方式。一般来说，购买经营单一产品公司的股票比买多种经营公司的股票的风险更大些。因为经营单一产品的公司风险集中。但是，公司经营“过于多样化”，也会带来管理上和决策上的困难，因此，多种经营并非经营种类越多越好。

此外，还有诸如公司的“拳头产品”及公司的专利及特殊诀窍等也反映着公司的实力。

总之，决定一家公司竞争地位的首要因素是公司的技术水平，其次是公司的管理水平，另外市场开拓能力和市场占有率、规模效益和项目储备及新产品开发能力也是决定公司竞争能力的重要方面。通过对公司状况的分析，我们可以对公司的基本素质有比较深入的了解，在此基础上，投资者根据投资动机和资金实力，明确自己对风险的态度，同时兼顾安全性、流动性和盈利性原则，对证券发行公司的每一种股票都加以详尽的考虑，这对投资者的投资决策是很有帮助的。

(4) 公司的盈利能力。一般讲，公司盈利能力强，预示着公司有好的成长性，投资者就有信心投资，股价就会上升；相反，发行公司盈利能力弱，甚至连股息都不能派发，公司股价就会下跌。为此，投资者就应了解发行公司的财务状况，通过对各种财务比率的比较和分析，把握发行公司的盈利能力及相关状况。

投资者选择公司就是期望选择到绩优股的公司。投资者应该相信，只要是真正有投资价值的绩优股，其股价下跌或在低位区徘徊都是暂时的现象，它最终会给股东一个满意的答案。对于此类绩优股，投资者应采取逢低吸纳、越跌越买的策略，长期持有。另外，对一些前期已大幅炒作，而目前经营状况处于相对稳定阶段的绩优股，要采取敬而远之的态度，以观望为宜。只有当这类个股出现大幅下跌时，才可适时加入。

判断公司的盈利能力需要计算净资产收益率等指标，并作不同口径的各种比较。如果要分析利润指标，则一定要看利润是怎样来的。如营业利润占利润总额的比率，尤其是主营业务利润占利润总额比率越高，说明公司业绩可靠性越大、稳定性越强。这个指标也反映了上市公司专业化的程度，只有走专业化的道路才能使公司主业兴旺，也能使公司有好的成长。因此，在没有经过恶炒的前提下，主营业务一直保持较高增长率的公司最值得关注。对于该类公司的股票，投资者可在相对低位积极吸纳，长期持有。

(5) 股票的市盈率。市盈率是衡量普通股价值的最基本、最重要的指标之一，市盈率是一项重要分析手段。一般说来，在每股盈余相当的前提下，市盈率越低的股票越值得投资；如果市盈率较高，则不宜购买。但投资时应结合实际运用市盈率择股。因为有些股票的市盈率低，是由于企业利润增长快于股价上涨幅度，这时应以购进为宜；有些股票的市盈率低，是由于公司经营不善等原因被公众周知造成股价降低速度太快，这是不宜购进的。

许多投资者通过对不同行业之间、同一行业不同公司之间的市盈率比较，寻找市盈率偏低的股票，从中获取超额投资利润。但投资大师彼得·林奇提醒我们，低市盈率股票并非就一定值得投资：“一些投资者认为不管什么股票只要它的市盈率低就应该买下来。但是这种投资策略对我来说没有什么意义。我们不应该拿苹果与橘子相比。因此能够衡量道氏化学公司股票价值的市盈率并不一定适合沃尔玛。”当然如果市盈率过高，又是因为市场炒高了股价导致的话，即使是一家好的公司，进行中长期投资也是有一定风险的。

关于市盈率指标的运用，彼得·林奇给投资者的一个忠告是：“如果对于市盈率你可以什么都记不住，但你一定要记住，千万不要买入市盈率特别高的股票。”在选股的时候，一定先看该股的市盈率是否在一个比较合理的水平上。从理论上讲，如果银行一年期利率为3.87%，除去5%的利息税，实际利率约为3.68%，据此推算A股的股票合理的市盈率应该在 27 倍左右，也就是说市盈率低于 27 倍的股票都是可以考虑投资的。反之，则不宜进行投资。另外，在运用市盈率判断股价高估还是低估时，一定要进行充分、全面的比较：一是将行业市盈率与市场整体市盈率进行比较；二是将目标公司的市盈率与行业平均市盈率进行比较；三是将目标公司不同年份的历史市盈率进行比较，方能得出客观的结论。

（6）股票的市净率。在同等价格条件下，投资者应选择市净率低的股票，因为其每股代表的公司资产额相对较大，安全边际相对就较高。需要提醒的是，并非所有低市净率的个股全都具有投资价值。用市净率指标来作为估值标准也常常容易掩盖一些问题。对于上市公司的净资产要具体分析，有些净资产是能够帮助企业持续经营并创造利润，有的净资产则可能纯粹是破铜烂铁。对于金融类、证券类资产占比较大的个股，市净率水平不能给得太高，因为这些资产已经在证券市场经历过一次“放大效应”了。对于那些不能创造利润的净资产，例如过时的生产线、停止营业的厂房资产等，投资者自己测算时应该将这些资产剔除在外。用市净率选股时，企业的盈利能力好才是前提。很多时候，企业前景好的股票，市净率高一点也要好过市净率低一些但经营前景差的股票。

（7）分析公司所属类型。分清公司所属的类型是股票选择又一有力的武器。公司类型的区分一般是以企业产销量和利润的增长率为标准的，投资者从股票操作软件中就能得到相关资料。美国投资专家彼得·林奇据此将公司分为六大类型：发展缓慢型、稳健适中型、发展迅速型、周期起伏型、可能复苏型、资产隐蔽型。彼得·林奇的划分标准并不统一，前三类是按公司发展速度划分的，后三类除资产隐蔽型外，是按经济周期划分的。这种区分确实对选择股票具有参考意义。

第一，发展缓慢型。发展缓慢型公司是指产值和利润增长率通常低于国民经济增长速度的公司。投资者最好不要投资于这类公司的股票。

第二，稳健适中型。稳健适中型公司的增长速度介于发展缓慢和发展迅速型公司之间，其利润增长速度通常在 10%～12%之间。投资者投资于这种股票，要准备在较长的时期内获得较大的收益，一般不会遭受重大的损失，其市场价格波动的总趋势是稳定上升的。通常，在一个良好的有价证券组合中，投资者应该选择一些稳健适中型的公司股票，它们在经济衰退时期会保住投资者的财产。

第三，发展迅速型。发展迅速型公司是指增长速度大大高于国民生产总值增长速度的公司，通常是规模小、活力强、成长型公司。其年利润率通常在 20%～25%之间。投资这类公司的股票可能获得十几倍、数十倍股价上涨利润，是值得关注的最佳股票。不过，由于这类公司通常也是资金和经验不足的公司，也会有较大的投资风险，需要投资者在此基础上进一步分析其资金实力和公司领导人的情况。

第四，周期起伏型。周期起伏型公司是指那些增长速度呈“扩展—收缩—再扩展—再收缩”格局的公司，如美国的福特汽车公司和 AMP 公司。这类公司若摆脱经济衰退而进入生机勃勃的发展时期，股价上涨幅度会超过稳健适中型公司；若进入经济萧条或不景气时期，投资于这样的股票将会蚀本 50% 以上。投资这类公司的股票是一种高风险、高收益的投资，投资成功的关键取决于投资者是否能够及时发现该公司扩展或萧条的早期迹象，把握买进或卖出股票的时机。

第五，可能复苏型。可能复苏型公司是指那些经历过失败或萧条，人们普遍认为无力东山再起，而却可能重振雄风的公司。这类公司因其生产毫无增长而不属于发展缓慢型；又因其萧条时期太长而不属于周期起伏型，如美国的克莱斯勒汽车公司就属于这种类型。但这类公司一旦因某种机遇而复苏，其股价的上涨幅度是相当惊人的。投资者寻找这类公司有四种思路：一是寻找受援则生、无援则亡的公司；二是寻找突发小事故型公司；三是寻找破产大型公司中的经营良好的子公司；四是寻找重组后使股东获得最大回报的公司。

第六，资产隐蔽型。资产隐蔽型公司是指那些除个别投资者外，大多数投资者都不知道或没有注意到其实有资产的公司。这类公司的隐蔽性资产可能是一笔现金，也可能是房地产，精明而心细的投资者选择这种股票为投资对象，可能会获得巨额利润。

上述各种类型的公司随着时间的推移是可能相互转换的，发展迅速型公司可能会转变为稳健适中型公司和周期起伏型公司，进而也可能会演变为发展缓慢型公司。这种发展变化观的树立，对股票投资者来讲也很重要。

总之，根据基本分析选股就是用价值发现思路选择投资股票。这是华尔街最传统的投资方法，也被我国大部分投资者所认同。价值发现方法的基本思路，是运用基本分析的方法，包括运用市盈率、市净率等一些基本指标来发现价值被低估的个股。该方法由于要求分析人具有相当的专业知识，对于非专业投资者具有一定的困难。该方法的理论基础是价格总会向价值回归。

（二）根据技术分析结论选股

根据股票的K线图形、技术指标等表现，运用某些技术分析方法，仔细研究各种股票之后选股。以技术分析方法进行选股，通常一般不必过多关注公司的经营、财务状况等基本面情况，而是运用技术分析理论或技术分析指标，通过对图表的分析来进行选股。该方法的基础是股票的价格波动性，即不管股票的价值是多少，股票价格总是存在周期性的波动，技术分析选股就是从中寻找超跌个股，捕捉获利机会。

（1）根据技术图表选股。根据技术图表选股，也就是根据技术分析方法如指标法、切线法、形态法、K线法、波浪类等方法以及波浪理论、缺口理论等理论来选股。比如利用其中的形态法选股，也就是判断K线走势是否形成了特殊图形如头肩底、双重底、圆弧底、上升三角形、V形等形态，如果形成那就可以作为购买对象加以进一步考察，最后再决定是否购买该股票。

通过技术分析就可能发现个股在同一个上升或下跌行情中的不寻常表现。如：有的股票抗跌能力强，当别的股价大幅下降时，它却不跌反升或下跌幅度很小；有的股票在股市中充当龙头股；有的股市中，一线股涨了，二线股涨，然后三线股再涨。如果发现了这种规律现象，投资者获利甚丰。因此，在基本分析的基础上，结合技术分析是选股的好方法。

（2）根据技术指标选股。根据技术指标选股，也就是根据均线、MACD、KDJ、BIAS、RSI、BOLL等技术分析指标以决定是否购买某股票。各指标都有自己的应用法则，还有相应的时间等参数设置，在不同的趋势中这些技术指标的提醒作用是不同的，需要投资者对所有实用指标融会贯通，方能对投资决策有帮助作用。有时某指标提示明确而正确，有时股价走势则可能会走向反面，不能机械盲目地使用。指标有程度不同的滞后现象，实际应用中有时还会遇到庄家骗线等情况，投资者最好能结合其他方法加以判断再行决断。

（3）根据市场属性选股。个股的市场属性是指个股在特定时期的市场中流通，逐渐带有市场赋予的较稳定的特征。按照市场属性，个股通常分为超跌低价股、冷门股、热门股、黑马股、问题股和龙头股。

第一，超跌低价股。超跌低价股连续下挫，处于超跌，股价严重偏低。这种股票最大的特点就是介入的成本较低，因此后期使它翻一两番，价格仍然不很高，市场容易接受。一旦发现这种股票可结合技术分析，在适当时机大胆买进。

第二，冷门股。冷门股每日成交量较小，价格波动也小，投资者应因时因地慎重抉择。如果冷门股的内在素质确实很差，且发展前景未必看好，那么投资者不可去碰；如果冷门股的内在素质的确不错，且发展前景很好，只是目前被主力大户和股市传媒忽视了，那么这类股票应大胆买进。这些股可以轻松吸到足够低廉的筹码。而真正的黑马，往往产生于题材股、超低价股和冷门股。

第三，热门股。热门股股票市场属性好，成交量大，价格波动大且交易活跃，许多热门股很快就变成强势股，股价可以在极短的时间内完成大幅飙升，主力大户和散户都对其倍加宠爱。有投资者诙谐地总结说这类股票群众基础好，易于做思想工作，因此易于拉升和派发。不过，热门股成本总是太高，一般是炒作中途换庄得来的，因而仓位不会太重。投资热门股，一定要重视其内在素质和真实价值，防止被骗落入主力大户设计的陷阱。

如果换手率高，说明近期有大量的资金进出该股，流通性良好，可能就是一只热门股。投资者可将近期每天换手率连续超过2%的个股，列入备选对象之中，这样就可大大缩小选股范围，然后再根据一些规则选出最佳品种。注意：要求换手率是持续放大，只有一天二天突然放大不能说明问题。另外，要把走势形态、均线系统作为辅助判断。换手率高，有可能表明资金流入，也有可能为资金流出，关键是看处于多头还是空头。当然，从价量关系上看，一些热门股上涨过程中保持较高的换手率，此时继续追涨风险较大。

要较为全面地分析是否是热门股或强势股，可利用技术分析的四要素：量、价、时、空进行分析，抓住热门股中的强势股进行投资。在价、量、时、空四个要素中，符合强势股特征越多的个股就越有可能成为强势股。

①价格。强势股均线呈明显的多头排列，一般不跌破起支撑作用的均线，K线增长角度大于45度，甚至以60度以上的角度往上直拉。从K线形态上看一般是圆弧底、头肩底或双底、三重底等底部比较扎实的形态。

②成交量。强势股在股价底部时的成交量一般是较长时间的萎缩低迷，在行情发动时，成交量突增，换手率增长到之前的几倍甚至10倍以上。

③时间。在股市下跌较深、股价低迷、底部盘整接近尾声之时，最先启动行情甚至带头拉涨停板的个股可能就是下一波行情中的强势股。强势股从行情启动购进到股价涨至不再上涨的顶点卖出一般用一周至一月时间不等。一般情况可以5日价格均线由升转平或转跌时卖票离场较为稳当。

④空间。一般而言，如果强势股仅用一周或一周多一点的时间就完成一波大的上涨行情，则股价的上升空间应该在50%~60%之间。如果强势股用两周或两周以上的时间拉升股价，则股价的上升空间甚至可以达到100%。

第四，黑马股。黑马股是指价格可能脱离过去的价位而在短期内大幅上涨的股票。

其常使投资者在短期内获巨额利润。投资者如果能较早发现黑马股，并大胆适时买入方可有丰厚的回报。

黑马股不易被提前预测，如果是被大家都看好的股票那就很难成为黑马。但并非黑马股完全无规律可循。一般说来，黑马股具有如下特征：

①起点低。起点低表示股价还在相对的底部区域。也曾出现高起跑点的个股，但那是少数，绝大多数的大黑马都是低价位起动的。判断股价是不是处于低位，需要看周线指标及月线指标是否全部处于低位。日线指标处于低位并不能有效说明什么，主力依靠资金实力可以比较轻松地将日线指标尤其是广大投资者都熟悉的技术指标如KDJ、RSI 等指标做到低位，只有周线指标与日线指标同时处于低位，该股才真正具备黑马个股的潜在素质。例如巴菲特曾抓住一只黑马中石油，当时的购买价也就是在 1.6 港元上下，也是属于低的起跑点。

②有相关题材。公司虽然目前的每股盈余并不突出，但是有较好的概念、题材和想象，也就给人以好的发展前景想象。短线投机资金一旦搜集到低廉成本的筹码，就会借助或有或无的消息大肆直拉涨停。这类公司大部分属小型成长公司，一般具有“狂涨”的历史与个性。需注意的是，要抢在题材酝酿之时加入，题材明朗之后退出。因为题材具有前瞻性、预期性、朦胧性和不确定性，题材只有处于朦朦胧胧的状态，对投资大众才有吸引力，股价才会上涨，而一旦题材的神秘面纱被揭开后，这个题材的作用也就到头了，股价就要下跌，俗称“见光死”。

③有上涨的动力。如果一只股票没有上涨的动力出现，不会马上爆发大行情。要成为黑马的个股在股价低位常有成交量放大的迹象，如果在放量时股价基本保持不跌就更说明有资金正在乘机建仓，一般情况是主力机构所为，因为在下跌过程中的散户一般是不敢轻易做多的。

第五，问题股。问题股指在公司财务状况、盈利能力、偿债能力、运作规范等公司素质方面存在重大不足，甚至还出现法律诉讼等不利情况的股票。问题股股票可能股价价位也很低，但缺乏发展空间，投资者应当避而远之，尽量不要抱侥幸心理去抄所谓的底。

第六，龙头股。龙头股指的是某一时期在股票市场的炒作中对同行业板块的其他股票具有影响和号召力的股票，它的涨跌往往对其他同行业板块股票的涨跌起引导和示范作用。龙头股并不是一成不变的，它的地位往往只能维持一段时间。选股就要买龙头股，就是强者恒强的道理。非龙头股与同板块中龙头股在盘中的走势曲线变化规律非常一致，只不过龙头股总是走在上面。

能作为龙头的个股的公司一定在某一方面有独特之处，在所处行业或区域占有一定的地位。有的股虽有成为龙头股的潜质，但没有非常专业的地位，也很难成为实际的龙头股。因此，要确认某股能否成为行业的龙头股，还需要判断该股在其所属的行业或区域里是否具有一定的影响力。

从选择市场龙头股的角度，显然绩优大盘股比较合适。因为大盘股对指数影响大，控制这类个股就能达到四两拨千斤的作用，而小盘股就难以达到这样的效果。在牛市中充当主流热点板块的领头羊，一般都由中、大盘股担当，因此，应倾向于挑选那些在市场已有表现，但还没有大涨过并有市场潜力的大盘股或中盘股；在小级别的反弹行情或盘整市道中，小盘股才有可能在局部范围里担当起短暂的领头羊角色。应倾向于选择一些市场潜力较大，并已走出底部的小盘股或中小盘股。

（4）根据板块启动与否选股。一般情况下，同一板块内的股票一荣俱荣，找到刚启动的板块投资无疑是明智的。要判断哪一个板块启动上涨，可以从以下几个方面进行。以下的数据是参照数据，根据不同板块不同时期需要灵活调整。①涨幅。如果在涨幅榜前20名中，某一板块的股票个数占据了1/3以上，并且连续一段时期都出现这样的情况。②成交量。如果在成交量前20名中，某一板块的股票个数占据了1/3以上，并且连续一段时期都出现这样的情况，这就可证明该板块有主力资金在活动，可能开始启动了。

但是，如果出现下面的情况，则要小心某一板块是否已经涨到位，可能要下跌了：①涨幅。如果在涨幅榜前20名中，某一板块的个股越来越少，已不足总数的1/4。②成交量。如果在成交量前20名中，某一板块的个股越来越少，已不足总数的1/4。③上升空间。一般来说，主力从建仓到派发，至少要有20%的上升空间。如果涨幅太大，比如涨幅已超过50%，甚至超过了80%。

第三节　证券投资时机的选择

确定证券买卖的时机对证券投资者来说至关重要，因为证券买卖时机的选择正确与否，实际上已经决定了买卖的成败。有投资者总结说“选股不如选时”，即在股市趋势向好的时机进行投资，一般都会盈利；相反，在股市趋势向下时进行投资，一般会亏损。另外，无论是哪一只股票，其趋势总是有涨有跌，如果选择投资的时机正确，在相对低位买进，在相对高位卖出，只要买卖时机正确，就能实现低买高卖，就能盈利。当然这句话是强调证券投资时机选择的重要性，并不是说选股不重要。又有投资者总结说，在上升市道中，应以绩优股、含权股为重点操作对象，因为此时股市上的资金充足，高价股炒作力量可能更为猛烈一些；在下跌市道中，要选择强庄股、超跌股。强庄股是众股皆跌它不跌，说明有资金支撑，一旦大盘企稳，可能走出鹤立鸡群般的行情，超跌股则可等待物极必反的报复性反弹行情；在盘整市道中，则可选择阶段性热门股为对象，采用短线炒作的办法，在不断换股中积累投资利润。这样的结论不一定完全正确，但同样说清楚了一件事，选择股票一定要结合证券投资时机加以考虑，选择证券投资时机很重要。

这里讲的时机不是“时点”概念，一般人要在最高点卖出，最低点买入是很难的。因此，只要抓住大的时机，在次低点买入，在次高点卖出就足可以赚到令人满意的钱了。不同的股个性不同，所以不必为丧失一个时机后悔，关键在于把握大势。时机不是一律雷同，而是因人而异的。机构因数额巨大，一下子买卖很不容易，因此他们必须及早抓住机会，一路逐渐补进或卖出，而小户投资者则不必如此，只要抓住一次较有利的机会即可，其他机会对他没有意义。

一、确定证券买卖时机的方法：目标价位法

尽管证券买卖的时机一般不容易把握，特别是股票买卖时机瞬间即变，但证券市场的证券价格变动是有规律的。因此在证券市场的投资者，特别是中期和短期的投资

者都会寻求一套确定证券买卖时机的方法，以便用来帮助判断证券买卖的正确时机。虽然无法研究出一套适合每个人的买卖时机策略，但是如果能掌握一些基本方法，投资者可在实践中结合自己的操作经验，形成一整套行之有效的买卖时机策略。

选择买卖证券时机最常用的办法是确定各种股票目标价格。投资者先根据自己对各种证券内在价值的估计确定买进的目标价格，当证券价格跌到这个事先确定的价格水平时就买进该证券。买进证券后，再确定卖出的目标价格，当证券价格上升到这个价格时就卖出该证券。目标价位法主要用于从证券价格随供求关系围绕证券价值上下波动的变化中赚取差价收入。

一般来说，运用目标价位投资策略的投资者大多数都是运用基本分析的方法，通过对股票基本面的分析，包括对公司财务状况、业绩增长前景等因素的考虑，确定出一个他们认为合理的目标价位，然后就是希望该股票能够达到这一目标价位。当然，目标价位法也可能采用的是技术分析方法，比如黄金分割线等方法。运用这种方法的要求较高：①投资者必须进行全面的基本分析以判断出相对正确的目标买入或卖出价位；②投资者应具有很大的耐心等待市场供求关系变化；③投资者可以根据最新情况的变化调整目标价格。投资者根据目标价格买卖证券时，根据最新的财务报告等资料得知公司的情况发生重大变动，使原来确定的目标价格不再客观，对原来的目标价格进行相应调增或调减是必要的。但是，调整目标价格不能过于频繁，否则目标价位法的“目标”就变得缺乏目标指导性了。显然，目标价位法的核心要求是投资者必须有较为高超的基本分析能力，在股票价格趋势上有自己的独到见解；否则，设立目标价位并用来指导投资实践是比较危险的。因为你所设定的目标价位如果错误，可能买入目标价是高价，买进即套牢；也可能卖出目标价定得太高，在投资计划期内根本就达不到。

其实，除了目标价位法之外，证券投资实践中还有很多其他的方法。前面讲过的基本分析与技术分析中很多的理论与方法对判断股票的买卖时机都有直接或间接的帮助。

二、买进股票和卖出股票时机选择

关于股票的买卖时机不是一个简单的问题，是整个证券投资学研究内容的综合应用。因为影响股票买卖时机的因素包罗万象，从世界经济政治到公司的经营政策的变化，从证券市场到个股的表现，从基本分析到技术分析，无一不关系到股票的买卖时机问题。例如，财政政策、货币政策影响：财政政策紧缩变为扩张，货币政策从紧变为宽松，银行利率开始下调，可以买入；反之，应卖出。市场扩容政策影响：根据流通股市值曲线可知市场扩容政策的变化，一般而言，在扩容真空期时买进，在扩容高峰期时卖出。公司利润影响：公司利润持续增长买入，增长率下降卖出。市盈率：市场平均市盈率远高于银行利率的倒数时，卖出股票；反之，买进股票。此外，周边股票市场及金融环境对股票买卖时机也有较大影响。以下仅从股票的市场表现和技术分析角度看股市买卖时机。

（一）买入时机的选择

1. 在股价的涨升阶段

这阶段股价稳健上升，没有明显的反转信号出现，投资者可买入并持有股票。

2. 在股价的盘整阶段

如果股价在经过一段时间的盘整后，量缩价稳，则表明股价整理已近尾声。不少股票均有明显的高档压力点和低档支撑点可寻求，在股价不能突破支撑线之时，投资者可先进行试探性买入，在压力线价位卖出，可赚短线之差。

3. 在股价的下跌阶段

股市下跌一段时间，并在底部区域横向整理，长期处于低潮阶段，但已无大幅度下跌之势，而成交量却突然增加，可初步判断股价下降趋势到达末期，此为“做底”阶段，就是长期投资者开始建仓的机会了。

在股票下跌阶段，往往利空消息频传，经济上各种悲观论调全部出笼，经济前景极为暗淡时。由于此时股票无人问津，投资风险较大，持有者慌忙卖出，这是买入良机。注意，如果此时股市中尚有一部分人持乐观态度，说明时机不够好，还有一定的下跌空间。只有当股市哀鸿遍野时，可以买进第一批股票；当股市处于整理阶段时，就可买入第二批股票；当股市开始抬头时可以买进第三批股票。分批购入进可攻而退可守，收益与风险兼顾。

4. 在股价的反弹阶段

当股价持续大跌一段时期后，投资者可选择跌幅较深的股票介入，但是，抢反弹时要把握承接股票的数量不能太多，持有时间不能太长，对股价反弹的高度及对获取的差价利润的期望值不要太高，一般是见好就收。

此外，技术分析上可将 K 线、均线与成交量指标作为参照，当有指标开始背驰、行情发展不清晰时，应多看少动。股价或股价指数的技术形态甚佳时，可配合成交量向上突破之际积极购进。成交量与股价相配合时，成交量增加，股价必上涨，如能在低档时先入一步介入，获利必丰。

（二）卖出时机的选择

人们常强调掌握卖的时机很重要，但有难度，他们常说会买是徒弟，会卖才是师傅。有人总结说股票投资成功关键并不在于你什么时候买入，买入什么样的股票，而是在于你什么时候卖出。

有不少投资者在证券分析上花了功夫，对大势和个股也有较为正确的见解，但他们的投资成绩却并不尽如人意。因为他们卖出的时机几乎总是要犯两方面的错误：要么卖早了，一扔就涨，没有能够取得随后的丰厚利润；要么就是卖迟了，以至于坐了电梯，股价上上下下，最后又回到买入点，甚至被套牢。无法把握卖股票的时机原因是多方面的，不能回避的一个主要原因是人性的弱点。要么是过分贪婪，涨了还想涨，结果是偷鸡不成蚀把米，看着到手的利润最后又变成了亏损；要么就是过度恐惧，一有风吹草动立即卖出，错过了赚取大利润的时机。

1. 在股价的涨升阶段

当市场股价上升到历史最高水平时，股价涨势到达末期，在高价区域形成盘整形态，就可逐步获利并卖出股票，即“买低卖高”。但在实际执行中，投资者在股价上涨时信心增强，不知适可而止；而在股价下跌时“世纪末心理”浓厚，不知在股价跌至谷底前买进。

2. 在股价的盘整阶段

股价在一个固定价位区域内小幅波动，虽然量缩价稳，但是当此价位区域的下限被放量跌破，从技术分析角度可知整理形态失败，紧跟着的是新一轮下跌，投资者可结合其他判断，根据事先确定的停损点卖出股票，以防损失进一步扩大。

3. 在股价的下跌阶段

如果股价长期下跌，遇到股价稍有反弹立即下跌，而且跌破重要的支撑线时，可判断股价还要下跌，还没有跌到位，此时投资者应该立即出货。

4. 在股价的反弹阶段

在股价一直处于长期下降的趋势中，如果股市基本面没有实质性的利好消息出现，股价的走势就不可能出现反转趋势，此时出现的股价上升可判断为反弹，每一次反弹行情的出现，投资者都应该立即出货。

第四节　证券投资技巧

投资实践中不少人都在总结投资成功的经验与失败的教训，他们发现除了需要掌握基本分析、技术分析等必要的基础知识外，还需要掌握一些证券投资的技巧。投资技巧是根据证券市场的规律以及投资人的诸多条件限制（如不知购进股票之后是涨还是下跌），兼顾收益与风险平衡后提出的一些操作思路或方法，有一定的借鉴意义。

一、顺势投资法

（一）顺势投资法概述

顺势投资法是证券投资者顺着股价的趋势进行股票买卖的操作技巧。顺势投资法要求投资者在整个股市大势向上时，以买进股票持有为宜；股价趋势下跌时，则卖出手中股票而拥有现金待机而动为好。大凡顺势投资者，不仅可达到事半功倍的效果，而且获利的概率也大大提高。

采用顺势投资法必须确定的前提是，涨跌趋势应明确且能够及早确认，如果不明确且无法及早确认，则不必盲目跟从。需要指出的是，这种股价涨跌的趋势是一种中长期趋势，而不属昙花一现的短期趋势，如两周之内的行情就属于典型的短期趋势。对于小额投资者来说，只有在股价走向的中长期趋势中，才能顺势买卖而获利。在股价走向的短期趋势中，此种方法应谨慎用之，因为一方面，当股价被确认是短期涨势时，可能已到跌势边缘，此时若顺势买进，极可能抢到高价而被套。另一方面，当股价被确认处于短期跌势时，可能已接近回升之时，若这时顺势卖，也可能卖价是最低价，这也会使投资者失去应得收益。

顺势投资法适合于小额投资者采用，小额证券投资者，绝不可能大程度地影响行情，更不可能操纵行情，只能跟随股票走势顺势而为。

对于顺势投资法，投资者还需注意的是：

（1）若进行长期投资，在长期趋势的底段和中期段都可以买入，买入后持有到高段卖出，即可获利。只要对长期趋势预测正确，不管在股价到达高段前有多少中期性回挡，都要坚信股价还会反弹，等待到最后的卖出时机。无论股市处于上升趋势中还是下跌趋势中，价格都可能出现与大势相反的暂时性的、反向的表现，如果为其所迷惑，看错了股市变动的主流趋势，就变成了事实上的逆势操作。

（2）股价变动的短期趋势最难预测，使得短期投资难度最大。若进行短期投资，投资者应尽量在中期上涨趋势中进行短期买卖。这样，一旦预测失误，购入后股价不涨反跌，可以持有一段时间，等待股价的反弹。将短期投资中期化，就可减少损失以至获利。

（3）必须把握先机，要注意观察趋势变动的反转，及时操作。所谓趋势，本身是个动态意义上的概念。顺势操作关键就是要尽可能早地发现趋势的变动迹象，而不是在一种趋势已快走到尽头时再操作；否则，不仅难以获利，还可能蒙受巨大的损失。

（二）顺势投资法投资策略

在股价变动的一个周期内，大体分为上升阶段、下跌阶段和盘局阶段。对于股市变动的阶段性，投资者的投资策略如下：

1. 适时买入

（1）淡季是进场时机。成交量的消长和股市行情的兴衰有密切关系。一般说来，交易热络时期，多属于行情的高峰阶段，而交易清淡时，则为股价走势的低潮时期。

（2）人气、资金荟萃时。游资涌进股市而人气聚集时，股价大概就要迈开步伐了，资金、人气的盛衰可以从成交量显露出端倪来。

（3）总体的环境因素逐渐趋向有利的时候，尤其是经济衰退到极点而复苏可望时，或政府已在拟定重大的激励经济措施时。

（4）行情在前进途中，停顿下来盘旋整理已达一段时间，筹码消化得差不多了。

（5）重大利多因素在酝酿时或利空消息出尽时。

2. 适时卖出

（1）行情在高峰阶段，成交量突然递增，而股价却未上涨，表现可能有买户的筹码流出来，在这种情况下，小户投资者不妨将手中所持股票先行了结，再观动静。

（2）涨势到达末期时。股价的涨势已到末期，上升乏力，形成盘旋整理形态，而成交值难以放大，此时表示接手方面的力量已经不再具有“绝对优势”，已成为和卖方力量“打成平手”的状态。这时，长期投资者即可逐步适当获利卖出了。

（3）跌势形成的初期。人气、资金散失后，成交量逐日萎缩，市况一天不如一天时，行情大概不会有多大起色了，即为卖出时机。

（4）重大利空消息正在酝酿时或预期收益实现，主力趁机脱手时。

3. 遇到盘局不轻易动手

盘局就是股价未来趋势不明。投资者，尤其是小额投资者，处于盘局中的做法，最好是现金为王，袖手旁观股市的涨涨跌跌，等待趋势明朗化后，再作进一步打算，少赚钱或不赚钱但本金还在，以后就有赚钱的机会，不要将证券投资最终做成赌博游戏。

二、保本投资法

这里所说的保本投资的“本”和一般生意场上“本”的概念不一样。不是保投资者用于购买股票的总金额，而是保投资总额中不容许被亏损净尽的那部分数额。因此，由于不同投资者对投资风险的承受能力不同，所确定的保本数额可能具有很大的差异，有些投资者的“本”的比重可能比较高，而另一些投资者“本”的比重则较低。

这种方法适用于经济景气欠明朗，股价走势与实质因素显著脱节，行情变化难以捉摸时的股票投资。

采用此法最重要的不在于买进的时机选择，而在于做出卖出的决策，因此，获利卖出点和停止损失点的制定是采用保本投资法的关键。

1. 获利卖出点

获利卖出点即为股票投资人在获得一定数额投资利润时，毅然卖出的那一点，这个时候的卖出，不一定是将所有持股一口气统统卖光，而是卖出其所欲保“本”的那一部分。

例如，如果某投资者心目中的“本”定为总投资额的 50%，如 2 万元中的 1 万元是“本”，那么，他的获利卖出点即为所持股票市值总值达到其最初投资额的 150%，即 3 万元时，投资者可以卖出所有股票的 1/3，即 1 万元，也就是占总投资额 50% 比重的股票，先保其本。

股票投资者进行了此次保本以后，所持股票的市价总值，与其最初的投资总额仍然相同。此后，股票投资者可以再制定其欲保的第二次“本”，仍依上例，如果在进行了第一次保“本”之后，将其余所持股的“本”改订为 20%，也就是剩下的持股再涨 20% 即所持股票市值总值达到 2.4 万元，则再卖掉 1/6，即又将此一部分的“本”即 0.4 万元保了下来，然后，再制定其所剩下的持股的“本”。以此类推，这样，随着行情的不断上升，其持股的数量必然不断逐减。不过，持股的市价总值却一直不变，始终等于最初投资总金额。

需要指出的是，获利卖出点的制定，是针对行情上涨所采取的保本投资的技巧。特别要注意的是，当股市看涨时，不要贪得无厌，延误战机，也不要在股价刚上升到某一个确定点时，就统统把股票抛售一空，因为行情可能会继续看涨。

2. 停止损失点

停止损失点，就是当行情下跌到只剩下股票投资者心目中的“本”时，即予卖出，以保持住其最起码的“本”。简单地说，就是股票投资者在行情下跌到一定比例的时候，全身而退，以免蒙受过分亏损的做法。停止损失点是为了预防行情下跌而制定的，主要的功用在于避免投资损失过大。

例如，假设某投资者制定的“本”是其最初投资额 2 万元的 80%，那么行情下跌到所持股票的市价总值只有 1.6 万元即下跌了 20% 时，就是投资者采取停止损失点措施的时候了。

三、摊平投资法

摊平投资操作法是指投资者买进股票后，因股价下跌而处于亏损状态时，选择一个尽可能低的价位再加码买进该股票，以冲低成本，等待反弹时再卖出，从而逐步减少亏损乃至转亏为盈的投资操作方法。

买进股票后，如果遇到行情急剧变化，导致股票价格跌至买入价以下，抛出就会造成实际损失。在这种情况下，投资者只能继续持有股票等待时机，俗称套牢。被套牢的投资者都会感到十分苦恼，备受煎熬；殊不知即使股价此后再也涨不回购入时的价位，只要采用适当的方法，解套甚至盈利仍是做得到的，摊平投资操作法就是这样一种有效的解套方法。

投资者运用摊平投资法有两个前提条件：充裕的资金和下跌行情中存在回档反弹

上升机会。如果能在跌势中准确地把握反弹机会，以摊平法介入的买进量，就可以降低持股成本，减少套牢股票的亏损幅度。同时，不断地买进，也可增加买盘的力量，增加需求量，促使股价回升。

常用的摊平投资法是加码摊平法。加码摊平法是投资者将投资资金划分为若干份（一般是三份），只投入一份，如果股价下跌，接着投入一份，如果股价又下降，再投入一份。其基本做法有两种：平均加码摊平法和倍数加码摊平法。

（一）平均加码摊平法

平均加码摊平法是将投资资金分成三等份，分三次投入，每次投入相等的资金的方法。有以下三种情形：

（1）第一次投入后，股价上升，卖出股票获利了结。

（2）第一次投入后，股价下跌，进行第二次投入。

例如，投资者以 1 万元资金投入，即每股 10 元的价格买进某种股票 1 000 股以后，股价出现急速跌落，当跌至每股 8 元时，再以 1 万元的投资金额购进 1 250 股，这样购进股票的平均成本就只有 8. 89 元了，当该股回升至每股 8. 89 元时，即可够本，超过 8. 89 元则可获利（忽略交易规则限制及所有的交易税费，下同）。

（3）第一次投入后，股价下跌；第二次投入，股价继续下跌；第三次投入，股价开始转升，只要股价回升到第二次投入时的价位，即可保本获利。

例如，投资者以每股 10 元的价格买进某种股票 1 000 股以后，股价出现急速跌落，当跌至每股 8 元时，再以 1 万元的投资金额购进 1 250 股，第二次购入后，股价还出现跌落，当跌至每股 6 元时，再以 1 万元的投资金额第三次购进 1 667 股，这样购进股票的平均成本就只有（10 000+10 000+10 000）/（1 000+1 250+1 667）≈7. 66（元）了，当该股回升至每股 7. 66 元时，即可够本，超过 7. 66 元则可获利。

（二）倍数加码摊平法

倍数加码摊平法是第一次投入资金后，如果股价下跌，第二次加倍投入的方法。具体又有两种操作法：一种是二段加倍摊平法；另一种是三段加倍摊平法。

二段加倍摊平法的操作是将投资资金分成三等份，第一次投入三分之一资金如果股价上升，则卖出获利。如果股价下跌，第二次将剩余的三分之二资金全部投入。

例如，投资者以 1 万元资金投入，即每股 10 元的价格买进某种股票 1 000 股以后，股价出现急速跌落，当跌至每股 8 元时，再以 2 万元的投资金额购进 2 500 股，这样购进股票的平均成本就只有 8. 57 元了，运用二段加倍摊平法比平均加码摊平法下的每股 8. 89 元还要低 0. 32 元。

三段加倍摊平法的操作是将投资资金分成七等份，第一次投入七分之一的资金；如果股价下跌，第二次投入七分之二的资金；如果继续下跌，将剩余七分之四资金全部投入，经过三段投资，全部买进行为了结。

例如，投资者以 1 万元资金投入，即每股 10 元的价格买进某种股票 1 000 股以后，股价出现急速跌落，当跌至每股 8 元时，再以 2 万元的投资金额购进 2 500 股。第二次购入后，股价还出现跌落，当跌至每股 6 元时，再以 4 万元的投资金额第三次购进 6 667 股，这样购进股票的平均成本就只有（10 000+20 000+40 000）/(1 000+2 500+6 667)≈6. 89（元）。

由此可见，采用二段加倍摊平法和三段加倍摊平法时，在下档摊平中加码买进更多，可使上档套牢成本降得更低。三段加倍摊平法效果尤为明显。

运用这种方法进行操作时，至关重要的是确定好加码摊平的价格。一般来讲，其价位越近谷底，对投资者越有利。这是因为，较低的摊平价位，一方面可使投资成本下降，另一方面则可减轻加码部分的投资风险。

此外，采用加码买进摊平法还需要特别注意分析大势走向，因为摊平采用的是越低越买，但如遇到空头市场跌幅过深，则资金有可能长期套牢，这将会给投资者带来沉重的心理负荷。因此，必须密切注意股市动向。

四、投资于低价股

“买低卖高”是最平常的炒股哲理，但怎样才能选到低价股，则很有技巧。广义的“低价”，是指价格低于市场合理的标准。股价越低，涨价的幅度大多可望越高，一般低价股起步上涨，其涨幅至少二三成或达一倍以上。选择低价股票主要有下面四种方法：

（1）选择下跌已久、跌幅较大的股票。在股市里，价位越高，跌得越重；低价越低，涨幅越大。因此，当一种股票下跌过重时，也就会反弹上涨，这正是买入的好时机。由于此种股票的股价已下跌一大截，容易引起价位低的错觉，从而反弹升高；原先高价位套牢的投资者也会积极买进，摊平成本，以求做高，这些原因使低位股票较容易大幅上升。

（2）选择市盈率偏低的股票。市盈率等于市价除以税后净利润。成熟的股票市场在多头市场的正常状况下，市盈率一般在 12~15 倍之间。在空头市场里，市盈率一般普遍降低，一般为 6~8 倍。如果某种股票的市盈率过低，则说明此种股票市价偏低，可能属于低价股。

（3）选择企业营运有转机的股票。影响股价涨跌的最主要因素，是股份企业的营运业绩，即经营情况。经营情况的好坏，直接表现为获得利润的多少，进而影响分配股息的多少，导致股价的上涨或下降。因此，股价下跌较大，如没有人为操纵因素，主要是由经营利润大幅衰退、业绩不佳造成的。一旦其营运业绩有转机，出现成长的兆头，应注意及时买进。待企业扭亏为盈或利润大幅度上升后，股价会直线上涨，投资者收益丰厚。

（4）选择有大户套牢的股票。凡确定这样的股票，应在一定价位时购入。如果有大户或资金雄厚的主力在高价位套牢，只要一有机会，该大户必设法低价买入，用以摊平成本，并积极拉升股价。因此，只要该股票的市价下跌，并与该大户的成本尚有一定的幅度，可以视为低价股票予以购入。然后以该股票下跌的最低价与大户的摊平成本的中间点为压力点，作日后获利卖出的目标参考价。

低价股票不涨则已，若有涨升，其涨升的幅度较其他股票高出许多。但是，高收益总是伴随高风险，选择低价股需要认真、耐心。

小卡片：投资计划的两大流派

在投资计划方面主要有两大流派，反映出两种相反思路下的不同操作方法。

一种是持币为主的趋势投资派，大多为中短线操作。其策略如下：选择股性、弹性强的热门股，当确定股价走上升趋势时跟进，获利后立即抛出，不管股票数量，只要手中的钱能不断增值就行。这种操作的要点是如判断失误则立即止损卖出，止损点设在亏损5%之内，这样可以将风险控制在最低限度。这种方法的缺陷是，有可能在数次判断失误后将本钱输光。

另一种是以持股为主的长线投资派。这种方法就是老老实实根据企业业绩选股，一旦买入即长期持有股票，直到股价上升到持有者认为严重超值时才离场并耐心等待下一次机会来临时再入市。这种方法可能会暂时输钱，但不容易输光钱，由于是靠死多头赚钱，因此资金使用效率较低。但真正赚大钱的常常是长期投资者。

因此，投资技巧的核心内容是如何使用资金，提高资金的使用效率；关键是处理好持筹与持币的比例。在制订投资计划时一定要弄清楚自己想如何做，不要既想这样又想那样，在逻辑上出现矛盾，这样必然出错。

第五节　证券投资风险控制

一、证券投资风险及类别

（一）证券投资风险

风险是指在特定的客观情况下，在特定期间内，某一事件预期结果与实际结果间的变动程度。变动程度越大，风险越大；变动程度越小，风险越小。

证券投资的风险是指证券预期收益变动的可能性及变动幅度。

现代证券风险被认为是证券报酬的变动，这个变动既包括报酬的减少，也包括报酬的增加；衡量这个变动的方法就是计算证券报酬的方差或标准差。标准差越大，风险越大；标准差越小，风险就越小。与传统的风险概念相比，现代的风险观念其突出的优点是可用数学方法精确地衡量出风险的大小，有利于进行证券间的比较和选择。

（二）证券投资风险类别

与证券投资相关的所有风险称为总风险，证券投资总风险按照其影响范围和能否避免可分为系统性风险和非系统性风险两大类。

1. 系统性风险

系统性风险是指某种对市场上所有的证券都会带来损失可能性的风险。系统性风险与市场的整体运动相关联，因而对于投资者来说这类风险不容易分散，无法消除。然而，这种风险对各种证券的影响程度又是不一样的，其程度大小可通过一项专门性的贝塔（β）系数来表示。这类风险主要有购买力风险、市场风险、利率风险、汇率风险、贬值风险和政治风险等。

（1）购买力风险，也称通货膨胀风险，指因通货膨胀导致货币的购买力下降而给投资者带来的损失。各种证券和银行存款都会从该项风险中遭受损失，只是程度不尽相同。

对于债券、优先股等固定收益的证券，该项风险的影响尤为明显，这些证券不能通过收益和本身价格的提高而对通货膨胀带来的损失做出补偿；相反，却因利率的上升而使本身价格下降，从而使投资者的资本遭受损失。对于普通股等非固定收益的证券，则可以通过股票收益、价格的提高而部分抵销风险。

避免与减少损失的办法是防卫，如在通货膨胀期间重点投资于短期债券，或投资于有保值功能的黄金、不动产、艺术品和其他有价值的商品。

小卡片：标普 500 指数与金价的相关性

近来，国际金融市场持续剧烈动荡，次贷危机引发的美国股市大跌成为推动黄金价格出现急涨行情的关键。如果忽略资金的“水床效应”的话，我们或许能通过计算得出股市与金市相关程度的具体数值，并揭示二者之间的关联性。笔者选取美国三大股指中最具代表性的标准普尔 500 指数作为研究对象，它是由美国 Mc Graw Hill 公司自纽约证交所、美国证交所及上柜等股票中选出 500 只经股本加权后得到的指数。因为标普指数占纽约证交所股票总值的 80% 以上，所以与道琼斯工业平均股票指数相比，前者具有采样面广、代表性强、精确度高、连续性好等特点，且在选股上考虑了市值、流动性及产业代表性等因素。

从数量分析结果来看，金价与标准普尔 500 指数的整体相关系数为 0.389，存在微弱相关关系。这种相关性不能代表二者之间的真实情况，因为从长期来看，金价与标普 500 指数的总体趋势都是向上的，这在很大程度上不是由二者之间的关系决定的，而是在其他因素（黄金供需关系、政治因素、油价、经济走势等）的综合影响下形成的。为了进一步排除其他因素的影响，下文将分阶段讨论两者之间的相关性：第一阶段从 1968 年到 1996 年，第二阶段从 1997 年到 2002 年，第三阶段是 2003 年以后至今。

从对 1968 年到 1996 年的数据分析中不难看出，这个阶段的相关系数为 0.464，接近中度相关水平，比整体的相关性水平提高了 0.075。这个阶段黄金价格出现了一次大的上涨，主要原因来自政治的动荡，而与美国股票指数的关系并不大。20 世纪 80 年代黄金价格曾涨到每盎司 875 美元，这主要是由于苏联入侵阿富汗和国际市场原油价格大幅上涨，引起了抢购黄金的风潮。在这个阶段，随着美国经济的持续增长，美国标准普尔 500 指数一直保持上涨势头，虽然这期间由于政治动荡、石油危机问题出现了反复。正是由于金价与标准普尔 500 指数都呈现上涨的态势，它们之间的相关性表现为正相关，并且相关系数的数值维持在中度相关水平上。

1997 年到 2002 年间二者的相关系数为−0.772。这说明在这个阶段金价与标准普尔 500 指数变成了负相关关系，而且，这种负相关的程度较高。从 1997 年开始，西方各中央银行有秩序地削减黄金储备。在这一时期，美国经济高速发展，出现了“新经济”、高就业、低通胀，美元走强，黄金作为资产储备的地位不断下降。与此相反，全球证券市场却呈现出蓬勃发展之势，股市暴涨，各种债券层出不穷，黄金已不再像过去那样有利可图。在这个阶段，金价与标准普尔 500 指数呈现出很高的负相关性，这不是由它们之间的相互影响造成的，而是在西方央行售金政策、政治动荡、原油价格等因素的共同作用下形成的。

最后，笔者将对 2003 年以后黄金价格与标准普尔 500 指数的相关性进行分析。在这个阶段，二者之间的相关系数为 0.913，呈现出高度的正相关关系。为什么会出现这一情况呢？自从“9·11”以后，国际局势开始动荡不安。恐怖主义和恐怖活动的触角遍及世界各地，对国际社会的政治、经济以及人们的日常生活造成了严重威胁；印巴紧张局势不断升级，威胁世界稳定；自美国攻打伊拉克之后，中东局势一直动荡不安。一系列事件令投资者纷纷买入黄金以期避险。受不稳定的全球局势的影响，黄金良好的价值储藏功能使金市成为全球资金的避难所。因为持有黄金可有效抵御系统性的政治、经济和金融风险，所以黄金的价格一直攀升，并不断创下近20年来的历史新高。

资料来源：陈晓辉. 标普500指数与金价的相关性［J］. 投资与理财，2008（22）.

（2）市场风险。市场风险指持有的普通股因证券行市的变化而可能造成的资本损失。由于影响股市变动的因素是多种多样的，如突发的战争、瘟疫、重要政治人物的疾患与死亡、政局的变动等，但更重要的是股票发行企业的经营状况、通货膨胀情况及投资者的心理状况，因而企业本身很难控制股票价格的升降。

市场风险的影响面相当广泛，几乎所有普通股票的投资者都要受其制约。

（3）利率风险。利率风险指由于市场利率变动而给证券投资者带来损失的可能性。利率的变动对证券的影响有两种情况：一是当利率提高，而证券收益一定时，证券价格会因利率提高而下降。二是当利率下降时，原有较高利率的证券价格就可能上升，投资的资本便要增加。一般来说，利率风险对具有固定收益的证券影响更为显著。防止或减少该风险所导致损失的方法有：购买短期债券；将持有债券保持到兑付日期，以避免资本损失；购买公债以取得减免税收优惠；投资不同期限的债券等。

2. 非系统性风险

非系统性风险指对市场上某一单个或几个证券造成损失可能性的风险，是与整个股票市场的动向无关的风险。

在股市中，单个股票价格同上市公司的经营业绩和重大事件密切相关。公司的经营管理、财务状况、市场销售、重大投资等因素的变化都会影响公司的股价走势。这种风险主要影响某一种证券，与市场的其他证券没有直接联系，投资者可以通过分散投资的方法，来抵销非系统性风险。

非系统性风险的主要特征是：① 它是由特殊因素引起的，如企业的管理问题、上市公司的劳资问题等。② 它只影响某些股票的收益。它是某一企业或行业特有的那部分风险。如房地产业投资，遇到房地产业不景气时就会出现下跌。③ 它可通过分散投资来加以消除。由于非系统性风险属于个别风险，是由个别人、个别企业或个别行业等可控因素带来的，因此，投资者可通过投资的多样化来化解非系统性风险。

这类风险主要有经营风险、财务风险、违约风险、道德风险、偶然事件风险等。

（1）经营风险。经营风险指的是由于公司的外部经营环境和条件以及内部经营管理方面的问题造成公司收入的变动而引起的股票投资者收益的不确定。经营风险的程度因公司而异，取决于公司的经营活动，很难准确预测。与公司的债券持有者相比，普通股票持有者处于一个风险大得多的地位。当公司经营情况不妙，收入迅速下滑时，公司在支付债务利息和到期本金后，可用于支付股息的收益已所剩无几，从而导致股东们所得股息的减少或根本没有股息，与此同时，股票的市场价格一般也会随之降低，使股东们蒙受双重损失。

（2）财务风险。财务风险是指公司因筹措资金而产生的风险，即公司可能丧失偿债能力的风险。其主要表现为：无力偿还到期的债务、利率变动风险（即公司在负债期间，由于通货膨胀等的影响，贷款利率发生增长变化，利率的增长必然增加公司的资金成本，从而抵减了预期收益）、再筹资风险（即由于负债经营导致公司负债比率的加大，相应降低了公司对债权人的债权保证程度，从而限制了公司从其他渠道增加负债筹资的能力）。

形成财务风险的因素主要有资本负债比率、资产与负债的期限、债务结构等因素。一般来说，公司的资本负债比率越高，债务结构越不合理，其财务风险越大。投资者在投资时应特别注重公司财务风险的分析。

（3）违约风险。违约风险也称信用风险，指不能按时向证券持有人支付本息而使投资者造成损失的可能性。造成违约风险的直接原因是公司财务状况恶化。因此，投资者必须对发行债券的信用等级进行详细的了解。违约风险主要针对债券投资品种，对于股票只有在公司破产的情况下才会出现。

（4）道德风险。道德风险主要指上市公司管理者的道德风险。上市公司的股东和管理者是一种委托代理关系，由于所有权与管理权的分离，加之管理者和股东追求的目标不同，在双方信息不对称的情况下，管理者的行为可能会造成对股东利益的损害，发生道德风险。

小卡片：中国证券市场在 2001 年以前的风险特征

对于中国证券市场的风险特性，近年有关人士已经有定量的分析结果。以沪市为例，1993 年 4 月至 1996 年 5 月，系统风险的比例值高达 81.37%，远远高于美、英、加等发达国家市场的比例值 20%~30%，并进一步得出结论：单只股票的价格波动受市场整体影响非常大，且各个股票之间价值运动的相关性很大，导致收益率间的相关系数高达 0.7，结果是市场齐涨齐跌的现象较明显。1997 年以来，系统风险占总风险的比重逐年降低，分别为 43.27%和 27.5%。也就是说，根据投资组合理论，在非系统性风险比例上升的情况下，可以通过投资多种股票的方式分散总体的投资风险。

资料来源：耿广棋. 中国股票市场系统风险的特征与传递机制［EB/OL］. http://www.szse.cn/upfiles/ attach/1427/2003/11/06/1150433306.pdf.

二、证券投资风险控制的技巧和方法

有效降低系统性风险的办法：一是将风险证券与无风险证券进行投资组合，当增加无风险证券的投资比例时，系统性风险会降低；二是套期保值，实际是进行时间分散的投资。但是，系统性风险可以带来收益的补偿，投资者需根据自己的风险承受能力决定承受多大的系统性风险以期获得相应的投资回报。实际上，人们通过投资选择使系统性风险处于自己认为最满意的位置，而不是采取措施来完全消除系统性风险。而非系统性风险得不到收益补偿，因而人们常坚决地要求降低风险。

证券投资目的是获取最大投资净效用，但证券投资中，风险和收益总是相互伴随着，而且风险与收益之间通常呈现明显的正相关关系，因而投资者实现投资目的的程度取决于其降低风险的投资技巧与投资方法。

（一）分散投资

证券投资风险防范的主要措施是证券投资分散化。投资者不能控制市场，无法避免证券投资的系统性风险，但是通过分散化，可以减少非系统性风险。分散投资指投资者为降低风险而将资金分别用于购买不同企业、不同种类和不同性质的有价证券的投资方式。采用分散投资方式，则可能是此亏彼赚、以盈补损，避免更大的风险。分散投资方式主要包括三类，即投资对象分散、投资时间分散、投资市场分散。

1. 投资对象分散

投资对象分散指投资者将资金按不同比例投资于若干类型不同、风险程度不同的有价证券（如股票、债券）上，建立合理的资产组合，以将投资风险降低到最小限度。选择投资对象时，一是对多种证券进行投资。如果只投资于一种证券，譬如对某公司的股票投资，一旦该公司经营恶化甚至倒闭或股市暴跌，不仅得不到股息收益，而且还会亏本。这种做法不足取，而对多种证券进行投资，即使其中的一种或数种证券因发行者经营不善而得不到利润分配，还有其他证券收益作补偿，不至于全面亏损。即使整个股市都下跌，所有证券都亏损，分散投资的亏损程度也可能小于只投资于某种单一证券的亏损程度。二是在对多种证券投资时，应把投资方向分为进攻性部分和保护性部分两类，前者主要指股票，后者主要指债券。因股票的投资风险较大，债券的风险相对较小，把投资资金一分为二，即使投资于股票部分的资金亏了本，投资于债券部分的资金还可以保证，不至于全盘皆输。

例如：1997 年 5 月至 1998 年 8 月，股票二级市场处于调整阶段，平均指数下调 50%。而这时一级市场与国债现货市场却很好，国债回购市场就可以获得很高的收入，这期间一级市场通过上网定价发行认购新股，年无风险收益率也高达 60%~70%。如果投资时将资金按投资对象分散投到不同的领域，则相对风险会降低很多。

2. 投资市场分散

各个证券市场具有不同的特点，投资者可以在不同的证券市场上进行投资，比如，在发行市场与流通市场上的投资特点就不同。流通市场又可分为交易所市场、场外市场、期货市场和期权市场等，在这里，市场上的投资特点也不同。此外，投资者还可以在不同地区的市场和国内外市场上分别进行投资。

每个国家或各个地区都有自己的证券市场，可供投资者选择。在我国，有上海证券交易所和深圳证券交易所。投资者可通过在不同市场上的投资达到分散投资风险的目的。

投资者还可以在国外市场进行证券投资。随着证券市场的国际化进展，各国对外证券投资急剧增加。对外证券投资可以扩大投资对象的选择范围，提高证券投资的灵活性和选择性。各国经济、政治、社会状况不同，对证券价格的影响也不同，证券价格波动时间与幅度有差别。对外投资，要达到降低风险、赚取较大差价收益的目的。遇到本国证券市场不景气，证券行市下跌，对外投资可找到价格看涨的市场；反之，本国证券行市过高时，对外投资可以找到较便宜的投资市场。总之，如果能灵活地在国内外市场进行投资，资产的运用效果会比死守一个市场好。

3. 投资时间分散

购买有价证券的时间要注意分散，因为经济发展有周期性规律可循，时起时伏，因而不可于某一集中时间内投资。抓住投资时机，做到适时买入和适时卖出。

（二）组合投资

投资者通过对不同证券的不同持有量的选择形成了不同的投资组合，不同的投资组合给投资者带来的报酬和风险不同。对投资者来说，风险最小、报酬最大，是最有利。但通常是报酬最大的组合，其风险可能最大；反之，报酬最小的组合，其风险亦可能最小。因此，投资者只能在报酬和风险的种种不同组合中选择一种适合投资目的、投资金额和投资性质的组合，即最适合的投资组合。

投资者投资决策的原则是获得尽可能大的期望收益率，承担尽可能小的风险。如果仅投资于单个证券，决策选择将十分有限，为了获得更多的选择机会，投资者可以将资金按一定的比例分别投资于若干不同的证券上，这种投资方式叫证券的组合投资。每一种证券组合相当于一种投资机会，因而通过组合投资，投资者可以创造出无限种新的投资选择机会。换言之，组合投资，就是指依据证券的收益与风险程度，通过证券分析，对各种证券进行有效的选择、搭配，创造多种投资选择机会并确定降低风险的投资组合。组合投资应遵循的基本原则是：证券风险水平相同时，选择收益率高的证券；证券收益率相同时，选择风险最小的证券。

分散投资与组合投资的区别：分散投资有助于弱化甚至消除非系统风险，但丝毫不能改善宏观水平上的系统性风险；组合投资通常既能降低系统性风险又能弱化甚至消除非系统性风险，组合投资是借助于调整无风险证券与风险证券之间的投资比例来实现降低风险的目的，当增加无风险证券的投资比例时，系统性风险将降低，极端的情况是将全部资金投资于无风险证券上，这时风险便全部消除。但是绝对的无风险证券实际上是不存在的，即便将钱存入银行也将承担利率风险和通货膨胀风险。但分散投资时，投资者可将资金全部投放于风险证券上，如普通股股票。不过，投资者可用一部分资金买业绩好的股票，也可以用资金买一些业绩差的股票。因为经营业绩好的股票价格高些，虽然在正常情况下，业绩好的股票具有较多的收益，但影响股价的因素极其复杂。

投资者通常不会把其准备投资于证券的所有资金都放于某一特定的证券上，而是购买风险程度高低不同的数种证券，进行合理的投资组合。最常用的方法是“投资计划三分法”，即把资金分为三部分，一部分资金用于购买安全性高的债券或优先股，一部分资金用于购买具有成长性的普通股，而另一部分资金则作为准备金存入银行，以待最好的投资机会，或用来弥补意外的损失。

说到组合投资，不能不说贝塔（β）系数及其应用。β 系数是反映个股相对于市场（或大盘）变化的敏感性指标，反映某种证券风险与整个市场投资风险关系程度的指标，反映市场风险对某种证券的影响程度，也就是个股与大盘的相关性或通俗的“股性”。

β 系数的经济意义：β 系数是反映证券或组合的收益水平对市场平均收益水平变化的敏感性，是衡量证券承担系统风险水平的指数。β 系数的绝对值越大，表明证券承担的系统风险越大。例如，某股票的 β 系数为 1.5，说明当大盘涨 1% 时，它有可能涨 1.5%，同理，大盘跌 1% 时，它有可能跌 1.5%；某股票的 β 系数为 0.3，说明当大盘涨 1% 时，它有可能涨 0.3%，同理，大盘跌 1% 时，它有可能跌 0.3%；但如果一只个股 β 系数为-1.2 时，说明当大盘涨 1%时，它有可能跌 1.2%，同理，大盘跌 1% 时，它有可能涨 1.2%。如果跟踪 β 系数的变化，可以看出个股股性的变化和主力进出的情况。显然，当某股票的 β 系数的绝对值大于 1 时，它的涨跌幅度将超过大盘，风险更大；当某股票的 β 系数的绝对值小于 1 时，它的涨跌幅度不如大盘涨跌幅度大，风险小些。

证券投资可根据市场走势预测选择不同 β 系数的证券。当预测到大盘将要上涨，应该选择 β 系数高的证券，这样会成倍地放大投资的市场收益率，为投资者带来高额收益；在预测到大盘将要下跌时，应该选择 β 系数低的证券。

（三）回避风险

回避风险指投资者事先预测风险产生的可能程度，判断导致其实现的条件和因素，在行动中尽可能地驾驭它或改变行动的方向避开风险。具体讲，可采取以下措施：

（1）当判断出股价上升进入高价圈，随时有可能转向跌落时，应立即抛出手持股票，等待新的投资机会。

（2）当股价处于盘局阶段，难以判断股价将向上突破还是向下突破时，不要采取投资行动，应先观望一下。

（3）多次投资失误，难以做出冷静判断时，应暂时放弃投资活动，进行心理调整。

（4）当对某种股票的性质、特点、发行公司状况、市场供求状况没有一定了解时，不要忙于购进。

（5）如果不具备较高的投资技巧，最好不要进行期货交易、期权交易等风险较大的交易。

（6）将部分投资资金做准备金，其目的：一是等待更好的投资时机，一旦时机到来，就将准备金追加进去，以增强获利能力；二是作为投资失利的补充，一旦预测失误、投资受损，将准备金补充进去，便可保持一定的投资规模。

（7）不碰过冷过热的股票。过冷的股票，虽然价格低，但价格不容易波动，上涨乏力，成交量小，变现困难，购入后长期持有，本身就是损失。而过热的股票，价格涨跌猛烈，成交量大，一般投资者很难把握买卖时机，可能蒙受更大的损失。

（8）做到不卖最高，不买最低。投资者都期望在股价最低时买入、最高时卖出，以获取最大差价收益。但是，由于股价的波动性和难以预测性，别说是一般投资者，就是那些投资专家也很难做到卖最高买最低。投资者能够做到在低价圈内买入、高价圈内卖出就相当不错了。当股价跌落处于盘整阶段，下一步走向不明朗时，投资者应坐以静观，不可贸然购入。当股价从盘整阶段脱出，开始趋涨时，投资者不要以为股价已有所上涨赚不到最大利润而放弃购入。当股价盘升一段后处于盘旋阶段时，前途难以把握，只要这时卖出便有利可图就应采取行动。即使脱手后股价又有所上升，也不必为之后悔。只要做到回避高价买入、低价卖出就应满足。

小卡片：为什么不能等三年？

你买了一间屋子，由跟发展商签约到发展商交屋给你的前后三年，你觉得这是理所当然的事，三年的等待，你觉得一点也不长。在这期间，你没有分文收入，却定期给银行利息，你也毫无怨言。

你买了100亩（1亩≈666.67平方米，以下同）的荒地，开辟为油棕园，伐木、开路、挖沟、育苗、种植、除草、施肥，等等，整整忙了三年，才看到棕果出现，收成仍不足以维持开支。再等两年，棕果渐丰，油棕园的收支才达到平衡，仍没钱赚。这已是第五个年头了。忙了五年，只有付出，没有收入，你不以为苦，因为你知道那是赚钱无可避免的途径。

你买了50亩地，是橡胶园，属农业地，你要把它发展为住宅区，于是你向土地局申请将农业地转为屋地，再将屋地分割为五六百段，以兴建五六百间排屋出售。分割后为每段屋地申请个别地契，请测绘师设计屋子的图样，请工程师计算成本，请承包商承建屋子，由市场部登广告出售屋子，跟银行接洽融资问题。屋子建筑过程中要处理许多附近居民的申诉，要按期向购屋者收款，等等，直到把屋子交给购屋者。由购买土地到交屋收工，前后长达五年，总算钱赚到了手。作为发展商，你认为以五年的时间赚钱，是正常的、合理的，你耐心地等待，从无怨言。

你是一名中小型企业家，你有制造某种产品的经验，过去你是为别人管理公司的，现在决定自己创业，你决定建一间工厂，你从调查市场、向银行接洽借款、寻找厂地、设计厂房、招聘员工、装置机器、试验生产，到将产品推入市场，从策划到产品出现在百货公司的货架上，前后三年，再苦撑两年，才开始有盈利，那已是第五个年头了。你认为这是创业的正常过程，你心甘情愿与你的事业同行五年，毫无怨言。

你是开药店的，你决定在城市的另一区开一间分店，为来自该区的顾客服务，从寻找店铺、装修、聘请药剂师、筹备开张，到正式做生意，前后也要一年半。

以上的五个例子—— 买屋子收租、开辟油棕园、建屋出售、从事工业、开零售店，从筹备到赚钱，快则一年半，慢则五年，业者从无怨言，因为他们了解，做任何事业都需要时间，绝对没有一蹴而就这回事。

以上的五个例子有一个共同点，那就是投入资金，希望赚取合理的利润，这叫“投资”，业者除了知道投资需要时间外，他们也接受一个事实，即凡是投资，都有风险，没有任何投资是没有风险的，风险是他们赚取比银行定存更高的利润所需付出的代价。总之，投资者应接受两项事实：① 投资需要时间才能赚到利润，且没有捷径。② 凡投资都有风险，风险的高低常与利润成正比。

股票投资，是许许多多投资管道之一。做事业，你可以等三五年，股票投资为什么不能等三五年？

绝大部分的股票投资者，都希望今天买进明天就卖出以赚取暴利。假如你告诉他，低价买进好股，持有三年，可以赚钱，他们会觉得时间太长，难以接受。

你持有股份的上市公司也是在做生意，当然也是有赚有亏，投资者为什么不能忍受亏蚀，为什么不能接受可能亏蚀的事实而怨天尤人？

上市公司 1 000 多家，任你挑选参股的对象，你因为无知，因为贪婪，因为听信谣言，而参股于错误的企业，岂能完全归咎于股市？你自己没有责任吗？

大多数股票每年的股价波动幅度由数元至数十元不等，你在低价时不买反而在高价时抢进，亏了本，不怨自己怨别人，合理吗？

参股做生意，例如合股种油棕，六七年之后才可能分红，买棕油股，当年就可分到股息，不是更合算吗？

在做任何事情失败后，多数人只怨别人，把责任推到别人或环境身上，能自我反省的人少之又少。

股票投资也一样，亏了本不是怨股市，就是怨别人使奸用诈，从来不检讨自己失败的原因。

我再问：买屋子可以等三年，为什么买股票不能等三年？

资料来源：根据冯时能的《三十年股票投资心得（冷眼分享集）》整理，有所改动。

第十章 证券市场监管

证券市场是一个非常复杂的市场，它通常由投资者、发行人、证券交易所、证券商、其他中介机构、监管机构和自律性组织构成。显然，监管机构和自律性组织是证券市场的必要构成，它们是证券市场的重要参与者，是证券市场健康运行的前提条件。

证券市场是信用制度与市场经济发展到一定阶段的产物，是一个风险高度集中的市场，具有风险来源广、传导性强和社会危害巨大等特点。我国证券市场发展很快，加强证券市场监管是保障证券市场健康有效运行最重要的手段。如果证券市场监管现状与现实要求存在很大差距，不仅会扰乱市场的正常秩序，而且会影响国民经济的正常发展和社会的稳定。

第一节 证券市场监管的原则与意义

一、证券市场监管的含义与原则

（一）证券市场监管的含义

证券市场监管，是指证券监督管理机关依据法律、法规和规章，对证券市场主体的证券发行、承销、交易及证券中介服务行为等进行监督管理的总称。证券市场监管的目的在于维持证券市场的稳定、有序和高效运行，防范金融风险并保护证券投资者的合法权益。

（二）证券市场监管原则

证券市场监管原则主要有：公开、公正、公平原则（简称“三公”原则）；效率原则；法制原则。

1.“三公”原则

“三公”是指公开性、公平性和公正性。公开性是指在法律和规章上要保证有关证券的发行和发行单位的信息公之于众，使投资者能够在及时、全面、准确地获取信息的基础之上，做出自己的投资选择。任何公开发行的证券，其发行单位必须按期将经营、财务信息经权威机构审核后，通过一定的宣传工具向社会公布。

公平性是指通过有关法律和规章，保证每个投资者都享有平等的权利和地位，严格禁止内幕交易和内部交易。比如，在证券交易中，不能因投资数额的多少、交易量的大小、居住地的不同、在市场中的职能差异或是本地会员异地会员的不同而存在差别待遇等。

公正性是指通过相应的法律和法规，保证证券的发行和交易能够规范地进行，防止各种欺诈舞弊行为。比如，禁止相互串通，同时买卖同一股票，制造证券虚假的供求信息；禁止利用内幕消息从事证券投机或者利用内部关系搞内幕交易；禁止以各种手段操纵市场和扰乱市场秩序等。

2. 效率原则

效率原则也称为效益原则。证券市场具有筹集资金、优化资源配置、分散投资风险的功能，正是这种功能让投资者充满投资获利的信心。怎样发挥市场的融资效率，提高投资者回报效率，也就成为证券市场监管机构的神圣职责。一般来说，衡量市场效率的标准主要有：市场规模的大小、证券品种的多少、交易制度的完备程度、市场的公开程度、法律法规的完善程度以及投资者操作的强弱等。监管机构应从以上几个方面最大限度地实现证券市场的效率原则。

3. 法制原则

法制原则是指证券市场监管部门必须加强法制建设，明确划分各方面的权利和义务，保护市场参与者的合法权益，即证券市场管理必须有充分的法律依据和法律保障。依法管理并非否定经济调控方式和行政管理方式在一定客观条件下的必要性，而是强调以法治市的管理原则。依法管理有两层含义：一是要求证券法律、法规、制度的完善与具体，要求证券市场监管必须职权法定化、监管程序化、法规体系化；二是要求执法的严格和有力。一个无法可依、执法不严或以人治代替法治的证券市场必然出现动荡甚至危机。

二、证券市场监管的必要性

“政府监管”在经济学文献中可以用来特指市场经济的国家为了克服“市场失灵”而采取的种种有法律依据的管理或制约经济活动的行为。从理论上看，经济学中关于政府监管的理由有公共利益理论和集团利益理论。证券市场作为市场体系的重要组成部分，同样适用这一理论。证券市场既具有市场的一般共性，同时具有高风险和高效集资的特性。当证券市场同样面临市场失灵的问题时，政府监管部门就必须出面对市场进行有效干预。如何结合一般市场与证券市场的共性与特性之比较，探讨证券市场监管的必要性及如何进行证券市场监管，对于优化证券市场具有一定的理论意义和较强的现实意义。

（一）证券市场活动的复杂性

（1）融资参与主体的多样化。证券融资作为一种直接融资方式，资金供应者和资金需求者在证券市场上直接接触，利益由双方直接获得，风险也由双方直接承担。而参与证券融资活动的主体既包括本国的法人和自然人，也包括国外的法人和自然人。

对证券市场的监管是保护证券市场所有参与者正当权益的需要。证券市场的参与者包括证券筹资者、投资者及中介机构。他们之所以参与证券市场的发行、交易与投资活动，其共同目的是为了获得经济利益。如果证券市场因为缺乏监管而混乱无序、投机过度、价格信号严重扭曲，则广大投资者的正当权益就得不到保障。例如，如果不加强对收购控股的监管，则发行公司的正当利益就得不到保障，如果没有一定的佣金制度和保证金制度，则证券商的利益就缺乏保障。因此，对证券市场进行系统规范的管理，是保障证券市场参与者正当权益的需要。

（2）融资工具的多样化。证券融资工具种类繁多，不同的融资工具各有特点，其收益和风险也各不相同。

（3）证券交易方式的多样化。证券交易的方式有现货交易、期货交易、信用交易、期权交易和回购交易等。

（4）债权债务关系人的非固定性。在证券融资活动中，由于证券可以在证券市场上转让流通，因此，同一张证券（主要是债券），其债权人、债务人在不断变化。

（5）风险性较大。由于证券发行企业的信誉一般不如金融机构，同时，证券的发行价格和市场价格之间会发生很大的背离，而且还有相当一部分人专门在证券市场上从事投机活动，助长了证券价格的波动。因此，证券融资的风险性较大，收益状况高低不定。

由于证券产品本身的价格波动性和预期性，使得证券产品具有内在的高投机性和高风险性，再加上证券交易中普遍使用的信用手段，使得证券市场的投机性更加强烈，证券市场的风险性也进一步提高，其投机性和风险性都远远超过了商品市场。如果不对其实施必要的监管，那么，由投机所导致的风险就会迅速积累并迅速向外扩散，很快就会超过市场所能承受的限度，从而酿成危机。因此，对证券市场实施必要的监管，可以及时发现风险因素，并将它控制在可以承受的范围内，以避免证券市场发生危机。

（二）证券市场的波动性

作为高风险的金融产业，证券市场具有内在的不稳定性。其一，市场投资者购买股票，以在投资期限内实现所持股票买卖价格之间的差价为目的，即以低买高卖的方式获得利润。在证券交易中，投资行为与投机行为是相互伴生的，投机资本追逐利益的行为在适度理性范围内可以激励证券市场的发展，但过度投机无疑会引起整个市场的动荡。其二，证券从本质上来讲就是一种价值符号，是市场对资本未来预期收益的货币折现，该预期收益受利率、汇率、通货膨胀率、所属行业前景、经营者能力、个人及社会心理等多种因素的影响，难以准确估计，其外在表现就是证券价格的不确定性、波动性，若证券价格不断波动，使其大起大落，便有加大市场动荡、酝酿风险的可能。总之，证券投资和融资活动的复杂性使得证券市场较银行借贷市场具有更大的波动性。

20世纪20年代，美国股票市场热浪滚滚，市场价格持续上涨，道琼斯股价指数从1921年的66.2%上升到1929年的566.49%。然而到了1929年10月24日，“黑色的星期四”终于来临，股市彻底崩溃。1929年到1930年，道琼斯工业股价指数下跌89%，纽约证券交易所的股票市值从897亿美元下降至156亿美元。

1982年美国股票市场进入“买空卖空”的牛市，并持续了五年的时间。然而，1987年10月19日“黑色的星期一”，股价暴跌，道琼斯指数由前一日的2 246.74点跌到1 738.74点，跌幅高达22.61%，5 000多亿美元的财富在一夜之间就消失得无影无踪。不仅如此，“黑色星期一”事件还迅速蔓延到西方各主要股票市场。

近些年来，美国纳斯达克市场的暴涨暴跌也充分说明了证券市场的波动性。2000年3月10日前，纳指屡创新高，之后又连连下挫，纳指从3月10日的历史高点5 048.62点，跌至2001年4月3日的1 673点，跌幅高达66.86%，许多投资者损失惨重。

我国的证券市场同样也存在着波动性。1990年3月到12月，深圳股市从总上市量2.7亿元人民币猛涨到72亿元市值。面值拆细为1元的深圳发展银行股票，1990年4月的股价还不过6元左右，到12月竟上涨到80元以上，黑市价更是高达100多元。然而，物极必反，从1990年11月20日起，深圳股市连连下跌，经历了一场长达10个月的空前大股灾，损失市值有40多亿元。仅至12月的一个多月时间内，股价跌幅就达20%；至1991年4月，跌幅平均超过40%；到1991年8月，股价平均降幅为50%。

1993年2月15日，上海股市创下1 532.82点（收盘指数，下同。当天的最高指数为1 558.95）的历史天价。而后经历了近18个月的大熊市，至1994年7月29日，上证指数已跌至333.92（当天的最低指数为325.89）点，跌幅高达78.8%，见图10.1。深圳股市于1993年2月22日创下358点的最高纪录，而后也连连下跌，至1994年7月29日，深证指数已跌至96.56点，下跌了73.03%，广大股民损失惨重。后来在政府三大利好政策的影响下，沪、深股市又大幅度攀升。

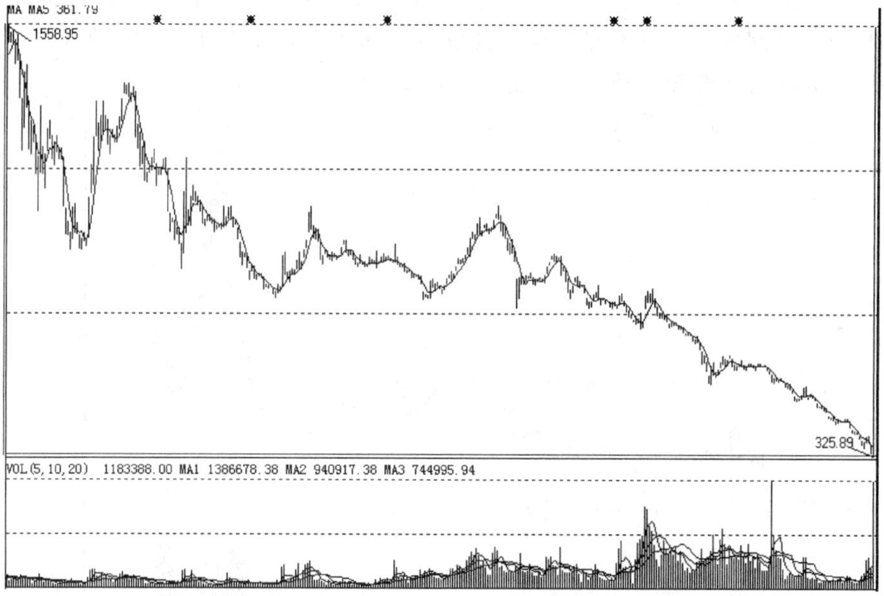

图10.1　上证指数日K线图（1993年2月15日至1994年7月29日）

如图10.2所示，上证指数在2005年6月6日盘中最低跌至A点998.23点，至2007年10月16日涨至B点6 124.04点，涨幅高达513.5%。之后逐波下跌，至2008年10月28日跌至C点1 664.93点，跌幅高达72.8%。

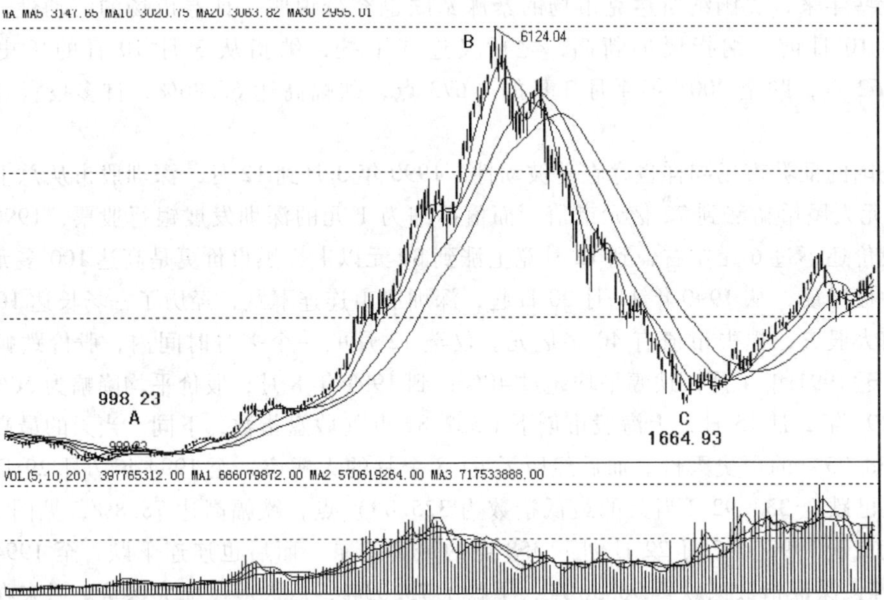

图 10.2　上证指数周 K 线图（2004 年 12 月 17 日至 2009 年 11 月 17 日）

上证指数从计数以来的最低 95.79 点到最高 6 124.04 点又到 2009 年 11 月 17 日的 3 282.89 点，其间股价数度暴涨暴跌，投资者犹如坐在过山车上穿梭于地狱与天堂之间，可见证券的波动性确实是非常大的，见图 10.3。

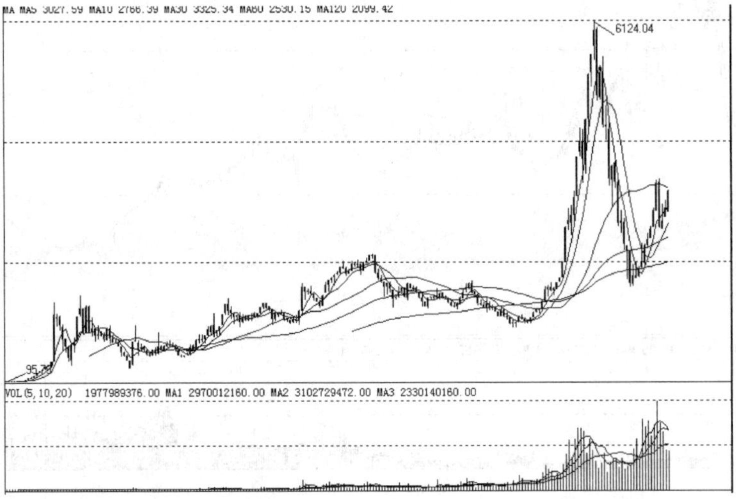

图 10.3　上证指数月 K 线全景图（1990 年 12 月 19 日至 2009 年 11 月 17 日）

由于证券产品本身的价格波动性，使得证券产品具有内在的高投机性和高风险性，再加上证券交易中普遍使用的信用手段，使得证券市场的投机性更加强烈，证券市场的风险性也进一步提高，其投机性和风险性就会迅速积累并快速向外扩散，很快就会超过市场所能承受的限制，从而酿成危机。因此，对证券市场实施必要的监管，可以及时发现风险因素并将其控制在可以承受的范围之内，以避免证券市场发生危机。这样才有利于证券市场的健康运行，有利于社会的和谐发展。

（三）损害证券市场顺畅运行的因素

从证券市场运行的实践来看，损害投资者合法利益、破坏证券市场秩序、影响证券市场顺畅运行的主要因素有以下几个方面：

（1）发行方面。由于证券发行单位会计制度的不健全、资产评估和审计方法的不完善，导致财务报表和有关发行文件陈述不全，数据虚假，在一定程度上误导了投资者。

（2）交易方面。一是散布虚假信息，造谣惑众，使一般投资者上当受骗；二是以自己庞大的资金实力，或者和其他人组成团伙，操纵某种证券的市场价格，使一般投资者上当，趁机从中渔利；三是公司的知情者利用内幕消息买卖证券；四是证券销售者通过回购自己出售的证券，来制造虚假的火爆行情。

（3）证券商方面。有的证券商散布不实消息，劝说顾客买卖证券；还有的证券商非法挪用顾客资金为自己牟利。

（四）实现证券市场各项功能的需要

要实现证券市场各项功能的需要，一个良好的证券市场除了具有充当资本供求的桥梁、发挥金融媒介这一基本功能之外，还要具有进行产权复合和重组、优化资源配置、配合宏观调控的实施等一系列重要的国民经济服务功能。如果证券市场能够健康发展，则它的融资功能就能得到正常的发挥，就能促进资本的有效配置，促进整个国民经济的健康发展；相反，如果证券市场由于缺乏监管而混乱无序，则不仅不能发挥它的基本功能，而且可能会对国民经济的发展起相反的作用，造成资源配置失误甚至可能导致整个国民经济的混乱。特别是证券市场发展到一定程度以后，社会融资结构发生了重大的改变，实现了金融证券化，这时候，很多宏观经济指标，如经济增长、投资规模、物价指数、收入分配等，都与证券市场发生了密切的关系。

正是由于证券市场活动的复杂性、证券市场的波动性及金融对经济的广泛影响，现实中又存在着种种损害证券市场顺畅运行的因素，为了实现证券市场的各项功能，必须对证券市场的运行进行有效的管理。

总之，证券市场是一个利益对立比较明显的“零和博弈”场所，一方盈利，可能就是另一方亏损，如果对于每一个市场参加者追求自身利益的行为没有一定的约束，那么在利益发生冲突的过程中，某些人就会利用自身的优势造成对他人的损害，所以，对证券市场的监管是十分必要的。

小卡片1：证券市场离不开监管

1. 投资者之间实力、地位悬殊

在证券投资活动中，投资者的实力和地位存在着非常明显的差异，与普通投资者相比，机构投资者具有资金、信息等方面的优势，具有一定程度的左右证券价格的能力。因此，客观上存在着具有优势地位的投资者操纵市场、控制价格，从而损害中小投资者利益的可能性。所以，只有政府出面进行监管，才能保护处于市场劣势地位的中小投资者的利益。

2. 证券市场中的经营者即券商之间存在不平等现象

有的券商可能享有某些经营方面的特权，而有的券商可能规模十分庞大，这些券商就有可能利用自己的特权或规模优势构筑市场堡垒，阻碍市场竞争。为了促进证券市场竞争机制的形成，防止部分券商搞垄断经营，获得排他性的高额利润，也需要对证券市场进行合理的监管。

3. 信息不对称现象的普遍存在

在证券市场中，信息不对称是一个普遍的现象，券商、投资机构、上市公司高层管理人员要比普通投资者了解更加充分的信息，包括很多可能会影响市场变化趋势的各种内幕消息。如果没有市场监管措施，处于信息优势地位的人就完全有可能利用自己掌握的信息牟取不当利益，从而严重破坏社会公正。同时，也会有人为了自己的私利，利用特殊地位散布虚假消息，愚弄普通投资者。

资料来源：《证券投资实务》精品课程网站［EB/OL］. 浙江金融职业学院，http://218.108.81.184/zqtz/.

小卡片 2：康美药业财务造假坐实：假存款、假收入

2018 年年底证监会日常监管发现，康美药业（600518）的财务报告真实性存疑，涉嫌虚假陈述等违法违规，当即立案调查。证监会指出，现已初步查明，康美药业披露的 2016—2018 年财务报告存在重大虚假，涉嫌违反《证券法》第六十三条等相关规定：

一是使用虚假银行单据虚增存款；

二是通过伪造业务凭证进行收入造假；

三是部分资金转入关联方账户买卖本公司股票。

同时，证监会表示，近日已对康美药业的审计机构——正中珠江会计师事务所涉嫌未勤勉尽责立案调查，有关案件进展情况，我会将及时向社会公布。

1. 300 亿元现金“说没就没”

4 月 30 日凌晨时分，康美药业（600518）一口气发布了 2018 年年报、2019 年一季报、2018 年年度财报非标审计意见等 20 多份公告。在 20 多份公告中，一份标题为《关于前期会计差错更正的公告》赫然醒目，康美药业通过自查后，决定对 2017 年财报进行重述：其中，2017 年财报中的货币资金多计 299.44 亿元，营业收入多计 88.98 亿元，营业成本多计 76.62 亿元；另外未分配利润、经营性现金流等 8 项财务指标出现重大差错：

一份公告更正了多达 22 个重要项目，几乎将 2017 年的财报全盘推倒。经过调整后，康美药业的 2017 年营收由 265 亿元减至 176 亿元；净利润由 41 亿元减为 21.5 亿元，调减幅度达 48%。而 2018 年财报显示，康美药业 2018 年营收为 193.56 亿元，净利润为 11.35 亿元，比上年同期下降 47.2%，业绩下滑明显。

然而这份不尽如人意的财报的依然不太“可信”，遭广东正中珠江会计师事务所出具了保留意见的审计报告，主要问题可能在于以下三点：

①公司被证监会立案事件尚未有结论，对公司的影响尚不得而知；

②88.79 亿元的关联方其他应收款的准确性，以及是否能收回，无法确定；

③部分下属公司 4 亿元的在建工程核算不规范。

报告一出市场一片哗然，康美药业的股价惨遭连续五个一字跌停，累计跌幅一度超 45%。

2. 疯狂融资，债务堆起来的千亿“巨头”

事实上，在 2018 年 10 月以前，康美药业一度坐拥 1 000 亿市值，力压白云山、复

星医药等公司。早在2001年，公司便在上交所挂牌上市，主打中药材、西药、保健食品和医疗器械等，招股说明书显示，当年其资产总额为2.31亿元，并先后通过了化学药GMP、中药GMP、GSP认证。上市后，康美药业的净利润增长近乎完美，从2005年的0.73亿元一路增长至2017年的40.95亿元，被市场认定为优质成长医药白马股。

2018年5月份，康美药业创下历史最高点，十年涨幅超1 211%，总市值达到1 200多亿元，仅次于恒瑞医药，超过了复星医药、白云山等公司。但业绩、股价、市值一路狂飙的，还有康美药业的融资规模，自2001年上市以来，康美药业股权、债券累计融资额达835.71亿元。

Wind数据显示，扣除IPO融资，康美药业共进行了5次股权融资，其中4次为增发，1次为发行优先股，合计融资规模达161.22亿元。相对于股权融资，康美药业更重要的融资渠道是发行债券。Wind数据显示，自2005年12月至今，康美药业发行了20次短期融资券、4次公司债、8次中期票据。上市以来，康美药业直接融资累计金额达639.98亿元。与此同时，康美药业的存量债务规模也是迅速扩张。2018年年报显示，公司债务总额达463.28亿元。

然而，进入2018年，康美药业迎来了上市18年以来的最"昏暗"的时刻。2018年10月中旬，公司遭遇"黑天鹅"。有媒体公开质疑康美药业财务造假，指出其存在货币现金高和存款、贷款双高等不符合商业逻辑的问题：据康美药业2018年半年报显示，公司货币资金余额为399亿元，而有息负债高达347亿元，占净资产的比例分别为119%和104%。另外，康美药业的经营性现金流常年低于净利润。2010年至2018年上半年，累计实现净利润201.08亿元，经营活动现金流量净额只有94.65亿元，净现比只有47%。

随即，一路长牛的康美药业股价崩塌。自2018年10月9日的22.13元暴跌至11月30日的10.34元，股价、市值双双腰斩，这对于市场热捧的白马股可谓非常罕见。

祸不单行，还未摆脱"黑天鹅"的康美药业，于2018年12月28日因涉嫌信息披露违法、违规遭证监会立案调查。证监会的初步调查结果公布，康美药业披露的2016—2018年财务报告存在重大虚假，涉嫌违反《证券法》第六十三条等相关规定，康美药业无疑已被推到退市边缘。

3. 28万股东，直面退市风险？

从以往A股上市公司中的类似案例来看，最终由重大会计差错导致信息披露违规而被行政处罚的企业有金亚科技（300028）、武汉凡谷（002194）、华锐风电（601558）…… 上海明伦律师事务所王智斌律师认为，康美药业最典型的可比企业还是金亚科技。康美药业的情况与金亚科技相比较，相同之处在于二者都是财务造假，并且二者都是在证监会立案调查之后进行了会计差错更正；区别之处在于，康美药业财务造假的规模远远超过金亚科技，而且相比金亚科技，时间跨度更在证监会立案调查之前，除此之外康美药业财务造假的问题屡屡被媒体质疑。而金亚科技，现已被深交所启动强制退市机制，更是于6月26日因涉嫌欺诈发行被移送公安机关。

目前，证监会对康美药业的立案调查工作尚未结束，重大会计差错、退市风险将以证监会的调查结论为准。但值得一提的是，2018年四季度，康美药业的股东人数激增超100%，由三季度末的9.67万户增长至22万户。2019年以来，其股东人数仍在增加，由22万户增长至28.38万户，意味着仍有6万多的投资者在赌康美药业的未来。

今日证监会的这份公告，犹如一道晴天霹雳，击碎了康美药业的未来、28万户股东们的幻想。

4. 实锤！正中珠江遭立案调查

今日，证监会的调查进展公告显示，康美药业的审计机构：正中珠江会计师事务所涉嫌未勤勉尽责立案调查。对于康美药业“300亿元说没就没”的2017年年报，正中珠江出具的是“标准无保留意见的审计报告”。下方还附带着公司负责人、会计负责人的声明，称保证年报中的财务报告真实、准确、完整。

值得一提的是，正中珠江会计师事务所已连续18年为康美药业提供年报审计，2015年至今，签字的会计师为杨文蔚、张静璃，2018年年报更换为杨文蔚、刘清。对于康美药业发布的2018年年报，该会计事务所非常谨慎地出具了“保留意见”的审计报告。

（资料来源：全景网2019年5月17日 https://baijiahao.baidu.com/s? id=1633785658229746437&wfr=spider&for=pc.）

三、证券市场监管的意义

（一）促使参与证券活动主体的利益合理化

证券市场监管是保护证券市场所有参与者正当权益的需要。证券市场活动的主体包括政府、企业、个人和证券经营机构。每种经济主体又具有多重身份，他们既是证券供应者，又是证券需求者，有的还是证券市场的中介人和管理者。他们之所以参与证券市场的发行、交易和投资活动，其共同目的是为了获得经济利益。如果证券市场因缺乏监管而混乱无序、投资过度、价格信号严重扭曲，广大投资者的正常权益就得不到保障。如果对证券的发行、交易和投资行为缺乏必要的监管，不仅投资者的利益，而且发行公司及证券商的利益也得不到保障。因此，对证券市场进行系统规范的管理，是保障证券市场参与者正当权益的需要。

（二）维护证券发行的公正性

在没有明确的法律责任作为代价的情况下，一些证券发行单位会传播种种有利于自己的信息，制作不真实的财务报表和资产评估证明等资料，以达到利用较低的发行成本来获得较高的发行收益的目的，而这将使不知情的证券购买者遭受损失。由于股份公司面对着几万乃至几十万的投资者（股东），其发行不公正引起的后果要比非股份制企业会计制度不健全产生的后果严重得多。为了确保证券发行的公正性，必须制定有关法律法规。

（三）实现投资者之间的公平竞争

证券市场上有各种各样的投资者，这些不同类型的投资者对活跃和发展证券市场都是不可缺少的。然而，必须有一个平等的竞争环境，才能使不同类型的投资者踊跃投资；否则，如果少数人操纵证券市场，大量中小投资者缺乏从事市场交易的基本保证，他们就会失去进入市场的信心。尤其是外国投资者，他们对证券市场的法律环境更为重视。另外，如果证券市场的法律法规不健全，证券管理者和证券从业人员就可能利用其职权直接或间接地参与市场牟取私利，证券中介机构也可能利用其地位垄断市场。

（四）保持证券市场的稳定性

证券市场的剧烈波动不仅会影响投资者的收益，而且会引起整个金融与社会的动荡。理论和实践都已证明，对证券市场放任自流，期望其自由调整来实现稳定是不可能的；而由政府单纯运用行政手段来实现这一目标也往往事与愿违，难以奏效。因此，要保持证券市场的稳定，必须要有健全的法律法规。

（五）提高证券的流动性与融资效率

如果没有明确的法律法规，证券供给者、需求者和中介者缺乏统一的、比较稳定的行为标准，证券交易的不确定性与风险性很大，就容易出现囤积居奇，或争相抛售的现象，从而影响证券的正常流动，降低证券的融资效率。

小卡片：新证券法加大对证券违法行为的处罚力度，提高证券市场监管的权威和效率

在证券市场监管中，长期存在监管手段不足、不能及时采取有效强制措施、行政处罚力度不够、证券违法行为成本过低、不足以惩戒违法人员等问题。从2006年1月1日起施行的《中华人民共和国证券法》补充了监管机构的执法手段和监管措施，规定证券市场监管机构可以查阅和复制与被调查事件有关的财产登记、通信记录等资料，可以查询当事人和与被调查事件有关的单位和个人的银行账户，冻结或者查封有证据证明已经或者可能转移或者隐匿的涉案财产，可以限制涉案人员的证券交易。

《证券法》完善了行政处罚制度。对严重违法违规的人员以法律的形式建立证券市场禁入制度，惩戒上市公司和证券公司董事、监事、高级管理人员中的严重失信者。《证券法》还为打击违法活动，保护投资者的合法权益提供了比较完备的法律依据，为及时、高效处理证券市场违法活动提供了法律保障。

第二节 证券市场监管的要素

一、证券市场监管主体

我国的证券市场机构主要由三部分组成：证券经营机构—— 证券商和投行；证券服务机构—— 证券登记结算、证券评级、证券信息、证券投资咨询、证券融资、证券中立机构；证券市场监管机构——政府监管机构（证监会）和行业自律机构（证券交易所和行业协会）。

证券市场监管机构和自律组织即证券市场监管机构，是证券市场的重要组成部分，它根据证券法规对证券的发行和交易，以及各类市场主体的市场行为实施监督与管理，以维护市场秩序，促进证券市场的有序运行和健康发展。由于各国的证券市场监管模式不同，证券市场监管机构的设置也不尽相同。如美国采取的是集中立法管理模式，由美国证券交易委员会负责制定和执行证券法律，统一对证券市场实行监督和管理。以英国为代表的一些国家则采取自律管理模式，英国证券业理事会和证券交易所协会是证券市场监管体系的核心机构。另外，还有的国家采取政府机构，如财政部、中央银行等为主体的监管机构体系。

《中华人民共和国证券法》对我国的证券市场监管机构作了详细规定，国务院证券监督管理机构依法对证券市场实行监督管理，维护证券市场秩序，保障其合法运行。目前，中国证券监督管理委员会是直属国务院的证券监督管理机构，全权负责对我国证券、期货业的监管和建立全国统一的证券期货监管体系。

证券自律组织是指各类证券行业性组织，它们根据证券法规和行业规定，履行法定职责，实施自我监管。《证券法》明确规定："证券业协会是证券业的自律性组织，是社会团体法人。证券公司应当加入证券业协会。证券业协会的权力机构为由全体会员组成的会员大会。"目前，我国的证券行业自律性组织主要有上海证券交易所、深圳证券交易所和中国证券业协会。

任何国家发行证券都要受到证券管理机关的相应管理。在证券发行市场中，证券市场监管机构运用法律的、经济的和必要的行政手段，对证券的发行进行审核、监督和管理，以维护证券发行市场的正常秩序和公开、公平、公正的"三公原则"。证券市场监管机构主要由政府监管机关和行业自律组织构成。目前，我国证券发行的管理机关是中国证券监督管理委员会及所属的发行审核委员会。

小卡片：我国证券市场监管体制的发展变迁

我国证券市场监管体制模式变迁：从地方监管到中央监管，由分散监管到集中监管、多头监管阶段。1992 年以前，证券市场监管以中国人民银行为主导，原国家计委、财政部、原体改委等多方参与为格局，实际操作中由于多头监管显得十分混乱。

证券委员会和证监会统一监管阶段。1992 年，国务院设立证券委员会和中国证券监督管理委员会。其中证券委为证券市场主管机构，证监会为具体执行机构。

中国证监会集中监管阶段。1998 年，国务院决定将证券委与证监会合并为国务院直属事业单位，同时将央行的证券市场监管职能移交证监会统一行使，地方证券市场监管机构改组为证监会派出机构，由证监会垂直领导。至此，我国集中统一的证券市场监管体制大体形成。

资料来源：赵丽莉. 我国多元化证券市场监管体制构建的思考［J］. 商业时代，2009（21）.

二、证券市场监管目标

证券市场监管的总体目标是建立一个高效率的证券市场，即一个既能充分发挥市场机制资金配置作用，同时又运行有序、合理竞争、信息透明度高、交易成本低、真正贯彻"公正、公开、公平"原则的市场。具体体现在以下方面：①促进全社会金融资源的配置与政府的政策目标相一致，从而得以提高整个社会资金的配置效率；②消除因证券市场和证券产品本身的原因而给某些市场参与者带来的信息收集和处理能力上的不对称性，以避免因这种信息的不对称性而造成的交易不公平性；③克服超出个别机构承受能力的，涉及整个证券业或者宏观经济的系统性风险；④促进整个证券业的公平竞争。

证券市场监管目标的确定取决于两个方面：一是证券市场监管的原因；二是证券产品和证券市场的特殊性。从证券市场监管的原因来看，之所以要对证券市场进行干预，施加某些限制，是因为如果不对其实施必要的限制和干预，证券市场自身的发展可能会偏离其预定目标，从而带来人们所不愿看到的结果。监管的目标就是要消除或者部分消除证券市场自身发展所带来的目标上的偏差，从而避免出现人们不愿意看到的结果。

证券市场的所有功能，包括实现社会资金有效配置、进行产权复合与重组、引导资金流向、优化资源配置、配合宏观经济调控的实施等一系列功能，实际上也就是证券市场的预定目标。但是由于市场买卖的存在，再加证券产品本身的特性和证券市场所特有的结构，证券市场在运行过程中就会出现诸如无法完全实现社会资金有效配置这一预定目标，不能实现产权的复合与重组，不能合理引导资金流向，不能优化资源配置，不能配合政府宏观经济调控政策的目标等偏离现象，从而造成社会资金配置的不经济或无效率、证券业的竞争过度或者竞争不足，最终导致整个经济的无效率和福利水平的下降。为了消除和减少这些负面影响，必须对证券市场实施监管，约束每个个体的行为，尽可能地消除或避免证券市场失灵所带来的资金配置不经济、不公平竞争以及由此带来的整个金融市场和宏观经济不稳定的后果，以确保市场机制能够在证券领域更好地发挥其应有的作用。

证券产品的虚拟性、价值确定过程的特殊性以及价格的预期性和波动性都表明证券产品是一种特殊产品，再加上证券交易过程中普遍使用的信用手段和集中交易的方式，使得证券市场成为一个特殊的市场，具有特殊强烈的信息决定性和内在的高投机性和高风险性，很容易出现信息不对称和价格操纵，同时，风险的形成、积累、扩散都非一般商品市场可比拟。证券产品和证券市场的这种特殊性要求在信息的公开披露方面和交易风险的控制方面对其采取特殊监管，一方面消除信息不对称所造成的交易不公平；另一方面防止风险扩散超出市场所能承受的限度。

简言之，证券市场的监管目标是运用和发挥证券市场机制的积极作用，限制消极作用；保护投资者利益，保障合法的证券交易活动，监督机构合法经营；防止人为操纵、欺诈等不法行为，维持市场正常秩序。

三、证券市场监管的对象和内容

证券市场监管的对象和内容就是对什么进行监管，这显然是证券市场监管的核心，目前经济学界对此的认识还不完全一致。绝大多数经济学家认为政府应该对那些明显损害他人利益和公共利益的证券犯罪行为实施干预，但对诸如某种证券产品或证券服务的供应量和价格实施政府控制，给某个证券产品或某种证券服务提供补贴或者采取不同的税收政策，对证券中介的各种活动进行监督，给投资者或者相关团体提供必要的信息甚至规定证券商和证券交易所的作息时间等行为，经济学家们的看法往往很不一致，有些人认为政府必须对此进行干预，有些人则认为应该留给证券市场本身决定。

证券市场监管的对象涵盖参与证券市场运行的所有主体，既包括证券经纪商和自营商等证券金融中介机构，也包括工商企业和个人；还包括证券市场的参与者以及他们在证券市场上的活动和行为。但是，在涉及证券市场的全部活动和行为中，有哪些是必须受到监管的活动和行为？它们应该包括哪些具体内容？它们的范围又如何确定？对这些问题的回答首先取决于证券市场监管对象本身，取决于证券市场监管对象的性质和特点；其次还取决于人们对证券市场监管目标的认识，取决于所使用的监管手段和监管工具，取决于证券市场监管所涉及的成本。对所有这些问题的回答，在不同的时间、不同的地点、不同的环境下都可能是不同的，这就是为什么经济学家对此会持有不同的看法。而各国证券市场监管的实践又是千差万别的，这也是证券市场监管灵活性的体现。因此，在确定证券市场监管的对象和内容范围时，必须从市场机制本身的缺陷、证券产品和证券市场的特殊性、证券市场的发育程度以及监管者所面临的特殊环境和条件等各方面进行具体的分析才能得到具体的、合理可行的结果。

在市场经济条件下，首先是由于在证券市场同样存在的垄断、外部性、产品的公共性、信息的不完整性、过度竞争所带来的不稳定性以及分配的不公平所造成的市场失灵，会导致证券产品和证券服务价格信息的扭曲，导致社会资金配置效率下降，所以社会必须通过一定的手段避免、消除或部分消除由证券市场机制本身引起的证券产品和证券服务价格信息扭曲，以实现社会资金的有效配置。其中一个重要的手段就是对容易产生上述现象的活动和行为实施监管。但是，必须注意，并不是证券领域的一切活动和行为都属于证券市场监管的内容，只有证券市场失灵的部分才有可能成为证券市场监管的内容。

其次，根据经济学家的研究结果，垄断、外部性、信息不对称性、过度竞争等容易引起价格信息扭曲以至市场机制失灵的现象往往发生在资本密集型、信息密集型、高风险型和属于公共产品或准公共产品的行业，证券业属于这类行业。证券产品价值的信息决定性和虚拟性、证券交易的集中性和普遍采用的信用交易手段，都会造成证券市场比其他市场高得多的信息不对称性和风险性，因此，对信息披露的风险监管将是证券市场监管的关键。

再次，从证券市场监管的成本和效果来看，虽然经济学提出了三种消除市场失灵的手段，但三种手段的成本和效果都是不同的。一般来说，为了充分发挥市场机制的作用，对于通过政府财政经济金融政策引导证券市场就能解决的市场失灵问题，通常都诉诸财政经济金融政策；在政府直接提供证券服务失效或者成本太高的情况下，才考虑采用监管的做法。在很多时候，为了解决证券市场失灵问题，所采用的往往是多种手段并用的做法。

最后，在选择证券市场监管的对象和内容时，还必须考虑到证券市场的发育程度以及监管者的能力、监管环境和监管条件。通常，在市场经济比较发达、证券市场发育比较完善、监管者能力较强、监管环境和监管条件较好的情况下，对证券市场监管对象和内容的选择余地就比较大，此时就可以更多地从监管成本和效果的角度加以考虑；而在市场经济欠发达、证券市场发育不够完善、监管者能力有限、监管环境和监管条件又不尽如人意的情况下，对证券市场监管对象和监管内容的选择余地就会大大缩小，此时，可能会更多地考虑为了实现某一个监管目标而选择特殊的监管对象和特殊的监管内容。

从证券市场监管的实践来看，绝大多数国家把证券市场监管的直接对象定位在证券市场的参与者上，只是在监管的具体内容上有所差别。由于证券市场是由证券产品市场、证券服务市场和证券信用市场三个子市场组成，因此，一般说来，这三个子市场的参与者都将成为证券市场监管的对象，包括发行各种证券的筹资者（政府、企业），投资各种证券的投资者（政府、企业、个人），为证券发行和证券投资提供各种服务的中介机构（证券公司、证券交易所、证券登记结算公司、证券托管公司、证券投资咨询公司、证券律师、会计师和评估师等）以及为证券发行和证券投资提供各种融资融券业务的机构和个人。而证券市场参与者在市场上的一切行为和活动以及由这些行为和活动所产生的各种关系和后果，都有可能成为证券市场监管的内容。其中涉及证券的发行、承销、交易、代理，投资咨询，交易组织及场所提供，发行与交易过程的信息披露，与发行相关的资产评估、审计、法律事务，证券商对发行者的融资，证券商对投资者的融资融券，其他金融机构和投资者对证券商的融资融券等活动以及由于这些活动而产生的发行者与投资者之间、投资者与投资者之间、中介机构与发行者之间、中介机构与投资者之间、中介机构与中介机构之间发生的证券信用行为的各方之间的关系。

简单来看，证券市场监管的内容是指证券市场监管机构对证券进行监督管理涉及的范围和项目，主要应该包括证券市场的制度管理、市场主体的资格管理、市场参与者的行为管理、证券管理机构的内部管理等方面。

小卡片：操纵市场行为举例

（1）通过单独或合谋，集中资金优势、持股优势联合或连续买卖，操纵证券交易价格；

（2）与他人串通，以事先约定的时间、价格和方式相互进行证券交易或者相互买卖并不持有的证券，以影响证券交易的价格和数量；

（3）以自己为交易对象，进行不转移所有权的自买自卖，影响证券交易的价格和数量；

（4）以其他手段操纵证券市场。

四、证券市场监管手段

1. 采取证券市场监管手段必须遵循的原则

（1）合法原则。证券市场的一切活动和行为都必须合法进行，一切证券市场监管都必须依法实施。

（2）公正原则。证券市场监管部门在实施监管的过程中，必须站在公正的立场上秉公办事，以保证证券市场的正常秩序，保证各方面的合法权益。

（3）公开原则。证券市场监管的实施过程和实施结果都必须向有关当事人公开，必须保证有关当事人对证券市场监管过程和监管结果方面信息的知情权。

（4）公平原则。证券市场监管的实施要考虑到证券市场全部参与者的利益，保证交易各方在交易过程中的平等地位，不得有任何偏袒。

（5）系统风险控制原则。证券业属于高风险行业，其风险主要表现在两个方面：单个产品所特有的个别风险和整个证券市场都面临的系统风险。个别风险应当由证券产品购买者或持有者自己承担，证券市场监管主要是控制证券市场的系统风险。

2. 证券市场监管手段

从一般的市场管理手段来考虑，通常认为，为了消除市场失灵的负面作用，政府可以采取相应手段：直接对市场参与者的行为实施监管，通过财政经济金融政策进行引导以及直接参与市场交易。同样，政府对证券市场的干预也可以采取以下三种形式：

一是直接对证券市场的活动和行为进行干预和规范。证券市场监管者可以通过制定各种规定，限制进入证券业企业的数量，或者通过直接给某种证券产品或者证券服务规定一个价格或利润率，来达到控制该证券产品或证券服务供应量的目的，即通过证券市场监管的手段来实现对证券市场的干预。

二是先对影响证券市场参与者行为和活动的各种因素进行干预，以改变这些因素的作用方向或者作用程度，然后间接地影响证券市场参与者的行为和活动。监管者也可以先通过税收、利率等财政金融政策来影响证券市场参与者的投资和筹资行为，从而间接地达到控制某种证券产品或证券服务供应量的目的，即通过经济政策的手段来完成对证券市场的干预。

三是政府直接在证券市场上买卖证券产品或提供证券服务以及证券信用。政府作为市场的直接参与者，通过直接向其他市场参与者提供证券服务、提供融资融券以及买进或抛出证券来实现改变证券产品和证券服务价格、调控证券市场供求关系的目的。一般来说，经济政策的代价最小，监管次之，直接介入市场的代价最大。因此，能够通过经济政策解决的证券市场失灵问题，通常就选择经济政策手段；通过经济政策手段不能解决的证券市场失灵问题，再考虑监管手段和政府直接介入市场的手段。可见，证券市场监管实际上只是政府管理证券市场的手段之一。

如果选择监管作为调控证券市场的手段，那么，原则上讲，证券市场监管主体就可以通过法律、行政和经济等手段就证券产品和证券服务的定价和利润水平、种类、产量和供应量、质量、交易过程以及从事证券产品发行和证券服务供应的企业的准入和退出等进行监督和调控。

证券产品价值的信息决定性和虚拟性、证券交易的集中性和普遍采用的信用交易手段，造成证券市场比其他市场高得多的信息不对称性和风险性。因此，强制性的信息披露制度和各种风险控制措施必然成为证券管理的主要手段。

第三节　证券市场监管的范围与内容

证券市场管理的范围十分广泛，从证券的发行到证券的交易，从场内交易到场外交易，只要有证券交易活动，都要纳入管理的轨道。总的来说，证券市场的监管包括以下四个方面的内容：

一、证券发行的监管

发行新证券是证券投资的起点，所以证券市场监管也是从证券发行开始的。证券发行监管的主要目的是规范证券发行活动、强化发行者的信息披露、防止虚假集资的欺诈行为、保护投资者的正当利益。

证券发行监管是指证券管理部门对证券发行的审查、核准和监控。对证券发行的管理是整个证券市场管理的基础。管好证券的发行市场对建立稳定的证券流通市场有着重要意义。对证券发行进行监管，一方面可以尽可能消除因证券发行定价机制不能完全体现市场机制作用而造成的发行市场的各种缺陷，以及由此造成的证券发行市场的无效性或者低效性；另一方面可以修正证券发行市场上因证券产品各个方面的特殊性所引起的市场机制失效以及带来的发行价格扭曲，由此促进资本市场从无效、低效向高效发展，加速有效资本市场的形成，使证券发行市场能够真正发挥其资本配置的功能。

从第一个方面来说，就是要在投资者缺位（投资者缺乏参与证券产品发行定价的权利、发行者单独或者与承销商一起垄断发行价格的决定权的情形）的前提下保证证券发行的定价尽可能地公平，尽量使投资者的利益不至于因其缺位而受到损失。为了做到这一点，必须对证券发行者、证券承销商、证券投资者的资格进行审核，对不同发行方式下的发行条件进行审核，对整个发行过程进行审核。从第二个方面来说，要尽可能保证投资者能够获得足够的和真实的关于所发行证券的信息，便于投资者做出相应的投资决策，尽可能避免因信息不对称和证券产品投资价值不确定、发行价格与投资价值严重背离等因素给投资者造成的利益损失。因此，证券发行审核制度和证券发行信息披露制度就成为证券发行监管的核心。

证券发行申请注册制度的意义在于信息分流，把真实的信息输入证券市场，把不真实的信息摒弃于证券市场之外，为筹资者和投资者提供一个公平竞技场，为证券市场机制的有效运转提供一个重要的外部条件。

由于证券发行监管是整个证券市场监管的第一道闸门，对证券发行监管的好坏将直接影响交易市场的发展稳定，因而，世界上绝大多数国家对证券发行实施严格监管。按照证券发行审核制度和信息披露制度的不同搭配划分，世界上各国证券发行监管主要分为两种制度，就是核准和注册制。它们的共同点是发行证券必须经过一定的法定程序，以控制新发行证券的质量。

1. 注册制

注册制即所谓的“公开原则”，是指证券发行者在公开募集和发行证券前，需要向证券市场监管部门按照法定程序申请注册登记，同时依法提供与发行证券有关的一切资料，并对所提供资料的真实性、可靠性承担法律责任。在注册制下，监管部门的权力仅限于保证发行人所提供的资料无任何虚假。如果发行者未违反上述原则，监管部门则应该准予注册。因而注册制是以信息披露制度为核心的一种证券发行监管制度。在注册制度下，只要发行者提供正式、可靠、全面的资料，一些高风险、低质量的公司证券，同样可以上市，证券市场监管机关无权干涉。注册制一方面为投资者创造了一个高透明度的市场，给予投资者投资决策的自主权，排斥行政机构对资源配置的干预，因此手续相对比较简便，效率比较高；另一方面又为投资者提供了一个公平竞争的场所，在竞争中实现优胜劣汰和资金的优化配置。但是，注册制也存在着明显的缺陷。它发挥良好作用的前提是信息披露的充分性，投资者能够根据所获得的信息做出理性的投资决策。其对投资者保护程度较弱，对证券发行中的误导、“包装”行为缺乏有效的制约力，使发行市场的风险较大。从这一点来看，注册制比较适合于证券市场发展历史比较悠久、市场已经进入成熟阶段的国家。

2. 核准制

核准制即所谓的“实质管理原则”，是指证券发行者不仅必须公开有关所发行证券的真实情况，而且所发行的证券还必须符合公司法和证券法中规定的若干实质性条件，证券市场监管机关有权否决不符合实质条件证券的发行申请。中国目前对证券发行的监管属于核准制。虽然各国国情差别较大，具体情况也各不相同，但是实行核准制的国家在规定实质条件时都考虑了以下这些因素：①发行公司的营业性质，管理人员的资格能力；②发行公司的资本结构是否健全；③发行的所得是否合理；④各种证券的权力是否公平；⑤所有公开的资料是否充分、真实；⑥发行公司的发展前景及事业的成功机会，等等。核准制在信息公开的基础上，又附加了一些规定，因而它是证券发行审核制度与信息披露制度相结合的产物。在核准制下，可以把一些低质量、高风险的公司排除在证券市场门外，从而在一定程度上保护了投资者的利益，减少了投资的风险性，有助于新兴证券市场的发展和稳定。但是，它很容易导致投资者产生完全依赖的安全感，而且监管机关的意见未必完全准确，尤其是它使一些高成长性、高技术和高风险并存的公司上市阻力加大，而这些公司的发展对国民经济的高速发展具有巨大的促进作用。显然，核准制对证券发行的管理比较严格，对投资者利益保护的作用较强，但是发行申请手续比较复杂，发行效率相对较低。

从理论上讲，核准制比较适合于证券市场历史不长、经验不多、投资者素质不高的国家和地区，也就是处于无效和弱式有效的资本市场。因为在一些新兴资本市场上，由于广大投资者缺乏对信息的实质性判别能力，而且市场上也缺乏足够的有相当业务水平和道德水平的投资服务机构。为了使市场能够健康发展，而不至于因上述问题引来很大的风险，政府就应当承担起对发行证券企业的实质性审查的责任。

二、证券交易的监管

证券在一级市场发行后，就要进入二级市场交易。因此，我们不仅要对证券发行进行管理，还要对证券交易进行管理，以监督证券运动的全过程。

对证券交易的监管是为了保证市场机制在证券交易价格的形成过程中能够发挥正常的作用，使得交易价格能够真正反映证券交易市场的供求关系。一方面是消除因证券交易定价机制不能完全体现市场机制作用而造成的证券交易市场的各种缺陷以及由此造成的证券交易市场的无效性或者低效性；另一方面是修正证券交易市场上因证券产品各个方面的特殊性所引起的市场机制失效及其带来的证券交易价格扭曲。由此促进交易市场从无效、低效向高效发展，加速有效交易市场的形成，使得证券交易价格能够真正体现实际资本的运行状态，证券价格变化能够真正反映实际资本的供求变化，交易市场能够真正发挥其资本配置的功能。证券交易的监管包括证券交易的注册管理和证券交易的行为管理两部分内容。

（一）证券交易的注册管理

各国证券交易所对证券上市标准的规定不尽相同。对证券上市标准的比较，主要涉及对股票上市标准的比较。对于债券上市标准，一般都是针对企业债券而言，政府债券通常享有豁免权，可直接在交易所上市。但是一般说来，都包括资本额、公司业绩、股权分布状况、公司最低营业年限和其他条件等几个方面的内容。

1. 证券交易所市场交易的注册管理

为了保证在证券交易所上市证券的质量，必须规定证券进入证券交易所的条件。它主要包括证券发行企业在本行业中的相对地位及其稳定性、企业产品的适销程度、企业的资产总额、上市股数及股东构成等。

证券发行企业在送呈证券上市申请时，还必须附上企业的业务经营性质、经会计师事务所审核签证的财务报表等有关资料。

证券发行企业如果漏报、谎报企业财务状况等情况，导致证券交易双方遭受经济损失，企业就必须承担民事责任，赔偿受害者的经济损失，有关当事人还要受到法律制裁。

证券上市获得批准后，如果企业发生经营性质的改变、董事或主要管理人员的变动、财产和股权的处理、企业章程的修改、企业买回其所发行的证券，以及其他对本企业财务状况有重大影响的事件等变故时，应及时通知证券交易所。

2. 场外市场交易的注册管理

不符合进入证券交易所标准的证券，只能在场外交易市场交易。场外交易市场的流动性、稳定性都不如证券交易所，为了保护投资者的利益，也必须对场外交易的证券进行注册管理。

在场外交易的证券发行者必须公开其财务状况，董事、监事及大股东的股份变动情况；对漏报的企业要求其补报，对谎报的企业予以惩罚，以保证信息的真实性。

3.“内幕人士”交易的注册管理

为了防止“内幕人士”利用他们所掌握的内幕信息操纵市场牟取暴利，凡是进行个人交易的“内幕人士”都要向证券交易所进行证券交易的个人注册，并随时把买进、卖出证券的情况向证券交易所汇报。若违反上述规定，隐瞒证券交易情况，则要受到惩罚。“内幕人士”个人证券交易的注册制度是为了监督其证券交易行为，防止非法投机活动。我国《证券法》第六十七条明确规定，禁止证券交易内幕信息的知情人员利用内幕信息进行证券交易活动。

（二）证券交易的行为管理

为了维护证券流通市场的交易秩序，我们还必须对所有的市场参与者的交易行为进行管理，以防止出现垄断、欺诈、假冒、内外勾结等不法行为。

要禁止证券市场上的垄断行为，就要禁止证券交易者采用转移证券手段的买空卖空、制造市场交易的假象；禁止证券交易者与他人共谋，以约定价格大量买进或卖出某种证券；制止哄抬或哄压证券价格的行为。

要防止证券市场上的欺诈假冒行为，就要禁止在证券市场上无实际成交意愿的空报价格，欺骗交易对手的行为；禁止编造和散布影响市场交易秩序和市场行情的谣言；禁止公布有关证券发行和交易的虚假信息，禁止采用蒙骗、威吓等手段劝说或强迫公众买卖证券。要防止“内幕人士”把内部信息出卖给他人，以牟取个人私利，就必须制定有关法律，采取一系列措施来进行监督管理。

对个体投资者的监管重点是控制内幕交易，通常采取内幕人员交易登记制度和市场准入制度。我国目前实行个体投资者的市场准入制度，明确规定党政机关干部、证券管理部门和证券交易所的管理人员、证券经营机构的从业人员、与证券发行单位有直接行政隶属关系的人员以及其他与证券发行、交易有关的人员不准直接或间接为自己买卖证券。

对机构投资者的监管目标，是防止垄断行为，控制市场风险，创造公平、有序的投资环境。监管的内容包括设立监管和投资行为的监管。在设立监管方面，主要是由证券主管部门根据申请人的条件决定是否批准其从事证券投资业务，主要条件包括资本金的规模、投资政策、管理人员的素质等。而对投资行为的监管有两个重点：控制投资风险、防止操纵市场。控制风险的具体方法，一是对投资方向进行监管，禁止或限制对某些高风险领域的投资；二是对投资比例进行监管，禁止对某一类证券进行过分集中的投资。防止操纵市场则通过日常的监督和检查来实现，一经发现给予适当的处罚。

在交易所交易的监管方面，一要让所有投资者都能理解和把握证券产品的投资价值，通过建立证券上市制度和信息披露制度，帮助投资者从新证券进入交易市场一开始就能够比较好地理解和把握证券产品的投资价值；二要采取各种措施禁止各种操纵证券交易价格的行为，尽可能地减少各种非市场因素所造成的证券交易价格的不必要波动；三要通过实施严格的强制性信息披露制度保证信息披露的数量、质量和连续性，同时采取措施禁止那些垄断信息的投资者利用所垄断的信息进行所谓的“内幕交易”，也禁止投资者利用虚假信息进行欺诈性交易，牟取不当利润；四要通过“断路器”等技术性措施，在证券交易市场出现大规模动荡时尽可能地给投资者争取改变投资决策的时间，阻延风险扩散的速度，缓和因证券交易价格大幅度波动而造成的冲击。

证券交易监管的核心是禁止在证券交易中采用欺诈手段蒙骗投资者，或用不正当手段操纵证券价格，或利用特殊地位和关系进行内幕交易等损害其他投资者利益的行为，维护证券交易的公平和秩序。各国法律对于上述违法交易行为都规定了严厉的处罚办法，除了承担民事责任以外，严重的还要承担刑事责任。为强化对证券交易的实时监管，主管机构通常建立起先进的电脑监控系统，以便及时发现可疑的交易活动，随时进行跟踪调查。

三、对证券交易所的监管

（一）对开设证券交易所的管理

证券交易所不仅是证券交易的重要场所，而且是管理和监督证券交易的重要组织机构。世界上许多国家的证券交易所在国家对证券市场的管理中，都起着十分重要的作用。为了充分发挥证券交易所在证券市场中的作用，首先要对证券交易所进行管理。对证交所的监管主要表现在对其设置的监管和日常运营的监管。对证券交易所日常运营监管的主要内容包括：监督交易所章程的实施；实行定期和重大事件报告制度；对日常证券交易活动进行定期检查和不定期的突击检查；对交易所的违规行为进行处罚等。

国际上对证交所设置的管理有承认制、注册制和特许制这三种主要的制度。承认制是最宽松的，如在英国只要提供证交所章程，并承诺遵守证券交易的法律和法规，就可以得到主管部门的承认，设立证券交易所。注册制要严于承认制，设立证交所必须提交其章程等文件，向证券主管部门提出注册申请，主管部门在确认其申请文件符合证券法律和法规的前提下，才允许其注册登记，设立证券交易所，美国目前采用的是注册制。特许制是最严格的，主管部门不仅要审查申请文件是否符合证券法律和法规的要求，而且还要根据经济发展的需要和国家经济布局的需要等情况，决定是否批准其申请。获得特许批准才可以设置证券交易所，我国目前采用的是特许制。我国于1993年7月7日发布了《证券交易所管理暂行办法》，规定设立证券交易所必须由国务院证券主管机关审核，报国务院批准。证券交易所出现章程规定的解散事由，由会员大会决议解散的，经证券主管机关审核同意后，报国务院批准解散。证券交易所有严重违法行为的，由证券主管机关做出解散决定，报国务院批准后实施。2017年颁布《证券交易所管理办法》，并于2018年1月1日起施行。

（二）对证券交易所行为和场外交易市场的监管

对证券交易所行为的管理监督，主要是为了监督证券交易所是否贯彻其规章制度，检查公开的文件资料是否属实，交易行为有无违反法律法规，等等。对于发现有违法行为的，要严加阻止，以维护市场秩序，促使市场机制正常运行。

对场外交易市场的监管，由于场外交易市场有交易地点分散、组织形式松散、交易品种繁多、交易方式自由的特点，因此相对于证券交易所行为的监管困难一些。各国传统上对场外交易通常以自律监管为主，由从事场外交易的券商所组成的自律组织制定行业管理的制度和规则，规定交易证券的条件，对交易活动进行约束。20世纪70年代以后场外交易的市场秩序有了明显好转，因为，一方面随着电子计算机应用的普及，场外交易市场之间的联系更加紧密，为场外交易市场的规范化提供了技术手段；另一方面政府主管部门也加强了对场外自律组织的指导，通过对场外交易商的注册登记和对场外交易商的章程和规则的审查，实施必要的管理，从而进一步促进了场外交易市场自律组织自发地对操纵市场和内幕交易等违法行为进行处罚，限制不合理的佣金和差价，保护投资者的利益。

四、对证券商的监管

证券经营商是联系证券投资者和证券发行者的桥梁和纽带，是证券投资活动中不可缺少的媒介，加强对证券经营机构的监管具有重要的意义。对证券经营机构的监管与对交易所监管一样，主要是设置的监管和日常业务的监管，包括对证券商资格和资金的监管、对证券商行为的监管等。

（一）对证券商资格的监管

1. 证券商设立的审查批准机构

由政府机构直接进行证券商的资格审查，核发许可证已经成为国际上通用的做法。有所区别的是，有的国家，只要经过政府部门批准就可自动成为证券交易所会员、证券同业公会会员，如日本、韩国等。而有的国家在政府机构批准之后，并不一定被证券交易所吸收为正式会员。也就是说，并不一定能取得完全的证券商资格，如美国、英国等。证券交易所和证券同业公会对推荐和选举程序、购买会员席位等的规定有相对独立的规定和审批权力。

在中国，凡是经营证券业务的证券经营机构都必须经中国证监会批准，发给“经营许可证”，再到工商管理部门办理营业执照。

2. 取得证券商资格的主要条件及限制

采取注册制设立的证券商，必须具备以下条件：达到注册资本额的最低标准；缴纳保证金；从业人员要具有相应的知识、经验与能力；通过专门的考核。

采取特许制设立的证券商，必须具备下列条件：拥有足够的注册资本金，具有相应的知识、技能与经验；信誉良好。

关于证券商的组织形式，各国的规定都不一样。目前，比利时、丹麦等国家仍然采取个人或合伙制的形式。德国和荷兰的法律明确规定，证券商可以采取多种组织形式，但实践中只限个人或合伙的形式。马来西亚、新西兰、南非等大多数国家和地区的理论与实践均允许采用个人或公司法人形式。而新加坡、巴西等国的法律则允许采用公司法人的形式。不过，证券商渐渐地采用公司法人形式，是一个必然的发展趋势。

3. 证券商申请审批程序及必备文件

各国的法人公司和自然人，若想成为证券商，从事证券经营，首先要按照该国法律及有关证券商资格的规定，符合者即可向该国证券市场监管机构提出申请。若经审查，监管机构认为符合条件的发给特许证。申请人同时要提供以下资料：①推荐信或推荐书。有的国家要求大银行推荐，有的国家要求大的证券商推荐。②会计师事务所开具的资信证明和验资报告。③股份制公司要提供公司章程和合资公司合同。④房产证明或租赁房产证明，以上房产应该是可以用于营业的。⑤公司法人、董事、监事、经理人员等主要从业人员履历，即过去从事金融工作业绩的证明，等等。

在实行会员制管理的证券交易所，申请人必须办理入会手续才能成为正式会员证券商。有的国家证券交易所独立性很强，有一套独立的审查程序和条件，除了要求提供与证券市场监管机构相同的文件资料外，还着重在以下方面进行审查：要求入会的申请人必须有实际经营证券的资历或者是银行家；必须有规定的资产限额；外籍人士入会必须提供加入本国国籍年限证明，或长期居住的年限证明。有的国家证券交易所还要求老会员出具担保证明。

（二）对证券商资金的监管

为了保证证券商履行其职责，各国和地区对证券商的资金均有规定，一般表现在以下几个方面：

（1）规定最低的资本额。如荷兰为5万荷兰盾；丹麦为25万丹麦克朗；卢森堡为1 000万卢森堡法郎；德国经纪商为10万德国马克，经纪商兼自营商为40万德国马克；中国台湾地区规定承销商为4 000万新台币，自营商为1.5亿新台币，经纪商为1 000万新台币，经营两种以上证券业务者按上述规定分别计算；中国大陆规定证券商须拥有1 000万元人民币，自营商为2 000万元人民币。未达到最低注册资本额的，不得经营证券业务。

（2）提存保证金。这是最早运用也比较流行的一种方式。各国对提供保证金数额的规定不一，如法国为2 000万法郎；丹麦为10万丹麦克朗；德国经纪商为5万德国马克，经纪商兼自营商为20万德国马克；日本法律为保证证券商承担法律责任，规定了三种保证金：①交易损失保证金，该保证金只能作为补偿买卖证券的损失，提取的比例为股票买卖收益的30%。②收益保证金，证券商应提取收益额的20%作为收益保证金。③证券交易责任保证金，该保证金用于证券买卖及其他交易事故而产生的损失；我国规定证券商必须按监管机关规定提取一定比例的营业保证金，此外还必须按盈利额3%以上的标准提取证券交易风险金。保证金的用途为：弥补证券交易及其他业务因事故而发生的损失；赔偿因证券商的失误而对客户造成的损失等。

法律通过对证券商财务的严格规定，达到增强证券商的风险控制能力，维护证券商债权人合法权益的目的，并且在证券事故发生后，使受害方能获得及时赔偿。

（3）自营交易额的规定。我国规定，证券公司账户保持有的证券市价总额不得超过公司资本金的80%；同一种证券的持有量不得超过公司资本金的30%；持有同一企业股票量不得超过该企业股份总额的5%和本公司资金的10%；证券交易营业部用于购买证券的资金不得超过其运行资本的50%。

（三）对证券商行为的监管

对证券商行为的监管是指对证券商的经营活动及其从业人员、管理人员的行为进行监督管理。证券商必须定期向证券管理机构汇报其所有的经营活动，证券管理机构根据证券商的汇报组织调查，监督证券商的行为有无违反法律或其他规章制度。对犯有隐瞒、欺诈、操纵证券价格等违法行为的证券商，要依法惩处，撤销证券商的注册，并处以罚款。同时，证券交易所、证券业同业公会对规范证券商的行为一般都实行比较严格的自律监管。

（1）证券商最容易出现的欺诈舞弊行为有：扰乱证券市场价格；散布虚假信息；故意炒作；内外勾结、与交易所管理人员共同舞弊；隐瞒实际收入；利用证券信用进行投机；骗取客户资金为自己谋利。自律组织制定规章制度从道义上建立起一种证券商彼此监督、彼此制约的机制，以最大限度地防止证券交易中的欺诈行为。

（2）证券商行为约束的基本要求。各国证券商自律组织制定监管章程，对证券交易行为的约束条款一般以下列原则为基本出发点：使投资者获得公正和公平对待的原则；彼此披露原则；禁止操纵原则；维护市场稳定原则；不得兼职原则；客户优先原则；不违法谋取收入的原则。

（3）证券商自律组织对证券商违法行为的处罚。证券商违规行为主要指不道德的、有意识破坏正常交易的行为（违法行为由法律制裁或交政府证券市场监管机构处理）。在西方，证券业同业工会等自律组织均有较大的自治权，包括对证券商的惩戒权利。证券商出现违规行为，自律组织有权处罚，处罚的主要措施有：警告—— 要求证券商撤换从业人员、罚款直至开除会员席位。对证券商的处罚通常由仲裁委员会做出，仲裁委员会一般由会员选出，表决结果为最终结果。

（四）对证券商日常业务的监管

在日常业务的监管方面，主要分为承销业务、自营业务和经纪业务的监管三大块。

对承销业务的监管重点是：承销商必须保持资产的流动性，以应付证券未能全部售出的经营风险；承销商必须定期向主管机构报告承销经营情况和财务情况，并接受主管部门的检查；严禁承销中的各种舞弊行为，对于虚报、隐瞒发行人真实情况欺骗投资者，超标准收费等违法行为进行严厉处罚。

在自营业务的监管中特别突出的重点是：在交易中要严格执行客户优先的原则；券商的自营业务与经纪业务必须严格区分，不得混淆；禁止自营商为达到操纵价格、非法牟利的目的而大量买进或卖出证券；要求自营商定期向主管部门报告自营情况，并接受主管部门的检查。

对经纪业务监管的重点主要集中在：要求经纪商必须严格按照客户的委托买卖证券，未经委托不得擅自买卖；经纪商不得与客户建立所谓的“全权委托”关系，代替客户进行证券的炒作，以防止风险；经纪商必须为客户提供客观的咨询和行情分析，禁止向客户提供虚假的信息和夸张的行情分析；经纪商必须将客户账户与自营账户严格区分，禁止挪用客户资金和证券。

第四节　证券市场监管体系

证券市场监管包括证券监督和管理两个方面的内容。确立有效的监管体制模式，能够提高监管的效率，避免证券市场过分波动。2019 年 12 月 28 日通过的修订的《证券法》，进一步加强了我国的证券监督体制，目前我国已经形成了以政府，即中国证券监督管理委员会（简称“证监会”）监管为主导的集中监管和市场自律相结合的市场监管体系。但实践中，政府型监管体制的局限以及市场监管的失灵导致证券市场监管出现漏洞。为有效规范不断发展的证券市场，构建包括社会监督在内的多元化监督体制就具有重要的理论意义和实践意义。

一、证券市场监管的三种模式

证券市场监管作为经济监管的一个组成部分，其监管体系包括三个方面的内容：证券市场监管的法律体系、证券市场监管的制度体系和证券市场监管的组织执行体系。证券市场监管的法律体系从法律制度的角度界定了证券市场监管过程中有关当事人（证券市场监管主体和监管对象）的法律地位，规定每一方当事人在监管过程中的权利和义务；证券市场监管制度体系从当事人自身行为的角度展现出有关各方在监管过程中的互动关系，说明某一方当事人出于本能或者在外部刺激下可能做出的反应以及对其他当事人的影响；证券市场监管的组织执行体系描述的是证券市场监管主体具体实施某项监管时所采取的手段、步骤和具体做法。

由于历史原因和各国的具体情况不同，世界各国在证券市场监管的指导思想、制定的法律、采取的管理方法和主管机构等方面都存在着一定的差异。

（1）在证券市场监管的指导思想上，对于证券市场监管的认识有两种截然不同的观点：一是从政府应该采取自由放任政策，让“看不见的手”自动调节的理论观点和政策主张出发，反对政府对证券市场进行干预，要求给市场参加者以充分的自由度。二是从市场自发调节具有先天性缺陷，应当对市场进行干预和调控的理论观点和政策主张出发，要求政府对证券市场进行适当的监管。在证券市场发展早期，前一种观点占上风，有关证券市场的法规很少，监管比较宽松。而 1929 年的世界经济大危机和严重股灾，使人们认识到对证券市场进行监管的必要性，证券市场的监管体制从此逐步得到确立。

（2）在证券市场监管的立法方面，有些国家将有关证券的发行、交易及管理，以及有关的民事或刑事责任等方面的法令规章汇集于一体，制定专门的证券法和证券交易法来规范证券市场行为；而有些国家则只在本国的公司法中附带说明，或分类制定若干法律。

（3）在证券市场的管理方法方面，有些国家对证券的发行与交易实行实质管理；而有些国家实行形式管理；还有些国家则实行实质管理与形式管理相结合的管理方法。

（4）在证券市场的主管机构方面，主要有两种情况：一是有专业性主管机构，有的也兼管证券以外的业务。最典型的是美国的证券管理委员会，该机构直属总统领导，独立行使职权，对州与州之间的证券市场活动依法进行全面的监督和管理。二是没有专业性主管机构，由若干性质不同的机构联合进行管理。英国以及除法国和比利时以外的其他欧洲大陆国家就没有专门的证券管理机构。如英国的证券市场管理以自律为主，英格兰银行仅基于金融的目的而对一定金额以上的证券发行行使批准权，对证券的实质性检查由伦敦证券交易所负责。

根据以上几个方面的差异，可以将世界各国的证券市场监管划分为三种基本模式：

（一）美国模式

美国模式又称集中型监管体制模式，是指政府通过制定专门的证券法规，并设立全国性的证券市场监管机构来统一管理全国证券市场。在这种模式下，政府积极参与证券市场管理，并在市场监管中占主导地位，而各种自律性组织，如行业协会则起协助政府监管的作用。

美国模式的特点是对证券市场监管制定了专门的法律，注重立法，并采取强调公开的原则。美国证券市场监管的立法可以分为三级：①联邦政府立法。其中包括1933年的《证券法》、1934年的《证券交易法》、1935年的《公用事业控股公司法》、1939年的《信托契约法》、1940年的《投资公司法》和《投资咨询法》、1976年的《证券投资者保护法》等。这些法规由美国联邦证券管理委员会负责统一执行。②各州政府立法。各州政府的证券法规在美国统称为《蓝天法》，它大致可分为四种类型：第一，防止欺诈型；第二，登记证券商型；第三，注重公开型；第四，注重实质监管型。③各种自律组织。如各大交易所和行业协会制定的规章，这些规章对证券从业者的约束效果不亚于立法。这种由联邦、州和自律组织所组成的既统一又相对独立的监管体系是美国体系的一大特色。

集中型监管体制模式具有两个主要特点：①具有一整套互相配合的全国性的证券市场监管法规；②设立全国性的监管机构负责监督、管理证券市场。这类机构由于政府充分授权，通常具有足够的权威维护证券市场正常运行。

集中型监管体制模式的特点决定了它具有以下两个优点：①具有专门的证券市场监管法规，统一管理口径，使市场行为有法可依，从而提高了证券市场监管的权威性；②具有超常地位的监管者，能够更好地体现和维护证券市场监管的公开、公平和公正原则，更注重保护投资者的权益，并起到协调全国证券市场的作用，以防止政出多门、相互扯皮的现象。

但是，集中型管理体制模式也有自身的缺点：①容易产生对证券市场过多的行政干预；②在监管证券市场的过程中，自律组织与政府主管机构的配合难以完全协调；③当市场行为发生变化时，有时不能做出迅速反应，并采取有效措施。

在证券市场监管组织执行体系方面，在同一监管体制模式下，监管机构的设置与职责也可以不同。在集中型证券市场监管体制模式下，可以形成以下三种证券市场监管组织执行方式：

（1）以独立的证券市场监管机构为主体的组织执行方式。这种方式的特点是专门设立全国性的证券市场监管机构——证券交易委员会，该机构独立于其他部门，拥有较大的自主权和相当的权威性。采取这种做法的典型代表是美国。美国的证券交易委员会（SEC）是根据1934年《证券交易法》成立的。它由总统任命、参议院批准的5名委员组成，对全国的证券发行、证券交易所、证券商、投资公司实施全面监督管理。这种做法的优点是监管者处于比较超脱的地位，能够比较好地体现和维护“三公”原则，避免部门本位主义，而且可以协调部门与部门之间的目标和立场。但是，它要求监管者具有足够的权威性，否则难以使各部门之间相互配合，难以保证证券市场有效运行。

（2）以中央银行为主体的证券市场监管组织执行方式。这种方式的特点是国家的证券市场监管机构是该国中央银行体系的一部分，其代表是巴西和泰国。采用这种方式，使一国的宏观金融监管权高度集中于一个机构，便于决策的统一和协调，也有利于监管效率的提高。其不足之处是过分集权容易导致过多的行政干预和“一刀切”现象；同时，中央银行自己作为证券市场的直接参与者，有时难以体现“三公”原则。

（3）以财政部为主体的证券市场监管组织执行方式。这种方式是指由一国的财政部作为证券市场的监管主体直接对证券市场进行监管，或者由财政部直接建立监管机构负责对证券市场进行监管。采用这种做法的国家有日本、法国、意大利和韩国等。日本大藏省证券局是日本的证券市场监管机构，负责制定证券市场监管的政策法规，对证券市场参与者进行监管和指导。法国也是以财政部作为证券市场的监管主体，自律组织的作用很少。根据1967年9月28日命令设立的证券交易委员会隶属于财政部的官方机构，负责对法国的证券市场进行监管。意大利证券市场的监管机构是意大利财政部于1974年成立的"公司与证券交易委员会"。

基本上属于该模式的国家和地区还有日本、中国台湾、韩国、印度尼西亚、菲律宾、加拿大、以色列、巴基斯坦、尼日利亚、土耳其和埃及等。

（二）英国模式

英国模式又称自律型监管体制模式，是指政府除了一些必要的国家立法之外，很少干预证券市场，对证券市场的监管主要由证券交易所、证券商协会等自律性组织进行，强调自我约束、自我管理的作用。英国是这一类模式的代表。这类模式的灵活性、针对性较强，但缺乏强有力的立法后盾，监管软弱。

英国模式的特点是以强调市场参与者"自律"监管为主，政府干预很小，没有专门的证券市场监管机构，也不制定独立的法律，证券市场监管的法规由公司法中有关公开说明书的规定、有关证券商的登记、防止欺诈条例和有关资本管理等法规组成。

采用这一模式的基本上是英联邦的一些成员国。不过，近年来许多英联邦的国家或地区，如新加坡、马来西亚等，在公开原则和证券商的管理等方面也采用了美国证券法中的许多规定。而1967年英国新的《公司法》和1986年《金融服务法》中有关证券方面的条例，在某些方面也效仿美国《证券法》中的类似规定。

由于历史上伦敦证券交易所创立早，国家没有制定出相应的规则，因而伦敦证券交易所对自己业务的规定有严格的交易规则，并且拥有较高水准的专业证券商和采取严格的注册制度及公开说明书制度进行自律，由此形成传统上伦敦证券交易所完全自治，不受政府干预。

自律型监管体制模式特点：①没有制定单一的证券市场法规，而是依靠一些相关的法规来管理证券市场行为；②一般不设立全国性的证券市场监管机构，而以市场参与者的自我约束为主。

自律型监管体制模式优点：①它允许证券商参与制定证券市场监管的有关法规，使市场监管更加切合实际，并且有利于促进证券商自觉遵守和维护这些法规；②由市场参与者制定和修订证券市场监管法规，比由政府制定证券法规具有更大的灵活性、针对性；③自律组织能够对市场违规行为迅速做出反应，并及时采取有效措施，保证证券市场的有效运转。

但是，自律型管理体制模式也有自己的缺陷：①自律型组织通常将监管的重点放在市场的有效运转和保护会员的利益上，对投资者往往不能提供充分的保障；②监管者非超脱地位，使证券市场的公正原则难以得到充分体现；③缺少强有力的立法作为后盾，监管软弱，导致证券商违规行为时有发生；④没有专门的监管机构协调全国证券市场的发展，区域市场之间很容易产生摩擦，导致不必要的混乱局面。

在证券市场监管组织执行方式方面，"英国模式"一般没有专门的证券市场监管机构，而是由有关自律组织负责执行。英国长期以来一直没有设立专门的证券市场监管机构，英格兰银行根据金融政策的需要，拥有对证券发行的审批权。1986年以前，英国证券市场的监管主要由三个自律组织进行。这三个自律组织分别是英国证券交易所协会、英国企业收购合并问题专门小组以及英国证券理事会。这种体制有利于发挥市场参与者的积极性和创造性，便于监管者对市场违规行为迅速做出反应。但是，由于监管者缺乏足够的权威性，因而会员经常发生违规行为，容易造成证券市场不必要的混乱和波动。

（三）欧陆模式

欧陆模式又称中间型监管体制模式。这种监管模式既强调集中立法管理，又强调自律管理，是二者相互渗透、相互结合的产物。它包括二级监管和三级监管两种子模式。二级监管是中央政府和自律机构结合的监管；三级监管是中央、地方两级政府和自律机构结合的监管。采用该模式的代表国家是德国等。这种监管可以结合前两种的特点，发挥各自优势，使监管更有效率。

采用欧陆模式的各国对证券市场监管多采取严格的实质性管理，并在公司法中规定有关新公司成立及证券交易等方面的规章。欧陆模式对证券发行人的特点利益有所限制，它要求股东出资一律平等。但在实行公开原则方面，欧陆模式存在一定的不足。如证券的发行人通常只在认股书中对公司的章程与证券的内容稍作披露，而没有“招股说明书”之类的说明资料，缺少充分的公开。此外，该体系和英国模式一样，缺少一个对证券市场进行全面性监管的专门机构。基本上属于这一体系的国家除了欧洲大陆的西方国家外，还有拉丁美洲和亚洲的一些国家。

目前，由于集中型和自律型两种监管体制模式存在一定的缺陷，因此，有些在以前实行集中型或者自律型监管体制模式的国家开始逐渐向中间型监管体制模式过渡，使两种体制互相取长补短，发挥各自的优势，以使证券市场监管更加具有效率。

二、中国的证券市场监管模式

我国基本上建立了证券市场监管的法律法规框架体系，设立有全国性的证券市场监管机构—— 中国证券监督管理委员会。从 1997 年开始，证券交易所由证监会领导，强化了证券市场监管的集中性和国家证券主管机构的监管权利。我国的证券市场监管采用政府主管、机构统一管理与证券业自律管理及社会监管相结合的管理模式，基本上属于“美国模式”。

（一）证券市场监管的立法

中国实行市场经济时间较晚，证券市场的发展历史较短且缺乏经验，与证券市场发达国家相比，立法相对滞后，法律体系也不够成熟。经过多年的探索，我国的证券市场监管立法已取得一定成绩，形成了一个初步的法律框架体系。我国现行证券立法由法律、政府的行政法规和证券主管部门规章三个部分组成。目前已经颁布的与证券市场监管相关的法律主要有《中华人民共和国证券法》《中华人民共和国公司法》《中华人民共和国证券投资基金法》《中华人民共和国刑法》等。此外，《中华人民共和国中国人民银行法》和《中华人民共和国商业银行法》也有涉及证券市场监管方面的内容。证券市场监管的行政法规是指由国务院颁布的有关证券市场监管方面的法规。目前已经颁布的法规主要有：《中华人民共和国国库券条例》《股票发行与交易管理暂行条例》《国务院关于股份有限公司境外上市特别规定》《证券投资基金管理暂行办法》，等等。证券主管部门规章是指由原国务院证券委和中国证监会制定的有关规章。目前已经颁布的部分规章有：《禁止证券欺诈行为暂行条例》《证券交易所管理办法》《公开发行股票公司信息披露实施细则（试行）》，等等。

（二）证券市场监管的机构

证券市场监管机构可分为政府监管机构和自律性监管机构。政府监管机构按设置的不同有独立机构管理和政府机构兼管两类。我国现行的政府监管机构有中国证券监督管理委员会及其下属的地区性证券期货监管部门。

我国设立有全国性的证券市场监管机构，负责监督、管理全国证券市场。我国证券市场监管体制发展过程经历了一个从地方监管到中央监管、由分散监管到集中监管的过程，大致可以分为三个阶段：第一阶段为国务院证券委和中国证监会成立前的阶段。我国证券市场起步于国债的发行。1992 年 8 月，中国人民银行成立了证券管理办公室，管理全国的证券市场。第二阶段为集中统一监管的过渡阶段。国务院于 1992 年 10 月成立了国务院证券委员会和中国证券监督管理委员会。1993 年 1 月国务院发布了《国务院关于进一步加强证券市场宏观管理的通知》，这标志着《中华人民共和国证券法》实施以前的证券市场监管体制开始向集中监管过渡。目前为第三阶段，是政府集中监管与自律监管相结合的监管模式初步确立的阶段。1998 年通过的《中华人民共和国证券法》和最新修订的《中华人民共和国证券法》明确规定，在证券市场上实行政府集中监管与自律相结合的证券监督模式，表明我国证券监督管理体制已进入到一个新的历史时期。

新形成的监管体制具有以下一些特点：①证券市场监管机构的地位得到进一步强化，增强了证券市场监管机构的权威性；②地方证券市场监管机构改由中国证监会垂直领导，提高了证券市场监管工作的效率。改革后按业务需要设置了 9 个派出机构和 2 个直属办事处，精简了人员，提高了机构运转效率；③加强了对交易所主要人事管理和上市公司高级管理人员任职资格的管理，加强了交易所一线监管的作用。

当然，这种监管体制也存在一些不足，例如过于将监管权力集中到一个部门，又无其他配套管理措施跟上，因此无法对监管效果进行再监管。

（三）市场自律性与社会监管机构

证券自律监管和社会监管与政府管制同为我国证券市场监管体制的组成部分，它可以对政府的监督和管理起重要的补充作用。必须协调它们之间的关系，以充分发挥二者的作用，实现协调统一监管。

（1）证券业自律组织。①证券业协会。证券业协会是证券经营机构的自律性行业管理组织，其主要职责是：根据国家法律、法规和方针政策，制定自律性管理规章，进行行业管理，对违反行业行为规则的会员进行惩罚。中国证券业协会于 1991 年 8 月份成立。②证券交易所。证券交易所既是交易市场，又是自律性管理机构，主要针对证券交易活动实施自我管理。其主要职责是：根据国家法律和法规，制定证券交易所的业务规则；提供证券交易场所和设施；审核批准证券的上市申请；组织监管证券交易活动；提供和管理证券交易所的证券市场信息等。

（2）社会监管机构。会计师事务所、律师事务所和审计师事务所等既是证券业的中介服务机构，也是社会监管机构。它们在取得证券从业资格后，依照国家法律，对公开发行证券企业的财务报告、资产评估报告、招股说明书和法律意见书等进行审核，实行社会监督，并承担相应责任。其与证券有关的业务，由中国证监会进行资格确认。

需要注意的是，证券自律监管组织和社会监管机构所代表的行业利益会与公共利益发生冲突，尤其是在证券交易所的公司化后就更加明显。同时，证券自律组织可能引发行业自闭，妨碍竞争。因此，政府必须加强对证券自律监管组织的监管。

合理划分政府与自律组织监管权限也是一个值得思考的问题。政府与证券自律组织各有所长。政府擅长于宏观决策、事后制裁、强制执行等；证券自律监管组织则更贴近市场，更灵活性，市场认同感更强。当然，就现阶段而言，政府主导证券市场监管体制仍是合理的选择。但根据《中华人民共和国行政许可法》的规定，证券市场的准入需要、证券业从业资格的确定、公司证券发行的核准、公司证券上市的审查、证券公司主体资格的确定，这些事项是否可以不设立行政许可，而由证券自律组织来监管，值得探讨。

（四）政府其他部门与地方政府的证券管理职能

政府其他有关部门和地方政府在证券市场中将继续发挥着有关管理职能。国家计委根据中国证监会计划建设进行综合平衡，编制证券计划；中国人民银行会同证监会负责审批和归口管理证券经营机构；财政部归口管理注册会计师和会计师事务所，其从事与证券业有关的会计师事务所的资格由证监会审定；设立新的证券交易所必须由中国证监会审核，报国务院批准。

在证券市场监管组织执行体系方面，中国证券监督管理委员会负责对全国证券市场实施监管。1998 年 12 月 27 日通过的《中华人民共和国证券法》明确规定国务院证券监督管理机构为证券市场的监管者，并对其职责作了具体规定。

小卡片：我国多元化证券市场监管体制构建的思考

1. 我国证券市场监管体制的特点

实行以政府监管为主导、自律监管为辅的监管体系……政府对证券的监管主要由中国证监会进行，政府作为监管者可以集中行使监管职责，解决各部门之间相互推诿而引致的监管效率耗损问题。

2. 我国证券市场监管体制存在的缺陷

……虽然政府监管能够从宏观上总体把握问题，弥补了由于市场失灵带来的缺陷，提高了证券市场的运行效率，但是监管权限的过度集中容易导致权力的滥用和政府本身监管的失灵。而从我国目前的证券市场监管制度来看，并没有专门针对政府监管部门的监督，这样当政府监管失灵时并不能有效地起到监管作用。

未充分发挥自律监管机制的作用……自律组织主要包括证券交易所和证券业协会……具体表现为：证券交易所缺乏独立决策权。我国实行政府主导的集中统一管理机制，证券交易所没有独立的经营决策权，交易所的规则多数由政府政策决定，而国外多数国家由证券交易所自由决定，这样证券所自律监管的作用无法有效发挥。

3. 多元化证券市场监管体制构建思路

（1）构建多元化证券市场监管体制框架。

……通过发挥政府的主导作用，将政府监管限定在合理边界内，同时采取措施加强行业自律组织的监管，并建立独立的社会监管机构，引入社会监管，从而通过“三位一体”的协作维护市场公平秩序和投资者的合法权益。

(2) 规范并推行社会力量的监督。

……实践中一些个人和社会组织自发地对证券市场进行监督。但是由于没有法律的授权，他们的监督力量并不能满足证券市场的监督要求。因此，若能借鉴美国“公众公司会计监督委员会”的设立模式，成立独立的、非营利性的社会监督机构对证券市场进行监督，并通过法律授权和国家制度、政策的保障，以及机构本身行为准则、治理结构、资金获取、监督方式等内容建立，才能最终发挥它的作用。

(3) 加强多元化监管体制之间的协调。

适度放松政府管制……应将政府监管限制在“适度”范畴内，将政府监管的权限限定在宏观决策、事后制裁、强制执行等方面。

加强自律组织的监管作用……建议在我国相关法律制度中，如《中华人民共和国证券法》中明确规定证券交易所的自律地位，并规定“证券交易所可以根据交易所章程和业务规则，对会员实施自律监管，并根据交易所有权对会员及其雇员等进行检查、调查、处分，交易所可以设立解决会员之间或会员与客户之间发生的纠纷的调节或仲裁制度”。

……建立政府监管预警机制。由于政府监管主体权限集中再加上政府监管本身的缺陷，会出现政府监管失灵的现象……目前的证券立法多数由行政机构来进行，政策的制定和政策的执行有时属于同一机构，这样不利于证券政策的稳定。为保证政策的科学、规范和稳定，应“将政策的制定者和政策的执行者区分，分属各自不同归属的机构独立操作”。

资料来源：赵丽莉．我国多元化证券市场监管体制构建的思考［J］．商业时代，2009（21）．

第五节　证券法律法规

我国证券市场发展的八字方针是“法制、监管、自律、规范”，这是确保证券市场规范、稳健运行的基本准则和重要指引。我国证券市场是在改革开放中逐步发展起来的，我国的证券市场监管体制也经历了一个从无到有、逐步完善的过程。为有效防范和化解证券市场风险，促进证券市场健康发展，我国在借鉴国外立法经验的基础上，已初步建立了证券法律法规的体系，并在进一步的完善中。

一、我国证券市场法律制度体系

我国对证券市场监管的法律制度体系大致由三个层次构成：国家法律、行政法规和部门规章。

（一）国家法律

由全国人大通过和公布施行的正式法律，如《中华人民共和国证券法》《中华人民共和国公司法》《中华人民共和国证券投资基金法》《中华人民共和国刑法》等。

1.《中华人民共和国证券法》

《中华人民共和国证券法》自 1999 年 7 月 1 日正式实施，最新修订的《证券法》于 2019 年 12 月 28 日通过，并于 2020 年 3 月 1 日起施行。新修订的《证券法》共 12 章 240 条，分别为总则、证券发行、证券交易、上市公司收购、证券交易所、证券公司、证券登记结算机构、证券交易服务机构、证券业协会、证券监督管理机构、法律责任和附则等内容。其调整对象为证券市场的各类参与主体，范围涵盖证券发行、证券交易和证券市场监管，核心在于保护投资者的利益，在禁止行为方面的规定主要有：

（1）在证券发行方面，禁止未经依法核准或审批而擅自发行证券，或制作虚假的发行文件发行证券；禁止证券公司承销或代理买卖未经核准或审批擅自发行的证券。建立了证券发行的保荐制度和发行申请文件的预披露制度，从制度上进一步保障发行人的质量，提高发行透明度，防范发行人采取虚假手段骗取发行上市。

（2）在信息披露方面，规定所披露的信息不得有虚假记载、误导性陈述或重大遗漏；内幕信息的知情人员或非法获取内幕信息的人员，在涉及证券的发行、交易或其他对证券价格有重大影响的信息尚未公开之前，不得买卖该证券，或泄露该信息或建议他人买卖该证券；证券市场监管机构的工作人员不得进行内幕交易。致使投资者在证券交易中遭受损失的，应当承担赔偿责任。

（3）在业务经营方面，禁止非法开设证券交易所，禁止未经批准从事证券业务；禁止参与股票交易的人员直接或者间接或者借用他人名义持有、买卖股票；禁止为股票的发行或上市出具审计报告、资产评估报告或者法律意见书等文件的专业机构和人员买卖股票；禁止法人以个人名义设立账户买卖证券，禁止综合类证券公司假借他人名义或者以个人名义从事自营业务。

（4）在从业人员管理方面，禁止在证券交易所、证券公司、证券登记结算机构、证券交易服务机构、证券业协会或者证券市场监管机构的工作人员，提供虚假资料，伪造、变造或者销毁交易记录，诱骗投资者买卖证券。

（5）在证券交易方面，证券公司不得违背客户的委托意愿买卖证券、办理交易事项，禁止证券公司、证券登记结算机构及其从业人员未经客户的委托，买卖、挪用、出借客户账户上的证券或者将客户的证券用于质押；证券公司在办理经纪业务时，不得接受客户的全权委托买卖证券，也不得对客户买卖证券的收益或者赔偿证券买卖的损失做出承诺；任何人不得操纵证券交易价格，或者制造证券交易的虚假价格或交易量，获取不当利益或者转嫁风险，也不得挪用公款买卖证券；禁止编造并传播影响证券交易的虚假信息、扰乱证券交易市场。但在现货交易、融资融券、国企炒股和银行资金入市等方面，监管更加灵活。

（6）在上市公司收购方面，禁止违反上市公司收购的法定程序，利用上市公司收购牟取不正当收益。

2.《中华人民共和国公司法》

《中华人民共和国公司法》自 1993 年 12 月 29 日由第八届全国人大常委会通过并以共和国主席令发布，于 1999 年、2004 年、2005 年、2013 年、2018 年进行了多次修正修订。我国《公司法》的调整对象为公司的组织和行为，其范围包括股份有限公司和有限责任公司，其核心在于保护公司、股东和债权人的合法权益，维护社会经济秩序。我国《公司法》共分 11 章，对中国境内有限责任公司的设立和组织机构、股份有限公司的设立和组织机构、股份有限公司的股票发行和转让、公司债券、公司财务和会计、公司合并和分立、公司破产、解散和清算、外国公司的分支机构、法律责任等内容制定了相应的法律条款。

2005 年对《公司法》修订的主要内容包括：

（1）修改公司设立制度，广泛吸引社会资金，促进投资和扩大就业。关于公司注册资本：取消了按照公司经营内容区分最低注册资本额的规定，允许公司按照规定的比例在 2 年内分期缴清出资，其中投资公司可以在 5 年内缴足，有限责任公司的最低注册资本额降低至人民币 3 万元。关于出资方式：公司不仅可以用货币、实物、工业产权、非专利技术、土地使用权出资，还可以用股权等法律、行政法规允许的其他形式出资。规定货币出资金额不得低于公司注册资本的 30%。

（2）完善公司法人治理结构，健全内部监督制约机制，提高公司运作效率。有限责任公司设立监事会，其成员不得少于 3 人。有限责任公司的监事会会议每年至少召开一次，股份有限公司的监事会至少每 6 个月召开一次，监事可以提议召开临时监事会会议。出席会议的监事在会议记录上签字。

（3）健全股东合法权益和社会公共利益的保护机制，鼓励投资。

（4）规范上市公司治理机构。上市公司董事会成员中应当有 1/3 以上的独立董事。上市公司要设立董事会秘书，负责股东大会和董事会会议的筹备、记录、文件保管以及公司股权管理，办理信息披露事务。

（5）健全公司融资制度，充分发挥资本市场对国民经济发展的推动作用。

关于公司上市条件：公司股本总额降低至 3 000 万元；向社会公开发行的股份达公司总股份数的 25% 以上，公司股本总额超过人民币 4 亿元的，其向社会公开发行的股份的比例为 10% 以上。

（6）公司聘用、解聘会计师事务所必须由股东会作出决议；监事会、监事在必要时可以聘请会计师事务所协助其工作。

3.《中华人民共和国证券投资基金法》

《中华人民共和国证券投资基金法》（以下简称《投资基金法》），经 2003 年 10 月 28 日第十届全国人大常委会第五次会议通过，于 2004 年 6 月 1 日起正式实施，并于 2014 年、2015 年进行了修订、修正。我国《投资基金法》调整范围包括证券投资基金的发行、交易、管理、托管等活动，目的是规范证券投资基金活动，保护投资人及相关当事人的合法权益，促进证券投资基金和证券市场的健康发展。我国《投资基金法》的内容共 12 章 103 条，包括总则，基金管理人，基金托管人，基金的募集，基金份额的交易，基金份额的申购与赎回，基金的运作与信息披露，基金合同的变更、终止与基金财产清算，基金份额持有人权利及其行使，监督管理，法律责任及附则。

4.《中华人民共和国刑法》

《中华人民共和国刑法》（以下简称《刑法》）自 1979 年 7 月 1 日由全国人大五届二次会议通过，在进行了多次修订和修正后，2017 年 11 月又最新颁布了《中华人民共和国刑法修正案（十）》。《刑法》中对于公司犯罪和证券犯罪也有相关详细的规定。

1997 年，我国《刑法》迎来了全面的修订。对于证券犯罪，《刑法》在保留、吸收、修改《公司法》等法规中有关证券犯罪规定的同时，根据我国证券市场的发展与证券违法行为的实际情况，增加了一些新的证券犯罪。具体来说，1997 年《刑法》规定的证券犯罪有两大类共六个罪名：证券发行过程中的两个罪名，即欺诈发行股票、债券罪（第一百六十条），擅自发行股票、公司、企业债券罪（第一百七十九条）；证券交易过程中的四个罪名，即内幕交易、泄露内幕信息罪（第一百八十条），编造并传播证券交易虚假信息罪（第一百八十一条第一款），诱骗投资者买卖证券罪（第一百八十一条第二款)，操纵证券交易价格罪（第一百八十二条）。

1999 年，为了严惩破坏社会主义市场经济秩序的犯罪，全国人大常委会通过了《中华人民共和国刑法修正案》（以下简称《修正案》)。《修正案》第三条对 1997 年《刑法》第一百七十四条进行了修改，把《证券法》规定的非法开设证券交易场所犯罪（第一百七十八条）与擅自设立证券公司经营证券业务犯罪（第一百七十九条）归入擅自设立金融机构罪之中。

因此，1997 年《刑法》修订后，证券犯罪在司法实践中能够适用的罪名共计 9 个，即 1997 年《刑法》规定了 6 个，两个《修正案》又增加了 3 个。最新的《中华人民共和国刑法修正案（十)》已由中华人民共和国第十二届全国人大常委会第三十次会议于 2017 年 11 月 4 日通过并于当日颁布实施。

（二）行政法规

由国务院制定和颁布的条例、通知、暂行办法等行政法规中，与规范证券市场有关的主要有:《股票发行与交易管理暂行条例》《禁止证券欺诈行为暂行办法》《企业债券管理条例》《可转换公司债券管理暂行办法》《证券投资基金管理暂行办法》等。

（三）部门规章

由中国证监会制定和颁布或其他国务院所属机构联合发文的部门规章和规范性文件，可以分为综合类、发行类、上市公司类、机构类、交易类、信息披露类等，主要有:《证券市场禁入暂行规定》《证券发行与承销管理办法》《股份有限公司国有股权管理暂行办法》《到境外上市公司章程必备条款》《股份有限公司土地使用权管理暂行规定》《股份有限公司境内上市外资股规定的实施细则》《关于设立外商投资股份有限公司若干问题的暂行规定》《证券业从业人员资格管理暂行规定》《证券经营机构股票承销业务管理办法》《证券经营机构证券自营业务管理办法》《境内及境外证券经营机构从事外资股业务资格管理暂行办法》《公开发行股票公司信息披露的内容与格式》等。

二、证券违法、犯罪与法律责任

（一）证券违法与法律责任

证券违法是一种有过错的违反证券法律法规的行为，具有社会危害性。证券违法根据性质和危害程度的不同将其分为两类：一类是严重的证券违法行为即证券犯罪；另一类是一般的证券违法行为即狭义的证券违法，是指除了证券犯罪以外的其他证券违法行为。证券违法广义上讲是一般证券违法和证券犯罪的统称，本教材所指的证券违法是狭义概念上的证券违法。

1. 证券违法行为的主要种类

证券违法行为既然是指行为人具有违反国家权力机关和行政机关颁布的有关证券法律法规，但尚未触犯刑律而应受行政处罚和民事处罚的行为。其主要种类应是包括违反证券基本法的违法行为和违反其他证券法律、法规的违法行为。从违法行为的危害程度上讲，前者的危害程度要比后者的严重，所受到的法律制裁也相应严厉。

（1）违反证券基本法违法行为的主要种类。

①证券发行人的违法行为有：未经法定机关的核准或者审批擅自发行证券、制作虚假的发行文件而发行证券、不按规定披露信息或者所披露的信息有虚假记载、误导

性陈述或者有重大遗漏、未按期公告其上市文件或者报送有关报告。

②证券公司及其从业人员的违法行为有：承销或者代理买卖未经核准或者审批擅自发行的证券；未经批准擅自设立证券公司经营证券业务；为客户融资或者融券；当日接受客户委托或者自营买入证券又于当日将该证券再行卖出；假借他人名义或者以个人名义从事自营业务；违背客户的委托买卖证券、办理交易事项；未经客户委托买卖、挪用、出借客户账户上的证券或将客户的证券用于质押，或者挪用客户账户上的资金；承诺客户买卖证券的收益或赔偿证券买卖的损失；私下接受客户委托买卖证券；未经批准经营非上市挂牌证券的交易；公司成立后无正当理由超过 3 个月开始营业，或者开业后自动停业连续 3 个月以上；超出业务许可范围经营证券业务；同时经营证券经纪业务和证券自营业务，不依法分开办理；混合操作、采取欺诈手段骗取业务许可。

③违反我国《证券法》的其他违法行为有：法律法规禁止参与股票交易的人员持有买卖股票；挪用公款买卖证券；非法开设证券交易场所；操纵证券交易价格；虚假陈述；法人以个人名义设立账户买卖证券；违反上市公司收购的法定程序，利用上市公司收购牟取不正当收益；未经批准擅自设立证券登记结算机构或者证券交易服务机构；编造并且传播虚假信息扰乱证券交易市场；为股票的发行或上市出具审计报告或资产评估报告或法律意见书等文件的专业机构和人员违法买卖股票；证券监督管理机构违法核准证券发行上市，或违法批准设立证券公司、证券登记结算机构或者证券交易服务机构。

（2）违反其他证券法律、法规的违法行为：宣传、表示或暗示申请文件的内容已经得到确认，或证券价值已得到保证和保护；泄露申请文件内容；在公开或公布招募说明书之前出售证券；未在规定日期公开或公布报告书和招股说明书；未按主管机关的要求修订报告书；公司未统计内部人员持有本公司证券情况，或内部人员未向公司报告持有该公司证券的情况；公司内部人员买卖股票未向主管机关报告；股东未向主管机关报告按规定应当报告的有关事项；证券经营机构高级职员兼职或投资于其他证券经营机构；证券经营机构未经批准而实施有关事项或未报告有关事项；非证券经营机构使用证券经营机构的名称，或证券经营机构出借名称；不按规定公开人员、资金、账目；集中交易场所未经批准而发生有关事项或未报告有关事项；未履行有关义务；非集中交易场所或非证券交易场所使用集中交易场所名称。

2. 证券违法的法律责任

（1）证券法律责任概述。证券法律责任是指证券法律关系的主体在违反证券法律法规或者不履行法定义务，侵害国家、法人和个人的合法权益时，应当依法承担的法律后果。一般而言，一个法律部门只规定其中的某一种法律责任，如刑法一般只有刑事责任的规定，民法也只有民事责任的规定，行政法只有行政责任的规定。但证券法所调整的证券经济关系是一种十分复杂的经济社会关系，因而证券法这一特殊的法律部门同时规定了民事责任、行政责任、刑事责任等三种责任形式，并且这三种责任形式的运用是根据证券违法行为的性质及其对证券经济秩序和当事人的危害程度和具体情节而设置的，它既可以单独适用一种责任，也可以同时并用三种责任。这正体现了证券法的特殊性及其调整对象的广泛性、法律关系的复杂性、法律责任的综合性。

（2）证券违法的民事责任。证券违法的民事责任是指证券发行人、证券经营机构、服务机构和证券投资人在证券发行、交易过程中违反证券法律法规而产生的民事上必须承担的法律后果。根据证券违法行为所侵害的证券法律关系的内容不同，可把证券民事责任分为两类：一类是违反证券合同关系的民事责任。证券合同关系是证券发行、交易活动中最常见最基本的一项证券法律关系。违反证券合同关系的行为，即证券违法行为。证券违约责任是指在证券发行、交易、委托、代管、认购、取息等过程中，当事人不履行或不适当履行合同义务而产生的民事责任。它主要包括违反证券权益关系、违反证券承销合同、违反证券上市协议的民事责任，违反证券买卖委托合同、违反证券交易买卖合同、违反证券交易服务合同等的民事责任。另一类是证券侵权民事责任。证券侵权民事责任是指在证券发行、交易过程中当事人违反国家法律法规，侵害他人合法权益而应当承担的民事责任。它主要有擅自发行证券行为、欺诈客户行为、操纵市场行为、虚假陈述行为、内幕交易行为的民事责任等几种。当上述证券侵权行为情节严重时，如构成犯罪，行为人除了要向受害人承担民事责任外，同时还要承担刑事责任，这一特点与前面所述证券违约行为所要承担的法律责任是不同的，后者一般只承担民事责任。根据《中华人民共和国民法通则》的规定，承担民事责任的方式有十种，其中有四种可适用于承担民事责任的方式，即返还财物、停止侵害、赔偿损失和支付违约金。

（3）证券违法的行政责任。证券违法的行政责任是指行政行为主体因违反行政法律法规，而依法必须对国家行政主管机关及法律授权的其他组织或机构承担的法律责任。相对于政府证券主管机关而言，证券交易的管理是一种行政行为。证券活动中行政责任的产生，一方面是由于实施证券法律法规或证券管理机构规章所禁止的行为而引起的必须承担的法律后果；另一方面由于证券主管机关失职未能依法行使职权，而应由其自身承担行政责任。另外，如果证券主管机关的相对人，如证券发行者或证券经营机构或证券交易所没有服从主管机关的管理，也应承担行政责任，主管机关可对其处以罚款或其他制裁措施。

行政责任的特点之一是行政责任的承担主体具有广泛性。追究证券行政责任，按制裁的方式不同可分为行政处分（或纪律处分）和行政处罚两种。前者是指证券主管机关、证券交易所、证券经营机构依法对隶属于它的、犯有轻微违法或违纪行为人的一种制裁措施。行政处分包括：警告、记过、记大过、降级、降职、撤职和开除等责任形式。行政处罚是由国务院证券市场监管机构基于行政管理职权，对犯有一般违法行为，尚未构成犯罪的相对人依法所采取的一种制裁。行政处罚是一种比较严厉的责任形式，其形式主要有：警告、罚款、没收违法所得或没收非法财物、责令停产停业、暂扣或吊销许可证以及暂扣或吊销执照等。

（二）证券犯罪与法律责任

1. 证券犯罪的构成

根据犯罪构成理论，任何犯罪的成立必须具有犯罪客体、犯罪客观方面、犯罪主体和犯罪主观方面四个要件。证券犯罪的构成同样须具备这四个要件。

（1）证券犯罪的客体。证券犯罪侵害的客体是证券市场的正常管理秩序和证券投资者的合法权益。一个正常、高效的证券市场管理秩序是证券投资者期望获得较好经济利益的重要保证和前提，因此，证券市场正常管理秩序是主要客体。

（2）证券犯罪的客观方面。证券犯罪的客观方面首先表现为违反证券法律法规的行为，即具有违法性。此处的证券法律法规是一个广义概念，不仅包括立法机关制定的有关证券法律法规，也包括行政机关、金融机关、证券管理机关制定的有关法律法规、规定、办法等；既包括全国性的证券法律法规，也包括地方性的证券法规。在客观上还表现为非法从事证券的发行、交易、管理活动或其相关活动的行为。

（3）证券犯罪的主体。证券犯罪的主体既可是自然人，也可是法人。前者主要包括证券业从业人员、证券业管理人员和证券投资者等。后者主要包括证券发行人、证券经营机构、证券管理机构、证券服务机构、投资基金管理公司、证券业自律性组织及其他组织机构等。当法人作为证券犯罪的主体时，应当实行双罚制：一要对构成犯罪的从事证券活动的法人单位处以罚金；二要追究从事证券活动机构的直接负责的主管人员和直接责任人员的刑事责任。

（4）证券犯罪的主观方面。证券犯罪的主观方面表现为故意，即行为人明知其所实施的行为具有违法性，会产生破坏证券市场的正常管理秩序、侵害证券投资者的合法利益的危害结果，但仍希望或放任这种危害结果的发生。在现实生活中，证券犯罪一般都是直接故意的，行为人在主观上具有不惜采取非法手段来获取经济利益或者减少经济损失的犯罪目的。因过失而实施的违反证券法规的危害行为，不构成证券犯罪。

2. 证券犯罪的种类和法律责任

从世界各国对证券违法的刑事制裁来看，典型的证券犯罪行为包括非法发行交易、操纵证券市场、欺诈客户、内幕交易、虚假陈述和说明五种行为，都是危害极大、后果严重的证券犯罪行为，需要用严厉的刑罚手段加以制裁和打击。

我国《刑法》结合我国的国情，借鉴外国的立法经验，主要规定了五种证券违法行为为证券犯罪行为，它们分别是：擅自发行股票和公司、企业债券罪；内幕交易、泄露内幕信息罪；编造并传播证券交易虚假信息罪；诱骗他人买卖证券罪；操纵证券市场罪。

第十届全国人大常委会第二十二次会议于2006年6月29日通过《中华人民共和国刑法修正案（六）》；2009年2月28日第十一届全国人大常委会第七次会议通过《中华人民共和国刑法修正案（七）》。我国《刑法》关于证券犯罪或与证券有关的主要规定有以下方面：

（1）欺诈发行股票、债券罪。在招股说明书，认股书，公司、企业债券募集办法中隐瞒重要事实或者编造重大虚假内容，发行股票或者公司、企业债券，数额巨大、后果严重或者有其他严重情节的，处5年以下有期徒刑或者拘役，并处或者单处非法募集资金金额1%以上5%以下罚金。单位犯本款罪的，对单位判处罚金，并对其直接负责的主管人员和其他直接责任人员，处5年以下有期徒刑或者拘役（第一百六十条）。

（2）提供虚假财务会计报告罪。依法负有信息披露义务的公司、企业向股东和社会公众提供虚假的或者隐瞒重要事实的财务会计报告，或者对依法应当披露的其他重要信息不按照规定披露，严重损害股东或者其他人利益，或者有其他严重情节的，对其直接负责的主管人员和其他直接责任人员，处3年以下有期徒刑或者拘役，并处或者单处2万元以上20万元以下罚金（第一百六十一条）。

（3）上市公司的董事、监事、高级管理人员违背对公司的忠实义务，利用职务便利，操纵上市公司从事下列行为之一，致使上市公司利益遭受重大损失的，处3年以下有期徒刑或者拘役，并处或者单处罚金；致使上市公司利益遭受特别重大损失的，处3年以上7年以下有期徒刑，并处罚金；无偿向其他单位或者个人提供资金、商品、服务或者其他资产的；以明显不公平的条件，提供或者接受资金、商品、服务或者其他资产的；向明显不具有清偿能力的单位或者个人提供资金、商品、服务或者其他资产的；为明显不具有清偿能力的单位或者个人提供担保，或者无正当理由为其他单位或者个人提供担保的；无正当理由放弃债权、承担债务的；采用其他方式损害上市公司利益的。上市公司的控股股东或者实际控制人，指使上市公司董事、监事、高级管理人员实施前款行为的，依照前款的规定处罚。

犯前款罪的上市公司的控股股东或者实际控制人是单位的，对单位判处罚金，并对其直接负责的主管人员和其他直接责任人员，依照第一款的规定处罚（第一百六十九条之一）。

（4）以欺骗手段取得银行或者其他金融机构贷款、票据承兑、信用证、保函等，给银行或者其他金融机构造成重大损失或者有其他严重情节的，处3年以下有期徒刑或者拘役，并处或者单处罚金；给银行或者其他金融机构造成特别重大损失或者有其他特别严重情节的，处3年以上7年以下有期徒刑，并处罚金。单位犯前款罪的，对单位判处罚金，并对其直接负责的主管人员和其他直接责任人员，依照前款的规定处罚（第一百七十五条之一）。

（5）非法发行股票和公司、企业债券罪。这是指未经国家有关主管部门批准，非法发行股票或者公司、企业债券，数额巨大、后果严重或者有其他严重情节的，处5年以下有期徒刑或者拘役，并处或者单处非法募集资金金额1%以上5%以下罚金。单位犯前款罪的，对单位判处罚金，并对其直接负责的主管人员和其他直接责任人员处5年以下有期徒刑或者拘役（第一百七十九条）。

（6）内幕交易、泄露内幕信息罪。证券、期货交易内幕信息的知情人员或者非法获取证券、期货交易内幕信息的人员，在涉及证券的发行，证券、期货交易或者其他对证券、期货交易价格有重大影响的信息尚未公开前，买入或者卖出该证券，或者从事与该内幕信息有关的期货交易，或者泄露该信息，或者明示、暗示他人从事上述交易活动，情节严重的，处5年以下有期徒刑或者拘役，并处或者单处违法所得1倍以上5倍以下罚金；情节特别严重的，处5年以上10年以下有期徒刑，并处违法所得1倍以上5倍以下罚金。单位犯前款罪的，对单位判处罚金，并对其直接负责的主管人员和其他直接责任人员，处5年以下有期徒刑或者拘役。内幕信息、知情人员的范围，依照法律、行政法规的规定确定。证券交易所、期货交易所、证券公司、期货经纪公司、基金管理公司、商业银行、保险公司等金融机构的从业人员以及有关监管部门或者行业协会的工作人员，利用因职务便利获取的内幕信息以外的其他未公开的信息，违反规定，从事与该信息相关的证券、期货交易活动，或者明示、暗示他人从事相关交易活动，情节严重的，依照第一款的规定处罚（第一百八十条）。

（7）编造并传播影响证券交易虚假信息罪、诱骗他人买卖证券罪。编造并且传播影响证券、期货交易的虚假信息，扰乱证券、期货交易市场，造成严重后果的，处5年以下有期徒刑或者拘役，并处或者单处1万元以上10万元以下罚金。证券交易所、期货交易所、证券公司、期货经纪公司的从业人员，证券业协会、期货业协会或者证券、期货监督管理部门的工作人员，故意提供虚假信息或者伪造、变造、销毁交易记录，诱骗投资者买卖证券、期货合约，造成严重后果的，处5年以下有期徒刑或者拘役，并处或者单处1万元以上10万元以下罚金；情节特别恶劣的，处5年以上10年以下有期徒刑，并处2万元以上20万元以下罚金。单位犯前两款罪的，对单位判处罚金，并对其直接负责的主管人员和其他直接责任人员，处5年以下有期徒刑或者拘役（第一百八十一条）。

（8）操纵证券市场罪。有下列情形之一，操纵证券、期货市场，情节严重的，处5年以下有期徒刑或者拘役，并处或者单处罚金；情节特别严重的，处5年以上10年以下有期徒刑，并处罚金：单独或者合谋，集中资金优势、持股或者持仓优势或者利用信息优势联合或者连续买卖，操纵证券、期货交易价格或者证券、期货交易量的；与他人串通，以事先约定的时间、价格和方式相互进行证券、期货交易，影响证券、期货交易价格或者证券、期货交易量的；在自己实际控制的账户之间进行证券交易，或者以自己为交易对象，自买自卖期货合约，影响证券、期货交易价格或者证券、期货交易量的；以其他方法操纵证券、期货市场的。

单位犯前款罪的，对单位判处罚金，并对其直接负责的主管人员和其他直接责任人员，依照前款的规定处罚（第一百八十二条）。

（9）商业银行、证券交易所、期货交易所、证券公司、期货经纪公司、保险公司或者其他金融机构，违背受托义务，擅自运用客户资金或者其他委托、信托的财产，情节严重的，对单位判处罚金，并对其直接负责的主管人员和其他直接责任人员，处3年以下有期徒刑或者拘役，并处3万元以上30万元以下罚金；情节特别严重的，处3年以上10年以下有期徒刑，并处5万元以上50万元以下罚金。社会保障基金管理机构、住房公积金管理机构等公众资金管理机构，以及保险公司、保险资产管理公司、证券投资基金管理公司，违反国家规定运用资金的，对其直接负责的主管人员和其他直接责任人员，依照前款的规定处罚（第一百八十五条之一）。

（10）明知是毒品犯罪、黑社会性质的组织犯罪、恐怖活动犯罪、走私犯罪、贪污贿赂犯罪、破坏金融管理秩序犯罪、金融诈骗犯罪的所得及其产生的收益，为掩饰、隐瞒其来源和性质，有下列行为之一的，没收实施以上犯罪的所得及其产生的收益，处5年以下有期徒刑或者拘役，并处或者单处洗钱数额5%以上20%以下罚金；情节严重的，处5年以上10年以下有期徒刑，并处洗钱数额5%以上20%以下罚金：提供资金账户的；协助将财产转换为现金、金融票据、有价证券的；通过转账或者其他结算方式协助资金转移的；协助将资金汇往境外的；以其他方法掩饰、隐瞒犯罪所得及其收益的来源和性质的（第一百九十一条第一款）。

小卡片：证券市场监管风暴悄然升级

要想从根本上解决证券从业人员违法违规问题，必须券商与监管层双管齐下，券商自身从管理上提高经营风险意识，监管层则要加大对从业人员违法违规行为的惩罚力度，否则会出现监管成本很高、效果却不好的局面。

1. 券商代客理财被查处

8月5日，有媒体报道称，海通证券研究所机械行业一位分析师叶某因涉嫌代客理财，日前在公司遭到监管层的突击检查，本人与工作电脑一同被带走接受调查。

……

分析师涉嫌代客理财在业内多有耳闻，一些分析师希望在市场形势好的时候通过代客理财等形式快速提升个人财富。根据证监会的规定，自2009年4月13日起，《证券经纪人管理暂行规定》正式施行。这其中，代客理财这一行为被明令禁止。但这对部分证券经纪人正在操作中的代客理财业务似乎并未产生太大影响。

据了解，证券从业人员里面，从券商营业部的客户经理、分析师到券商研究所的分析师们，都存在代客理财的现象。湘财证券惠新东街营业部某客户经理表示，代客理财肯定是不允许的，不过在大牛市时期还是有不少投资者选择了将自己的账户交给信任的证券经纪人打理。

2. 咨询业遭遇高压打击

……

7月末，中国证监会行政处罚委员会和上海、深圳证券交易所纪律处分委员会召开首次联席会议，就广受关注的短线操纵行为进行了研讨，对如何监管、认定和处罚虚假申报撤单操纵、开盘或尾盘价格操纵以及利用“黑嘴”操纵等新型市场操纵行为提出了建议。

中国证监会副主席姚刚指出，联席会议要加强协调配合，努力形成对违法违规行为多层次的打击态势。随着监管措施和制度建设的完善，监管层对证券从业人员炒股或者代客理财的监管力度将越来越严格，处罚也会越来越严厉。任何人包括研究员，都不应该对此存有侥幸心理。海通证券分析师叶某被调查事件也为证券从业人员违法代客理财敲响了警钟。

近日，证监会通报了4起证券市场违法违规案件；同时，公布对融通基金“老鼠仓”经理张某的处罚决定。而在最新处理的5件违规事件中，仅对10名违规者的没收和处罚金额就高达14 228 806元，如此大的“罚单”在以前实不多见。

……

业内人士表示，早期券商违规多是挪用客户保证金，而随着市场的不断发展和规范，这一现象已被杜绝。但是一些券商高管利用与上层的关系，在投行业务以及发行方面取得不正当的收益，由此给行业秩序带来诸多负面影响。而此次被查高管所涉及的问题多是以前的历史遗留问题被揭发，一定程度上是监管层加强对市场管理的结果。而范晓微事件的调查由中国香港开始，也说明当前资本市场的行为不仅受到管理层的监督，而且以后监管的趋势会更加国际化。

分析人士指出，证监会对违规事件的查处主要是为了肃清不良的投机行为，并在市场中树立正确的价值投资理念。由于市场的持续走高，以掌握投机机构为代表的一些规模性资金，利用自身的优势，运用投机手法企图控制股价的涨跌，以便从中获取丰厚的利润。而管理层对这些违规行为的查处，意在打击投机行为，鼓励价值投资，以此来稳定市场的健康发展。

但也有股民表示，证监会开出罚款金额还是偏小，如果仅以参与违规的资金看，罚款只占其中的很小一部分。如果赶上行情好了，不超过一个月就可以赚回来，只有罚得那些违规者“倾家荡产”无力支付罚金，才能对“潜伏”的违规者起到真正的震慑作用。

资料来源：张梦. 证券市场监管风暴悄然升级［J］. 观察与思考，2009（16）.

参考文献

[1] 兰虹，等. 证券投资——理论、技巧、策略 [M]. 成都：西南财经大学出版社，2016.

[2] 兰虹，等. 证券投资学新编 [M]. 成都：西南交通大学出版社，2010.

[3] 林俊国. 证券投资学 [M]. 2 版. 北京：经济科学出版社，2001.

[4] 陈共，等. 证券上市与交易 [M]. 北京：中国财政经济出版社，2000.

[5] 周正庆. 证券知识读本 [M]. 北京：中国金融出版社，1998.

[6] 李益民，等. 证券投资学 [M]. 广州：中山大学出版社，1998.

[7] 马钧，李怀军. 证券投资学 [M]. 北京：中国经济出版社，1997.

[8] 吴晓求. 证券投资学 [M]. 北京：中国人民大学出版社，2004.

[9] 陈俊生. 证券投资原理 [M]. 成都：西南财经大学出版社，2001.

[10] 张晓伟，等. 证券投资——理论、策略与技巧 [M]. 武汉：华中理工大学出版社，1999.

[11] 证券研究中心. 股票分析指标大全 [M]. 北京：中国经济出版社，2000.

[12] 詹亮宇. 证券操作实务 [M]. 上海：立信会计出版社，1999.

[13] 余杰. 发现黑马——基本分析选股指南 [M]. 郑州：河南人民出版社，2000.

[14] 顾铭德. 长线是金——基本面与股价走势分析 [M]. 成都：四川人民出版社，1999.

[15] 庄乾志，李宏江. 股市宏观面分析 [M]. 北京：华文出版社，1998.

[16] 金雪军. 证券经济学 [M]. 杭州：浙江大学出版社，1992.

[17] 邱志刚. 中国股票投资实务 [M]. 广州：广东旅游出版社，1991.

[18] 沈正欣. 股市实践中的雕虫小技 [M]. 上海：上海财经大学出版社，2001.

[19] 黄君葆. 股票风险防范 [M]. 北京：中国物资出版社，1993.

[20] 王桂枝，等. 证券市场运作与分析 [M]. 北京：经济日报出版社，19913.

[21] 葛正良. 证券投资学 [M]. 上海：立信会计出版社，2001.

[22] 尤晓东. 证券投资入门 [M]. 北京：机械工业出版社，2001.

[23] 万明. 证券市场学 [M]. 武汉：武汉测绘科技大学出版社，1996.

［24］罗兴. 证券投资学［M］. 合肥：安徽人民出版社，1998.

［25］郭元晞. 资本经营［M］. 成都：西南财经大学出版社，1997.

［26］刘海藩. 中国金融问题风险控制和化解［M］. 北京：中共中央党校出版社，2002.

［27］唐能通. 短线是银之四——十万到百万［M］. 成都：四川人民出版社，2000.

［28］谢百三. 十年一个亿［M］. 北京：北京大学出版社，2001.

［29］薛敦方. 个股狙击［M］. 成都：四川人民出版社，2000.

［30］包明宝，等. 股份、股票与证券交易决策法［M］. 北京：学苑出版社，1994.

［31］马鸣家. 证券管理与经营机构［M］. 北京：中国财政经济出版社，1993.

［32］孙成钢. 十年二十倍［M］. 北京：中国科学技术出版社，2000.

［33］葛红玲. 证券投资学［M］. 北京：机械工业出版社，2007.

［34］中国证券业协会. 2008 年证券业从业资格考试统编教材［M］. 北京：中国财政经济出版社，2008.

［35］陈丽. 浅析证券市场监管的必要性［J］. 时代金融，2007（4）.

［36］张梦. 证券监管风暴悄然升级［J］. 观察与思考，2009（16）.

［37］赵丽莉. 我国多元化证券监管体制构建的思考［J］. 商业时代，2009（21）.

［38］徐番，史亚鹏. 试论我国证券市场监管体制及其完善［J］. 广西大学学报：哲学社会科学版，2007（12）.

［39］李红梅，刘桃. 完善我国证券市场监管体制研究［J］. 山西经济管理干部学院学报，2008，16（1）.

［40］高铭暄，王剑波. 我国证券犯罪立法的本土化与国际化思辨［J］. 法学家，2008（1）.

［41］《证券投资实务》精品课程网站［EB/OL］. 浙江金融职业学院，http://218.108.81.184/zqtz/.

［42］证券投资学精品课程网站［EB/OL］. 湖北经济学院，http://jpkc.hbue.edu.cn/xj/zqtzx/Course/ Index.Htm.

［43］证券投资分析精品课程网站［EB/OL］. 南宁职业技术学院，http://219.159.68.40:6607/ infoPaper.asp? typid=104&id=83.

［44］证券投资学精品课程网站［EB/OL］. 重庆工贸职业技术学院，http://www.cqgmy.cn/jwc/ jpkc/zhenquantouzhi/index.html.

［45］证券投资学精品课程网站［EB/OL］. 华侨大学商学院，http://www.361q.cn/showdown.asp? soft_id=52.

［46］证券投资学精品课程［EB/OL］. 温州职业技术学院，http://dean.wzvtc.cn/Category.asp? CategoryID=62.

［47］证券投资分析精品课程网站［EB/OL］. 辽东学院精品课程网站. http://www.ldxy.cn/jpkc/zqtz/.

［48］黄飞雪，赵昕，侯铁珊. 从中国股价指数与 GDP 的相关系数看“股经背离”现象［J］. 大连理工大学学报：社会科学版，2007（3）.

附录

附录1 中华人民共和国证券法

（1998年12月29日第九届全国人民代表大会常务委员会第六次会议通过根据2004年8月28日第十届全国人民代表大会常务委员会第十一次会议《关于修改〈中华人民共和国证券法〉的决定》修正2005年10月27日第十届全国人民代表大会常务委员会第十八次会议修订）

第一章 总则

第一条 为了规范证券发行和交易行为，保护投资者的合法权益，维护社会经济秩序和社会公共利益，促进社会主义市场经济的发展，制定本法。

第二条 在中华人民共和国境内，股票、公司债券和国务院依法认定的其他证券的发行和交易，适用本法；本法未规定的，适用《中华人民共和国公司法》和其他法律、行政法规的规定。

政府债券、证券投资基金份额的上市交易，适用本法；其他法律、行政法规另有规定的，适用其规定。

证券衍生品种发行、交易的管理办法，由国务院依照本法的原则规定。

第三条 证券的发行、交易活动，必须实行公开、公平、公正的原则。

第四条 证券发行、交易活动的当事人具有平等的法律地位，应当遵守自愿、有偿、诚实信用的原则。

第五条 证券的发行、交易活动，必须遵守法律、行政法规；禁止欺诈、内幕交易和操纵证券市场的行为。

第六条 证券业和银行业、信托业、保险业实行分业经营、分业管理，证券公司与银行、信托、保险业务机构分别设立。国家另有规定的除外。

第七条　国务院证券监督管理机构依法对全国证券市场实行集中统一监督管理。

国务院证券监督管理机构根据需要可以设立派出机构，按照授权履行监督管理职责。

第八条　在国家对证券发行、交易活动实行集中统一监督管理的前提下，依法设立证券业协会，实行自律性管理。

第九条　国家审计机关依法对证券交易所、证券公司、证券登记结算机构、证券监督管理机构进行审计监督。

第二章　证券发行

第十条　公开发行证券，必须符合法律、行政法规规定的条件，并依法报经国务院证券监督管理机构或者国务院授权的部门核准；未经依法核准，任何单位和个人不得公开发行证券。

有下列情形之一的，为公开发行：

（一）向不特定对象发行证券的；

（二）向特定对象发行证券累计超过二百人的；

（三）法律、行政法规规定的其他发行行为。

非公开发行证券，不得采用广告、公开劝诱和变相公开方式。

第十一条　发行人申请公开发行股票、可转换为股票的公司债券，依法采取承销方式的，或者公开发行法律、行政法规规定实行保荐制度的其他证券的，应当聘请具有保荐资格的机构担任保荐人。

保荐人应当遵守业务规则和行业规范，诚实守信，勤勉尽责，对发行人的申请文件和信息披露资料进行审慎核查，督导发行人规范运作。

保荐人的资格及其管理办法由国务院证券监督管理机构规定。

第十二条　设立股份有限公司公开发行股票，应当符合《中华人民共和国公司法》规定的条件和经国务院批准的国务院证券监督管理机构规定的其他条件，向国务院证券监督管理机构报送募股申请和下列文件：

（一）公司章程；

（二）发起人协议；

（三）发起人姓名或者名称，发起人认购的股份数、出资种类及验资证明；

（四）招股说明书；

（五）代收股款银行的名称及地址；

（六）承销机构名称及有关的协议。

依照本法规定聘请保荐人的，还应当报送保荐人出具的发行保荐书。

法律、行政法规规定设立公司必须报经批准的，还应当提交相应的批准文件。

第十三条　公司公开发行新股，应当符合下列条件：

（一）具备健全且运行良好的组织机构；

（二）具有持续盈利能力，财务状况良好；

（三）最近三年财务会计文件无虚假记载，无其他重大违法行为；

（四）经国务院批准的国务院证券监督管理机构规定的其他条件。

上市公司非公开发行新股，应当符合经国务院批准的国务院证券监督管理机构规定的条件，并报国务院证券监督管理机构核准。

第十四条　公司公开发行新股，应当向国务院证券监督管理机构报送募股申请和下列文件：

（一）公司营业执照；

（二）公司章程；

（三）股东大会决议；

（四）招股说明书；

（五）财务会计报告；

（六）代收股款银行的名称及地址；

（七）承销机构名称及有关的协议。

依照本法规定聘请保荐人的，还应当报送保荐人出具的发行保荐书。

第十五条　公司对公开发行股票所募集资金，必须按照招股说明书所列资金用途使用。改变招股说明书所列资金用途，必须经股东大会作出决议。擅自改变用途而未作纠正的，或者未经股东大会认可的，不得公开发行新股。

第十六条　公开发行公司债券，应当符合下列条件：

（一）股份有限公司的净资产不低于人民币三千万元，有限责任公司的净资产不低于人民币六千万元；

（二）累计债券余额不超过公司净资产的百分之四十；

（三）最近三年平均可分配利润足以支付公司债券一年的利息；

（四）筹集的资金投向符合国家产业政策；

（五）债券的利率不超过国务院限定的利率水平；

（六）国务院规定的其他条件。

公开发行公司债券筹集的资金，必须用于核准的用途，不得用于弥补亏损和非生产性支出。

上市公司发行可转换为股票的公司债券，除应当符合第一款规定的条件外，还应当符合本法关于公开发行股票的条件，并报国务院证券监督管理机构核准。

第十七条　申请公开发行公司债券，应当向国务院授权的部门或者国务院证券监督管理机构报送下列文件：

（一）公司营业执照；

（二）公司章程；

（三）公司债券募集办法；

（四）资产评估报告和验资报告；

（五）国务院授权的部门或者国务院证券监督管理机构规定的其他文件。

依照本法规定聘请保荐人的，还应当报送保荐人出具的发行保荐书。

第十八条　有下列情形之一的，不得再次公开发行公司债券：

（一）前一次公开发行的公司债券尚未募足；

（二）对已公开发行的公司债券或者其他债务有违约或者延迟支付本息的事实，仍处于继续状态；

（三）违反本法规定，改变公开发行公司债券所募资金的用途。

第十九条　发行人依法申请核准发行证券所报送的申请文件的格式、报送方式，由依法负责核准的机构或者部门规定。

第二十条　发行人向国务院证券监督管理机构或者国务院授权的部门报送的证券发行申请文件，必须真实、准确、完整。

为证券发行出具有关文件的证券服务机构和人员，必须严格履行法定职责，保证其所出具文件的真实性、准确性和完整性。

第二十一条　发行人申请首次公开发行股票的，在提交申请文件后，应当按照国务院证券监督管理机构的规定预先披露有关申请文件。

第二十二条　国务院证券监督管理机构设发行审核委员会，依法审核股票发行申请。

发行审核委员会由国务院证券监督管理机构的专业人员和所聘请的该机构外的有关专家组成，以投票方式对股票发行申请进行表决，提出审核意见。

发行审核委员会的具体组成办法、组成人员任期、工作程序，由国务院证券监督管理机构规定。

第二十三条　国务院证券监督管理机构依照法定条件负责核准股票发行申请。核准程序应当公开，依法接受监督。

参与审核和核准股票发行申请的人员，不得与发行申请人有利害关系，不得直接或者间接接受发行申请人的馈赠，不得持有所核准的发行申请的股票，不得私下与发行申请人进行接触。

国务院授权的部门对公司债券发行申请的核准，参照前两款的规定执行。

第二十四条　国务院证券监督管理机构或者国务院授权的部门应当自受理证券发行申请文件之日起三个月内，依照法定条件和法定程序作出予以核准或者不予核准的决定，发行人根据要求补充、修改发行申请文件的时间不计算在内；不予核准的，应当说明理由。

第二十五条　证券发行申请经核准，发行人应当依照法律、行政法规的规定，在证券公开发行前，公告公开发行募集文件，并将该文件置备于指定场所供公众查阅。

发行证券的信息依法公开前，任何知情人不得公开或者泄露该信息。

发行人不得在公告公开发行募集文件前发行证券。

第二十六条　国务院证券监督管理机构或者国务院授权的部门对已作出的核准证券发行的决定，发现不符合法定条件或者法定程序，尚未发行证券的，应当予以撤销，停止发行。已经发行尚未上市的，撤销发行核准决定，发行人应当按照发行价并加算银行同期存款利息返还证券持有人；保荐人应当与发行人承担连带责任，但是能够证明自己没有过错的除外；发行人的控股股东、实际控制人有过错的，应当与发行人承担连带责任。

第二十七条　股票依法发行后，发行人经营与收益的变化，由发行人自行负责；由此变化引致的投资风险，由投资者自行负责。

第二十八条　发行人向不特定对象发行的证券，法律、行政法规规定应当由证券公司承销的，发行人应当同证券公司签订承销协议。证券承销业务采取代销或者包销方式。

证券代销是指证券公司代发行人发售证券，在承销期结束时，将未售出的证券全部退还给发行人的承销方式。

证券包销是指证券公司将发行人的证券按照协议全部购入或者在承销期结束时将售后剩余证券全部自行购入的承销方式。

第二十九条　公开发行证券的发行人有权依法自主选择承销的证券公司。证券公司不得以不正当竞争手段招揽证券承销业务。

第三十条　证券公司承销证券，应当同发行人签订代销或者包销协议，载明下列事项：

（一）当事人的名称、住所及法定代表人姓名；

（二）代销、包销证券的种类、数量、金额及发行价格；

（三）代销、包销的期限及起止日期；

（四）代销、包销的付款方式及日期；

（五）代销、包销的费用和结算办法；

（六）违约责任；

（七）国务院证券监督管理机构规定的其他事项。

第三十一条　证券公司承销证券，应当对公开发行募集文件的真实性、准确性、完整性进行核查；发现有虚假记载、误导性陈述或者重大遗漏的，不得进行销售活动；已经销售的，必须立即停止销售活动，并采取纠正措施。

第三十二条　向不特定对象发行的证券票面总值超过人民币五千万元的，应当由承销团承销。承销团应当由主承销和参与承销的证券公司组成。

第三十三条　证券的代销、包销期限最长不得超过九十日。

证券公司在代销、包销期内，对所代销、包销的证券应当保证先行出售给认购人，证券公司不得为本公司预留所代销的证券和预先购入并留存所包销的证券。

第三十四条　股票发行采取溢价发行的，其发行价格由发行人与承销的证券公司协商确定。

第三十五条　股票发行采用代销方式，代销期限届满，向投资者出售的股票数量未达到拟公开发行股票数量百分之七十的，为发行失败。发行人应当按照发行价并加算银行同期存款利息返还股票认购人。

第三十六条　公开发行股票，代销、包销期限届满，发行人应当在规定的期限内将股票发行情况报国务院证券监督管理机构备案。

第三章　证券交易

第一节　一般规定

第三十七条　证券交易当事人依法买卖的证券，必须是依法发行并交付的证券。

非依法发行的证券，不得买卖。

第三十八条　依法发行的股票、公司债券及其他证券，法律对其转让期限有限制性规定的，在限定的期限内不得买卖。

第三十九条　依法公开发行的股票、公司债券及其他证券，应当在依法设立的证券交易所上市交易或者在国务院批准的其他证券交易场所转让。

第四十条　证券在证券交易所上市交易，应当采用公开的集中交易方式或者国务院证券监督管理机构批准的其他方式。

第四十一条　证券交易当事人买卖的证券可以采用纸面形式或者国务院证券监督

管理机构规定的其他形式。

第四十二条　证券交易以现货和国务院规定的其他方式进行交易。

第四十三条　证券交易所、证券公司和证券登记结算机构的从业人员、证券监督管理机构的工作人员以及法律、行政法规禁止参与股票交易的其他人员，在任期或者法定限期内，不得直接或者以化名、借他人名义持有、买卖股票，也不得收受他人赠送的股票。

任何人在成为前款所列人员时，其原已持有的股票，必须依法转让。

第四十四条　证券交易所、证券公司、证券登记结算机构必须依法为客户开立的账户保密。

第四十五条　为股票发行出具审计报告、资产评估报告或者法律意见书等文件的证券服务机构和人员，在该股票承销期内和期满后六个月内，不得买卖该种股票。

除前款规定外，为上市公司出具审计报告、资产评估报告或者法律意见书等文件的证券服务机构和人员，自接受上市公司委托之日起至上述文件公开后五日内，不得买卖该种股票。

第四十六条　证券交易的收费必须合理，并公开收费项目、收费标准和收费办法。

证券交易的收费项目、收费标准和管理办法由国务院有关主管部门统一规定。

第四十七条　上市公司董事、监事、高级管理人员、持有上市公司股份百分之五以上的股东，将其持有的该公司的股票在买入后六个月内卖出，或者在卖出后六个月内又买入，由此所得收益归该公司所有，公司董事会应当收回其所得收益。但是，证券公司因包销购入售后剩余股票而持有百分之五以上股份的，卖出该股票不受六个月时间限制。

公司董事会不按照前款规定执行的，股东有权要求董事会在三十日内执行。公司董事会未在上述期限内执行的，股东有权为了公司的利益以自己的名义直接向人民法院提起诉讼。

公司董事会不按照第一款的规定执行的，负有责任的董事依法承担连带责任。

第二节　证券上市

第四十八条　申请证券上市交易，应当向证券交易所提出申请，由证券交易所依法审核同意，并由双方签订上市协议。

证券交易所根据国务院授权的部门的决定安排政府债券上市交易。

第四十九条　申请股票、可转换为股票的公司债券或者法律、行政法规规定实行保荐制度的其他证券上市交易，应当聘请具有保荐资格的机构担任保荐人。

本法第十一条第二款、第三款的规定适用于上市保荐人。

第五十条　股份有限公司申请股票上市，应当符合下列条件：

（一）股票经国务院证券监督管理机构核准已公开发行；

（二）公司股本总额不少于人民币三千万元；

（三）公开发行的股份达到公司股份总数的百分之二十五以上；公司股本总额超过人民币四亿元的，公开发行股份的比例为百分之十以上；

（四）公司最近三年无重大违法行为，财务会计报告无虚假记载。

证券交易所可以规定高于前款规定的上市条件，并报国务院证券监督管理机构批准。

第五十一条　国家鼓励符合产业政策并符合上市条件的公司股票上市交易。

第五十二条　申请股票上市交易，应当向证券交易所报送下列文件：

（一）上市报告书；

（二）申请股票上市的股东大会决议；

（三）公司章程；

（四）公司营业执照；

（五）依法经会计师事务所审计的公司最近三年的财务会计报告；

（六）法律意见书和上市保荐书；

（七）最近一次的招股说明书；

（八）证券交易所上市规则规定的其他文件。

第五十三条　股票上市交易申请经证券交易所审核同意后，签订上市协议的公司应当在规定的期限内公告股票上市的有关文件，并将该文件置备于指定场所供公众查阅。

第五十四条　签订上市协议的公司除公告前条规定的文件外，还应当公告下列事项：

（一）股票获准在证券交易所交易的日期；

（二）持有公司股份最多的前十名股东的名单和持股数额；

（三）公司的实际控制人；

（四）董事、监事、高级管理人员的姓名及其持有本公司股票和债券的情况。

第五十五条　上市公司有下列情形之一的，由证券交易所决定暂停其股票上市交易：

（一）公司股本总额、股权分布等发生变化不再具备上市条件；

（二）公司不按照规定公开其财务状况，或者对财务会计报告作虚假记载，可能误导投资者；

（三）公司有重大违法行为；

（四）公司最近三年连续亏损；

（五）证券交易所上市规则规定的其他情形。

第五十六条　上市公司有下列情形之一的，由证券交易所决定终止其股票上市交易：

（一）公司股本总额、股权分布等发生变化不再具备上市条件，在证券交易所规定的期限内仍不能达到上市条件；

（二）公司不按照规定公开其财务状况，或者对财务会计报告作虚假记载，且拒绝纠正；

（三）公司最近三年连续亏损，在其后一个年度内未能恢复盈利；

（四）公司解散或者被宣告破产；

（五）证券交易所上市规则规定的其他情形。

第五十七条　公司申请公司债券上市交易，应当符合下列条件：

（一）公司债券的期限为一年以上；

（二）公司债券实际发行额不少于人民币五千万元；

（三）公司申请债券上市时仍符合法定的公司债券发行条件。

第五十八条　申请公司债券上市交易，应当向证券交易所报送下列文件：

（一）上市报告书；

（二）申请公司债券上市的董事会决议；

（三）公司章程；

（四）公司营业执照；

（五）公司债券募集办法；

（六）公司债券的实际发行数额；

（七）证券交易所上市规则规定的其他文件。

申请可转换为股票的公司债券上市交易，还应当报送保荐人出具的上市保荐书。

第五十九条　公司债券上市交易申请经证券交易所审核同意后，签订上市协议的公司应当在规定的期限内公告公司债券上市文件及有关文件，并将其申请文件置备于指定场所供公众查阅。

第六十条　公司债券上市交易后，公司有下列情形之一的，由证券交易所决定暂停其公司债券上市交易：

（一）公司有重大违法行为；

（二）公司情况发生重大变化不符合公司债券上市条件；

（三）发行公司债券所募集的资金不按照核准的用途使用；

（四）未按照公司债券募集办法履行义务；

（五）公司最近二年连续亏损。

第六十一条　公司有前条第（一）项、第（四）项所列情形之一经查实后果严重的，或者有前条第（二）项、第（三）项、第（五）项所列情形之一，在限期内未能消除的，由证券交易所决定终止其公司债券上市交易。

公司解散或者被宣告破产的，由证券交易所终止其公司债券上市交易。

第六十二条　对证券交易所作出的不予上市、暂停上市、终止上市决定不服的，可以向证券交易所设立的复核机构申请复核。

第三节　持续信息公开

第六十三条　发行人、上市公司依法披露的信息，必须真实、准确、完整，不得有虚假记载、误导性陈述或者重大遗漏。

第六十四条　经国务院证券监督管理机构核准依法公开发行股票，或者经国务院授权的部门核准依法公开发行公司债券，应当公告招股说明书、公司债券募集办法。依法公开发行新股或者公司债券的，还应当公告财务会计报告。

第六十五条　上市公司和公司债券上市交易的公司，应当在每一会计年度的上半年结束之日起二个月内，向国务院证券监督管理机构和证券交易所报送记载以下内容的中期报告，并予公告：

（一）公司财务会计报告和经营情况；

（二）涉及公司的重大诉讼事项；

（三）已发行的股票、公司债券变动情况；

（四）提交股东大会审议的重要事项；

（五）国务院证券监督管理机构规定的其他事项。

第六十六条　上市公司和公司债券上市交易的公司，应当在每一会计年度结束之日起四个月内，向国务院证券监督管理机构和证券交易所报送记载以下内容的年度报告，并予公告：

（一）公司概况；

（二）公司财务会计报告和经营情况；

（三）董事、监事、高级管理人员简介及其持股情况；

（四）已发行的股票、公司债券情况，包括持有公司股份最多的前十名股东的名单和持股数额；

（五）公司的实际控制人；

（六）国务院证券监督管理机构规定的其他事项。

第六十七条　发生可能对上市公司股票交易价格产生较大影响的重大事件，投资者尚未得知时，上市公司应当立即将有关该重大事件的情况向国务院证券监督管理机构和证券交易所报送临时报告，并予公告，说明事件的起因、目前的状态和可能产生的法律后果。

下列情况为前款所称重大事件：

（一）公司的经营方针和经营范围的重大变化；

（二）公司的重大投资行为和重大的购置财产的决定；

（三）公司订立重要合同，可能对公司的资产、负债、权益和经营成果产生重要影响；

（四）公司发生重大债务和未能清偿到期重大债务的违约情况；

（五）公司发生重大亏损或者重大损失；

（六）公司生产经营的外部条件发生的重大变化；

（七）公司的董事、三分之一以上监事或者经理发生变动；

（八）持有公司百分之五以上股份的股东或者实际控制人，其持有股份或者控制公司的情况发生较大变化；

（九）公司减资、合并、分立、解散及申请破产的决定；

（十）涉及公司的重大诉讼，股东大会、董事会决议被依法撤销或者宣告无效；

（十一）公司涉嫌犯罪被司法机关立案调查，公司董事、监事、高级管理人员涉嫌犯罪被司法机关采取强制措施；

（十二）国务院证券监督管理机构规定的其他事项。

第六十八条　上市公司董事、高级管理人员应当对公司定期报告签署书面确认意见。

上市公司监事会应当对董事会编制的公司定期报告进行审核并提出书面审核意见。

上市公司董事、监事、高级管理人员应当保证上市公司所披露的信息真实、准确、完整。

第六十九条　发行人、上市公司公告的招股说明书、公司债券募集办法、财务会计报告、上市报告文件、年度报告、中期报告、临时报告以及其他信息披露资料，有虚假记载、误导性陈述或者重大遗漏，致使投资者在证券交易中遭受损失的，发行人、上市公司应当承担赔偿责任；发行人、上市公司的董事、监事、高级管理人员和其他直接责任人员以及保荐人、承销的证券公司，应当与发行人、上市公司承担连带赔偿责任，但是能够证明自己没有过错的除外；发行人、上市公司的控股股东、实际控制人有过错的，应当与发行人、上市公司承担连带赔偿责任。

第七十条　依法必须披露的信息，应当在国务院证券监督管理机构指定的媒体发布，同时将其置备于公司住所、证券交易所，供社会公众查阅。

第七十一条　国务院证券监督管理机构对上市公司年度报告、中期报告、临时报告以及公告的情况进行监督，对上市公司分派或者配售新股的情况进行监督，对上市公司控股股东和信息披露义务人的行为进行监督。

证券监督管理机构、证券交易所、保荐人、承销的证券公司及有关人员，对公司依照法律、行政法规规定必须作出的公告，在公告前不得泄露其内容。

第七十二条　证券交易所决定暂停或者终止证券上市交易的，应当及时公告，并报国务院证券监督管理机构备案。

第四节　禁止的交易行为

第七十三条　禁止证券交易内幕信息的知情人和非法获取内幕信息的人利用内幕信息从事证券交易活动。

第七十四条　证券交易内幕信息的知情人包括：

（一）发行人的董事、监事、高级管理人员；

（二）持有公司百分之五以上股份的股东及其董事、监事、高级管理人员，公司的实际控制人及其董事、监事、高级管理人员；

（三）发行人控股的公司及其董事、监事、高级管理人员；

（四）由于所任公司职务可以获取公司有关内幕信息的人员；

（五）证券监督管理机构工作人员以及由于法定职责对证券的发行、交易进行管理的其他人员；

（六）保荐人、承销的证券公司、证券交易所、证券登记结算机构、证券服务机构的有关人员；

（七）国务院证券监督管理机构规定的其他人。

第七十五条　证券交易活动中，涉及公司的经营、财务或者对该公司证券的市场价格有重大影响的尚未公开的信息，为内幕信息。

下列信息皆属内幕信息：

（一）本法第六十七条第二款所列重大事件；

（二）公司分配股利或者增资的计划；

（三）公司股权结构的重大变化；

（四）公司债务担保的重大变更；

（五）公司营业用主要资产的抵押、出售或者报废一次超过该资产的百分之三十；

（六）公司的董事、监事、高级管理人员的行为可能依法承担重大损害赔偿责任；

（七）上市公司收购的有关方案；

（八）国务院证券监督管理机构认定的对证券交易价格有显著影响的其他重要信息。

第七十六条　证券交易内幕信息的知情人和非法获取内幕信息的人，在内幕信息公开前，不得买卖该公司的证券，或者泄露该信息，或者建议他人买卖该证券。

持有或者通过协议、其他安排与他人共同持有公司百分之五以上股份的自然人、法人、其他组织收购上市公司的股份，本法另有规定的，适用其规定。

内幕交易行为给投资者造成损失的，行为人应当依法承担赔偿责任。

第七十七条　禁止任何人以下列手段操纵证券市场：

（一）单独或者通过合谋，集中资金优势、持股优势或者利用信息优势联合或者连续买卖，操纵证券交易价格或者证券交易量；

（二）与他人串通，以事先约定的时间、价格和方式相互进行证券交易，影响证券交易价格或者证券交易量；

（三）在自己实际控制的账户之间进行证券交易，影响证券交易价格或者证券交易量；

（四）以其他手段操纵证券市场。

操纵证券市场行为给投资者造成损失的，行为人应当依法承担赔偿责任。

第七十八条　禁止国家工作人员、传播媒介从业人员和有关人员编造、传播虚假信息，扰乱证券市场。

禁止证券交易所、证券公司、证券登记结算机构、证券服务机构及其从业人员，证券业协会、证券监督管理机构及其工作人员，在证券交易活动中作出虚假陈述或者信息误导。

各种传播媒介传播证券市场信息必须真实、客观，禁止误导。

第七十九条　禁止证券公司及其从业人员从事下列损害客户利益的欺诈行为：

（一）违背客户的委托为其买卖证券；

（二）不在规定时间内向客户提供交易的书面确认文件；

（三）挪用客户所委托买卖的证券或者客户账户上的资金；

（四）未经客户的委托，擅自为客户买卖证券，或者假借客户的名义买卖证券；

（五）为牟取佣金收入，诱使客户进行不必要的证券买卖；

（六）利用传播媒介或者通过其他方式提供、传播虚假或者误导投资者的信息；

（七）其他违背客户真实意思表示，损害客户利益的行为。

欺诈客户行为给客户造成损失的，行为人应当依法承担赔偿责任。

第八十条　禁止法人非法利用他人账户从事证券交易；禁止法人出借自己或者他人的证券账户。

第八十一条　依法拓宽资金入市渠道，禁止资金违规流入股市。

第八十二条　禁止任何人挪用公款买卖证券。

第八十三条　国有企业和国有资产控股的企业买卖上市交易的股票，必须遵守国家有关规定。

第八十四条　证券交易所、证券公司、证券登记结算机构、证券服务机构及其从业人员对证券交易中发现的禁止的交易行为，应当及时向证券监督管理机构报告。

第四章　上市公司的收购

第八十五条　投资者可以采取要约收购、协议收购及其他合法方式收购上市公司。

第八十六条　通过证券交易所的证券交易，投资者持有或者通过协议、其他安排与他人共同持有一个上市公司已发行的股份达到百分之五时，应当在该事实发生之日起三日内，向国务院证券监督管理机构、证券交易所作出书面报告，通知该上市公司，并予公告；在上述期限内，不得再行买卖该上市公司的股票。

投资者持有或者通过协议、其他安排与他人共同持有一个上市公司已发行的股份达到百分之五后，其所持该上市公司已发行的股份比例每增加或者减少百分之五，应当依照前款规定进行报告和公告。在报告期限内和作出报告、公告后二日内，不得再行买卖该上市公司的股票。

第八十七条　依照前条规定所作的书面报告和公告，应当包括下列内容：

（一）持股人的名称、住所；

（二）持有的股票的名称、数额；

（三）持股达到法定比例或者持股增减变化达到法定比例的日期。

第八十八条　通过证券交易所的证券交易，投资者持有或者通过协议、其他安排与他人共同持有一个上市公司已发行的股份达到百分之三十时，继续进行收购的，应当依法向该上市公司所有股东发出收购上市公司全部或者部分股份的要约。

收购上市公司部分股份的收购要约应当约定，被收购公司股东承诺出售的股份数额超过预定收购的股份数额的，收购人按比例进行收购。

第八十九条　依照前条规定发出收购要约，收购人必须事先向国务院证券监督管理机构报送上市公司收购报告书，并载明下列事项：

（一）收购人的名称、住所；

（二）收购人关于收购的决定；

（三）被收购的上市公司名称；

（四）收购目的；

（五）收购股份的详细名称和预定收购的股份数额；

（六）收购期限、收购价格；

（七）收购所需资金额及资金保证；

（八）报送上市公司收购报告书时持有被收购公司股份数占该公司已发行的股份总数的比例。

收购人还应当将上市公司收购报告书同时提交证券交易所。

第九十条　收购人在依照前条规定报送上市公司收购报告书之日起十五日后，公告其收购要约。在上述期限内，国务院证券监督管理机构发现上市公司收购报告书不符合法律、行政法规规定的，应当及时告知收购人，收购人不得公告其收购要约。

收购要约约定的收购期限不得少于三十日，并不得超过六十日。

第九十一条　在收购要约确定的承诺期限内，收购人不得撤销其收购要约。收购人需要变更收购要约的，必须事先向国务院证券监督管理机构及证券交易所提出报告，经批准后，予以公告。

第九十二条　收购要约提出的各项收购条件，适用于被收购公司的所有股东。

第九十三条　采取要约收购方式的，收购人在收购期限内，不得卖出被收购公司的股票，也不得采取要约规定以外的形式和超出要约的条件买入被收购公司的股票。

第九十四条　采取协议收购方式的，收购人可以依照法律、行政法规的规定同被收购公司的股东以协议方式进行股份转让。

以协议方式收购上市公司时，达成协议后，收购人必须在三日内将该收购协议向国务院证券监督管理机构及证券交易所作出书面报告，并予公告。

在公告前不得履行收购协议。

第九十五条　采取协议收购方式的，协议双方可以临时委托证券登记结算机构保管协议转让的股票，并将资金存放于指定的银行。

第九十六条　采取协议收购方式的，收购人收购或者通过协议、其他安排与他人共同收购一个上市公司已发行的股份达到百分之三十时，继续进行收购的，应当向该上市公司所有股东发出收购上市公司全部或者部分股份的要约。但是，经国务院证券监督管理机构免除发出要约的除外。

收购人依照前款规定以要约方式收购上市公司股份，应当遵守本法第八十九条至第九十三条的规定。

第九十七条　收购期限届满，被收购公司股权分布不符合上市条件的，该上市公司的股票应当由证券交易所依法终止上市交易；其余仍持有被收购公司股票的股东，有权向收购人以收购要约的同等条件出售其股票，收购人应当收购。

收购行为完成后，被收购公司不再具备股份有限公司条件的，应当依法变更企业形式。

第九十八条　在上市公司收购中，收购人持有的被收购的上市公司的股票，在收购行为完成后的十二个月内不得转让。

第九十九条　收购行为完成后，收购人与被收购公司合并，并将该公司解散的，被解散公司的原有股票由收购人依法更换。

第一百条　收购行为完成后，收购人应当在十五日内将收购情况报告国务院证券监督管理机构和证券交易所，并予公告。

第一百零一条　收购上市公司中由国家授权投资的机构持有的股份，应当按照国务院的规定，经有关主管部门批准。

国务院证券监督管理机构应当依照本法的原则制定上市公司收购的具体办法。

第五章　证券交易所

第一百零二条　证券交易所是为证券集中交易提供场所和设施，组织和监督证券交易，实行自律管理的法人。

证券交易所的设立和解散，由国务院决定。

第一百零三条　设立证券交易所必须制定章程。

证券交易所章程的制定和修改，必须经国务院证券监督管理机构批准。

第一百零四条　证券交易所必须在其名称中标明证券交易所字样。其他任何单位或者个人不得使用证券交易所或者近似的名称。

第一百零五条　证券交易所可以自行支配的各项费用收入，应当首先用于保证其证券交易场所和设施的正常运行并逐步改善。

实行会员制的证券交易所的财产积累归会员所有，其权益由会员共同享有，在其存续期间，不得将其财产积累分配给会员。

第一百零六条　证券交易所设理事会。

第一百零七条　证券交易所设总经理一人，由国务院证券监督管理机构任免。

第一百零八条　有《中华人民共和国公司法》第一百四十七条规定的情形或者下列情形之一的，不得担任证券交易所的负责人：

（一）因违法行为或者违纪行为被解除职务的证券交易所、证券登记结算机构的负责人或者证券公司的董事、监事、高级管理人员，自被解除职务之日起未逾五年；

（二）因违法行为或者违纪行为被撤销资格的律师、注册会计师或者投资咨询机构、财务顾问机构、资信评级机构、资产评估机构、验证机构的专业人员，自被撤销资格之日起未逾五年。

第一百零九条　因违法行为或者违纪行为被开除的证券交易所、证券登记结算机构、证券服务机构、证券公司的从业人员和被开除的国家机关工作人员，不得招聘为证券交易所的从业人员。

第一百一十条　进入证券交易所参与集中交易的，必须是证券交易所的会员。

第一百一十一条　投资者应当与证券公司签订证券交易委托协议，并在证券公司开立证券交易账户，以书面、电话以及其他方式，委托该证券公司代其买卖证券。

第一百一十二条　证券公司根据投资者的委托，按照证券交易规则提出交易申报，参与证券交易所场内的集中交易，并根据成交结果承担相应的清算交收责任；证券登记结算机构根据成交结果，按照清算交收规则，与证券公司进行证券和资金的清算交收，并为证券公司客户办理证券的登记过户手续。

第一百一十三条　证券交易所应当为组织公平的集中交易提供保障，公布证券交易即时行情，并按交易日制作证券市场行情表，予以公布。

未经证券交易所许可，任何单位和个人不得发布证券交易即时行情。

第一百一十四条　因突发性事件而影响证券交易的正常进行时，证券交易所可以采取技术性停牌的措施；因不可抗力的突发性事件或者为维护证券交易的正常秩序，证券交易所可以决定临时停市。

证券交易所采取技术性停牌或者决定临时停市，必须及时报告国务院证券监督管理机构。

第一百一十五条　证券交易所对证券交易实行实时监控，并按照国务院证券监督管理机构的要求，对异常的交易情况提出报告。

证券交易所应当对上市公司及相关信息披露义务人披露信息进行监督，督促其依法及时、准确地披露信息。

证券交易所根据需要，可以对出现重大异常交易情况的证券账户限制交易，并报国务院证券监督管理机构备案。

第一百一十六条　证券交易所应当从其收取的交易费用和会员费、席位费中提取一定比例的金额设立风险基金。风险基金由证券交易所理事会管理。

风险基金提取的具体比例和使用办法，由国务院证券监督管理机构会同国务院财政部门规定。

第一百一十七条　证券交易所应当将收存的风险基金存入开户银行专门账户，不得擅自使用。

第一百一十八条　证券交易所依照证券法律、行政法规制定上市规则、交易规则、会员管理规则和其他有关规则，并报国务院证券监督管理机构批准。

第一百一十九条　证券交易所的负责人和其他从业人员在执行与证券交易有关的职务时，与其本人或者其亲属有利害关系的，应当回避。

第一百二十条　按照依法制定的交易规则进行的交易，不得改变其交易结果。对交易中违规交易者应负的民事责任不得免除；在违规交易中所获利益，依照有关规定处理。

第一百二十一条　在证券交易所内从事证券交易的人员，违反证券交易所有关交易规则的，由证券交易所给予纪律处分；对情节严重的，撤销其资格，禁止其入场进行证券交易。

第六章　证券公司

第一百二十二条　设立证券公司，必须经国务院证券监督管理机构审查批准。未经国务院证券监督管理机构批准，任何单位和个人不得经营证券业务。

第一百二十三条　本法所称证券公司是指依照《中华人民共和国公司法》和本法规定设立的经营证券业务的有限责任公司或者股份有限公司。

第一百二十四条　设立证券公司，应当具备下列条件：

（一）有符合法律、行政法规规定的公司章程；

（二）主要股东具有持续盈利能力，信誉良好，最近三年无重大违法违规记录，净资产不低于人民币二亿元；

（三）有符合本法规定的注册资本；

（四）董事、监事、高级管理人员具备任职资格，从业人员具有证券从业资格；

（五）有完善的风险管理与内部控制制度；

（六）有合格的经营场所和业务设施；

（七）法律、行政法规规定的和经国务院批准的国务院证券监督管理机构规定的其他条件。

第一百二十五条　经国务院证券监督管理机构批准，证券公司可以经营下列部分或者全部业务：

（一）证券经纪；

（二）证券投资咨询；

（三）与证券交易、证券投资活动有关的财务顾问；

（四）证券承销与保荐；

（五）证券自营；

（六）证券资产管理；

（七）其他证券业务。

第一百二十六条　证券公司必须在其名称中标明证券有限责任公司或者证券股份有限公司字样。

第一百二十七条　证券公司经营本法第一百二十五条第（一）项至第（三）项业务的，注册资本最低限额为人民币五千万元；经营第（四）项至第（七）项业务之一的，注册资本最低限额为人民币一亿元；经营第（四）项至第（七）项业务中两项以上的，注册资本最低限额为人民币五亿元。证券公司的注册资本应当是实缴资本。

国务院证券监督管理机构根据审慎监管原则和各项业务的风险程度，可以调整注册资本最低限额，但不得少于前款规定的限额。

第一百二十八条　国务院证券监督管理机构应当自受理证券公司设立申请之日起六个月内，依照法定条件和法定程序并根据审慎监管原则进行审查，作出批准或者不予批准的决定，并通知申请人；不予批准的，应当说明理由。

证券公司设立申请获得批准的，申请人应当在规定的期限内向公司登记机关申请设立登记，领取营业执照。

证券公司应当自领取营业执照之日起十五日内，向国务院证券监督管理机构申请经营证券业务许可证。未取得经营证券业务许可证，证券公司不得经营证券业务。

第一百二十九条　证券公司设立、收购或者撤销分支机构，变更业务范围或者注册资本，变更持有百分之五以上股权的股东、实际控制人，变更公司章程中的重要条款，合并、分立、变更公司形式、停业、解散、破产，必须经国务院证券监督管理机构批准。

证券公司在境外设立、收购或者参股证券经营机构，必须经国务院证券监督管理机构批准。

第一百三十条　国务院证券监督管理机构应当对证券公司的净资本，净资本与负债的比例，净资本与净资产的比例，净资本与自营、承销、资产管理等业务规模的比例，负债与净资产的比例，以及流动资产与流动负债的比例等风险控制指标作出规定。

证券公司不得为其股东或者股东的关联人提供融资或者担保。

第一百三十一条　证券公司的董事、监事、高级管理人员，应当正直诚实，品行良好，熟悉证券法律、行政法规，具有履行职责所需的经营管理能力，并在任职前取得国务院证券监督管理机构核准的任职资格。

有《中华人民共和国公司法》第一百四十七条规定的情形或者下列情形之一的，不得担任证券公司的董事、监事、高级管理人员：

（一）因违法行为或者违纪行为被解除职务的证券交易所、证券登记结算机构的负责人或者证券公司的董事、监事、高级管理人员，自被解除职务之日起未逾五年；

（二）因违法行为或者违纪行为被撤销资格的律师、注册会计师或者投资咨询机构、财务顾问机构、资信评级机构、资产评估机构、验证机构的专业人员，自被撤销资格之日起未逾五年。

第一百三十二条　因违法行为或者违纪行为被开除的证券交易所、证券登记结算机构、证券服务机构、证券公司的从业人员和被开除的国家机关工作人员，不得招聘为证券公司的从业人员。

第一百三十三条　国家机关工作人员和法律、行政法规规定的禁止在公司中兼职的其他人员，不得在证券公司中兼任职务。

第一百三十四条　国家设立证券投资者保护基金。证券投资者保护基金由证券公司缴纳的资金及其他依法筹集的资金组成，其筹集、管理和使用的具体办法由国务院规定。

第一百三十五条　证券公司从每年的税后利润中提取交易风险准备金，用于弥补证券交易的损失，其提取的具体比例由国务院证券监督管理机构规定。

第一百三十六条　证券公司应当建立健全内部控制制度，采取有效隔离措施，防范公司与客户之间、不同客户之间的利益冲突。

证券公司必须将其证券经纪业务、证券承销业务、证券自营业务和证券资产管理业务分开办理，不得混合操作。

第一百三十七条　证券公司的自营业务必须以自己的名义进行，不得假借他人名义或者以个人名义进行。

证券公司的自营业务必须使用自有资金和依法筹集的资金。

证券公司不得将其自营账户借给他人使用。

第一百三十八条　证券公司依法享有自主经营的权利，其合法经营不受干涉。

第一百三十九条　证券公司客户的交易结算资金应当存放在商业银行，以每个客户的名义单独立户管理。具体办法和实施步骤由国务院规定。

证券公司不得将客户的交易结算资金和证券归入其自有财产。禁止任何单位或者个人以任何形式挪用客户的交易结算资金和证券。证券公司破产或者清算时，客户的交易结算资金和证券不属于其破产财产或者清算财产。非因客户本身的债务或者法律规定的其他情形，不得查封、冻结、扣划或者强制执行客户的交易结算资金和证券。

第一百四十条　证券公司办理经纪业务，应当置备统一制定的证券买卖委托书，供委托人使用。采取其他委托方式的，必须作出委托记录。

客户的证券买卖委托，不论是否成交，其委托记录应当按照规定的期限，保存于证券公司。

第一百四十一条　证券公司接受证券买卖的委托，应当根据委托书载明的证券名称、买卖数量、出价方式、价格幅度等，按照交易规则代理买卖证券，如实进行交易记录；买卖成交后，应当按照规定制作买卖成交报告单交付客户。

证券交易中确认交易行为及其交易结果的对账单必须真实，并由交易经办人员以外的审核人员逐笔审核，保证账面证券余额与实际持有的证券相一致。

第一百四十二条　证券公司为客户买卖证券提供融资融券服务，应当按照国务院的规定并经国务院证券监督管理机构批准。

第一百四十三条　证券公司办理经纪业务，不得接受客户的全权委托而决定证券买卖、选择证券种类、决定买卖数量或者买卖价格。

第一百四十四条　证券公司不得以任何方式对客户证券买卖的收益或者赔偿证券买卖的损失作出承诺。

第一百四十五条　证券公司及其从业人员不得未经过其依法设立的营业场所私下接受客户委托买卖证券。

第一百四十六条　证券公司的从业人员在证券交易活动中，执行所属的证券公司的指令或者利用职务违反交易规则的，由所属的证券公司承担全部责任。

第一百四十七条　证券公司应当妥善保存客户开户资料、委托记录、交易记录和与内部管理、业务经营有关的各项资料，任何人不得隐匿、伪造、篡改或者毁损。上述资料的保存期限不得少于二十年。

第一百四十八条　证券公司应当按照规定向国务院证券监督管理机构报送业务、财务等经营管理信息和资料。国务院证券监督管理机构有权要求证券公司及其股东、实际控制人在指定的期限内提供有关信息、资料。

证券公司及其股东、实际控制人向国务院证券监督管理机构报送或者提供的信息、资料，必须真实、准确、完整。

第一百四十九条　国务院证券监督管理机构认为有必要时，可以委托会计师事务所、资产评估机构对证券公司的财务状况、内部控制状况、资产价值进行审计或者评估。具体办法由国务院证券监督管理机构会同有关主管部门制定。

第一百五十条　证券公司的净资本或者其他风险控制指标不符合规定的，国务院证券监督管理机构应当责令其限期改正；逾期未改正，或者其行为严重危及该证券公司的稳健运行、损害客户合法权益的，国务院证券监督管理机构可以区别情形，对其采取下列措施：

（一）限制业务活动，责令暂停部分业务，停止批准新业务；

（二）停止批准增设、收购营业性分支机构；

（三）限制分配红利，限制向董事、监事、高级管理人员支付报酬、提供福利；

（四）限制转让财产或者在财产上设定其他权利；

（五）责令更换董事、监事、高级管理人员或者限制其权利；

（六）责令控股股东转让股权或者限制有关股东行使股东权利；

（七）撤销有关业务许可。

证券公司整改后，应当向国务院证券监督管理机构提交报告。国务院证券监督管理机构经验收，符合有关风险控制指标的，应当自验收完毕之日起三日内解除对其采取的前款规定的有关措施。

第一百五十一条　证券公司的股东有虚假出资、抽逃出资行为的，国务院证券监督管理机构应当责令其限期改正，并可责令其转让所持证券公司的股权。

在前款规定的股东按照要求改正违法行为、转让所持证券公司的股权前，国务院证券监督管理机构可以限制其股东权利。

第一百五十二条　证券公司的董事、监事、高级管理人员未能勤勉尽责，致使证券公司存在重大违法违规行为或者重大风险的，国务院证券监督管理机构可以撤销其任职资格，并责令公司予以更换。

第一百五十三条　证券公司违法经营或者出现重大风险，严重危害证券市场秩序、损害投资者利益的，国务院证券监督管理机构可以对该证券公司采取责令停业整顿、指定其他机构托管、接管或者撤销等监管措施。

第一百五十四条　在证券公司被责令停业整顿、被依法指定托管、接管或者清算期间，或者出现重大风险时，经国务院证券监督管理机构批准，可以对该证券公司直接负责的董事、监事、高级管理人员和其他直接责任人员采取以下措施：

（一）通知出境管理机关依法阻止其出境；

（二）申请司法机关禁止其转移、转让或者以其他方式处分财产，或者在财产上设定其他权利。

第七章　证券登记结算机构

第一百五十五条　证券登记结算机构是为证券交易提供集中登记、存管与结算服务，不以营利为目的的法人。

设立证券登记结算机构必须经国务院证券监督管理机构批准。

第一百五十六条　设立证券登记结算机构，应当具备下列条件：

（一）自有资金不少于人民币二亿元；

（二）具有证券登记、存管和结算服务所必须的场所和设施；

（三）主要管理人员和从业人员必须具有证券从业资格；

（四）国务院证券监督管理机构规定的其他条件。

证券登记结算机构的名称中应当标明证券登记结算字样。

第一百五十七条　证券登记结算机构履行下列职能：

（一）证券账户、结算账户的设立；

（二）证券的存管和过户；

（三）证券持有人名册登记；

（四）证券交易所上市证券交易的清算和交收；

（五）受发行人的委托派发证券权益；

（六）办理与上述业务有关的查询；

（七）国务院证券监督管理机构批准的其他业务。

第一百五十八条　证券登记结算采取全国集中统一的运营方式。

证券登记结算机构章程、业务规则应当依法制定，并经国务院证券监督管理机构批准。

第一百五十九条　证券持有人持有的证券，在上市交易时，应当全部存管在证券登记结算机构。

证券登记结算机构不得挪用客户的证券。

第一百六十条　证券登记结算机构应当向证券发行人提供证券持有人名册及其有关资料。

证券登记结算机构应当根据证券登记结算的结果，确认证券持有人持有证券的事实，提供证券持有人登记资料。

证券登记结算机构应当保证证券持有人名册和登记过户记录真实、准确、完整，不得隐匿、伪造、篡改或者毁损。

第一百六十一条　证券登记结算机构应当采取下列措施保证业务的正常进行：

（一）具有必备的服务设备和完善的数据安全保护措施；

（二）建立完善的业务、财务和安全防范等管理制度；

（三）建立完善的风险管理系统。

第一百六十二条　证券登记结算机构应当妥善保存登记、存管和结算的原始凭证及有关文件和资料。其保存期限不得少于二十年。

第一百六十三条　证券登记结算机构应当设立证券结算风险基金，用于垫付或者弥补因违约交收、技术故障、操作失误、不可抗力造成的证券登记结算机构的损失。

证券结算风险基金从证券登记结算机构的业务收入和收益中提取，并可以由结算参与人按照证券交易业务量的一定比例缴纳。

证券结算风险基金的筹集、管理办法，由国务院证券监督管理机构会同国务院财政部门规定。

第一百六十四条　证券结算风险基金应当存入指定银行的专门账户，实行专项管理。

证券登记结算机构以证券结算风险基金赔偿后，应当向有关责任人追偿。

第一百六十五条　证券登记结算机构申请解散，应当经国务院证券监督管理机构批准。

第一百六十六条　投资者委托证券公司进行证券交易，应当申请开立证券账户。证券登记结算机构应当按照规定以投资者本人的名义为投资者开立证券账户。

投资者申请开立账户，必须持有证明中国公民身份或者中国法人资格的合法证件。

国家另有规定的除外。

第一百六十七条　证券登记结算机构为证券交易提供净额结算服务时，应当要求结算参与人按照货银对付的原则，足额交付证券和资金，并提供交收担保。

在交收完成之前，任何人不得动用用于交收的证券、资金和担保物。

结算参与人未按时履行交收义务的，证券登记结算机构有权按照业务规则处理前款所述财产。

第一百六十八条　证券登记结算机构按照业务规则收取的各类结算资金和证券，必须存放于专门的清算交收账户，只能按业务规则用于已成交的证券交易的清算交收，不得被强制执行。

第八章　证券服务机构

第一百六十九条　投资咨询机构、财务顾问机构、资信评级机构、资产评估机构、会计师事务所从事证券服务业务，必须经国务院证券监督管理机构和有关主管部门批准。

投资咨询机构、财务顾问机构、资信评级机构、资产评估机构、会计师事务所从事证券服务业务的审批管理办法，由国务院证券监督管理机构和有关主管部门制定。

第一百七十条　投资咨询机构、财务顾问机构、资信评级机构从事证券服务业务的人员，必须具备证券专业知识和从事证券业务或者证券服务业务二年以上经验。认定其证券从业资格的标准和管理办法，由国务院证券监督管理机构制定。

第一百七十一条　投资咨询机构及其从业人员从事证券服务业务不得有下列行为：

（一）代理委托人从事证券投资；

（二）与委托人约定分享证券投资收益或者分担证券投资损失；

（三）买卖本咨询机构提供服务的上市公司股票；

（四）利用传播媒介或者通过其他方式提供、传播虚假或者误导投资者的信息；

（五）法律、行政法规禁止的其他行为。

有前款所列行为之一，给投资者造成损失的，依法承担赔偿责任。

第一百七十二条　从事证券服务业务的投资咨询机构和资信评级机构，应当按照国务院有关主管部门规定的标准或者收费办法收取服务费用。

第一百七十三条　证券服务机构为证券的发行、上市、交易等证券业务活动制作、出具审计报告、资产评估报告、财务顾问报告、资信评级报告或者法律意见书等文件，应当勤勉尽责，对所依据的文件资料内容的真实性、准确性、完整性进行核查和验证。其制作、出具的文件有虚假记载、误导性陈述或者重大遗漏，给他人造成损失的，应当与发行人、上市公司承担连带赔偿责任，但是能够证明自己没有过错的除外。

第九章　证券业协会

第一百七十四条　证券业协会是证券业的自律性组织，是社会团体法人。

证券公司应当加入证券业协会。

证券业协会的权力机构为全体会员组成的会员大会。

第一百七十五条　证券业协会章程由会员大会制定，并报国务院证券监督管理机构备案。

第一百七十六条　证券业协会履行下列职责：

（一）教育和组织会员遵守证券法律、行政法规；

（二）依法维护会员的合法权益，向证券监督管理机构反映会员的建议和要求；

（三）收集整理证券信息，为会员提供服务；

（四）制定会员应遵守的规则，组织会员单位的从业人员的业务培训，开展会员间的业务交流；

（五）对会员之间、会员与客户之间发生的证券业务纠纷进行调解；

（六）组织会员就证券业的发展、运作及有关内容进行研究；

（七）监督、检查会员行为，对违反法律、行政法规或者协会章程的，按照规定给予纪律处分；

（八）证券业协会章程规定的其他职责。

第一百七十七条　证券业协会设理事会。理事会成员依章程的规定由选举产生。

第十章　证券监督管理机构

第一百七十八条　国务院证券监督管理机构依法对证券市场实行监督管理，维护证券市场秩序，保障其合法运行。

第一百七十九条　国务院证券监督管理机构在对证券市场实施监督管理中履行下列职责：

（一）依法制定有关证券市场监督管理的规章、规则，并依法行使审批或者核准权；

（二）依法对证券的发行、上市、交易、登记、存管、结算，进行监督管理；

（三）依法对证券发行人、上市公司、证券公司、证券投资基金管理公司、证券服务机构、证券交易所、证券登记结算机构的证券业务活动，进行监督管理；

（四）依法制定从事证券业务人员的资格标准和行为准则，并监督实施；

（五）依法监督检查证券发行、上市和交易的信息公开情况；

（六）依法对证券业协会的活动进行指导和监督；

（七）依法对违反证券市场监督管理法律、行政法规的行为进行查处；

（八）法律、行政法规规定的其他职责。

国务院证券监督管理机构可以和其他国家或者地区的证券监督管理机构建立监督管理合作机制，实施跨境监督管理。

第一百八十条　国务院证券监督管理机构依法履行职责，有权采取下列措施：

（一）对证券发行人、上市公司、证券公司、证券投资基金管理公司、证券服务机构、证券交易所、证券登记结算机构进行现场检查；

（二）进入涉嫌违法行为发生场所调查取证；

（三）询问当事人和与被调查事件有关的单位和个人，要求其对与被调查事件有关的事项作出说明；

（四）查阅、复制与被调查事件有关的财产权登记、通讯记录等资料；

（五）查阅、复制当事人和与被调查事件有关的单位和个人的证券交易记录、登记过户记录、财务会计资料及其他相关文件和资料；对可能被转移、隐匿或者毁损的文件和资料，可以予以封存；

（六）查询当事人和与被调查事件有关的单位和个人的资金账户、证券账户和银行账户；对有证据证明已经或者可能转移或者隐匿违法资金、证券等涉案财产或者隐匿、伪造、毁损重要证据的，经国务院证券监督管理机构主要负责人批准，可以冻结或者查封；

（七）在调查操纵证券市场、内幕交易等重大证券违法行为时，经国务院证券监督管理机构主要负责人批准，可以限制被调查事件当事人的证券买卖，但限制的期限不得超过十五个交易日；案情复杂的，可以延长十五个交易日。

第一百八十一条　国务院证券监督管理机构依法履行职责，进行监督检查或者调查，其监督检查、调查的人员不得少于二人，并应当出示合法证件和监督检查、调查通知书。监督检查、调查的人员少于二人或者未出示合法证件和监督检查、调查通知书的，被检查、调查的单位有权拒绝。

第一百八十二条　国务院证券监督管理机构工作人员必须忠于职守，依法办事，公正廉洁，不得利用职务便利牟取不正当利益，不得泄露所知悉的有关单位和个人的商业秘密。

第一百八十三条　国务院证券监督管理机构依法履行职责，被检查、调查的单位和个人应当配合，如实提供有关文件和资料，不得拒绝、阻碍和隐瞒。

第一百八十四条　国务院证券监督管理机构依法制定的规章、规则和监督管理工作制度应当公开。

国务院证券监督管理机构依据调查结果，对证券违法行为作出的处罚决定，应当公开。

第一百八十五条　国务院证券监督管理机构应当与国务院其他金融监督管理机构建立监督管理信息共享机制。

国务院证券监督管理机构依法履行职责，进行监督检查或者调查时，有关部门应当予以配合。

第一百八十六条　国务院证券监督管理机构依法履行职责，发现证券违法行为涉嫌犯罪的，应当将案件移送司法机关处理。

第一百八十七条　国务院证券监督管理机构的人员不得在被监管的机构中任职。

第十一章　法律责任

第一百八十八条　未经法定机关核准，擅自公开或者变相公开发行证券的，责令停止发行，退还所募资金并加算银行同期存款利息，处以非法所募资金金额百分之一以上百分之五以下的罚款；对擅自公开或者变相公开发行证券设立的公司，由依法履行监督管理职责的机构或者部门会同县级以上地方人民政府予以取缔。对直接负责的主管人员和其他直接责任人员给予警告，并处以三万元以上三十万元以下的罚款。

第一百八十九条　发行人不符合发行条件，以欺骗手段骗取发行核准，尚未发行证券的，处以三十万元以上六十万元以下的罚款；已经发行证券的，处以非法所募资金金额百分之一以上百分之五以下的罚款。对直接负责的主管人员和其他直接责任人员处以三万元以上三十万元以下的罚款。

发行人的控股股东、实际控制人指使从事前款违法行为的，依照前款的规定处罚。

第一百九十条　证券公司承销或者代理买卖未经核准擅自公开发行的证券的，责令停止承销或者代理买卖，没收违法所得，并处以违法所得一倍以上五倍以下的罚款；没有违法所得或者违法所得不足三十万元的，处以三十万元以上六十万元以下的罚款。给投资者造成损失的，应当与发行人承担连带赔偿责任。对直接负责的主管人员和其他直接责任人员给予警告，撤销任职资格或者证券从业资格，并处以三万元以上三十万元以下的罚款。

第一百九十一条　证券公司承销证券，有下列行为之一的，责令改正，给予警告，没收违法所得，可以并处三十万元以上六十万元以下的罚款；情节严重的，暂停或者撤销相关业务许可。给其他证券承销机构或者投资者造成损失的，依法承担赔偿责任。对直接负责的主管人员和其他直接责任人员给予警告，可以并处三万元以上三十万元以下的罚款；情节严重的，撤销任职资格或者证券从业资格：

（一）进行虚假的或者误导投资者的广告或者其他宣传推介活动；

（二）以不正当竞争手段招揽承销业务；

（三）其他违反证券承销业务规定的行为。

第一百九十二条　保荐人出具有虚假记载、误导性陈述或者重大遗漏的保荐书，或者不履行其他法定职责的，责令改正，给予警告，没收业务收入，并处以业务收入一倍以上五倍以下的罚款；情节严重的，暂停或者撤销相关业务许可。对直接负责的主管人员和其他直接责任人员给予警告，并处以三万元以上三十万元以下的罚款；情节严重的，撤销任职资格或者证券从业资格。

第一百九十三条　发行人、上市公司或者其他信息披露义务人未按照规定披露信息，或者所披露的信息有虚假记载、误导性陈述或者重大遗漏的，责令改正，给予警告，并处以三十万元以上六十万元以下的罚款。对直接负责的主管人员和其他直接责任人员给予警告，并处以三万元以上三十万元以下的罚款。

发行人、上市公司或者其他信息披露义务人未按照规定报送有关报告，或者报送的报告有虚假记载、误导性陈述或者重大遗漏的，责令改正，给予警告，并处以三十万元以上六十万元以下的罚款。对直接负责的主管人员和其他直接责任人员给予警告，并处以三万元以上三十万元以下的罚款。

发行人、上市公司或者其他信息披露义务人的控股股东、实际控制人指使从事前两款违法行为的，依照前两款的规定处罚。

第一百九十四条　发行人、上市公司擅自改变公开发行证券所募集资金的用途的，责令改正，对直接负责的主管人员和其他直接责任人员给予警告，并处以三万元以上三十万元以下的罚款。

发行人、上市公司的控股股东、实际控制人指使从事前款违法行为的，给予警告，并处以三十万元以上六十万元以下的罚款。对直接负责的主管人员和其他直接责任人员依照前款的规定处罚。

第一百九十五条　上市公司的董事、监事、高级管理人员、持有上市公司股份百分之五以上的股东，违反本法第四十七条的规定买卖本公司股票的，给予警告，可以并处三万元以上十万元以下的罚款。

第一百九十六条　非法开设证券交易场所的，由县级以上人民政府予以取缔，没收违法所得，并处以违法所得一倍以上五倍以下的罚款；没有违法所得或者违法所得不足十万元的，处以十万元以上五十万元以下的罚款。对直接负责的主管人员和其他直接责任人员给予警告，并处以三万元以上三十万元以下的罚款。

第一百九十七条　未经批准，擅自设立证券公司或者非法经营证券业务的，由证券监督管理机构予以取缔，没收违法所得，并处以违法所得一倍以上五倍以下的罚款；没有违法所得或者违法所得不足三十万元的，处以三十万元以上六十万元以下的罚款。对直接负责的主管人员和其他直接责任人员给予警告，并处以三万元以上三十万元以下的罚款。

第一百九十八条　违反本法规定，聘任不具有任职资格、证券从业资格的人员的，由证券监督管理机构责令改正，给予警告，可以并处十万元以上三十万元以下的罚款；对直接负责的主管人员给予警告，可以并处三万元以上十万元以下的罚款。

第一百九十九条　法律、行政法规规定禁止参与股票交易的人员，直接或者以化名、借他人名义持有、买卖股票的，责令依法处理非法持有的股票，没收违法所得，并处以买卖股票等值以下的罚款；属于国家工作人员的，还应当依法给予行政处分。

第二百条　证券交易所、证券公司、证券登记结算机构、证券服务机构的从业人员或者证券业协会的工作人员，故意提供虚假资料，隐匿、伪造、篡改或者毁损交易记录，诱骗投资者买卖证券的，撤销证券从业资格，并处以三万元以上十万元以下的罚款；属于国家工作人员的，还应当依法给予行政处分。

第二百零一条　为股票的发行、上市、交易出具审计报告、资产评估报告或者法律意见书等文件的证券服务机构和人员，违反本法第四十五条的规定买卖股票的，责令依法处理非法持有的股票，没收违法所得，并处以买卖股票等值以下的罚款。

第二百零二条　证券交易内幕信息的知情人或者非法获取内幕信息的人，在涉及证券的发行、交易或者其他对证券的价格有重大影响的信息公开前，买卖该证券，或者泄露该信息，或者建议他人买卖该证券的，责令依法处理非法持有的证券，没收违法所得，并处以违法所得一倍以上五倍以下的罚款；没有违法所得或者违法所得不足三万元的，处以三万元以上六十万元以下的罚款。单位从事内幕交易的，还应当对直接负责的主管人员和其他直接责任人员给予警告，并处以三万元以上三十万元以下的罚款。证券监督管理机构工作人员进行内幕交易的，从重处罚。

第二百零三条　违反本法规定，操纵证券市场的，责令依法处理非法持有的证券，没收违法所得，并处以违法所得一倍以上五倍以下的罚款；没有违法所得或者违法所得不足三十万元的，处以三十万元以上三百万元以下的罚款。单位操纵证券市场的，还应当对直接负责的主管人员和其他直接责任人员给予警告，并处以十万元以上六十万元以下的罚款。

第二百零四条　违反法律规定，在限制转让期限内买卖证券的，责令改正，给予警告，并处以买卖证券等值以下的罚款。对直接负责的主管人员和其他直接责任人员给予警告，并处以三万元以上三十万元以下的罚款。

第二百零五条　证券公司违反本法规定，为客户买卖证券提供融资融券的，没收违法所得，暂停或者撤销相关业务许可，并处以非法融资融券等值以下的罚款。对直接负责的主管人员和其他直接责任人员给予警告，撤销任职资格或者证券从业资格，并处以三万元以上三十万元以下的罚款。

第二百零六条　违反本法第七十八条第一款、第三款的规定，扰乱证券市场的，由证券监督管理机构责令改正，没收违法所得，并处以违法所得一倍以上五倍以下的罚款；没有违法所得或者违法所得不足三万元的，处以三万元以上二十万元以下的罚款。

第二百零七条　违反本法第七十八条第二款的规定，在证券交易活动中作出虚假陈述或者信息误导的，责令改正，处以三万元以上二十万元以下的罚款；属于国家工作人员的，还应当依法给予行政处分。

第二百零八条　违反本法规定，法人以他人名义设立账户或者利用他人账户买卖证券的，责令改正，没收违法所得，并处以违法所得一倍以上五倍以下的罚款；没有违法所得或者违法所得不足三万元的，处以三万元以上三十万元以下的罚款。对直接负责的主管人员和其他直接责任人员给予警告，并处以三万元以上十万元以下的罚款。

证券公司为前款规定的违法行为提供自己或者他人的证券交易账户的，除依照前款的规定处罚外，还应当撤销直接负责的主管人员和其他直接责任人员的任职资格或者证券从业资格。

第二百零九条　证券公司违反本法规定，假借他人名义或者以个人名义从事证券自营业务的，责令改正，没收违法所得，并处以违法所得一倍以上五倍以下的罚款；没有违法所得或者违法所得不足三十万元的，处以三十万元以上六十万元以下的罚款；情节严重的，暂停或者撤销证券自营业务许可。对直接负责的主管人员和其他直接责任人员给予警告，撤销任职资格或者证券从业资格，并处以三万元以上十万元以下的罚款。

第二百一十条　证券公司违背客户的委托买卖证券、办理交易事项，或者违背客户真实意思表示，办理交易以外的其他事项的，责令改正，处以一万元以上十万元以下的罚款。给客户造成损失的，依法承担赔偿责任。

第二百一十一条　证券公司、证券登记结算机构挪用客户的资金或者证券，或者未经客户的委托，擅自为客户买卖证券的，责令改正，没收违法所得，并处以违法所得一倍以上五倍以下的罚款；没有违法所得或者违法所得不足十万元的，处以十万元以上六十万元以下的罚款；情节严重的，责令关闭或者撤销相关业务许可。对直接负责的主管人员和其他直接责任人员给予警告，撤销任职资格或者证券从业资格，并处以三万元以上三十万元以下的罚款。

第二百一十二条　证券公司办理经纪业务，接受客户的全权委托买卖证券的，或者证券公司对客户买卖证券的收益或者赔偿证券买卖的损失作出承诺的，责令改正，没收违法所得，并处以五万元以上二十万元以下的罚款，可以暂停或者撤销相关业务许可。对直接负责的主管人员和其他直接责任人员给予警告，并处以三万元以上十万元以下的罚款，可以撤销任职资格或者证券从业资格。

第二百一十三条　收购人未按照本法规定履行上市公司收购的公告、发出收购要约、报送上市公司收购报告书等义务或者擅自变更收购要约的，责令改正，给予警告，并处以十万元以上三十万元以下的罚款；在改正前，收购人对其收购或者通过协议、其他安排与他人共同收购的股份不得行使表决权。对直接负责的主管人员和其他直接责任人员给予警告，并处以三万元以上三十万元以下的罚款。

第二百一十四条　收购人或者收购人的控股股东，利用上市公司收购，损害被收购公司及其股东的合法权益的，责令改正，给予警告；情节严重的，并处以十万元以上六十万元以下的罚款。给被收购公司及其股东造成损失的，依法承担赔偿责任。对直接负责的主管人员和其他直接责任人员给予警告，并处以三万元以上三十万元以下的罚款。

第二百一十五条　证券公司及其从业人员违反本法规定，私下接受客户委托买卖证券的，责令改正，给予警告，没收违法所得，并处以违法所得一倍以上五倍以下的罚款；没有违法所得或者违法所得不足十万元的，处以十万元以上三十万元以下的罚款。

第二百一十六条　证券公司违反规定，未经批准经营非上市证券的交易的，责令改正，没收违法所得，并处以违法所得一倍以上五倍以下的罚款。

第二百一十七条　证券公司成立后，无正当理由超过三个月未开始营业的，或者开业后自行停业连续三个月以上的，由公司登记机关吊销其公司营业执照。

第二百一十八条　证券公司违反本法第一百二十九条的规定，擅自设立、收购、撤销分支机构，或者合并、分立、停业、解散、破产，或者在境外设立、收购、参股证券经营机构的，责令改正，没收违法所得，并处以违法所得一倍以上五倍以下的罚款；没有违法所得或者违法所得不足十万元的，处以十万元以上六十万元以下的罚款。对直接负责的主管人员给予警告，并处以三万元以上十万元以下的罚款。

证券公司违反本法第一百二十九条的规定，擅自变更有关事项的，责令改正，并处以十万元以上三十万元以下的罚款。对直接负责的主管人员给予警告，并处以五万元以下的罚款。

第二百一十九条　证券公司违反本法规定，超出业务许可范围经营证券业务的，责令改正，没收违法所得，并处以违法所得一倍以上五倍以下的罚款；没有违法所得或者违法所得不足三十万元的，处以三十万元以上六十万元以下罚款；情节严重的，责令关闭。对直接负责的主管人员和其他直接责任人员给予警告，撤销任职资格或者证券从业资格，并处以三万元以上十万元以下的罚款。

第二百二十条　证券公司对其证券经纪业务、证券承销业务、证券自营业务、证券资产管理业务，不依法分开办理，混合操作的，责令改正，没收违法所得，并处以三十万元以上六十万元以下的罚款；情节严重的，撤销相关业务许可。对直接负责的主管人员和其他直接责任人员给予警告，并处以三万元以上十万元以下的罚款；情节严重的，撤销任职资格或者证券从业资格。

第二百二十一条　提交虚假证明文件或者采取其他欺诈手段隐瞒重要事实骗取证券业务许可的，或者证券公司在证券交易中有严重违法行为，不再具备经营资格的，由证券监督管理机构撤销证券业务许可。

第二百二十二条　证券公司或者其股东、实际控制人违反规定，拒不向证券监督管理机构报送或者提供经营管理信息和资料，或者报送、提供的经营管理信息和资料有虚假记载、误导性陈述或者重大遗漏的，责令改正，给予警告，并处以三万元以上三十万元以下的罚款，可以暂停或者撤销证券公司相关业务许可。对直接负责的主管人员和其他直接责任人员，给予警告，并处以三万元以下的罚款，可以撤销任职资格或者证券从业资格。

证券公司为其股东或者股东的关联人提供融资或者担保的，责令改正，给予警告，并处以十万元以上三十万元以下的罚款。对直接负责的主管人员和其他直接责任人员，处以三万元以上十万元以下的罚款。股东有过错的，在按照要求改正前，国务院证券监督管理机构可以限制其股东权利；拒不改正的，可以责令其转让所持证券公司股权。

第二百二十三条　证券服务机构未勤勉尽责，所制作、出具的文件有虚假记载、误导性陈述或者重大遗漏的，责令改正，没收业务收入，暂停或者撤销证券服务业务许可，并处以业务收入一倍以上五倍以下的罚款。对直接负责的主管人员和其他直接责任人员给予警告，撤销证券从业资格，并处以三万元以上十万元以下的罚款。

第二百二十四条　违反本法规定，发行、承销公司债券的，由国务院授权的部门依照本法有关规定予以处罚。

第二百二十五条　上市公司、证券公司、证券交易所、证券登记结算机构、证券服务机构，未按照有关规定保存有关文件和资料的，责令改正，给予警告，并处以三万元以上三十万元以下的罚款；隐匿、伪造、篡改或者毁损有关文件和资料的，给予警告，并处以三十万元以上六十万元以下的罚款。

第二百二十六条　未经国务院证券监督管理机构批准，擅自设立证券登记结算机构的，由证券监督管理机构予以取缔，没收违法所得，并处以违法所得一倍以上五倍以下的罚款。

投资咨询机构、财务顾问机构、资信评级机构、资产评估机构、会计师事务所未经批准，擅自从事证券服务业务的，责令改正，没收违法所得，并处以违法所得一倍以上五倍以下的罚款。

证券登记结算机构、证券服务机构违反本法规定或者依法制定的业务规则的，由证券监督管理机构责令改正，没收违法所得，并处以违法所得一倍以上五倍以下的罚款；没有违法所得或者违法所得不足十万元的，处以十万元以上三十万元以下的罚款；情节严重的，责令关闭或者撤销证券服务业务许可。

第二百二十七条　国务院证券监督管理机构或者国务院授权的部门有下列情形之一的，对直接负责的主管人员和其他直接责任人员，依法给予行政处分：

（一）对不符合本法规定的发行证券、设立证券公司等申请予以核准、批准的；

（二）违反规定采取本法第一百八十条规定的现场检查、调查取证、查询、冻结或者查封等措施的；

（三）违反规定对有关机构和人员实施行政处罚的；

（四）其他不依法履行职责的行为。

第二百二十八条　证券监督管理机构的工作人员和发行审核委员会的组成人员，不履行本法规定的职责，滥用职权、玩忽职守，利用职务便利牟取不正当利益，或者泄露所知悉的有关单位和个人的商业秘密的，依法追究法律责任。

第二百二十九条　证券交易所对不符合本法规定条件的证券上市申请予以审核同意的，给予警告，没收业务收入，并处以业务收入一倍以上五倍以下的罚款。对直接负责的主管人员和其他直接责任人员给予警告，并处以三万元以上三十万元以下的罚款。

第二百三十条　拒绝、阻碍证券监督管理机构及其工作人员依法行使监督检查、调查职权未使用暴力、威胁方法的，依法给予治安管理处罚。

第二百三十一条　违反本法规定，构成犯罪的，依法追究刑事责任。

第二百三十二条　违反本法规定，应当承担民事赔偿责任和缴纳罚款、罚金，其财产不足以同时支付时，先承担民事赔偿责任。

第二百三十三条　违反法律、行政法规或者国务院证券监督管理机构的有关规定，情节严重的，国务院证券监督管理机构可以对有关责任人员采取证券市场禁入的措施。

前款所称证券市场禁入，是指在一定期限内直至终身不得从事证券业务或者不得担任上市公司董事、监事、高级管理人员的制度。

第二百三十四条　依照本法收缴的罚款和没收的违法所得，全部上缴国库。

第二百三十五条　当事人对证券监督管理机构或者国务院授权的部门的处罚决定不服的，可以依法申请行政复议，或者依法直接向人民法院提起诉讼。

第十二章　附则

第二百三十六条　本法施行前依照行政法规已批准在证券交易所上市交易的证券继续依法进行交易。

本法施行前依照行政法规和国务院金融行政管理部门的规定经批准设立的证券经营机构，不完全符合本法规定的，应当在规定的限期内达到本法规定的要求。具体实施办法，由国务院另行规定。

第二百三十七条　发行人申请核准公开发行股票、公司债券，应当按照规定缴纳审核费用。

第二百三十八条　境内企业直接或者间接到境外发行证券或者将其证券在境外上市交易，必须经国务院证券监督管理机构依照国务院的规定批准。

第二百三十九条　境内公司股票以外币认购和交易的，具体办法由国务院另行规定。

第二百四十条　本法自 2006 年 1 月 1 日起施行。

（资料来源：中国证监会 www.csrc.gov.cn。）

编者注：在《全国人民代表大会常务委员会关于修改《中华人民共和国保险法》等五部法律的决定（2014 年 8 月 31 日第十二届全国人民代表大会常务委员会第十次会议通过）》中，对《中华人民共和国证券法》作出如下修改：

（一）将第八十九条第一款中的“事先向国务院证券监督管理机构报送”修改为“公告”，第一款第八项中的“报送”修改为“公告”。

删去第二款。

（二）删去第九十条第一款。

（三）将第九十一条修改为：“在收购要约确定的承诺期限内，收购人不得撤销其收购要约。收购人需要变更收购要约的，必须及时公告，载明具体变更事项。”

（四）将第一百零八条、第一百三十一条第二款中的“有《中华人民共和国公司法》第一百四十七条规定的情形”修改为“有《中华人民共和国公司法》第一百四十六条规定的情形”。

（五）删去第二百一十三条中的“报送上市公司收购报告书”和“或者擅自变更收购要约”。

（资料来源：中国证监会 www.csrc.gov.cn。）

附录 2 全国人民代表大会常务委员会关于授权国务院在实施股票发行注册制改革中调整适用《中华人民共和国证券法》有关规定的决定

（2015 年 12 月 27 日第十二届全国人民代表大会常务委员会第十八次会议通过）

为了实施股票发行注册制改革，进一步发挥资本市场服务实体经济的基础功能，第十二届全国人民代表大会常务委员会第十八次会议决定：授权国务院对拟在上海证券交易所、深圳证券交易所上市交易的股票的公开发行，调整适用《中华人民共和国证券法》关于股票公开发行核准制度的有关规定，实行注册制度，具体实施方案由国务院作出规定，报全国人民代表大会常务委员会备案。

本决定的实施期限为二年。国务院要加强对股票发行注册制改革工作的组织领导，并就本决定实施情况向全国人民代表大会常务委员会作出中期报告。国务院证券监督管理机构要会同有关部门加强事中事后监管，防范和化解风险，切实保护投资者合法权益。

本决定自 2016 年 3 月 1 日起施行。

（资料来源：中国证监会 www.csrc.gov.cn。）

附录 3　中华人民共和国证券投资基金法

（2003 年 10 月 28 日第十届全国人民代表大会常务委员会第五次会议通过 2012 年 12 月 28 日第十一届全国人民代表大会常务委员会第三十次会议修订）

第一章　总则

第一条　为了规范证券投资基金活动，保护投资人及相关当事人的合法权益，促进证券投资基金和资本市场的健康发展，制定本法。

第二条　在中华人民共和国境内，公开或者非公开募集资金设立证券投资基金（以下简称基金），由基金管理人管理，基金托管人托管，为基金份额持有人的利益，进行证券投资活动，适用本法；本法未规定的，适用《中华人民共和国信托法》《中华人民共和国证券法》和其他有关法律、行政法规的规定。

第三条　基金管理人、基金托管人和基金份额持有人的权利、义务，依照本法在基金合同中约定。

基金管理人、基金托管人依照本法和基金合同的约定，履行受托职责。

通过公开募集方式设立的基金（以下简称公开募集基金）的基金份额持有人按其所持基金份额享受收益和承担风险，通过非公开募集方式设立的基金（以下简称非公开募集基金）的收益分配和风险承担由基金合同约定。

第四条　从事证券投资基金活动，应当遵循自愿、公平、诚实信用的原则，不得损害国家利益和社会公共利益。

第五条　基金财产的债务由基金财产本身承担，基金份额持有人以其出资为限对基金财产的债务承担责任。但基金合同依照本法另有约定的，从其约定。

基金财产独立于基金管理人、基金托管人的固有财产。基金管理人、基金托管人不得将基金财产归入其固有财产。

基金管理人、基金托管人因基金财产的管理、运用或者其他情形而取得的财产和收益，归入基金财产。

基金管理人、基金托管人因依法解散、被依法撤销或者被依法宣告破产等原因进行清算的，基金财产不属于其清算财产。

第六条　基金财产的债权，不得与基金管理人、基金托管人固有财产的债务相抵销；不同基金财产的债权债务，不得相互抵销。

第七条　非因基金财产本身承担的债务，不得对基金财产强制执行。

第八条　基金财产投资的相关税收，由基金份额持有人承担，基金管理人或者其他扣缴义务人按照国家有关税收征收的规定代扣代缴。

第九条　基金管理人、基金托管人管理、运用基金财产，基金服务机构从事基金服务活动，应当恪尽职守，履行诚实信用、谨慎勤勉的义务。

基金管理人运用基金财产进行证券投资，应当遵守审慎经营规则，制定科学合理的投资策略和风险管理制度，有效防范和控制风险。

基金从业人员应当具备基金从业资格，遵守法律、行政法规，恪守职业道德和行为规范。

第十条　基金管理人、基金托管人和基金服务机构，应当依照本法成立证券投资基金行业协会（以下简称基金行业协会），进行行业自律，协调行业关系，提供行业服务，促进行业发展。

第十一条　国务院证券监督管理机构依法对证券投资基金活动实施监督管理；其派出机构依照授权履行职责。

第二章　基金管理人

第十二条　基金管理人由依法设立的公司或者合伙企业担任。

公开募集基金的基金管理人，由基金管理公司或者经国务院证券监督管理机构按照规定核准的其他机构担任。

第十三条　设立管理公开募集基金的基金管理公司，应当具备下列条件，并经国务院证券监督管理机构批准：

（一）有符合本法和《中华人民共和国公司法》规定的章程；

（二）注册资本不低于一亿元人民币，且必须为实缴货币资本；

（三）主要股东应当具有经营金融业务或者管理金融机构的良好业绩、良好的财务状况和社会信誉，资产规模达到国务院规定的标准，最近三年没有违法记录；

（四）取得基金从业资格的人员达到法定人数；

（五）董事、监事、高级管理人员具备相应的任职条件；

（六）有符合要求的营业场所、安全防范设施和与基金管理业务有关的其他设施；

（七）有良好的内部治理结构、完善的内部稽核监控制度、风险控制制度；

（八）法律、行政法规规定的和经国务院批准的国务院证券监督管理机构规定的其他条件。

第十四条　国务院证券监督管理机构应当自受理基金管理公司设立申请之日起六个月内依照本法第十三条规定的条件和审慎监管原则进行审查，作出批准或者不予批准的决定，并通知申请人；不予批准的，应当说明理由。

基金管理公司变更持有百分之五以上股权的股东，变更公司的实际控制人，或者变更其他重大事项，应当报经国务院证券监督管理机构批准。国务院证券监督管理机构应当自受理申请之日起六十日内作出批准或者不予批准的决定，并通知申请人；不予批准的，应当说明理由。

第十五条　有下列情形之一的，不得担任公开募集基金的基金管理人的董事、监事、高级管理人员和其他从业人员：

（一）因犯有贪污贿赂、渎职、侵犯财产罪或者破坏社会主义市场经济秩序罪，被判处刑罚的；

（二）对所任职的公司、企业因经营不善破产清算或者因违法被吊销营业执照负有个人责任的董事、监事、厂长、高级管理人员，自该公司、企业破产清算终结或者被吊销营业执照之日起未逾五年的；

（三）个人所负债务数额较大，到期未清偿的；

（四）因违法行为被开除的基金管理人、基金托管人、证券交易所、证券公司、证券登记结算机构、期货交易所、期货公司及其他机构的从业人员和国家机关工作人员；

（五）因违法行为被吊销执业证书或者被取消资格的律师、注册会计师和资产评估机构、验证机构的从业人员、投资咨询从业人员；

（六）法律、行政法规规定不得从事基金业务的其他人员。

第十六条　公开募集基金的基金管理人的董事、监事和高级管理人员，应当熟悉证券投资方面的法律、行政法规，具有三年以上与其所任职务相关的工作经历；高级管理人员还应当具备基金从业资格。

第十七条　公开募集基金的基金管理人的法定代表人、经营管理主要负责人和从事合规监管的负责人的选任或者改任，应当报经国务院证券监督管理机构依照本法和其他有关法律、行政法规规定的任职条件进行审核。

第十八条　公开募集基金的基金管理人的董事、监事、高级管理人员和其他从业人员，其本人、配偶、利害关系人进行证券投资，应当事先向基金管理人申报，并不得与基金份额持有人发生利益冲突。

公开募集基金的基金管理人应当建立前款规定人员进行证券投资的申报、登记、审查、处置等管理制度，并报国务院证券监督管理机构备案。

第十九条　公开募集基金的基金管理人的董事、监事、高级管理人员和其他从业人员，不得担任基金托管人或者其他基金管理人的任何职务，不得从事损害基金财产和基金份额持有人利益的证券交易及其他活动。

第二十条　公开募集基金的基金管理人应当履行下列职责：

（一）依法募集资金，办理基金份额的发售和登记事宜；

（二）办理基金备案手续；

（三）对所管理的不同基金财产分别管理、分别记账，进行证券投资；

（四）按照基金合同的约定确定基金收益分配方案，及时向基金份额持有人分配收益；

（五）进行基金会计核算并编制基金财务会计报告；

（六）编制中期和年度基金报告；

（七）计算并公告基金资产净值，确定基金份额申购、赎回价格；

（八）办理与基金财产管理业务活动有关的信息披露事项；

（九）按照规定召集基金份额持有人大会；

（十）保存基金财产管理业务活动的记录、账册、报表和其他相关资料；

（十一）以基金管理人名义，代表基金份额持有人利益行使诉讼权利或者实施其他法律行为；

（十二）国务院证券监督管理机构规定的其他职责。

第二十一条　公开募集基金的基金管理人及其董事、监事、高级管理人员和其他从业人员不得有下列行为：

（一）将其固有财产或者他人财产混同于基金财产从事证券投资；

（二）不公平地对待其管理的不同基金财产；

（三）利用基金财产或者职务之便为基金份额持有人以外的人牟取利益；

（四）向基金份额持有人违规承诺收益或者承担损失；

（五）侵占、挪用基金财产；

（六）泄露因职务便利获取的未公开信息、利用该信息从事或者明示、暗示他人从事相关的交易活动；

（七）玩忽职守，不按照规定履行职责；

（八）法律、行政法规和国务院证券监督管理机构规定禁止的其他行为。

第二十二条　公开募集基金的基金管理人应当建立良好的内部治理结构，明确股东会、董事会、监事会和高级管理人员的职责权限，确保基金管理人独立运作。

公开募集基金的基金管理人可以实行专业人士持股计划，建立长效激励约束机制。

公开募集基金的基金管理人的股东、董事、监事和高级管理人员在行使权利或者履行职责时，应当遵循基金份额持有人利益优先的原则。

第二十三条　公开募集基金的基金管理人应当从管理基金的报酬中计提风险准备金。

公开募集基金的基金管理人因违法违规、违反基金合同等原因给基金财产或者基金份额持有人合法权益造成损失，应当承担赔偿责任的，可以优先使用风险准备金予以赔偿。

第二十四条　公开募集基金的基金管理人的股东、实际控制人应当按照国务院证券监督管理机构的规定及时履行重大事项报告义务，并不得有下列行为：

（一）虚假出资或者抽逃出资；

（二）未依法经股东会或者董事会决议擅自干预基金管理人的基金经营活动；

（三）要求基金管理人利用基金财产为自己或者他人牟取利益，损害基金份额持有人利益；

（四）国务院证券监督管理机构规定禁止的其他行为。

公开募集基金的基金管理人的股东、实际控制人有前款行为或者股东不再符合法定条件的，国务院证券监督管理机构应当责令其限期改正，并可视情节责令其转让所持有或者控制的基金管理人的股权。

在前款规定的股东、实际控制人按照要求改正违法行为、转让所持有或者控制的基金管理人的股权前，国务院证券监督管理机构可以限制有关股东行使股东权利。

第二十五条　公开募集基金的基金管理人违法违规，或者其内部治理结构、稽核监控和风险控制管理不符合规定的，国务院证券监督管理机构应当责令其限期改正；逾期未改正，或者其行为严重危及该基金管理人的稳健运行、损害基金份额持有人合法权益的，国务院证券监督管理机构可以区别情形，对其采取下列措施：

（一）限制业务活动，责令暂停部分或者全部业务；

（二）限制分配红利，限制向董事、监事、高级管理人员支付报酬、提供福利；

（三）限制转让固有财产或者在固有财产上设定其他权利；

（四）责令更换董事、监事、高级管理人员或者限制其权利；

（五）责令有关股东转让股权或者限制有关股东行使股东权利。

公开募集基金的基金管理人整改后，应当向国务院证券监督管理机构提交报告。国务院证券监督管理机构经验收，符合有关要求的，应当自验收完毕之日起三日内解除对其采取的有关措施。

第二十六条　公开募集基金的基金管理人的董事、监事、高级管理人员未能勤勉尽责，致使基金管理人存在重大违法违规行为或者重大风险的，国务院证券监督管理机构可以责令更换。

第二十七条　公开募集基金的基金管理人违法经营或者出现重大风险，严重危害证券市场秩序、损害基金份额持有人利益的，国务院证券监督管理机构可以对该基金管理人采取责令停业整顿、指定其他机构托管、接管、取消基金管理资格或者撤销等监管措施。

第二十八条　在公开募集基金的基金管理人被责令停业整顿、被依法指定托管、接管或者清算期间，或者出现重大风险时，经国务院证券监督管理机构批准，可以对该基金管理人直接负责的董事、监事、高级管理人员和其他直接责任人员采取下列措施：

（一）通知出境管理机关依法阻止其出境；

（二）申请司法机关禁止其转移、转让或者以其他方式处分财产，或者在财产上设定其他权利。

第二十九条　有下列情形之一的，公开募集基金的基金管理人职责终止：

（一）被依法取消基金管理资格；

（二）被基金份额持有人大会解任；

（三）依法解散、被依法撤销或者被依法宣告破产；

（四）基金合同约定的其他情形。

第三十条　公开募集基金的基金管理人职责终止的，基金份额持有人大会应当在六个月内选任新基金管理人；新基金管理人产生前，由国务院证券监督管理机构指定临时基金管理人。

公开募集基金的基金管理人职责终止的，应当妥善保管基金管理业务资料，及时办理基金管理业务的移交手续，新基金管理人或者临时基金管理人应当及时接收。

第三十一条　公开募集基金的基金管理人职责终止的，应当按照规定聘请会计师事务所对基金财产进行审计，并将审计结果予以公告，同时报国务院证券监督管理机构备案。

第三十二条　对非公开募集基金的基金管理人进行规范的具体办法，由国务院金融监督管理机构依照本章的原则制定。

第三章　基金托管人

第三十三条　基金托管人由依法设立的商业银行或者其他金融机构担任。

商业银行担任基金托管人的，由国务院证券监督管理机构会同国务院银行业监督管理机构核准；其他金融机构担任基金托管人的，由国务院证券监督管理机构核准。

第三十四条　担任基金托管人，应当具备下列条件：

（一）净资产和风险控制指标符合有关规定；

（二）设有专门的基金托管部门；

（三）取得基金从业资格的专职人员达到法定人数；

（四）有安全保管基金财产的条件；

（五）有安全高效的清算、交割系统；

（六）有符合要求的营业场所、安全防范设施和与基金托管业务有关的其他设施；

（七）有完善的内部稽核监控制度和风险控制制度；

（八）法律、行政法规规定的和经国务院批准的国务院证券监督管理机构、国务院银行业监督管理机构规定的其他条件。

第三十五条　本法第十五条、第十八条、第十九条的规定，适用于基金托管人的专门基金托管部门的高级管理人员和其他从业人员。

本法第十六条的规定，适用于基金托管人的专门基金托管部门的高级管理人员。

第三十六条　基金托管人与基金管理人不得为同一机构，不得相互出资或者持有股份。

第三十七条　基金托管人应当履行下列职责：

（一）安全保管基金财产；

（二）按照规定开设基金财产的资金账户和证券账户；

（三）对所托管的不同基金财产分别设置账户，确保基金财产的完整与独立；

（四）保存基金托管业务活动的记录、账册、报表和其他相关资料；

（五）按照基金合同的约定，根据基金管理人的投资指令，及时办理清算、交割事宜；

（六）办理与基金托管业务活动有关的信息披露事项；

（七）对基金财务会计报告、中期和年度基金报告出具意见；

（八）复核、审查基金管理人计算的基金资产净值和基金份额申购、赎回价格；

（九）按照规定召集基金份额持有人大会；

（十）按照规定监督基金管理人的投资运作；

（十一）国务院证券监督管理机构规定的其他职责。

第三十八条　基金托管人发现基金管理人的投资指令违反法律、行政法规和其他有关规定，或者违反基金合同约定的，应当拒绝执行，立即通知基金管理人，并及时向国务院证券监督管理机构报告。

基金托管人发现基金管理人依据交易程序已经生效的投资指令违反法律、行政法规和其他有关规定，或者违反基金合同约定的，应当立即通知基金管理人，并及时向国务院证券监督管理机构报告。

第三十九条　本法第二十一条、第二十三条的规定，适用于基金托管人。

第四十条　基金托管人不再具备本法规定的条件，或者未能勤勉尽责，在履行本法规定的职责时存在重大失误的，国务院证券监督管理机构、国务院银行业监督管理机构应当责令其改正；逾期未改正，或者其行为严重影响所托管基金的稳健运行、损害基金份额持有人利益的，国务院证券监督管理机构、国务院银行业监督管理机构可以区别情形，对其采取下列措施：

（一）限制业务活动，责令暂停办理新的基金托管业务；

（二）责令更换负有责任的专门基金托管部门的高级管理人员。

基金托管人整改后，应当向国务院证券监督管理机构、国务院银行业监督管理机构提交报告；经验收，符合有关要求的，应当自验收完毕之日起三日内解除对其采取的有关措施。

第四十一条　国务院证券监督管理机构、国务院银行业监督管理机构对有下列情形之一的基金托管人，可以取消其基金托管资格：

（一）连续三年没有开展基金托管业务的；

（二）违反本法规定，情节严重的；

（三）法律、行政法规规定的其他情形。

第四十二条　有下列情形之一的，基金托管人职责终止：

（一）被依法取消基金托管资格；

（二）被基金份额持有人大会解任；

（三）依法解散、被依法撤销或者被依法宣告破产；

（四）基金合同约定的其他情形。

第四十三条　基金托管人职责终止的，基金份额持有人大会应当在六个月内选任新基金托管人；新基金托管人产生前，由国务院证券监督管理机构指定临时基金托管人。

基金托管人职责终止的，应当妥善保管基金财产和基金托管业务资料，及时办理基金财产和基金托管业务的移交手续，新基金托管人或者临时基金托管人应当及时接收。

第四十四条　基金托管人职责终止的，应当按照规定聘请会计师事务所对基金财产进行审计，并将审计结果予以公告，同时报国务院证券监督管理机构备案。

第四章　基金的运作方式和组织

第四十五条　基金合同应当约定基金的运作方式。

第四十六条　基金的运作方式可以采用封闭式、开放式或者其他方式。

采用封闭式运作方式的基金（以下简称封闭式基金），是指基金份额总额在基金合同期限内固定不变，基金份额持有人不得申请赎回的基金；采用开放式运作方式的基金（以下简称开放式基金），是指基金份额总额不固定，基金份额可以在基金合同约定的时间和场所申购或者赎回的基金。

采用其他运作方式的基金的基金份额发售、交易、申购、赎回的办法，由国务院证券监督管理机构另行规定。

第四十七条　基金份额持有人享有下列权利：

（一）分享基金财产收益；

（二）参与分配清算后的剩余基金财产；

（三）依法转让或者申请赎回其持有的基金份额；

（四）按照规定要求召开基金份额持有人大会或者召集基金份额持有人大会；

（五）对基金份额持有人大会审议事项行使表决权；

（六）对基金管理人、基金托管人、基金服务机构损害其合法权益的行为依法提起诉讼；

（七）基金合同约定的其他权利。

公开募集基金的基金份额持有人有权查阅或者复制公开披露的基金信息资料；非公开募集基金的基金份额持有人对涉及自身利益的情况，有权查阅基金的财务会计账簿等财务资料。

第四十八条　基金份额持有人大会由全体基金份额持有人组成，行使下列职权：

（一）决定基金扩募或者延长基金合同期限；

（二）决定修改基金合同的重要内容或者提前终止基金合同；

（三）决定更换基金管理人、基金托管人；

（四）决定调整基金管理人、基金托管人的报酬标准；

（五）基金合同约定的其他职权。

第四十九条　按照基金合同约定，基金份额持有人大会可以设立日常机构，行使下列职权：

（一）召集基金份额持有人大会；

（二）提请更换基金管理人、基金托管人；

（三）监督基金管理人的投资运作、基金托管人的托管活动；

（四）提请调整基金管理人、基金托管人的报酬标准；

（五）基金合同约定的其他职权。

前款规定的日常机构，由基金份额持有人大会选举产生的人员组成；其议事规则，由基金合同约定。

第五十条　基金份额持有人大会及其日常机构不得直接参与或者干涉基金的投资管理活动。

第五章　基金的公开募集

第五十一条　公开募集基金，应当经国务院证券监督管理机构注册。未经注册，不得公开或者变相公开募集基金。

前款所称公开募集基金，包括向不特定对象募集资金、向特定对象募集资金累计超过二百人，以及法律、行政法规规定的其他情形。

公开募集基金应当由基金管理人管理，基金托管人托管。

第五十二条　注册公开募集基金，由拟任基金管理人向国务院证券监督管理机构提交下列文件：

（一）申请报告；

（二）基金合同草案；

（三）基金托管协议草案；

（四）招募说明书草案；

（五）律师事务所出具的法律意见书；

（六）国务院证券监督管理机构规定提交的其他文件。

第五十三条　公开募集基金的基金合同应当包括下列内容：

（一）募集基金的目的和基金名称；

（二）基金管理人、基金托管人的名称和住所；

（三）基金的运作方式；

（四）封闭式基金的基金份额总额和基金合同期限，或者开放式基金的最低募集份额总额；

（五）确定基金份额发售日期、价格和费用的原则；

（六）基金份额持有人、基金管理人和基金托管人的权利、义务；

（七）基金份额持有人大会召集、议事及表决的程序和规则；

（八）基金份额发售、交易、申购、赎回的程序、时间、地点、费用计算方式，以及给付赎回款项的时间和方式；

（九）基金收益分配原则、执行方式；

（十）基金管理人、基金托管人报酬的提取、支付方式与比例；

（十一）与基金财产管理、运用有关的其他费用的提取、支付方式；

（十二）基金财产的投资方向和投资限制；

（十三）基金资产净值的计算方法和公告方式；

（十四）基金募集未达到法定要求的处理方式；

（十五）基金合同解除和终止的事由、程序以及基金财产清算方式；

（十六）争议解决方式；

（十七）当事人约定的其他事项。

第五十四条　公开募集基金的基金招募说明书应当包括下列内容：

（一）基金募集申请的准予注册文件名称和注册日期；

（二）基金管理人、基金托管人的基本情况；

（三）基金合同和基金托管协议的内容摘要；

（四）基金份额的发售日期、价格、费用和期限；

（五）基金份额的发售方式、发售机构及登记机构名称；

（六）出具法律意见书的律师事务所和审计基金财产的会计师事务所的名称和住所；

（七）基金管理人、基金托管人报酬及其他有关费用的提取、支付方式与比例；

（八）风险警示内容；

（九）国务院证券监督管理机构规定的其他内容。

第五十五条　国务院证券监督管理机构应当自受理公开募集基金的募集注册申请之日起六个月内依照法律、行政法规及国务院证券监督管理机构的规定进行审查，作出注册或者不予注册的决定，并通知申请人；不予注册的，应当说明理由。

第五十六条　基金募集申请经注册后，方可发售基金份额。

基金份额的发售，由基金管理人或者其委托的基金销售机构办理。

第五十七条　基金管理人应当在基金份额发售的三日前公布招募说明书、基金合同及其他有关文件。

前款规定的文件应当真实、准确、完整。

对基金募集所进行的宣传推介活动，应当符合有关法律、行政法规的规定，不得有本法第七十八条所列行为。

第五十八条　基金管理人应当自收到准予注册文件之日起六个月内进行基金募集。超过六个月开始募集，原注册的事项未发生实质性变化的，应当报国务院证券监督管理机构备案；发生实质性变化的，应当向国务院证券监督管理机构重新提交注册申请。

基金募集不得超过国务院证券监督管理机构准予注册的基金募集期限。基金募集期限自基金份额发售之日起计算。

第五十九条　基金募集期限届满，封闭式基金募集的基金份额总额达到准予注册规模的百分之八十以上，开放式基金募集的基金份额总额超过准予注册的最低募集份额总额，并且基金份额持有人人数符合国务院证券监督管理机构规定的，基金管理人应当自募集期限届满之日起十日内聘请法定验资机构验资，自收到验资报告之日起十日内，向国务院证券监督管理机构提交验资报告，办理基金备案手续，并予以公告。

第六十条　基金募集期间募集的资金应当存入专门账户，在基金募集行为结束前，任何人不得动用。

第六十一条　投资人交纳认购的基金份额的款项时，基金合同成立；基金管理人依照本法第五十九条的规定向国务院证券监督管理机构办理基金备案手续，基金合同生效。

基金募集期限届满，不能满足本法第五十九条规定的条件的，基金管理人应当承担下列责任：

（一）以其固有财产承担因募集行为而产生的债务和费用；

（二）在基金募集期限届满后三十日内返还投资人已交纳的款项，并加计银行同期存款利息。

第六章　公开募集基金的基金份额的交易、申购与赎回

第六十二条　申请基金份额上市交易，基金管理人应当向证券交易所提出申请，证券交易所依法审核同意的，双方应当签订上市协议。

第六十三条　基金份额上市交易，应当符合下列条件：

（一）基金的募集符合本法规定；

（二）基金合同期限为五年以上；

（三）基金募集金额不低于二亿元人民币；

（四）基金份额持有人不少于一千人；

（五）基金份额上市交易规则规定的其他条件。

第六十四条　基金份额上市交易规则由证券交易所制定，报国务院证券监督管理机构批准。

第六十五条　基金份额上市交易后，有下列情形之一的，由证券交易所终止其上市交易，并报国务院证券监督管理机构备案：

（一）不再具备本法第六十三条规定的上市交易条件；

（二）基金合同期限届满；

（三）基金份额持有人大会决定提前终止上市交易；

（四）基金合同约定的或者基金份额上市交易规则规定的终止上市交易的其他情形。

第六十六条　开放式基金的基金份额的申购、赎回、登记，由基金管理人或者其委托的基金服务机构办理。

第六十七条　基金管理人应当在每个工作日办理基金份额的申购、赎回业务；基金合同另有约定的，从其约定。

投资人交付申购款项，申购成立；基金份额登记机构确认基金份额时，申购生效。

基金份额持有人递交赎回申请，赎回成立；基金份额登记机构确认赎回时，赎回生效。

第六十八条　基金管理人应当按时支付赎回款项，但是下列情形除外：

（一）因不可抗力导致基金管理人不能支付赎回款项；

（二）证券交易场所依法决定临时停市，导致基金管理人无法计算当日基金资产净值；

（三）基金合同约定的其他特殊情形。

发生上述情形之一的，基金管理人应当在当日报国务院证券监督管理机构备案。

本条第一款规定的情形消失后，基金管理人应当及时支付赎回款项。

第六十九条　开放式基金应当保持足够的现金或者政府债券，以备支付基金份额持有人的赎回款项。基金财产中应当保持的现金或者政府债券的具体比例，由国务院证券监督管理机构规定。

第七十条　基金份额的申购、赎回价格，依据申购、赎回日基金份额净值加、减有关费用计算。

第七十一条　基金份额净值计价出现错误时，基金管理人应当立即纠正，并采取合理的措施防止损失进一步扩大。计价错误达到基金份额净值百分之零点五时，基金管理人应当公告，并报国务院证券监督管理机构备案。

因基金份额净值计价错误造成基金份额持有人损失的，基金份额持有人有权要求基金管理人、基金托管人予以赔偿。

第七章　公开募集基金的投资与信息披露

第七十二条　基金管理人运用基金财产进行证券投资，除国务院证券监督管理机构另有规定外，应当采用资产组合的方式。

资产组合的具体方式和投资比例，依照本法和国务院证券监督管理机构的规定在基金合同中约定。

第七十三条　基金财产应当用于下列投资：

（一）上市交易的股票、债券；

（二）国务院证券监督管理机构规定的其他证券及其衍生品种。

第七十四条　基金财产不得用于下列投资或者活动：

（一）承销证券；

（二）违反规定向他人贷款或者提供担保；

（三）从事承担无限责任的投资；

（四）买卖其他基金份额，但是国务院证券监督管理机构另有规定的除外；

（五）向基金管理人、基金托管人出资；

（六）从事内幕交易、操纵证券交易价格及其他不正当的证券交易活动；

（七）法律、行政法规和国务院证券监督管理机构规定禁止的其他活动。

运用基金财产买卖基金管理人、基金托管人及其控股股东、实际控制人或者与其有其他重大利害关系的公司发行的证券或承销期内承销的证券，或者从事其他重大关联交易的，应当遵循基金份额持有人利益优先的原则，防范利益冲突，符合国务院证券监督管理机构的规定，并履行信息披露义务。

第七十五条　基金管理人、基金托管人和其他基金信息披露义务人应当依法披露基金信息，并保证所披露信息的真实性、准确性和完整性。

第七十六条　基金信息披露义务人应当确保应予披露的基金信息在国务院证券监督管理机构规定时间内披露，并保证投资人能够按照基金合同约定的时间和方式查阅或者复制公开披露的信息资料。

第七十七条　公开披露的基金信息包括：

（一）基金招募说明书、基金合同、基金托管协议；
（二）基金募集情况；
（三）基金份额上市交易公告书；
（四）基金资产净值、基金份额净值；
（五）基金份额申购、赎回价格；
（六）基金财产的资产组合季度报告、财务会计报告及中期和年度基金报告；
（七）临时报告；
（八）基金份额持有人大会决议；
（九）基金管理人、基金托管人的专门基金托管部门的重大人事变动；
（十）涉及基金财产、基金管理业务、基金托管业务的诉讼或者仲裁；
（十一）国务院证券监督管理机构规定应予披露的其他信息。

第七十八条　公开披露基金信息，不得有下列行为：
（一）虚假记载、误导性陈述或者重大遗漏；
（二）对证券投资业绩进行预测；
（三）违规承诺收益或者承担损失；
（四）诋毁其他基金管理人、基金托管人或者基金销售机构；
（五）法律、行政法规和国务院证券监督管理机构规定禁止的其他行为。

第八章　公开募集基金的基金合同的变更、终止与基金财产清算

第七十九条　按照基金合同的约定或者基金份额持有人大会的决议，基金可以转换运作方式或者与其他基金合并。

第八十条　封闭式基金扩募或者延长基金合同期限，应当符合下列条件，并报国务院证券监督管理机构备案：
（一）基金运营业绩良好；
（二）基金管理人最近二年内没有因违法违规行为受到行政处罚或者刑事处罚；
（三）基金份额持有人大会决议通过；
（四）本法规定的其他条件。

第八十一条　有下列情形之一的，基金合同终止：
（一）基金合同期限届满而未延期；
（二）基金份额持有人大会决定终止；
（三）基金管理人、基金托管人职责终止，在六个月内没有新基金管理人、新基金托管人承接；
（四）基金合同约定的其他情形。

第八十二条　基金合同终止时，基金管理人应当组织清算组对基金财产进行清算。

清算组由基金管理人、基金托管人以及相关的中介服务机构组成。

清算组作出的清算报告经会计师事务所审计，律师事务所出具法律意见书后，报国务院证券监督管理机构备案并公告。

第八十三条　清算后的剩余基金财产，应当按照基金份额持有人所持份额比例进行分配。

第九章　公开募集基金的基金份额持有人权利行使

第八十四条　基金份额持有人大会由基金管理人召集。基金份额持有人大会设立日常机构的，由该日常机构召集；该日常机构未召集的，由基金管理人召集。基金管理人未按规定召集或者不能召开的，由基金托管人召集。

代表基金份额百分之十以上的基金份额持有人就同一事项要求召开基金份额持有人大会，而基金份额持有人大会的日常机构、基金管理人、基金托管人都不召集的，代表基金份额百分之十以上的基金份额持有人有权自行召集，并报国务院证券监督管理机构备案。

第八十五条　召开基金份额持有人大会，召集人应当至少提前三十日公告基金份额持有人大会的召开时间、会议形式、审议事项、议事程序和表决方式等事项。

基金份额持有人大会不得就未经公告的事项进行表决。

第八十六条　基金份额持有人大会可以采取现场方式召开，也可以采取通讯等方式召开。

每一基金份额具有一票表决权，基金份额持有人可以委托代理人出席基金份额持有人大会并行使表决权。

第八十七条　基金份额持有人大会应当有代表二分之一以上基金份额的持有人参加，方可召开。

参加基金份额持有人大会的持有人的基金份额低于前款规定比例的，召集人可以在原公告的基金份额持有人大会召开时间的三个月以后、六个月以内，就原定审议事项重新召集基金份额持有人大会。重新召集的基金份额持有人大会应当有代表三分之一以上基金份额的持有人参加，方可召开。

基金份额持有人大会就审议事项作出决定，应当经参加大会的基金份额持有人所持表决权的二分之一以上通过；但是，转换基金的运作方式、更换基金管理人或者基金托管人、提前终止基金合同、与其他基金合并，应当经参加大会的基金份额持有人所持表决权的三分之二以上通过。

基金份额持有人大会决定的事项，应当依法报国务院证券监督管理机构备案，并予以公告。

第十章　非公开募集基金

第八十八条　非公开募集基金应当向合格投资者募集，合格投资者累计不得超过二百人。

前款所称合格投资者，是指达到规定资产规模或者收入水平，并且具备相应的风险识别能力和风险承担能力、其基金份额认购金额不低于规定限额的单位和个人。

合格投资者的具体标准由国务院证券监督管理机构规定。

第八十九条　除基金合同另有约定外，非公开募集基金应当由基金托管人托管。

第九十条　担任非公开募集基金的基金管理人，应当按照规定向基金行业协会履行登记手续，报送基本情况。

第九十一条　未经登记，任何单位或者个人不得使用“基金”或者“基金管理”字样或者近似名称进行证券投资活动；但是，法律、行政法规另有规定的除外。

第九十二条　非公开募集基金，不得向合格投资者之外的单位和个人募集资金，不得通过报刊、电台、电视台、互联网等公众传播媒体或者讲座、报告会、分析会等方式向不特定对象宣传推介。

第九十三条　非公开募集基金，应当制定并签订基金合同。基金合同应当包括下列内容：

（一）基金份额持有人、基金管理人、基金托管人的权利、义务；

（二）基金的运作方式；

（三）基金的出资方式、数额和认缴期限；

（四）基金的投资范围、投资策略和投资限制；

（五）基金收益分配原则、执行方式；

（六）基金承担的有关费用；

（七）基金信息提供的内容、方式；

（八）基金份额的认购、赎回或者转让的程序和方式；

（九）基金合同变更、解除和终止的事由、程序；

（十）基金财产清算方式；

（十一）当事人约定的其他事项。

基金份额持有人转让基金份额的，应当符合本法第八十八条、第九十二条的规定。

第九十四条　按照基金合同约定，非公开募集基金可以由部分基金份额持有人作为基金管理人负责基金的投资管理活动，并在基金财产不足以清偿其债务时对基金财产的债务承担无限连带责任。

前款规定的非公开募集基金，其基金合同还应载明：

（一）承担无限连带责任的基金份额持有人和其他基金份额持有人的姓名或者名称、住所；

（二）承担无限连带责任的基金份额持有人的除名条件和更换程序；

（三）基金份额持有人增加、退出的条件、程序以及相关责任；

（四）承担无限连带责任的基金份额持有人和其他基金份额持有人的转换程序。

第九十五条　非公开募集基金募集完毕，基金管理人应当向基金行业协会备案。对募集的资金总额或者基金份额持有人的人数达到规定标准的基金，基金行业协会应当向国务院证券监督管理机构报告。

非公开募集基金财产的证券投资，包括买卖公开发行的股份有限公司股票、债券、基金份额，以及国务院证券监督管理机构规定的其他证券及其衍生品种。

第九十六条　基金管理人、基金托管人应当按照基金合同的约定，向基金份额持有人提供基金信息。

第九十七条　专门从事非公开募集基金管理业务的基金管理人，其股东、高级管理人员、经营期限、管理的基金资产规模等符合规定条件的，经国务院证券监督管理机构核准，可以从事公开募集基金管理业务。

第十一章　基金服务机构

第九十八条　从事公开募集基金的销售、销售支付、份额登记、估值、投资顾问、评价、信息技术系统服务等基金服务业务的机构，应当按照国务院证券监督管理机构的规定进行注册或者备案。

第九十九条　基金销售机构应当向投资人充分揭示投资风险，并根据投资人的风险承担能力销售不同风险等级的基金产品。

第一百条　基金销售支付机构应当按照规定办理基金销售结算资金的划付，确保基金销售结算资金安全、及时划付。

第一百零一条　基金销售结算资金、基金份额独立于基金销售机构、基金销售支付机构或者基金份额登记机构的自有财产。基金销售机构、基金销售支付机构或者基金份额登记机构破产或者清算时，基金销售结算资金、基金份额不属于其破产财产或者清算财产。非因投资人本身的债务或者法律规定的其他情形，不得查封、冻结、扣划或者强制执行基金销售结算资金、基金份额。

基金销售机构、基金销售支付机构、基金份额登记机构应当确保基金销售结算资金、基金份额的安全、独立，禁止任何单位或者个人以任何形式挪用基金销售结算资金、基金份额。

第一百零二条　基金管理人可以委托基金服务机构代为办理基金的份额登记、核算、估值、投资顾问等事项，基金托管人可以委托基金服务机构代为办理基金的核算、估值、复核等事项，但基金管理人、基金托管人依法应当承担的责任不因委托而免除。

第一百零三条　基金份额登记机构以电子介质登记的数据，是基金份额持有人权利归属的根据。基金份额持有人以基金份额出质的，质权自基金份额登记机构办理出质登记时设立。

基金份额登记机构应当妥善保存登记数据，并将基金份额持有人名称、身份信息及基金份额明细等数据备份至国务院证券监督管理机构认定的机构。其保存期限自基金账户销户之日起不得少于二十年。

基金份额登记机构应当保证登记数据的真实、准确、完整，不得隐匿、伪造、篡改或者毁损。

第一百零四条　基金投资顾问机构及其从业人员提供基金投资顾问服务，应当具有合理的依据，对其服务能力和经营业绩进行如实陈述，不得以任何方式承诺或者保证投资收益，不得损害服务对象的合法权益。

第一百零五条　基金评价机构及其从业人员应当客观公正，按照依法制定的业务规则开展基金评价业务，禁止误导投资人，防范可能发生的利益冲突。

第一百零六条　基金管理人、基金托管人、基金服务机构的信息技术系统，应当符合规定的要求。国务院证券监督管理机构可以要求信息技术系统服务机构提供该信息技术系统的相关资料。

第一百零七条　律师事务所、会计师事务所接受基金管理人、基金托管人的委托，为有关基金业务活动出具法律意见书、审计报告、内部控制评价报告等文件，应当勤勉尽责，对所依据的文件资料内容的真实性、准确性、完整性进行核查和验证。其制作、出具的文件有虚假记载、误导性陈述或者重大遗漏，给他人财产造成损失的，应当与委托人承担连带赔偿责任。

第一百零八条　基金服务机构应当勤勉尽责、恪尽职守，建立应急等风险管理制度和灾难备份系统，不得泄露与基金份额持有人、基金投资运作相关的非公开信息。

第十二章 基金行业协会

第一百零九条 基金行业协会是证券投资基金行业的自律性组织，是社会团体法人。

基金管理人、基金托管人应当加入基金行业协会，基金服务机构可以加入基金行业协会。

第一百一十条 基金行业协会的权力机构为全体会员组成的会员大会。

基金行业协会设理事会。理事会成员依章程的规定由选举产生。

第一百一十一条 基金行业协会章程由会员大会制定，并报国务院证券监督管理机构备案。

第一百一十二条 基金行业协会履行下列职责：

（一）教育和组织会员遵守有关证券投资的法律、行政法规，维护投资人合法权益；

（二）依法维护会员的合法权益，反映会员的建议和要求；

（三）制定和实施行业自律规则，监督、检查会员及其从业人员的执业行为，对违反自律规则和协会章程的，按照规定给予纪律处分；

（四）制定行业执业标准和业务规范，组织基金从业人员的从业考试、资质管理和业务培训；

（五）提供会员服务，组织行业交流，推动行业创新，开展行业宣传和投资人教育活动；

（六）对会员之间、会员与客户之间发生的基金业务纠纷进行调解；

（七）依法办理非公开募集基金的登记、备案；

（八）协会章程规定的其他职责。

第十三章 监督管理

第一百一十三条 国务院证券监督管理机构依法履行下列职责：

（一）制定有关证券投资基金活动监督管理的规章、规则，并行使审批、核准或者注册权；

（二）办理基金备案；

（三）对基金管理人、基金托管人及其他机构从事证券投资基金活动进行监督管理，对违法行为进行查处，并予以公告；

（四）制定基金从业人员的资格标准和行为准则，并监督实施；

（五）监督检查基金信息的披露情况；

（六）指导和监督基金行业协会的活动；

（七）法律、行政法规规定的其他职责。

第一百一十四条 国务院证券监督管理机构依法履行职责，有权采取下列措施：

（一）对基金管理人、基金托管人、基金服务机构进行现场检查，并要求其报送有关的业务资料；

（二）进入涉嫌违法行为发生场所调查取证；

（三）询问当事人和与被调查事件有关的单位和个人，要求其对与被调查事件有关的事项作出说明；

（四）查阅、复制与被调查事件有关的财产权登记、通讯记录等资料；

（五）查阅、复制当事人和与被调查事件有关的单位和个人的证券交易记录、登记过户记录、财务会计资料及其他相关文件和资料；对可能被转移、隐匿或者毁损的文件和资料，可以予以封存；

（六）查询当事人和与被调查事件有关的单位和个人的资金账户、证券账户和银行账户；对有证据证明已经或者可能转移或者隐匿违法资金、证券等涉案财产或者隐匿、伪造、毁损重要证据的，经国务院证券监督管理机构主要负责人批准，可以冻结或者查封；

（七）在调查操纵证券市场、内幕交易等重大证券违法行为时，经国务院证券监督管理机构主要负责人批准，可以限制被调查事件当事人的证券买卖，但限制的期限不得超过十五个交易日；案情复杂的，可以延长十五个交易日。

第一百一十五条　国务院证券监督管理机构工作人员依法履行职责，进行调查或者检查时，不得少于二人，并应当出示合法证件；对调查或者检查中知悉的商业秘密负有保密的义务。

第一百一十六条　国务院证券监督管理机构工作人员应当忠于职守，依法办事，公正廉洁，接受监督，不得利用职务牟取私利。

第一百一十七条　国务院证券监督管理机构依法履行职责时，被调查、检查的单位和个人应当配合，如实提供有关文件和资料，不得拒绝、阻碍和隐瞒。

第一百一十八条　国务院证券监督管理机构依法履行职责，发现违法行为涉嫌犯罪的，应当将案件移送司法机关处理。

第一百一十九条　国务院证券监督管理机构工作人员在任职期间，或者离职后在《中华人民共和国公务员法》规定的期限内，不得在被监管的机构中担任职务。

第十四章　法律责任

第一百二十条　违反本法规定，未经批准擅自设立基金管理公司或者未经核准从事公开募集基金管理业务的，由证券监督管理机构予以取缔或者责令改正，没收违法所得，并处违法所得一倍以上五倍以下罚款；没有违法所得或者违法所得不足一百万元的，并处十万元以上一百万元以下罚款。对直接负责的主管人员和其他直接责任人员给予警告，并处三万元以上三十万元以下罚款。

基金管理公司违反本法规定，擅自变更持有百分之五以上股权的股东、实际控制人或者其他重大事项的，责令改正，没收违法所得，并处违法所得一倍以上五倍以下罚款；没有违法所得或者违法所得不足五十万元的，并处五万元以上五十万元以下罚款。对直接负责的主管人员给予警告，并处三万元以上十万元以下罚款。

第一百二十一条　基金管理人的董事、监事、高级管理人员和其他从业人员，基金托管人的专门基金托管部门的高级管理人员和其他从业人员，未按照本法第十八条第一款规定申报的，责令改正，处三万元以上十万元以下罚款。

基金管理人、基金托管人违反本法第十八条第二款规定的，责令改正，处十万元以上一百万元以下罚款；对直接负责的主管人员和其他直接责任人员给予警告，暂停或者撤销基金从业资格，并处三万元以上三十万元以下罚款。

第一百二十二条　基金管理人的董事、监事、高级管理人员和其他从业人员，基金托管人的专门基金托管部门的高级管理人员和其他从业人员违反本法第十九条规定的，责令改正，没收违法所得，并处违法所得一倍以上五倍以下罚款；没有违法所得或者违法所得不足一百万元的，并处十万元以上一百万元以下罚款；情节严重的，撤销基金从业资格。

第一百二十三条　基金管理人、基金托管人违反本法规定，未对基金财产实行分别管理或者分账保管，责令改正，处五万元以上五十万元以下罚款；对直接负责的主管人员和其他直接责任人员给予警告，暂停或者撤销基金从业资格，并处三万元以上三十万元以下罚款。

第一百二十四条　基金管理人、基金托管人及其董事、监事、高级管理人员和其他从业人员有本法第二十一条所列行为之一的，责令改正，没收违法所得，并处违法所得一倍以上五倍以下罚款；没有违法所得或者违法所得不足一百万元的，并处十万元以上一百万元以下罚款；基金管理人、基金托管人有上述行为的，还应当对其直接负责的主管人员和其他直接责任人员给予警告，暂停或者撤销基金从业资格，并处三万元以上三十万元以下罚款。

基金管理人、基金托管人及其董事、监事、高级管理人员和其他从业人员侵占、挪用基金财产而取得的财产和收益，归入基金财产。但是，法律、行政法规另有规定的，依照其规定。

第一百二十五条　基金管理人的股东、实际控制人违反本法第二十四条规定的，责令改正，没收违法所得，并处违法所得一倍以上五倍以下罚款；没有违法所得或者违法所得不足一百万元的，并处十万元以上一百万元以下罚款；对直接负责的主管人员和其他直接责任人员给予警告，暂停或者撤销基金或证券从业资格，并处三万元以上三十万元以下罚款。

第一百二十六条　未经核准，擅自从事基金托管业务的，责令停止，没收违法所得，并处违法所得一倍以上五倍以下罚款；没有违法所得或者违法所得不足一百万元的，并处十万元以上一百万元以下罚款；对直接负责的主管人员和其他直接责任人员给予警告，并处三万元以上三十万元以下罚款。

第一百二十七条　基金管理人、基金托管人违反本法规定，相互出资或者持有股份的，责令改正，可以处十万元以下罚款。

第一百二十八条　违反本法规定，擅自公开或者变相公开募集基金的，责令停止，返还所募资金和加计的银行同期存款利息，没收违法所得，并处所募资金金额百分之一以上百分之五以下罚款。对直接负责的主管人员和其他直接责任人员给予警告，并处五万元以上五十万元以下罚款。

第一百二十九条　违反本法第六十条规定，动用募集的资金的，责令返还，没收违法所得，并处违法所得一倍以上五倍以下罚款；没有违法所得或者违法所得不足五十万元的，并处五万元以上五十万元以下罚款；对直接负责的主管人员和其他直接责任人员给予警告，并处三万元以上三十万元以下罚款。

第一百三十条　基金管理人、基金托管人有本法第七十四条第一款第一项至第五项和第七项所列行为之一，或者违反本法第七十四条第二款规定的，责令改正，处十万元以上一百万元以下罚款；对直接负责的主管人员和其他直接责任人员给予警告，暂停或者撤销基金从业资格，并处三万元以上三十万元以下罚款。

基金管理人、基金托管人有前款行为，运用基金财产而取得的财产和收益，归入基金财产。但是，法律、行政法规另有规定的，依照其规定。

第一百三十一条　基金管理人、基金托管人有本法第七十四条第一款第六项规定行为的，除依照《中华人民共和国证券法》的有关规定处罚外，对直接负责的主管人员和其他直接责任人员暂停或者撤销基金从业资格。

第一百三十二条　基金信息披露义务人不依法披露基金信息或者披露的信息有虚假记载、误导性陈述或者重大遗漏的，责令改正，没收违法所得，并处十万元以上一百万元以下罚款；对直接负责的主管人员和其他直接责任人员给予警告，暂停或者撤销基金从业资格，并处三万元以上三十万元以下罚款。

第一百三十三条　基金管理人或者基金托管人不按照规定召集基金份额持有人大会的，责令改正，可以处五万元以下罚款；对直接负责的主管人员和其他直接责任人员给予警告，暂停或者撤销基金从业资格。

第一百三十四条　违反本法规定，未经登记，使用“基金”或者“基金管理”字样或者近似名称进行证券投资活动的，没收违法所得，并处违法所得一倍以上五倍以下罚款；没有违法所得或者违法所得不足一百万元的，并处十万元以上一百万元以下罚款。对直接负责的主管人员和其他直接责任人员给予警告，并处三万元以上三十万元以下罚款。

第一百三十五条　违反本法规定，非公开募集基金募集完毕，基金管理人未备案的，处十万元以上三十万元以下罚款。对直接负责的主管人员和其他直接责任人员给予警告，并处三万元以上十万元以下罚款。

第一百三十六条　违反本法规定，向合格投资者之外的单位或者个人非公开募集资金或者转让基金份额的，没收违法所得，并处违法所得一倍以上五倍以下罚款；没有违法所得或者违法所得不足一百万元的，并处十万元以上一百万元以下罚款。对直接负责的主管人员和其他直接责任人员给予警告，并处三万元以上三十万元以下罚款。

第一百三十七条　违反本法规定，擅自从事公开募集基金的基金服务业务的，责令改正，没收违法所得，并处违法所得一倍以上五倍以下罚款；没有违法所得或者违法所得不足三十万元的，并处十万元以上三十万元以下罚款。对直接负责的主管人员和其他直接责任人员给予警告，并处三万元以上十万元以下罚款。

第一百三十八条　基金销售机构未向投资人充分揭示投资风险并误导其购买与其风险承担能力不相当的基金产品的，处十万元以上三十万元以下罚款；情节严重的，责令其停止基金服务业务。对直接负责的主管人员和其他直接责任人员给予警告，撤销基金从业资格，并处三万元以上十万元以下罚款。

第一百三十九条　基金销售支付机构未按照规定划付基金销售结算资金的，处十万元以上三十万元以下罚款；情节严重的，责令其停止基金服务业务。对直接负责的主管人员和其他直接责任人员给予警告，撤销基金从业资格，并处三万元以上十万元以下罚款。

第一百四十条　挪用基金销售结算资金或者基金份额的，责令改正，没收违法所得，并处违法所得一倍以上五倍以下罚款；没有违法所得或者违法所得不足一百万元的，并处十万元以上一百万元以下罚款。对直接负责的主管人员和其他直接责任人员给予警告，并处三万元以上三十万元以下罚款。

第一百四十一条　基金份额登记机构未妥善保存或者备份基金份额登记数据的，责令改正，给予警告，并处十万元以上三十万元以下罚款；情节严重的，责令其停止基金服务业务。对直接负责的主管人员和其他直接责任人员给予警告，撤销基金从业资格，并处三万元以上十万元以下罚款。

基金份额登记机构隐匿、伪造、篡改、毁损基金份额登记数据的，责令改正，处十万元以上一百万元以下罚款，并责令其停止基金服务业务。对直接负责的主管人员和其他直接责任人员给予警告，撤销基金从业资格，并处三万元以上三十万元以下罚款。

第一百四十二条　基金投资顾问机构、基金评价机构及其从业人员违反本法规定开展投资顾问、基金评价服务的，处十万元以上三十万元以下罚款；情节严重的，责令其停止基金服务业务。对直接负责的主管人员和其他直接责任人员给予警告，撤销基金从业资格，并处三万元以上十万元以下罚款。

第一百四十三条　信息技术系统服务机构未按照规定向国务院证券监督管理机构提供相关信息技术系统资料，或者提供的信息技术系统资料虚假、有重大遗漏的，责令改正，处三万元以上十万元以下罚款。对直接负责的主管人员和其他直接责任人员给予警告，并处一万元以上三万元以下罚款。

第一百四十四条　会计师事务所、律师事务所未勤勉尽责，所出具的文件有虚假记载、误导性陈述或者重大遗漏的，责令改正，没收业务收入，暂停或者撤销相关业务许可，并处业务收入一倍以上五倍以下罚款。对直接负责的主管人员和其他直接责任人员给予警告，并处三万元以上十万元以下罚款。

第一百四十五条　基金服务机构未建立应急等风险管理制度和灾难备份系统，或者泄露与基金份额持有人、基金投资运作相关的非公开信息的，处十万元以上三十万元以下罚款；情节严重的，责令其停止基金服务业务。对直接负责的主管人员和其他直接责任人员给予警告，撤销基金从业资格，并处三万元以上十万元以下罚款。

第一百四十六条　违反本法规定，给基金财产、基金份额持有人或者投资人造成损害的，依法承担赔偿责任。

基金管理人、基金托管人在履行各自职责的过程中，违反本法规定或者基金合同约定，给基金财产或者基金份额持有人造成损害的，应当分别对各自的行为依法承担赔偿责任；因共同行为给基金财产或者基金份额持有人造成损害的，应当承担连带赔偿责任。

第一百四十七条　证券监督管理机构工作人员玩忽职守、滥用职权、徇私舞弊或者利用职务上的便利索取或者收受他人财物的，依法给予行政处分。

第一百四十八条　拒绝、阻碍证券监督管理机构及其工作人员依法行使监督检查、调查职权未使用暴力、威胁方法的，依法给予治安管理处罚。

第一百四十九条　违反法律、行政法规或者国务院证券监督管理机构的有关规定，情节严重的，国务院证券监督管理机构可以对有关责任人员采取证券市场禁入的措施。

第一百五十条　违反本法规定，构成犯罪的，依法追究刑事责任。

第一百五十一条　违反本法规定，应当承担民事赔偿责任和缴纳罚款、罚金，其财产不足以同时支付时，先承担民事赔偿责任。

第一百五十二条　依照本法规定，基金管理人、基金托管人、基金服务机构应当承担的民事赔偿责任和缴纳的罚款、罚金，由基金管理人、基金托管人、基金服务机构以其固有财产承担。

依法收缴的罚款、罚金和没收的违法所得，应当全部上缴国库。

第十五章　附则

第一百五十三条　在中华人民共和国境内募集投资境外证券的基金，以及合格境外投资者在境内进行证券投资，应当经国务院证券监督管理机构批准，具体办法由国务院证券监督管理机构会同国务院有关部门规定，报国务院批准。

第一百五十四条　公开或者非公开募集资金，以进行证券投资活动为目的设立的公司或者合伙企业，资产由基金管理人或者普通合伙人管理的，其证券投资活动适用本法。

第一百五十五条　本法自 2013 年 6 月 1 日起施行。

编者注：在《全国人民代表大会常务委员会关于修改《中华人民共和国港口法》等七部法律的决定（2015 年 4 月 24 日第十二届全国人民代表大会常务委员会第十四次会议通过）》中，对《中华人民共和国证券投资基金法》作出修改：删去第十七条。

（资料来源：中国证监会 www.csrc.gov.cn。）

附录4 关于在上海证券交易所设立科创板并试点注册制的实施意见

为进一步落实创新驱动发展战略，增强资本市场对提高我国关键核心技术创新能力的服务水平，促进高新技术产业和战略性新兴产业发展，支持上海国际金融中心和科技创新中心建设，完善资本市场基础制度，推动高质量发展，根据党中央、国务院决策部署和全国人民代表大会常务委员会《关于授权国务院在实施股票发行注册制改革中调整适用〈中华人民共和国证券法〉有关规定的决定》《关于延长授权国务院在实施股票发行注册制改革中调整适用〈中华人民共和国证券法〉有关规定期限的决定》，现就在上海证券交易所（以下简称“上交所”）设立科创板并试点注册制，提出以下意见。

一、总体要求

（一）指导思想。深入贯彻习近平新时代中国特色社会主义思想和党的十九大精神，认真落实习近平总书记关于资本市场的一系列重要指示批示精神，按照党中央、国务院决策部署，坚持稳中求进工作总基调，贯彻新发展理念，深化供给侧结构性改革，着眼于加快形成融资功能完备、基础制度扎实、市场监管有效、投资者合法权益得到有效保护的多层次资本市场体系，从设立上交所科创板入手，稳步试点注册制，统筹推进发行、上市、信息披露、交易、退市等基础制度改革，发挥资本市场对提升科技创新能力和实体经济竞争力的支持功能，更好服务高质量发展。

（二）基本原则。一是坚持市场导向，强化市场约束。尊重市场规律，明确和稳定市场预期，建立以市场机制为主导的新股发行制度安排。二是坚持法治导向，依法治市。健全资本市场法律体系，强化依法全面从严监管，保护投资者合法权益，进一步明确市场参与各方权利义务，逐步形成市场参与各方依法履职尽责及维护自身合法权益的市场环境。三是强化信息披露监管，归位尽责。建立和完善以信息披露为中心的股票发行上市制度，强化发行人对信息披露的诚信义务和法律责任，充分发挥中介机构核查把关作用，引导投资者提高风险识别能力和理性投资意识。四是坚持统筹协调，守住底线。发挥好相关政府部门和有关方面的协同配合作用，形成共促市场稳定健康发展的合力，及时防范和化解市场风险。

二、设立上交所科创板

（三）准确把握科创板定位。在上交所新设科创板，坚持面向世界科技前沿、面向经济主战场、面向国家重大需求，主要服务于符合国家战略、突破关键核心技术、市场认可度高的科技创新企业。重点支持新一代信息技术、高端装备、新材料、新能源、节能环保以及生物医药等高新技术产业和战略性新兴产业，推动互联网、大数据、云计算、人工智能和制造业深度融合，引领中高端消费，推动质量变革、效率变革、动力变革。具体行业范围由上交所发布并适时更新。

（四）制定更具包容性的科创板上市条件。更加注重企业科技创新能力，允许符合科创板定位、尚未盈利或存在累计未弥补亏损的企业在科创板上市。综合考虑预计市值、收入、净利润、研发投入、现金流等因素，设置多元包容的上市条件。具体由上交所制定并公布。

（五）允许特殊股权结构企业和红筹企业上市。依照公司法第一百三十一条规定，允许科技创新企业发行具有特别表决权的类别股份，每一特别表决权股份拥有的表决权数量大于每一普通股份拥有的表决权数量，其他股东权利与普通股份相同。特别表决权股份一经转让，应当恢复至与普通股份同等的表决权。公司发行特别表决权股份的，应当在公司章程中规定特别表决权股份的持有人资格、特别表决权股份拥有的表决权数量与普通股份拥有的表决权数量的比例安排、持有人所持特别表决权股份能够参与表决的股东大会事项范围、特别表决权股份锁定安排及转让限制等事项。

存在特别表决权股份的境内科技创新企业申请发行股票并在科创板上市的，公司章程规定的上述事项应当符合上交所有关要求，同时在招股说明书等公开发行文件中，充分披露并特别提示有关差异化表决安排的主要内容、相关风险及对公司治理的影响，以及依法落实保护投资者合法权益的各项措施。

符合《国务院办公厅转发证监会关于开展创新企业境内发行股票或存托凭证试点若干意见的通知》（国办发〔2018〕21号）规定的红筹企业，可以申请发行股票或存托凭证并在科创板上市。红筹企业发行存托凭证的，按国家有关税收政策执行。

（六）确定投资者适当性要求。个人投资者投资科创板股票，证券账户及资金账户持有资产规模应当达到规定标准，且具备相关股票投资经验和相应的风险承受能力。具体标准由上交所制定，并可根据科创板运行情况作适当调整。强化证券公司投资者适当性管理义务和责任追究。

三、稳步实施注册制试点改革

（七）合理制定股票发行条件。精简优化现行公开发行股票条件。申请公开发行股票的公司，除符合科创板定位外，还应当符合下列基本发行条件：一是具备健全且运行良好的组织机构，具有完整的业务体系和直接面向市场独立经营的能力，不存在对持续经营有重大不利影响的情形；二是会计基础工作规范，内部控制制度健全且有效执行，最近三年财务会计报告被出具标准无保留意见审计报告；三是发行人及其控股股东、实际控制人最近三年不存在贪污、贿赂、侵占财产、挪用财产或者破坏社会主义市场经济秩序的刑事犯罪，不存在严重损害社会公共利益的重大违法行为；四是证监会规定的其他条件。逐步将现行发行条件中可以由投资者判断的事项转化为更加严格，更加全面、深入、精准的信息披露要求制度体系。证监会制定《科创板首次公开发行股票注册管理办法（试行）》等规则，对科创板试点注册制的发行条件、注册程序和具体信息披露要求等作出规定。

企业公开发行股票并在科创板上市交易，必须符合发行条件与上市条件，报上交所审核并经证监会注册。

（八）上交所负责科创板发行上市审核。上交所受理企业公开发行股票并上市的申请，审核并判断企业是否符合发行条件、上市条件和信息披露要求。审核工作主要通过提出问题、回答问题方式展开，督促发行人完善信息披露内容。上交所制定审核标准、审核程序等规则，报证监会批准。

上交所成立由相关领域科技专家、知名企业家、资深投资专家等组成的科技创新咨询委员会，为发行上市审核提供专业咨询和政策建议。必要时可对申请发行上市的企业进行询问。

（九）证监会负责科创板股票发行注册。上交所审核通过后，将审核意见及发行人注册申请文件报送证监会履行注册程序。注册工作不适用发行审核委员会审核程序，按证监会制定的程序进行，依照规定的发行条件和信息披露要求，在20个工作日内作出是否同意注册的决定。

科创板上市公司非公开发行新股实行注册制，具体程序与公开发行相同。证监会完善再融资制度，提高科创板再融资便利性。

（十）证监会对上交所审核工作进行监督。督促上交所建立内部防火墙制度，发行上市审核部门与其他部门隔离运行，防范利益冲突。持续追踪发行人的信息披露文件、上交所的审核意见，定期或不定期对上交所审核工作进行抽查和检查，落实对上交所审核工作的监督问责机制。督促上交所提高审核工作透明度，审核过程和审核意见向社会公开，减少自由裁量空间。上交所参与审核的人员，不得与发行人有利害关系，不得直接或间接与发行人有利益往来，不得持有发行人的股票，不得私下与发行人进行接触，切实防范以权谋私、利益输送等违法违纪行为。

（十一）强化事前事中事后全过程监管。在发行上市审核、注册和新股发行过程中，发现发行人存在重大违法违规嫌疑的，证监会可以要求上交所处理，也可以宣布发行注册暂缓生效，或者暂停新股发行，直至撤销发行注册。

四、完善基础制度

（十二）构建科创板股票市场化发行承销机制。科创板市场新股发行价格、规模、节奏主要通过市场化方式决定，强化市场约束。对新股发行定价不设限制，建立以机构投资者为参与主体的询价、定价、配售等机制，充分发挥机构投资者专业能力。试行保荐人相关子公司“跟投”制度。支持科创板上市公司引入战略投资者，科技创新企业高管、员工可以参与战略配售，发挥好超额配售选择权制度作用，促进股价稳定。加强对定价承销的事中事后监管，建立上市后交易价格监控机制，约束非理性定价。制定合理的科创板上市公司股份锁定期和减持制度安排。

（十三）强化信息披露监管。切实树立以信息披露为中心的监管理念，全面建立严格的信息披露体系并严格执行。明确发行人是信息披露第一责任人，充分披露投资者做出价值判断和投资决策所必需的信息，确保信息披露真实、准确、完整、及时、公平。明确发行人的控股股东、实际控制人不得要求或协助发行人隐瞒重要信息。

上交所建立以上市规则为中心的持续监管规则体系，在持续信息披露、并购重组、股权激励、退市等方面制定符合科创板上市公司特点的具体实施规则，报证监会批准。

科创板上市公司要根据自身特点，强化对业绩波动、行业风险、公司治理等相关事项的针对性信息披露。明确要求发行人披露科研水平、科研人员、科研资金投入等相关信息，督促引导发行人将募集资金重点投向科技创新领域。

（十四）完善交易制度。科创板采取独立交易模块和独立行情显示，交易日历、证券账户、申报成交等安排与上交所主板一致。基于科创板上市公司特点和投资者适当性要求，建立更加市场化的交易机制，研究制定股票日涨跌幅等标准。适当提高每笔最低交易股票数量。稳妥有序将科创板股票纳入融资融券标的，促进融资融券业务均衡发展。在竞价交易基础上，条件成熟时引入做市商机制。科创板运行一段时间后，由上交所对交易制度进行综合评估，必要时加以完善。

（十五）建立高效的并购重组机制。科创板上市公司并购重组统一由上交所审核，涉及发行股票的，实行注册制。证监会依法批准上交所制定的科创板上市公司并购重组审核标准及规则体系。达到一定规模的上市公司，可以依法分拆其业务独立、符合条件的子公司在科创板上市。

（十六）严格实施退市制度。严格交易类强制退市指标，对交易量、股价、股东人数等不符合条件的企业依法终止上市。优化财务类强制退市指标，科创板股票不适用证券法第五十六条第三项关于连续亏损终止上市的规定；对连续被出具否定或无法表示意见审计报告的上市公司实施终止上市。严格实施重大违法强制退市制度，对构成欺诈发行、重大信息披露违法或其他重大违法行为的上市公司依法坚决终止上市。科创板股票不适用证券法第五十五条关于暂停上市的规定，应当退市的直接终止上市。

五、完善配套改革措施

（十七）加强科创板上市公司持续监管。上交所要依法发挥一线监管职能，强化监管问询，加大现场检查力度，提高上市公司信息披露质量。适当延长核心技术团队股份锁定期，促进上市公司稳定经营。适当延长未盈利上市公司控股股东、实际控制人、董事、监事、高级管理人员的股份锁定期。加强上市公司信息披露与二级市场监管联动，切实防范和打击内幕交易与操纵市场行为。

（十八）强化中介机构责任。保荐人作为主要中介机构，必须诚实守信、勤勉尽责，充分了解发行人经营情况和风险，并对发行人的申请文件和信息披露资料进行全面核查验证。建立保荐人资格与新股发行信息披露质量挂钩机制。适当延长保荐人持续督导期。证券服务机构及其从业人员应当对本专业相关的业务事项履行特别注意义务，对其他业务事项履行普通注意义务。对发行人、上市公司虚假记载、误导性陈述或重大遗漏负有责任的保荐人、会计师事务所、律师事务所、资产评估机构，加大处罚力度。

（十九）保护投资者合法权益。严厉打击欺诈发行、虚假陈述等违法行为。对以欺骗手段骗取发行注册等违法行为，依照证券法第一百八十九条等规定依法从重处罚。对欺诈发行上市的，可以责令上市公司及其控股股东、实际控制人按规定购回已上市的股份。探索建立发行人和投资者之间的纠纷化解和赔偿救济机制。将发行人和相关中介机构及责任人的信用记录纳入国家统一信用信息平台，加强监管信息共享，完善失信联合惩戒机制。

（二十）推动完善有关法律法规。加强行政执法与司法的衔接，符合刑事追诉标准、涉嫌犯罪的案件，依法及时移送司法机关追究刑事责任。推动完善相关法律制度和司法解释，建立健全证券支持诉讼示范判决机制。根据试点情况，探索完善与注册制相适应的证券民事诉讼法律制度。

证监会根据本意见制定《科创板首次公开发行股票注册管理办法（试行）》等监管规则，明确股票发行条件、注册程序、信息披露、中介机构职责、监督管理和法律责任等事项，并完善相关配套制度规则。上交所应制定科创板发行、上市、信息披露、交易、退市等业务规则，建立健全公开透明高效的审核机制。证监会及上交所根据科创板运行和注册制试点情况，及时总结经验，适时调整完善相关具体制度安排。

（资料来源：中国证券监督委员会网站，【第2号公告】《关于在上海证券交易所设立科创板并试点注册制的实施意见》，2019年01月28日发文，http://www.csrc.gov.cn/pub/zjhpublic/。）

▶▶股市常用术语

1. 市净率：市价与每股净资产之间的比值，比值越低意味着风险越低。

2. 换手率：一定时间内市场中股票转手买卖的频率，也是反映股票流通性强弱的指标之一，其计算公式为：

换手率=某一段时期内的成交量/发行总股数×100%

3. 成交量：股票在交易所内被买卖的股数。如卖方卖出100万股，买方同时买入100万股，则此笔股票的成交量为100万股。

4. 成交额：股票按其成交价格乘以其成交量的总计金额。

5. 委比：委比是衡量某一时段买卖盘相对强度的指标。它的计算公式为：

委比=（委买手数-委卖手数）/委买手数+委卖手数×100%

委买手数：现在所有个股委托买入下三档的总数量；委卖手数：现在所有个股委托卖出上三档的总数量。

委比值的变化范围为-100%到+100%，当委比值为-100%时，它表示只有卖盘而没有买盘，说明市场的抛盘非常大；当委比值为+100%时，它表示只有买盘而没有卖盘，说明市场的买盘非常有力。当委比值为负时，卖盘比买盘大；而委比值为正时，说明买盘比卖盘大。委比值从-100%到+100%的变化是卖盘逐渐减弱、买盘逐渐强劲的一个过程。

6. 内盘和外盘：所谓内盘就是股票在买入价成交，成交价为申买价，说明抛盘比较踊跃；外盘就是股票在卖出价成交，成交价为申卖价，说明买盘比较积极。

7. 量比：量比是一个衡量相对成交量的指标，它是开市后每分钟的平均成交量与过去5个交易日每分钟平均成交量之比。它的计算公式为：量比=现成交总手/［过去5日平均每分钟成交量×当日累计开市时间（分）］，当量比大于1时，说明当日每分钟的平均成交量要大于过去5日的平均数值，交易比过去5日火爆；而当量比小于1时，说明现在的成交比不上过去5日的平均水平。

8. 均价：均价是现在这个时刻买卖股票的平均价格。它的计算公式为：

均价=(E分时成交的量×成交价)/总成交股数

9. 当股票名称前出现了N字，表示这只股是当日新上市的股票，字母N是英语

"New"（新）的缩写。看到带有 N 字头的股票时，投资者除了知道它是新股，还应知道这只股票的股价当日在市场上是不受涨跌幅限制的，涨幅可以高于 10%，跌幅也可深于 10%。这样就较易控制风险和把握投资机会。

10. 当股票名称前出现 XD 字样时，表示当日是这只股票的除息日，XD 是英语"Exclud（除去）Dividend（利息）"的简写。在除息日的当天，股价的基准价比前一个交易日的收盘价要低，因为从中扣除了利息这一部分的差价。

11. 当股票名称前出现 XR 的字样时，表明当日是这只股票的除权日。XR 是英语"Exclud（除去）Right（权利）"的简写。在除权日当天，股价也比前一交易日的收盘价要低，原因是股数的扩大，股价被摊低了。

12. 当股票名称前出现 DR 字样时，表示当天是这只股票的除息、除权日。D 是"Dividend"（利息）的缩写，R 是"Right"（权利）的缩写。有些上市公司分配时不仅派息而且送转红股或配股，所以出现同时除息又除权的现象。

13. 上证领先指标中白线和黄线的含义：白线是上证指数走势图，黄线是不含加权的上证领先指数走势图。因上证指数是以各上市公司的总股本为加权计算出来的，故盘子大的股票较能左右上证指数的走势，如马钢、石化等。而黄线表示的是不含加权的上证指数，各股票的权数都相等，所以价格变动较大的股票对黄线的影响要大一些。这样，当上证指数上涨时，如白线在黄线的上方，说明大盘股的影响较大，盘子大的股票涨幅比盘子小的股票要大；相反，如黄线在白线的上方，就是小盘股的涨幅比大盘股要大。而当上证指数下跌时，如黄线在白线的下方，它表示大盘股的下跌幅度较小而小盘股的跌幅较大；相反，如白线在黄线的下方，表示大盘股的跌幅比较大。

14. 红色及绿色柱状线的含义：红色柱状线和绿色柱状线分别表示的是股票指数上涨或下跌的强弱度。当红色柱状线长度逐渐往上增长时，表示指数增长的力量逐渐增强；而当红色柱状线的长度逐渐缩短时，表示股票指数增长的力量在渐渐减弱。当绿色柱状线长度逐渐往下增长时，表示指数下跌的力量逐渐增强；而当绿色柱状线的长度逐渐缩短时，表示指数下跌的力量在渐渐减弱。

15. 多头和空头：在股市中，一般将持有股票的投资者称为多头，而将暂不持有股票的投资者称为空头。这样又通常将买入股票的行为称为做多，而将卖出股票的行为称为做空。

16. 仓位：它是指投资者买入股票所耗资金占资金总量的比例。当一个投资者的所有资金都已买入股票时就称为满仓，若不持有任何股票就称为空仓。

17. 多翻空与空翻多：多头觉得股价已涨到顶峰，于是尽快卖出所买进的股票而成为空头，称为多翻空；相反，当空头觉得股市下跌趋势已尽，于是赶紧买进股票而成为多头，称为空翻多。

18. 利多与利空：对多头有利且能刺激股价上涨的消息和因素称为利多，如上市公司超额完成利润计划、宏观经济运行势态良好，等等。对空头有利且能促使股价下跌的因素和消息叫利空，如股份公司经营不善、银行利率上调、出现影响上市公司经营的天灾人祸，等等。

19. 含权、除权、填权与贴权：含权是指某只股票具有分红派息的权利，若在股权登记日仍持有这种股票，股东就能分享上市公司的经营利润，能分红派息。而除权是指股票已不再含有分红派息的权利。由于股票在除权前后存在着一个价格差，填权是指股票的价格从除权价的基础上往上涨来填补这个价差的现象。而贴权是指股票除权后其价格从除权价基础上再往下跌的现象。

20. 牛市、熊市、猴市和鹿市：牛的头通常是高高昂起的，人们用它象征股市的上扬行情。而熊的头一般都是低垂着的，所以人们用它来比喻股市的下跌行情。猴子总是蹦蹦跳跳的，就用它来比喻股市的大幅振荡。而鹿比较温顺，人们用它来比喻股市的平缓行情。

21. 坐轿与抬轿：当投资者预计股价将随利多消息的出现而大幅上升时，就预先买进股票。而当消息证实后，在其他人蜂拥买入股票而促使股价大幅上涨时，就卖出股票以牟取厚利，称之坐多头轿子；相反，当预计股价将会因利空消息而大幅下跌时先卖出股票，待消息一证实，大家争相将股票出手而引起股市大跌后再买回股票从而获取巨额利润，这叫坐空头轿子。利多消息出现后，有人认为股价将会大幅变动而立即抢买股票称为抬多头轿子；利空消息公布后，有人认为股价将会大幅度下跌而立即先卖出股票叫抬空头轿子。

22. 抢帽子：当天先低价买进股票，待股票价格上扬后，再卖出相同种类、相同数量的股票，或当天先卖出股票，然后再以低价买进相同种类、相同数量的股票，以获取价差。

23. 断头、割肉、吊空：抢多头帽子买进股票，股票当天并未按所预计的那样上涨而下跌，投资者只好低价赔本卖出，称为断头。现在股市上也通常将股票以低于买入价卖出的现象称为割肉。抢空头帽子卖出股票，但行情并未像猜测的那样下跌却反而上涨，投资者只好高价买回，这种现象称为吊空。断头和吊空一般发生在信用交易即买空卖空的时候。

24. 长多、短多、死多：对股市远景看好，买进股票长期持有以获取长期上涨的利益，称为长多；认为股市短期内看好而买进股票，短期保持后即卖掉，获取少许利益，等下次再出现利多时再买进，称为短多；对股市前景总是看好，买进股票，不论股市如何下跌都不愿抛出的股民称为死多。

25. 套牢与踏空：买入股票的价格高于现在的行情，使股民难以卖出股票而保本称为套牢。股民在股市的低点未及时买进股票而错过赚钱的机会称为踏空。

26. 跳空和补空：跳空是指由于受强烈的利多或利空消息的刺激而使股指的开盘与前一日的收盘出现不连续的现象。补空是指股指在其后的运行中将跳空缺口回补的现象，如在开盘时其指数高于或低于前一日的收盘指数就称为跳空开盘。

27. 盘整：股票指数或股票价格的波动基本围绕在某一点徘徊。假如盘整波动范围较小且上涨或下跌都不轻易就称为走势牛皮。

28. 回挡与反弹：在股票指数或股价的上涨过程中出现暂时下跌的现象称为回挡，而在股价下跌过程中出现暂时回升称为反弹。

29. 满堂红与全盘飘绿：股票的上涨在电子显示器中一般用红色表示，而股票的下跌一般用绿色标识，所以当全部的股票都上涨时就称之为满堂红，当所有的股票都下跌时就称之为全盘飘绿。

30. 利多：刺激股价上涨的信息，如股票上市公司经营业绩好转、银行利率降低、社会资金充足、银行信贷资金放宽、市场繁荣等，以及其他政治、经济、军事、外交等方面对股价上涨有利的信息。

31. 利空：能够促使股价下跌的信息，如股票上市公司经营业绩恶化、银行紧缩、银行利率调高、经济衰退、通货膨胀、天灾人祸等，以及其他政治、经济、军事、外交等方面促使股价下跌的不利消息。

32. 长空：长时间做空头的意思。投资者对股势长远前景看坏，预计股价会持续下跌，在将股票卖出后，一直要等股价下跌很长一段时间后再买进，以期获取厚利。

33. 洗盘：投机者先把股价大幅度杀低，使大批小额股票投资者（散户）产生恐慌而抛售股票，然后再把股价抬高，以便趁机渔利。

34. 多杀多：股市上的投资者普遍认为当天股价将会上涨，于是大家抢多头帽子买进股票，然而股市行情事与愿违，股价并没有大幅度上涨，无法高价卖出股票，等到股市结束前，持股票者竞相卖出，造成股市收盘价大幅度下跌的局面。

35. 轧空：股市上的股票持有者一致认为当天股票将会大幅下跌，于是多数人都抢卖空头帽子卖出股票，然而当天股价并没有大幅度下跌，无法低价买进股票。股市结束前，做空头的只好竞相补进，从而出现收盘价大幅度上升的局面。

36. 集合竞价：集合竞价是将数笔委托报价或一时段内的全部委托报价集中在一起，根据不高于申买价和不低于申卖价的原则产生一个成交价格，且在这个价格下成交的股票数量最大，并将这个价格作为全部成交委托的交易价格。

37. 连续竞价：连续竞价的成交方式与集合竞价有很大的区别，它是在买入的最高价与卖出的最低价的委托中一对一对地成交，其成交价为申买与申卖的平均价。